U0920639

珠江三角洲城市群年鉴

URBAN AGGLOMERATION IN THE PEARL RIVER DELTA YEARBOOK

2014

珠江三角洲城市群年鉴编纂委员会　编

广东人民出版社

·广州·

图书在版编目（CIP）数据

中国版本图书馆 CIP 数据核字（2014）第 246974 号

珠江三角洲城市群年鉴. 2014 / 珠江三角洲城市群年鉴编纂委员会编.—广州：广东人民出版社，2014.11

ISBN 978-7-218-09689-6

Ⅰ. ①珠…　Ⅱ. ①珠…　Ⅲ. ①珠江三角洲—城市群—2014—年鉴　Ⅳ. ①Z526.5

ZHUJIANGSANJIAOZHOU CHENGSHIQUN NIANJIAN

珠江三角洲城市群年鉴（2014）

珠江三角洲城市群年鉴编纂委员会　编

出 版 人　曾　莹

责任编辑　陈其伟　李展鹏　张贤明　林　冕　周惊涛
插页设计　广州市新角度广告有限公司
责任技编　周　杰　易志华

出版发行　广东人民出版社
地　　址　广州市大沙头四马路 10 号（邮政编码：510102）
电　　话　（020）83798714（总编室）
传　　真　（020）83780199
网　　址　http://www.gdpph.com
印　　刷　深圳中华商务安全印务股份有限公司
书　　号　ISBN 978-7-218-09689-6
开　　本　787mm×1092mm　1/16
印　　张　35.25　　插页：20　　字数：850 千
版　　次　2014 年 11 月第 1 版　2014 年 11 月第 1 次印刷
定　　价　180.00 元

珠江三角洲城市群年鉴编辑部
地　　址：广州市启明横马路 7 号
电　　话：020-87665153
电子邮箱：zsjcsq@163.com
邮政编码：510080
传　　真：（020）87662941

编 辑 说 明

1.《珠江三角洲城市群年鉴》是广州、深圳、珠海、佛山、江门、东莞、中山、惠州、肇庆九个城市合作组织编纂的年度资料性文献，创刊于2010年，重点反映珠江三角洲城市群落实《珠江三角洲地区改革发展规划纲要（2008~2020年）》的基本情况和一体化发展进程。

2.《珠江三角洲城市群年鉴》每年出版一卷，以出版年号为卷次名称，内容主要记述上一年度的基本资料。

3.全书的框架结构分为三大部分。第一部分是地区综述，设“基本情况”“大事记”“区域协调”“合作交流”4个篇目；第二部分是各市发展，设“广州市”“深圳市”“珠海市”“佛山市”“江门市”“东莞市”“中山市”“惠州市”“肇庆市”9个篇目；第三部分是附属资料，设“统计资料”“珠江三角洲发展研究论文摘要”“文献法规”“泛珠江三角洲基本情况”4个篇目。各篇目下设分目、条目。条目是全书内容记述的主体，标题统一用黑体加【 】表示，个别包含多方面资料的条目在段落间加插楷体标题提示。

4.全书前有目录，后有索引，方便读者查阅，并随书附送包含全部内容的数据光盘。

5.为进一步增加信息量，增强可读性，2014年卷设有2辑彩色图片专辑，分别为“2013·珠江三角洲大事”“珠江三角洲风采”，图文并茂地反映珠江三角洲各市日新月异的建设风貌。

6.全书所载录的内容和数据，部分由珠江三角洲九市人民政府地方志办公室或地方综合年鉴编纂机构，以及泛珠三角九省（区）及香港、澳门特别行政区提供，部分由编辑部采集编写。文中如有数据与“统计资料”篇目的数据有出入，以广东省统计局提供的“统计资料”篇目数据为准。

珠江三角洲城市群年鉴编纂委员会

珠江三角洲城市群年鉴编辑部

《珠江三角洲城市群年鉴》编写组

（按姓氏笔画为序）

目　录

CONTENTS

大事记（2013年）
A CHRONICLE OF MAJOR EVENTS IN 2013

区域协调
REGIONAL COORDINATING

合作交流
COOPERATION AND COMMUNICATION

■合作协议 Cooperation Agreement

■项目实施 Project Implementation

■社会建设
Social Construction

佛山市
FOSHAN

■基本情况
Basic Situation

■年度大事
Major Events in 2013

■生态环境
Ecological Environment

■经济社会发展概况
Brief Introduction to the Economic and Social Development

■体制改革
Structural Reform

■基础设施建设
Infrastructure Construction

江门市
JIANGMEN

东莞市
DONGGUAN

■城乡发展

Urban and Rural Development

■社会建设

Social Construction

中山市
ZHONGSHAN

■基本情况

Basic Situation

■年度大事

Major Events in 2013

■生态环境

Ecological Environment

■经济社会发展概况

Brief Introduction to the Economic and Social Development

■体制改革

Structural Reform

■基础设施建设

Infrastructure Construction

■现代产业

Modern Industry

■转型升级

Transformation and Upgrading

■城乡发展

Urban and Rural Development

■社会建设

Social Construction

惠州市
HUIZHOU

肇庆市
ZHAOQING

统计资料
STATISTICAL DATA

珠江三角洲发展研究论文摘要
RESEARCH PAPERS IN THE PEARL RIVEL DELTA DEVELOPMENT

文献法规
DOCUMENTS，LAWS AND REGULATIONS

泛珠江三角洲基本情况
BASIC SITUATION OF PAN–PEARL RIVER DELTA

■湖南省
Hunan Province

■广东省
Guangdong Province

■广西壮族自治区
The Guangxi Zhuang Autonomous Region

■海南省
Hainan Province

■四川省
Sichuan Province

主题索引
SUBJECT INDEX

2013·珠江三角洲数字

土地面积：54754平方千米

年末常住人口：5715.19万人

城镇人口：4802.55万人

年末从业人员：3784.09万人

地区生产总值：53060.48亿元

第一产业：1061.10亿元

第二产业：24050.94亿元

工业：22628.17亿元

第三产业：27948.44亿元

三次产业结构：2.0 : 45.3 : 52.7

人均生产总值：93114元

规模以上工业增加值：21446.65亿元

地区生产总值占全省比重：79.04%

公路通车里程：59555.26千米

轨道交通营运里程：437千米

港口货物吞吐量：12.19亿吨

邮电业务总量：2019.89亿元

本地电话年末用户：2288.94万户

移动电话年末用户：11228.38万户

全社会固定资产投资额：16030.78亿元

房地产开发投资：5362.75亿元

社会消费品零售总额：18933亿元

出口总额：6070.93亿美元

进口总额：4403.38亿美元

实际外商直接投资：230.62亿美元

地方公共财政预算收入：4669.16亿元

地方公共财政预算支出：5240.59亿元

城乡居民储蓄存款余额：38918.70亿元

中外资金融机构本外币存款：104255.28亿元

中外资金融机构本外币贷款：67988.65亿元

（湘君 辑）

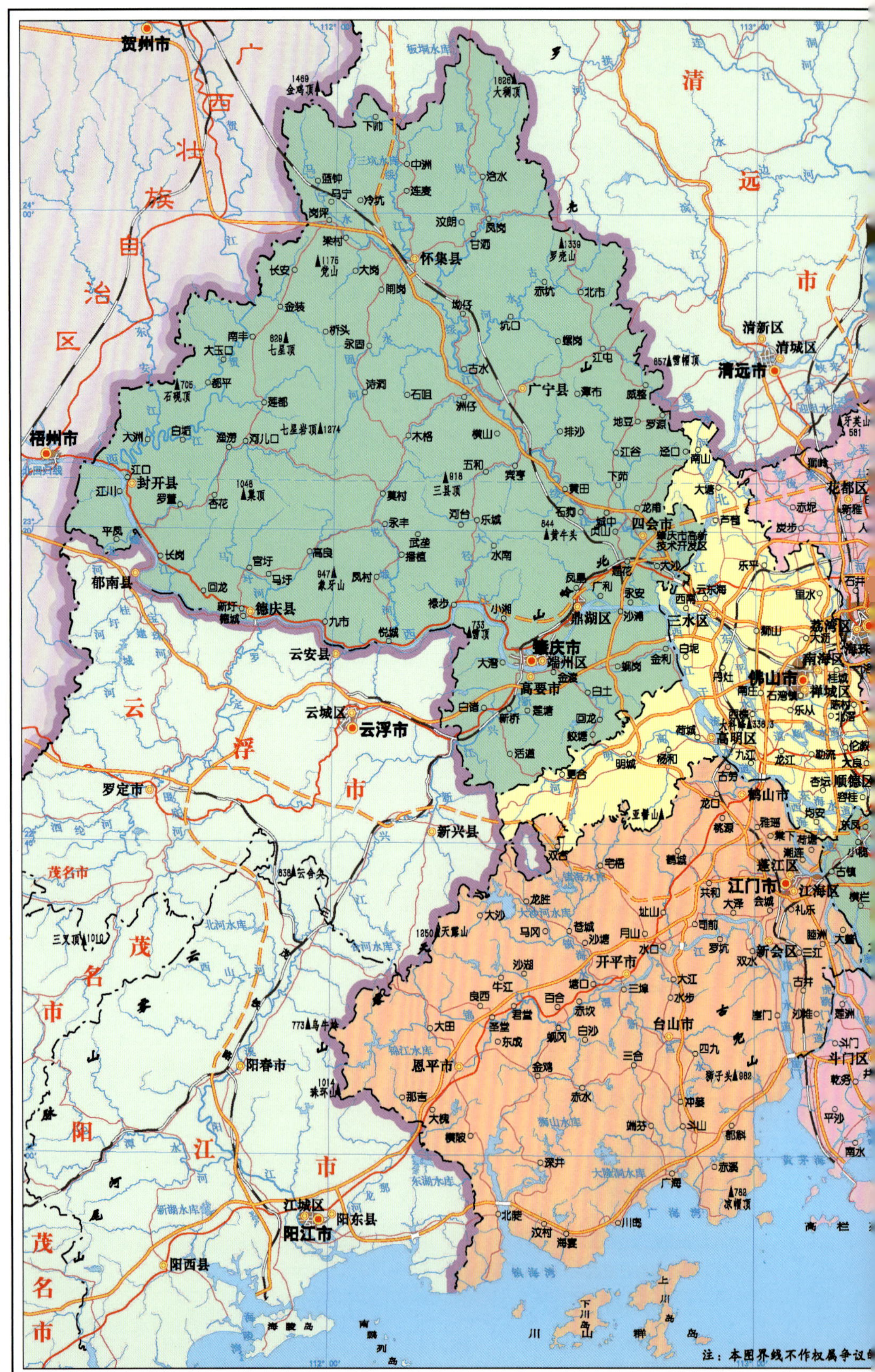

广东省地图院 编制　审图号：粤S（2014）067号

珠江三角洲地区地图
参考比例尺 1：1 350 000
韶关市
翁源县
新丰县
龙川县
河源市
东源县
源城区
紫金县
梅州市
龙门县
博罗县
惠州市
惠城区
惠东县
惠阳区
海丰县
汕尾市
增城区
东莞市
深圳市
宝安区
南山区
福田区
罗湖区
龙岗区
盐田区
香港特别行政区
香港
九龙
新界
珠海市
澳门
澳门特别行政区
南沙区
万山群岛
省级行政中心
地级行政中心
县级行政中心
镇级行政中心
省级行政区界
香港特别行政区界
地级行政区界
铁路
高速
规划高速
国道
省道
珠江三角洲地区在广东省的位置图
广州市
清远市
肇庆市
佛山市
江门市
中山市
韶关市
河源市
惠州市
汕尾市
汕头市
揭阳市
潮州市
梅州市
云浮市
阳江市
茂名市
湛江市
海口市

2014年7月

2013年2月20日，全国人大常委会委员长吴邦国（前左五）视察澳门大学横琴校区

（珠江实业供稿）

2013年6月1日，中共中央政治局常委、全国人大常委会委员长张德江（中）视察深圳华星光电公司、前海深港现代服务业合作区、福田交通枢纽公交加电站、三诺数码公司和东江环保公司

（深圳市史志办供稿）

2013年3月30日，中共中央政治局委员、国家副主席李源潮（中）视察珠海　（新华社 摄）

2013年6月20日，中共中央政治局委员、国务院副总理汪洋(左三)到深圳出席全国打击走私工作座谈会，并考察罗湖口岸和皇岗口岸

(区坚强 摄)

2013年9月2～3日，中共中央政治局委员、国务院副总理马凯(右三)在深圳调研

(区坚强 摄)

2013年5月17日，中共中央政治局委员、中宣部部长刘奇葆（中）考察深圳华强集团、大族激光公司和腾迅公司

(区坚强 摄)

2013年8月24日，全国政协副主席马飚(前左三)到肇庆高新区调研

(肇庆高新区地方志办供稿)

2013年1月10日，中共中央政治局委员、广东省省委书记胡春华（前排右二）到广东南车轨道交通车辆有限公司调研

（周华东 摄）

2013年5月28日，广东省省长朱小丹（中）到江门市调研海洋经济和临港产业规划发展情况。图为朱小丹（中）实地察看银湖湾围垦填海区　（新会区方志办供稿）

2013年2月24日，首届珠三角青年交友婚恋文化节启动仪式在肇庆市举行　（肇庆市团委供稿）

2013年4月25～26日，2013年珠三角城市民族和宗教工作联席会议在中山市举行

（中山市志办供稿）

2013年6月28日，珠三角九市一区交通综合执法工作第九次联席会议在肇庆市召开

(肇庆市交通运输局供稿)

2013年10月14日，2013年珠江三角洲地区防震减灾工作联席会议在中山市举办

（中山市志办供稿）

2013年12月25日，广东省实施《珠三角规划纲要》督查组到肇庆市开展督导检查工作

（肇庆市规划纲要办供稿）

2013年1月5日，广佛肇跨地区校际协作教研展示活动在肇庆市举行（高慧萍 摄）

▶▶ 2013年2月28日，“舞动肇庆·幸福启航”广佛肇梧群众“三八”巡游暨万人牵手星湖行动在肇庆市举行（肇庆市妇联供稿）

▶▶ 2013年4月1日，肇庆市政府召开全市交通基础设施建设大会战暨广佛肇高速公路建设动员会（肇庆市交通运输局供稿）

▶▶ 2013年6月22日，第三届广佛肇校际基础教育论坛在肇庆市举行（高慧萍 摄）

2013年9月10日，由广州市科学技术协会、佛山市科学技术协会、佛山市机械工程学会与广州数控设备有限公司共同组织的“2013广佛地区工业机器人技术交流会”在广州市萝岗区广州数控设备有限公司研发中心举行

（广州市科协供稿）

2013年10月1～3日，2013国庆广佛肇三城汽车博览会在肇庆市举行

（西江日报社供稿）

2013年11月4日，广州、佛山、肇庆、清远、韶关联合举行五市边界人民调解工作会议，建立珠三角五市边界人民调解联动机制 （广州市司法局供稿）

2013年11月29日，肇庆金秋——2013怀集县重大发展平台投资洽谈会暨广佛肇经济合作区投资推介会在怀集县举行，签约项目20个 （怀集县地方志办供稿）

2013年11月11日，佛山、中山、江门、顺德四市（区）灯饰产业专利行政执法协作会议在中山市古镇举行。会上，签订《四市（区）灯饰产业专利行政执法协作协议》

（中山市志办供稿）

2013年12月5日，第五届珠中江进出口商品展销会在江门市举行

（廖智辉 摄）

2013年12月13日，珠中江区域性档案合作推进会在中山市召开

（中山市志办供稿）

2013年12月26日，珠中江区域合作第八次党政联席会议暨“珠西崛起”高端论坛在中山市举行
（中山志办供稿）

2013年5月21日，广西·广州经济社会发展情况交流座谈会在广州市举行　（古凡 摄）

▶▶ 2013年6月14日，2013年粤澳合作联席会议在中山市举行　（中山市志办供稿）

▶▶ 2013年6月18日，泛珠三角印刷产业纸张供应链融资洽谈会在广州市举行　（阳晓儒 摄）

2013年7月9～11日，广东省人民政府和香港特别行政区政府在香港联合举办“2013粤港经济技术贸易合作交流会”（肇庆市商务局供稿）

2013年7月26日，粤港青年专业峰会在中山市举行（中山市志办供稿）

2013年12月6日，第12届香港珠三角工商界合作交流会在中山市举行，香港特别行政区行政长官梁振英和中共中山市委书记薛晓峰在会上交流（中山市志办供稿）

2013年12月16日，港铁在内地首个物业开发项目——“天颂”动工建设

（深圳史志办供稿）

▶▶ 2013年11月29日，粤桂合作特别试验区平凤拓展区动工仪式举行　　（伍世泉　摄）

2013年12月28日，广深沿江高速公路全线通车 （东莞市方志办供稿）

2013年10月28日，厦深铁路开通营运。图为首趟“和谐号”动车驶进高铁车站 （广东年鉴社供稿）

基本情况

珠江三角洲概况

【自然地理】　珠江三角洲位于广东省中南部，地处北回归线以南，是中国南亚热带最大的冲积平原。

珠江三角洲旧称粤江平原，面积5万多平方千米，是由西江、北江、东江和增江、流溪河、高明河、潭江等在溺谷湾内合力冲积而成的复合三角洲，以珠江干流的黄埔至虎门河段为界，西部的西江、北江三角洲为珠江三角洲的主体部分，占珠江三角洲总面积的93.4%。

珠江三角洲基底为古生界变质岩系。燕山运动和喜马拉雅山运动形成的NE向、MW向、EW向断裂，围限成珠江三角洲中、新生代构造盆地，与周围的龙归盆地、三水盆地、潭江盆地、东莞盆地，合成广义的珠江三角洲盆地。盆地内堆积白垩系和第三系陆相碎屑岩、火山碎屑岩、细粒层凝灰岩等；第四系盖层为中更新统河床相沙砾层，晚更新统河流相、河口湾—三角洲相碎屑沉积及其风化壳等，平均厚度约30米，由陆向海增加。

珠江三角洲地势低平，可分为4个地貌类型：中部、北部高围田、高沙田（高平原），围垦较早，占总面积51.2%；南部近海的中沙田、低沙田（低平原），为近期围垦的平原，占总面积25.0%；西北的塱田（积水地），占总面积6.6%；人工地貌桑基鱼塘及蔗基鱼塘（基水地），分布在顺德及其附近，占总面积17.2%。平原上散布160多个海拔300~500米的岛丘，多为三角洲沉积前古海湾中的岛屿，如五桂山、西樵山、莲花山等。

珠江三角洲河网密布，主要水道共105条，长1738千米。珠江水量大、含沙量小，多年平均径流量3412亿立方米，各支流进入珠江三角洲后，62.5%的水量和50.9%的沙量经东四口门（虎口、蕉口、洪奇沥、横门）流入伶仃洋，37.5%的水量和49.1%的沙量经西四口门（磨刀门、鸡啼门、虎跳门、崖门）流入黄茅海。珠江三角洲平均每年接纳泥沙8336万吨，其中约20%沉积在三角洲内，80%淤积在八大口门之外的海域中。

珠江三角洲南亚热带湿润季风气候，终年高温，降水丰沛，水热季节配合好。年日照时数为1900~2000小时，年平均气温21℃~22℃，全年实际有霜日期在3天以下。年降水量1600~2000毫米，降水以夏季最多，每年4~9月为雨季，降水量约占全年的80%左右，降水年变化呈双峰型，最高峰在6月，次高峰在8月。各大支流汛期错开，但夏秋多台风，洪涝威胁大。

珠江三角洲地带性植被为南亚热带常绿阔叶季雨林，种类组成以热带科为主。受人类干扰，自然植被少，局部村边保留榕树、红鳞蒲桃、鸭脚木、越南山龙眼组成的半常绿季雨林，丘陵地主要分布马尾松、岗松、桃金娘和鹧鸪草组成的疏林。

珠江三角洲土壤主要有水稻土、堆叠土、赤红壤等。在南亚热带湿润季风气候和生物因子的长期作用下，红色风化壳深厚，土壤呈酸性，缺乏盐基物质，富铝化作用明显。水稻土成土母质以三角洲沉积物为主，土层深厚肥沃。堆叠土是在三角洲沉积物上由塘泥堆叠而成。赤红壤分布于孤山、丘陵地带，成土母岩为花岗岩、砂页岩、红色岩系等，表土层薄，磷钾缺乏，呈强酸性反应。

【资源物产】　珠江三角洲的土地资源类型

多样。据统计，珠三角地区共有土地546.76万公顷，其中农用地425.89万公顷，占总面积的77.89%，建设用地82.65万公顷，占总面积的15.12%。在农用地中，林地275.64万公顷，耕地78.28万公顷，园地30.35万公顷，牧草地0.32万公顷。建设用地中，居民点及工矿用地69.47万公顷，交通与水利设施用地13.18万公顷。

珠江三角洲水资源丰富。2013年，珠江三角洲降水量1150.59亿立方米，水资源总量675.54亿立方米，其中地表水资源量671.75亿立方米，地下水资源量151.96亿立方米，地表与地下水资源不重复量3.79亿立方米，供水总量221.72亿立方米，海水直接利用量212.84亿立方米。至是年，珠江三角洲有保护区9个，源头水保护区河段6个，中华白海豚自然保护区1个，水库保护区2个（流溪河水库、深圳水库保护区）；保留区7个，其中3个为水库保留区；开发利用区153个，其中水库开发利用区78个，湖泊开发利用区2个，河涌开发利用区5个，三角洲河流开发利用程度比较高。

珠江三角洲矿产种类多、规模小。共有矿床140个，矿产种类46种，其中大型矿床23处，主要矿产有金、银、铌、钽、水泥用灰岩、建筑用石料、石膏、盐矿、矿泉水、地下热水等。非金属矿产资源为珠江三角洲的优势矿产资源，共有矿床53处，主要有高岭土、石灰岩、膨润土、硅质原料、石膏、萤石、大理岩与砂石等。能源矿床共39处，以泥炭最多，其次是地热水、矿泉水和煤。珠江三角洲金属矿床48处，主要有铷、褐铱铌矿、独居石等。

珠江三角洲常见植物有500多种，分属130多科373属，其中纯热带属占42%，泛热带性属占11%。常见乔木有榕树、蒲桃、胭脂木、红锥、中华锥、厚壳桂、黄桐、假苹婆、香樟、山乌桕、谷木、猴耳环、橄榄等。主要灌木有九节、栀子、毛果算盘子、细叶五月茶、箬竹、罗伞树、车轮梅、红背

2013年珠江三角洲的水资源利用情况

单位：亿立方米

地区	降水量	地表水资源量	地下水资源量	地表与地下水资源不重复量	水资源总量	总供水量	海水直接利用量
合计	1150.59	671.75	151.96	3.79	675.54	221.72	212.84
广州	142.56	80.73	15.59	0.82	81.55	68.44	5.55
深圳	42.32	25.18	5.03	0.02	25.2	19.07	126.47
珠海	35.72	22.72	2.5	0.5	23.22	4.76	16.1
佛山	56.47	26.72	6.09	0.79	27.51	22.06	
惠州	255.61	148.53	37.25	0.13	148.66	21.51	3.11
东莞	48.32	26.52	6.15	0.29	26.81	18.85	30.64
中山	38.52	21.96	3.07	0.62	22.58	18.46	1.77
江门	236.27	150.42	27.49	0.3	150.72	29.11	29.2
肇庆	294.8	168.97	48.79	0.32	169.29	19.46	

山麻杆等。草本植物有扇形铁线蕨、沙皮蕨、狗脊、淡竹叶、芒草、弓果黍、山姜、乌毛蕨等。藤本植物有瓜馥木、小叶买麻藤、爬崖藤等。珠江三角洲动物以热带性广布种为主，食肉动物极少，代表性动物有树蛙科、蜥蜴科、山鹧鸪等。利用丰富的农业生物资源，珠江三角洲已发展成为中国重要的粮食、蔗糖、桑蚕、塘鱼、水果、花卉、蔬菜、家禽生产和出口基地。

珠江三角洲海洋资源优势主要在于港口资源、旅游资源和滩涂资源。大陆海岸线长715.3千米，包括伶仃洋、磨刀门、广海—镇海湾三个岸段。大型港口区有大亚湾、荃湾、马鞭洲、秤头角、盐田、蛇口—大铲湾、沙田、沙角、黄埔、新沙、南沙、桂山、高栏、台山等。沿海主要港口与码头货物年吞吐量10.88亿吨、货物周转量8269.29亿吨千米。已建设品清湖、莲花山、情侣路、横琴岛、崖门炮台、宝安等重点风景旅游区。珠江三角洲每年海水产品产量约70万吨，重要渔港有新湾、新垦、莲花山、崖门、沙堤等，重点养殖区有考洲洋、范和港、大亚湾、长沙湾、北山、横琴岛南部、赤溪东部、广海湾等。

【行政区划】 2013年，珠江三角洲包括珠江沿岸的广州、深圳、珠海、佛山、惠州、东莞、中山、江门和肇庆9个地级市，下辖31个市辖区、8个县级市、7个县，共有268个街道办事处、2个民族乡，土地总面积5.47万平方千米。

【历史沿革】 自然地理学中的珠江三角洲，一般是指西江羚羊峡以下、北江芦苞以下、东江石龙以下、流溪河江村以下、潭江开平以下的珠江平原（包括部分丘陵台地），陆地面积约1万多平方千米，称为“小珠江三角洲”。也有学者将肇庆盆地、清远盆地、惠阳盆地、广花平原、潭江盆地划入，称为“大珠江三角洲”。

2013年珠江三角洲行政区划情况

单位：个

城市	地级市	县级市	县	市辖区	市辖镇	乡	#民族乡	街道
总计	9	8	7	31	320	2	2	268
广州	1	2		10	34			136
深圳	1			6				57
珠海	1			3	15			9
佛山	1			5	21			11
惠州	1		3	2	52	1	1	16
东莞	1				28			4
中山	1				18			6
江门	1	4		3	61			17
肇庆	1	2	4	2	91	1	1	12

1985年1月，国务院提出把珠江三角洲开辟为沿海开放区，先“小三角”，后“大三角”，分步骤、有计划地进行。珠江小三角经济开放区包括佛山、江门、中山、东莞4市和番禺、增城、南海、顺德、高明、新会、开平、恩平、泰山、鹤山、宝安、斗门12县。1986年，广东省又将三水县划入。小三角经济开放区陆地面积2.28万平方千米。

1987年12月，为进一步扩大对外开放、加强对外经济技术交流与合作，经国务院同意，广东省决定将珠江三角洲经济开放区的范围由“小三角”扩大为“大三角”，纳入花县、从化、高要、四会、广宁、惠阳、惠东、博罗8县。这样，大三角经济开放区共7市21县，陆地面积4.26万平方千米。

1994年10月8日，广东省委在七届三次全会上提出设立珠江三角洲经济区。珠江三角洲经济区包括广州、深圳、珠海、佛山、江门、中山、东莞7市，惠州的惠城、惠阳、惠东、博罗，肇庆的端州、鼎湖2区和高要、四会2县级市，陆地面积4.169万平方千米。后来，珠三角经济区的范围被调整扩大为广州、深圳、佛山、珠海、东莞、中山、惠州、江门、肇庆9市，陆地面积4.52万平方千米。

2003年7月，广东省委首先正式提出“泛珠三角”的概念。2004年6月，首届“泛珠三角区域合作与发展论坛”召开，“泛珠三角”11省区政府领导共同签署《泛珠三角区域合作框架协议》。“泛珠三角”包括珠江流域地域相邻、经贸关系密切的福建、江西、广西、海南、湖南、四川、云南、贵州和广东9省区，以及香港、澳门2个特别行政区，简称“9+2”。“泛珠三角”陆地面积200.6万平方千米。

2008年12月，国家发展和改革委员会发布《珠江三角洲地区改革发展规划纲要(2008~2020)》，规划范围以广东省的广州、深圳、珠海、佛山、江门、东莞、中山、惠州和肇庆市为主体，辐射泛珠江三角洲区域，并纳入与港澳紧密合作的相关内容。

2009年6月，广东省政府发布《关于加快推进珠江三角洲区域经济一体化的指导意见》，明确提出以交通一体化为先导，以广州、佛山同城化为示范，省市联手推进基础设施、产业发展、环保生态、城市规划、公共服务一体化，到2012年，在珠三角基本实现基础设施一体化，初步实现经济一体化；到2020年，在珠三角实现区域经济一体化和基本公共服务均等化。

2011年4月，广东省政府在《广东省国民经济和社会发展第十二个五年规划纲要》中提出推进主体功能区建设，优化提升珠三角。对人口密集、开发强度偏高、资源环境负荷偏重的珠三角核心区域要优化开发。坚持政府推动、市场主导，突破体制障碍，强化统筹协调，整合内部资源，推进珠三角经济一体化取得实质性进展，全面提升珠三角整体竞争力。

【人口语言】 珠江三角洲人口数量多、密度大，城镇人口比重大，外来人口多，文化教育基础较好。2013年末，珠江三角洲常住人口5715.19万人（其中城镇人口4802.47万人），户籍人口3156.02万人。人口密度为1044人/平方千米，是广东省平均人口密度的近2倍，其中深圳市人口密度高达5323人/平方千米。户籍人口中，非农业人口2291.55万人，占72.61%，农业人口854.16万人，占27.06%。2013年末，珠江

珠江三角洲各市年末常住人口情况

单位：万人

市别	2000 年	2005 年	2007 年	2008 年	2009 年	2010 年	2011 年	2012 年	2013 年
合计	4289.78	4547.14	4930.68	5138.48	5361.72	5616.39	5646.51	5689.64	5715.19
广州	994.80	949.68	1053.01	1115.34	1186.97	1270.96	1275.14	1283.89	1292.68
深圳	701.24	827.75	912.37	954.28	995.01	1037.20	1046.74	1054.74	1062.89
珠海	123.65	141.57	147.44	151.12	154.18	156.16	156.76	158.26	159.03
佛山	534.05	580.03	629.67	657.44	687.47	719.91	723.10	726.18	729.57
惠州	321.80	370.69	402.86	418.65	435.08	460.11	463.36	467.40	470.00
东莞	644.84	656.07	717.02	750.60	786.08	822.48	825.48	829.23	831.66
中山	236.47	243.46	268.68	281.95	296.53	312.27	314.23	315.50	317.39
江门	395.24	410.29	421.32	428.48	436.64	445.08	446.55	448.27	449.76
肇庆	337.69	367.60	378.31	380.62	383.77	392.22	395.14	398.23	402.21

三角洲从业人员人数为 3784.09 万人，其中第一产业 358.04 万人，第二产业 1925.38 万人，第三产业 1500.66 万人。由于劳动力不足，每年吸引大量青壮年劳动力前来就业。

珠江三角洲居民主要使用粤方言，俗称白话、广东话，属汉藏语系汉语族的声调语言。粤方言可分为：粤海片，也称广府片，以广州为代表，在粤语中影响最大；四邑片，以台山为代表；莞宝片，通行于东莞及宝安，以莞城为代表；香山片，通行于中山、珠海（斗门除外），以石岐为代表。各片小有差别，其中四邑片与粤海片差异最大。珠江三角洲客家方言主要分布在花都、东莞、惠东、惠阳、龙岗、中山五桂山等地。珠江三角洲外来打工者一般使用普通话。由于普通话为学校教学语言，大部分珠江三角洲居民均能听懂交流。壮族、瑶族聚居区使用壮语、瑶语等本民族语言，增城、博罗的畲族使用山瑶话。

【少数民族】 珠江三角洲的居民以汉族为主，汉族人口比重超过 98.2%，少数民族人口不到 1.8%。主要的少数民族有壮、回、满、瑶、苗、黎、畲等。珠江三角洲古为百越族居住地，土著民族大部分已被汉化，一部分发展成壮、瑶、畲等少数民族。如今，珠江三角洲的少数民族多分布在城市。据第六次全国人口普查统计，2010 年，广东省少数民族人口 206.34 万人，户籍人口近一半，其中 1/3 分布在 3 个民族自治县和 7 个民族乡，1/6 居住在城市，1/2 散居在 50 多个市、县；外来少数民族常住人口占一半多，主要分布在广州、深圳、佛山、东莞、江门、中山、惠州等珠江三角洲城市。珠江三角洲有 2 个民族乡，分别为怀集县下帅壮族瑶族乡、龙门县蓝田瑶族乡。蓝田瑶族乡是广东省最大的少数民族乡，有瑶族居民近万人。

【地域文化】 珠江三角洲是广府文化核心区，发展历史悠久，市场经济发达，文化水平较高，地域文化独具特色。一方面，珠江三角洲的居民传承了南越人的土著风俗，如善水、使用舟楫、嗜食水产、尚鬼敬神等；

另一方面，又博采中原文化、港澳文化、西方文化等外来文化之长，形成了商品意识重、不拘泥历史、敢于冒险开拓、善于接受新鲜事物等特点。珠江三角洲的农业文化、饮食文化、乐俗文化等在国内外影响深远。

珠江三角洲的农业文化起源很早。岭南是亚洲栽培稻的起源地之一，发现的原始人工栽培稻谷壳化石距今已 1.2 万年。种植水稻是土著南越人的重要文化特征。“饭之美者，玄山之禾，南海之秏”，其中的“秏”指的就是水稻，稻米为南越人主要的食物来源。宋代大量汉人南迁，带来先进的生产工具和技术，水田增多，一年三熟制形成，水稻得到大面积推广。明清时期，河流下游和海滩大量被围垦，耕作制度与技术提高，稻作文化模式基本定型。珠江三角洲成为专业性生产的经济作物集中种植区，顺德、南海、中山、番禺等地的基塘农业驰名于世。现在，珠江三角洲的稻作、经作和生态农业等农业文化十分发达，并通过农产品和技术输出辐射海内外。

珠江三角洲食物资源种类丰富且四时不绝，岭南人利用蛇、狗、鼠、虫等各种食物资源，经过长期的交流与发展，形成了杂食、饮茶、食粥等具有岭南特色的饮食风俗。粤菜是中国的四大菜系之一，以其特有的菜式和韵味，在国内外享有很高的声誉。粤菜烹饪“集技术于南北，贯通于中西，共冶于一炉”。粤菜汇集广东各地优秀的民间美食，吸取中国各大菜系之精华，借鉴西方食谱之所长，其用料广博、选料精细、技艺精良、善于变化、品种多样。烹调方法以炒、煎、焖、炸、煲、炖、扣等见长，讲究火候，制出的菜肴注重色、香、味、形。口味上以清、鲜、嫩、脆为主，讲究清而不淡、鲜而不俗、嫩而不生、油而不腻。

岭南的乐俗文化源远流长。铜鼓文化是百越文化的重要特征之一。铜鼓音乐广泛用于作战、祭祀、婚丧等仪式。1983 年，考古人员在广州西汉南越王墓发掘了编钟、编磬等大型乐器，古越人铜鼓音乐之发达可见一斑。流行于珠江三角洲的民间歌谣有咸水歌、客家山歌、竹枝词等，民间舞蹈有佛山醒狮、中山醉龙舞、增城火狗舞等。粤剧是珠江三角洲代表性地方戏曲之一。它利用本地民间曲调，吸取弋阳腔、昆山腔、秦腔、徽班等戏曲的优点，逐渐发展而成。2009 年 9 月，粤剧被列入《人类非物质文化遗产名录》。

【名胜古迹】 珠江三角洲海陆兼备，地貌复杂多样，自然景观千姿百态，独具神韵。目前，珠江三角洲不仅拥有肇庆星湖、佛山西樵山、广州白云山、惠州西湖、深圳梧桐山等国家重点风景名胜区和广东内伶仃岛—福田、广东珠江口中华白海豚、惠东港口海龟、广东象头山等国家级自然保护区，还拥有佛山西樵山、恩平地热、封开、深圳大鹏半岛等国家地质公园和梧桐山、流溪河、南昆山、西樵山、从化石门、圭峰山、广宁竹海、北峰山、观音山、御景峰等国家森林公园。其中，鼎湖山 1956 年成为中国第一个国家级自然保护区，1979 年加入联合国教科文组织“人与生物圈”计划，被批准为世界生物圈保护区网络成员。另外，珠江三角洲的国家 AAAAA 级风景区有广州长隆旅游度假区、深圳华侨城旅游度假区、广州白云山风景旅游区、惠州罗浮山风景名胜区、西樵山风景名胜区等。

千百年来，各族人民世世代代在珠江三角洲地区生息繁衍，创造了悠久灿烂的历史文化。1982 年，广州被国务院批准为首批

珠江三角洲地区国家森林公园

名称	批建年份	面积（公顷）	所在地
广东梧桐山国家森林公园	1989	678.00	深圳市沙头角
广东流溪河国家森林公园	1983	9333.33	广州市从化市
广东南昆山国家森林公园	1993	2000.00	惠州市龙门县
广东西樵山国家森林公园	1994	1400.00	佛山市南海区
广东石门国家森林公园（石门国际森林浴场）	1995	2636.00	广州市从化市
广东圭峰山国家森林公园	1997	3550.00	江门市新会区
广宁竹海国家森林公园	2004	8500.00	肇庆市广宁县
广东北峰山国家森林公园	2004	1161.60	江门市台山市
广东御景峰国家森林公园	2005	1333.33	惠州市惠东县
广东观音山国家森林公园	2005	657.18	东莞市樟木头

国家历史文化名城。1994年，肇庆、佛山被批准为第三批国家历史文化名城。2011年3月17日，中山被增补为国家历史文化名城。至此，珠江三角洲的国家历史文化名城累计达4个。此外，珠江三角洲的中国历史文化名镇有番禺区沙湾镇、开平市赤坎镇、珠海市唐家湾镇、东莞市石龙镇、惠州市惠阳区秋长镇、中山市黄圃镇等6个，中国历史文化名村有三水区乐平镇大旗头村、龙岗区大鹏镇鹏城村、东莞市茶山镇南社村、开平市塘口镇自力村、顺德区北滘镇碧江村、番禺区石楼镇大岭村、东莞市石排镇塘尾村、中山市南朗镇翠亨村、恩平市圣堂镇歇马村、佛冈县龙山镇上岳古围村、南海区西樵镇松塘村等11个。

珠江三角洲在古代就是中华民族重要的活动中心之一。近代以来，珠江三角洲更以其得天独厚的地理环境和兼收并蓄的文化传统，成为中国民族资本的摇篮、资产阶级维新思想的启蒙地、资产阶级民主革命和第一次国内革命的策源地和根据地。1961～2006年，国务院先后核定并公布六批国家级重点文物保护单位。珠江三角洲第一批全国重点文物保护单位有三元里平英团遗址、黄花岗七十二烈士墓、广州农民运动讲习所旧址、广州公社旧址、光孝寺，第二批全国重点文物保护单位有林则徐销烟池与虎门炮台旧址，第三批全国重点文物保护单位有洪秀全故居、孙中山故居、黄埔军校旧址、中华全国总工会旧址、陈家祠，第四批全国重点文物保护单位有秦代造船遗址、南越国宫署遗址及南越文王墓、怀圣寺光塔、梅庵、德庆学宫、佛山祖庙、广州沙面建筑群、康有为故居、梁启超故居、广州圣心大教堂、广州大元帅府旧址，第五批全国重点文物保护单位有莲花山古采石场、东莞可园、东华里古建筑群、大鹏所城、悦城龙母祖庙、肇庆古城墙、七星岩摩崖石刻、中山纪念堂、余荫山房、开平碉楼，第六批全国重点文物保护单位有南汉二陵、却金亭碑、六榕寺塔、广裕祠、南社村和塘尾村古建筑群、陈芳家宅、粤海关旧址、叶挺故居、广东咨议局旧址、大岭山抗日根据地旧址等。开平碉楼与古村落将外国不同时期、不同风格的建筑艺术移植到珠江三角洲乡村，是华侨文化的杰出代表，于 2007 年 6 月被列入《世界文化遗产名录》。

数量众多、高品位的名胜古迹，为珠江三角洲旅游业的发展提供了良好的条件。2013 年，珠江三角洲旅游收入高达 5017.50 亿元，比上年增长 14.33%。其中，旅游外汇收入 967.21 亿元，比上年增长 2.17%，国内旅游收入 4050.27 亿元，增长 17.68%。此外，珠江三角洲游客接待能力也进一步的提高。2013 年，该地区接待游客总数为 19253.68 万人次，比上年增长 6.23%。其中接待入境游客 3219.54 万人次，比上年下降 2.90%，接待国内游客 16034.14 万人次，增长 8.28%。

【外贸口岸】 截至 2013 年底，珠江三角洲经国家批准对外开放的一类口岸 47 个，占广东省的 79.66%，其中港口口岸 31 个，占全省的 77.50%；航空港口岸 2 个，占全省的 40%；陆路口岸 14 个，占全省的 100%。珠江三角洲对外贸易口岸的数量、通过能力和各项效益指标自改革开放以来均居全国首位，在中国对外贸易、科技文化交流和国际旅游事业中发挥着举足轻重的作用。

2013 年，珠江三角洲出口总额为 6070.93 亿美元，占全省的 95.4%，进口总额 4403.38 亿美元，占全省的 96.68%，实现贸易顺差 1667.55 亿美元。外商投资企业出口总额 3439.19 亿美元，占全省的 96.26%，外商投资企业进口总额 2272.02 亿美元，占全省的 96.77%。外商直接投资签订项目共 4884 个，合同外资额达 323.03 亿美元，实际利用外资达 230.62 亿美元。主要出口商品有机电、电气设备、电视机及音响设备，核反应堆、锅炉、机械设备及零件，珠宝首饰，光学、照相电影、计量检验、医疗仪器设备，家具、床上用品、照明装置、发光标志，针织或钩编的服装及衣着附件，鞋类及零件，塑料及其制品等。主要进口商品有机电、电气设备、电视机及音响设备，核反应堆、锅炉、机械设备及零件，光学、照相电

2000~2013 年珠江三角洲各市出口总额

单位：亿美元

市别	2000 年	2005 年	2009 年	2010 年	2011 年	2012 年	2013 年
合计	847.77	2273.18	3417.77	4318.02	5064.89	5477.09	6070.93
广州	117.90	266.68	374.05	483.79	564.68	589.15	628.07
深圳	345.64	1015.22	1619.79	2041.80	2453.99	2713.56	3057.02
珠海	36.46	107.68	177.83	208.62	239.77	216.37	265.81
佛山	57.36	170.80	245.78	330.38	390.91	401.50	425.23
惠州	44.97	106.55	171.49	202.32	231.22	292.04	333.20
东莞	171.42	409.29	551.67	696.03	783.26	850.53	908.61
中山	36.77	122.54	177.36	225.04	245.46	246.44	264.75
江门	29.85	60.25	79.49	104.09	122.52	129.70	139.99
肇庆	7.40	14.16	20.30	25.97	33.08	37.81	48.26

影、计量检验、医疗仪器设备，矿物燃料、矿物油及产品，塑料及其制品，铜及其制品等。

【城市化发展水平】 改革开放以来，珠江三角洲工业化发展迅速，工业体系逐步完善，产业结构不断优化，竞争能力日益增强。至2013年，珠江三角洲已成为以电子、电气为主导，汽车、石化等重化工业为依托的世界制造业中心之一。工业化的高速发展加快了城市化的进程。鲜明的政府主导与地区自发增长相结合，珠江三角洲涌现出“以下促上，遍地开花”的东莞模式、“以上带下、一镇一品”的中山模式、“中间突破，带动两头”的顺德模式、“六轮齐转，各显神通”的南海模式等城市化发展模式。

城市拓展和乡村城市化的双向作用，推动城乡一体化发展格局的形成。随着区域经济社会的快速发展，珠江三角洲城市规模增大、城市数量增加，形成大中小城镇相结合、多层次的城镇体系，城市空间结构和布局也发生根本性的改变。改革开放以前，广州市与周边地区城市之间属于核心—边缘结构；改革开放以来，深圳逐步发展成为又一个中心城市，珠海、佛山、中山、东莞、江门、肇庆等也发展成为中等城市，形成以广州、深圳为“双核”的珠江三角洲城市群。近年来，珠江三角洲城市群区域性基础设施和城镇基础设施逐步完善，城市生活质量和投资环境明显提高，广州、深圳的中心城市地位得到巩固，对全省的辐射带动作用不断增强，城乡一体、类型完备的多层次城镇体系初现雏形，“双核”模式正逐渐向网络化模式演化。

改革开放以来，珠江三角洲地区已逐步发展成为中国城镇化水平最高、开发建设强度最大的城镇密集地区之一。据统计，2008年，珠江三角洲拥有建设用地面积8790平方千米，占珠三角土地总面积的16.00%，建设用地地均产出3.5亿元/平方千米。2013年珠江三角洲年末常住人口5715.19万人，城市化水平已经达到84.03%，与2000年（71.59%）相比提高12.44个百分点。珠江三角洲9个城市集中广东省53.69%的常住人口、66.59%的城镇人口、61.85%的从业人员。

《珠江三角洲城乡规划一体化规划（2009~2020年）》提出，要“将广州、深圳建设成为世界城市，引领区域一体化；三大都市区多元化发展：广佛肇都市区形成多中心梯度分布的空间发展格局，广佛同城化发展，整体辐射能力加强；深莞惠都市区形成以深圳为核心，东莞、惠州为次中心，重点发展以廊道为依托的多中心点轴发展格局；珠中江都市区形成多中心均衡分布的空间格局，人口城镇化水平达到85%以上。环珠江口湾区建成珠三角的创新核心、生态核心、高端服务中枢和多元文化融合区”。

按照规划，珠江三角洲将进一步统筹城乡发展，提高城镇化水平，不断加快城市化进程，推进宜居城乡建设，推动“双转移”创新提质，辐射带动粤东西北振兴发展，采取优化国土空间布局、大力推进污染减排、促进资源节约、加强生态建设等措施，推进生态文明建设，努力建设美丽广东。至2013年，珠江三角洲地区已经成为中国参与全球化竞争的前沿阵地和战略空间，正朝着亚太地区最具活力和国际竞争力的“世界级城市群”的目标迈进。

（张争胜　陈冠琦　赵　静　黄奕雄）

珠江三角洲地区经济社会发展概述

【概况】 2013年，珠江三角洲地区生产总值（GDP）达5.3万亿元，比上年增长9.4%，高出全省0.9个百分点；人均GDP达93114元，增长8.8%；地方公共财政预算收入4669.16亿元，比上年增长13.0%；固定资产投资、社会消费品零售总额、进出口总额分别达16030.78亿元、18933.0亿元和10474.31亿美元，增长15.2%、12.1%和11.0%。

【现代产业体系建设】 2013年，珠江三角洲地区三次产业结构比例调整为2.0∶45.3∶52.7，现代服务业、先进制造业、战略性新兴产业的支撑作用不断增强。实施“四加三”现代服务业工程，认定省级现代服务业集聚区59个，腾讯、唯品会、梦芭莎等龙头电子商务企业快速发展，现代服务业增加值占全部服务业的61.3%。广州市服务业占GDP的64.6%，对经济增长贡献率超过70%。深圳长安标致、江门南车轨道交通装备修造基地等重大产业项目建成投产。先进制造业增加值占规模以上工业增加值的52.7%，对工业增加值贡献率达58.8%。新型显示、软件、生物医药、LED等战略性新兴产业发展迅速，认定省级战略性新兴产业基地22个，战略性新兴产业占规模以上工业总产值比重为12.6%。深圳下一代互联网和惠州云计算智能终端获批成为全国首批创新型产业集群试点。推进工业化与信息化融合，工业技改投资达874.37亿元。佛山市搭建“中国在线制造”公共云服务平台，累计有90家龙头企业上线运行。加工贸易“委托设计+自主品牌”生产方式比重达63.5%，比上年提高8.5个百分点。珠江三角洲地区新增省级专业镇7个，累计150个。

【自主创新能力提升】 2013年，珠江三角洲地区研发经费支出占地区生产总值的2.5%；发明专利申请量达每百万人1133件，比上年增长12.8%；PCT国际专利申请受理量11385件，占全国申请量的54.5%。新增重点实验室、工程中心等国家级创新平台19个。实施创新驱动战略，推进广州、深圳国家创新型城市建设和区域创新体系建设。以企业为主体的创新体系加快建设，科技、金融与产业加快整合，珠三角共集聚6000多家高新技术企业，深圳已形成国内最密集的创新型企业集群。重大创新成果超材料、第四代移动通信、基因测序及分析等达到世界领先水平，“天河二号”落户国家超算（广州）中心并正式投入使用。创新人才增加，全年珠三角研发人员超过50万人，引进创新科研团队32个，共汇聚近700名高层次人才。

【重大平台产业集聚发展】 2013年，珠江三角洲地区重大平台和重大项目建设进展顺利。重大平台建设方面，广州南沙新区签约项目61个，投资总额超5000亿元，明珠湾起步区33个项目动工，总投资586亿元；深圳前海注册企业3353家，其中金融类企业占60%，跨境人民币贷款在全国率先实施，备案金额突破150亿元；珠海横琴岛内基础设施基本建成，注册企业2124家，新增注册资本1163亿元；东莞台湾高科技园新引进优质项目46个，协议引资额达150

亿元；佛山中德工业服务区、东莞水乡特色发展经济区、中山翠亨新区、惠州环大亚湾新区、江门大广海湾新区等新区规划获省政府批准。重大项目方面，“九年大跨越”27个重大产业项目完成投资247.05亿元，为年度计划的109.03%；珠海中海油南海深水天然气高栏总站、深水海洋工程装备制造基地一期等项目投产；江门广东轨道交通首列CRH6动车组成功下线，格兰达、中车等多家配套企业落户，轨道交通产业集群初具规模；肇庆澳联玻璃、中恒医药一期投产，大旺热点联产项目试运行。

【推进区域一体化】 2013年，珠江三角洲地区“五个一体化”规划实施取得新成效。基础设施方面，珠三角区域内高速公路通车里程达3400千米；城际轨道完成投资160亿元，厦深铁路建成通车；深圳宝安国际机场扩建工程建成运营，广州白云国际机场扩建工程进展顺利；“岭南通”实现全省19个地市及港澳地区互联互通。产业布局方面，广东粤海装备技术产业园完成概念性总体规划和产业规划，广东（江门）汽车零部件产业专业园加快建设，珠三角共建汽车供应链取得新进展。基本公共服务方面，珠三角流动就业人员医保关系转移达11.8万人次，广州、深圳等6市实现社保卡“诊疗一卡通”，珠三角累计持卡人数4717万人，占常住人口的83.1%。环保方面，滚动实施清洁空气行动计划，空气质量平均达标天数比例为75.1%，明显优于京津冀、长三角等重点区域；重点流域水质有所好转，淡水河西湖村、上垟和石马河企坪断面综合污染指数分别比上年下降7.1%、20.5%和32.6%。城乡规划方面，城际轨道站场TOD综合开发规划进展顺利。

经济圈建设加快。广佛同城化及广佛肇经济圈年度重点项目进展顺利，广佛肇高速公路动工建设。深莞惠经济圈出台区域协调发展总体规划，新签订3项合作协议和13项重点工作。珠中江经济圈饮水、旅游、环境等26个合作项目加快推进，新签合作协议8项。同时，开展珠三角“五个一体化”规划中期评估，启动编制信息和智慧城市建设、物流、科技创新、生态安全和旅游等新的“五个一体化”规划。

粤港澳合作进一步深化。申报设立粤港澳自由贸易园区。强化粤港、粤澳合作框架协议落实，15项先行先试措施纳入《CEPA补充协议十》。澳门大学新校区建成移交，港珠澳大桥等跨境基础设施建设正在推进。

珠三角辐射带动作用进一步增强。调整珠三角地区与粤东西北地区对口帮扶关系，明确责任和目标，加大帮扶力度。清远南部地区加快融入珠三角，广清一体化加速。粤桂合作特别试验区建设规划出台。

【重点领域和关键环节改革】 2013年，珠江三角洲地区取消、转移、下放国家设定和省级行政审批事项508项，出台第一批下放和委托深圳前海合作区实施的省级管理权限事项目录，珠三角各地级以上市及顺德区实现行政审批事项压减44.6%，各县（市、区）实现行政审批压减29.4%。省网上办事大厅连通珠三角所有县（市、区）网上办事大厅分厅，珠三角各市60.1%的行政审批事项达到二级网上办事深度，各县（区）75.5%的行政审批事项达到一级网上办事深度。出台企业投资管理体制改革方案，顺德区制定国内首份市场准入负面清单。实施工商登记制度改革后，全年珠三角新登记企业32.05万家，比上年增长52.40%。出台市场监管体系建设规划，企业信用信息网整合全省超过130万家企业信用信息，累计访问量超3000万次。

【实施绿色低碳发展】 2013年，珠江三角洲地区单位生产总值能耗和主要污染物减排指标完成年度目标。转出、淘汰、关停落后企业1万多家。推行建筑节能标准，全年新增节能建筑面积8882万平方米，形成83.7万吨标准煤的节能能力。深圳市在全国率先启动碳排放配额交易。

推进污染防治，启动排污权有偿使用和交易试点，研究制定总量指标分配等相关配套制度，其中江门市与4家企业签署排污权交易协议。启动实施南粤水更清行动计划、重金属污染综合防治行动计划，珠三角中心镇全部建成污水处理设施，城镇生活污水处理率超过92.7%。

加强生态建设，出台绿道建设管理规定，森林碳汇重点生态工程完成1.94万公顷建设，建成生态景观林带1000千米。肇庆新区中央绿轴生态城被住房和城乡建设部确定为“国家绿色生态示范城区”。

【民生事业和社会治理】 2013年，珠江三角洲地区新创建教育强县2个、教育强镇33个。推行积极就业政策，城镇新增就业104万人，促进创业14.8万人，城镇登记失业率为2.35%。扩大社会保险覆盖面，居民养老保险、医疗保险实现城乡一体化和全覆盖，珠三角6市开展大病保险试点。健全社会救助和福利体系，珠三角基本建立起以居家为基础、社区为依托、机构为支撑的养老服务体系框架。珠三角新开工建设保障性住房和棚户区改造住房61429套。建成药品第三方交易平台，建立起覆盖省、市、县并逐步延伸到乡镇的食品安全风险监测网络，开展平价医院、平价门诊、平价药包活动。深化社会组织和基层管理体制改革，建立社会组织孵化基地3.3万平方米，249个社会组织入驻，广州、中山等市出台创建枢纽型社会组织扶持试行办法，珠海市社会组织达1401个，每万人拥有8.85个社会组织，居全省首位。

（省规划纲要办）

《珠江三角洲地区改革发展规划纲要（2008~2020年）》实施情况

【概况】 截至2013年年底，《珠江三角洲五个一体化（基础设施建设、产业布局、城乡规划、基本公共服务、环境保护）规划》确定的中期目标任务总体推进顺利，完成情况良好。其中，基础设施建设一体化方面，完成139个重大项目开工建设，完成投资6739亿元，珠三角区域内轨道交通运营里程1761千米，高速公路总里程3407千米；产业布局一体化方面，广东省共有省级专业镇363个，实现GDP占全省专业镇GDP总量的50%以上；城乡一体化方面，珠三角城镇化率达84.03%，高于全国同期平均水平31个百分点；基本公共服务一体化方面，2013年，珠三角财政民生投入3510亿元，占公共财政预算支出的66.98%；环境保护一体化方面，共建成自然保护区65个，建成生态景观林带1000千米，完成森林碳汇工程1.94万公顷，森林覆盖率达51.06%。

【五个一体化规划取得成效】 基础设施建

设一体化、产业布局一体化、城乡规划一体化、基本公共服务一体化、环境保护一体化，是珠三角区域一体化的五个重要方面。截至2013年底，珠三角五个一体化规划均取得阶段性成效，珠三角一体化水平得到提升，区域经济一体化格局初步形成。在基础设施建设一体化方面，广东省推进的五大类21项重点任务进展顺利，9项主要指标均达到既定目标，其中轨道交通运营里程等8项指标超额完成。139个重大项目开工建设，完成投资6739亿元（交通基础设施完成投资5486亿元），为计划投资总额的74%，其中进展顺利或者基本顺利的113个，占总数的81%。在产业布局一体化方面，现代服务业、先进制造业等5大领域30个产业发展态势良好，服务业增加值占GDP比重等5项主要指标均超额完成既定目标。以区域绿道建设、携手港澳共建宜居湾区为代表的8大类城乡规划一体化重点任务扎实推进。基本公共服务一体化的8大类61项重点任务进展顺利。环境保护一体化取得较好成绩，解决区域大气复合污染、齐防共治跨界水污染等6大类24项重点工作进展情况良好，9项主要指标均完成预定目标，其中城市公园绿地面积等8项指标超额完成。

【各市产业同质化竞争仍存】 截至2013年年底，珠三角区域内轨道交通运营里程达1761千米，厦深铁路建成通车；高速公路总里程达3407千米、密度达9.36千米/百平方千米，超过纽约、东京、巴黎都市圈。广州西江饮水工程建成通水，惠及600万名市民。但是，基础设施建设一体化工作还有不少突出问题亟待解决。其中，部分线网状工程跨部门跨市协调难度较大，存在用地手续办理难、征地拆迁难、资金筹措难等问题，影响项目建设进度。前4年规划的105个重大项目中，开工建设77个，计划建成64个，实际建成39个，有26个项目建设进度滞后。基础设施全面开工建设的139个重大项目。其中，进展顺利或者基本顺利的113个，占总数的81%；滞后或暂缓实施的项目26个，占总数的19%。

珠三角产业经济发展未来的产业一体化工作的推进效果也有待时间检验。截至2013年底，珠三角产业布局一体化和产业结构优化的协调体制和工作机制初步形成，区域产业分工逐步趋于合理。其中，产业集聚发展势头良好，各地产业错位的发展趋势明显，产业合作不断深化，产业转移成效显著。但产业布局一体化推进效果不明显，珠三角9市产业发展定位不清晰，产业结构雷同，单纯靠比拼优惠条件的同质化竞争现象依然存在，产业错位发展格局尚未形成；基本公共服务一体化缺乏有效统筹，城乡规划一体化尚未取得实质性突破；环境保护一体化工作也尚未形成合力，区域环境污染形势依然严峻。 （摘编自《南方日报》）

组织机构

【广东省实施《珠江三角洲地区改革发展规划纲要（2008~2020年）》领导小组成员】

组　　长： 朱小丹　省委副书记、省长
常务副组长： 徐少华　省委常委、常务副省长
副 组 长： 刘志庚　副省长
许瑞生　副省长
陈建华　广州市委副书记、市长
许　勤　深圳市委副书记、市长

专职副组长：苏泽群

成　　　员：李　锋　省政府秘书长、办公厅主任

钟世坚　省纪委副书记、省监察厅厅长、省预防腐败局局长

谭一鸣　省委副秘书长

赵　坤　省政府副秘书长

何宁卡　珠海市委副书记、市长

刘悦伦　佛山市委副书记、市长

麦教猛　惠州市委副书记、市长

袁宝成　东莞市委副书记、市长

陈良贤　中山市委副书记、市长

庞国梅　江门市委副书记、市长

郭　锋　肇庆市委副书记、市长

林应武　省委组织部副部长、省人力资源社会保障厅厅长

赖　斌　省委宣传部副部长

刘润华　省社工委专职副主任

张劲松　省委政研室主任

李志红　省编办主任

李春洪　省发展和改革委员会主任

赖天生　省经济和信息化委主任

罗伟其　省教育厅厅长

李兴华　省科技厅厅长

罗　娟　省公安厅党委副书记、副厅长

刘　洪　省民政厅厅长

曾志权　省财政厅厅长

邬公权　省国土资源厅厅长

李　清　省环境保护厅厅长

王　芃　省住房和城乡建设厅厅长

曾兆庚　省交通运输厅厅长

林旭钿　省水利厅厅长

郑伟仪　省农业厅厅长

张育文　省林业厅厅长

郭元强　省外经贸厅厅长

方健宏　省文化厅厅长

陈元胜　省卫生厅厅长

傅　朗　省外办主任

温国辉　省国资委主任

王南健　省地税局局长

黄小玲　省广电局党组书记、副局长

杨迺军　省体育局局长

幸晓维　省统计局局长

林　积　省物价局局长

卢炳辉　省工商局局长

朱仲南　省新闻出版局局长

文　斌　省海洋渔业局局长

任小铁　省质监局局长

马宪民　省知识产权局党组书记、副局长

杨荣森　省旅游局局长

王学成　省法制办主任

廖京山　省港澳办主任

刘文通　省金融办主任

陈国兴　省台办主任

王　珺　省社科院党组副书记、副院长

汪一洋　省发展研究中心主任

吕　滨　海关总署副署长、海关部署广东分署主任
胡金木　省国税局局长
李延辉　广东出入境检验检疫局局长
蒋怀宇　民航中南管理局局长
王景武　人行广州分行行长
刘福寿　广东银监局局长
侯外林　广东证监局局长
房永斌　广东保监局局长
古伟中　省通信管理局局长
张爱军　省府办公厅副主任

领导小组办公室设在省府办公厅，办公室主任由省政府秘书长、办公厅主任李锋兼任，办公室副主任由省政府副秘书长赵坤、省发展改革委主任李春洪、省府办公厅副主任张爱军兼任。

(注：此名单由广东省人民政府办公厅于2013年6月15日公布)

·责任编辑　郝红英·

大事记（二〇一三年）

1月

1日　△凌晨零时起，广州、佛山、肇庆、珠海、中山、江门、深圳、东莞和惠州九市车辆年票互认互通。

3日　△广佛肇三市国际标准舞公开赛暨肇庆市第五届国际标准舞公开赛在肇庆市举行，有380对选手参赛。

4日　△第四届珠中江进出口商品展销会在江门市闭幕。5天展会吸引45万人次进场，现场销售金额1260万元。

△香港大学深圳医院成为香港大学附属医院，并允许该院增设小儿外科、肿瘤科、麻醉科及开展健康体检服务。

△是日起，2013年江门市车辆通行费开始征收，收费标准整体下调3.74%，可免费通行的范围由珠中江三市扩大到珠江三角洲九市。

5日　△广州市人社局对外公布，东莞市人民医院成为广州在东莞地区的指定定点医疗机构，广州参保人在该医院就医可实现即时记账结算。广州市与肇庆、佛山和东莞三市实现异地就医实时结算。

△广佛肇跨地区校际协作教研展示活动在肇庆市举行，广州、佛山、肇庆三地100多名教育工作者相互探讨校际协作教研新路子。

6日　△广州、佛山、肇庆三市卫生局在肇庆四会市联合召开广佛肇虫媒病防控工作会议，就加强三地虫媒病防控工作合作及信息通报制度、做好虫媒病防控、联合应对重大疫情等突发公共卫生事件进行研讨。

8日　△广东、广西两省（区）发改委在肇庆召开《粤桂合作特别试验区建设发展总体规划（2012~2030年）》研究报告专家评审会。经讨论研究，专家组一致通过该次评审。

△深澳合作会议在深圳市举行。会上双方签署《关于加强交流与合作的备忘录》等6项新的合作协议，其中多数涉及民生改善事项。

9日　△中共中央政治局委员、广东省委书记胡春华到肇庆市调研，并提出把肇庆建设成为“融入珠三角、连接大西南的枢纽型门户城市”的要求。

10日　△电子口岸发展“十二五”规划政策宣讲暨虎门港通关信息平台开通仪式在东莞市举行。仪式上，东莞市虎门港集团有限公司与张家港电子口岸、香港贸易通进行电子口岸战略合作签约。

15日　△是日至16日，中共珠海市委书记李嘉、市长何宁卡率队访问中国澳门，期间分别拜会全国政协副主席何厚铧、澳门特别行政区行政长官崔世安，双方就进一步深化珠澳紧密合作、共同推进横琴开发深入交流。

17日　△港珠澳大桥岛隧工程首批沉管横移和系泊施工完成。此举意味着国内首例、世界第二例工厂法沉管预制技术取得重要突破。

21日　△中共中央政治局委员、广东省委

书记胡春华在珠海市调研，希望珠海抢抓机遇、乘势而上，努力成为珠江西岸经济发展新的增长极，进一步增强对珠江西岸地区的辐射带动作用。

22日 △澳门江门同乡会在澳门渔人码头举行“澳门江门同乡会—工银澳门全面合作协议签署及联名银行卡首发仪式暨江门同乡会十周年杰出人员颁奖典礼”。

23日 △第二届珠中江美术作品联展在中山市美术馆开展。该届联展共展出作品177件。

24日 △《东莞市城市轨道交通建设规划(2012~2018)》通过国家专家组评审，未来5年内东莞市拟再建127千米地铁，并预留接驳条件，可快捷与广州、深圳、惠州三市地铁和国铁换乘。

25日 △广珠西线高速公路三期正式通车。至此，广珠西线高速一、二、三期全线贯通。

△《广东省2013年重点建设项目计划(草案)》“出炉”。珠海市城际轨道交通拱北至横琴段等26个项目列入省重点建设计划；广佛江珠城际轨道交通等11个项目入选重点建设前期预备项目。

△珠海市人民政府与广东省住房和城乡建设厅在广州市签署《提高城市化发展水平，建设美丽宜居珠海》合作框架协议。珠海市市长何宁卡与广东省住房和城乡建设厅厅长房庆方代表双方在协议上签字。

27日 △珠海市人民政府在广州市与广东电网公司签署《“十二五”电网建设战略合作协议》，与南方电网综合能源有限公司签署《新能源项目建设战略合作协议》。

28日 △珠海市人民政府与广东省林业厅合作建设生态文明森林珠海框架协议签字仪式在广州市举行。

29日 △中共中央政治局委员、广东省委书记胡春华，省长朱小丹会见澳门特别行政区行政长官崔世安一行。

是月 △《江门市城市总体规划充实完善》方案出台，重点对西部沿海铁路、广中江高速（江珠北延线）、中开高速公路的线路位置进行调整。

2月

1日 △江门市副市长易中强，市港澳事务局局长梁富鸣一行访问澳门。拜访澳门特别行政区政府旅游局，就深化两地旅游业合作进行探讨。

5日 △“新广州·新商机——穗港工商新春联谊会暨广州新型城市化重点项目推介会”在香港举行。

△“珠三角德国医疗谷”中国华南总部在佛山市揭牌。“珠三角德国医疗谷”国际合作项目系列框架协议签约仪式及2013年珠三角德国医疗谷国际合作商洽会同时举行。这是德国医疗谷在国内首个合作项目。

6日 △广东省统计局公布《2011年建设幸福广东综合评价报告》。报告测算结果显示，在珠江三角洲地区综合指数中，排名前三的分别是深圳、惠州和广州。而从水平指数看，广州位列第一位，深圳、惠州位列第二位、第三位。

△广东省人大常委会关于深化淡水河、石马河流域污染整治工作座谈会在东莞市举行。省人大常委会主任黄龙云、省人大常委会副主任肖志恒，以及省环保厅、水利厅、国土厅负责人，中共东莞市委书记、市人大常委会主任徐建华，中共深圳市委常委、常务副市长吕锐锋，惠州市人大常委会副主任邓木林等出席座谈会。

△中共中央政治局委员、广东省委书记胡春华，省长朱小丹会见香港特别行政区行政长官梁振英一行。

△广东省珠三角绿道网建设项目获“2012 年全球百佳范例”称号。至 2012 年 12 月底，珠三角建成绿道 7350 千米。

7 日 △广东广佛肇高速公路有限公司在肇庆市注册成立，由广东省交通集团属下广东省长大公路工程有限公司和肇庆市发展总公司分别按 75%和 25%的比例共同出资组建。

19 日 △广州市公安局交警支队通报“2·18”京港澳高速特大交通事故情况：2 月 18 日 23 时许，在京港澳高速公路南行 2121 千米处发生一起大货车与 6 辆小车相撞，造成 7 人死亡、5 人受伤的特大道路交通事故。

20 日 △广州南沙新区开发建设领导小组第三次会议和广州市推进粤新合作知识城项目建设领导小组工作会议召开。

△全国人大常委会委员长吴邦国在珠海市视察澳门大学横琴校区。

22 日 △《人民日报》在头版刊登题为《南沙新区：珠三角再添新翼》的文章，描绘广州致力于将南沙建成具有国际影响力滨海新城区的蓝图。

23 日 △由广州市新闻工作者协会、香港新闻工作者联会、澳门新闻工作者协会共同发起举办的穗港澳“新闻杯”足球赛在广州市落幕。

24 日 △首届珠三角青年交友婚恋文化节启动仪式在肇庆市揭幕。百对婚恋青年、珠三角九市青联代表共 1000 多人参与。

26 日 △作为珠三角地区高铁及城际主要客运站的佛山西站开工建设。该项目于 2012 年 12 月 3 日经铁道部和省政府联合批复，相关工程包括贵（州）广（州）南广客运专线车场、城际车场、客运专线运用所和城际动车运用所四部分，总建筑面积 6.8 万元平方米，计划 2017 年 6 月建成。

△广东省政府在香港举行 2013 年新春酒会。香港特别行政区行政长官梁振英等出席。

28 日 △“舞动星湖·幸福启航”万人牵手星湖活动在肇庆市牌坊广场举行，来自广佛肇梧四地的 10000 多名妇女参加巡游。万名群众手举红绸合围中心湖，并成功申请上海大世界基尼斯纪录“规模最大的志愿者手拉手活动——广佛肇梧群众牵手星湖活动”。

是月 △选址江门市江海区礼乐南冲水闸附近的直升机口岸机场拿到空军牌照，完成开建前手续。该机场是珠三角首个直升机口岸机场，项目投资商为香港浩瀚国际航空产业集团有限公司，首期计划投资 12 亿元，建成后作为广东、香港、澳门直升机停泊站场，可提供400个泊位，项目占地面积33.33公顷。

3月

5日　△中共中央政治局委员、广东省委书记胡春华，省长朱小丹在北京会见香港特别行政区行政长官梁振英和澳门特别行政区行政长官崔世安。

6日　△珠海、中山、江门三市人民防空办公室在珠海市签署《珠海、中山、江门三市人防区域协作框架协议》。

7日　△中国（江门）国际绿色光源博览交易中心（简称"光博汇"）与美国休斯敦贸易中心举行战略合作签约仪式，这是与光博汇签约的首家境外全球采购商。

9日　△第十一届中国（广州）国际专业音响灯光展览会暨中国（恩平）第八届麦克风及电声器材国际展销会在广州琶洲会展中心开幕。

11日　△中山市人民政府在深圳市举办2013年深圳—中山现代服务业对接会，两市政府签订《深圳—中山现代服务业合作发展协议》，建立常态化合作机制。

12日　△珠海市横琴新区管委会、仁和投资控股有限公司、香港制药厂有限公司在北京签署"仁和横琴（国际）中医药创新中心"合作协议。

20日　△广州市领导与港澳地区市政协委员座谈会在广州白云国际会议中心举行。

△广东省副省长陈云贤率省政府有关部门负责人到东莞调研民办教育发展，并召开深圳、珠海、梅州、东莞四市分管教育副市长及教育等有关部门负责人座谈会，研究推进广东省民办教育规范特色发展的政策措施。

21日　△是日至23日，中国（江门）国际绿色光源博览交易中心——光博汇项目的母公司澳门泰达工程，代表澳门特别行政区政府与江门江海区政府在2013年澳门国际环保合作发展论坛及展览上签订《共同打造绿色照明之都协议》。

△中国内地首家香港独资医院——深圳希琳林顺潮眼科医院开业。

22日　△是日至25日，第二届东莞国际珠宝展在东莞国际会展中心举行。该届展会展位368个，设台湾中华宝石协会展区、粤港澳台珠宝行业联盟展区、东莞本土珠宝实体店三个展区，参展国家和地区22个。

28日　△第十一期南方公益志愿大讲堂暨2013年全省志愿者骨干训练营在肇庆市举行。来自广东省近400名志愿者骨干和社会组织负责人参加活动。

29日　△是日至31日，中共中央政治局委员、国家副主席李源潮到广州、中山、珠海、江门考察调研。30日，李源潮在珠海主持召开调研座谈会，听取基层共青团、妇联、侨联、科协工作情况汇报。胡春华、朱小丹等陪同考察。

4月

3日　△东莞市三泰环保渔业公司一批活鱼“翡翠皇”出口至香港，创造东莞地区近十年来首次活鱼出口到香港的纪录。该公司是广东地区首家以环保科技结合生态养殖的水产企业。

9日　△新加坡裕廊国际集团中国总裁许添财、新加坡国际企业发展局副主任黄逸恒一行5人到江门市进行为期3天的访问考察。

10日　△第十四届国际纺织制衣展暨鞋机鞋材展在东莞市举行，吸引来自中国内地、港台地区及日本、意大利、美国、德国等地的350家知名品牌企业参展。

△广东省政府与民政部在广州市召开共同推进珠江三角洲地区民政事业改革发展工作会议。省长朱小丹讲话。

12日　△珠海、中山、江门三市交通运输部门在珠海市组织专家评审《珠中江交通基础设施一体化规划》。

15日　△中共中央政治局委员、广东省委书记胡春华会见美国加利福尼亚州州长杰瑞·布朗一行。加州代表团访粤欢迎活动举行。广东省省长朱小丹、杰瑞·布朗出席活动并签署《发展友好交流与合作关系备忘录》。

16日　△中共中央政治局委员、广东省委书记胡春华，省长朱小丹会见香港工业总会主席钟志平率领的香港工业总会及珠三角工业协会代表团一行。

17日　△广州市副市长欧阳卫民、市交委主任冼伟雄会见佛山市副市长许国一行，就如何把广州对外限行对两地经济社会交流及市民出行的影响降至最低进行交流。

18日　△广东省推进广州南沙、深圳前海、珠海横琴新区重大平台建设工作交流会在深圳市召开。

△江门市新会区党政考察团到中山市三乡镇考察社会经济发展以及城镇建设情况。

△中山市政府与珠海市政府在中山市坦洲镇召开中珠一体化合作协调会议。会议双方就如何加快中珠两市一体化合作、明确香海高速公路坦洲段线位方案及加快推进中山、珠海两市跨界道路对接等问题进行友好协商。

19日　△是日至20日，由亚太旅游联合会、中国品牌协会主办，深圳市旅游协会协办的“2013建设美丽中国暨旅游目的地品牌推广盛会”在深圳市举办。肇庆市德庆县获“中国最美生态文化旅游名县”称号。

21日　△珠海市政府与香港智经研究中心在珠海市签署《珠海市人民政府与香港智经研究中心战略合作框架协议》。

△第二届粤港万人相亲会在东莞市举行，6000多名来自粤港两地单身男女齐聚东莞观音山，成就美好姻缘。据主办方统计，现场共有253对男女成功牵手。

23日　△是日至25日，澳门江门同乡会由创会会长萧德雄、会长梁伯进率近40人考察团到江门市访问。

25 日　△东莞天安数码城与华为技术有限公司、中国联通东莞分公司联合举办港台穗深莞五地研发工程师沙龙（第二季）在东莞天安数码城启动，吸引来自广州、深圳、香港、台湾等地近 40 家企业研发工程师参与。

27 日　△穗莞深城轨首座大型桥梁—东江南特大桥建成，其主跨 264 米，梁长 552 米，为国内铁路桥梁中跨度最大的铁路连续钢梁桥。

是月　△中共江门市委常委、宣传部部长韩安贵率团先后在澳大利亚悉尼市和新西兰奥克兰市举办江门市旅游风光摄影作品展，推介侨乡旅游景点。

5 月

6 日　△凌晨 2 时 58 分，港珠澳大桥岛隧工程首节（E1）沉管与西人工岛隧道暗埋段成功对接。首节 E1 沉管管节长 112.5 米，宽 37.95 米，高 11.4 米，吃水深度为 11.1 米，总重量 4.4 万吨，总排水量 4.7 万吨。

7 日　△江门军分区与来自美国、法国、委内瑞拉、中国香港等 10 个不同国家和地区的 10 名华侨代表互动座谈，共话“强国梦”。

8 日　△2013 年珠江三角洲地区台资企业转型升级现场会在东莞市召开。会议听取东莞市扶持台资企业转型升级的经验做法介绍，对进一步推动台企转型升级作出部署。

9 日　△广东省实施珠三角《规划纲要》“四年大发展”总结暨“九年大跨越”动员会召开。中共中央政治局委员、广东省委书记胡春华，省长朱小丹讲话，强调要认真总结经验，坚定信心，鼓足干劲，奋力拼搏，努力实现《规划纲要》确定的各项目标任务。

10 日　△滇粤产业合作暨中国—南亚博览会推介会在广州市举行。广东省省长朱小丹出席会议，云南省省长李纪恒发表演讲。

13 日　△广州南沙新区推介会在香港举行。推介会上，南沙区分别与央企、国企、外企、民企、高校、科研院所等签下 17 项合同协议，合同金额 2348 亿元。

14 日　△珠海市市长何宁卡会见以《大公报》总经理盛一平为团长的香港工商学界考察团一行。双方就进一步加强两地工商学界沟通合作进行广泛交流。

15 日　△广州南沙新区推介会在澳门举行。

△中共东莞市委书记、市人大常委会主任徐建华率东莞市党政代表团到江门市参观考察。

△珠海、中山、江门三市消委会第八次联席会议在江门市召开。

△是日至 17 日，中山海关联合市外经贸局派员赴东莞、深圳大鹏、佛山顺德海关调研，学习通关监管工作经验和服务地方经济发展的措施以及后勤保障、纪律作风建设方面的先进做法。

16 日　△中共东莞市委书记、市人大常委会主任徐建华率领考察团到中山市考察交流。

17 日　△“香港青年精英五邑行”访问团到江门市进行为期 2 天访问。

19 日　△是日至 21 日，在“珠海 2013 第三届东亚集邮展览”上，江门市集邮协会选送的罗达全《广东五邑银信（1885～1949）——邮政寄递的侨批》五框邮集获大镀金奖。

△2013 年“中国旅游日”品味水乡东莞欢乐健康游系列活动、深莞惠旅游联盟活动等在东莞市新华南 MALL 同时启动。

20 日　△古巴驻广州总领事菲利克斯到江门市访问，参观大冶摩托等企业。

△是日至 24 日，中共广西壮族自治区党委书记、自治区人大常委会主任彭清华，自治区党委副书记、自治区政府主席陈武率广西壮族自治区党政代表团到粤考察。20 日，中共中央政治局委员、广东省委书记胡春华主持召开广东·广西合作交流座谈会。两省区签署《广东省人民政府、广西壮族自治区人民政府进一步深化合作会谈纪要》。

21 日　△广西·广州经济社会发展情况交流座谈会在广州市举行。

22 日　△肇庆、云浮、阳江三市高速公路建设项目现场督导会在肇庆市召开。会议交流三市推进高速公路建设的经验做法。三市领导分别发言，广佛肇、罗阳、江罗、云罗、二广、肇花高速等项目业主单位分别作汇报。

23 日　△穗港澳青少年交流座谈会在广州市召开，来自广州、香港、澳门近 40 个社会团体的负责人探讨加强粤港澳青少年基地建设和交流工作的问题。

△穗港澳少年儿童迎“六一”国际儿童节交流活动在广州市举行，穗港澳三地共 100 多名少年儿童参加活动。

△世青会首个海外分会——澳大利亚悉尼江门五邑青年联合会首任会长吴锐谋、《星岛日报》行政总裁高文辉一行到访江门市。

△珠中江片区暨加博会电商平台宣传会议在中山市举行，广东省投资促进局、珠海市科工贸信局、江门市外经贸局、中山市外经贸局相关领导及珠中江三地 34 家加工贸易企业代表参加会议。

24 日　△中共广西壮族自治区防城港市市委书记刘正东率团到珠海市访问，就进一步深化合作，推动共同发展进行考察。

28 日　△首列广东造 CRH6 型城际动车组在江门市新会区的广东轨道交通车辆修造基地正式下线。广东省省长朱小丹、中国南车集团董事长郑昌泓、中共江门市委书记刘海、江门市市长庞国梅等一同乘坐体验。

△广东省省长朱小丹到江门市大广海湾新区调研海洋经济和临港产业规划发展，强调把大广海湾新区作为珠三角实现“九年大跨越”的新增长极，科学规划、建设，发挥江门优势，实现跨越性发展。

△广东省人大《人民之声》杂志社与东莞市人大常委会联合召开“水乡水环境综合治理与生态文明”代表建言访谈会，邀请穗莞深三市的人大代表集聚东莞，为东莞市水乡整治出谋划策。

29 日　△珠海市人民政府与澳门大学在珠海市签署战略合作框架协议。珠海市市长何宁卡，澳门大学校长赵伟代表双方在合作协议书上签字。

30日 △珠海、中山、澳门三地公交互通卡在珠海市发行。

△中共惠州市委书记、市人大常委会主任陈奕威，市委副书记、市长麦教猛率党政代表团到东莞市考察，中共东莞市委书记、市人大常委会主任徐建华等与代表团进行交流。

△“2013年第一次在莞港企升级转型”联席会议在香港召开，东莞市副市长贺宇率市外经贸、人力资源、金融和外事等部门，就当前经济形势以及帮扶企业等问题与香港工商界代表进行交流。

△是日至6月2日，中共中央政治局常委、全国人大常委会委员长张德江到珠海、广州、深圳等地视察调研。中共中央政治局委员、广东省委书记胡春华，省长朱小丹，省政协主席、党组书记黄龙云等陪同考察。

31日 △珠海、中山、江门三市科学技术协会联合主办的第三届珠中江科协论坛在江门市召开，论坛主题为“土木建筑的发展与创新”。

6月

1日 △《澳广视，与您同行29载》澳门电视台台庆暨“推广澳门宣传短片制作邀请赛”颁奖大型直播晚会在澳门威尼斯人剧场举行，江门广播电视台摄制的宣传短片《中西合璧双面澳门》获最高奖项——金奖。

4日 △由广东、台湾、香港三地高校共同建设，总投资额12亿元的岭南中草药文化博览园项目正式签约落户广州从化。

△广州党政代表团到佛山市考察交流，参观广东金融高新区、广东工业设计城和佛山新城，双方就进一步推进广佛同城发展，进行广泛深入研究。

△广州、佛山、肇庆三市旅游局共同组织三地旅游业界代表，在福建省厦门市举办“多彩广佛肇、岭南真味道”推介会，打造“多彩广佛肇”旅游品牌，推广广佛肇三市的主要旅游资源及特色旅游线路。

6日 △深圳、东莞、惠州三地非物质文化遗产图片联展开幕式暨东莞市非物质文化遗产展示馆挂牌仪式在东莞市举行。该次联展主要展示深莞惠三地优秀非物质文化遗产项目，增进三地市民对本土非物质文化遗产的认知度。

7日 △广州市党政代表团到东莞市考察，中共东莞市委书记、市人大常委会主任徐建华，市委副书记、市长袁宝成等与代表团进行交流，共商穗莞合作大计，推动东莞北部水乡特色发展经济区与广州东部地区的对接。

8日 △广东省商事登记制度改革试点工作现场会在深圳市召开。广东省省长朱小丹作讲话。深圳、珠海、东莞、佛山、惠州等市和顺德区在会上介绍商事登记改革试点工作做法和经验。

9日 △由泰国中华会馆理事长、著名侨批收藏家许茂春和江门市五邑大学广东侨乡文化研究中心、潮汕历史文化研究中心、福建省档案馆3个机构联合主办的侨批展览在泰国曼谷开幕，展览为期90天，主题为“声援侨批申列世界遗产，见证华侨爱国爱乡历史”。

10日　△中共广东省委常委、常务副省长徐少华到肇庆市调研广佛肇城际轨道交通项目，强调要确保重点交通枢纽项目建设如期推进。

11日　△中共广东省委副书记、省政协主席朱明国在香港出席庆祝香港回归16周年、香港友好协进会迈向25周年暨第七届董事会就职典礼。

13日　△珠海市委、市政府在香港举行蓝色珠海·横琴新区高端服务业投资环境推介会。中共珠海市委书记李嘉、香港特别行政区政府财政司司长曾俊华致辞，香港中联办副主任林武、外交部驻香港特派员公署洪小勇、珠海市长何宁卡、市领导等360人出席推介会。

△中共珠海市委书记李嘉，市长何宁卡率珠海市代表团到澳门拜访中央人民政府驻澳门特别行政区联络办公室主任白志健、副主任李刚，就进一步深化珠澳紧密合作、推进协同发展深入交流和探讨。

14日　△由广东省省长朱小丹、澳门特别行政区行政长官崔世安共同主持召开的2013年粤澳合作联席会议在中山市举行。会上，中山市与澳门特别行政区签署《广东省中山市政府与澳门特别行政区政府关于游艇自由行的合作意向书》。中山与澳门将以神湾镇盛世游艇会为试点，探索两地游艇自由往来。

16日　△珠海市横琴新区、十字门控股公司、意大利法拉帝集团、珠海领先动力投资有限公司签署法拉帝游艇亚太中心项目投资协议。该项目的建设将是珠海打造中国游艇之都和亚太游艇航海文化中心的重大突破。

17日　△珠海、中山、江门三市质监局联合签署《2013～2014年珠中江标准化合作工作计划》。

△中国人民银行广州分行与东莞市人民政府签署《共同推进科技金融创新试验区建设合作框架协议》，双方以“行市共建”的模式，共同推进科技金融创新试验区建设。中国人民银行广州分行行长王景武，中共东莞市委书记、市人大常委会主任徐建华等出席签约仪式。

△中共中央政治局委员、广东省委书记胡春华会见香港广东社团总会访问团一行。

18日　△“2013海外青年才俊聚东莞”系列活动启动仪式在东莞市举行，来自澳大利亚、新加坡、马来西亚、泰国和中国台湾等国家和地区的150多名专业人士出席活动。

19日　△广佛肇高速公路广州石井至肇庆大旺段正式发布工程环境影响评价公众参与信息公示。

△在韩国召开的世界遗产大会上，16万封粤闽华人华侨留下的珍贵记忆遗产——《侨批档案》通过大会投票表决，正式被列入世界记忆名录，成为中国第八项“世界记忆”遗产。这也是继开平碉楼与村落之后，在江门市产生的又一世界级文化遗产。

△是日至21日，中共中央政治局委员、国务院副总理汪洋到深圳、东莞考察调研。20日，汪洋在深圳主持召开全国打击走私工作座谈会。21日，汪洋在东莞巡视2013

中国加工贸易产品博览会展馆并主持召开外贸形势座谈会。中共中央政治局委员、广东省委书记胡春华，省长朱小丹，省委副书记、省政协主席朱明国陪同考察。

21日　△广州市举行首届穗台金融论坛。

△“生态园林产业技术创新战略联盟筹备会”在东莞市召开，广州普邦、岭南园林等全国14家知名园林企业，以及北京林业大学等12所院校和科研单位代表出席。

△是日至23日，在第38届“香港国际龙舟邀请赛”中，东莞市麻涌龙舟队获得小龙舟国际公开锦标赛（250米）冠军、国际公开锦标赛（500米标准龙）冠军、国际公开组标准龙金杯赛冠军等奖项，这是东莞龙舟自1999年获得国际公开赛冠军后，时隔15年再次获得此殊荣。

22日　△由广州、佛山、肇庆、清远四市政府联合主办的第二届爱我珠江亲水节在佛山市开幕。

△第三届广佛肇校际基础教育论坛在肇庆市举行，来自广州、佛山和肇庆的14所小学200多人出席。论坛主题为“基础教育与课程改革”。

△是日至23日，新加坡—中国科学技术交流促进会专家团到珠海市考察。此次考察是国务院侨办经科司与广东省侨办共同主办的2013“智汇广东”海外人才为国服务博士团广东行系列活动之一，专家团携20多个项目考察珠海高新区、横琴新区、十字门商务区、金地门道商务园和V12文化创意园。

24日　△中共珠海市委副书记、市长何宁卡率团访问法国尼斯市，与尼斯市副市长克里斯坦·托都进行会晤，并签订两市友好合作协议书。中国驻马赛总领事馆临时代办、副总领事张伟及夫人参加协议签字仪式。

27日　△中国证券期货业南方信息技术中心项目正式签约落户东莞市凤岗镇，这是深圳证券交易所在该市投资的首个项目，总投资额15亿元。

△是日至28日，中共中央政治局委员、广东省委书记胡春华到肇庆市调研重要交通基础设施建设情况，强调肇庆要抓住全省加快交通基础设施建设的重大机遇，更好地融入珠三角、连接大西南，推动肇庆发展上新台阶。

28日　△珠三角九市一区交通综合执法工作第九次联席会议在肇庆市举行。来自珠三角九市和佛山顺德区的交通运输执法人员，在会上交流探讨执法工作中的热点难点问题。

△是日起，广佛肇高速公路肇庆大旺至封开江口段贺江大桥等10个先行工程陆续动工。该项目是广东省第一个以“BOT+EPC”（投资、设计、施工、运营一体化）模式省市共建的高速公路项目。

30日　△广州、佛山、肇庆三市人力资源和社会保障局联合在肇庆高新区举行“广佛肇人才一体化大学生专场招聘会”，三地350多个用人单位进场招聘，提供5000多个职位，当天初步达成就业意向3000多人。

7月

5日　△中共珠海市委书记李嘉会见到访的香港特别行政区政府政务司司长林郑月娥一

行。双方表示，在两地良好交流合作基础上，以港珠澳大桥加快建设和横琴开发深入推进为契机，进一步加大珠港两地合作力度，构建合作新机制，做好准备共同迎接“港珠澳大桥时代”的到来。

6日　△是日至15日，广西贺州市发生重金属铊、镉污染西江支流贺江事件。珠海市、肇庆市、封开县迅速启动应急预案。

9日　△是日至11日，广东省人民政府和香港特别行政区政府在香港会议展览中心联合主办“2013粤港经济技术贸易合作交流会”。珠海市代表团在会上签约15个项目，签约总额5.6亿美元；肇庆市签订4个外商直接投资项目，投资总额4亿美元，签订贸易成交合同总额4800万美元。10日下午，肇庆市参加省政府主办的广东省华侨农场土地招商推介会。

10日　△中共佛山市委副书记、市长刘悦伦率领相关部门领导到中山市翠亨新区考察。

15日　△是日至18日，中共广东省委副书记、省长朱小丹到肇庆市开展党的群众路线教育实践活动。要求肇庆促进广佛肇一体化与粤桂合作共发展，关注民生实事，以务实作风推进新一轮发展。

16日　△“2013莞台港大学生交流营”在东莞理工学院举行开营仪式。该活动旨在为莞台港三地青年搭建沟通了解、增进友情、交流互动的平台。

17日　△广州南沙开发区管委会与广东省工商联联合举办的“南沙新区—广东省知名民营企业家专场推介会”在南沙举行。

△广州市市长陈建华在南沙会见香港特别行政区政府财政司司长曾俊华一行。

△广东省闽商（怀集）高新产业园在肇庆怀集县签约。该县与佛山市福建省商会共建高新产业园，投资总额80亿元，引进企业120家，打造全省首家闽商企业高新产业基地。11月28日，广东闽商高新产业园动工建设。

△“粤澳合作产业园联合招商推介暨横琴优惠政策宣讲会”在澳门举行。宣讲会由中央人民政府驻澳门特别行政区联络办公室经济部贸易处、广东省对外贸易经济合作厅、澳门特区政府贸易投资促进局、横琴新区管理委员会及珠海市投资促进局共同主办。

18日　△中共东莞市委副书记、市长袁宝成会见香港特别行政区政府财政司司长曾俊华一行。双方提出要实现优势互补，共同推动港企转型升级。

20日　△零时起，澳门特别行政区政府正式接管横琴岛澳门大学新校区，校区内实施澳门特别行政区法律。

23日　△2013年“幸福广州、美丽珠江”广州横渡珠江活动在中大码头举行。来自广州、佛山、肇庆、清远、东莞、中山六市的2000名健儿组成40个方队参加活动。

24日　△是日至25日，第二届海峡两岸中山论坛在中山市举行。

29日　△珠中江区域合作第七次党政联席会议在珠海市举行。三市签署《推进珠中江海洋经济区域合作协议书》，并举办“共同迎接港珠澳大桥时代”——港珠澳大桥通车珠中江面临发展机遇专家论证会。

是月 △广东省政府、中国铁路总公司批复，广佛环线佛山西站至广州南站段设计方案。《方案》设计环线途经佛山市的南海、禅城、顺德区及广州市番禺区，全长 35 千米，6 个车站，总投资额 188.86 亿元，建设工期为 4 年。

8 月

3 日 △2013 年广州、肇庆少儿钢琴音乐交流会在肇庆市举行，表演和点评肖邦钢琴作品，交流两地少儿钢琴有关情况。

4 日 △是日至 5 日，来自中国内地及中国港台地区的 16 支球队齐聚江门市新会体育中心，参加第一届“江门足球嘉年华”五人制足球邀请赛。

7 日 △深莞惠三市党政主要领导第七次联席会议在深圳市召开。会议审议通过《深莞惠区域协调发展总体规划（2012~2020 年）》、三市共同推进的 13 项重点工作事项，签署《三市汽车零部件产业合作框架协议》《应急管理区域合作协议》《大气污染防治合作协议》和《2013 年深惠合作备忘录》。

8 日 △台山市投资环境推介会在佛山市举行。这是台山市面向佛山地区举办的首个大型招商推介会，江门、佛山两市领导，多个协会组织以及广佛圈工商界人士 500 多人出席。

9 日 △2013 年珠海—中山前山河流域跨界污染第一次联席会议在珠海市召开。两市分别通报 2013 年上半年前山河流域环境执法情况，部署联合执法检查工作，共同探讨前山河流域跨界突发环境事件应急演练工作和两市沟通机制，并达成共识。

10 日 △由中山市文联和中山西区办事处联合主办的“艺海同舟、筑梦中国”香港、澳门、珠海、中山书画名家作品邀请展在中山美术馆开幕。此次展览汇聚四地 130 多位书画名家作品 300 多幅，其中有岭南画派大家司徒奇之嫡嗣司徒乃钟，澳门视觉艺术家协会会长谭植桓，珠海古锦其，中山刘春潮、罗超凡、李武耀等名家作品。

12 日 △广佛肇高速公路有限公司召开推进会，提出按时完成征地拆迁任务、加快项目初步设计与评审等要求，确保年底前动工建设。

△珠海市政府与中国海峡两岸农业协会签署《推进珠海特色农业发展战略合作框架协议》。珠海市副市长刘嘉文与协会理事长蔡胜佳代表双方签署协议。中共珠海市委书记李嘉、市长何宁卡、中国海峡两岸农业协会秘书长龚世明等见证签约。

13 日 △2013 年粤台企业家联谊会在东莞市举行，活动主题是“携手共进，合作共赢”。来自广东省内的民营企业界精英和东莞市的优秀台商代表汇聚共谋发展大计，并参观东莞环球经贸中心和大麦客商贸公司。

14 日 △首届珠三角城市网站联盟年会在惠州市召开。广州、深圳、佛山、东莞、珠海、中山、惠州、肇庆、江门九市门户网站负责人出席年会，并签署《珠三角城市网站联盟南昆山合作宣言》。

18日　△是日至21日，中共中央政治局委员、广东省委书记胡春华，省长朱小丹率广东省党政代表团赴广西、湖南学习考察，并分别与中共广西壮族自治区党委书记彭清华、主席陈武，中共湖南省委书记徐守盛、省长杜家豪举行广东·广西、广东·湖南合作交流座谈会。广东、湖南两省政府签订《广东省人民政府、湖南省人民政府关于进一步深化合作的会谈纪要》。

20日　△2013年泛珠三角区域合作与发展社科专家论坛在贵阳市召开，来自泛珠区域的福建、广东、广西、湖南、江西、海南、四川、贵州、云南九省区社科专家学者，以及澳门社科代表50余人出席会议。

△东莞市中级人民法院对首批两名港台籍罪犯假释案件进行公开开庭审理，并当庭裁定香港籍罪犯予以假释，在全国首开港澳台籍罪犯假释审理之先河。

23日　△国家环保部公布7月份京津冀、长三角、珠三角区域及直辖市、省会城市和计划单列市等74个城市空气质量状况。珠三角九市平均达标天数高达90.3%。

△是日至25日，2013广佛莞购车节暨第九届广州购车节在广州市体育馆举办。

24日　△中山市旅游局主办的“珠中江旅游护照”中山首发仪式在市博览中心举行，来自珠三角各地1000多名游客参加仪式。

28日　△广州市凤凰山隧道工程（即广惠高速公路西延线）先行段正式动工。

△首届广府文化学术年会媒体见面会暨广府、广府人、广府文化定义征集活动发布会在广东省社科联召开，向社会公布：肇庆是广府文化发祥地，广佛为广府文化发展地，港澳是广府文化发扬地；广佛肇文化同根同源，广州、佛山、肇庆是广府文化地域核心。即日起至11月2日，向社会公开征集有关“广府”“广府人”“广府文化”定义及解释。

29日　△中央人民政府和香港特别行政区政府在香港签署《内地与香港关于建立更紧密经贸关系的安排》（CEPA）补充协议十。协议包括65项服务贸易开放措施，以及8项加强两地金融合作和便利贸易投资的措施，其中15项在广东先行先试，主要集中在金融、法律、检测认证、通讯等服务贸易领域。

30日　△香港中小型企业联合会考察团到江门市考察，探讨未来合作商机，并与江门市侨商总会签署合作协议。

△是日至9月1日，2013中国（广东）国际旅游产业博览会巡馆活动和项目签约仪式在广州市举行。中共中央政治局委员、广东省委书记胡春华，国家旅游局局长邵琪伟，省长朱小丹出席活动。旅博会有45个国家和地区3000多家企业、2万名专业买家和50万人次的普通观众参会参展，达成的旅游投资和采购合同、协议、意向项目75个，总金额1423亿元。

31日　△第九届泛珠三角省会（首府）城市市长论坛在云南昆明市举行。

9 月

5 日　△东莞市首所获得办学许可证的国际学校——ISD 东莞文盛国际学校挂牌成立，该校招生范围是学前教育、小学至高中，对象是外籍学生及港澳台学生。

7 日　△是日至 8 日，2013 珠三角肛肠外科新技术、新进展高峰论坛在中山市举行，来自珠三角的肛肠外科专家 200 人出席研讨会。

8 日　△是日至 10 日，中共中央政治局委员、广东省委书记胡春华，省长朱小丹在贵州省贵阳市出席第九届泛珠三角区域合作与发展论坛暨经贸洽谈会。8 日下午，胡春华、朱小丹在贵阳市与中共贵州省委书记、省人大常委会主任赵克志，省长陈敏尔就加强两省合作举行座谈会。晚上，胡春华、朱小丹在贵阳市会见香港特别行政区行政长官梁振英一行。9 日上午，胡春华、朱小丹在贵阳市出席第九届泛珠三角区域合作与发展论坛暨经贸洽谈会有关活动，朱小丹发表题为《全面深化泛珠合作，携手共创美好未来》的主题演讲。下午，2013 年泛珠三角区域合作行政首长联席会议在贵阳市召开，合作各方行政首长签署《2013 年泛珠三角区域合作行政首长联席会议纪要》和《贵阳共识》，确定第十届泛珠大会由粤港澳三地联合承办。

△广东、江西、湖南、广西四省区在贵州省贵阳市共同签署《推进粤赣湘桂南岭山地森林及生物多样性生态功能区规划编制和建设工作备忘录》。广东省省长朱小丹、江西省省长鹿心社、湖南省省长杜家毫、广西壮族自治区政府主席陈武等出席签约活动。

14 日　△是日至 15 日，广东省第三届体育大会“中国体育彩票杯”舞龙舞狮比赛在肇庆市举行。广州、佛山、肇庆、汕头等市 13 支代表队共 310 人参加。

16 日　△是日至 17 日，“中国体育彩票杯”广东省首届传统南狮比赛在肇庆市举行，来自广州、东莞、肇庆等市的 16 支队伍参赛，肇庆市恒电电力工程有限公司醒狮团等 4 支队伍获规定主题（规定器材）自选套路比赛金奖。

△广东省省长朱小丹与香港特别行政区行政长官梁振英在香港出席粤港合作联席会议第十六次会议。双方签署《共同推动率先基本实现服务贸易自由化合作协议》等 8 份合作协议。

17 日　△广西壮族自治区政府主席陈武考察珠海横琴新区。中共珠海市委副书记、市长何宁卡，横琴新区党委书记刘佳陪同考察。

18 日　△珠海、中山、江门三市同时鸣响防空警报。

22 日　△第三届岭南书画艺术节在广州市开幕。

24 日　△广东省十项工程劳动竞赛总结推进大会暨南沙、前海、横琴建设劳动竞赛启动仪式在广州市南沙举行。

25 日　△珠海市斗门区建立以来首次在香

港举办“产业高地，美丽斗门 2013（香港）投资环境推介会”，推出包括白蕉新城商住配套等 12 个招商项目。

27 日 △2013 年珠三角咸水歌（渔歌）歌会在广州市举行。该届歌会以“共圆中国艺术梦”为主题，吸引来自广州、惠州、江门、珠海、番禺、中山等地区的参赛队伍，为现场观众带来 17 个咸水歌（渔歌）精彩节目。

29 日 △广州与韶关、惠州、东莞、中山市公安局警务合作框架协议签订仪式在广州市举行。

△第二届广东省暨惠州市南粤幸福活动周和第二届广东社区文化节在惠州市正式启动。

10 月

1 日 △是日至 3 日，2013 国庆广佛肇三城汽车博览会在肇庆市举行。

9 日 △第三届中国地方志学术年会暨两岸四地方志文献学术研讨会在东莞市召开。来自中国大陆以及香港、澳门、台湾地区的 140 余位地方志与历史文献专家学者共聚一堂，交流研讨方志文献的研究与开发利用。

13 日 △由珠海、中山、江门三地文联主办，三地书法家协会协办的“三生万象”珠中江三地书法联展在中山市开幕。本次联展展出作品 200 多幅。

14 日 △中共东莞市委书记、市人大常委会主任徐建华，东莞市委副书记、市长袁宝成会见香港科技大学电子工程系教授李泽湘一行，双方就香港科技大学松山湖机器人产业基地项目进行深入探讨。

△是日至 15 日，2013 年珠江三角洲地区防震减灾工作联席会议在中山市召开。广东省地震局、中山市住建局、珠三角防震减灾联席会议成员单位及省地震局、广东省地震预报研究中心、广州地震台、深圳地震台等部门的领导和专家共 35 人参加会议。

17 日 △中共东莞市委书记、市人大常委会主任徐建华，东莞市委副书记、市长袁宝成率市党政代表团到深圳考察学习前海深港现代服务业合作区、“三旧”改造项目的经验做法。

19 日 △是日至 20 日，由香港中山社团联合会和中山市海外联谊会联合主办的首届香港中山文化节在香港举行，现场展示包括长洲醉龙、咸水歌等中山非物质文化遗产节目。广东明阳风电、华帝燃具、中顺洁柔、古镇灯饰、大涌红木等 10 多家会员企业参加本次文化节展览展示。

22 日 △香港、深圳、中山现代服务业联络处在中山市揭牌，三地将联合打造更加通达有力的服务业企业服务平台，建立更为紧密的合作关系。

24 日 △佛山市政府常务会议审议通过《实施〈珠江三角洲地区改革发展规划纲要〉实现“九年大跨越”工作方案》，提出力争到 2017 年提前实现地区生产总值和城乡居民人均收入比 2010 年翻一番的发展目标，广佛两市基本实现同城化。

26 日　△2013“动向杯”穗港青年足球交流赛在广州市天河体育中心副场举行，广州 U–15 青年队以 6 比 0 大胜香港流浪青年队。

△中共广东省委常委、统战部部长林雄在肇庆高要市会见全国人大代表、霍英东集团行政总裁、香港广佛肇联谊总会会长霍震寰等香港客人。

△2013 中国（江门）侨乡华人嘉年华暨侨乡旅游节开幕式在江门市举行，来自 27 个国家和地区、120 多个华侨港澳社团的 800 多名华人华侨、港澳台同胞以及国内外友人出席。开幕式上 82 名社会各界人士被授予“荣誉市民”称号。

29 日　△珠中江三地校企产学研联席会议在珠海市南方产业园举行，三地科技管理部门业务负责人、企业和高校代表以及创新平台负责人参加本次活动。中山市科技局组织电子科技大学中山学院、中山装备技术研究院、中山华南理工大学现代产业研究院等 4 所市校共建研究院以及广东长宝信息科技有限公司等 15 家企业进行对接。

30 日　△广东省政府常务会议审议并原则通过《广东东莞水乡特色发展经济区发展总体规划（2013~2030 年）》，要求东莞市将该区建成水乡生态文明建设示范区、粤港澳优质生活圈的特色区域、珠江口东岸产业优化发展先导区、穗莞战略合作重要平台。

31 日　△香港东莞政协（港澳）委员联谊会成立庆典在香港举行。中央驻港联络办公室副主任杨健，香港特别行政区立法会主席曾钰成，中央驻港联络办公室社团联络部部长李汝求，中共广东省委统战部常务副部长蒋乐仪，东莞市政协主席、党组书记李毓全，中共东莞市委常委、统战部部长李小梅，香港东莞同乡总会会长、香港东莞政协（港澳）委员联谊会会长王赐豪等粤港澳三地的政商界人士近 1000 人出席活动。

11 月

3 日　△是日至 4 日，由澳门经济建设协进会组织的珠江西岸城市考察团到江门市访问，先后考察新会银洲湖填海区及台山广海湾填海区。

5 日　△肇庆市副市长李天率领市政党代表团一行 10 人，到中山市开展新一轮扶贫开发“双到”工作交流活动。中山市副市长杨文龙会见肇庆市政党代表团，并召开座谈会。

6 日　△中山市人民政府联合深圳市贸促委在深圳市举办 2013 年深圳—中山现代健康医药产业对接会，吸引深圳 70 多家相关企业代表参与。

△珠海市邀请出席中国—葡语国家经贸合作论坛（澳门）第四届部长级会议的代表团访问该市。代表团考察横琴新区，参加珠海投资营商环境交流会，珠海市市长何宁卡作珠海投资环境推介。珠海市委书记李嘉会见代表团一行。

△是日至 7 日，“中央、省及港澳主流媒体珠海行”活动举行。35 家媒体的 45 名记者考察横琴新区、第一届中国国际马戏节场馆、港珠澳大桥工地、高栏港，感受珠海高

速发展的亮点和城市活力。

10日　△第三届珠澳合作发展论坛在珠海市举行。论坛由珠海市港澳事务局、澳门经济学会、澳门大学澳门研究中心联合主办，以“同迎新机遇，共创新优势”为主题，为两地协同发展提供更多建设性观点和建议。

11日　△佛山、中山、江门、顺德四市（区）专利行政执法协作会议在中山市举行，签订《四市（区）灯饰产业专利行政执法协作协议》。

△是日至15日，中山市举办首届粤剧文化周活动，推出粤剧《六祖慧能》等一系列演出活动，邀请佛山、肇庆、珠海和江门等地的团体参加演出。

13日　△是日至14日，首届世界广府人恳亲大会在广州市举行。

14日　△2013年珠澳合作会议在珠海市举行。这是珠澳合作专责小组更名为“珠澳合作会议”后举行的首次会议。会议由珠海市市长何宁卡、澳门特别行政区政府运输工务司司长刘仕尧主持。珠澳双方签订《珠澳环境保护合作协议》。

15日　△是日至17日，首届世界（粤菜）厨皇精英大赛在广州市举办。

△中共惠州市委书记、市人大常委会主任陈奕威，市委副书记、市长麦教猛率惠州市党政代表团一行访问东莞，对东莞市多年来对莞惠产业转移园的扶持表示感谢，并就产业转移等工作进行交流。

16日　△广东省省长朱小丹在深圳会见香港特别行政区行政长官梁振英一行。

17日　△是日至21日，中共东莞市委书记、市人大常委会主任徐建华率团到台湾进行高规格的东莞—台湾经贸交流活动，在两党交流、平台搭建、产业对接、项目引进、人才合作等方面都取得成果。

△广东省省长朱小丹会见美国华盛顿州州长杰伊·英斯利率领的商务代表团一行。会见结束后，广东省与华盛顿州共同签署发展交流与合作关系备忘录。

20日　△是日至12月1日，第一届中国国际马戏节在珠海市举行，由文化部、省政府主办。来自17个国家的参赛参演艺术家进行高水准的马戏杂技表演并举行马戏杂技比赛、马戏杂技研讨会、马戏节目交易会等活动。20日，中共中央政治局委员、广东省委书记胡春华，澳门特别行政区行政长官崔世安出席开幕式。

21日　△2013年广东江门（上海）投资洽谈会在上海举行。江门市与上海及长三角地区达成合约77项，总投资金额157.68亿美元，现场挑选出13个项目进行签约，涉及投资额110.22亿美元。

22日　△中外运东莞石龙铁路发运中心举行启动仪式，标志着东莞市成为广东省继深圳市、佛山市后第三个能用铁路将货品运输到国外的对外发运中心。

23日　△广州、深圳、佛山、东莞、中山、江门等九市联合举行2014应届高校毕业生招聘大会。

△广佛肇三市中学生乒乓球比赛在肇庆

市端州中学举行。

25日　△广珠城轨中铁银通卡发行。该卡使用时只需在进站闸机上刷卡即可进站乘车，无须另外购票。

27日　△广东省省长朱小丹会见澳门特别行政区行政长官崔世安一行。

28日　△港珠澳大桥珠澳口岸人工岛填海工程正式完工。工程交工验收及用地交付仪式举行。

29日　△肇庆市怀集县举办广佛肇经济合作区投资推介会。签约、动工项目20个，投资总额15亿元；经济合作区获中国建设银行肇庆分行16亿元授信支持。

12月

2日　△广东省发展和改革委与肇庆市人民政府、广州市发改委、佛山市发改局在广州市召开专家评审会，评审通过《广佛肇（怀集）经济合作区发展总体规划（2013~2030年)》。

5日　△2013穗港澳科技—产业（低碳建筑）发展论坛在广州市举行。

△第五届珠中江进出口商品展销会在江门市开幕。来自珠中江三市、珠三角其他城市、中国港澳地区、马来西亚及韩国270多家企业参展，设有标准展位500个、特装展位20个。

△中国美东汽车控股有限公司在香港联合交易所上市，这是东莞市首家登陆香港联合交易所的民营企业。中共东莞市委副书记、市长袁宝成等出席上市仪式。

6日　△江门市消委会参加在澳门举办的“21世纪保护消费者权益策略前瞻——两岸四地论坛”。

△2013年第12届香港珠三角工商界合作交流会在中山市举行，近1000名粤港政商界代表人士出席会议。香港特别行政区行政长官梁振英，广东省副省长招玉芳，省政协副主席唐豪及中山市领导薛晓峰、陈良贤出席会议。

△中共中央政治局委员、广东省委书记胡春华，省长朱小丹会见香港特别行政区行政长官梁振英一行。

7日　△首届国际性粤语传播高峰论坛在广州市召开。

△由香港经纶国际经济研究院等主办的2013佛山—全球对话会在佛山市举行。诺贝尔经济学奖获得者迈克尔·斯彭思等100多名海内外专家、学者齐聚佛山，探讨“中国新一轮改革的机遇与挑战”。

△香港特别行政区行政长官梁振英访问珠海市。中共珠海市委书记李嘉、市长何宁卡陪同梁振英一行参观横琴规划建设展示厅、长隆国际海洋度假区、港珠澳大桥展览中心。双方就如何借助横琴开发、港珠澳大桥即将通车的机遇，积极拓宽合作空间，深化珠港全面合作等问题进行交流、探讨。

10日　△2013年第二次莞港联席会议在香港召开，中共东莞市副市长贺宇及东莞市外经、环保等部门代表，就港企遇到的营商困难与香港工商界代表进行交流。东莞市外经贸局与香港贸发局、香港生产力促进局分别签署《共同协助在莞港资企业创品牌拓展新兴市场合作协议》《深化莞港合作共同推动中小外贸企业转型升级》。

11日　△穗澳合作专责小组2013年会在广州市举行。

△美国、加拿大、英国、德国、澳大利亚5个国家驻广州总领事馆领事应邀到肇庆市访问，与肇庆边防检查站交流反偷渡工作经验。来自东莞、佛山、江门等6个边防检查站的60名官兵参会。

13日　△珠中江区域性档案合作推进会在中山市召开。珠中江三市档案局的40多名代表围绕“档案专业网络教育培训”主题展开探讨。

20日　△国家环保部公布2013年11月份京津冀、长三角、珠三角区域及直辖市、省会城市和计划单列市等74个城市空气质量状况。结果显示，珠三角空气平均达标率上升两成。

△经住房和城乡建设部正式批准，东莞生态园湿地景区成为国家城市湿地公园。这也是珠三角地区的首个国家城市湿地公园。

23日　△中山市民政局和江门市民政局联合完成中山—江门行政区域界线联检工作。

△珠海市金琴高速公路主线工程正式开工建设。金鼎至横琴高速公路工程项目是现有京港澳国家高速公路的延长线，起于珠海市北部的金鼎，与京珠东线高速公路对接，经珠海主城区，通过横琴口岸与澳门直接相连。路线全长32.55千米，设计时速100千米/小时，总投资估算44.2亿元。其中，金鼎至南屏段全长20.39千米，双向六车道；南屏至横琴段全长12.16千米，双向四车道。

26日　△珠中江区域紧密合作第八次党政联席会暨“珠西崛起”高端论坛在中山市召开，三市党政领导出席会议。会议审议通过《珠中江经济圈建设2014年重点工作计划》等，重点在交通、供水等五大方面推进29项工作。

△广州市医保局与云南省医疗保险基金管理中心在广州市签订《泛珠三角区域部分省及省会城市社会医疗保险异地就医（广州—云南）合作协议》，启动两地间医疗保险异地就医即时结算。

28日　△广深沿江高速全线试通车。

31日　△港珠澳大桥珠海口岸项目开工。

·责任编辑　周慧琴·

区域协调

重要会议

【实施珠三角规划纲要四年大发展总结会】 2013年5月9日，广东省实施《珠江三角洲地区改革发展规划纲要（2008~2020年）》“四年大发展”总结暨“九年大跨越”动员会在广州市召开。中共广东省委书记胡春华主持会议并讲话，省长朱小丹作工作总结和部署。会议强调，贯彻落实《规划纲要》要抓好五项工作：一是珠三角落实“三个定位、两个率先”的总目标，全省要支持珠三角地区加快发展、科学发展，巩固珠三角地区在区域经济中的中心地位；二是坚持转型升级与加快发展相互促进，注重现有企业改造提升和大型骨干企业培育发展，把珠三角发展提高到一个新的水平；三是巩固广州、深圳的中心城市地位，壮大佛山、东莞为代表的第二梯队的数量和规模，建设世界级城市群，提升珠三角地区的整体实力；四是要强化重大项目、重大平台建设，在全省加大招商引资和项目建设力度，推进“九年大跨越”工作方案安排的64个重大项目；五是要细化目标任务，列出时间表，在推动珠三角改革发展的实践中发现和培养干部。

会议指出，全省各级各部门各单位特别是珠三角各市要全面落实广东省实施珠三角《规划纲要》实现“九年大跨越”工作方案，深化重点领域改革、建设法治化国际化营商环境，推进绿色低碳发展、推动美丽广东建设，在基本公共服务均等化、保障和改善民生等方面取得新突破。

会上，中共广东省委常委、常务副省长徐少华通报实施《规划纲要》“四年大发展”考核验收及《“九年大跨越”工作方案》情况。广州、深圳、惠州三市获优秀等次，佛山市、东莞市、珠海市、中山市、江门市、肇庆市获良好等次。在省直有关单位中，省发改委、经信委等10个单位获优秀等次，省外经贸厅、科技厅、教育厅、农业厅等22个单位获良好等次。

【广佛工作交流座谈会】 2013年6月4日，广州市党政代表团赴佛山市学习考察，并召开工作交流座谈会。广州市市长陈建华和佛山市市长刘悦伦分别通报两市经济社会发展情况、推进广佛同城化的阶段性成果和下一步工作思路。两市将继续推进广佛同城化，加强民生社会事业合作，推动教育、体育、医疗、文化、卫生等公共服务和社会管理一体化，推动垃圾、污水、固体废物处理方面的创新合作；加强基础设施建设合作，推进广佛肇高速公路、贵广（南广）铁路、广佛肇城际轨道等建设项目，加快广佛地铁线网全面对接，推进能源、通信、物流等领域的深层次合作；加强主导产业的紧密合作，加快推动在汽车、电子信息等先进制造业和科技、金融、物流等现代服务业以及物联网、云计算等战略性新兴产业领域的合作。

（连　术）

【深莞惠第七次党政联席会议】 2013年8月7日，深圳、东莞、惠州第七次党政联席会议在深圳市召开。会上，三市分别通报《规划纲要》“四年大发展”实施以来各市推进深莞惠经济圈建设情况，审议通过《深莞惠区域协调发展总体规划（2012~2020）》，审定三市近期共同推进的13项重点工作事项，包括东莞东部快速干线东延、加快推进深莞惠区域轨道交通网络规划建设、加快推进跨界公交线路开通工作、加快推进深莞惠旅游资源合作开发、建立深莞惠三市边界地区土地利用和权属争议协调机制等。三市共同推进工作除继续涵盖跨界河流整治、交通对接、旅游开发等传统议题外，还增加社会组织合作、区域人才体系、标准信息检索平台、联合“打假”等内容。会上，三市签署《深圳市东莞市惠州市共建汽车零部件产业合作协议》《深圳市东莞市惠州市应急管理区域合作协议》《深圳市东莞市惠州市大气污染防治合作协议》《深惠合作备忘录（2013年)》4个合作协议。

（潘朝明　刘念宇　王学林　袁广发）

【珠中江区域合作第七次党政联席会议】 于2013年7月29日在珠海市举行。中共广东省委常委、珠海市委书记李嘉，中共中山市委书记薛晓峰，中共江门市委书记刘海，以及珠海、中山、江门三市市长参加会议。会上，三市市长签署《推进珠中江海洋经济区域合作协议》，并达成共识推动珠中江区域一体化，共同迎接“大桥时代”，加快交通、水务、民生等众多领域的务实合作；共同推进广佛江珠城际轨道等重大交通项目建设，加快珠中江交通一体化形成；依托三地海洋资源优势，将珠中江海洋经济区打造成在全国具有影响力的海洋经济圈。

（连　术）

【珠中江区域紧密合作第八次党政联席会议暨“珠西崛起”高端论坛】 于2013年12月26日在中山市举行，珠海、中山、江门三市党政领导出席会议，来自省政研室、省社科院、中山大学等专家学者参加研讨。联席会议总结珠中江经济圈2013年工作情况，提出2014年工作计划。至2013年，珠中江经济圈累计签署合作协议55个。2014年重点落实29个重大项目，涵盖机制衔接、基础设施、产业协作、生态环保、民生服务等五大方面。“珠西崛起”高端论坛上，与会省市领导、专家学者就区域发展的类型和影响因素、珠江口东西岸发展比较、推动珠西崛起的构想及策略等议题展开研讨。

（中山志办）

【第九届泛珠三角区域合作与发展论坛暨经贸洽谈会】 于2013年9月9日在贵州省贵阳市开幕。中共中央政治局委员、国务院副总理汪洋出席开幕式并在泛珠三角区域合作与发展高层论坛上发表讲话。中共中央政治局委员、广东省委书记胡春华，香港特别行政区行政长官梁振英，澳门特别行政区行政长官崔世安，以及泛珠内地9省区、国家多个部委代表、经贸代表团，中央政府驻香港、澳门特别行政区联络员办公室、泛珠秘书处和长三角、环渤海区域合作组织代表，部分国家驻华使节等嘉宾与会。本届大会在泛珠大会“合作发展，共创未来”主题框架下，突出“多彩贵州行，合作新起点”的特色，组织高层论坛、行政首长联席会议、经贸洽谈、酒类商品展销等多项活动。9日下午举行的行政首长联席会议听取第八届泛珠论坛暨经贸洽谈会以来工作推进情况的通报，签署《2013年泛珠三角区域合作行政首长联席会议纪要》和《贵州共识》，决定第十届泛珠论坛暨经贸洽谈会由广东、香港、澳门三方联合承办。（白　芷）

制度创新

【珠三角金融改革创新】 2013年6月21

日，广东省召开全面推进珠三角金融改革创新综合试验区建设工作会议，副省长陈云贤出席会议并讲话。会议要求全省要继续坚持改革创新先行先试，落实《广东省建设珠江三角洲金融改革创新综合试验区总体方案》及细则，坚持金融服务实体经济基本原则，重点发挥金融对投资的支持和拉动作用，推动金融、科技、产业融合创新发展，推动珠三角金融向现代金融转型，推动重大金融平台建设，提升金融国际化水平。发展壮大现代金融体系，增强金融竞争力和资源配置能力，建设服务大众、普惠民生的金融服务体系，支持社会民生建设。加大政策支持力度，提高协调联动水平，全面部署推进珠江三角洲金融改革创新综合试验区建设。

【珠三角大气污染防治应急机制建立】 2013 年 3 月，广东省环保厅印发《广东省珠江三角洲地区大气污染防治“十二五”规划 2013 年度实施方案》，方案要求建立重污染天气应急响应机制，各地政府在省统一的应急制度下，建立城市重污染天气应急预案，构建省、市联动一体应急响应体系。方案提出：到 2013 年年底，珠三角地区二氧化硫、二氧化氮年均浓度相比 2010 年明显下降，PM_{10} 和 $PM_{2.5}$ 年均浓度指标比 2010 年下降 3%和 2%。到 2013 年年底，珠三角地区二氧化硫和氮氧化物全面完成国家减排年度要求；工业烟粉尘、重点行业现役源挥发性有机物排放量相比 2010 年分别下降 3.2%、7.2%。方案制定措施，要求区域内原则上不再规划建设燃煤燃油电厂和企业自备电站，原则上不再规划新建、扩建炼油石化、炼钢炼铁、水泥熟料、平板玻璃等项目，没有完成大气污染治理任务且空气质量状况恶化的地区将实施区域限批。 （连 术）

规划计划

【南粤水更清行动计划】 2013 年 2 月 18 日，广东省环境保护厅印发《南粤水更清行动计划（2013~2020 年）》（简称《行动计划》），要求广佛两市的政府主要负责人担任“河长”，对水污染整治负总责。未来重污染流域治理的主要目标、任务，将纳入“河长”政绩考核，并向社会公布考核结果。

按照《行动计划》，饮用水源水质保护是行动的重点，乡镇以上饮用水源都将划定保护区，并对集中式饮用水源的环境状况作出评估和整改。地级以上市还要求开展应急备用水源建设规划的编制工作，完善应急预案。年内按计划启动东江流域、韩江流域、鹤地水库、高州水库、南水水库等河库健康评估试点工作，组织地下水环境质量状况调查，着手制定东江、北江等流域水质风险总体控制策略与行动计划。

《行动计划》还要求全省在年内要新增污水日处理能力 100 万吨以上，按计划推进万绿湖周边镇区和鲁朗国际旅游小镇污水处理设施建设。同时加快实施污水处理厂提质增效改造工程和配套管网建设，确保全省城镇污水处理率达到 80%以上。

在重点流域水环境综合整治方面，按照《行动计划》，是年将制发汾江河、淡水河、石马河水污染排放标准，以深化广佛地区等跨界水体污染综合防控，巩固提升淡水河、石马河整治效果。把深圳河、前山河、茅洲河、独水河、大燕河、练江、枫江、小东江等列为综合整治的重点河道；污染较重的内河涌也列入重点整治的范围，实现“一年新进展”的整治目标。

【广佛跨界水污染综合整治方案】 2013年3月27日，广东省环保厅出台《广佛跨界水污染综合整治专项方案》。方案提出，到2015年前，广州和佛山要一起整治55条重污染河涌，总投入超过30亿元。其中广州重点对东濠涌、海珠涌、石井河、猎德涌等40条河涌进行整治，合计321.3千米，投资估算28.5亿元；东濠涌和猎德涌的整治投入均超12亿元，占整治总投入的90%以上。对珠江广州河段、佛山水道、西南涌、芦苞涌、水口水道、花地涌、流溪河等重点流域治理实行“河长”责任制，由各级政府主要负责人担任“河长”。对一年考核不合格的“河长”进行约谈；连续两年考核不合格的通报批评；连续三年考核不合格的，严格实行“一票否决”，两年内不得提拔。

方案设定，到2013年年底，要求佛山水道水质达到V类，广州珠江河段稳定达到IV类；到2015年，珠江广州河段“亲水节”水质达到III类，2020年在丰水期水质达到III类。

【广佛交通设施发展规划】 2013年4月18日，佛山市政府发布《交通发展白皮书》（简称《白皮书》），计划到2015年，佛山市与珠三角主要城市城际快速交通90分钟通达，广佛都市区上下班交通60分钟通达。《白皮书》提出，要逐步增加广佛临近地区之间的公交线路和班次，设置公交快巴、公交城巴和常规公交等多层次广佛公交服务体系；要改善广佛一体化出租车的服务，在广佛两地的重点交通枢纽、商业网点，适当增加两地回程出租车候客点，方便广佛市民转乘和回乘。

《白皮书》提出，至2015年，佛山力争完成广佛肇城际轨道和广佛环线（一期）建设工程，推进广佛环线（二期）、广佛江珠城际轨道、肇顺南城际轨道等工程建设，到2020年显著提高轨道交通城际客运比例；地铁广佛线延伸线建成通车，广州市民可以直接通过地铁进入佛山新城，2020年佛山已建和在建轨道交通里程达到176千米。

至2015年，新建9条总长129千米的高速公路，建成广佛一体、较为发达的高速公路网络。全面加强广佛间高速通道对接，重点建设广明高速公路东段、南北高速公路和广肇高速公路等通道；建设广明高速公路西延线，新建江罗高速公路，加强与云浮的联系；建设佛清从高速公路，加强与清远的联系；建设江番高速公路，加强与江门、中山的联系；建设江珠高速北延线，加强佛山与中山的联系。

在广佛同城背景下共享空港枢纽，完善空港运输服务体系。加强与广州新白云国际机场的交通连接，实施广佛环线城际轨道工程，进一步优化城市候机楼设施布局和异地联程服务。加强与广州南站的轨道和道路衔接，完善各区、各镇街与广州南站的公交快线。加快推进佛山西站建设，共同形成广佛都市区国家级铁路枢纽体系。（连 术）

【广佛同城化2013年度重点工作计划】 于2013年4月19日由广佛同城化市长联席会议佛山办公室印发。该计划共分为5大工程，其中规划衔接工程1项、基础设施工程14项、产业协作工程3项、生态环保工程3项、社会民生工程3项。该计划还谋划一批重大项目，如地铁线网规划对接等启动类项目和清洁能源推广应用推进类项目等，开展广佛两市地铁衔接，对两市能源、环境治理合作起示范作用。（佛山年鉴）

【珠三角城际轨道站场 TOD 综合开发】2013 年 5 月 29 日，佛肇城际轨道交通三水站 TOD 项目用地合作开发协议签约仪式在佛山三水新城管委会举行。三水新城管委会和佛山城际轨道实业公司共同签署《佛肇城际轨道交通三水站 TOD 项目用地合作开发协议书》，标志全省首批 TOD“轨道 + 物业”的土地综合开发模式进入实质性实施阶段。

2013 年 6 月 3 日，佛山市国土规划部门联合佛山铁投集团，委托“政府采购代理机构”发布“珠三角城际轨道站场 TOD 综合开发”项目论证会公告，拟启动对沿线站点 TOD 开发的规划研究。公告显示，佛肇城际和广佛环线 7 个站点列入首批 TOD 土地综合开发，其中，佛肇城际包括云东海站、狮山工业园站、狮山站和三水站，广佛环线首期包括张槎站、北滘站和陈村站，7 个站点的 TOD 土地综合开发以城轨系统建设为基础骨架，引入“公交都市”发展理念，利用轨道交通带动城市发展，并提升客流和土地利用价值。

·链接· **TOD 模式**

以公共交通为导向的开发（transit-oriented development，TOD）是规划一个居民区或者商业区时，使公共交通的使用最大化的一种非汽车化的规划设计方式。TOD 模式是国际上具有代表性的城市社区开发模式。

【前海深港现代服务业合作区综合规划】2013 年 6 月 27 日，《前海深港现代服务业合作区综合规划》（简称《规划》）正式对外发布，从目标定位、产业导向、规划结构、公共设施、综合交通、低碳技术、环境保护等方面规划前海未来发展的基本框架，确立产城融合、特色都市、绿色低碳三大规划策略，计划 3 年内投资 3898 亿元，2015 年全面建成前海合作区基础设施，到 2020 年实现国内生产总值 1500 亿元的目标。

根据《规划》，年内前海合作区将启动水廊道、道路等市政基础设施的建设，启动重大基础设施搬迁和土地整备工作；2014 年全面推进交通及市政设施建设，主干路及市政管线基本形成，土地整备工作基本完成；2015 年前海合作区基础设施全面建成，具备基本建设条件，初步形成优良的营商环境，具备招商引资条件。

在产业导向上，前海的主导产业是金融、现代物流、信息服务、科技服务和其他专业服务为主的生产性服务业，同时推动生活性服务业和公共服务业配套发展，构建现代服务业生产体系。

在生产性服务业方面，提出探索发展离岸金融服务、推动深港资本市场合作、推进保险创新发展实验区建设、支持创新型金融机构的集聚发展等方案。探索发展深港两地人民币同业拆借、跨境贷款、离岸结算等业务，试点企业对外投资、境外融资；支持跨境贸易信用证办理和人民币结算，非金融机构进入外汇市场以及非居民境外货币借贷、外汇买卖、境外证券交易、境内期货交易等离岸金融业务；推动人民币债券市场建立；试点本地证券公司投资港股等。

在生活性服务业方面，重点发展辐射力强、特色鲜明的零售业、酒店餐饮业、文化娱乐业等产业，禁止发展摊位制批发市场、农贸市场、旧货市场等影响前海地区高端产业活动的业态，限制发展仓储式会员店、大型家居家具店等对道路要求较高的零售业态。

在公共服务业方面，重点发展深港合作的医疗卫生、教育服务以及为区域服务的政府公共管理服务和社会组织服务。

在规划结构上，构建“三区两带”的城市规划结构。“三区”指桂湾片区、铲湾片区和妈湾片区，“两带”指滨海休闲带和综合功能发展带。桂湾、铲湾和妈湾三大片区均以轨道站点为核心，形成多组标志性建筑簇群景观。其中，桂湾片区将安排标志性的超高层建筑簇群，统领整个前海湾区，打造深圳滨海城市中心的新地标。在滨海休闲带，建设滨海岸线，规划节庆演艺公园、休闲海岸公园、海港公园等三大滨海公园，融入亲水台阶、观海平台、观光绿道、栈桥、红树林滩涂等海岸空间，创造城市水景观和绿色开放空间。

《规划》提出，前海开发单元鼓励采用功能混合、集约立体的用地空间使用方式，每个开发单元应该合理安排办公、商业、居住、政府社团等多种城市功能，提升城市公共生活品质和综合服务能力。（连　术）

【广佛肇经济圈2013~2014年度重点工作计划】 于2013年10月25日由广佛肇经济圈建设市长联席会议佛山办公室印发。该计划共分5大工程，其中机制衔接工程1项、基础设施工程8项、产业协作工程5项、生态环保工程2项、社会民生工程4项，呈现基础设施先行，规划、产业、环保、民生并举的格局，在突出交通对接的基础性地位的同时，全面推进广佛肇经济圈各领域的融合发展。（佛山年鉴）

【广佛国家公路运输组合枢纽规划】 2013年11月19日，广州市交委公布《广（州）佛（山）国家公路运输组合枢纽总体规划（2012~2030年）环境影响评价公众参与公告（第二次）》的环境信息，并就该规划区环境影响、污染防治措施、规划选址等环境保护方面向公众征求意见和建议。规划内容包括在广佛市域内共规划21个国家级公路客运枢纽。客运枢纽站场总占地规模144.9万平方米，总设计旅客发送能力62.3万人次/日。其中位于广州境内的有14个，占地规模为88.2万平方米，设计旅客发送能力47.1万人次/日；位于佛山境内的有7个，占地规模为56.7万平方米，设计旅客发送能力15.2万人次/日。规划综合考虑广州和佛山两市的土地政策和货运枢纽站场布局，拟确定广佛国家级公路运输货运组合枢纽站规划布局方案为“10个国家级物流园区、5个国家级物流中心、7个货运站、1个信息平台”，其中，广州市4个国家级物流园区、3个国家级物流中心、7个国家级货运站；佛山市6个国家级物流园区、2个国家级物流中心。（连　术）

【深莞惠区域协调发展总体规划】 2013年8月7日，在深莞惠三市党政主要领导第七次联席会议上通过《深莞惠区域协调发展总体规划（2012~2020）》。规划对三市的协调发展提出四个战略定位：全球重要现代产业基地、国家重要创新型区域、全面深化改革开放先行区、大珠三角现代化城市群核心区。同时，提出两个阶段的发展目标：到2015年，区域协调发展取得实质性进展，区域要素自由流动和资源配置优化整合的体制机制基本形成；区域地区生产总值达到2.4万亿元。到2020年，形成更加完善的区域协调发展体制机制，率先实现区域一体化和现代化，成为各类生产要素顺畅流动、产业合理分工紧密合作、基础设施互联互通便捷高效、生态良好环境优美、基本公共服务共享、创新驱动发展主导、人民生活幸福安康的现代都市经济圈，成为全国最具国际竞争力的城市群之一。

【深莞惠旅游发展与产业一体化合作规划】 2013年12月，《深莞惠旅游发展与产业一体化合作规划（2012~2025）》出版。规划提出，要坚持“统筹规划、市场主导、政府推动、高端发展”，以交通等同城化为基础，推动空间集聚和内部融合，形成“优势互补、功能互促、深度协作、高效共赢”的区域旅游整体格局，实现深圳、东莞、惠州三市旅游产业的一体化发展。三市旅游发展与产业一体化定位为：一是打造亚太地区著名，在全球具有吸引力的国际化的亚热带旅游度假目的地；二是成为全国旅游综合改革示范区；三是成为旅游区域一体化发展先行区；四是形成高度同城化的“深莞惠半小时旅游圈”。三市具体分别定位为：深圳市重点发展现代都市风貌风情、商务、节庆、文体、主题公园及现代工业、生态农业、医疗保健、娱乐休闲等产品，建设成为具有世界先进、国内一流水平的旅游中心城市；东莞市重点发展商务、养生、休闲、文化等新型旅游产业基地，建成具有国内外影响的国际化休闲旅游之都；惠州市发展滨海旅游，打造高端休闲旅游品牌，建设影响全国、面向世界的著名滨海旅游目的地和粤港澳地区一流滨海休闲度假基地。三市加强与港澳地区的协作配合，兴建国际邮轮母港、停靠港，发展高端邮轮旅游，与港澳地区共同打造亚太地区具有重要影响力的国际知名旅游区。

（潘朝明　刘念宇　王学林　袁广发）

【珠中江城市空间协调发展规划】 2013年，珠海、中山、江门三市合作编制《珠中江城市空间协调发展规划（2009~2020年）》，并完成成果验收与备案工作。《规划》范围包括珠海、中山、江门三市所辖行政区域，陆域国土面积13030平方千米，规划期限为2009~2020年。《规划》明确珠中江经济圈在珠三角地区的空间发展战略，确定珠中江总体发展布局，优化协调珠中江三市在综合交通、创新产业、基础设施等方面的合作。

（中山志办）

【粤桂合作特别试验区总体发展规划】 2013年12月18日，广东省政府召开常务会议，原则通过《粤桂合作特别试验区总体发展规划（2012~2030年）》。试验区规划范围由主体区和拓展区组成。主体区以广西壮族自治区梧州市和广东省肇庆市两市交界为中轴，双方各划出50平方千米（共100平方千米）组成，该区位于广佛肇高速公路以南、梧州市万秀区白云山以东、肇庆市封开县城西北，其中以西江南岸10平方千米作为起步区；拓展区40平方千米，由双方各划20平方千米，该区位于梧州市龙圩区龙圩镇社学村和肇庆市封开县平凤镇境内。试验区以保护西江水资源为根本原则，细化总体规划，按照产城融合、节约集约用地优化空间布局，科学设计开发强度，以市场为导向，以机制体制创新为动力，集粤桂两省（区）资源、产业及政策优势建设成珠江—西江经济带增长极。

（姚丽娟）

·责任编辑　何文倩·

合作交流

联席共商

【广佛肇虫媒病防控工作会议】 于2013年1月6日在肇庆四会市召开，广州、佛山和肇庆三市卫生局有关负责人参会，会议就加强广佛肇三地虫媒病防控工作合作及信息通报制度、合作开展三地虫媒病防控、联合应对重大疫情等突发公共卫生事件进行研讨。

（陈鸿明）

【广佛肇水源保护座谈会】 于2013年1月23日在佛山市召开。广州、佛山、肇庆三市环保部门就相关水源地的上下游、周边区域开展的排查和监测情况作介绍，部署近期广佛肇水源保护的重点工作，并就下一阶段建立区域长效合作机制，加大广佛肇区域饮用水源保护力度达成共识。（佛山年鉴）

【肇庆、云浮、阳江高速公路建设项目现场督导会】 2013年5月22日，肇庆、云浮、阳江三市高速公路建设项目现场督导会在肇庆市召开。会议交流肇庆、云浮、阳江三市推进高速公路建设的经验做法，研究解决存在的问题，加快全省交通公路建设。三市领导分别发言，广佛肇、罗阳、江罗、云罗、二广、肇花高速项目业主单位分别作汇报。广东省副省长、省高速公路建设总指挥部总指挥刘志庚，省交通运输厅厅长曾兆庚，省直有关部门负责人及阳江、云浮、肇庆三市有关领导参加。省政府副秘书长林英主持督导会。会议提出，2013年底，要确保二广高速怀集支线和云罗高速双东至楷滨段建成通车。

【珠三角九市一区交通综合执法工作第九次联席会议】 于2013年6月28日在肇庆市举行。广东省交通厅综合执法局及相关科室负责人，广州、深圳、珠海、佛山、江门、东莞、中山、惠州、肇庆九市和顺德区交通运输局分管领导、综合行政执法局主要领导及相关负责人等50多人参加。与会代表就旅游包车异地经营、高校周边非法营运车辆、包车整治、汽车维修、驾驶员培训行业违规经营行为整治、出租车及摩托车非法搭客执法、治超执法存在的问题及对策、路政执法主要难点问题及对策、水路执法的举措与对策等问题进行交流和探讨。（贺广玲）

【肇庆—佛山线界线联检工作会议】 于2013年8月15日在肇庆四会市召开，肇庆市、佛山市及其辖相关县市区民政局负责人参加会议。与会人员对实地联检时间、如何修复和重新埋设损毁界桩等相关问题达成共识。会上，两市民政部门负责人共同研究制定界线联检工作方案。新一轮四会市与三水区行政区域界线联检工作从是月起开始实施。

（钱锦嫦）

【广佛肇清四市突发公共卫生事件联防联控工作会议】 于2013年11月28日在佛山市召开。会上，广州、佛山、肇庆、清远四市分别就本市年内发生并有效处置的公共卫生事件作为典型案例进行经验介绍与交流分享，并就如何加强重大传染病疫情及饮用水污染事件等卫生要情信息互通、强化饮用水水质监测、跨区域就诊重性精神病患者信息资源共享等工作进行讨论，并达成共识。

（佛山年鉴）

【广佛肇清和桂林旅游联席会议】 2013年

12月3日，广州、佛山、肇庆、清远、桂林五市旅游联席会议在肇庆市召开，五市旅游局的领导及有关单位负责人参加。会议就整合资源、加强宣传、打造推广旅游品牌出谋划策，提出“加大网络推广旅游力度，联合举办长沙、武汉旅游推介会，五市共同剪辑宣传片，宣传五市的旅游资源、亮点、特色”等建议。（钱锦嫦）

【广佛肇三市教育交流合作座谈会】 于2013年12月12~13日在肇庆市召开。广州、佛山、肇庆三市教育局的有关负责人参加。会议总结2013年广佛肇教育合作项目完成情况，制订2014年广佛肇教育合作计划，并就统一中考试卷、中考考分互认、民办学校管理、教科研交流、中高职招生、高考备考、教育信息化等问题交换意见。

（钱锦嫦　佛山年鉴）

【广佛肇经济圈环保专责小组联席会议】 于2013年12月30日在佛山市召开。会议通报2013年广佛肇经济圈环保合作工作情况，讨论西江饮用水源保护、跨界联合执法机制、监测预警合作、区域大气污染防治等议题和2014年环保合作工作内容，确定下次广佛肇经济圈环保专责小组联席会议的有关事宜。（钱锦嫦）

【淡水河、石马河流域污染整治工作座谈会】 2013年2月6日，广东省人大常委会在东莞市举行关于深化淡水河、石马河流域污染整治工作座谈会，听取省环保厅和深圳、惠州、东莞三市关于淡水河、石马河整治情况、存在问题及整治工作设想的汇报。省人大常委会主任黄龙云，省人大常委会副主任肖志恒、雷于蓝、陈小川，省人大常委会秘书长陈逸葵以及省环保厅、水利厅、国土厅的负责人，中共东莞市委书记、市人大常委会主任徐建华，东莞市委副书记、市长袁宝成，中共深圳市委常委、常务副市长吕锐锋，惠州市人大常委会副主任邓木林等出席座谈会。会议指出，淡水河、石马河整治历时多年，实现淡水河“五年基本好转”，石马河“近期有所突破”的目标，初步实现水质变清；强调下一阶段要在资金投入、制度体制创新、环保技术上继续大胆探索，做好下一阶段的污染整治工作。

【2013年深莞惠第一次旅游联席会议】 于2013年3月1日在深圳市召开，深圳市文体旅游局副局长岳川江、东莞市旅游局副局长李亚鹏、惠州市旅游局副局长郭武飘等三地旅游局有关负责人参加会议。会议对2013年深莞惠旅游合作机构第一季度工作进行总结，商讨2013年后三季度合作工作计划，明确2013年完成深莞惠三地旅游发展与产业一体化合作规划工作；从加强经典旅游线路推介、联合参展、举办旅游推介会、信息互通加大旅游咨询中心合作力度等方面加强旅游宣传推广；在2013年“5·19”中国旅游日期间，三地继续同时开展“缤纷深莞惠”主题旅游活动，互送游客；设计三地旅游区域合作整体宣传Logo，树立精彩深莞惠的品牌形象。

【2013年深莞惠第二次旅游联席会议】 于2013年11月22日在深圳市召开。会上总结2013年度深莞惠旅游区域合作成果，一是联合参加境内外旅游展，扩大“精彩深莞惠”品牌影响力，三地旅游局成功组织企业代表参加2013年广东旅游博览会；二是共同举办深莞惠（高铁沿线）旅游推介会，深

莞惠旅游联席机构组织三地旅游业界代表，于2013年7月2日和4日分别在厦门和武夷山举办深莞惠旅游联合推介会；三是全面更新宣传资料，以适应三地旅游业发展的新需要，由深圳市文体旅游局牵头，重新设计并制作全新的《精彩深莞惠旅游宣传折页》《深莞惠联合促销环保袋》以及《深莞惠旅游资源推介PPT》；四是深化多方位区域合作，加大区域间的联动性。与会代表还就2014年工作计划进行讨论，并达成一致意见。（潘朝明　刘念宇　王学林　袁广发）

【珠中江气象联席会议】 于2013年1月24日在中山市气象局召开。珠海、中山、江门三市气象局及中山市水务局负责人及业务人员共20多人参加会议。会议举办“水利与气象”专题讲座，交流三市过去重大天气预报经验，提高区域气象预报预警和气象服务工作水平。三地建立气象信息互通、数据共享等机制，通过“珠中江”气象联防QQ群、决策短信三市互通平台、数据共享平台等实现区域气象联防协作，在汛期防灾减灾工作中发挥重要作用。

【2013年深圳—中山现代服务业对接会】 于2013年3月11日在深圳市举行。会上，深圳、中山两市政府签订《深圳—中山现代服务业合作发展协议》，建立常态化合作机制。两市相关单位签订《深圳—中山现代服务业招商引资服务协议书》，力争每年推动一批对接项目落地实施。中山市推出11项扶持政策和1.4亿元扶持资金，支持深圳服务业企业在中山发展，并定期跟踪协调服务。对接会现场推介项目投资总额超850亿元，签订项目合约4个。

【中珠一体化合作协调会议】 2013年4月18日，中山市与珠海市政府在中山市坦洲镇召开中珠一体化合作协调会议。会议双方就如何加快中珠两市一体化合作、明确香海高速公路坦洲段线位方案及加快推进中山、珠海两市跨界道路对接等问题进行友好协商。会上，中山市政府倡议双方合作的三点原则：相信市场的力量，打破地区壁垒促进发展；相信群众对美好生活的追求，给中珠两地百姓带来切实好处是区域一体化的重要动力；用零和博弈的原则妥善处理好两地城市的合作，实现互惠互利。香海路原则上采用推荐的K线方案推进。珠海市政府在项目工程及设计阶段，要充分考虑坦洲镇的要求，优化方案设计，增设坦洲镇境内的互通出入口。跨界道路按属地负责原则加快推进。中珠跨界对接道路重点项目中的坦洲潭隆南路接珠海造贝工人新村路争取在2013年建成通车，坦洲环洲东南路接珠海人民西路、坦洲环洲南路接珠海金鸡西路在2014年建成通车，其余项目力争在2015年完成。

（中山志办）

【珠中江消委会第八次联席会议】 于2013年5月15日在江门市召开。会议总结和交流2012年珠海、中山、江门三市消委会消费维权合作情况，并对2013年合作的重点工作进行研究，特别是在开展业务培训、消费体验、消费调查和商品比较试验等方面议题进行深入探讨。（江门志办）

【《珠江口油污暨有毒有害物质应急计划》修订会议】 于2014年7月16~17日在中山召开。来自香港特别行政区政府、澳门特别行政区政府、广东海事局相关负责人及专家出席会议，中山海事局作为珠江口区域海上船舶溢油应急合作主要成员单位在会议上作水上溢油防治、保护饮用水安全经验介绍。一旦珠江口水域发生重大污染事故，港澳和珠江口周边城市将按计划实施应急救助，提升辖区水域防污应急反应水平。

【珠海中山前山河流域跨界污染联席会议】 2013年8月9日，珠海和中山两市环保局在珠海市召开珠海—中山前山河流域跨界污染第一次联席会议。两部门达成共识：建立定期开展联合执法和环境应急联合演练制度，并将珠中两地扩展为珠中江三地联合执法和环境应急演练，邀请江门市环保部门共同参与；环境应急演练和联合执法实行轮办制，三市轮流作为主办机构负责组织“三地”应急演练和联合执法行动，其余两市全力配合；建立珠海和中山两市信息沟通机制，两市环境监察部门各指定1名联络员和1个股室，专门负责跨界环境污染有关情况的联络，互通信息，协调执法，移送有关环境违法案件材料，反馈案件查处情况，每季度互通一次前山河监察情况等。（中山志办）

【珠中江区域产学研合作联席会议】 于2013年10月29日在珠海市举行。珠海、中山、江门三市分管产学研工作的局领导及相关业务科室参加，对落实《珠中江产学研合作框架协议》以来各方开展的工作、取得的成效及存在的问题等进行总结交流，并对下一阶段工作重点进行安排部署。

（江门志办）

【珠三角五大机场主席会议】 2013年6月28日，由珠海机场举办的珠三角五大机场2013年主席会议在珠海市召开，香港、广州、深圳、澳门、珠海五大机场负责人齐聚首，围绕“创新发展模式，提升整体竞争力”共商珠三角航空运输业发展大计，探讨未来珠三角机场发展思路。民航中南局、广东监管局、民航中南地区空管局等单位及专家参加会议。五大机场的主要负责人共同签署合作备忘录，进一步深化机场间的合作机制。五大机场同意有效贯彻落实《珠江三角洲地区改革发展规划纲要》和《粤港合作框架协议》，促进香港、澳门、广州、深圳和珠海五大机场更全面、深入合作，增强大珠三角地区航空产业发展实力，提高大珠三角区域机场群的整体竞争力。（刘　丹）

【首届珠三角城市网站联盟年会】 2013年8月14日，首届珠三角城市网站联盟（简称“联盟”）年会在惠州市召开。广州、深圳、佛山、东莞、珠海、中山、惠州、肇庆、江门9个城市门户网站负责人出席年会，详细介绍各自网站发展状况。会议确定联盟的常务理事单位成员为广州大洋网、深圳新闻网、广佛都市网、东莞新闻网，理事单位为珠海新闻网、中山网、今日惠州网、肇庆西江网、中国江门网。9家网站共同签署《珠三角城市网站联盟南昆山合作宣言》。《宣言》确定年度峰会、新闻栏目合作、专题嵌套入口合作、项目合作、联合组织年度优秀网络评选活动、宣传与合作、交流访学与联合培训7项合作事项。珠三角网盟将统一制订“珠三角城市网站联盟”的标志、宣传语和链接方式。（中山志办）

【闽粤沿海12城市保护知识产权工作第十次联席会议】 于2013年11月7日在佛山市召开。来自福州、厦门、泉州、漳州、莆田、宁德、广州、深圳、珠海、汕头、佛山、湛江等城市的代表签署《共同查处假冒专利行为协作备忘录》。闽粤沿海12城市表示将相互支持，协同办案，必要时可同时开展异地共同查处行动，从根源上消除假冒专利行为，合力营造“崇尚创新精神、尊重知识产权”的文化氛围。

【广东省珠三角地区版权工作联席会议】 于2013年11月13日在佛山召开。会议围绕“工艺美术品版权保护”和“剑网行动”的主题展开交流，展示珠三角各市在工艺美术品版权保护、版权执法协作、版权公共服务体系建设、区域版权协作机制等方面取得的成绩。

【珠三角地区推进森林进城围城工作座谈会】 于2013年11月21日在佛山市召开。会议总结森林进城围城、林业有害生物防治和实施《珠三角规划纲要》工作情况，研究部署下一阶段工作任务。

【珠三角九市一区交通综合执法工作第九次联席会议】 于2013年12月6日在佛山市顺德区召开。会议就出租车行业监管、科技治超工作开展、机动车维修和驾驶员培训行业整治等议题进行讨论交流。 （佛山年鉴）

【泛珠三角印刷产业纸张供应链融资洽谈会】 由广东浆纸交易所牵头承办，中国光大银行和广州市出版印刷行业协会联合举办的“泛珠三角印刷产业纸张供应链融资洽谈会”暨“广州市出版印刷行业协会理事扩大会议”于2013年6月18日在广州举行。广东浆纸交易所董事长郝艺远、中国光大银行广州分行行长陈凯慧、广州市出版印刷行业协会会长吴学勇以及来自珠三角地区近200家出版印刷企业负责人参加。会议主要是通过浆纸交易所平台，整合上游造纸企业和下游印刷企业的需求，解决中小印刷企业资金周转困难问题，为珠三角中小型印刷企业提供专业的纸张供应链资金解决方案，降低纸张采购成本，以全新的交易模式，推动行业良性健康发展。

会议结束后，参会印刷企业参观广东浆纸交易所，详细了解浆纸交易所纸张采购及融资流程。 （阳晓儒）

【泛珠三角区域内地9省（区）跨区域突发事件应急联动专题工作会议】 于2013年12月5~6日在海南省海口市召开。海南省政府秘书长胡光辉出席会议并致词，国务院应急办、泛珠三角区域合作行政首长联席会议秘书处负责人、泛珠三角区域内地9省（区）政府应急办主要负责人参加会议。会议围绕“健全区域内突发事件处置应急联动机制”主题，结合2013年区域内成功联合处置广西贺江重金属超标事件、“9·29”西沙海域渔船避风遇险事件等突发事件的好经验、好做法进行探讨和交流，进一步完善区域内应急联动机制。与会代表到三沙市实地察看“9·29”西沙海域渔船避风遇险联合救援现场，深入了解三沙市应急管理工作，共商编制相关应急预案、编写相关典型案例。

（白　芷）

合作协议

【广深战略合作框架协议】 2013年6月8日，广州市党政代表团赴深圳学习考察并召开工作交流座谈会。会后，广州、深圳签署战略合作框架协议，两市将在城市功能定位、重大基础设施和重大战略平台建设、文化旅游等方面展开合作，加快推动城际轨道、高快速路等重大交通项目以及高新技术、资本市场、创新人才、历史文化、城市服务功能等领域的合作，加强前海深港现代服务业合作区与南沙新区的合作发展，发挥“双引擎”辐射带动作用。（白　芷）

【广佛肇（怀集）经济合作区建设合作协议】　于2013年7月30日由广州、佛山、肇庆三市政府联合签署。根据协议，合作区规划总面积约200平方千米，广佛肇三市合作期限为2013年1月1日至2030年12月31日，三方采取“政府引导、市场主导、社会参与、委托管理”互利共赢的合作模式。首期规划面积53平方千米，以装备制造、新材料、电子信息、生物科技及物流、生态旅游、商贸等产业为主。7月31日，广佛肇三市联合向省政府上报《关于审定〈广佛肇（怀集）经济合作区建设方案〉和〈广佛肇（怀集）经济合作区发展总体规划〉的请示》。12月2日，《广佛肇（怀集）经济合作区发展总体规划（2013~2030年）》通过省发展改革委组织召开的专家评审。

（钱锦嫦）

【佛中江顺灯饰产业协议】　2013年11月11日，佛山、中山、江门、顺德四市（区）专利行政执法协作会议在中山市古镇镇举行。会上签署《四市（区）灯饰产业专利行政执法协作协议》。协议要求建立协作机制针对灯饰行业执法协作，开展立案协作、案件协办和联合执法，合作遏制侵犯专利权、假冒专利、专利诈骗等违法行为；发挥四市（区）互补优势，推动灯饰行业流通领域执法协作、专利行政执法联合培训、展会知识产权保护合作；探索建立四市（区）知识产权工作全方位、多层次合作机制。四市（区）灯饰产业专利行政协作是广东省首次针对单一行业开展专利行政执法协作。

（中山志办）

【广佛肇药品流通监管合作协议】　于2013年9月25日由广州、佛山、肇庆三市食品药品监督管理局在佛山市召开的药品流通监管合作座谈会上签署。该协议为促进三地药品流通监管沟通合作和协查联动打下良好基础。（佛山年鉴）

【深莞惠共建汽车零部件产业合作协议】　2013年8月7日，深圳市、东莞市、惠州市共建汽车零部件产业合作协议在深圳市签订。协议提出，以深莞惠汽车零部件产业发展为重点，加强深莞惠汽车工业协作和融合，推动区域产业优化升级和合理分工，实现优势互补和合作共赢，构建深莞惠三市紧密相连的现代汽车产业体系。协议明确三项合作重点：加强重大项目对接，创新产业一体化工作模式；加强产业分工合作，加快重大产业集聚区建设；共同打造各类互动合作平台，推动三市产业全面融合发展。协议还提出建立汽车产业协调专责机构不定期会议机制等合作保障措施。

【深莞惠应急管理区域合作协议】　2013年8月7日，深圳市、东莞市、惠州市应急管理区域合作协议在深圳市签订。协议提出，通过信息通报、资源共享、处置协同，发挥各方优势，最大限度预防突发事件的发生和减少事件发生后造成的损害，保障人民群众的生命财产安全，共同维护社会安全稳定，促进深圳、东莞、惠州三地经济社会全面、协调、可持续发展。重点在突发事件信息通报、突发事件协同处置、应急救援资源共享、观摩组织应急演练、互相学习交流经验等领域开展合作。协议明确要求建立深莞惠应急管理办事机构负责人联席会议制度、举办应急管理专题论坛等合作机制。

【深莞惠大气污染防治合作协议】 2013年8月7日，深圳市、东莞市、惠州市大气污染防治合作协议在深圳市签订。协议提出，贯彻《深圳市、东莞市、惠州市环境保护与生态建设合作协议》精神，遵循统一规划和同步实施并举，本地治理和联防联治并重，扩大合作和强化交流并进，着力解决区域大气污染问题，进一步改善三市的环境空气质量。重点在强化重大环境影响项目通报制度、污染源信息共享及跨界治污协调，加强大气综合治理经验和技术交流合作，同步启动异常气象条件下预警应急措施，推广新能源汽车优先推动营运车辆清洁化、机动车尾气排放超标车辆信息通报及联合整治，加大黄标车淘汰力度、天然气发电机组低氮改造，严格控制燃用高污染燃料及生物质焚烧行为，严格控制区域VOC（挥发性有机化合物）排放等领域开展合作。

（潘朝明　刘念宇　王学林　袁广发）

【珠中江人防区域协作框架协议】 2013年3月6日，珠海、中山、江门三市人防区域协作框架协议在珠海市人民防空办公室签署。协议确定珠海、中山、江门三市人防办定期召开联席会议和设定办公室的合作机制，明确三市人防警报设备实现跨市控制、指挥平台互联互通、参与对方大型演练、参与对方重大突发事件处置、开展指挥协同训练、共同规划人防疏散基地建设、共享资源、相互支援防空物资和共同筹划人防培训、宣传教育、专业队伍训练活动等8项合作内容。

【珠中江区域传染病联防联控协议书】 于2013年4月26日由珠海、中山、江门三市卫生局在珠海市召开的区域疾病预防控制合作工作会议上签订。协议书通过建立联席会议制度、信息通报制度、疫情控制协同机制、预防医学学术交流机制等内容，进一步加强三地传染病防控的合作与交流。

【珠中江海洋与渔业行政执法协作协议】 于2013年5月31日由珠海、中山、江门三地渔政支队在江门市共同签署，广东省海洋与渔业局副局长、广东省渔政总队总队长白桦等出席签署仪式。该协议是全省第一个跨区域海洋与渔业执法协作协议，明确三方在打击从事渔业生产的“三无”船舶及其他违规作业渔船，海上走私违法犯罪活动，电、毒、炸等破坏渔业资源的违规行为，非法围填海工程、非法开发无居民海岛、非法开采海砂、污染海洋环境等四个重点领域开展合作，建立情况通报与情报共享、联合执法与联勤、调查协作和案件移送三项工作机制。

（江门志办）

【粤湘签署警务合作框架协议】 2013年4月4日，为贯彻落实《公安部关于全国公安机关加强警务合作的指导意见》，进一步推动泛珠三角警务合作深入开展，提高区域内九省（区）公安机关维护公共安全和社会稳定的能力，湖南、广东两省公安机关在湖南长沙市举行湘粤警务信息资源共享合作协议签订仪式。广东省政府党组副书记、公安厅长梁伟发和中共湖南省委常委、省委政法委

书记、公安厅长孙建国分别代表两省公安机关共同签署《湘粤警务信息资源共享合作框架协议》。（白 芷）

项目实施

【佛莞城际轨道广州南至望洪段】 于2013年4月7日开始第三次环评公示。该段位于广州市番禺区和东莞市麻涌镇、望牛墩镇、洪梅镇。该项目新建电气化铁路正线（双线）全长36.68千米（另含广佛环线东环段与本线共建段0.3千米），衔接本线与穗莞深的西南联络线（单线）全长3.72千米。全线共设5个车站，其中地面站1个、高架站2个、地下站2个。佛莞城际设计时速是200千米/小时，番禺到东莞只需要15分钟。项目全线共设5个车站，其中长隆站和番禺大道站为地下站，官桥站为高架站，莲花站为地面站，麻涌站为高架站；地面段2.33千米，高架段17.55千米，地下段16.8千米。总投资预算159.97亿元。

12月，该线路发布环评报告。报告对沿线民众进行意见调查，环评结论认为，虽然工程建设及运营将会对沿线一定区域的生态、声、振动、电磁、水等环境产生不同程度的影响，但在落实设计和环评提出的环保措施后，工程对环境的不利影响可控制在环境所能允许的限度内，从环境保护角度分析，工程建设是可行的。

【广佛肇高速公路】 2013年4月，广东省发改委正式核准批复广佛肇高速公路肇庆大旺至封开江口段项目。作为广佛肇高速公路的先行段，该段于是年6月开工建设。6月19日，广州石井至肇庆大旺段正式发布工程环境影响评价公众参与信息公示。该段路线全长47.33千米，起点位于广州市华快三期终点，沿鸦岗大道高架，跨越珠江白坭河水道，顺接佛山一环，与佛山一环北段共线后，沿东西二线布设，穿广珠铁路转向西北，横穿三水劳教所，沿西乐公路布线，再由龙岗附近而后跨越北江，沿肇庆高新区既有道路建设路以及文德三街采用高架方案通过，与广佛肇高速公路大旺至小湘段顺接。按照100千米的设计时速，最快可在半小时内通达广佛肇三市。

【佛珠高速公路】 2013年7月29日，佛山市路桥公司发布《佛珠高速公路佛山北段工程可行性研究报告编制》的招标公告，该工程列入佛山市基本建设计划，全线均为改造工程。路线全长约40千米，其中已实施的佛山市和顺至北滘公路主干线段（佛山一环东线）30.9千米，主路采用一级公路标准结合城市快速路功能设计，设计速度100千米/小时，双向8车道；佛山市和顺棠溪至料美公路主干线（佛山一环东线北延线）9.1千米。根据路网规划设计，佛珠高速可连接在建的港珠澳大桥和规划中的深中通道，途经珠海、江门、中山、佛山、广州、清远6市，其中佛珠高速佛山北段利用佛山市和顺至北滘公路主干线（佛山一环东线）及佛山市和顺棠溪至料美公路主干线（佛山一环东线北延线），北接西二环高速，南接广明高速和佛江高速。项目建成后，将进一步强化珠三角西岸5市及清远市的交通联系，实现清远至珠海两小时到达，其余均可达到1小时通达的服务水平。

【广佛高速公路沙涌互通立交改造工程】

2013年7月29日，佛山市路桥公司公布“广佛高速公路沙涌互通立交改造工程环境影响评价公众参与第二次公示”，该项目于10月底开工，计划2015年9月底建成通车。该工程的立交匝道设计速度40千米/小时，估算总金额2.752亿元。该项目的建设为佛山一环东线与广佛高速公路在交叉位置实现交通流转换。（白　芷）

【肇庆与佛山燃气合作项目】 2013年，佛山市国资系统推进肇庆高要与佛山燃气合作项目，高要一期一阶段市政管35千米已完成并验收投产，金渡、高要城区、马安、金利镇已通气运行。金渡至蛟塘门站二阶段市政管35千米已验收通气，佛山天然气管网已与高要天然气管网互联互通。

【省道S273高铜线高明段全线贯通】 2013年12月26日，省道S273高铜线改建工程荔枝园至泽河段建成通车，至此高铜线高明段实现全线贯通。该工程全线8.3千米，双向4车道，设计时速为80千米/小时，起点位于佛山市高明区更合镇荔枝园村西侧，终点位于更合镇泽河村，接高铜线二三标段直通鹤山市双合镇。省道S273高铜线高明段全长26.9千米，呈南北走向，与省道S113线、S272线等干线道路构成高明区西南部的主干路网，是连接肇兴、鹤山、新兴等地的交通要道。

【广明高速公路延长线建成通车】 2013年12月27日，广明高速实现佛山高明境内全线贯通。广明高速公路为东西走向，起于京珠高速公路化龙立交，终于江罗高速公路高村立交，全长130千米。其中西樵至更楼段已于2009年6月25日通车。延长线从广明高速西樵至更楼段向西延伸至更合镇高村，全长约20千米，于2011年动工建设，通过全互通立交与建设中的江罗高速对接。

（佛山年鉴）

【广佛肇经济合作区建设】 2013年，广佛肇（怀集）经济合作区（首期）建设投资2.38亿元，完成年度投资计划的119%。启动起步区征地333.33公顷，总计1000公顷已完成征地406.67公顷、出让186.67公顷，年内肇庆市下达20.73公顷指标专项用于解决合作区用地指标不足问题。向中央、省申请合作区内供水网管建设项目资金1500万元获批复，投入基础设施建设累计4.1亿元；DN160供水管道铺设至园区，110千伏闸岗输变电工程、110千伏冷坑输变电工程等正在施工；完成天然气管道工程地勘；完成投资GSM基站建设，电力、光纤临时铺设完毕；临时用水、用电接通各入园企业，主干道和各支线道路正在施工。12月2日，《合作区发展总体规划》通过专家评审，并根据专家组意见进行修改完善，形成送审稿上报省政府。合作区共引进项目35个，总投资39.72亿元，其中动工建设项目15个。7月，与佛山市福建省商会签订共建“广东闽商（怀集）高新产业园”协议，项目计划投资80亿元，其中闽商生产制造基地分三期建设，一期进驻20家企业，二期计划2014年进驻30家企业，三期计划2016年前进驻60家企业。10月，肇庆市委常委会决定，从2013年起连续5年由市财政拨款500万元支持合作区贴息贷款和加快基础设施项目建设，由市国资委负责筹集2亿元作为入股资金注入合作区，推进合作区开发建设。至年底，市财政500万元拨款和市国资委首期5000万元入股资金已到位；向中国建设银行融资贷款的计划已获批，建行将向合作区投资开发有限公司授信 1.8 亿元。

（钱锦婣）

【广佛环线佛山西站至广州南站段站前工程】 于 2013 年 8 月 8 日公开招标。广佛环线佛山西站至广州南站段线路正线全长 35.00 千米，其中佛山市境内 31.10 千米，广州市境内 3.9 千米。全线地下段落长 18.24 千米，高架段落长 14.23 千米，路基段落长 2.54 千米，高架段落和地下段落总长 32.47 千米，占线路总长的 92.76%。全线新设车站 5 个，其中地下站 3 个（佛山新城、陈村和广州南站）、高架站 2 个（张槎和北滘）。该线路站前工程初步设计批复概算总额 170 亿元，建设工期 48 个月。

【穗莞深城际轨道二期】 2013 年 8 月 19 日，广东省发展和改革委员会经省政府同意，正式批复珠三角城际轨道交通新塘经白云机场至广州北站项目建议书，同意新建穗莞深城际线二期（新塘经白云机场至广州北站）项目。该线路自新塘站引出，经增城市经济技术开发区、镇龙、中新广州知识城、竹料镇、广州白云机场、平步大道，至终点广州北站。线路全长 77.7 千米，初步确定在萝岗区境内 18 千米，在镇龙站与地铁 21 号线、地铁知识城线换乘。工程预计 2016 年前后建成。穗莞深城际轨道项目是珠三角城际轨道交通线网规划的主轴线之一，是广东省第一条由省方主导的城际轨道交通项目。该项目线路走向起于广州，经东莞至深圳机场。

【广佛肇城轨线路微调】 2013 年 11 月 18 日，珠三角城际轨道交通佛山至肇庆城际铁路环境影响后评价开始进行公示。该项目于 2009 年 9 月开工建设，年内基本完成工程起点至大冲站桥墩、桥梁的架设，大冲至肇庆站段已开始征地拆迁。新的环评报告认为，相比原环评阶段，列车车型、线路的调整等引起的环境影响总体趋好。工程调整后，线路起点为佛山境内贵广线的佛山西站（本次工程不含），向西在佛山境内经南海的狮山、三水的西南和云东海，跨北江进入肇庆境内，在肇庆境内经大旺开发区、四会的大沙镇、鼎湖的莲花镇、桂城、坑口至端州城区；佛肇城轨减少佛山西站一座地下车站，使用车型从城际 A 型车改为 CRH6 动车组，8 辆编组，车长 199.5 米；佛肇城轨线路全长由原来的 84.52 千米减少到 79.72 千米，正线减少 4.80 千米，新增既有广茂线路改移 1.6 千米；投资减少 21.68 亿元。

【北三环高速二期动工】 2013 年 12 月 25 日，由广州交通投资集团投资建设的广东省、广州市重点建设项目——北三环高速公路二期工程正式动工建设。该项目是珠三角经济区外环高速公路唯一未开工的断头路。北三环高速公路二期工程位于广州市东北部，是国家高速公路网珠江三角洲环线中的一段，也是珠江三角洲地区及广州市公路网络的重要组成部分。路线全长 44.44 千米，起于增城市荔城街，终于花都区花东镇，呈环状贯穿增城市、从化市、白云区、花都区等地。全线按双向 6 车道高速公路标准建设，设计速度为 100 千米 / 小时，全线设互通立交 6 处，分别为荔城、朱村、福和、秋风洞、九佛和杨荷互通。项目批复概算投资额为 65.52 亿元，计划于 2016 年 12 月建成通车。

【广深沿江高速】 2013年12月28日，广深沿江高速全线试通车，共设官田、夏港、南岗、麻涌、洪梅、沙田、虎门港、威远、虎门、长安、田园、福永互通、宝安机场、西乡、月亮湾、前海终点站16个出入口。沿江高速深圳段的上下节点有4个，即月亮湾立交、大铲湾、西乡、福永。沿江高速在东莞可以与虎门大桥相连，在广州可以连接南二环和东二环高速公路。该高速路是广东省“十一五”规划重点建设项目，自2006年3月开工建设，历时8年建设完成，全长89千米，采用双向8车道设计，桥梁与隧道占总里程的97.5%。有大中型桥梁69座，特大桥11座，桥梁隧道比例高，全线每千米平均造价达2.66亿元，全线投资接近300亿元。通过沿江高速，从广州到深圳只需40分钟，约60分钟可经深圳湾直接抵达香港。沿江高速与广深高速基本平行，但路程短，预计全程只用1小时，比广深高速节约至少三分之一时间。沿江高速限速为100千米/小时。

【虎门二桥动工】 2013年12月28日，连接珠江两岸的直接跨江通道——虎门二桥开始动工。该路线起自广州市南沙区东涌镇，连接广州绕城公路南环和广澳高速公路，经广州市番禺区石楼镇，止于东莞沙田镇，接广深沿江高速公路。全长12.89千米，全线采用桥梁方案，按8车道高速公路标准建设，桥梁宽度40.5米。设计时速100千米/小时。设置东涌、骝东（规划预留）、海鸥岛、沙田4处互通立交和两座特大桥，其中，坭洲水道桥为658+1688米的双塔双跨钢箱梁悬索桥，建成后将成为世界第一跨度的钢箱梁悬索桥，在所有类型桥梁中主跨位居世界第二，国内第一；大沙水道桥为1200米双塔单跨钢箱梁悬索桥。项目建设工期5年。

【佛清从高速南段开工】 2013年12月28日，佛清从高速项目开建南段一期工程。佛清从高速公路分为南段（即佛山境路段）和北段（即广州、清远境路段）。北段工程起点位于花都区赤坭镇，于从化太平镇井岗接已建成的街北高速公路和在建的大广高速，全长86.44千米；南段工程全长42.7千米，起点位于佛山禅城南庄，终点接佛清从高速公路北段起点。南段一期工程路线为新建高速公路，路线全长16.72千米。（白　芷）

【中山坦洲与珠海交界道路衔接工程】 中山市坦洲镇潭隆南路与珠海市造贝工人新村路衔接工程是《中山市、珠海市跨界道路建设项目合作协议》中两市道路对接13个项目之一，也是珠中江经济圈近期重点工作与建设项目。工程由坦洲镇潭隆南路的环洲南路口至中珠边界，与珠海市造贝工人新村路衔接，道路全长420米，宽46米，总投资814万元。工程于2012年12月立项，并于2013年4月公开招标确定施工单位。2013年7月，坦洲镇与珠海造贝工人新村路衔接中山段动工。相关部门针对跨界工程涉及边界确定、规划对接、农田保护用地协调、收地填土以及与珠海方面的衔接、协调等问题，密切磋商协调，加快推进工程建设。至2013年底完成总工程量40%。（中山志办）

【珠三角首个直升机口岸机场】 于2013年2月底获颁空军牌照，完成开建前手续。该机场选址江门市江海区礼乐南冲水闸附近，项目投资商为香港浩瀚国际航空产业集团有限公司，首期计划投资12亿元，建成后作为粤港澳直升机停泊站场，可提供400个泊位。后期将陆续建设酒店、会议中心、休闲等配套服务产业，整个项目占地面积33.33公顷。机场定位为公用服务机场，包括飞机装配、驾驶员学校、医疗救护、森林防火等9个部分，主要提供高档商务消费，并兼备医疗救援、社会公共服务等职能，即以江门市为中心，空中医疗急救直升机在30分钟内航程可覆盖珠三角地区29座城市，能够为广东省各地提供空中医疗急救服务。

（江门志办）

【粤澳两地公交互联互通】 2013年2月28日，岭南通与澳门通卡正式互联互通。“岭南通·澳门通”由广东岭南通股份有限公司与澳门通股份有限公司携手推出，该卡为“一芯双钱包”，卡内设有两个独立的电子货币钱包：一个为人民币钱包，一个为澳门币钱包。持卡人在广东省内使用卡内的人民币钱包消费，在澳门则使用澳门币钱包消费。每张卡最高可充值1000元人民币和1000元澳门币。4月22日，岭南通携手澳门通股份有限公司中国内地推出3000张“岭南通·澳门通”首发限量版纪念卡，售价人民币68元/张，标志着岭南通与澳门通卡成功实现互联互通，粤澳两地居民持一张卡可实现两地便利通行。

【泛珠三角交通广播区域协作网】 于2013年8月4日正式成立。该网由泛珠三角九省（区）交通广播电台及广州、深圳、东莞等多家交通广播联合搭建，可通过网络广播第一时间播报各地高速公路、国道拥堵和施工信息、气象信息、航班信息、景点流量以及遇到灾害性天气和重大突发事件时的最新情况，方便泛珠三角城市的听众实时了解各城市和公路的信息，制订出行计划。

【泛珠三角建立预警联动机制】 2013年8月，泛珠三角区域内地9省（区）应急管理合作联席会议秘书处印发《泛珠三角区域内地9省（区）跨省（区）突发事件预警信息发布联动机制》。规定当需要向其他省（区）通报突发事件预警信息时，在经过省（区）政府应急办分析研判并在基本确认情况后，1小时内向可能受影响的省（区）政府应急办通报。

【港珠澳大桥首梁成功架设】 2013年12月2日上午9时56分，港珠澳大桥首片组合梁被安装在伶仃洋中的桥墩之上。首片组合梁的成功架设，标志着港珠澳大桥桥梁施工实现由下部结构施工转向上部结构施工。港珠澳大桥首片组合梁长85.3米、宽16.3米、中心梁高4.3米、重约1900吨，由中铁大桥局的“天一号”3000吨运架一体船运输和架设。1日17时10分，由海事部门护航，首片梁自中山起运经6个小时航程，于当晚11时运至大桥墩位。“天一号”通过绞锚定位和精度控制，将首片组合梁架设在大桥非通航孔桥191号墩和192墩之间。港珠澳大桥主体工程桥梁工程长22.9千米，共分为深水区非通航孔桥、浅水区非通航孔桥、青州航道桥、江海直达船航道桥、九洲航道桥等，桥梁上部结构采用钢结构制造。其中，青州航道桥、江海直达船航道桥以及深水区非通航孔桥采用钢箱梁，九洲航道桥及浅水区非通航孔桥采用钢砼组合梁。中铁大桥局港珠澳大桥CB05标是全桥上部工程安装数量最多的标段，共有组合梁148片。为实现港珠澳大桥120年使用寿命的目标，组合梁采用多项新工艺、新结构和新材料，如采用集束式剪力钉群代替以往的均布式剪力钉群，使得组合梁组合更优化；采用环氧树脂钢筋、不锈钢钢筋、高性能海工混凝土等，提高组合梁的抗腐蚀能力；采用高阻尼橡胶隔震支座，提高桥梁的抗震能力等。大桥的基础部分即承台和墩身一次灌注，没有施工缝，在国际上也是第一次。港珠澳大桥主体工程桥梁工程长22.9千米，这是首次在桥梁上部结构大规模采用钢结构，用钢量40多万吨。（白　芷）

交流活动

【广佛肇跨地区校际协作教研展示活动】于2013年1月5日在肇庆市第七小学举行。活动由肇庆市教育局主办，端州区教育局协办。来自广州市番禺区的实验小学、傍西小学，佛山市第九小学、白燕小学参与本次展示活动。肇庆市有关学校派代表观摩。该活动是肇庆市第七小学“三地七校‘有效教学协作体’”合作5年多的教育科研课题活动的继续和深化，旨在促进学校及师生的自主、健康、持续发展，以常态的教育管理和教学实践为研究内容，共同探索广佛肇跨地区校际合作开展教研与管理的有效途径，推动学校自主、健康、持续发展。活动的主要内容有：校长论坛，语文、数学、英语、体育等科目教学课堂研讨。（姚灵娟）

【珠三角青年交友婚恋文化节】　2013年2月24日，首届珠三角青年交友婚恋文化节启动仪式在肇庆市举行。中共肇庆市委副书记吴华钦，团省委副书记、省青联副主席陈宏宇，来自珠江三角洲地区九个城市的100对婚恋青年、青联代表共1000多人参与活动。文化节由肇庆市青联、肇庆星湖管理局主办，活动主题是“缘聚星湖，幸福出发”，活动旨在宣传肇庆丰富的旅游文化资源，为青年搭建沟通交友平台，发展婚恋文化产业。出席仪式的领导还为“广东青年婚纱摄影基地”揭幕。

【广佛肇梧群众牵手星湖活动】　2013年2月28日，“舞动星湖·幸福启航”万人牵手星湖活动在肇庆市牌坊广场举行。来自广州、佛山、肇庆、梧州四个城市过万名妇女参加巡游，万名群众手举红绸合围中心湖，成功申请上海大世界基尼斯纪录“规模最大的志愿者手拉手活动——广佛肇梧群众牵手星湖活动”。（钱锦嫦）

【首届广府书画摄影大赛】　于2013年5月20日由广州市越秀区、佛山市禅城区、肇庆市端州区三地宣传、文化、文联部门联合举办。大赛要求参赛者通过书法、绘画、摄影的形式来书写和描绘广府文化，展现广府文化的历史内涵，并邀请文化艺术界的专家担任大赛专家顾问、评委，对参赛作品进行点评，或者进行艺术创作等。在作品征集期间，同时举行广府文化学术研讨会，对广府文化进行深度解读。活动持续到年底，比赛作品在广、佛、肇三地进行巡回展览。10月25日，主办方组织专家评审团对参赛作品进行评比，评出特等奖1名，一、二、三等奖共53名，优秀奖66名，入围奖20名。（白　芷　佛山年鉴）

【广佛肇旅游推介会】　2013年6月4日和6日，广州、佛山、肇庆三市旅游局组织30多家旅游企业赴福建省厦门市和江西省南昌市推介三地旅游资源与特色路线。推介会的主题为“多彩广佛肇，岭南真味道”，涵盖三地广府文化风情游、广府美食游、广府休闲生态游等，突出广佛肇旅游推广一体化特点，三地统一制作以“广府之蕴”“广府之赏”“广府之游”为主题的PPT，以千年商都的文化名片推介广州，以传统武术的历史名片推介佛山，以旖旎风光的生态名片推介肇庆。厦门、南昌各有80多家旅行社、10多家媒体参与推介会。（孙秀丽）

【广佛肇志愿者专场招聘会】 2013年6月20日，广佛肇人才一体化大学生专场招聘会暨广东西部（山区）计划志愿者专场招聘会在广州市举行。该次招聘会针对广东省服务期满西部（山区）计划志愿者以及应届高校毕业生，来自广州、佛山、肇庆等地的350多家企业提供近2000个岗位供选择。近百名志愿者入场求职，近半获得企业青睐进入第二轮面试。

【爱我珠江亲水节】 2013年6月22日，由广州、佛山、肇庆、清远四市政府联合主办的第二届“爱我珠江亲水节”在佛山市开幕。广州市市长陈建华、佛山市市长刘悦伦、肇庆市市长郭锋、清远市市长江凌分别致辞。该届亲水节整合渔业增殖放流、龙舟比赛、横渡珠江等各项活动，目的是增强四市人民的环保意识，切实改善四市的城市环境。（白　芷）

【第三届广佛肇校际基础教育论坛】 于2013年6月22日，在肇庆市第十六小学图书阅览室举行。论坛由广佛肇校际基础教育论坛理事会主办，肇庆市市十六小承办。中山大学教育研究所教授朱新秤、肇庆市教育局调研员石抗、端州区教育局副局长梁坤洪等，以及来自广州、佛山和肇庆三市的14所小学领导、老师200多人参加。上午的主题是：“我的课堂”，10名来自广州、佛山、肇庆的教师代表发言，并进行互动，围绕主题开展讨论与交流。下午的主题是：“基础教育与课程改革”。8名来自广州、佛山、肇庆的校长围绕“基础、课程、发展”三个关键词，论述课程与学校、学生发展的关系。论坛理事长、顺德区容桂瑞英小学校长刘伦斌作题为《有了好课堂才有好人生》主题讲话，朱新秤对本次论坛进行点评。（姚灵娟）

【广佛肇人才一体化大学生专场招聘会】 2013年6月30日，广州、佛山、肇庆三市人力资源和社会保障局联合在肇庆高新区大旺公园广场举行“广佛肇人才一体化大学生专场招聘会”，三地共有350多个用人单位进场招聘，提供5000多个职位。当天初步达成就业意向约3000人。

【中国体育彩票杯广东省首届传统南狮比赛】 于2013年9月16～17日，在肇庆市体育中心荷花馆举行，来自广州、东莞、肇庆等市的16支队伍参赛，肇庆市恒电电力工程有限公司醒狮团等4支队伍获规定主题（规定器材）自选套路比赛金奖。（钱锦嫦）

【第二届广东（佛山）安全食用农产品博览会】 于2013年9月13~16日在佛山顺德区举行。该届安博会展示政府提升农产品质量安全监管能力和水平的最新进展和主要成果，吸引佛山本地及广州、中山等周边地区市民47万人次，现场交易总额约2800万元，均比上届有显著增加。（佛山年鉴）

【广佛肇三城汽车博览会】 于2013年10月1~3日在肇庆市体育中心举行。西江日报社及肇庆都市报、西江网、南方户外传媒公司等主办，广佛肇三地20多家汽车经销商参加博览会，展销车型达数百款。该活动是年内肇庆车坛参展品牌最多、规模最大、优惠幅度最高的一次车博会。该届车博会展场近万平方米，分A、B、C三个展馆，其中A展区为荷花馆展，B、C为室外展区。肇庆宝庆行宝马最高优惠达30万元；东风本田、一汽丰田两大品牌第一天收到订单50多张。 （林雅哲）

【广佛肇中学生乒乓球比赛】 于2013年11月23日在肇庆市端州中学举行。来自广州市广东实验中学、佛山市南海狮山石门高级中学和肇庆市端州中学的24名男女运动员参赛。广东实验中学获男子团体和女子团体冠军。 （钱锦嫦）

【深珠莞梅民办教育工作汇报会】 2013年3月20日，广东省副省长陈云贤率省政府有关部门负责人到东莞调研民办教育发展，并召开深圳、珠海、梅州、东莞四市分管教育副市长及教育等有关部门负责人座谈会。深圳市副市长吴以环、珠海市副市长龙广艳、梅州市副市长陈丽霞、东莞市副市长喻丽君参加座谈会。在座谈会上，喻丽君介绍东莞的民办教育发展情况，该市共有民办学校（幼儿园）885所，在校学生77万余人，学校数和学生数均超过公办，已建立较为完整规范的民办教育体系。陈云贤强调，各地市要加强探索和思考，在制定促进民办教育规范特色发展的政策方面先行先试。

【深莞惠旅游联盟活动】 2013年5月19日，由东莞市旅游局、深圳市文体旅游局、惠州市旅游局共同主办的深莞惠旅游联盟活动启动仪式在东莞举行。500多人参加，其中，深圳市文体旅游局、惠州市旅游局各组织100名游客参与体验“万人互游深莞惠——品味东莞水乡游”活动。

【莞深惠非物质文化遗产图片联展】 2013年6月6日，莞深惠三地非物质文化遗产图片联展开幕式暨东莞市非物质文化遗产展示馆挂牌仪式在东莞举行。该图片联展是莞深惠三地首次关于非物质文化遗产保护方面的合作，以图片、文字、实物等形式，集中展示莞深惠三地优秀的非物质文化遗产项目共70个，其中东莞30个、深圳24个、惠州16个。展览内容包括莞香制作技艺、麒麟制作、莞草编织等传统技艺，惠州剪纸、茶山公仔、千角灯等传统美术，大鹏山歌、咸水歌、惠阳皆歌等传统音乐等。

（潘朝明 刘念宇 王学林 袁广发）

【第四届珠中江进出口商品展销会】 于2013年1月3日在江门市五邑文化广场闭幕。为期5天的商展会根据产品类型划分为7大展区，包括家居用品、电子家电、服装、箱包、照明建材、食品等，设有标准展位472个和特装展位18个。展会期间，共吸引45万人次进场，现场销售额1260万元。该届商展会首次开辟“创意作品”展示区，在“创意作品”展示区内展示部分“五邑杯”创新工业设计大赛优秀创意设计作品；在展馆内特设表演区及职业技能大赛区，邀请商家和鼓励企业组织品牌推广节目，与消费者直接互动。同时举办花式调酒大赛，为市民打造一个调酒、品酒、论酒的平台。

【珠中江教育杂志及科研课题管理研讨会】 于2013年1月22日在珠海市举行。由珠海、中山、江门三市教科研部门负责人、教育杂志社主编、执行副主编、教育科学规划课题管理负责人和教育科学规划课题评审专家代表等参加。（江门志办）

【中珠澳旅游合作联盟工作会议】 2013年4月8日，2013中珠澳旅游合作联盟第一次工作会议在中山市旅游局举行。会议总结2012年三地旅游合作的主要工作，部署下一阶段三地旅游合作。中珠澳三地将继续紧密合作，开展一程多站旅游推广，在旅游业界交流以及旅游市场互动方面开展合作，制订市场推广目标，共同前往国内以及海外举办联合推广活动，实现三地旅游资源共享。（中山志办）

【第三届珠中江科协论坛】 于2013年5月31日在江门市召开。论坛主题为“土木建筑的发展与创新”，由江门市科学技术协会、珠海市科学技术协会、中山市科学技术协会联合主办，江门市土木建筑学会承办，珠海市土木建筑学会、中山市土木建筑学会协办，广东省科学技术协会、广东省土木建筑学会、五邑大学为论坛指导单位。江门、珠海、中山三市科学技术协会和土木建筑学会负责人、建筑业科技工作者代表400多人、五邑大学土木建筑学院师生500多人参加。江门市政协副主席、科协主席赵树培主持论坛开幕仪式并向大会致词，广东省科协党组成员、秘书长杨豪标宣布开幕。（江门志办）

【中江顺渔政、公安水警联合执法】 2013年7月17~18日，中山渔政支队、江门渔政支队、顺德渔政大队及顺德公安水警开展为期2天联合执法行动，共出动渔政船3艘，渔政、海监、水警等执法快艇11艘，执法人员78人；其中中山渔政支队及所属大队、中队共38人，江门渔政支队及鹤山大队共12人、蓬江巡警4人，顺德渔政大队12人、顺德公安水警12人。联合执法队伍采取集中力量捣毁窝点的形式，对鸡鸦水道、小榄水道、容桂水道、磨刀门水道以及均安、荷塘、古镇内涌等水域开展大范围执法巡查，搜查“三无”电鱼船舶停泊窝点。联合行动共查获电鱼船舶22艘，没收电拖网22张、发电机8台。

【“艺海同舟、筑梦中国”书画名家作品邀请展】 2013年8月10日，由中山市文联和中山市西区办事处联合主办的“艺海同舟、筑梦中国”香港、澳门、珠海、中山书画名家作品邀请展在中山美术馆开幕。展览展出四地130多位书画名家的作品300多幅，其中有岭南画派大家司徒奇之嫡嗣司徒乃钟，澳门视觉艺术家协会会长谭植桓，珠海古锦其，中山刘春潮、罗超凡、李武耀等名家作品。

【佛珠中江片（中山市）保密技术检查】 2013年8月12~16日，广东省保密局和中山、佛山、珠海、江门4市技术干部共16人，组成联合检查组，检查中山市13名党政领导的办公室和车辆，抽查市纪委、市委办、市府办、市委政法委、市中级法院、市检察院、石岐区办事处、东区办事处、小榄镇、三乡镇等16个单位，检测重点涉密部门部位96个，检查计算机320台（其中涉密计算机64台），移动存储介质39个（其中涉密移动存储介质18个）。检查组认为中山市总体保密情况良好。

【最美珠江西岸游推介会】 2013年，由广东省旅游局主办，珠海市文体旅游局、中山市旅游局、江门市旅游局联合承办的“最美珠江西岸游”旅游推介会分别于9月3日、9月5日在山西省太原市、内蒙古自治区呼和浩特市举办。推介会推动珠中江同城化发展，深化珠中江区域旅游合作，拓展山西和内蒙古旅游市场。

【2013珠三角咸水歌（渔歌）歌会】 2013年9月27日，2013珠三角咸水歌（渔歌）歌会在广州举行。该届歌会以“共圆中国艺术梦”为主题，吸引广州、惠州、江门、珠海、番禺、中山等地区的数支队伍参赛，为现场观众表演17个咸水歌（渔歌）节目。该届歌会分原生态和新创作两种表演形式，参演节目分新旧两个种类。中山市首次组队参加此项赛事活动。（中山志办）

【首届西江流域片水政执法技能比武竞赛】 于2013年11月6~8日在中山市举行。竞赛包括执法快艇实操、200米游泳接力赛、模拟执法实务、业务知识竞赛等4个项目。中山市水政监察支队、江门市水政监察支队获比赛一等奖；广州市水政监察支队、佛山市水政监察支队、珠海市水政监察支队、湛江市水政监察支队、茂名市水政监察支队获比赛二等奖。（江门志办）

【中山市首届粤剧文化周】 2013年11月11~15日，中共中山市委宣传部和市文广新局联合举办首届“大家演、大家睇”粤剧文化周活动。主场设在中山市文化艺术中心，由冯刚毅、彭炽权等名家名角表演折子戏。香山粤剧团邓志驹主演中山原创剧《六祖惠能》，邀请白雪仙、罗家宝、陈笑风等粤剧大师到现场指导。还邀请佛山、肇庆等地专业剧团到中山古镇、三角等镇区演出《宝莲灯》《洛神》等经典剧目，珠海、江门、中山三地的私伙局也在市文化艺术中心广场连续演出3晚。文化周同时举办粤剧文化讲座、粤剧文化展览、粤剧文化体验、粤剧图书展示等活动，有6万人参加此次文化周活动。

（中山志办）

【珠中江课堂教学交流活动】 2013年11月29日，围绕“课堂教学中如何培养学生的学习能力”专题，中山市实验中学举行高中语文、物理和数学课堂教学交流活动，珠海、中山、江门三市相关学科共10位特级教师和优秀教师上示范研讨课，近800名教师参加观摩研讨，与名师面对面交流学习。

（江门志办）

【中珠澳（合肥）旅游推介会】 2013年11月26日，由中山市旅游局、珠海市文体旅游局、澳门特别行政区政府旅游局共同主办的中珠澳（合肥）旅游推介会在安徽省合肥市举行。向合肥旅行社及游客推介“大香山——珠江西岸三城旅游路线”，吸引更多的华东游客前往中珠澳三地旅游，促进“一程多站”式旅游发展。（中山志办）

【第五届珠中江进出口商品展销会】 于2013年12月5日在江门市开幕，展期5天。来自珠海、中山、江门三市和珠三角其他城市、港澳地区、马来西亚及韩国的278家企业参展。展会共设国际标准展位458个、特装展位21个，吸引珠三角以及港澳地区超过50万人次前往参观购物。

（江门志办）

【第八届珠三角房博会】 于2013年5月31日至6月2日在广州举行。珠江实业、富力地产、新世界地产、恒大地产集团、碧桂园集团、星河湾集团、颐和集团等多个品牌房企的新盘均在该届房博会上展示。参展的近100个楼盘分别来自广州、佛山、惠州、珠海、清远、肇庆、江门、中山、云浮和阳江等珠三角城市。该届房博会开辟海外置业展区，市民能借此机会接触来自美国、加拿大、澳大利亚、塞浦路斯、葡萄牙、英国、马来西亚和泰国等11个国家和地区的境外物业。组委会还在现场举办海外置业“新时期·新格局·新机遇——广州国际优质生活暨海外房产投资论坛”。

【环珠三角绿道自行车赛】 2013年11月2日，由广东省体育局、广东省住房和城乡建设厅、广东省旅游局主办，广州市体育局、广东省社会体育中心、广东体育职业技术学院、广东省自行车运动协会承办的2013年环珠三角绿道自行车赛启动仪式在广州举行。广东省体育局副局长谢昌晶、广州市体育局副局长张桦、广东省旅游局机关党委书记于非己等出席启动仪式。比赛采取“3+1”模式，即进行三个分站赛和总决赛。11月30日，珠中江站比赛在珠海市淇澳岛举行；12月15日，深莞惠站比赛在惠州举行。决赛地点在深圳。 （白 芷）

【珠三角空域研讨会】 于2013年11月7日在广州召开。民航总局空管局局长王利亚、民航中南局局长蒋怀宇、香港民航处副处长伍崇正、广空司令部航管处处长刘齐全等21人与会。会议介绍珠三角地区空域工作情况、香港北三边工作情况，并就香港北三边、深圳南五边、白云机场三跑道等焦点问题进行讨论。会议认为，要按照珠三角地区空域规划的基本原则，把广州三跑道、深圳二跑道、香港北三边等问题统筹考虑，实现各方共赢。 （刘 丹）

【珠三角联合招聘大会】 2013年11月23日，由珠三角九城市人力资源和社会保障部门联合主办，中国南方人才市场和深圳、珠海、佛山、江门、东莞、中山、惠州、肇庆人才交流服务机构联合承办的“珠三角九城市2013届高校毕业生联合招聘大会”举行，珠三角9市分设会场同时举行活动。广州市开启全国人力资源市场（广州）高校毕业生就业服务周，开展广东省“一企一岗·互济共赢”高校毕业生招聘服务活动，共同打造广东省高校毕业生就业服务大平台。

【粤港澳台青年云南之旅】 2013年7月20日，由广东省青年联合会、港台青年交流促进会等粤港澳台25个单位共同举办的“‘爱我中华’两岸四地青年大汇聚火车团”2013云南探索之旅出发仪式在广州火车站举行。来自粤港澳台四地的300多名青年学生踏足云南，了解当地民风民俗。 （白 芷）

【2013年粤澳名优商品流通展销会】 2013年8月1~4日，由广东省对外贸易经济合作厅与澳门贸易投资促进局共同主办的2013粤澳名优商品展销会在澳门举行。中山市瀛海长天进出口有限公司、日盈礼品制造有限公司、吉力电器制造有限公司等9家企业参展。该次展销会进场13.76万人次，促成商务洽谈配对活动966场、项目合作17个。

（中山志办）

【粤港澳学术研讨会】 2013年12月15

日，由广东省社会科学界联合会、澳门基金会、澳门社会科学学会、香港树仁大学、香港科技大学联合主办的2013年粤港澳学术研讨会在肇庆高要市举行。研讨会的主题是“深化粤港澳合作与广东新一轮发展”。与会人员围绕“全面深化粤港澳合作、共建粤港澳优质生活圈、促进广东新一轮发展”等问题进行探讨，推动粤港澳三地在经济、社会民生、文化教育、法律等方面的合作。

（钱锦嫦）

对外开放

【港深中现代服务业联络处成立】 2013年10月22日，香港、深圳、中山现代服务业联络处在中山市揭牌，三地将联合打造更加通达有力的服务业企业服务平台，建立更为紧密合作关系。香港、深圳、中山现代服务业联络处由中山市发展和改革局、中山市现代服务业发展管理有限公司共同成立，借助港珠澳大桥、深中通道规划建设之机，发挥三地优势互补、良性互动作用，重点促进会展经济、楼宇经济、文化创意研发设计、金融服务业、物流商贸等多个产业合作。三地现代服务业联络处主要职能包括宣传推广最新的现代服务业政策信息；每年举办若干次专场招商引资对接会；组织中山服务业企业参与在香港、深圳举办的研讨会、经贸洽谈会、国际性展会、企业对接会等各类服务业相关推介会；协助中山服务业企业利用香港和深圳展会、刊物杂志、电子商务“三合一”的推广平台和海外办事机构、全球网络，推广企业产品、品牌和服务，帮助企业拓展国内、国际市场。（中山志办）

【粤港合作第十八次工作会议】 于2013年3月15日在广州举行。广东省副省长招玉芳与香港特别行政区政务司司长林郑月娥共同主持会议。双方签署《实施粤港合作框架协议2013年重点工作》。下一步推进的合作重点：一是深化CEPA先行先试，务实推动率先基本实现粤港澳服务贸易自由化；二是优化营商环境，支持港资企业在粤投资发展；三是加快推进深圳前海、广州南沙、深港河套地区等重点区及重点项目建设；四是深化教育、医疗、环保等社会民生领域合作。

【第十六届粤澳警务工作会晤】 于2013年3月20日在澳门举行。广东省政府党组副书记、公安厅厅长梁伟发和澳门特别行政区保安司司长张国华分别率粤澳警方代表团参加会晤。会议总结上年粤澳双方成功开展的“雷霆12”联合打黑专项行动、联手侦破的“3·5”特大拐骗妇女至澳门强迫卖淫案等一批大要案件，以及粤澳两地警方反外围赌博工作联络机制运行情况等工作。

【粤澳建立商务合作沟通机制】 2013年4月11日，中共中央政治局委员、广东省委书记胡春华在广州会见澳大利亚贸易和竞争力部长克雷格·埃默森并共同出席《关于建立澳大利亚—广东商务合作理事会的谅解备忘录》签署仪式。该备忘录的签署标志着广东与澳大利亚将建立起有效的商务合作沟通机制，对落实双方达成的合作共识、深化经济合作和商业联系、及时协调解决双方合作中遇到的各种问题，推动经贸、投资、教育、科技等各领域的务实合作发挥积极作用。

（白　芷）

【珠三角台资企业转型升级现场会】 2013

年5月8日，广东省台办在东莞市举行2013年珠三角地区台资企业转型升级现场会，珠三角九市台办、台协相关负责人参会。广东省台办主任陈国兴、广东省政协港澳台侨委员会主任梁耀文、东莞市副市长贺宇等出席会议。会上，贺宇介绍东莞扶持台资企业转型升级的经验和做法，陈国兴肯定在莞台资企业转型升级的成效，要求各地借鉴东莞经验，推动当地台资企业加快转型升级和发展。

（潘朝明　刘念宇　王学林　袁广发）

【粤港澳文化合作第十四次会议】　于2013年5月8~9日在澳门召开。广东省文化厅厅长方健宏、香港特别行政区民政事务局局长曾德成、澳门特别行政区文化局局长吴卫鸣以及文化部港澳台办有关负责人出席会议，与会代表达160人。代表们围绕演艺人才交流与节目合作、文化资讯交流、文博合作、公共图书馆合作交流、非物质文化遗产交流、文化产业合作等领域交流合作进行探讨。三方达成的新合作项目59个。会上还签署《关于联合举办“岭南考古三十年——粤港澳文物大展”》及《关于建立粤港澳文化交流合作示范点评估机制》意向书，促进和落实文化领域上的合作。

【粤澳合作联席会议】　2013年6月14日，广东省省长朱小丹与澳门特别行政区行政长官崔世安在中山共同主持召开2013年粤澳合作联席会议并在会上作主题发言。广东省副省长招玉芳和澳门特区政府经济财政司司长谭伯源回顾过去一年粤澳合作进展情况。广州、珠海、中山市政府及粤澳两地政府相关部门负责人参加。会上，粤澳双方商定将按照《实施粤澳合作框架协议2013年重点工作安排》要求，重点推进四方面合作：一是推动粤澳率先基本实现服务贸易自由化，打造粤澳合作新增长点；二是推进南沙、横琴、翠亨新区等重点合作平台建设，发挥粤澳双方的比较优势打造粤澳合作新平台；三是推进跨境大型交通基础设施建设和口岸通关便利化，抓好港珠澳大桥、粤澳新通道等项目建设，力争广珠城际轨道拱北至横琴段年内开工；四是深化社会民生领域合作，重点加强环境生态、低碳发展、文教卫生等领域合作。粤澳双方代表签署《关于建设实施粤澳新通道项目合作协议》《澳门轻轨与广珠轻轨无缝换乘合作协议》《粤澳养老保障合作协议》等协议11份。

【粤港经济技术贸易合作交流会】　2013年7月10日，广东省人民政府和香港特别行政区政府在香港联合举办“2013粤港经济技术贸易合作交流会”。中共广东省委常委、常务副省长徐少华，香港特别行政区政府财政司司长曾俊华出席开幕式并作主题演讲。广东省21个地级以上市、佛山市顺德区以及省内六大招商平台组团参加，粤港双方1300余人出席大会开幕式。交流会上，广东向港商展示“十二五”后3年，广东省将加快推进的包括公路、铁路、机场、港航、城市、能源、水利、环保等八大建设工程21个大项共460个项目建设，总投资2.95万亿元。同时，广东正在制订实施促进粤东西北地区振兴发展的相关政策，计划在今后5年统筹安排超过9000亿元财政资金，加大对粤东西北地区承接“双转移”、重大基础设施建设、城区扩容提质等的扶持力度，投资建设一批重点项目。该次交流会期间，广东推出涉及基础设施及园区、农业、轻工、机械、电子信息、化工、医药、服务外包及服务业、旅游业等领域的重点合作项目以及一批贸易货单。据统计，该次合作交流会签订外商投资项目 278 个，外资金额 66.35 亿美元，同比增长 9.1%，投资总额超过 3000 万美元以上的项目 105 个。贸易成交总额 41 亿美元，同比增长 7.9%。

【粤港合作联席会议第十六次会议】 于 2013 年 9 月 16 日在香港举行，广东省省长朱小丹与香港特别行政区行政长官梁振英共同主持会议并作主题发言。国务院港澳办副主任周波、中央人民政府驻香港联络办副主任杨健到会指导。广东省副省长招玉芳、香港特别行政区政府政务司司长林郑月娥分别在会上回顾过去一年合作进展情况。广州、深圳和珠海市政府及粤港两地政府相关部门负责人参加会议。会议总结过去一年粤港合作取得的成果，并指出双方今后将继续推进 CEPA 实施和服务业对港澳开放、先行先试；促进法律、会计、教育培训、质量技术等专业服务领域合作；深化金融服务合作；拓展在高等教育、医疗服务、文化创意、知识产权、环境保护、社会福利等社会民生领域合作；合作推进广州南沙、深圳前海、珠海横琴三大高端平台建设，继续探索深港落马洲河套地区开发模式。同时，全面深化经贸合作，联手推进企业转型升级，加快港珠澳大桥、港深西部快速轨道、莲塘（香园围）口岸等规划建设，推进通关便利化。会上，双方相关部门签署《共同推动率先基本实现服务贸易自由化合作协议》等合作协议 8 份。 （白　芷）

【香港珠三角工商界合作交流会】 2013 年 12 月 6 日，以“和美中山，商机无限”为主题的 2013 年第十二届香港珠三角工商界合作交流会在中山市举行，近 1000 名粤港政商界代表人士出席会议。会议期间，举行“企业创新创商机：由制造至创造”研讨会，邀请粤港两地专家、学者、企业家就国内外营商环境变化、政策法规调整以及粤港合作等问题进行沟通交流，组织考察团参观中山临海工业园及翠亨新区规划馆，香港工业总会珠三角工业协会与海关总署广东分署签订《合作备忘录》，香港工业总会珠三角工业协会与中山市对外贸易经济合作局签订《合作备忘录》。 （中山志办）

【粤港澳基建交流合作】 2013 年 12 月 9~11 日，应香港特别行政区政府邀请，广东省副省长刘志庚率广东省经济和信息化委员会、广东省通信管理局等部门及广东电信、广东移动、广东联通三大电信运营商负责人赴香港调研学习信息基础设施建设经验和做法，推动粤港两地在信息基础设施建设方面的交流合作。

12 月 12~13 日，应澳门特别行政区政府邀请，广东省副省长刘志庚率广东省经济和信息化委员会、广东省通信管理局等部门，以及广东电信、广东移动、广东联通三大电信运营商负责人赴澳门考察学习信息基础设施建设情况，商讨加强粤澳信息基础设施建设方面的合作。 （白　芷）

·责任编辑　何文倩·

广州市

基本情况

【地理位置】 广州市是广东省省会，广东省政治、经济、科技、教育和文化的中心。广州市地处中国大陆南方、广东省的中南部、珠江三角洲的北缘，接近珠江流域下游入海口。其范围是东经112度57分至114度3分，北纬22度26分至23度56分。东连惠州市博罗、龙门两县，西邻佛山市的三水、南海和顺德区，北靠清远市的市区和佛冈县及韶关市的新丰县，南接东莞市和中山市，隔海与香港、澳门特别行政区相望。

由于珠江口岛屿众多，水道密布，有虎门、蕉门、洪奇沥等水道出海，使广州成为中国远洋航运的优良海港和珠江流域的进出口岸。广州又是京广、广深、广茂、广梅汕和武广铁路的交汇点及华南民用航空交通中心，与全国各地的联系极为密切。因此，广州有中国“南大门”之称。

【资源物产】 *土地资源* 广州市耕地面积为8.59万公顷，林业用地面积25.61万公顷。广州市土地类型多样，适宜性广，地形复杂。地势自北向南降低，最高峰为北部从化市与龙门县交界处的天堂顶，海拔为1210米；东北部为中低山区；中部为丘陵盆地；南部为沿海冲积平原，是珠江三角洲的组成部分。由于受各种自然因素的互相作用，形成多样的土地类型。根据土地垂直地带可划分为以下几种：（1）中低山地。是海拔400米~500米以上的山地，主要分布在广州市的东北部，一般坡度在20度~25度以上，成土母质以花岗岩和砂页岩为主。这类土地是重要的水源涵养林基地，宜发展生态林和水电。（2）丘陵地。是海拔400米~500米以下垂直地带内的坡地，主要分布在山地、盆谷地和平原之间，在增城市、从化市、花都区以及市区东部、北部均有分布，成土母质主要由砂页岩、花岗岩和变质岩构成。这类土地可作为用材林和经济林生长基地。（3）岗台地。是相对高程80米以下、坡度小于15度的缓坡地或低平坡地，主要分布在增城市、从化市和白云、黄埔两区，番禺区、花都区、天河区亦有零星分布，成土母质以堆积红土、红色岩系和砂页岩为主。这类土地可开发利用为农用地，也很适宜种植水果、经济林或牧草。（4）冲积平原。主要有珠江三角洲平原，流溪河冲积的广花平原，番禺和南沙沿海地带的冲积、海积平原，土层深厚，土地肥沃，是广州市粮食、甘蔗、蔬菜的主要生产基地。（5）滩涂。主要分布在南沙区南沙、万顷沙、新垦镇沿海一带。

水资源 广州市地处南方丰水区，境内河流水系发达，大小河流（涌）众多，水域面积广阔，集雨面积在100平方千米以上的河流有22条，老八区主要河涌有231条，总长913千米，不仅构成独特的岭南水乡文化特色，也对改善城市景观、维持城市生态环境的稳定起到突出的作用。广州市水资源的主要特点是本地水资源较少，过境水资源相对丰富。全市水域面积7.44万公顷，占全市土地面积的10%，主要河流有北江、东江北干流及增江、流溪河、白坭河、珠江广州河段、市桥水道、沙湾水道等，北江、东江流经广州市汇合珠江入海。本地平均水资源总量79.79亿立方米，其中地表水78.81亿立方米，地下水14.87亿立方米。以本地水资源量及2010年第六次人口普查统计的常住人口计算，每平方公里有106.01万立

方米，人均628立方米，是全国人均水资源占有量的二分之一。过境客水资源量1860.24亿立方米，是本地水资源总量的23倍。客水资源主要集中在南部河网区和增城市，其中由西江、北江分流进入广州市区的客水资源量达1591.5亿立方米，由东江分流进入东江北干流的客水资源量为142.03亿立方米，增江上游来水量28.28亿立方米。南部河网区处于潮汐影响区域，径流量大，潮流作用也很强。珠江的虎门、蕉门、洪奇沥三大口门在广州市南部入伶仃洋出南海，年涨潮量2710亿立方米，年落潮量4088亿立方米，与三大口门的年径流量1377亿立方米比较，每年潮流可带来大量的水量，部分是可以被利用的淡水资源。

生物资源　广州市的自然条件为多种动物栖息繁衍和植物生长提供良好的生态环境。生物种类繁多，生长快速。地带性植被为南亚热带季风常绿阔叶林，但天然林已极少，山地丘陵的森林都是次生林和人工林。栽培作物具有热带向亚热带过渡的鲜明特征，是全国果树资源最丰富的地区之一，包括热带、亚热带和温带3大类、41科、82属、174种和变种，共500余个品种（其中荔枝就有55个主要品种），是荔枝、龙眼、乌（白）榄等起源和类型形成的中心地带。蔬菜向以优质、多品种著称，共有14类300多个品种。花卉包括鲜切花、盆栽植物(观叶植物、肉质植物、盆花、盆景)、绿化苗木、工业及其他用途花卉、草坪、种苗等六大类，传统品种和近年引进、开发利用的新品种3000多个。粮食、经济作物、畜禽、水产和野生动物种类也很多，且不乏名优特品种，其中增城丝苗米是广州市第一个获得地理标志的保护品种。

矿产资源　广州市的地质构造相当复杂，有较好的成矿条件。已发现矿产47种，矿产地820处，其中大、中型矿床22处。主要矿产有建筑用花岗岩、水泥用灰岩、陶瓷土、钾、钠长石、盐矿、芒硝、霞石正长岩、萤石、大理岩、矿泉水和热矿水等。区内能源矿产和有色金属矿产十分短缺，呈零星分布，规模较小，品位不稳定。

【面积人口】　广州市总面积为7434.40平方千米，占全省陆地面积的4.21%。其中，市辖10区面积3843.43平方千米，占全市总面积的51.7%；2个县级市面积3590.97平方千米，占48.3%。

2013年末，广州市常住人口1292.68万人，户籍人口832.31万人；城镇人口比重为85.27%。全年户籍出生人口11.58万人，出生率14.00‰；死亡人口4.50万人，死亡率5.44‰；自然增长人口7.08万人，自然增长率8.56‰。

【行政区划】　中华人民共和国成立后，广州市的行政隶属关系和行政区划设置，有过几次较大的变动和调整。

1949年10月14日广州解放，广州市一度为中央直辖市。1950年改为中南军政委员会领导。1954年划归广东省领导，为省辖市。

解放初期，广州市划分为28个区，其中城区20个（逢源、黄沙、西禅、长寿、沙面、陈塘、太平、惠福、靖海、小北、德宣、西山、东堤、汉民、前鉴、大东、东山、洪德、蒙圣、海幢）、水上区1个（珠江区）、郊区7个（南岸、沙河、芳村、石牌、新洲、沥滘、三元里）。1950年调整行政区划设置，把28个区合并为16个区，其中城区8个（长寿、河南、惠福、永汉、太平、越秀、大东、荔湾)、水上区1个(珠江区)、郊区7个(南岸、沙河、芳村、石牌、新洲、沥滘、三元里)。1951年10月，把郊区7个调整为4个(白云、芳村、西村、新滘)。1952年9月，把原来8个城区合并为5个(东区、中区、西区、北区、河南区)，仍保留珠江区。1953年5月，西村区撤销并入白云区。同年6月，黄埔区成立。1956年6月，黄埔、白云、新滘3个区合并为广州市郊区。1958年12月，撤销珠江区，同年撤销广州市郊区；原属郊区的人和、太和、竹料、钟落潭等4个公社与花县合并设立广北县，划归广州市；原广州市郊区的三元里、鹤洞、江村、石井、沙河、新滘、黄埔、萝岗8个公社设立广州市近郊区。1959年3月，撤销广北县，把花县划回佛山地区；恢复广州市郊区，原从广州市郊区划出的4个公社划回广州市郊区；同时，撤销广州市近郊区。1960年4月，从佛山地区划出花县、从化县归属广州市。同年8月，撤销中区、郊区，设立越秀区、东山区、海珠区、荔湾区4个城区和黄埔区、芳村区、江村区3个郊区。1961年，原属韶关地区的佛冈县划归广州市(1963年又划归韶关地区管辖)。1962年5月，把3个郊区合并为1个郊区。1973年，重新从郊区划出部分区域再设黄埔区。1975年，把原属佛山地区的番禺县、惠阳地区的增城县和龙门县、韶关地区的新丰县划归广州市。1983年，把韶关地区的清远县、佛冈县划归广州市。1985年1月，从广州市郊区划出部分区域，设置天河区、芳村区。1987年1月，把广州市郊区改称为白云区。1988年，广州市行政区划作出较大调整，1月7日，把龙门县划归惠州市管辖，新丰县划归韶关市管辖，清远县和佛冈县划归清远市管辖。1992年5月，撤销番禺县，设立番禺市(县级)，隶属广东省人民政府，由广州市代管。1993年6月，撤销花县，设立花都市(县级)，隶属广东省人民政府，由广州市代管。同年12月，撤销增城县，设立增城市(县级)，隶属广东省人民政府，由广州市代管。1994年3月，撤销从化县，设立从化市(县级)，隶属广东省人民政府，由广州市代管。2000年5月，撤销番禺市和花都市(县级)，设立番禺区和花都区。2005年4月，广州市行政区划作出重大调整：撤销东山区，将其行政区域划归越秀区管辖；撤销芳村区，将其行政区域划归荔湾区管辖；设立南沙区和萝岗区。2012年9月，番禺区的东涌镇、大岗镇、榄核镇划归南沙区管辖。调整后的行政区划，广州市辖越秀区、海珠区、荔湾区、天河区、白云区、黄埔区、花都区、番禺区、南沙区、萝岗区10个区和从化市、增城市2个县级市。

(黄　滨)

【历史文化】　广州是国务院颁布的全国第一批历史文化名城之一。早在六七千年前的新石器时期，先民们就在广州这块土地上生息繁衍。秦始皇三十三年(公元前214年)，秦平岭南，南海尉任嚣在此筑番禺城(俗称任嚣城)，为广州信史记载的建城之始，到2013年已有2227年。秦末汉初，赵佗在岭南建南越国，定都番禺(今广州)，奠定了广州在岭南的中心城市地位。南汉、南明两个封建王朝也在此建都。三国时期，番禺属东吴管辖。吴黄武五年(226年)，孙权为便于统治岭南，决定交广分治。由原交州分出南海、苍梧、郁林、高凉4个郡，设置广州。广州之名由此而来，但未成定制，一年左右又并入交州。吴永安七年(264年)，复置广州，始成定制。州治番禺，下辖南海、苍梧、郁林、高凉、桂林、高兴 6 个郡和合浦北部尉，计 43 个县。两晋南北朝时期，广州郡县多寡不一，但辖境逐步缩小。隋开皇九年（589 年）改置广州总管府，仁寿元年（601 年）改称番州，大业三年（607 年）改为南海郡。唐武德七年（624 年）设广州都督府，天宝元年（742 年）复改南海郡，乾元元年（758 年）复改广州都督府。南汉乾亨元年（917 年）易名兴王府。宋开宝四年（971 年）复称广州。元至元十六年（1297 年）置广州路。明洪武元年（1368 年）设广州府（1912 年撤府）。1921 年 2 月 15 日建广州市。

广州又称为羊城、穗城。传说古代有 5 位仙人，骑五色羊，羊衔谷穗，降临广州，把谷穗赠与百姓，祝愿这里“永无饥荒”。如今，越秀公园的五羊雕像已成为广州的象征。

广州自秦汉至明清 2000 多年间，一直是中国对外贸易的重要港口城市。汉武帝时期，中国船队从广州出发，远航至东南亚和南亚诸国通商贸易，东汉时期航线更远达波斯湾。唐代，广州已发展成为世界著名的东方大港，也是当时世界最长的海路航线“广州通海夷道”的起点，中央王朝首先委派专门管理对外贸易的官员市舶使到广州。宋代，在广州首设全国第一个管理外贸机构市舶司。明清时期，广州更是特殊开放的口岸，一段较长时间曾是全国唯一的对外贸易港口城市。

广州是具有光荣革命传统的英雄城市。在近代史上有三元里人民反抗帝国主义侵略的抗英斗争、孙中山领导的反对封建统治的“三二九”起义（又称黄花岗起义）、中国共产党领导的广州起义。所以，广州既是中国资产阶级民主革命的策源地，又是无产阶级政党领导人民群众进行革命斗争的英雄城市。

广州历代名人辈出。秦朝任嚣，汉朝赵佗，晋朝道教理论家葛洪，唐朝佛教创始人慧能，明朝哲学家湛若水，以及清朝学者屈大均、阮元，禁烟领袖林则徐，农民起义领袖洪秀全，洋务派代表人物张之洞，思想政治家康有为、梁启超，领导中国民主革命、推翻几千年封建统治的孙中山等，为广州名城的形成和发展作出了卓越的贡献。

【风俗民情】 广州是一座历史悠久的城市，其地理位置、气候条件和多元文化的交汇，形成具有鲜明岭南特色的传统民俗，包括岁时节庆、生活习惯、社会习俗、情感信仰、民间文艺等方面。

广州有延续 100 多年的春节逛花市的习俗。每年农历腊月二十八至除夕深夜，全城长街如锦，百花争艳，游人如织，欢声笑语。家家必置鲜花装点，表达对美好生活的追求。波罗诞是广州地区最大的民间传统庙会之一，保留了中国南方海洋民俗文化演变的轨迹。每年农历的二月十一至十三，南海神庙（波罗庙）方圆数十里，热闹非凡。逛庙会的游人，常购一种叫“波罗鸡”的工艺品留念。

饮食习俗是最能反映广州地方特色的习俗。广州人饮食支出的比重远高出全国大城市的平均水平。“食在广州”一语广为人知。其食肆营业时间之长，饮茶风气之盛，食谱之广泛，烹饪技巧之精湛，都给外来者留下深刻印象。

西关大屋是广州传统民居的代表。20 世纪 20~30 年代，临街骑楼建筑十分兴盛，也出现了东山花园洋房式的西式民居。

名扬海内外的广州民间工艺和民间传统

艺术集中体现了广州人的审美情趣，是千百年来岭南人民智慧的结晶。其中，广绣为中国“四大名绣”之一；广彩从清代开始已行销国外，在国际上享有盛誉；广雕以象牙雕刻中的镂空、透深技法闻名；广东音乐、粤剧与岭南画派被誉为“岭南三大艺术瑰宝”。丰富的民间传统艺术有咸水歌、沙坑醒狮、黄阁麒麟舞、沙湾飘色、市桥水色、鳌鱼舞、麻车火狗、木鱼书说唱、八音锣鼓等。市井爱好戏曲者茶余饭后常三五成群，吹拉弹唱，自娱自乐，以曲会友。这种被称为“私伙局”的自发的群众娱乐组织形式，至今仍十分普及。

广州传统民俗正不断变化，逐渐淘汰陈旧的形式与内容，不断丰富生活内涵。它植根于民众，保持着与时代同步的生命力。

（郭　凡　温向月）

【风景名胜】　广州的文物古迹众多。截至2013年，广州有国家、省、市三级文物保护单位共322处，其中，全国重点文物保护单位29个，省级文物保护单位42个，市级文物保护单位251个。南越王墓有2000多年历史，光孝寺、六榕寺、怀圣寺等都有1000多年历史。此外，还有始建于隋朝的南海神庙，明朝的五仙观、镇海楼、莲花塔，清朝的陈家祠、余荫山房等。近代革命历史纪念地有毛泽东同志主办的农民运动讲习所旧址、广州起义烈士陵园、黄花岗七十二烈士墓、黄埔军校旧址、中山纪念堂、洪秀全故居等。广州还有众多的风景名胜，自古以来享有很高的声誉。宋、元、明、清历代都有评选“羊城八景”活动。中华人民共和国成立后，广州城市建设与发展日新月异。1963年、1986年，广州两次重新评选“羊城八景”。2001年8月，广州又举办“新世纪羊城八景”评选活动。2002年7月26日，评选揭晓，新八景为云山叠翠、越秀新晖、珠水夜韵、古祠留芳、黄花皓月、天河飘绢、莲峰观海、五环晨曦。2010年11月，羊城晚报报业集团组织“羊城新八景”评选活动。2011年5月18日，评选结果揭晓，新入选的“羊城新八景”为：塔耀新城、珠水流光、云山叠翠、越秀风华、古祠流芳、荔湾胜境、科城锦绣、湿地唱晚。

（黄　滨）

年度大事

【“72小时过境免签政策”实行】　2013年8月1日开始，广州市成为国内第三个实施“72小时过境免签政策”的城市。45个国家和地区的公民，持有本人有效国际旅行证件，有第三国签证和72小时内已确定日期及座位的从广州白云机场出境，前往第三国或地区的联程机票，不需申请中国签证，即可以离开广州白云机场，在广东省内自由活动，过境停留72小时。符合条件的外国旅客，可向载运其抵达广州的航空公司提出，由承运航空公司向广州白云机场边检机关申报，边检机关经审核符合过境免签条件的，允许其临时入境。享受在广州白云机场72小时过境免签政策的国家共有45个国家，其中欧洲申根签证协议国家24个，欧洲其他国家7个，美洲国家6个，大洋洲、亚洲国家8个。

（李　毅）

【广州地铁六号线首期正式开通】　2013年12月28日，广州地铁六号线首期正式开通。该线首期全长24.5千米，西起白云区金沙洲，向东南穿越荔湾区、越秀区，之后折向东北，经天河区，止于天河区（二期止于黄埔区），主要经过坦尾、珠江北岸、先烈路、广州大道北、燕岭路、广汕路、开创大道，代表色为紫红色，共设22座车站，其中7座为换乘站，位于金沙洲内的3座车站（浔峰岗、横沙及沙贝）为高架车站，其余车站均为地下车站。还设有1个车辆段和1个停车场，车辆编组为四节编组。

（任　琳）

【三级政府“三公”经费全面公开】　截至2013年9月13日，广州市市属12个区（县级市）政府部门、164个街（镇）政府机构先后挂网公布“三公”经费账单。广州市成为全国首个实现市、区（县）、街镇三级政府全面公开财政预、决算和“三公”经费的城市。全市全面推行“零基预算”，确保“三公”经费只减不增。年底，配合全市“三公”经费电子监察系统上线运行，进一步细化和规范“三公”经费支出经费分类科目：办理公务用车运行维护费支出须选择车牌信息，并输入6个明细项目；办理因公出国（境）费用支出须录入团组名称、出访人员等信息；办理公务接待费支出须录入接待团名称、接待团职务级别、接待总人数、消费公务卡号等信息。

（龚　平）

【首届世界广府人恳亲大会在广州召开】　2013年11月13日，首届世界广府人恳亲大会在广州开幕，来自世界39个国家和地区的300个社团3000余人出席。首届世界广府人恳亲大会由广东省广府人珠玑巷后裔海外联谊会、广州市侨务办公室、广州市归国华侨联合会共同主办，以“世界广府人、共圆中国梦”为主题。大会授予王锦辉、邓小颖、古润金、石汉基、红线女、苏志刚、李学海、欧初、萧德雄、翟美卿首届世界广府人“十大杰出人物”称号，授予古巨基、冯珊珊、李慧琼、吴杰庄、岑钊雄、余威达、易建联、赵广军、袁玉宇、霍启刚首届世界广府人“十大杰出青年”称号。广府人是包括以广州为中心，分布于广东、广西、香港、澳门及东南亚、欧美等地区，以粤语为母语的华人，其中有60%属于珠玑巷南迁后裔，在语言、艺术、风俗、饮食和建筑风格等方面有着自己独有的文化特征。截至2013年广府人总人数约7000万人。世界广府人恳亲大会每两年举办一次，下届在珠海市举办。

（宋贝玲）

【广州钢铁集团白鹤洞生产基地关停】　2013年9月29日，广钢集团属下在广州市的钢铁生产厂全部关停。2008年，广州市提出“退二进三”（即鼓励第二产业从市区退出，合理利用腾出来的厂房，发展商业、服务业等第三产业）工作方案和要求。从2011年起，广钢集团按照安全、环保、有序、按计划的原则对白鹤洞生产基地生产工序实施逐步关停。2012年12月，广州市政府批准《广州钢铁企业集团有限公司转型发展实施方案》，广钢白鹤洞厂区的焦化厂、电炉厂、转炉厂、烧结厂、炼铁厂、燃气厂、维修公司陆续停产。2013年9月，大部分生产线开始停产；9月22日，5号高炉首先进入停产状态，由于高炉不再供应煤气，连轧车间随之停产；25日，3号高炉停止运转；至29日，白鹤洞生产基地运行的最后一台设备32MW电站关停，至此，广钢白鹤洞生产基地顺利实现整体关停。广钢白鹤洞生产基地于1958年7月1日投产，连续运转55年零90天，共生产铁2108.25万吨、钢 4360.16 万吨、钢材 4527.01 万吨。

（宋剑锋）

【广州市商事登记制度改革工作正式启动】 2013 年 9 月 2 日，广州市商事登记制度改革启动仪式在广州市政务服务中心举行，中国交通建设股份有限公司负责人从广州市副市长贡儿珍手中接过全市第一张商事登记营业执照，是日共有 24 家企业、个体工商户领取商事登记版营业执照。广州市是第一个实行商事登记制度改革的国家中心城市，还搭建了商事登记管理信息平台和商事主体信息公示平台。商事登记管理信息平台采用统一标准，通过市政府发布的统一的业务和技术标准把日常管理的数据上传和接入平台。商事主体信息公示平台向社会公众公示商事登记机关、行政许可审批部门、有关执法部门通过商事登记管理信息平台，上传、接收、反馈商事主体登记、申报事项、行政许可审批和确认、提交年度报告情况、行政处罚等信息。新版营业执照印有二维码，通过扫描二维码，可以直接进入广州市商事主体信息公示平台，查阅企业当前最新的具体信息，包括登记和申报信息、许可审批信息、年度报告信息，以及监管信息等。

（广州市商改办）

【广州市公办幼儿园招生首次面向社会电脑派位】 2013 年 5 月 3 日，广州市招考办举行 2013 年广州市属公办幼儿园电脑派位仪式。广州市属 15 间公办幼儿园 654 个名额面向全市 5545 名幼儿以电脑随机抽签派位的方式招生，录取比例 8.5：1。是年，广州市属公办幼儿园小班计划招生总数为 1110 人，电脑派位招生数为 654 人，而全市符合报名条件的幼儿约有 8 万人，住在中心城区的适龄幼儿约有 2 万人。同时成立市属公办幼儿园招生工作监督小组，由市公证处、市教育局纪委、家长（监护人）代表、媒体代表等组成，负责对报名数据盘和电脑派位程序等数据设备进行审查鉴定，对电脑派位过程进行现场监督，对整个招生工作环节进行全面监督。

（刘晓蓝）

【广州恒大足球队获亚洲足球俱乐部冠军联赛冠军】 2013 年 11 月 9 日，2013 赛季亚洲足球俱乐部冠军联赛在广州天河体育中心落幕。广州恒大足球队与韩国首尔 FC 队战成 1：1，凭借客场进球多的优势，广州恒大足球队夺得 2013 赛季亚洲足球俱乐部冠军联赛冠军，这是亚冠联赛改制以来中国球队首次加冕。

（骆 [illegible]）

【广州被授予“世界合唱之都”称号】 2013 年 11 月 8 日，2013 中国广州国际演艺交易会在广州白云国际会议中心开幕。在开幕式上，世界合唱理事会主席、国际文化交流基金会主席铁驰宣布授予广州“世界合唱之都”决议书，并向广州市授予“世界合唱之都”牌匾。“世界合唱之都”作为国际文化交流基金会与世界合唱理事会的最高荣誉奖项，授予合唱音乐文化底蕴深厚，具有代表性、榜样性和杰出成就的城市。广州市民一直有着集体歌唱的热情和习惯，白云山上、珠江岸边、公园、广场随处都可听到市民的歌声。广州地区合唱团队的总数量在 3000 支左右，包含老年合唱、成人合唱、青少年合唱，种类有混声合唱团、男声合唱团、大学生合唱团、中小学生合唱团以及各种的军警合唱团、宗教和民族合唱团、企业（行业）合唱团、社区合唱团等。这些团队分布在广州地区教育、群文、老干、街镇等系统，每个团队的人数从 30~100 人不等，总人数在 15 万人左右。常态化合唱活动有每年一届的广州市合唱艺术周、每 2 年一届的广州市老干部合唱节、每 3 年一届广州市学校合唱节、每 2 年一届的省“百歌颂中华”活动广州地区选拔赛、每 2 至 3 年一届的广州（番禺）星海国际合唱节。在国内外各种合唱比赛中，广州团队的参赛频率和获奖率均名列前茅。2012 中国（广州）星海国际合唱锦标赛期间，广州地区参加公开赛团队共 53 支，共获奖 48 个（金奖 13 个、银奖 30 个、铜奖 5 个）。广州地区参加大奖赛团队共 11 支，共获奖项 11 个（星海奖 1 个、铂金奖 6 个、金奖 3 个、参与奖 1 个），是所有参加该次合唱锦标赛获奖最多的地区。

（吴石坚）

【“天河二号”超级计算机系统落户国家超级计算广州中心】 2013 年 11 月 20 日，由国防科技大学研制的“天河二号”超级计算机系统，正式落户国家超级计算广州中心。该超级计算机系统在 6 月份德国莱比锡召开的 2013 国际超级计算大会上，以峰值计算速度每秒 5.49 亿亿次、持续计算速度每秒 3.39 亿亿次双精度浮点运算的优异性能位居榜首，成为当今世界运算速度最快、综合技术领先的超级计算机。这是继“天河一号”之后，中国超级计算机第二次登上世界第一的宝座。根据国防科技大学与广东省、广州市、中山大学签署的共建国家超算广州中心合作协议，“天河二号”于 9 月运抵广州，截至 11 月底，“天河二号”用户达到 80 多家，先后开展 116 项典型应用计算。

（刘昱婷）

生态环境

【节能减排措施】 2013 年，广州市推进节能减排工作，继续探索具有广州特色的低碳城市发展道路。一是加大财政支持力度。2010 年起，广州市节能专项资金从原来的 2000 万元增至 6000 万元，用于支持工业、建筑、交通、公共机构及其他领域的各项节能改造项目、课题研究等工作；广州市战略性新兴产业发展资金每年安排 20 亿元，支持包括新能源和节能环保产业等 6 个新兴产业的发展。二是探索建立碳排放权交易市场机制。2012 年 9 月 11 日，广州碳排放权交易所挂牌成立，碳排放权交易试点正式启动，成为全国最大的碳交易平台；2013 年底开始首次 300 万吨有偿配额竞价发放，广州共有 12 家电力企业、3 家水泥企业、4 家钢铁企业被纳入首批控排企业名单。三是加大工业领域节能管理和技术改造。加大对年综合能源消费量 1 万吨以上的 100 多个重点用能单位节能管理，实施节能技术项目改造。四是加强机动车排气污染防治。推广节能和新能源汽车，截至 2013 年，广州市有示范应用节能与新能源公交车辆 2819 辆，其中纯电动公交车 76 辆、混合动力公交车 1684 辆、LNG 公交车 1059 辆，投入运营纯电动出租车 100 辆。淘汰黄标营运车，全年共淘汰黄标车 1.02 万辆。五是推广建筑节能和绿色建筑。全面执行新建建筑节能强制性标准。出台《广州市绿色建筑和建筑节能管理规定》，从立项、规划、施工和验收全过程进行闭合管理，保障建筑节能和绿色建筑各项政策规定、技术标准的贯彻落实。全年累计面积 1100 万平方米项目按绿色建筑标准设计；获国家级绿色建筑示范项目11个，建筑面积178万平方米；清华科技园广州创新基地等31项工程取得国家绿色建筑评价标识，建筑面积312万平方米。六是推进公共机构领域节能建设。完善公共机构资源能源消耗统计制度，全市公共机构名录库基本搭建，为全面开展公共机构能耗限额管理奠定基础；投入资金2040万元支持16个公共机构节能改造项目进行节能改造示范，开展节约型公共机构示范单位创建工作；举办多期公共机构节能知识培训会和工作座谈会，开展公共机构节能宣传周和低碳体验日活动，公共机构节能环保意识不断增强。七是优化调整产业结构。通过实施"退二进三"战略，推进城区产业空间布局调整。截至是年底，全市319家"退二"名单内企业，完成停产和关闭搬迁247家。八是推进能源结构调整。开展电力行业"上大压小"工作，至是年底，累计关停19家企业195万千瓦小火电机组。推广使用天然气等清洁能源，至是年底，全市建成天然气接收门站5座，输气管线6300千米。全年天然气消费量16亿立方米。推进太阳能光伏应用，制订太阳能分布式发电建设规划，2014~2016年每年将新增太阳能发电40万千瓦机组，建成11个光伏发电项目，太阳能集热板安装面积超40万平方米。

（高　玮　马英姿）

【基本农田保护】　2013年，广州市国土房管局组织开展2011年和2012年基本农田保护补贴资金落实情况专项检查。7月8日，市人大审议通过《关于我市基本农田保护补贴资金落实工作情况的报告》。落实基本农田保护补贴资金发放，开展《广州市基本农田保护补贴资金管理办法》修订工作。

是年，完成全市2012年度耕地保护责任目标履行情况自查和对各区、县级市政府耕地保护责任目标考核，超额完成2012年度耕地保有量和基本农田保护面积任务，获省2012年度耕地保护责任目标履行情况综合奖。

2012年末，广州市耕地保有量13.65万公顷，对比目标任务超额8213公顷；实际划定基本农田11.47万公顷，对比目标任务增划2333公顷。

【建设用地管理】　2013年，广州市国土房管局印发《关于进一步规范前置审批用地公开出让及前期投入补偿有关问题的意见》，规范前置审批用地公开出让程序和前期投入补偿比例。牵头起草《关于我市土地节约集约利用的实施意见》，对现行分散的土地管理政策进行梳理、汇总和调整，对土地管理工作中实际遇到的、现有法律法规未有规定的新问题形成指导性意见，明确和量化实际操作中的自由裁量权，形成涵盖土地管理全过程的政策指引。牵头起草加快推进"三旧"改造、全面开展城市更新的政策文件。

是年，根据《广州市节约集约用地评价考核办法》，完善节约集约用地评价考核指标体系。在全市首次开展区（县级市）节约集约用地量化评价考核，并将考核结果纳入基层领导班子政绩考核体系。（何　欣）

【花城绿城水城建设】　2013年，中共广州市委、市政府决定加快推进广州"低碳经济、智慧城市、幸福生活"美好家园的建设，打造以"花城、绿城、水城"为特色的生态城市。9月2日和9月30日分别经市政府常务会议、市委常委会审议通过《广州市花城绿城水城建设方案》。由广州市城乡建设委员会牵头统筹协调，推进花城绿城水城建设。年内，广州市完成省下达的90千米生态景观林带建设任务（其中广园快速11.2千米、流溪河水源林带30千米、增从高速公路30千米、京珠高速25千米）。新建绿道300千米，全市累计里程达2463千米。推进岭南花园和森林公园建设，陈田花园、花都花园、帽峰山、火炉山森林公园向社会开放。完成帽峰山花园（一期）、流花湖紫薇园、动物园湖区花景等19个花景项目；白云区18个"一街（镇）一公园（花园）"项目完成6个；增城市11个镇街花园整体推进；从化市以现代花卉产业为支撑的万花园进展良好，整合宝趣玫瑰世界、天适樱花园、流溪香雪等，形成10大赏花景点；完成5个区11条道路共46千米道路景观升级。完成科学城重点线路及城市出入口绿化景观升级、广河高速九龙立交、天鹿北立交、从化立交和春岗立交等5项绿化整治工程。"一路一景"工程白云区、番禺区、天河区共6条道路（云城中一路、齐心路、番禺大道、黄埔大道、亚运大道、花城大道）完工。完成0.27万公顷碳汇林建设。13个儿童公园建设项目有9个开工。举办2013年春节迎春花市和第19届广州园林博览会。至年底，全市绿化覆盖率41%，人均公园绿地16平方米，初步形成森林进城围城、绿道林带环绕、公园花园遍布的花城绿城建设新格局。

是年，全市水城建设工程综合进度为63%。开展海珠生态城、东濠涌、猎德涌等重点河涌综合整治工程，全市新增污水管道75千米，全市污水处理能力达470万吨/天，全市城市生活污水处理率达90.89%。实施111个行政村生活污水治理，农村生活污水处理率达43%。全市建设湿地公园9个，其中番禺金山湖、南沙滨海湿地、花都湖建成开放，其余正按计划推进前期工作。建设沙滩泳场6个，其中西郊沙滩泳场二期泳池完工，从化人工沙滩广场完成沙滩主体建设，琶洲湾沙滩泳场正进行下部结构的基础施工，水博苑水利工程开工建设，其余正按计划推进前期工作。完成暨南大学片区、华贵路周边和市一医院等地段共38项排水改造工程。对全市1055个自然村开展农村自来水改造，同步推进供水企业达标改造，督促指导水厂优化整合和企业规模化经营。完成荔枝湾三期第一段揭盖复涌主体工程，猎德涌综合整治工程涌底管迁改工程完成总体进度的96%，东濠涌二期综合整治工程完成总体进度的50%，海珠生态城沙涌整治工程完成总体进度的38%，长洲岛新担涌水闸工程完成总体进度的49%。开展广州北江引水工程前期工作，北部水厂一期的水厂选址基本确定，正开展前期工艺设计论证工作。

（李人宜）

经济社会发展概况

【经济平稳较快增长】 2013年，广州市经济发展呈现"发展有速度、质量有提升、转型有进展"的良好势头。全年实现地区生产总值15420.14亿元，比上年增长11.6%，增速比上年提高1.1个百分点。其中第一、二、三次产业分别完成增加值228.87亿元、5227.38亿元和9963.89亿元，分别比上年增长2.7%、9.2%和13.3%。全年完成规模以上工业总产值17310.24亿元，比上年增长12.9%，增速比上年提高1.4个百分点。完成固定资产投资4454.55亿元，比上年增长

18.5%，增速比上年提高 8.4 个百分点。实现社会消费品零售总额 6882.85 亿元，比上年增长 15.2%，增速与上年持平。完成商品进出口总值 1188.88 亿美元，比上年增长 1.5%，增速比上年提高 0.6 个百分点，其中出口总值 628.06 亿美元，增长 6.6%，增速提高 2.3 个百分点。全市地方公共财政预算收入 1141.80 亿元，比上年增长 10.8%。城市居民消费价格（CPI）比上年上涨 2.6%，涨幅比上年回落 0.4 个百分点。

【内需动力明显增强】 2013 年，广州市投资提速增长，结构不断优化。全年完成固定资产投资 4454.55 亿元，比上年增长 18.5%。民间投资占比提高，全年民间投资比上年增长 31.6%，占全市固定资产投资总额的 34%，比上年提高 3.4 个百分点。第三产业投资占比提高，第三产业投资比上年增长 18.3%，占全市固定资产投资总额的 83.7%，比上年提高 0.2 个百分点。超额完成重大项目计划，全年 282 个重大项目投资 1205.8 亿元，完成年度计划的 105%。消费保持畅旺，升级步伐加快。全年社会消费品零售总额 6882.85 亿元，比上年增长 15.2%；批发和零售业商品销售总额 41334.9 亿元，增长 30%。网络消费快速崛起，85%以上的品牌专卖店开展网络零售。体验式购物模式方兴未艾，集零售、餐饮、娱乐于一体的现代化购物中心加快发展。外经贸稳步增长，发展质量继续提升。全年商品进出口总值 1188.88 亿美元，比上年增长 1.5%。全年外商直接投资实际使用金额 48.04 亿美元，比上年增长 5%。

【转型升级成效明显】 2013 年，广州市出台《广州市加快推进十大重点产业（汽车、精细化工、重大装备、新一代信息技术、生物与健康、新材料、新能源与节能环保、商贸会展、金融保险、现代物流）发展行动方案》，推进产业转型升级。三次产业结构由上年的 1.6：34.8：63.6 调整为 1.5：33.9：64.6，服务经济的主体地位更加稳固。服务经济加快发展。全年服务业增加值 9963.89 亿元，比上年增长 13.3%。金融业发展成效明显，全年金融业增加值突破 1100 亿元。民间金融街进驻机构 102 个，累计提供融资服务 175.76 亿元，税收超 1.5 亿元。国际金融城启动建设，股权交易中心挂牌企业达 558 家。会展业持续活跃，广交会、广州国际照明展等 5 个展会规模居同行业亚洲或世界第一位，展览规模 10 万平方米以上展会达 16 个，中国（广州）金融交易·博览会获评为“2013 年度中国十大最具发展潜力展会”。总部经济不断壮大，新认定总部企业 89 家，实施年度奖励补贴资金 2.45 亿元。工业经济提质发展。全年全市规模以上工业总产值 17310.24 亿元，比上年增长 12.9%，其中高新技术产品产值增长 14.6%，占规模以上工业总产值的 43%，比上年提高 0.8 个百分点。三大支柱产业产值比上年增长 16.3%，其中汽车制造业产值增长 24%，广汽工业集团成为广州首家市属世界 500 强企业；电子产品、石油化工制造业产值分别增长 16.6%和 7.3%。农业经济平稳发展。全年第一产业增加值 228.87 亿元，比上年增长 2.7%，建成市级美丽乡村 14 个。战略性新兴产业和新业态蓬勃发展。实施战略性新兴产业规划，首批 24 个战略性新兴产业基地全年投资超过 850 亿元，新认定 11 个基地，共有 25 家重点企业和 25 个重点项目被纳入国家战略性新兴产业集聚试点。开展培育壮大新业态专项工作，研究制定促进新业态发展的政策措施，推动新业态蓬勃发展。电子商务交易额在上年超万亿元的基础上，增长超过20%，交易规模全国领先，培育5家国家和32家省电子商务示范企业，数量均居全省第一位。优视动景等52家超亿元移动互联网企业集聚成群，金域医学检验成为行业龙头，一批检验检测认证企业加快壮大。

【质量效益有效提升】 2013年，广州市财政收入较快增长。全年公共预算财政收入1141.80亿元，比上年增长10.8%。其中，税收收入905.7亿元，占财政收入的79.3%。企业效益好转。全年规模以上工业企业实现利润总额比上年增长32.9%，比上年提高38.3个百分点；主营业务收入增长12%，提高10.7个百分点。物价水平总体稳定。全年城市居民消费价格总水平（CPI）比上年上涨2.6%，涨幅低于上年。构成CPI的八大类商品"六升二降"，其中，居住类和食品类涨幅居前，分别比上年上涨5.9%和4.1%，服务项目价格上涨3.7%。货流量提速增长，全年货运量和港口货物吞吐量分别比上年增长19.6%和4.8%，比上年提高2.6个和4.1个百分点。南沙港区新开航线12条，其中外贸航线6条。全市客运量比上年增长12.2%。本外币存贷款余额较快增长，全年分别达33838亿元和22016亿元，分别比上年增长11.7%和9.1%。采购经理人指数（PMI）向旺，广州市制造业重点企业PMI有9个月在50%以上。市场主体活跃，全年实有登记各类内资市场主体户数和注册资本分别比上年增长8.6%和23%。

【城市环境建设提质】 2013年，广州市城市空间布局进一步优化。实施"123"("1"是指优化提升一个都会区，"2"是指创新发展两个新城区，"3"是指扩容提质三个副中心）城市功能布局规划，推进"三规合一"和全市1142个村庄规划编制。"2+3+9"平台（"2"是指两个新城区，即南沙新城、东部山水新城；"3"是指三个副中心，即花都、增城、从化；"9"是指九个发展平台，即广州国际金融城、海珠生态城、天河智慧城、广州国际健康产业城、空港经济区、广州南站商务区、广州国际创新城、花地生态城、黄埔临港商务区）以项目为载体，扎实推进核心区、起步区建设。在2013年"新广州·新商机"重大项目推介会上，围绕平台建设共签约项目132个，总投资超4600亿元，14个平台全年总投资超过全市固定资产投资的一半。

城市建设不断完善。在建6条地铁线按计划推进，地铁通车里程达260千米。白云国际机场扩建、贵广南广铁路广州枢纽、南沙港三期和同德围高架等重大交通项目顺利推进。新建成300千米绿道和156千米生态景观林带，绿道总长达2463千米。陈田花园、花都湖、番禺金山湖等建成开放。南越王宫博物馆、南粤先贤馆、"四大馆"（广州博物馆新馆、广州美术馆、广州科学馆、广州文化馆）等重点文化设施加快建设。

生态环境建设扎实推进。在128个街道、36个镇开展垃圾分类处理。获批成为国家餐厨废弃物资源化利用和无害化城市试点。被认定为循环经济示范城市创建地区。新建绿色建筑超过300万平方米，被评为全国"十大绿色建筑标杆城市"。全市单位GDP（地区生产总值）能耗比上年下降5%，优于预期目标。

【体制改革深入推进】 2013年，广州市深化投资管理体制改革，优化建设工程项目审批流程，推进“并联审批”，建设工程项目从立项到施工许可的审批时限缩短 60%以上。在广州经济技术开发区等 6 个区域实施商事登记制度改革试点，企业申领营业执照的时限由 15 个工作日缩短为 3 个工作日。完成市属经营性国有资产统一监管工作，实现基础管理、监管政策、监督检查“三统一”。出台加快发展民营经济“1+9”系列政策，印发实施广州市面向民间投资开放总体工作方案，鼓励民间资本参与国有企业改制重组等投资。推行社区网格化管理，加快“村改居”工作，推动“村改居”社区基础设施和公共服务城市化。在大城市中率先实行“三规合一”。

【创新能力不断增强】 2013 年，广州市创新平台建设取得新突破。完成国家超级计算广州中心一期建设，“天河二号”运算速度世界第一。电子政务云实验平台建成开展试点，广州移动互联网创新集群项目、公共物联网应用服务平台工程进展顺利。新增国家工程中心 1 个、重点实验室 2 个、企业技术中心 1 个，总数分别达到 18 个、17 个和 22 个；新增国家质检中心 1 个。新增国家级科技企业孵化器 5 家，全市科技企业孵化器达 66 家，总孵化面积 410 万平方米。智慧广州建设取得新进展。3G 网络实现城区全覆盖。新增申领社会保障卡 440 万张，累计申领人数 990 万人，逐步实现 10 个公共服务领域的“一卡多用”。全市 47 个部门 1325

2013 年广州市国民经济发展情况

区、县级市	户籍人口（人）	地区生产总值		人均地区生产总值		工业总产值		农林牧渔业总产值		固定资产投资	
		实绩（亿元）	比上年增长（%）	实绩（元）	比上年增长（%）	实绩（亿元）	比上年增长（%）	实绩（亿元）	比上年增长（%）	实绩（亿元）	比上年增长（%）
全　市	832.31	15420.14	11.6	119695	10.9	18335.76	12.6	389.98	2.9	4454.55	18.5
荔湾区	71.56	871.49	12.7	97793	12.9	447.07	12.4	7.34	1.7	181.52	28.1
越秀区	117.52	2384.71	10.2	208235	10.6	44.23	7.8			342.25	13.0
海珠区	98.89	1142.75	12.5	72344	11.9	307.49	11.9	3.57	−13.2	593.26	28.0
天河区	80.95	2781.61	12.9	189813	11.0	1310.24	12.4	5.96	2.6	894.78	18.5
白云区	88.15	1329.35	11.1	58851	10.3	907.27	12.3	58.46	3.0	431.80	20.3
黄埔区	20.64	704.03	10.0	151177	9.3	1826.30	10.8	1.96	−7.9	104.60	30.3
番禺区	82.06	1353.23	12.8	93776	12.1	1737.33	17.2	42.94	2.2	439.63	22.3
花都区	68.73	902.14	11.3	93914	10.4	1917.45	12.4	52.50	2.7	230.65	18.6
南沙区	37.23	908.03	12.5	145471	11.5	2474.33	18.8	73.55	3.8	250.74	31.0
萝岗区	20.91	1892.14	11.6	483429	9.4	5074.57	13.6	12.72	−1.6	537.67	22.1
增城市	85.44	866.51	12.3	82485	11.8	1674.51	17.9	92.52	3.7	294.07	27.0
从化市	60.23	284.15	12.0	46800	10.7	614.97	21.6	38.46	4.2	153.58	20.1

（续表）

区、县级市	出口额		实际直接利用外资额		地方公共财政收入		社会消费品零售总额		城镇居民人均可支配收入		农村居民人均纯收入	
	实绩（亿美元）	比上年增长（%）	实绩（亿美元）	比上年增长（%）	实绩（亿元）	比上年增长（%）	实绩（亿元）	比上年增长（%）	实绩（元）	比上年增长（%）	实绩（元）	比上年增长（%）
全市	628.06	6.6	48.04	5.0	1141.80	10.8	6882.85	15.2	42049	10.5	18887	12.5
荔湾区	12.07	−26.4	2.03	0.6	40.76	4.9	612.42	16.1	41441	11.0	21596	10.1
越秀区	94.72	10.1	3.69	2.9	46.88	3.8	1070.72	15.2	42840	10.6		
海珠区	23.18	12.5	1.70	3.0	46.63	11.9	731.31	15.2	39261	10.1	24941	11.4
天河区	27.47	8.3	6.22	20.8	58.18	16.4	1499.79	15.3	43418	11.1	30821	10.3
白云区	31.33	8.6	0.70	−56.6	51.95	11.3	855.10	13.7	41114	11.0	18318	12.0
黄埔区	11.70	−7.5	0.67	4.4	17.14	20.3	107.46	13.0	38812	10.0	23396	10.2
番禺区	103.53	7.6	2.72	2.0	72.98	15.8	886.72	15.3	39326	10.8	20206	12.9
花都区	34.77	10.4	3.78	99.4	66.43	18.0	337.82	14.0	35422	10.3	17360	12.6
南沙区	80.18	29.5	9.56	4.6	52.58	14.0	147.31	13.0	35486	10.6	21285	13.0
萝岗区	153.56	−4.5	14.96	6.8	109.81	7.2	256.24	18.1	43399	11.2	21987	13.1
增城市	33.40	12.8	1.26	10.3	62.99	19.0	272.90	16.1	32996	10.3	15858	13.0
从化市	18.90	0.9	0.25	−88.8	29.67	13.2	105.06	16.5	26519	10.0	12639	12.5

（广州市统计局）

个、12个区（县级市）6024个办事和服务事项进驻网上办事大厅。创新成果加速涌现。全年全市技术合同认定登记8687份；合同总成交额222.84亿元，比上年增长12.5%；技术交易额213.82亿元，增长39.9%。获国家2013年度科学技术奖励15项，占全省获奖总数的51.7%。全年专利申请和授权量分别达39751件和26156件，分别比上年增长18.9%和18.6%。

【民生福祉持续改善】 2013年，广州市文教体育事业取得新成效。完成是年市属公办幼儿园面向社会电脑派位招生，公办义务教育规范化学校覆盖率达99.9%。广州艺术节、国际漫画节、国际纪录片节等文化节庆活动产生较强的国际影响。成功举办国际女子网球公开赛、国际马拉松赛等重大赛事，群众体育环境进一步改善。就业形势保持稳定。全年城镇新增就业27.75万人，城镇登记失业率2.15%，控制在3.5%的目标以下。社会保障水平不断提高。城镇低保标准从530元提高到540元，农村从467元提高到505元。动工建设养老床位1.2万张，建设力度进一步加大。医改工作成效明显。免费向全市城乡居民提供11类37项基本公共卫生服务项目。正式启动增城、从化市公立医院改革，并率先取消药品加成。人口调控服务管理更加完善。研究制定人口调控管理“1+3”政策文件。十件民生实事主要事项按期完成。

【需要关注的问题】 2013年，广州市同全国一样处在“换挡提质”时期，经济运行存在下行压力；工业投资占比仍然较低，投资保持较快增长压力大；全球贸易总体上依然低迷，进出口低缓格局难有改观；部分重大平台开发模式和推进机制有待完善；产业发展质量和效益还有待提高，新兴产业竞争优势还不明显；生态环境、社会治理、民生福利仍需进一步改善。 （张　章）

体制改革

【各级机构改革】 2013年，广州市成立广州市来穗人员服务管理局；成立广州市教育城建设指挥部办公室，为市政府直属的公益一类事业单位；将广州建设工程交易中心、广州市政府采购中心、广州市信息工程招投标中心，以及广州市房地产交易登记中心的土地使用权公开出让和矿业权出让交易项目进行整合，组建广州公共资源交易中心，为市政府直属事业单位，市副局级。广州医学院更名为广州医科大学，广州市社会治安综合治理委员会办公室更名为广州市社会管理综合治理委员会办公室（简称市综治办）。

（黄　滨）

【行政体制改革】 2013年，广州市深化行政体制改革。完成第五轮行政审批制度改革，保留行政审批事项201项，取消行政审批事项60项，全面实施行政审批事项编码管理。优化审批流程，出台《广州市建设工程项目优化审批流程试行方案》，建设市行政审批服务暨电子监察系统，实现行政审批事项的全流程监察。

深化商事登记制度改革。在广州经济技术开发区等6个区域启动商事登记制度改革试点。实行工商登记注册与经营项目审批相分离的登记制度、注册资本认缴制和住所登记与经营场所申报制度，允许“一址多照、一照多址”；取消营业执照年度检验制度，实行商事主体年度报告制度；建立经营异常名录制度；建立商事登记管理信息平台和商事主体信息公示平台；推行网上登记服务。

深化投资管理体制改革。制定广州市企业投资管理体制改革实施办法，提出将广州市权限的企业投资核准项目，改为竞争性配置或备案管理。出台《关于进一步鼓励和引导民间投资加快发展意见》，公开市场准入标准和优惠扶持政策，同等对待各类投资主体，探索利用BT（建设—移交）、BOT（建设—经营—移交）、PPP（公私合营）等模式，重点鼓励民间资本进入广州市“三个重大突破”领域。

【财政体制改革】 2013年，广州市首次将“三公”［因公出国（境）、公车购置与运行、公务接待所产生的消费］经费预算纳入年度部门预算编制，并随部门预算一同公开。完善市、区（县级市）财政管理体制，引导各区（县级市）发挥自身资源优势。制定“营改增”试点改革过渡性财政扶持资金管理办法，平稳推进试点改革。

【国有企业改革】 2013年，广州市实现全市经营性国有资产统一监管，初步构建“大国资”监管体系。创新国有资本运作方式，设立广州国资产业发展股权投资基金，完成广州药业与白云山重组。推进现代企业制度建设，实施新薪酬考核办法；创新股权激励等中长期激励机制。

【社会领域改革】 2013年，广州市深化医药卫生体制改革。拓展珠三角和泛珠三角区域部分省市异地就医费用即时结算网络；改革医疗保险支付制度，推行总额控制下的支付方式改革。鼓励和吸引社会力量、港澳台资本以及境外投资者发展非公立医疗机构。启动从化市中医院等5所县级医院开展公立医院改革试点，在全省率先启动取消药品加成。促进城乡基本公共卫生服务均等化。

创新社会服务管理。推动完善街道“一队三中心”（综合执法队、家庭综合服务中心、政务服务中心、综治信访维稳中心）服务管理机制，推动政府权力下放到街道，整合执法、服务部门的资源协同联动。推进南沙新区社会管理创新，争取国家和省赋予南沙新区更多创新政策支持。开展基层社会管理体制改革，推动城市社区、“村改居”社区、镇村3个社会管理创新分类试点工作。出台《关于加快构建枢纽型组织体系的实施意见》。

推进农村综合改革。协调实施村（居）管理体制、集体资产产权与监管制度、集体土地管理制度、基层社会管理体制、公共产品供给体制和农村金融体制改革等6项改革。开展“政经分离”改革试点。

完善社会保险管理体制改革。制订广州市完善和创新社会保险工作方案，研究建立城乡居民养老保险基础养老金正常调整机制。在全省率先出台《广州市社会医疗保险条例》，完善城乡居民医疗保险统筹管理和工作机制，逐步缩小新型农村合作医疗制度与城镇居民医疗保险政策差异。推动社会保险基金保值增值。

深化文化体制改革。完善国有经营性文化资产监管体系，促进国有资产保值增值。推进完成第二批非时政类报刊出版单位转企改制工作。推动转企改制单位走向市场，在确保社会效益的前提下努力提高经济效益。

【要素配置机制】 2013年，广州市推进土地制度改革。全面实行产业项目准入评价制度，实施差别化供地政策，建立差别化计划指标分配和动态评价管理制度。推进“三旧”改造，盘活再利用低效存量土地。加强农村土地管理，推进集体土地所有权确权颁证，以“三减三增”（减少农村建设用地规模、财政投入和政策障碍，增加农村土地价值、农村农民收入和公共服务设施）为导向，推进农村土地综合整治节余建设用地指标流转和集体建设用地流转，推行“三集中”（工业向园区集中、农业用地向规模经营集中、农民居住向新型社区集中）模式。制定生态用地差别化管理认定标准和从化、增城低丘缓坡开发利用试点实施方案。

深化价格体制改革。推进水上公交票价改革，对水上公交客运航线、车辆渡运的票价进行调整。制定减免堤围防护费方案。启动城市污水处理收费调整工作。

深化科技体制改革。出台《广州市科技创新促进条例》。组建广州校地协同创新联盟。推进国家科技与金融结合试点，探索财政科技投入创新模式，实施“一个中心、两大示范区、三大平台”（以国家科技金融试点为中心，推进广州开发区、番禺示范区建设，着力打造创业引导投资平台、科技支行融资平台、企业上市服务平台）的科技金融推进体系，促进科技资源和金融资源有效结合。

深化外经贸体制改革。启动跨境电子商务试点，开展重点面向港澳服务提供者开放的商业保理试点，重点组织开展粤港澳自贸区的申报工作。

（徐玉蓉）

基础设施建设

【交通设施】 2013年，广州市完成交通基础设施投资343亿元。（1）港口航道建设。是年，广州港口完成固定资产投资23.8亿元。完成广州港黄埔港区新港油码头结构加固改造工程西段等2个项目中间交工验收，广州中船船舶钢构有限公司码头改造工程等12个项目交工验收，广州港南沙港区粮食及通用码头工程等6个项目竣工验收。新增码头泊位7个、游艇泊位79个，新增码头通过能力44万吨。南沙港区集装箱三期工程完成投资12.23亿元，南沙粮食及通用码头项目完成竣工验收；广州港深水航道拓宽工程建议书上报国家发改委；珠江电厂煤码头扩建工程、南沙江海联运码头一期、南沙港区散货码头等项目正在推进。（2）机场建设。白云机场扩建工程进入全面实施阶段。其中，第三跑道于是年12月完成全部征拆工作并移交施工，2号航站楼于5月正式开工。广州新科宇航G1机库建成投产。顺丰速运航空快递转运中心等一批重要项目正在推进。（3）铁路及城市轨道交通建设。贵广、南广铁路等广州枢纽建设加快推进；地铁六号线首段开通试运营，地铁通车里程达260千米，在建6条地铁线正在推进，新建的7条地铁前期工作全面展开；开工建设海珠环岛新型有轨电车试验段。（4）公路及城市道路建设。完成高速公路建设投资74亿元，重点协调优化深广中通道项目方案，推进大广高速粤境段建设，开工建设虎门二桥、北三环二期、凤凰山隧道工程、广中江广州段。完成海珠桥危桥抢修工程，建成临江大道东延长线（南方面粉厂段）等16个项目，新增道路长度26.4千米；推进同德围南北高架桥、洲头咀隧道系统工程、康王路下穿流花湖隧道等重点项目。（5）公交设施建设。广州南站汽车客运站一期工程、广州南客运站公交站（二期）、白云新城萧岗公交站建成。 （叶卓朗）

【电网建设】 2013年，广州市完成电网建设固定资产投资52.12亿元，投产输变电工程项目18个，新建投产主变容量597.2万千伏安，投产线路长度721.11千米。500千伏木棉输变电等12项工程按期投产，直接为中心城区提供广州市电力需求总量43.6%的供电量，减轻广南、北郊、增城3个500千伏站的供电压力，化解广南站5M、6M母线故障跳闸风险。 （广州供电局）

【城市供水】 2013年，广州市十区有自来水厂32家，供水管道长17287千米，供水综合生产能力663.5万立方米/日。

是年，广州北江引水工程各项前期工作正在推进，初步确定北江取水口位置。全年全市农村自来水改造市级补贴总额8359.62万元，完成57个续建项目建设。新建的248个项目中，完工2个，在建133个，其余113个完成前期工作，惠及1180个自然村48.56万人。

推进供水企业达标改造，督促指导水厂优化整合和企业规模经营，全市供水水质综合合格率达99.33%。

【污水处理】 2013年，广州市新建污水管网86千米，其中中心城区30千米。全市污水处理能力达471万吨/天，全年城镇生活污水处理率达90.89%。农村生活污水治理方面，全年全市下达补助资金18172.20万元（不含美丽乡村），计划新建113个行政村的农村生活污水治理设施（含美丽乡村建设），新增受惠人口34.73万人；并续建115个行政村分散式农村生活污水处理系统，受惠人口28.04万人。新建项目开工建设53个行政村，准备开工36个行政村，24个村正在推进前期工作；续建项目完成65个行政村，开工建设40个行政村，10个村正在开展前期工作。是年农村生活污水处理率达43%。

（黄玉玲）

【水环境治理】 2013年，广州市启动重点河涌综合整治工程，完成荔枝湾三期第一段工程、猎德涌综合整治工程涌底管迁改工程建设。金山湖、花都湖完工并对外开放，凤凰湖基本成形，南沙滨海湿地二期工程完工并对外开放，海珠湿地二期工程、番禺草河湿地和天河智慧城核心区东部湿地开工建设。从化人工沙滩广场、西郊沙滩泳场二期室外标准泳池完工，完成珠江后航道洛溪岛北岸段、仑头段，前航道黄基涌下游段堤防加固工程共3.67千米，安装珠江沿岸救生设施464套，开展亲水平台和临水设施的安全隐患整治；完成李溪拦河坝加固改造；建成千里海堤义沙围段等共8.27千米，完成万顷沙围堤防加固达标工程2座穿堤建筑物主体和珠江甘蔗厂至七沙水闸段建设。

【农村水利】 2013年，广州市制订《广州市农田水利建设方案》，计划从2013年起用6年时间投资27.18亿元在全市实施950项农田水利工程建设。实施市农田水利工程建设项目9个。制订《广州市建立健全基层水利服务体系建设方案》，完善基层水利服务体系，落实“宗宗工程有人管，村村都有水管员”，重点做好全市小水库、小水电安全隐患排查、落实整改工作。印发《广州市水务局美丽乡村建设工作实施方案》《广州市水务局对口帮扶天河区珠村美丽乡村建设工作方案》，从河涌治理、农村供水及污水处理等方面推进美丽乡村水务工作。

是年，加大对建设项目水土保持方案的

2012~2013年广州市基础设施情况

项　目	单　位	2012年	2013年
铁路营业里程	千米	1652.97	1652.91
公路通车里程	千米	8997	9004
其中：高速公路	千米	806	798
港口泊位	个	845	849
其中：万吨级泊位	个	68	68
内河通航里程	千米	855	855
本地电话年末用户	万户	576.84	551.73
移动电话年末用户	万户	3040.21	3176.12
国际互联网用户	万户	645.20	766.45
电力消费量	万千瓦小时	694.13	710.69
商品房屋实际销售量	万平方米	1333.13	1746.98
商品房屋实际销售额	亿元	1754.75	2629.01

（广州市统计局）

审批力度。全市共审批生产建设项目水土保持方案 160 个，完成 25 个生产建设项目水土保持设施验收工作。

【**智慧城市建设**】 2013 年，广州市推进智慧城市基础设施建设，实施光纤到户工程，2800 多个楼盘（含商业楼宇）和小区实现光纤覆盖，覆盖范围达 500 万户。建成无线城市 WALN 接入点 17.02 万个，TD-LTE 基站 4431 个。重点推进大学城 14 个公共区域免费无线上网。实现广州地铁二号线、三号线和八号线所有站台站厅的 3G 网络信号覆盖。

广州市社会保障（市民）卡新增申领 440 万张、累计申领 990 万张，实现社保、卫生、民政等 10 个领域一卡多用。市民网页开户量 577 万个，市政府信息共享平台汇集信息资源主题 1083 个，比上年增长 39%，累计共享数据 9.7 亿条，交换数据 35.5 亿条。建成电子政务云实验平台，支撑 26 个电子政务业务系统运行，推进全市电子政府集约化建设。

开通网上办事大厅，实现全市 47 个部门 1276 个办事和服务事项，12 个区（县级市）6577 个办事和服务事项网上办理。出台《关于社会管理创新的社区信息化方案》，全市新增智慧社区 348 个。累计发行数字证书 255630 张，覆盖税务、社保、招投标等 20 多个行业和应用。市政府门户网站主站全年累计发布信息 28230 条。 （林满山）

现代产业

【**商贸业**】 2013 年，广州市实现社会消费品零售总额 6882.85 亿元，比上年增长 15.2%，增速与上年持平；商品销售总额 41334.90 亿元，增长 30%，增速比上年提高 3.4 个百分点；全市商贸业实现增加值 2705.31 亿元，占第三产业增加值的 27.2%，对全市经济增长的贡献率为 21.6%，拉动全市地区生产总值增长 2.5 个百分点；实现税收总额 397.57 亿元，增长 10.5%，占全市税收总额的 10.36%。是年，在福布斯中国大陆十佳商业城市排行榜中，广州重回榜首，连续第三年被评为福布斯中国大陆最佳商业城市。

广州市商贸业加大转型升级步伐，内部结构更趋优化，高端化、集聚化发展态势明显。一是向高端化转型。现代商贸业、新型商贸业呈现良好的发展态势。全年电子商务交易额超万亿元，交易规模全国领先。全市拥有国家级电子商务示范企业 5 家、省级示范企业 32 家，分别占全省的 45%、44%。新认定内资总部企业 63 家。广州重点展馆展览面积逾 800 万平方米，展览规模居亚洲或世界第一位的展会 5 个，展览规模超 10 万平方米展会 16 个。A 级、5A 级物流企业总数分别达 80 家、7 家，位居全国城市前列。20 多家餐饮企业入选中国饭店金马奖餐饮百强榜，新增 2 家国家五钻（白金五钻）级酒家。二是向集群化转型。零售业方面，天河路商圈成为全国最大的商业集聚区。电子商务方面，黄埔国家电子商务示范基地集聚亚马逊（中国）广州营运中心、苏宁易购、腾迅等知名企业，唯品会、梦芭莎、绿瘦等电子商务企业落户花地河电子商务园区，广州南中轴电子商务产业园吸引汇美服装、三优教育等 30 多家电子商务龙头企业入园发展。此外，供应链管理服务、节能环保服务、检验检测服务等新业态功能区集聚水平不断提升。 （肖泽军）

【会展业】 2013年，广州市有会展业企业（单位）215家，其中以承办会展业务为主的102家，以提供展台装搭服务为主的99家，以经营场馆为主的14家；全市会展业企业期末资产总计284.08亿元，比上年增长19.1%；从业人员5894人，增长1.0%。全市各类办展机构举办展览556场次，比上年增长16.8%。其中，市内展505场次，市外展44场次，境外展7场次。展览面积775.11万平方米，比上年下降11.7%。市内展接待参展参观者1971.82万人次，比上年增长3.7%。全市会展活动企业（单位）接待会议4.66万场次，比上年下降7.3%；经营收入77.52亿元，下降20.3%；实现增加值49.66亿元，下降7.7%。全市会展业企业（单位）上缴各种税金13.07亿元，利润总额28.45亿元，分别下降20.3%和20.6%。

全年广州重点场馆举办展览480场次，比上年增长27.3%；展览面积832万平方米，增长0.3%（因锦汉展览中心2012年底拆除不再办展，如果扣除其2012年同期基数，则展览面积实际增长4.9%），展览平均面积达1.73万平方米/场。广州市有面积超过10万平方米的展会16个，超过2万平方米的品牌展览50个，其中展览规模世界第一或亚洲第一的展会5个。广州大型、规模展会的数量位居全国前列。举办会议7919场次，比上年增长18.5%；接待会展活动人员1405.93万人次，增长7.7%。琶洲国际商务会展核心功能区举办展会180场，展览面积达761万平方米，分别比上年增长30.4%和12.9%，成为华南地区会展商务活动最集中最活跃的区域之一，广州与北京、上海并列成为中国三大会展中心城市。

专业展与品牌展日益增多。广交会单展面积116万平方米，展览规模世界第一。广州国际照明展展览面积22万平方米，位居世界同类展会第一。汽车、照明、塑料橡胶、设计、机械装备、美容美发化妆用品、家具、建筑装饰、酒店用品、鞋类皮革等题材的品牌专业商务展会在海内外已具有较强的影响力和辐射力，中国（广州）国际汽车展览会、中国广州国际家具博览会、广东国际美博会、广州酒店用品展等大型展会也在原有基础上进一步做大做强。同时，广州专业展总体比例不断上升，专业展会数超90%，综合展比例则持续下降。家具展、建材展、橡塑展等大型专业展会面积占总展览面积的30%左右，代表广州产业转型升级发展方向的自动化展、口腔医疗器材展、模具展等展会不断发展壮大，涌现出国际健康产业博览会、国际绿色创新博览会、国际节能展览会等新兴专业展会。

会展模式进一步创新。一是通过“线上+线下”，推动有形展会与无形展会相结合。广州光亚展览贸易有限公司推出“阿拉丁会展电子商务”新模式并首创 “行业展览+行业网站+行业电子商务平台”的系统化运营方法，成功创建10多个行业门户平台和垂直电商平台。阿里巴巴集团成功举办四届“网货交易会”，吸引全国数万家淘宝网卖家和“广货”供应商参展。二是通过“展览+峰会”，推动展会与招商相结合。以“UCLG世界城市和地方政府联合组织会议”等为代表的一批在国内具有较大影响力的会议（论坛），以会引展，以展引商，吸引总部企业落地发展。三是通过“展览+奖项”，推动展会与示范性专业奖项相结合，以广州国际设计周设立的“CDA中国设计奖（红棉奖）”为代表，通过提升业界对奖项的关注度，大幅提升企业参展的积极性和展会的知名度。 （肖泽军 陈 洁）

【物流业】 2013年，广州市全社会货运量89099万吨，比上年增长17.1%，增速比上年增加7个百分点；货物周转量6822.44亿吨千米，增长38.2%；机场货邮吞吐量172.77万吨，增长5.7%；港口货物吞吐量47266.86万吨，增长4.8%。广州市出台《关于开展新型城市化物流配送试点工作实施方案》《关于构建新型城市化物流配送体系工作方案》，对城市物流配送工作进行全面部署。依托嘉城物流、新华物流等企业，发展物流“无缝服务”，建立城市共同配送体系新模式（依托城市共同配送节点的布局，建设改造商贸物流区、标准化配送中心、流通末端共同配送点，优化“综合物流园区、大型分拨配送中心、社区末端配送节点”三级城市商贸配送网络，有效解决城市配送“最后一公里”问题）。全年全市完成城市物流配送量4449.06万吨；参与物流、仓储、运输的公司及分支机构33249个。广州市被商务部认定为第一批现代物流技术应用和共同配送试点城市。 （肖泽军）

全市实现社会物流总额33094.63亿元，比上年增长13.12%，增幅比上年增加0.51个百分点。其中，工业品物流总额25092.35亿元，比上年增长13.53%，占社会物流总额的75.82%；进口货物物流总额6718.21亿元，增长10.88%，占20.30%；农产品物流总额、单位与居民物品物流总额分别占1.96%和1.92%，分别增长19.85%和14.92%。全年社会物流总费用为2285.27亿元，比上年增长12.32%，增幅比上年增加2.61个百分点。运输费用、保管费用、管理费用分别占51.44%、36.10%和12.46%。物流业增加值1212.02亿元，比上年增长18.84%，增加8.53个百分点。

是年，由鞍钢集团、广钢集团、广州港集团共同投资建设的广州南沙钢铁物流园一期建成投产，占地11.72万平方米，具有150万吨/年的仓储能力和25万吨/年的钢材剪切加工能力。广州南沙钢铁物流有限公司正式成立。广州白云国际机场“国际1号货站”正式启用，使机场的国际货运业务处理能力增加52万吨。 （边 集）

【金融业】 2013年末，广州市中外资银行业金融机构有营业性机构网点2902个，比上年增加334个；资产总额5万亿元，增长9.94%；不良贷款率0.95%，减少0.03个百分点。全年累计实现税后利润555.78亿元，比上年增长10.57%；各项存款余额33838.20亿元，增长12.10%；各项贷款余额22016.18亿元，增长10.43%。

2013年，广州市金融改革不断深化，金融组织体系进一步完善，区域金融中心建设取得明显成效，改革创新迈上新台阶。出台《广州市人民政府关于印发〈支持广州区域金融中心建设的若干规定〉的通知》《中共广州市委、广州市人民政府关于全面建设广州区域金融中心的决定》《广州市人民政府办公厅关于印发〈广州市金融业发展第十二个五年规划〉的通知》等政策。中国（广州）国际金融交易·博览会被评为“2013中国十大最具发展潜力展会”。广州民间金融街成为全国首个民间融资机构集聚区。广州股权交易中心挂牌企业数量居全国同类交易所前列。广州碳排放交易所创碳配额规模、首日交易量、首日成交单价、首日交易额4个全国第一。广州金融资产交易中心获省政府批复同意开业。全国首家小额再贷款公司——广州立根小额再贷款公司在广州民间金融街成立。全国首个以农业龙头企业为载体、资金第三方银行托管、社员互助的资金互助合作社——增城福享资金互助合作社开业运营。广州金融机构改革取得新进展。广州国际控股集团有限公司更名为广州金融控股集团有限公司。广州银行新设中山、惠州分行，异地灾备中心在南京试运行。广发期货香港子公司以3614万美元的价格协议收购法国外贸银行持有的英国NCM期货公司100%股权，成为国内首宗期货公司海外并购案例。中邮人寿保险股份有限公司广东分公司在广州开业。

（中国人民银行广州分行营管部）

【文化产业】　2013年，广州市有文化产业法人单位2.6万个，比上年增长17.6%；全市文化产业从业人员59万人，实现文化产业增加值743亿元，比上年增长17.7%，占全市地区生产总值的4.91%。全市有文化产业园区62个，其中国家级园区6个、省级园区10个，主要分布在越秀、天河、番禺、海珠、荔湾、萝岗等区域。

是年，市文广新局协调市统计局、市工商局，开展广州市动漫产业统计，形成广州市2012年动漫产业统计报告。配合相关部门开展文化产业统计，建立广州市文化产业重点单位监测统计报表制度。开展广州市文化产业园区基地发展专题调研，为政府科学决策提供参考依据。探索市场化运作模式，举办第六届中国国际漫画节，引导社会资本参与公共文化建设，并在逐步减少漫画节财政投入的同时，增加面向群众的公益性活动内容，初步探索出一条由专业队伍办专业的事、行业队伍办行业的事、政府专心做好监督指导的节会创办模式。推介广州市文化产业，组团参加第九届中国（深圳）国际文化产业博览交易会和第六届海峡两岸（厦门）文化产业博览会。推进穗港澳文化产业合作，落实三地动漫等文化产业的交流合作。2013中国（广州）国际演艺交易会、第十八届广州国际艺术博览会、2013中国（广州）国际纪录片节、第六届中国国际漫画节等文化活动探索文化市场与产业发展新路，参与人数50多万人次，活动成交金额6.5亿元。

（吴石坚）

【家政服务】　2013年，广州市组织各培训承办机构（企业）制订2013年培训方案，规范家政培训的招生、教学、考试、验收等流程。全市4家家政培训承办企业（机构）共培训家政从业人员近3000人。推动家政服务体系建设试点城市项目建设，指导企业制订完善项目实施方案，加快推进项目实施，通过政府引导、协会推动、企业参与的方式，提升完善96909家政网络服务中心建设，培育示范性强的家政龙头企业，促进全市家政服务行业规范健康发展。协助广东省开展对2012年家政服务工程培训的抽查验收工作，通过省的抽查验收，督促各培训承办机构（企业）规范培训工作程序，提高培训质量。

（肖泽军）

【人力资源服务】　至2013年底，广州地区人力资源服务机构1005个，其中市属人力资源服务机构925个，省属人力资源服务机构80个。

中国南方人才市场　全年发放高校毕业生公共就业服务卡1.9万张，举办第二届“赢在广州”大学生创业大赛和清华、北大、人民大学学生广州实习活动，举办各类“阳光就业”毕业生供需见面会、匹配会48场，就业创业指导讲座80余场。为广州市引进异地优秀人才4746人，接收异地优秀高校毕业生3.6万人，人事代理服务22.5万人。

举办现场招聘会383场，进场招聘单位4.91万个次，进场求职人才数量75万人次。南方人才网2013年发布招聘职位数275万多个次，服务上网求职人员42.5万人次，个人注册简历750万份。

广州市人力资源市场服务中心　全市487个人力资源服务机构进场登记供需规模430.2万人次，比上年增长4.2%。进场总量规模占全省乃至华南地区首位。登记招聘240.0万人次，比上年下降2.6%；登记求职190.2万人次，增长14.3%。求人倍率1.26，高于全省1.11水平。（房天成）

【电子信息产业】　2013年，广州市规模以上电子产品制造业产值2201.02亿元，比上年增长16.6%。LG8.5代液晶面板、LED芯片及光组件模组等重大产业项目建设顺利，广东省财政扶持广州市液晶面板产业发展10亿元专项补助资金落实到位。自主创新产品产业化步伐加快，京信通信公司研制的新一代移动通信无线覆盖与传输新型整体解决方案及配套产品规模全国第一；海格通信公司研发出小型化低功耗北斗/GPS卫星双模定位传感器；润芯科技公司研制出两款专用导航射频芯片新产品。AMOLED（有源矩阵有机发光二极管）、计算通信芯片、移动通信芯片等核心技术研发取得重大进展。开展电子信息产业平台建设。集成电路设计EDA公共服务平台一期完成建设。筹建中国集成电路IP交易平台、广州大学城国际技术转移中心和中国技术交易所华南分中心等项目工程。广州IC产业化基地与中国银行、兴业银行、浦发银行等多家银行建立科技金融方面合作关系，首期基地办公场地面积2.3万平方米，截至10月底，基地入驻企业36家，基地总出租率达90%以上，入驻企业总人数800人。成立星海通协同创新产业联盟，筹建广州国际设计中心，数字家庭研发中心一期创业大厦建筑面积25981平方米，吸引艾媒集团、新泛联集团、天迈等企业总部入驻。

组织实施国家、省部级和市本级重大科技专项，重点突破通信与计算一体化芯片、OLED、北斗导航、新型电子元器件等基础产业关键技术。推荐“核高基”专项申报项目2个，“新一代”专项申报项目3个，电子信息产业发展基金专项申报项目14个。其中，“核高基”和“新一代”项目立项4个，获国家扶持资金5991万元；电子信息产业发展基金获批项目5个，获扶持资金1900万元。市本级投入3180万元支持31个电子信息类科技计划项目建设。

年内，全市电子信息产业三大关键技术突破带动产业高端化发展，彩色柔性AMOLED显示屏研制成功，家用电视业务开始从硬件平台提供商向软、硬件一体化平台方案集成商过渡，北斗卫星导航芯片和终端取得突破。

LG8.5代液晶面板项目建设完成工程总量的80%，完成投资26亿元。广东新岸线项目开展八核应用处理器研发研制，计算通信一体化芯片研发完成第一次流片并进入产品试验阶段，超高速无线局域网通信标准被列入国家标准，并获国家科技重大专项支持。（叶毅超）

转型升级

【工业增长向内生增长型转变】　截至2013年底，广州市有国家级企业技术中心22个、省级企业技术中心166个。认定市级企业技术中心62个，全市累计认定市级企业技术中心213个。国家、省、市三级企业技术中心总数达401个。全市工业企业获得专利授权12563件，比上年增长20.1%，主要工业产品90%以上按国际标准组织生产。全年全市规模以上工业高技术产值2467.70亿元，比上年增长16.5%。工业品内销产值13729亿元，对工业增长的贡献率达93%。全市规模以上民营企业完成工业总产值2916.19亿元，比上年增长17.8%，高于全市平均水平4.9个百分点，占全市规模以上工业总产值的16.9%。

【工业企业加快转型升级】 2013年，广州市以智能制造、新材料、新能源为试点，探索制造业领域新业态的发展机制，制订工业机器人及智能装备产业发展实施意见，推动成立工业机器人制造和应用产业联盟，集中资源聚焦培育一批新业态领先企业和成长性企业。制定十大重点领域转型升级标准，认定转型升级示范企业（平台）189家，其中制造业31家、工业设计55家、工业园区（产业基地）5个、清洁生产10家，在资金、用地、用电、技术改造、宣传等方面给予优先支持。出台循环经济发展规划，组织企业推行清洁生产。全市累计淘汰落后印染产能16417万米、焦炭产能24万吨、制革产能84万标张，关停小火电机组10万千瓦，节能54万吨标准煤，减排废水1205万吨。规模以上工业单位增加值能耗比上年下降10%，提前两年完成“十二五”工业节能目标。

【工业集群集约发展明显】 2013年，广州市围绕以先进制造业为主导，以汽车、电子、石化三大支柱产业为引擎，以汽车、船舶及海洋工程装备、核电装备、数控设备、石油化工和精品钢铁等六大优势先进制造业基地为基础，以50多个产业集聚区及园区为载体，形成东部、南部、北部产业集聚效应不断扩大的现代工业发展布局。全市80%的工业产值来自工业园区（产业基地），汽车、电子、石化、电力四大产业集群产值达9272亿元，比上年增长15.7%，占规模以上工业总产值的54%，对全市工业增长的贡献率达64%。萝岗区、南沙区、番禺区和增城市4个区（县级市）规模以上工业产值达10435.78亿元，对全市规模以上工业总产值增长的贡献率达74.6%。

全市规模以上三大支柱产业工业总产值8089.49亿元，比上年增长16.3%，增速比上年增加10个百分点，占全市规模以上工业总产值的46.7%。其中汽车制造业产值3346.84亿元，比上年增长24.0%；汽车产量180.53万辆，增长30.4%。石油化工制造业实现工业总产值2541.63亿元，电子产品制造业实现工业总产值2201.02亿元，分别比上年增长7.3%和16.6%。（赵星亮）

【批发市场加快转型升级】 2013年，广州市政府颁布实施《关于推动专业批发市场转型升级的实施意见》，采取原地转型、关闭搬迁、业态转营和规划调整等方式，推动市场加快转型升级；编制出台《广州市产业物流发展规划（2010~2020年）》，促进专业批发市场合理布局；制定《广州市专业批发市场转型升级评价试行办法》，开展示范创建工作，加快创新发展。

选取荔湾、白云两个区为全市专业市场转型升级的试验区，发挥典型示范作用；对海珠区天雄布市（转型为零售网点）、天河区喜龙国际建材市场（转营发展）、越秀区中非商贸城（关闭）等不符合条件的市场，指导其依法关闭或转营。

推进广东商品国际采购中心建设，流花服装市场群、狮岭皮革原辅材料市场群、站西鞋城、三元里皮具商圈4个市场集群被认定为广东省国际采购中心。推动专业市场与物流公共信息平台对接，优化专业市场物流组织。推动林安物流园与国萃花卉科技园开展物流对接，引导一德路、新港西路、梓元岗等区域批发市场群设置专门货物配送区，引导其逐步分离物流和商流。（肖泽军）

【广州开发区】 广州开发区是广州经济技术开发区、广州高新技术产业开发区、广州出口加工区、广州保税区4个国家级经济功能区的简称。2013年，广州开发区实现地区生产总值2110亿元，比上年增长12.1%；工业总产值5180亿元，增长13.9%；财政总收入543.06亿元，按可比口径增长12.9%；固定资产投资559.83亿元，增长22.2%；合同利用外资22.06亿美元，增长5.1%；实际利用外资14.96亿美元，增长6.8%。

招商引资　2013年，广州开发区拓展招商网络，加强与国家、省、市有关部门联动，建立招商协作关系，与美国硅谷科技协会、英国贸易投资署等海外商务机构签订合作协议，在英国伦敦设立招商办事处。加大协同创新和国际教育枢纽园区招商力度，落实浙江大学华南工业技术研究院等高校合作项目。完善项目跟踪和筹建机制，制定出台鼓励引进重点产业项目暂行办法等政策。实施“靶向”招商，全年开展国内外招商活动60次，洽谈招商项目600多个，新引进项目232个，批准新设外商投资企业97家，其中新批投资超3000万美元的外商投资项目41个。引进山煤德正等总部项目40个，引进本田汽车研发中心等世界500强项目4个。全区孵化器、加速器新引进项目349个。筹建企业259家，102家企业完成投试产。其中，箭牌糖果、国际香料等62家企业完成投产；日立电梯、苏宁电器等40家企业完成试产。LGD8.5代液晶面板项目主体工程基本完工。推动高露洁、瑞仪、金博等116家企业扩大产能，成立开发区中小民营企业协会和扶持联盟，218家规模以下中小企业转为规模以上企业。引导外商投资加工贸易企业设立研发机构7个，获广东省名牌产品1个，加工贸易企业设计生产和自主品牌生产产品出口占全区出口总值的66.43%。

创新资源集聚加快　2013年，广州开发区被国家列为中欧区域政策合作试点区、首批中以高技术产业合作重点区域，获批全国首个国家级检验检测高技术服务集聚区。举办第三、第四届“中英生物科技之桥”项目对接会，新引进项目53个。制订科技创新三年行动计划，出台瞪羚企业认定、企业专利权质押贷款、广州股权交易中心挂牌企业补贴资金管理等扶持政策。认定区级孵化器26家，新增孵化面积100万平方米，新认定瞪羚企业124家，高新技术企业66家，累计集聚科技企业2207家，各类研发机构443个。全年新引进科技创新项目352个，新增注册资本43.69亿元。广州开发区生物产业基地获批为省第二批战略性新兴产业基地。年内有629个项目获国家、省、市支持资金5.61亿元，全社会科技研发投入经费占地区生产总值的3.87%。全年专利申请4988件，比上年增长16.1%；专利授权3150件，增长20.8%，其中发明专利授权

863件。获国家第十四届专利奖优秀奖6项，国家科技进步奖二等奖1项，广东省专利奖金奖1项、优秀奖3项，广东省科技进步奖12项，广州市科技进步奖12项，以及第二届广州市知识产权保护市长奖一等奖。广州金融创新服务区聚集股权投资机构和投资管理机构46个，广州股权交易中心挂牌企业556家，其中广州开发区企业82家；新增上市公司1家、小额贷款公司3家，建成社区金融服务站10个，获批村镇银行1家，该区科技金融企业注册资本累计145.8亿元。建立广州开发区天使投资联盟，完善人才发展和科技扶持政策，全区聚集“两院”院士27人；新增中央“千人计划”人才12名，累计35名；新增广东省创新科研团队8个，累计12个；新增广州市创新创业领军人才16名，累计44名；新增区科技领军人才14名，累计53名；新认定骨干人才558名。

【广州保税区】 2013年，广州保税区实现规模以上工业总产值75.33亿元，比上年增长10.23%；工业增加值19.59亿元，增长10.06%；完成固定资产投资13.67亿元，增长8.54倍；合同利用外资0.29亿美元，实际利用外资0.14亿美元。进出区货值147.01亿美元，比上年下降4.69%；广州保税物流园区进出区货值113.8亿美元，下降3.8%。全年保税区进口葡萄酒611.6万升，进口额3076.3万美元。

【广州出口加工区】 2013年，广州出口加工区实现规模以上工业总产值28.56亿元，比上年增长2.5%；工业增加值7.14亿元，增长2.5%；进出口总值5.13亿美元，下降10.97%。

【广州高新区】 由广州科学城、天河科技园、黄花岗科技园、广州民营科技园和南沙资讯科技园组成。2013年，该区实现营业总收入4680亿元，比上年增长11.3%；规模以上工业总产值3300亿元，增长3.52%；工业增加值1050亿元，增长10.70%；完成固定资产投资255.98亿元，增长67.60%。

【中新广州知识城】 2013年，中新广州知识城管委会以九龙湖为中心规划核心区16平方千米、主城区32平方千米，完成核心区城市设计国际竞赛。主城区控制性详细规划经市政府批准，南起步区获省科技厅“绿色低碳城区建设技术集成与示范”重大科技专项支持，核心区启动国家绿色生态示范园区申报工作。

1月，中新广州知识城获批为第一批国家智慧城市创建试点。9月，成立中新广州知识城建设指挥部，统筹协调知识城基础设施规划建设。组织开展征地拆迁大会战，累计完成征地0.39万公顷，拆迁17.5万平方米。完成中新广州知识城范围内地铁沿线征拆工作，解决南起步区市政道路历史遗留问题。永龙隧道北出入口建成通车，南起步区内部路网全部开工建设，凤凰湖基本建成蓄水。南、北安置区一期工程全部封顶，中安置区一期交付使用，九龙新城安置区首期动工建设。全年完成固定资产投资92.3亿元。推动产业园区化、园区特色化，确立院士专家创新创业园、生命健康枢纽等十大专业园区的规划。制订知识城主城区重点工作节点计划，建立知识城三级工作会议制度。

是年，中新广州知识城新引进项目37个。截至年末，累计引进项目92个，其中产业项目58个。安排用地项目30个。国家知识产权局专利审查协作广东中心、腾飞科技园等15个项目动工建设。金发科技碳纤维和宝洁知识城项目投试产。

10月29日，中新广州知识城主城区开工建设启动仪式在中部安置区首期现场举行。知识城从起步阶段开发，转向东部山水新城核心功能综合开发，知识城开发建设进入全面提速阶段。（康文斌）

【广州南沙开发区】 2013年，广州南沙开发区实现地区生产总值908.03亿元，比上年增长12.5%；工业总产值2474.33亿元，增长18.8%；地方财政一般预算收入52.58亿元，增长18.3%；完成固定资产投资250.74亿元，增长31%；税收总额298.19亿元（含关税），增长13.9%；实际利用外资9.56亿美元，增长5%。

3月27日，广州南沙明珠湾区起步区开发建设指挥部在南沙体育馆正式挂牌成立，并举行开工动员大会。是日有33个项目开工奠基，总投资额586亿元。总投资额83.8亿元的起步区一期土地开发项目和总投资额170亿元的起步区二期土地开发项目立项报批，完成灵山岛尖、横沥岛尖市政道路一期工程、滨水角配套道路工程和公园项目规划设计要点申领及规划设计方案报批，开展招商引资工作。年内中化方兴地产、中交建集团、保利地产、富力地产等大型项目计划落户明珠湾区。

是年，广州南沙开发区完成集装箱吞吐量1036.33万标准箱，增长7.5%；保税港区进出区货值493.51亿美元，比上年增长28%；保税业务货值45.86亿美元，增长28%。举办“国际游艇博览会”、第五届妈祖文化旅游节等旅游节庆活动。全年接待游客870万人次；实现旅游综合收入23.49亿元，比上年增长21.7%。

是年，广州南沙开发区签约项目47个，投资总额5000亿元。引进的项目涉及航运物流、装备制造、科技智慧、商业服务、旅游健康等五大主导产业。广汽丰田三厂、中海集团全球散货总部、王老吉大健康总部、中化方兴南华总部等25个总部陆续落户。全年全区合同利用外资15.78亿美元，比上年增长5%；实际利用外资9.56亿美元，增长5%。（周元峥）

【广州国际生物岛建设】 广州国际生物岛位于海珠区，占地1.82平方千米，定位为国际性的生物技术研究及生产基地。广州市政府委托广州开发区开发管理。至2013年底，该岛引进项目75个，其中56个已进驻标准产业单元一期，累计注册资本9.79亿元，投资总额36.86亿元，其中聚集“千人计划”人才项目4个。广州开发区与瑞士洛桑生命科技园、香港科技园签订合作备忘录，搭建“中英生物科技之桥”“中以生物科技之桥”等国际高端合作平台。举办四届“中英生物科技之桥”项目对接会，达成合作意向项目104个，获区科技立项13个。8月，该岛被广州市政府授予“‘广州光谷’光生物医学专业集聚区”称号。（康文斌）

【增城经济技术开发区】 2013年，增城经济技术开发区核心区完成工业总产值467.82亿元，比上年增长29.68%；全口径税收收入48.31亿元，增长29.13%；完成固定资产投资24.54亿元，增长27.27%；进出口总额6.21亿美元，增长40%，其中出口总额5.43亿美元，增长39.1%；实际利用外资5550万美元，合同利用外资8512万美元。

培育重点产业，汽车产业集群发展和规模优势逐步显现，广汽本田汽车增城第三工厂及发动机项目于是年5月28日动工建设。高端装备制造、电子信息、节能环保、新材料等战略性新兴产业集聚发展，广州江铜铜材、珠江钢琴、日立汽车系统、广州电装、中益机械等5个项目竣工投产；科利亚农业机械项目进行设备安装调试；阿里巴巴、南方电网特高压等项目加快建设。成立省级工程技术研发中心3个，培育和申报3个国家级、2个省级著名商标和2个国家级、2个省级名牌产品，累计申请专利640件。

推动“一区多园”发展，打造广州东部高新技术产业带、绿色低碳现代产业体系的新平台。被广州市授予广州先进制造业基地和“‘广州光谷’光能量、光照明产业集聚区”称号。启动扩区申报工作，完成拓展区范围红线图，编制拓展区总体规划的初步方案；挂绿新城高端服务业发展区、总部经济发展区、生产性服务业示范园区、装备制造业产业园、高端农业机械装备产业园等产业发展平台加快建设，签约落户工业和信息化部电子五所生产性服务业示范园区和广州增城低碳总部产业园项目。物流保税“两仓”于是年4月通过海关验收，口岸码头恢复运营，一站式进出口服务中心加快建设。

创新实施产业链招商、发展平台招商。全年签约落户广汽本田第三工厂、广本发动机、中滔环保科技总部等项目14个，投资总额80亿元，意向签约项目21个，储备洽谈广州提爱思、华德弹簧整体搬迁、比亚迪、汉能光伏等项目37个，接洽法国ABB集团、迪卡侬公司、日本电装等重点项目10多个；与普天新能源等企业达成合作意向，新能源汽车应用示范项目进入应用示范阶段。

（邱伟荣）

【广州空港经济区】 广州空港经济区是中共广州市委、市政府提出“2+3+11”重大发展平台之一，规划范围地跨白云、花都两区，规划总面积439平方千米，涉及183个行政村（居委）、105.5万人。2010年7月广州白云机场综合保税区经国务院批准设立，位于广州空港经济区核心区内，毗邻白云国际机场，规划总面积7.39平方千米，分为北区、中区和南区3个片区。

2010年7月，广州市政府印发《广州空港经济发展规划纲要（2010~2020）》；2011年7月，中共广州市委常委会决定成立广州空港经济区、广州白云机场综合保税区筹备领导小组，由时任副市长甘新牵头负责筹建工作；2011年9月30日，广州空港经济区管委会、广州白云机场综合保税区管委会揭牌成立，行使广州市一级经济管理权限；2012年3月，市政府决定由副市长王东兼任广州空港经济区管委会主任；2013年6月，《广州空港经济区总体规划及起步区城市设计与控制性详细规划》通过广州市规划委员会审议。

广州空港经济区基本形成以白云国际机场为核心，以京珠高速、机场高速、北二环高速、广清高速、武广客运专线、地铁三号线北延线为主要通道的对外快速交通网络。构建“一心三廊、三港七区”（“一心”即空港门户核心；“三廊”为联系机场与花都城区、广州中心城区的港城一体复合发展走廊，联系北站、机场的空铁一体发展走廊，联系机场、帽峰山的健康及高新科技发展走廊；“三港”指广州白云国际空港枢纽、广州北站综合交通枢纽和大田铁路集装箱货运枢纽；“七区”分别是空港枢纽片区、临空高端服务片区、花都主城片区、东部健康产业片区、东部高新科技产业片区、北部临空物流及清洁高技术产业片区、南部先进制造及综合服务片区）的空间结构布局。

是年11月，广州空港经济区、白云机场综合保税区产业规划印发实施。广州空港经济区产业规划提出构建“4425”（4大主导产业、4大关联产业、25个产业发展方向）的广州空港特色产业体系，打造航空物流、航空维修、航空制造和商贸会展等四大空港主导产业，加快发展航空运营、知识创新、电子信息、健康休闲等四大空港关联产业。广州白云机场综合保税区产业规划提出构建“3621”（3大产业发展模式、6大重点产业领域、21个产业发展方向）的特色产业体系，近期着力打造保税物流和检测维修产业，中远期积极培育保税展示、金融服务、服务外包产业，配套发展保税加工产业。同时，提出具体产业发展指引：以广州白云国际机场为核心，形成“一芯三区”产业发展总体空间格局。其中，中区重点发展航材贸易及分拨、生鲜冷链、航空维修、飞机租赁；北区北片重点发展保税展示，南片重点发展电子产品维修、进出口产品检测与认证，航空装备、电子信息、精密机械和仪器的研制与生产；南区重点发展生物医药的贸易及分拨、研发、保税加工，酒类展示交易、服务外包、离岸金融。 （刘 戈）

城乡发展

【城乡规划管理】 2013年，广州市共开展1221项规划编制，总量是上年的7.5倍。广州市城市总体规划于2013年7月29日报国务院转住建部审查。东部山水新城、从化副中心和增城副中心总体规划通过市政府审批。完成各区（县级市）及4个发展平台的建设方案，深化落实功能布局，统筹制订各区（县级市）2012~2016年的100个重点项目实施计划，确保“123”城市发展战略的实施。“2+3+9”功能区控制性详细规划全面通过审议，开展14个功能区核心区或启动区共计437平方千米建设用地的控制性详细规划，并全部通过市规划委员会审议，其中市政府批准12个。该规划为广州打造100平方千米的现代服务业和高端制造业发展空间，带动金融、总部经济、商贸、电子商务、旅游服务、高端软件、新材料、新能源等产业的发展，初步估算可拉动投资1.6万亿元，新增350万个优质就业岗位，落实2016年以前的重点项目426个；规划范围内落实轨道交通523千米、有轨电车690千米、轨道站点139个，新增小学88所、中学75所、医院34所、大小公园149个、变电站152个，完善居住、就业、医疗、教育、商业、文化体育、市政服务、政务服务、生态九大类功能配套，为广州市加快经济发展促进转型升级打造新引擎。

是年，广州市成立市长挂帅的村庄规划领导小组，设立规划编制、政策制定、督促检查3个专责工作组，实行市五套班子33位领导成员挂点督导，建立“市指导、区（县级市）负责、镇（街）具体组织、村参与”的工作机制。落实村庄规划编制专项经费1.31亿元。完成4项工作指引文件和5大专题研究，28个规划编制设计单位600余名规划师驻村入户，绘制蓝图。村庄规划编制实施工作的6个方面19项工作，已完成10项，按计划推进9项；完成51个镇（街）村庄布点规划成果以及需要编制村庄规划的889个行政村（5257个自然村）的村庄规划初步成果。 （董福强）

【城市建设管理】 2013年，广州市城市建设投资集团完成城建投资36.63亿元，其中经营性项目完成1.07亿元，非经营性项目完成35.56亿元（道路交通工程27.84亿元、绿化景观工程0.92亿元、路灯改造及光亮工程1.23亿元、环境整治工程3.89亿元、雨污分流改造工程0.75亿元，其他工程0.93亿元）。

城乡规划用地管理水平有新提升。优化提升一个都会区、创新发展两个新城区、扩容提质三个副中心，新一轮城市总体规划报送国务院审批，推进“三规合一”，完成“2+3+9”平台核心区控制性详细规划，推进全市1142个村庄规划编制，实践共编共管共用规划编制机制，构建新型城市化规划体系。实施城市生态用地差别化管理，开展低丘缓坡用地试点，拓展城市发展空间，全市单位建设用地产出率达8.3亿元/平方千米，土地消耗率减至1.03公顷，获评国土资源部、省政府“建设节约集约用地试点示范省先进单位”。

基础设施建设有新成效。推进同德围南北高架桥等59个路桥项目建设，完成海珠桥危桥抢修工程、沙汕路等16个项目建设，新增道路长度26.4千米，洲头咀隧道、康王路下穿流花湖隧道等项目正在推进。地铁六号线首期开通运营，在建的5条地铁进展顺利，规划新建的7条地铁前期工作全面展开，本轮地铁建设拆迁基本完成，海珠环岛新型有轨电车试验段开工建设。开展白云机场扩建工程和噪音区治理工作，第三跑道土石方及排水工程完成并通过竣工验收。推进电网、环卫、燃气设施建设，建成溪洛渡直流输电工程和500千伏木棉输变电工程。

重大平台建设有新进展。按照“2+3+9”平台建设要求，全力推进广州金融城、广州南站商务区、琶洲会展总部功能区、海珠生态城建设和“珠江黄金岸线”建设。

生态城市特色有新彰显。制订《广州市花城绿城水城建设方案》。新建成300千米绿道和156千米景观林带，陈田花园等4个岭南花园和帽峰山、火炉山森林公园对外开放。城镇和农村生活污水处理率分别达90.89%和43%，石井河截污等河涌治理工程顺利推进，建成花都湖、金山湖，加快增城挂绿湖等工程建设。出台《广州市绿色建筑和建筑节能管理规定》，新增绿色建筑面积700万平方米，广州市获全国“十大绿色建筑标杆城市”称号；对广深高速公路等19条快速路及国省道环境景观进行“净化、美化、绿化”整治。

民生实事工程有新亮点。筹建保障性住房18110套，基本建成31968套，推进改造城市零散危房98873平方米、农村泥砖房和危房10598户。解决95个小区临电问题，盘活在册35宗“烂尾楼”。按照“幸福同德围、美丽金沙洲”建设目标，推进“9+1”重点工程建设。推动并完成全市14个市级美丽乡村试点村创建。实施高架桥静音工程，安装隔音屏7千米、隔声窗1.2万平方米。

（陈海波　唐双荣）

【名镇名村创建】 2013年，广州市完成第一批名镇名村验收工作。3镇5村（沙湾镇、梯面镇、派潭镇，黄埔村、大岭村、朗头村、大稳村、坑头村）完成创建任务，基本实现“一年见成效，两年实现目标”的要求。推进第二批名镇名村（1镇41村）建设。坚持名镇名村创建进展月报制度，及时检查督办，争取补助资金落实。组织开展2013年全国特色景观旅游名镇名村和第三批广东省宜居示范城镇、宜居示范村庄的申报工作。

【美丽乡村建设】 2013年，广州市委常委挂点联系美丽乡村试点村，加大工作推进力度。市建委领导多次带队对全市11个区（县级市）的14个市级美丽乡村试点村进行专项检查督导。全市第一批市级美丽乡村试点村，市本级财政主要投资“七化”“五个一”工程和必要的村容村貌综合整治建设项目。同时，确定第二批市级美丽乡村试点村27个。 （潘卓茵）

社会建设

【概况】 2013年，广州市创新社会管理，加强社会服务，提升全市社会事业水平与群众幸福感。

完善社会建设领域政策体系。按照《关于创新社会管理加强社会建设的实施意见》和《关于推进民生幸福工程的实施意见》部署要求，推进社会建设立法、中长期发展纲要、重点行动计划、统计指标体系、综合考核办法等社会建设领域规划性配套制度的起草编制工作。年内重点推进民生工程、社会创新项目159个，覆盖社会建设领域的各个方面。牵头单位和责任单位各负其责，各区（县级市）参与，推进相关项目落地，全市呈现整体推进社会建设工作的良好局面。完善市、区（县级市）两级社会工作委员会工作机制，推进街镇社会建设工作组织领导体系建设。全市所有街镇建立社会工作领导体系，确保社会建设各项任务在基层能够落实到位。

进一步发展社会事业。全年市本级民生和各项公共事业的投入共462.3亿元，占市本级公共财政支出总额的76.2%。政府购买社会服务资金3.33亿元，比上年增长13%。全年安排95.5亿元用于10件民生实事。发展公益性、普惠性学前教育，推进“百校扶百校”工作，全市公办义务教育规范化学校覆盖率达99.9%。市财政安排1亿元专项经费资助和奖励民办学校185所。“数字教育城”正式上线发布。全年实现城镇新增就业27.75万人，帮扶22.09万名城镇登记失业人员实现再就业。2013届广州生源高校毕业生就业率为93.22%。企业最低工资标准从5月1日起调整为1550元/月。城市15分钟、农村30分钟医疗卫生服务圈基本形成。免费向全市城乡居民提供11类37项基本公共卫生服务项目。正式开通“12320”卫生公益热线，为915万名居民建立健康档案。9月1日正式启动公立医院改革试点。社会保障水平稳步提高。企业离退休人员月均养老金居五大国家中心城市首位。出台全国首部社会医疗保险地方性法规——《广州市社会医疗保险条例》。全市社会保险参保人数达2913万人次。筹建保障性住房18110套。为20万名困难群众购买重大疾病商业医疗保险。完善异地务工人员融入广州政策，完成2013年积分制3000个入户指标。12个区（县级市）均制订出台当地解决非本市户籍适龄人员接受义务教育工作实施意见或工作方案。创新完善异地务工人员工作先进集体评选机制。 （张 康）

【科学技术】 2013年，广州市本级财政对科技投入经费19.3亿元，占公共财政预算支出的3.18%。获得省级以上科技部门立项177个，获得资助4.14亿元，获2013年度国家科技奖励15项，占广东省获奖总数的

2012~2013年广州市社会事业情况

教育				医疗　文化　体育			
项目	单位	2012年	2013年	项目	单位	2012年	2013年
普通高校学校数	所	80	80	医院、卫生院数	个	259	253
普通高校在校学生数	万人	93.92	98.31	医院、卫生院床位数	张	64244	66721
中职和技校学校数	所	85	85	平均每千人口医院、卫生院床位数	张	5.50	5.67
中职和技校在校学生数	万人	23.94	24.06				
普通中学学校数	所	478	494	群众艺术、文化馆数	个	14	14
普通中学在校学生数	万人	55.07	54.69	公共图书馆数	个	15	15
小学学校数	所	941	936	博物馆、纪念馆及美术馆数	个	32	33
小学在校学生数	万人	82.26	85.93				
学龄儿童入学率	%	100	100	档案馆数	个	30	31
幼儿园数	所	1601	1562				
在园幼儿数	万人	38.34	37.87				

（广州市统计局）

51.72%。工业高新技术产品产值达7443.40亿元，比上年增长14.6%。

是年，广州市获“全国科技进步考核先进城市”称号，施行《广州市科技创新促进条例》，起草修订《广州市科学技术普及条例》，编制《关于进一步完善市属科研机构体制改革配套政策措施的意见》《广州市社会治安与城市管理智能化视频系统建设规划（2013～2016年）》。

制订广州市科技计划管理改革方案，规范科技项目评估程序，推行网上评审，公示科技计划入库项目，拨付经费项目实行无行贿记录查询。实施国家促进科技金融结合试点工作。联合设立粤穗天使投资基金，举办第二届中国创新创业大赛和粤穗天使投资系列活动。推进科技支行建设，开展科技贷款风险补偿金试点，新增科技贷款风险池贷款企业20家，实际贷款6亿多元。组织召开科技贷款融资对接活动，为200家企业获银行授信60亿元，贷款15.75亿元。深化科技保险试点工作，新增29家企业投保，在保金额36.36亿元。引导科技企业上市，进行股权交易融资，64家企业申报进入“新三板”，新增久邦数码、云游控股、康臣药业3家科技型上市企业，300多家科技型企业在广州股权交易中心挂牌交易。

全年全市获国家科技奖励15项，占广东省获奖总数的51.72%。新增中国科学院、中国工程院院士3名，累计在广州工作的院士40名。实施珠江新星计划，累计培养青年科技带头人300名。召开全市科技奖励大会，奖励78项科技成果。举办2013年广州科技活动周、第三届中国（广州）国际创新博览会及论坛，开展105场科技宣传活动，举办6期珠江科学大讲堂，开展科普基地校园行系列活动，组织出版高新技术科普丛书第二辑。组织固体废弃物处理、PM2.5、食品安全、优势特色农产品品种培育等技术攻关和推广，安排民生科技重大专项项目48个、经费3900万元。

推进重大创新平台建设。国家超级计算广州中心获国家科技部正式批复成立，组建军事医学科学院华南干细胞与再生医学研究中心机构，完成广东华南新药创制中心疫苗研究及中试平台扩建前期设计规划，中科院广州生物医药与健康研究院签署成果转让协议金额1.7亿元。新增中山大学科技园有限公司等5家国家级科技企业孵化器，累计建成国家级科技企业孵化器13家，国家级大学科技园2个，科技企业孵化器66家，孵化器总面积超过410万平方米。新增工程技术研究中心国家级1个、省级87个，累计建成国家级18个、省级200个；新增国家重点实验室2个，累计建成17个。制订《广州市促进科技企业孵化器发展实施办法》《广州大学城科技企业孵化器集群发展规划》。启动广州市健康医疗协同创新重大专项组织工作，成立专项工作委员会和专家组。组建广东省城市轨道交通智能系统工程技术研究开发中心。

落实企业研发费税前加计扣除政策，实际办理抵扣应纳税所得额36.12亿元，比上年增长38.9%。新增省级创新型（试点）企业29家、市级创新型企业20家、科技“小巨人”企业100家，累计培育国家级创新型（试点）企业14家、省级创新型（试点）企业96家。创新型（试点）企业已上市35家，筹备上市66家。累计认定高新技术企业、软件企业和技术先进型服务企业分别为1564家、773家和52家。（曹　刚）

【教育事业】　2013年，广州市制订《广州市中小学建设发展策略研究与布点规划及中小学建设控制性导则编制工作方案》，开展《广州市教育事业发展第十二个五年规划》实施情况中期评估。通过省“推进教育现代化先进区”评估验收和评前视导的区占比达50%。越秀、荔湾、海珠、天河、番禺、花都等6个区通过“全国义务教育发展基本均衡县”省级督导评估，7个镇通过省教育强镇复评。全年市教育部门预算总额134.5亿元，比上年增长22.5%。市财政实际投入253.95亿元，学校基础能力建设、城乡免费义务教育专项经费分别达26.9亿元和5.1亿元，185所民办学校获1亿元专项经费资助和奖励。

推进依托教育信息化促进区域教育均衡发展、开展地方政府促进高等职业教育综合改革试点、广州学习型社会建设等国家教育体制改革试点项目。教育改革显示出区域特色，其中越秀区推进省教育综合改革实验区建设，荔湾区深化体教、艺教、科教“三结合”，海珠区推进教育集团化，天河区进行经典文化教育，白云区开展生态课堂教学，番禺区实施“研学后教”课堂教学。

12所市属机关办幼儿园移交教育系统管理，改革公办幼儿园招生制度，认定普惠性民办幼儿园631所。确定以学校特色发展促进义务教育均衡发展的思路，认定37所广州市义务教育阶段特色学校，通过普通高中特色课程立项30项。整合全市职业教育资源，成立15个专业大类指导委员会。高职教育加强校企合作。民办教育专项经费达1亿元。重点推进特殊教育学校和随班就读学校资源室建设。

研究制订《推进优质教育资源均衡发展，做大做强两个新城区三个城市副中心基础教育的实施意见》及5个配套文件。广州市政府与北京师范大学共建新型城市化区域基础教育质量提升协同萝岗试验区，向白云区输出广州市第二外国语学校品牌资源，启动广州市执信中学与从化市合作共建项目，广东广雅中学与花都区合作共建邝维煜纪念学校项目签约，与天河区合作共建市执信中学、与南沙区合作共建广州外国语学校稳步推进。新增省、市一级幼儿园22所，市一级学校8所。

14所市属公办幼儿园通过电脑派位面向社会招生占比70%。12个区（县级市）均出台当地解决进城务工人员随迁子女等非本市户籍适龄人员接受义务教育工作实施意见或工作方案。市异地中考公众意见征询委员会成立，推进异地中考政策制定。启动规范义务教育阶段民办学校招生方式专项工作。出台《广州市全国普通高校招生统一考试标准化考点建设规范》。

广州医科大学新造校区工程封顶，市聋人学校新校区、市盲人学校新校区建设以及广东广雅中学学术交流中心、广州市协和中学学生宿舍、广州市协和小学教学行政楼等项目有序推进。至年底，全市公办义务教育规范化学校覆盖率达99.9%。广州“数字教育城”公共服务平台发布，“中小学智慧校园示范工程”启动，智慧型教育体系逐步形成。（温小来　刘贝铌）

【公共文化】　2013年，广州市文化民生工程建设有较大突破，市、区（县级市）两级公共图书馆、文化馆全部被评定为国家一级图书馆、文化馆。全市165个街（镇）文化站总面积达43.35万平方米，其中特级站103个、一级站54个、二级站8个，18个文化站获得“广东省百佳文化站”称号。2762个社区（村）文化室建立图书室，建成率100%，总面积38.91万平方米。“广州市越秀区中心城区公共文化服务体系创新工程”获批为国家公共文化服务体系示范项目。落实《广州市美丽乡村文化建设实施方案》，争取市区两级财政投入，落实社区（村）文化室每年1万元管理经费，以及市财政投入近500万元，定点支持14个行政村（社区）建设精品文化室，为10个区的580个农家书屋更新补充图书11.6万册。推进农村广播电视“村村通”“户户通”“渔船通”等公共服务工程，完成全市131个自然村、2260户“户户通”建设工程任务，在全省率先完成在册登记的24米及以上大中型渔船的“广播电视渔船通”工程。

是年，广州市积极实施各项文化惠民工作。全年全市举办群众文化活动1483场，全市农村放映电影17750场，观影人数328万人次，举办专业演出20场，市内各博物馆共举办展览165场。组织开展“欢乐广州、文艺惠民——2013文艺下基层惠民演出系列活动”，组织粤剧《刑场上的婚礼》《广府华彩》、音乐剧《西关小姐》等精品剧目，深入基层惠民演出156场，低票价演出63场。推进各种惠民措施，广州艺术节、广州艺术博览会、中国广州国际演艺交易会、第九届中国音乐金钟奖等活动共发放惠民票或售低价惠民票60余万张，让市民免费进剧场、展馆欣赏文化艺术。继续推进“广州市艺术素养计划”，举办各种社区专场、乡村专场、学校专场演出和讲座交流活动34场。实现全国文化信息资源共享工程中心建设率、农家书屋覆盖率、农村电影放映率均为100%的目标。（吴石坚）

【卫生事业】　2013年，广州地区有卫生机构3729个（含村卫生室1090个），其中医院222所（含公立医院152所）、卫生院31所、社区卫生服务中心（站）316个、妇幼保健院15所、疾病预防控制中心（预防保健中心）18个、卫生监督所（中心）15个；医疗机构床位7.33万张，其中医院床位6.49万张、卫生院床位0.19万张；卫生技术人员11.48万人，其中执业（助理）医师3.97万人、注册护士4.85万人。全市各类医疗卫生机构向社会提供门诊服务1.32亿人次，提供住院服务234.75万人次，分别比上年增长4.35%和6.54%。国家免疫规划疫苗继续保持高接种率。人均期望寿命80.63岁。孕产妇死亡率、婴儿死亡率按户籍人口计算分别为7.33/10万、3.47‰。

（赖玉红）

【体育事业】 2013年，广州市出台加快转变广州市体育发展方式“1+3”系列文件。全民健身服务更富特色，群众体育活动丰富多彩。完成第十二届全运会参赛任务，青少年训练成效显著，体育赛事精彩纷呈。体育产业规模和质量进一步提升，推进《广州市公共体育设施及产业功能布局专项规划(2013~2020)》。全年全市举办国际、国内单项比赛127次，市区街三级全民健身活动及比赛2210项次、参加市区街三级全民健身820万人次，广州运动员获世界冠军13项14人次、亚洲冠军9项11人次、全国冠军37项51人次。

是年，广州市创新公共体育资源惠民工作方式。市本级落实2025万元体育彩票公益金，带动区（县级市）和街（镇）超过6000万元资金用于基层体育设施建设，完成104条健身路径、51片篮球场、50个社区体育活动室、8个门球场、26个“幸福社区”体育设施、9项乡镇农民体育健身工程建设，全部免费对市民开放。整合群众体育活动资源，开展横渡珠江、国际龙舟邀请赛、全民健身日等大型全民健身活动330余场次，惠及市民660万人次。开通“群体通”，推进场馆开放及体育资源共享。新增加市体育局官方微博，提供259条科普常识，点击率2000余万次。全年惠民体质检测1万余人次。

健全各项规章制度，创新群众体育工作机制。以市政府名义出台《广州市群众体育工作实施方案》。重点创新群众体育经费投入方式，采取“以奖代补”“以奖代拨”和“以奖促管”的模式，全面统筹年度群众体育经费投入。场地设施建设，由各基层先报建设计划和需求，根据其实际情况核拨；大型群体活动，按照多办多给、少办少给、不办不给的原则给予合理补贴；社会体育组织，根据年度考核情况，采取以奖促管的方式，重点扶持优秀社团。

制订“一站两点”建设方案，明确目标任务、工作措施和经费保障。建立健全社会体育组织管理的各项规章制度，开展《社会体育组织培育与发展》社会创新课题研究，通过街镇文体站，对社会健身队伍进行登记备案，推进以基层街镇、社区、居委会、行政村为主，鼓励扶持社会体育组织开展各类全民健身活动。

是年，广州恒大足球俱乐部获得2013年亚冠联赛冠军，成为中国首个取得亚冠冠军并晋级世俱杯的俱乐部。（骆 璨）

【就业服务】 截至2013年底，广州市城镇登记新增就业人数27.75万人。本市城镇登记失业人数30.50万人（其中新增失业人员22.95万人），失业人员实现再就业22.09万人，就业率72.43%，比上年增加0.96个百分点。全年登记“零就业家庭”6户，全部实现1人以上就业，实现动态清零管理。本市农村劳动力登记求职 12.52 万人，成功转移就业 6.90 万人，完成年度目标的 137.94%。期末尚有失业人员 6.61 万人，城镇登记失业率 2.15%，比上年减少 0.26 个百分点，控制在 3.5%的目标以内。2013 届广州生源高校毕业生 50847 人，已就业 47400 人，就业率 93.22%，比上年增加 0.12 个百分点。至年底，广州市纳入人力资源和社会保障行政部门登记就业的异地务工人员 414.47 万人。

【社会保障】 养老保险 至 2013 年底，广州市参加城镇企业职工基本养老保险人数达 728.31 万人，其中退休人员 78.56 万人。自是年 1 月起，养老金标准月人均从 2614 元提高到 2833 元，比上年增长 8.38%。推进解决企业退休人员养老待遇倒挂问题，完善“农转居”养老保险政策。

失业保险 至 2013 年底，广州市失业保险参保人数 391.66 万人。自是年 5 月 1 日起，广州市的失业保险金标准从原来的每月 1040 元调整为每月 1240 元，比上年增长 19.23%。下调和实施用人单位失业保险浮动费率，减轻企业缴费负担。在 4 月下调失业保险费率（单位由 2%下调至 1.5%、个人由 1%下调至 0.5%）的基础上，7 月开始实施用人单位浮动费率。至年底，广州市用人单位失业保险的费率共有 3 个，即 1.5%、1.2%和 0.9%。进一步扩大失业保险基金支出范围，适当调整适用对象范围，并新增小额贷款担保基金支出项目。

工伤保险 至 2013 年底，广州市工伤保险参保人数 406.71 万人，比上年增长 2.15%。从 4 月 17 日起，按照 2012 年月人均伤残津贴的 10%左右调整提高工伤保险待遇，工伤伤残津贴（伤残退休金）待遇人均 3147 元 / 月，伤残生活护理费人均 2278 元 /月，供养亲属抚恤金人均 2472 元 / 月；提高一次性工亡补助金，达到 49.13 万元，比上年增长 12%。

开展工伤预防试点工作。市人力资源和社会保障局与安监等相关部门、省市职业病防治专业技术机构合作，开展工伤预防性职业健康检查与监测工作。全年使用工伤预防费 600 万元，资助 31256 名参保职工进行工伤预防性职业健康检查，促进用人单位为职工建立健康档案；资助 32 个参保单位开展生产场所职业危害因素监测工作，有效促进用人单位改善工作环境，降低职业危害。加强工伤保险政策宣传培训，在广州市劳动保障学会网站常设工伤保险政策法规专版，与南方网合作开设“工伤保险政策法规”专栏，普及工伤保险政策法规知识。

进行工伤认定和劳动能力鉴定工作。全年全市受理工伤认定申请 20240 件，其中认定为工伤的 19781 件，视同工伤的 173 件，不认定为工伤的 286 件；处理因工伤认定引发的行政复议 162 件、行政诉讼 171 件。申请劳动能力鉴定人数 7521 人，评定达到伤残等级人数 4530 人。

生育保险 至 2013 年底，广州市生育保险参保人数 276.66 万人，比上年增长 9.61%。调整提高一次性分娩营养补助费等生育保险待遇，人均生育保险待遇达 1.73 万元，其中生育津贴占 77%。

基本医疗保险 至 2013 年底，广州市行政区域内基本医疗保险参保人数 1016 万人。其中，参加城镇职工基本医疗保险人数 538 万人，参加城镇居民基本医疗保险人数 266 万人，参加新型农村合作医疗保险人数 212 万人。是年，广州市完善基本医疗保险制度体系。出台《广州市社会医疗保险条例》。该条例自 2014 年 1 月 1 日起正式实施。修订《广州市社会保险定点医疗机构管理办法》《广州市医疗保险定点零售药店管理办法》，严格定点医、药机构的准入机制，增设退出机制。印发《关于调整广州市城镇居民基本医疗保险有关规定的通知》，调整广州市居民医保筹资标准和征缴模式，提高政府资助水平，适当提高个人缴费，建立经费保障机制。修订完善门诊特定项目和指定慢性病相关政策。市人力资源和社会保障局与市财政局、市卫生局联合印发《关于广州市基本医疗保险统筹基金支付重型 β 地中海贫血门诊治疗费用范围及标准的通知》《关于广州市基本医疗保险统筹基金支付慢性再生障碍贫血门诊治疗费用范围及标准的通知》《关于广州市基本医疗保险统筹基金支付血友病门诊治疗费用范围及标准的通知》《关于广州市基本医疗保险统筹基金支付高血压病等 17 种指定慢性病门诊专科药费范围及标准的通知》，延续保障参保人门特、门慢待遇；配合制订“提高基层医疗卫生机构服务水平‘1+3’”政策文件和《关于加强基本医疗卫生机构建设和管理的工作方案》《关于开展社区首诊与双向转诊的工作方案》《关于加快推进全科医生制度的工作方案》。推进医疗保险城乡统筹。印发《关于加强我市新农合和城乡居民医保统筹管理的通知》《广州市人民政府办公厅关于调整广州市城镇居民基本医疗保险有关规定的通知》《关于调整我市新型农村合作医疗 2013 年度政府资助标准的通知》《关于广州市新型农村合作医疗 2014 年筹资和待遇标准的意见》，统一各区（县级市）新农合筹资标准、待遇范围和待遇标准。扩大医疗保险异地就医合作范围。推进跨省和省内各地市异地就医即时结算合作项目。12 月，广州市医疗保险服务管理局与云南省医疗保险基金管理中心签订《基本医疗保险异地就医结算合作协议》，正式启动两地医疗保险异地就医即时结算工作。至年底，广州市实现与省内的佛山市、东莞市、肇庆市以及省外的四川成都、海南、江西南昌、云南异地就医即时结算，与宁夏回族自治区签订合作协议。是年，广州市被人社部确定为全国 13 个参与研究制定全国异地就医标准、模式的城市之一。

农村社会保险　至 2013 年底，广州市共有 123.8 万名城乡居民参加城乡居民社会养老保险，城乡居保参保率达 99.8%，缴费率达 90%。广州市实现统筹城乡全体居民的社会养老保险制度从“制度全覆盖”迈向“参保对象全覆盖”的目标。从 7 月起，广州市城乡居保基础养老金标准从 130 元 / 月调整为 150 元 / 月，比上年增长 15%，调整后城乡居保人均养老金为 496 元 / 月，全市有 42 万名城乡老年居民受惠。　（房天成）

·责任编辑　刘燕玲　郝红英　袁　菁
贺　坤　何文倩　周慧琴·

深圳市

基本情况

【位置面积】　深圳市位于中国的南疆；陆域位置位于东经 113°46′~114°37′、北纬 22°27′~22°52′；东临大亚湾与惠州市相连，西濒珠江口伶仃洋与中山市、珠海市相望，南至深圳河与中国香港毗邻，北与东莞市、惠州市接壤。全境地势东南高、西北低，大部分为低丘陵地，间以平缓的台地，西部沿海一带为滨海平原，最高山峰为梧桐山，海拔 943.7 米。深圳经济特区总面积为 1991.64 平方千米。土地形态以低山、平缓台地和阶地丘陵为主，平原占陆地面积的 22.1%，森林覆盖率 44.6%。

【历史沿革】　深圳的历史源远流长，早在 6700 年前的新石器时代中期就有人类繁衍生息。距今四五千年的夏、商年代，在深圳沿海沙丘谷地，已聚居着与中原民族不同的部族，这些部族种类繁多，被称为“百越部族”，生活在深圳区域的百越部族称为“南越部族”。他们善于捕鱼、航海，甚少农垦。深圳是古代百越部族远征海洋的一个驻足点，也是百越部族聚居繁衍的地方。公元前 214 年，秦始皇在岭南设置南海、桂林、象郡三郡，深圳隶属南海郡。东晋咸和六年（331 年），朝廷设东官郡，辖宝安、海丰、兴宁等六县，其范围包括珠江三角洲及惠州、潮州一带。当时宝安县辖地涉及今天的东莞市、深圳市和香港特别行政区。东官郡的郡治所在地就设在宝安县内的南头。隋开皇十年（590 年），朝廷废东官郡，宝安县改属南海郡，县治仍在南头。唐至德二年（757 年），宝安县更名为东莞县，县治从南头迁往东莞，于南头设屯门军镇。明洪武二十七年（1394 年），在今深圳境内设立东莞守御千户所及大鹏守御千户所；稍后，又在南山半岛设立庞大的军事机构——南头寨，牵制范围东至潮汕，西至上、下川，南至大洋，有“虎门之外卫，省会之屏藩”之说。明朝初年，中国出使南洋，舰队开航前必到深圳赤湾的天后庙祭祀祷告，方可成行。明万历元年（1573 年），朝廷取“革故鼎新，转危为安”之义，新设新安县，并建县治于南头。清道光二十二年（1842 年），中英签订不平等条约《南京条约》，新安县的香港岛被英国占领。清咸丰十年（1860 年），新安县的九龙半岛也因不平等条约《北京条约》而被迫割让给英国。清光绪二十四年（1898 年），清政府与英国签订《展拓香港界址专条》，又将新界租借给英国，为期 99 年。此后，新安县原有的 3076 平方千米土地中，有 1055.61 平方千米脱离其管辖，成为英国殖民地。民国三年（1913 年），因新安县与河南省的一个县同名，为免混淆，又复称宝安县，县治仍在南头。1949 年 10 月 15 日，宝安县解放。1953 年，因深圳联结广九铁路，交通便利，人口聚居较多，工商业较兴旺，便将宝安县治东迁至距南头 10 千米外的深圳墟。1979 年 3 月，宝安县改为深圳市，同年 11 月，深圳市改为地区一级的省辖市。1980 年 8 月，在深圳设置经济特区。1981 年 10 月，深圳市升格为副省级市。1983 年在经济特区外设置宝安县。1988 年 10 月，国务院批准深圳市在国家计划中实行单列，并赋予其相当于省一级的经济管理权限。1990 年 1 月，深圳经济特区内设立福田、罗湖、南山三区。1992 年 7 月，全国人大常委会授予深圳市人民代表大会及其常委会、深圳市人民政府制定地方法律和法规的权力，同年11月撤销宝安县设立宝安和龙岗两区。1997年10月，从罗湖区分出设立盐田区。2004年深圳市成为无农村的城市。2007年5月31日设立光明新区。2009年6月30日设立坪山新区。2010年7月1日，经国务院批准深圳特区范围扩大至深圳全市。2011年12月30日设立龙华新区、大鹏新区。

【气候特征】 深圳市属亚热带海洋性气候。气候温和，年平均气温22.4℃，最高气温38.7℃（1980年7月10日）、最低气温0.2℃（1957年2月11日）。雨量充沛，每年4~9月为雨季，年降雨量1933.3毫米，年降雨量最高纪录2662毫米（1957年），年降雨量最低纪录913毫米（1963年）。日照时间长，平均年日照时数2120.5小时，太阳年辐射量5225年兆焦耳/平方米。常年主导风向为东南偏东风，平均每年受热带气旋（台风）影响4~5次。

【水源特征】 深圳市依山临海，有大小河流160条，分属东江、海湾和珠江口水系，但集雨面积和流量不大。流域面积大于100平方千米的河流有深圳河、茅洲河、龙岗河、观澜河和坪山河5条，主要河流深圳河全长35千米。深圳市有水库24座，其中中型水库9座，总库容量5.25亿立方米。位于市区东部的深圳水库，总库容量4000多万立方米，是深圳与香港居民生活用水的主要来源。地下水资源总量6.5亿立方米/年，年可开采资源量1亿立方米。天然淡水资源总量19.3亿立方米，人均水资源拥有量仅500立方米，约为全国和广东省的1/3和1/4。

【资源物产】 深圳市耕地总资源3846.64公顷，水果种植面积3087.7公顷，林业用地7.22万公顷。盛产龙岗“三黄鸡”、沙井蚝、南头荔枝、南山桃、石岩沙梨、金龟桔和龙华方柿等农副产品。栖息繁衍的国家级野生保护动物有虎纹蛙、蟒蛇、猕猴、大灵猫和穿山甲等；经济价值较大的两栖类动物5种、爬行类动物23种、鸟类30种、兽类33种。矿产资源已发现的有23种，部分已探明具有一定的工业储量。

深圳市西部和西南部是珠江口、伶仃洋，东部和东南部是大亚湾、大鹏湾，海洋水域总面积800平方千米，海岸线长229.96千米，海岸资源丰富。可建深水港的主要有盐田、妈湾、赤湾、大铲湾、大梅沙、土围、西涌等，可建中型港的主要有蛇口和塘仁涌、大鹏湾等，可建小型港的有十多处。海域辽阔，水产资源极为丰富，有鱼、蛇遛、兰圆鲹、金色小沙丁、金钱鱼、大眼鲷、带鱼、三刺鲷、盲曹和鲈鱼等40种名贵鱼种，还有虾、蟹、贝类和藻类。

深圳市是依山面海、风光秀丽的海滨城市。曲折蜿蜒的大鹏湾海岸线长70千米，分布着大梅沙、小梅沙、溪涌、迭福、水沙头和西冲等水碧沙白的海滩。海滩宽30~50米，长1000~3000米，沙质柔软，海水清碧洁净，是迷人的海滨浴场；梧桐山雄伟险峻，山上溪涧纵横，有深不可测的梧岭天池；深圳湾畔70公顷的红树林是候鸟迁徙的中途站，可观赏到品种诸多的候鸟。

【旅游景点】 深圳是著名的旅游城市，自然景观和人文景观较为丰富。经过多年发展，形成欢乐谷（深圳华侨城）、世界之窗（深圳华侨城）、锦绣中华·民俗文化村（深圳华侨城）、明斯克航母世界（盐田区沙头角）、仙湖植物园（罗湖区莲塘）、深圳野生动物园（南山区西丽湖）、西部海上田园（宝安区沙井街道）、客家围龙屋（龙岗区坪山街道大万世居、龙岗街道鹤湖新居）、大小梅沙（盐田区大小梅沙海滨）、大鹏所城（龙岗区大鹏街道）等十大旅游景点。深圳较为知名的历史古迹景点有：大鹏所城（龙岗区大鹏街道）、新安故城（南山区南头天桥旁）、赤湾天后宫（南山区赤湾六路）、赤湾炮台（南山区赤湾）、东江纵队司令部旧址（龙岗区葵涌街道土洋村）、东纵军政干部学校旧址（龙岗区大鹏街道）。

"深圳八景"是2004年由100多万名深圳市民评选出的代表深圳城市形象、反映深圳旅游特点的景区、景点或景观。"深圳八景"是：大鹏所城（大鹏守御千户所城，建于公元1394年）、深南溢彩（深南大道）、侨城锦绣（深圳华侨城）、莲山春早（福田区莲花山）、梧桐烟雨（罗湖区梧桐山）、梅沙踏浪（盐田区大小梅沙海滨）、一街两制（沙头角中英街）、羊台叠翠（宝安区羊台山）。 （叶博珂）

【人口语言】 截至2013年年底，深圳市常住人口1062.89万人，比上年增长0.77%。其中，男性人口560.99万人，占52.78%，女性人口501.9万人，占47.22%。0～14岁、15～64岁、65岁及以上人口占常住人口比重分别为11.56%、86.11%、2.33%，呈现"两头小、中间大"的"橄榄型"形态，常住人口以劳动适龄人口为主。户籍人口快速增长。截至年底，户籍人口310.47万人，比上年增长7.95%，占常住人口29.21%。其中，男性人口169.15万人，占52.16%；女性人口155.17万人，占47.84%。

深圳市的主要语言是普通话。深圳地方方言粤语和客家话虽然通行，但远没有普通话普及。全国各地的方言都可以在深圳找到生存的土壤，只是空间相对较小，仅在同乡圈子里通行。深圳市的公共服务机构、专业人士和工商业界都能用英语提供服务，大多数青少年能讲英语。 （李晓静　叶博珂）

【民俗风情】 深圳原居民民风淳朴，保留较多的民间习俗。

渔民娶亲　南澳最具特色的风俗之一。当渔村女子成亲之日，新娘被众多渔家姐妹簇拥前行，身后有锣鼓乐队和几组舞龙舞狮队载歌载舞，而他们身后，有着一名男扮女装的渔民带领着一群头戴渔帽、手操船桨的渔家妇女，列队而行，一路撑桨，迎亲到家。

女子哭嫁　龙岗客家人很有特色的传统习俗。每个女子在出嫁前，有七天以上的"哭嫁期"。完婚之日，新娘娇婉缠绵地哭辞父母，轻移莲步，款款出门，频频回望，之后即登轿起行，陪嫁女亦随轿送行至夫家。随着时代的变迁，龙岗"女子哭嫁"习俗现已不流行。

客家围龙屋　围龙屋是一种富有特色的典型客家民居建筑，与北京的"四合院"、陕西的"窑洞"、广西的"杆栏式"和云南的"一颗印"被中外建筑学界并称为中国民居建筑的五大特色。龙岗罗瑞和村"鹤湖新居"的罗氏、龙岗坪山街道大万世居的曾氏、坑梓龙田世居的黄氏、茂盛世居的何氏，他们历经几代修建的大规模围龙屋，见证了这些家族的兴衰。客家人选择丘陵地带或斜坡地段建造围龙屋，主体结构为"一进三厅两厢一围"，建筑材料有沙、石、土、瓦等，砌墙用的粘合物大部分是石灰、桐油、红糖的混合土，粘性特别强，千年不松。普通的围龙屋占地 0.54~0.67 公顷，大围龙屋的面积在 2 公顷以上，建好一座完整的围龙屋需时 5 ~ 10 年，甚至更长时间。一间围龙屋就是一座客家人的巨大堡垒，适合几十个人、百余人或数百人居住。

大盆菜　深圳福田下沙一带的习俗。当地乡民，大凡遇到中国传统节日或嫁娶、祝寿、添丁、酬神、宗亲祭祖诸项活动，各方亲朋好友团聚乡间，围着大盆菜，数百、数千、数万人饮酒庆贺。大盆菜多数以牛腩炆萝卜角为菜底，往上铺叠的是菜胆、粉丝、猪肉、竹笋、腐竹、冬菇、卤鹅、烧鸭、炸鱼、白斩鸡等，一层一道菜，一菜一道味。百桌千筵，风味独特，老少皆宜，煞是热闹。

妈祖诞庆　每年 3 月深圳沿海渔民和农民在天后庙举行的庆祝庙会，祭祀天后，求航海平安、渔业兴旺、五谷丰登。在祭祀后还举行文艺表演和贸易活动。

坪山打醮　坪山客家人独特的传统习俗。每八年一次的打醮（集体祭奠神灵），地点聚在关帝庙前的广场上，一片喧腾，热闹非凡，附近小贩也云集于此趁机大做买卖。祭典仪式由坪山圩的首脑主持，祭桌上摆满精美的果脯酒馔，大香炉里插满檀香，一片香雾缭绕。乡民们在广场上连续嬉戏七天八夜，尽情吃喝赌闹，通宵达旦，一片喧嚣气氛。由于打醮习俗劳民伤财，在 1943 年被废除。

凉帽遮羞　大鹏妇女习俗。其凉帽是用竹条和布料做成的，把竹条分成竹篾，织成圆圈，中间穿孔，竹篾周围用布条缝挂。其他客家妇女的凉帽是用黑布条缝挂，而大鹏妇女的凉帽用蓝士林布条，所以戴起来也显得更秀气、更妩媚，增添一种朦胧的美感和风韵。同时，戴凉帽既轻便又凉爽，因此世代相传，一直流行至今。

【深圳特产】　深圳有丰富的海产、果类、禽类等地方特产，比较著名的有沙井鲜蚝、南山荔枝、西丽芒果、大鹏云雾茶、公明烧鹅、西乡基围虾、石岩沙梨、南澳鲍鱼、南澳海胆、坪山金龟桔、福永乌头鱼、松岗腊鸭、龙岗三黄鸡、光明乳鸽、南山甜桃等，其中以沙井鲜蚝、南山荔枝、西丽芒果最具代表性。

【市树市花】　1986 年，荔枝树和簕杜鹃分别被深圳市民评选为深圳市的“市树”与“市花”。2007 年，红树被评为深圳市“第二市树”。

荔枝树　深圳市栽培荔枝主要品种有糯米糍、桂味、黑叶、淮枝、妃子笑、桂绿等。深圳人不仅把荔枝作为会亲访友的佳礼，而且在每年六七月间荔枝成熟时，都要和亲朋好友一起去荔枝园品鲜，同时还举办各种以荔枝为主题的经贸和文化联谊活动。

红树　深圳是世界上唯一一座红树生长在市区中心地带的城市。红树具有顽强的生命力，象征兼蓄包容、团结互助的深圳精神。

簕杜鹃　具有花色艳丽、美观大方、适应性强、容易栽培、便于造型和花期较长等特点，体现深圳的无限活力和丰姿，备受深圳市民的喜爱。

【口岸】　2013 年，深圳共有对外开放一类口岸 15 个。其中，陆路口岸 6 个，分别是罗湖、文锦渡、皇岗、沙头角、深圳湾、福田口岸；海港口岸 8 个，分别是盐田港、大亚湾、梅沙、蛇口、赤湾、妈湾、东角头、大铲湾口岸；空港口岸 1 个，即宝安国际机场。同时，在原特区管理线上设立蛇口（码头）、南头、白芒、同乐、梅林、布吉、沙湾、盐田坳、溪冲、背仔角、清水河、盐排、南坪、福龙、新区、新城、南光等17个特区检查站。形成海、陆、空全方位、立体式的口岸开放格局。

【行政区划】 深圳市下辖6个行政区和光明新区、坪山新区、龙华新区、大鹏新区4个功能区。街道办事处57个、社区工作站637个、社区居委会796个。

（钟 汉 徐希宁 何 睿）

福田区 位于深圳市南部，是市委、市政府所在地。该区于1990年1月4日建制，区政府于同年10月7日成立。区政府驻沙头街道。该区总面积78.65平方千米；下辖园岭、南园、福田、沙头、香蜜湖、梅林、华富、莲花、华强北和福保10个街道；皇岗口岸、莲花山、特区纪念公园等在该辖区内；2013年年末常住人口133.95万人，其中户籍人口78.32万人。

罗湖区 位于深圳市南部，是深圳市开发较早的商业中心区。该区于1990年1月4日建制，区政府于同年9月21日成立。区政府驻黄贝街道。该区总面积78.75平方千米；下辖黄贝、东门、南湖、桂园、笋岗、清水河、翠竹、东晓、东湖和莲塘10个街道；罗湖口岸、深圳火车站、国贸大厦在该辖区内；2013年年末常住人口94.15万人，其中户籍人口53.84万人。

南山区 位于深圳市西南部。该区于1990年1月4日建制，区政府于同年9月24日成立。区政府驻南头街道。该区总面积185.49平方千米（包括内伶仃岛和大铲岛）；下辖南头、南山、招商、蛇口、粤海、沙河、西丽和桃源8个街道；世界之窗、锦绣中华、海上世界、大学城和科技园等在该辖区内；2013年年末常住人口111.91万人，其中户籍人口67.17万人。

盐田区 位于深圳市东南部。该区于1997年10月建制，区政府于1998年3月成立。区政府驻海山街道。该区总面积74.63平方千米；下辖沙头角、海山、盐田和梅沙4个街道；盐田港、中英街和东部华侨城在该辖区内；2013年年末常住人口

2013年深圳市行政区划情况

（截至2013年12月）

单位：个

市辖区	街道办事处	社区工作站	居委会
福田区	10	94	115
罗湖区	10	83	115
南山区	8	100	106
盐田区	4	18	22
宝安区	6	124	138
光明新区	2	28	28
龙华新区	4	36	100
龙岗区	8	106	117
坪山新区	2	23	30
大鹏新区	3	25	25
合计	57	637	796

21.39万人，其中户籍人口5.5万人。

宝安区 位于深圳市西北部。该区于1992年11月11日建制，区政府驻新安街道（原宝安县城）。该区总面积398.38平方千米；下辖新安、西乡、福永、沙井、松岗、石岩6个街道；深圳宝安国际机场在该辖区内；2013年年末常住人口270.38万人，其中户籍人口37.99万人。

龙岗区 位于深圳市东北部。该区于1992年11月11日建制，区政府驻龙岗街道。该区总面积387.82平方千米；下辖平湖、坂田、布吉、南湾、横岗、龙城、龙岗、坪地8个街道；大亚湾核电站在该辖区内；2013年年末常住人口194.47万人，其中户籍人口39.17万人。

光明新区 位于深圳市西北部。光明新区于2007年5月31日设立，新区管委会驻光明街道。该辖区总面积155.44平方千米；下辖公明、光明2个街道；深圳市光明集团有限公司在该辖区内；2013年年末常住人口49.64万人，其中户籍人口5.96万人。

坪山新区 位于深圳市东北部。坪山新区于2009年6月30日设立，新区管委会驻坪山街道。该辖区总面积167平方千米；下辖坪山、坑梓2个街道；广东深圳出口加工区在该辖区内；2013年年末常住人口31.96万人，其中户籍人口4.07万人。

龙华新区 位于深圳中北部，从宝安区划出，于2011年12月30日设立，新区管委会驻观澜街道。该辖区总面积175.58平方千米，下辖龙华、大浪、民治、观澜4个街道；2013年年末常住人口141.85万人，其中户籍人口14.34万人。

大鹏新区 位于深圳东南部，从龙岗区划出，于2011年12月30日设立，新区管委会驻大鹏街道。辖区陆域面积295.05平方千米，海岸线长133.22千米，下辖大鹏、南澳、葵涌3个街道；2013年年末常住人口13.19万人，其中户籍人口4.1万人。

（叶博珂）

年度大事

【创新型城市高峰论坛】 于2013年5月11日在深圳大学举行。“创新型城市：战略与路径”高峰论坛是深圳大学依托香港、广州、深圳等地方实践，根据自身学科优势，建设的一个小规模高层次常设性论坛，由深圳大学创新型城市建设与治理研究中心具体承办。该论坛主要从智慧城市与科技创新、法治城市与制度创新、创意城市与文化创新方面，从科技创新、管理创新、制度创新角度，对“如何规划和建设创新型城市、如何运营和管理创新型城市”两个问题作出专业智慧回答。与会学者兼跨理、工、文多个学科，讨论内容涉及建筑、信息技术、环境保护、城市交通、行政管理、法律、文化创意等现代城市发展各个方面，集思广益，提出许多有价值的见解和想法。

【深圳首个海洋研究联盟挂牌】 2013年1月13日，深圳首个海洋研究与技术联盟挂牌成立。该联盟由深圳虚拟大学园发起，香港城市大学、清华大学、中国科学院先进技术研究院、厦门大学等多所高校、研究机构和企业共同组建，苏纪兰、倪嘉缵等多位院士成为学术委员会成员。该联盟致力解决海洋生态保护和海洋资源开发等领域中所面临的重大科技问题，增加深圳海洋科学研究和涉海产业发展的实力。

【国内首家公益家园网在坪山上线】 2013年12月26日，国内首家为广大公益人士、义工志愿者提供联谊交流服务的“中国公益家园网”在深圳坪山新区南粤公益文化生态园上线，多家助残公益组织同时进驻生态园，并举行揭牌仪式和以“爱在同一片蓝天”为主题的系列活动。“中国公益家园网”是一家以公益信息发布、资源对接与合作的公益门户网站，打造诚信可靠的交友联谊公益性平台。

【深圳第三次获“全国文明城市”称号】 2013年，中央文明委第三次授予深圳“全国文明城市”称号。自2008年蝉联全国文明城市以来，深圳市以庆祝特区建立30周年、召开市党代会、推动特区一体化发展和筹办大运会为契机，提升城市发展质量，推动经济、政治、文化、社会、生态文明和党的建设的全面协调可持续发展，文明城市建设水平有新提升。

【国际专利申请量连续10年排名全国第一位】 2013年，深圳市国际专利申请10049件，比上年增长25.2%，连续10年排名全国各大中城市第一位，占全国48.1%；国内专利申请量8.07万件，增长10.3%；累计有效发明专利6.23万件；每万人发明专利拥有量59.1件，居全国大中城市榜首。全年全市获国家专利金奖4项，国家专利优秀奖20项，其中金奖获奖数占全国总数20%。年内，国家知识产权服务业聚集发展实验区和国家知识产权局审查员实践基地先后落户深圳，为发展知识产权服务业、贴身服务中小科技企业提供新的平台。

【深圳成为全国少数民族人口聚居最大城市】 2013年，深圳市探索城市民族工作新模式，突出平等、多元，增强服务意识，尊重少数民族文化，增进社会宽容，让少数民族充分融入城市发展。截至年底，全市少数民族人口109万人，超过上海、北京、广州，成为全国少数民族人口聚居最大城市，并且是继北京之后第二个聚齐56个民族的城市。

【亚洲最大单体疫苗生产车间落户深圳光明新区】 2013年11月18日，深圳光明新区全球疫苗研发生产基地开工。该项目是深圳康泰生物制品股份有限公司建设的现代化疫苗研发生产基地，是亚洲最大的疫苗生产单体建筑。该基地位于深圳光明新区内衣基地，投资总额8.5亿元，占地面积6.25万平方米，总建筑面积（含地下室）15.09万平方米，包括疫苗生产大楼、质检研发大楼、中试大楼、动物实验楼、管理楼、辅助厂房以及相关配套设施用房。建设周期为3年，项目建成后主要生产乙肝疫苗、甲肝灭活疫苗、甲乙肝联合疫苗、流感病毒疫苗、人乳头状瘤病毒（HPV）疫苗，同时建设与生产配套的研发、检验、仓储等辅助设施，形成产、学、研相结合，功能齐全的高科技生物制品研发生产基地。

【深圳大鹏半岛国家地质公园对外开放】 2013年12月26日，深圳大鹏半岛国家地质公园开园，迎来首批游客。该地质公园位于深圳市东部大鹏半岛中南部与市区相距约50千米，公园地质遗迹保护面积50.87平方千米，森林覆盖率98%。2005年9月19日，国土资源部批准成立“深圳大鹏半岛国家地质公园”。该地质公园内地质遗迹类型丰富，具有“山海相依、水火共存”奇特景观资源，以古火山遗迹及海岸地貌为主，另有古生物化石、褶皱、断层等地质构造。是“全世界独一无二的地质遗迹，是深圳的万吨金矿”。

【国内首家全外资船员劳务外派公司落户深圳前海】 2013年11月，国内首家外资船员劳务外派公司——骅林海事服务（深圳）有限公司在南山前海注册成立。该公司是由世界第二大船舶管理公司——骅林船舶管理有限公司全资成立，标志着外资企业在中国船员管理产业的发展进入新阶段。高端航运服务是前海深港合作区重点产业之一，骅林公司落户为前海建设国际船员外派基地发挥重要示范作用。（叶博珂）

生态环境

【概况】 2013年，深圳市主要人居环境指标保持较好水平。化学需氧量、氨氮、二氧化硫和氮氧化物4项主要污染物均超额完成广东省下达全市的年度总量减排目标；推进深圳市大气“四十条”，细颗粒物年均浓度在全国副省级以上城市中处于较好水平；推行主要河流治理“河长制”，通过广东省人大淡水河、石马河污染整治第三方评估，名列深莞惠三市第一；建立生态文明建设考核机制和指标体系，在全国率先启动生态文明建设考核工作。（邬　彬）

【环境质量】 2013年，深圳市环境质量总体保持良好水平。环境空气质量指数达到国家一级（优）和二级（良）的天数324天，占全年监测有效天数（364天）的89.0%，首要污染物为细颗粒物。二氧化硫年平均浓度11微克/立方米，比上年增加1微克/立方米；二氧化氮年平均浓度40微克/立方米，与上年持平；可吸入颗粒物年平均浓度62微克/立方米，增加8微克/立方米；细颗粒物年平均浓度39.6微克/立方米，增加1.6微克/立方米；一氧化碳日平均浓度1.2毫克/立方米，增加0.2毫克/立方米；臭氧小时平均浓度52微克/立方米，下降7微克/立方米。降尘量年平均3.5吨/平方千米·月，比上年下降0.2吨/平方千米·月，达到广东省推荐标准。降水年平均pH值为5.01，比上年增加0.07；酸雨频率55.6%，减少3.9个百分点。主要饮用水源水质达到国家地表水Ⅲ类标准，饮用水源水质达标率100%。部分河流上游河段水质相对较好，主要河流中下游水质仍普遍受到污染，水质劣于国家地表水Ⅴ类标准，主要污染物为氨氮和总磷。东部海域水质良好，达到国家海水水质第二类标准；西部海域水质劣于第四类标准，主要污染物为无机氮、活性磷酸盐和粪大肠菌群；近岸海域环境功能区水质达标率81.82%。城市声环境质量基本稳定，区域环境噪声平均值56.8分贝，比上年减少0.1分贝；城市交通干线噪声平均值68.9分贝，与上年持平。辐射环境处于安全状态。（刘春燕）

【环境监测】 2013年，深圳市报出监测数据196.04万个，出具监测报告3.5万份；定期开展环境空气、降水、地表水、近岸海域、底质、水生物、环境噪声等环境要素监测，河流监测比上年增加30条，水库增加15座，环境空气质量监测拓展到前海合作区，监测点位数增加到832个；开展污染源、危险废物及医疗废物处理厂、畜禽养殖场、油品含硫量、市政公用设施等例行监测，重点污染源在线监测联网 362 家企业，设置 520 个监控点；开展重金属、“菜篮子”基地、扬尘、地下水、河流通量等专项监测 28 项；开展地铁盾构土监测、安托山区域环境质量整治行动等多项监测要素复杂的特定综合监测；开展重点污染源在线监测数据有效性比对，完成国控企业及重点减排项目污染源自动监控数据有效性审核。年内，深圳市生态安全监测系统投入使用；深圳市环境空气质量立体监测系统成功立项；盐田区监测站标准化建设通过省厅验收；深圳市噪声自动监测子站新增龙华、大鹏两个；深圳市环境监测行业协会成立。

（余　良）

【人居环境】　2013 年，深圳市组织编制《深圳市生态文明建设规划（2013~2020）》，印发《深圳市人居环境保护与建设“十二五”规划实施方案》。开展《深圳市人居环境保护与建设“十二五”规划》中期评估工作，规划实施进展顺利，基本达到“时间过半，任务过半”的阶段性目标。（姜文清）

健全特区环保法规体系，加快生态文明制度建设。组织开展特区环保法规规章和规范性文件的梳理，会同市人大环资委起草《深圳经济特区生态文明建设条例》；修订《深圳市污染物排放许可证管理办法》，出台《深圳市环境行政处罚裁量权实施标准》《深圳市大气环境质量提升补贴办法》《深圳市黄标车提前淘汰奖励补贴办法（2013~2015 年）》《深圳市人居环境委员会关于机动车环保检验机构监督管理的暂行规定》等规范性文件；组织开展建章立制工作，完成 42 项重点制度的立、改、废工作，推进与商事登记制度改革相配套的环保审批制度和监管制度建设，形成较为系统的环境管理制度体系。

推进环境污染责任保险工作，扩大环境污染强制责任保险范围，329 家企业参加环境污染责任保险，保险金额 3.90 亿元；制定《深圳市电镀、印制电路板行业企业环境风险评估技术指南》，启动重点企业环境风险评估和等级划分工作，公布 452 家企业环境风险状况；开展环境污染损害鉴定评估调研，筹建环境损害鉴定评估中心，被环保部列为国家环境污染损害鉴定评估试点单位；推进排污权有偿使用和交易工作，加强与省排污权交易的衔接工作，完善深圳市排污权交易制度，建立并更新排污权交易基础数据库，完善排污权交易管理系统，加强排污权交易基础研究和宣传培训。（张晓波）

【宜居城市建设】　2013 年，深圳市落实《深圳市创建宜居城市行动计划（2012~2013 年）》，针对宜居城市阶段目标及各项重点工程，开展监督考核；编制《深圳市宜居城市建设评估》，对全市教育、医疗、交通等重大宜居指标进行对比评价，委托第三方开展宜居城市民意调查，面访完成有效问卷 4130 份，网络收集问卷 5530 份；按宜居标准对社区进行摸底评估，引导社区有序推进宜居创建；在城市更新、公租房、安居型商品房和普通商品房中落实 8 个住宅产业化试点项目，培育 1 个国家级示范基地及 5 个市级示范基地和项目。年内，278 个社区获得广东省宜居社区称号；深圳市深圳湾滨海休闲带建设项目获 2013 年中国人居环境范例奖；深圳市盐田区餐厨垃圾（含厨余垃圾）无害化处理和资源化利用项目等 4 个项目获 2013 年广东省宜居环境范例奖，深圳市连续 4 年成为广东省获奖项目最多的城市。

（钟穗萍）

【生态市建设】 2013年，深圳市推进生态市建设工作，罗湖区获得“国家生态区”称号，龙岗区完成国家生态区建设规划修编，深开工业园等4个工业园获得“深圳市生态工业园区”称号；推动“四带六廊”生态安全网络建设，完成六、七号关键生态节点生态恢复工程初步设计；推动市级自然保护区建设，铁岗—石岩湿地市级自然保护区和田头山市级自然保护区获深圳市政府批准建立；推进绿道网建设，建成国际低碳城论坛会展中心等8个“公共目的地”，举办“快乐徒步深圳绿道”“爱在路上2013深圳首届绿道健行节”“深圳福田梅林绿道2013春节赏梅”“2013全民健身日深圳湾绿道骑行活动等大型活动”“2013龙岗自行车绿色出行大型城市绿道骑行活动”等大型文化体育活动。 （黄爱兵 董嘉仪）

【大气污染整治】 2013年，深圳市编制《深圳市加快淘汰黄标车工作方案》和《深圳市大气重污染应急预案》，出台《深圳市黄标车提前淘汰奖励补贴办法》《深圳市大气环境质量提升补贴方案》和《深圳市2013年扬尘污染整治工作方案》，开展《深圳市大气污染防治条例》起草工作。对机动车注册登记全面执行国IV以上排放标准，在深圳市范围内推广应用国IV车用燃油；示范推广新能源汽车5701辆，深圳市成为全国在公交领域推广新能源汽车数量最多的城市；淘汰黄标车29883辆，提前淘汰黄标车9117辆；路检、抽检高污染车6.48万辆，查处超标车1249辆，查处黑烟车举报投诉3931辆；实施第十八阶段黄标车限行措施，在深圳市范围对黄标车实施单双号限行，查处黄标车冲禁令等违法行为3万宗；严格新建项目环保审批，新建、改建锅炉必须使用天然气或电等清洁能源，新建垃圾焚烧厂必须配套建设脱硝设施；完成妈湾电厂1、2、5、6号机组和盐田、南山、宝安3座垃圾发电厂烟气脱硝改造；改造高污染锅炉55台，治理企业270家；持续开展工业企业生产线挥发性有机物治理工作，关停无牌无证喷涂生产线41条，完成工业生产线治理202条；在港口岸电设施和船舶中推广使用低硫油；开展扬尘污染专项整治。

（许晶晶 程 能）

【水污染防治】 2013年，深圳市推进饮用水源保护区划调整，开展“雨季行动”专项执法和水源保护稽查专项行动，出动执法人员7848人次；实施鹏城水更清行动计划，提出综合整治、设施建设等六大类123项工程；建成公明污水处理厂，新增污水处理能力10万吨/日；推进沙井、燕川、龙华、观澜等污水处理厂配套管网建设，新增污水管网218千米；建成上洋污泥深度脱水处理厂，新增污泥处理能力1000吨/日；推进茅洲河干流中上游段综合整治工程和深圳河四期、布吉河二阶段、大沙河中下游综合整治等重点工程建设；深化龙岗河、坪山河、观澜河整治，完成聚龙山人工湿地生态园建设并通水试运行，为坪山河实施生态补水；完成丁山河水质改善及低碳城段景观提升工程；开展大浪河、南约河等6条支流整治工程，实施沿河截污、河道清淤、两岸生态化改造；加快推进坪山河干流、君子布河等跨区河流、龙华河等近20条支流整治的前期工作；开展陆源入海排污口调查，加强对重点海域排海工程和海洋环境状况的监测监控；开展地下水基础状况调查，建立垃圾填埋场、危险废物处置场、加油站、高尔夫球场、工业园区等重点污染源清单。（黄爱兵）

【水污染治理】 2013年，深圳市加快污水处理系统建设。统筹推进福田污水处理厂、布吉河水质净化厂、沙井二期等污水处理厂项目前期工作，完成沙井二期可行性研究报告；樟坑径FBR生态技术污水处理工程正开展选址工作；燕川二期、埔地吓二期、东涌污水处理工程已通过市发展改革委组织的专家评审；妥善应对福永污泥填埋场一期、燕川污泥脱水厂臭气扰民事件，化解全市污泥处置困局，福永污泥填埋场一期封场复绿，上洋污泥焚烧厂加快建设，老虎坑污泥焚烧厂与垃圾焚烧厂三期合建工作方案基本落定。观澜二期、平湖二期等污水处理厂正式投运，横岗污水处理厂水质改善工程基本完成，公明污水处理厂试运行，至年底，10座BOT污水处理厂建设全部完成；福永污泥填埋厂二期、上洋污泥深度脱水处理厂投入试运行，新增处理能力1000吨/日，上洋污泥焚烧厂完成过半工程量；开展污水管网零星接驳工程50多处，建成污水管网218千米。

加强污水处理设施运行监管，抽检进、出水水质820厂次，移交“三不管”排水管网76条，实施改造46条，创建雨污分流排水达标小区269个。 （贺 芳）

【核与辐射管理】 2013年，深圳市开展核技术利用辐射安全综合检查专项行动，检查核技术利用单位313个，辐射工作场所1200多个，对47个存在安全隐患的单位下发限期整改通知书，并进行督办和后续回访；严格辐射安全许可准入审查；完成处理核与辐射投诉案件116件，对超过电磁辐射强度目标管理值的10个电磁辐射源下达整改通知书。 （林泽华）

【建设项目环评管理】 2013年，深圳市环保系统对1.42万个项目进行环境影响审批，其中编制环境影响报告书295项。推进地铁9号线的环评审批、地铁4号线的环保验收工作；出台《深圳市人居环境委员会审批环境影响评价文件的建设项目名录》，细化市区环评审批分工；将“建设项目环保设施投入试运行”和“建设项目环保设施投入生产或使用”两项行政许可事项合并为“建设项目环境保护设施专项验收”，审批时限降低为20个工作日；推进建设项目环评审批制度改革，实行建设项目环境影响登记表备案制度；制定《建设项目竣工验收环境保护验收管理办法》，推行建设项目竣工环保验收“分类分级”管理；强化规划环评指导作用，对开展过专项规划环评的具体建设项目环评降低评价等级；印发《深圳市人居环境委员会建设项目环境影响评价信息公开管理办法》，规定所有环评报告书、环评报告表都要全本公示（除涉及国家秘密和商业秘密等内容外），环保行政主管部门在受理项目、作出审批（验收）意见前和作出审批（验收）决定后等6个关键节点，均须公示项目关键信息、公众参与情况，并告知申请人和利害关系人的听证权利、行政复议与行政诉讼权利等，以及公众反馈意见的联系方式。

（胡守丽）

【环境应急与安全】 2013年，深圳市开展重点行业重点领域和重点区域环境风险源排查活动，督促企业排查治理环境安全隐患；印发《深圳市人居环境委员会突发环境事件应急预案》，推进重点企业环境应急预案的编制备案管理；开展深圳市沿海陆源溢油风险环境应急能力建设调查；开展环境应急管理培训和应急演练，加强应急值守，提高突

发环境事件应急能力。（李　民）

【环保考核】 2013年，深圳市组织开展2012年度环保工作实绩考核，对6个区、4个新区、16个市直部门、7家国有集团公司和5家重点企业的环保工作情况进行考核。盐田区政府、罗湖区政府、市发展改革委、市规划国土委、深圳能源集团和深圳北控创新投资有限公司获得优秀单位称号，宝安区政府、坪山新区管委会、市国资委、市城管局和市水务局获得进步奖。推进生态文明建设工程建设，下达治污保洁工程任务272项，涉及区域水环境综合整治、饮用水源保护、大气、噪声和固体废弃物污染治理、生态恢复与建设、环境管理与能力建设等八大方面；完成深圳市治污保洁工程八年回顾（2005~2012年）总结工作；印发实施2013年度主要污染物总量减排任务和主要污染物总量控制目标分解方案；完成"十二五"减排中期评估，制定《深圳市"十二五"后半期主要污染物总量减排行动计划》。

（李本东　刘华　彭胜巍）

【环境监督执法】 2013年，深圳市建立环境污染犯罪查处和移送机制，向公安部门移交21件涉嫌环境犯罪的案件；加大对重点环境问题的整治力度，对工业废气污染整治、江碧工业区污染整治、淡水河和石马河重污染企业淘汰、铅蓄电池企业污染整治4个重点环境问题进行挂牌督办，做出行政处罚1678宗，吊销排污许可证4宗，淘汰观澜河、龙岗河、坪山流域重污染企业63家；开展重污染企业信用等级评定工作，对760家企业按绿牌、蓝牌、黄牌和红牌评定环保信用等级，将评定结果通报给公安、工商、海关、财政、经贸、金融等单位；创新环境监管模式，通过"铁腕治污"加强日常环境监察力度，开展污染源现场检查核查工作，组织有针对性的专项执法行动，严厉打击环境违法行为；推进重点污染源环境监管信息公开，在深圳市人居环境网上开设环境监管信息公开专栏，公开74家国家重点监控企业6大项17小项的环境监管信息；加强电子政务建设，建设污染源全过程监控系统、医疗废物转移智能化监控系统、电磁辐射智能监管系统，获得"深圳市电子政务示范单位"称号；开展690家生产化学品企业的环境情况调查工作，回复530份外市跨市转入深圳市的"危险废物跨市转移"函件，审核3000余家外市企业的危险废物跨市转移事项，否决100多项不符合深圳市危险废物经营单位能力和含铬、镉、铅等毒性较大的危险废物转入事项。

（李　燕　何冰翡　刘国平）

【环境管理创新】 2013年，深圳市实施改革创新工作计划，明确生态文明制度创新、绿色发展政策创新和环境管理机制创新三方面改革创新内容和17项创新任务；起草《中共深圳市委深圳市人民政府关于推进生态文明、建设美丽深圳决定》；将环保实绩考核"升级"为生态文明建设考核，会同深圳市委组织部出台《深圳市生态文明考核制度（试行）》，建立生态文明建设考核机制和考核指标体系，成立生态文明建设考核领导小组，在全国率先启动生态文明建设考核工作。年内，深圳市政府召开以大气环境质量为主题的第二次环境形势分析会；建立大气污染防治工作联席会议制度；印发《深圳市大气环境质量提升计划》，提出10大类40项工作措施；全面推行河长制，宝安区、坪山新区、福田区等6区120条河流纳入河长

制管理。（邬　彬）

【基本生态控制线管理】　2013年，深圳市规划国土委加快编制《基本生态控制线优化调整方案》，方案先后经深圳市城市规划委员会、市政府五届七十八次常务会议审议通过，并以市政府名义正式印发，有效缓解生态线内已建成的各类合法建筑物、构筑物的调整诉求，优化用地结构。方案公布后，编写发放意见解读材料，同时开展政策宣传工作。推进生态线精细化管理。出台《深圳市人民政府关于进一步规范基本生态控制线管理的实施意见》，明确提出要设立基本生态控制线保护标识，划分不同类型的管制区域，制定分区管制政策，开展基本生态控制线内生态环境、土地建筑、社会经济等信息调查。初步形成以公园体系为核心的基本生态控制线分级分类管理体系的整体框架，并开展基本生态控制线的界桩布点规划和保护标识设计工作。

【耕地和基本农田保护】　2013年，深圳市开展市级政府耕地保护责任目标自查工作，全面完成基本农田改造补充耕地验收，完善基本农田保护制度建设。全市基本农田改造区内共实现有效耕地面积1937.47公顷，其中新增耕地面积1131.13公顷已全部通过省级抽查验收。深圳市新一轮基本农田布局基本落地，布局更加集中、质量有所提升。结合基本农田改造成果和现状耕地潜力，开展新一轮基本农田划定工作，编制《深圳市基本农田调整划定工作报告》及相关技术文件，划定新的基本农田，为城市建设释放空间。开展《基本农田保护区设施农用地管理办法（试行）》和《深圳市基本农田保护区管理办法》起草工作。开展对深圳市基本农田的评估和高标准基本农田建设实施方案编制工作。（贺　芳）

经济社会发展概况

【概况】　2013年，深圳市完成地区生产总值14500.23亿元，比上年增长10.5%；规模以上工业增加值5695亿元，增长9.6%；固定资产投资额2501.01亿元，增长14%；社会消费品零售总额4433.59亿元，增长10.6%；外贸出口额3057.18亿美元，增长12.7%；公共财政预算收入1731.26亿元，增长16.8%；居民消费价格指数102.7%。

【转变经济发展方式】　2013年，深圳市经济总量突破2300亿美元，发展速度远高于发达经济体同等阶段的平均水平，继续演绎着世界经济发展史上的“深圳奇迹”。发展质量实现“两个历史性突破”：人均GDP突破2万美元，达2.2万美元，超越中国台湾，与“亚洲四小龙”并肩前行；战略性新兴产业增加值比上年增长20.5%，超过5000亿元，占GDP比重超过1/3，对GDP增长的贡献率首次突破50%，成为经济发展的主引擎。结构优化创造“三个历史新高”：服务业占GDP比重达56.6%，服务经济主导地位进一步巩固；工业产品内销比重首次超过五成，实现工业发展模式从依赖外需向内外需协调拉动的重要转变；社会投资占固定资产投资比重首次超过八成，民间资本活力全面释放。主要资源消耗进入“微增长”区间：建设用地面积比上年增长1.1%，全社会用电量增长1.3%，用水总量下降1.7%，反映劳动力数量的主要指标工伤保险参保人

2013年深圳市国民经济发展情况

指　　标	单位	实　绩	比上年增长（%）
地区生产总值	亿元	14500.23	10.5
第一产业增加值	亿元	5.25	-19.8
第二产业增加值	亿元	6296.84	9.0
工业增加值	亿元	5695.00	9.6
第三产业增加值	亿元	8198.14	11.7
人均地区生产总值	元	136947	9.6
规模以上工业总产值	亿元	21774.47	3.2
农林牧渔业总产值	亿元	3.13	-18.8
固定资产投资	亿元	2501	14
社会消费品零售总额	亿元	4433.59	10.6
外贸进口总额	亿美元	2316.41	18.5
外贸出口总额	亿美元	3057.18	12.7
实际利用外资	亿美元	54.68	4.6
地方公共财政预算收入	亿元	1731.26	16.8
地方公共财政预算支出	亿元	1690.20	7.7
城镇居民人均可支配收入	元	44653	9.6

数下降0.4%。标志着深圳市经济发展初步实现从要素驱动向主要依靠科技创新和劳动力素质提高的重要转折，打造科学发展的“深圳质量”取得突破性进展。

【创新实力显著提升】　2013年，深圳市国家创新型城市建设加快，新增国家、省、市级重点实验室、工程实验室、工程中心、技术中心176个，累计达955个。组织重大技术攻关项目66个，新组建3D显示、大数据等产学研资联盟，新认定国家高新技术企业591家。全社会研究和发展经费支出首次超过500亿元，占GDP比重提高到4%；PCT国际专利申请量10049件，占全国比重为48.1%，实现十连冠；出台人才引进实施办法，新引进10个海外高层次人才团队。

【产业升级开创新格局】　2013年，深圳市产业高端化日趋明显，先进制造业占规模以上工业、现代服务业占服务业比重分别达71.3%、67%。金融业保持快速发展，增加值突破2000亿元，占GDP比重达13.8%，本外币存款余额跃居全国第三，新引进金融机构37个，其中法人机构26个。物流枢纽城市地位进一步巩固，深圳港集装箱吞吐量达到2327.8万标准箱，跃居全球第三；机场旅客吞吐量突破3000万人次。总部经济规模不断壮大，入围世界500强本土企业数达到4家，菜鸟网络等20家总部企业落户深圳，总部企业数量在全球370个新兴市场城市中列第17位。战略性新兴产业蓬勃发展，产业基地集聚区建设顺利推进，编制出台深圳国际生物谷总体发展规划，六大产业总规模达到1.63万亿元。培育未来产业，制定生命健康、海洋、航空航天等未来产业发展规划，形成“现代服务业稳步壮大、战略性新兴产业健步疾行、未来产业快步跟进”的高端产业发展良好格局。

【需求结构更趋协调】 2013年，深圳市内需拉动作用进一步增强，商品销售总额比上年增长23.2%。其中，批发总额占商品销售总额比重达到79.2%，经济中心城市辐射能力进一步提升。投资结构明显优化，民间投资比重达58.1%，服务业投资占比达84.7%。进出口贸易总额和出口额再次实现内地城市双冠，其中出口实现21连冠。外贸结构继续改善，高新技术产品出口比上年增长19.7%,占全市出口比重达55.3%。“走出去”步伐加快，对外直接投资占全省的47.7%；新签对外承包工程合同额231.9亿美元，超过全国地方企业的五分之一。

【民生福祉明显改善】 2013年，深圳市民生投入持续加大，全市财政对9类重点民生领域投入达1093亿元，占全市财政支出比重的64.7%。民生保障水平进一步提高，外来劳务工纳入地方补充医保；新开工建设保障性住房1.7万套，竣工2.21万套，供应2.7万套。教育事业快速发展，18所中小学完工投入使用，新增公办中小学学位2.04万个，幼儿园学位2万个。医疗基础设施建设稳步推进，市儿童医院住院综合大楼等建成投入使用，全市新增病床1042张。文化体育事业更加繁荣，被联合国教科文组织授予“全球全民阅读典范城市”称号；成功举办首届深圳国际马拉松赛和WTA国际女子网球深圳公开赛等高水平体育赛事。

【美丽深圳建设初见成效】 2013年，深圳市低碳发展取得新成就，被列为中欧城镇化伙伴关系合作城市，国际低碳城建设加快，在全国率先启动碳排放权交易。累计推广应用新能源汽车6363辆，居全球城市前列。实施大气环境质量提升计划，淘汰黄标车近3万辆，空气质量位居全国大中城市前列。节能减排成效显著，万元GDP水耗三年累计下降33.4%，化学需氧量、氨氮排放量三年分别累计下降40.1%和31.6%，均提前完成“十二五”规划目标，二氧化硫、氮氧化物排放量三年分别累计下降42.6%和13.3%。水环境综合整治深入开展，集中式饮用水源地水质保持100%达标。新增绿色建筑380万平方米、节能建筑1000万平方米，一年可节电14.8亿度。527个单位（小区）开展垃圾减量分类试点，新增建筑废弃物处理能力50万吨/年。绿化提升行动成效突出，完成124千米、2373.33公顷的生态景观林带建设。

【改革开放激发新活力】 2013年，深圳市出台《全面深化改革总体方案（2013~2015年）》，明确新一轮改革的路线图和时间表。前海建设取得新突破，国务院支持前海开发开放的22条政策有16条落地；《前海深港现代服务业合作区综合规划》公布，产业准入目录出台实施，人民币跨境贷款备案金额超过150亿元；前海股权交易中心挂牌企业超过2800家。行政审批改革继续深化，出台行政审批事项目录管理办法，累计取消、调整市级审批事项124项。在全国率先启动商事登记制度改革，改革以来至2013年底新设立商事主体36万户。土地管理制度改革继续推进，差别化产业用地供应政策正式实行。医药卫生体制改革稳步推进，市公立医院管理中心挂牌运作，出台《关于鼓励社会资本举办三级医院的若干规定》。

（陈毓敏）

体制改革

【概况】 2013年，深圳市起草完成《深圳市全面深化改革总体方案（2013~2015年）》，并制订《深圳市2013年改革计划》，推进系列改革。深圳市2013年改革计划共34项，包括继续深化7项重点改革：推进前海深港现代服务业合作区体制机制创新、深化商事登记制度改革、加快土地管理制度改革、深化行政审批制度改革、深化公务员管理体制改革、推进社会组织改革、深化医疗卫生体制改革。重点推进7项改革：推动收入分配制度改革、建立健全权力运行制约和监督机制、完善立法执法体制机制、深化户籍制度改革、加快推进股份合作公司改革、创新基层管理服务和基层自治体制、创新公务员养老保障和薪酬制度。推出其他改革：社会信用体系建设、建立完善的公用事业监管体制、创新科技财政投入和资助模式、完善国资国企监管体系、深化政府工程管理体制改革、推进公共资源交易体制改革、推行人大常委会委员“专职化制度”、完善协商民主制度、推进法定机构改革、优化行政区划、探索建立新型廉政监督模式、健全政府物业资产管理制度、完善审计监督制度、创新公共文化服务提供方式、推进新闻媒体和出版发行体制改革、健全多层次住房保障体系、深化交通体制改革、推进殡葬管理制度改革、探索建立生态文明建设考核机制、全面推行环境污染强制责任保险制度。

（宋永梅）

【人事制度改革】 2013年，深圳市出台公务员分类管理改革套转人员转任领导职务、行政执法类军转干部首次转任综合管理类职务、公务员纪律惩戒等规定。启动街道办事处、审计、人事争议仲裁职组职系划分工作，并将市动物卫生监督所纳入行政执法类公务员制度实施范围。修订深圳市行政机关聘任制公务员管理办法，制定聘任合同续签工作指导意见，完善聘任制公务员聘期考核及续聘有关条件和程序。创新公务员招考方法。进一步扩大聘任制公务员队伍规模，全年公开招考聘任制公务员510名。实施分级分类培训，全年共组织32个赴港项目100期班次，培训2500人次。

印发《关于开展事业单位人事制度综合配套改革试点工作的通知》，确定首批32个试点单位。成立事业单位人事制度综合配套改革试点工作小组，启动改革试点工作。调研机关事业单位雇员制度实施情况，提出改革思路。调研全市医疗系统招聘难问题，改进医疗卫生事业单位招聘工作。利用信息化手段优化招聘流程，加强事业单位公开招聘的监督管理。

完善公务员薪级工资制度。出台完善事业单位绩效工资制度的意见。研究南方科技大学、香港大学深圳医院、国家超级计算深圳中心、市公积金管理中心等新设机构和法定机构的工资管理制度。基本完成市直机关事业单位住房公积金一次性补缴任务，指导各区推进住房公积金和房改住房补贴缴存工作。

是年，全市安置军转干部357名，促进随军家属就业安置94名；核发自主择业军转干部退役金和差额补贴2142万元，发放企业军转干部生活困难补助和职务补贴

9318万元。（喻金鑫）

【文化体制改革】 2013年，深圳市设立副局级市文化体制改革和发展办公室，出台《文化改革创新三年行动计划》。进一步下放文化管理审批权限，市级层面实现文化市场零审批。第九届文博会总成交额1665亿元，其中出口成交额124亿元，分别比上年增长16%和7.5%；承办全国文化贸易工作座谈会，中国文化产业第一展地位进一步巩固；深圳文交所交易总额近300亿元；中国文化产业投资基金签约投资额约20亿元，首创“文创贷”金融服务；成功申请设立“国家对外文化贸易基地”，成为深圳市第四个国家级文化产业发展平台。“文化＋科技”“文化＋创意”“文化＋旅游”“文化＋金融”“文化＋电商”等产业新模式逐步形成。全年全市文化创意产业增加值达1357亿元，比上年增长18%，占全市生产总值比重超过9%。新认定10个市级文化创意产业园区，华强文化科技集团连续4次入选全国“文化企业30强”。推进国有文化集团改革，抓好有线电视网络改革重组、新华书店网络整合、非时政类报刊转企改制等工作。深圳报业集团形成“主业稳定、多点支撑”发展格局，在中国500最具价值品牌排行榜中，《深圳特区报》居162位，《深圳商报》居190位；广电集团加快传统媒体与新媒体融合发展，深圳卫视全天收视排名全国省级卫视第10名，晚间黄金时间居第8名；出版发行集团输出“深圳书城”品牌，弘文公司成为全国专业性最强的复合式文化创意用品店。（王　磊）

【股份合作公司改革】 2013年，深圳市为加快推进股份合作公司转型升级和健康发展，正式启动深圳市股份合作公司改革，取得实质性进展。9月印发《中共深圳市委深圳市人民政府关于推进股份合作公司试点改革的指导意见》；10月，成立市股份合作公司改革领导小组；11月，召开市股份合作公司试点改革领导小组第一次会议。会后，按照转型发展、规范监管、政企社企分开、股权改革4个方面内容，每个区选取3~5家股份合作公司作为试点。

【前海体制机制创新】 2013年，深圳前海深港现代服务业合作区体制机制创新取得重要进展。一是突出金融创新。跨境人民币贷款在全国率先“破冰”。扩大金融业开放，降低准入门槛，支持包括香港在内的外商股权投资企业创新发展，推动合资证券和合资基金共5块牌照落地。外资股权投资基金创新政策落地问题启动磋商。加快金融产业集聚，引进各类金融机构，争取一批新型金融机构落户前海。二是加大重点项目落地。重点推动融资租赁等快速集聚大批业务量的创新。推动前海股权投资母基金、保税展示交易平台等项目落地，已有7家要素交易平台。引进高端项目和优质企业，入区企业累计5197家，注册资本3690亿元；累计完成合同利用外资39亿美元；引进世界500强投资企业31家。三是营造国际化法治化一流营商环境。研究前海外商投资企业审批管理办法和前海外商投资管理负面清单。以“零审批”为目标，强化前海e站通审批平台功能。成立前海商事法庭，开展香港居民中的中国公民担任陪审员试点。来自香港等境外仲裁员不少于1/3的深圳国际仲裁院在前海挂牌设立。前海粤港澳律师事务所合伙型联营试点方案获批。创新廉政监督模式，挂牌成立前海廉政监督局。四是加强深港合作。

通过人才交流、土地开发、专家会议、政策互通等形式加强与香港联系的紧密程度。

【商事登记制度改革】 2013年3月1日,《深圳经济特区商事登记若干规定》正式施行,深圳市商事登记制度改革全面实施。改变现行以“营业执照”为中心的商事登记制度,实现商事主体资格登记和经营资格登记相分离,确立“宽进严管”“谁审批谁监管”的新模式。同时,由市场监管局牵头,出台商事主体经营异常名录制度、年报备案制度、问责制、商事主体登记监管暂行办法等配套制度;市场监管局、市经贸信息委共同承担全市统一的商事登记及许可审批信用信息公示平台开发建设工作。

【行政审批制度改革】 2013年,深圳市继续清理和承接行政审批事项,对上级取消、下放、委托或调整的4批292项审批事项中涉及深圳市的事项逐一提出落实清理意见。实行审批事项实现目录化管理,印发《深圳市行政审批事项目录管理办法》。并联审批和流程再造效果显著。对市政府投资项目,优化项目建议书、环境影响评价等重点审批环节;简化部门批复性材料和身份证明性材料,共减少材料249份;压缩办理时间,累计办理天数共压缩441天;对社会投资项目开展调研,将并联审批、跨部门协同办理改革扩展至基本建设全领域。市经贸信息委、市人力资源和社会保障局、市文体旅游局、市药监局4个部门成立业务受理处,相对集中地开展行政审批业务。完成省网上办事大厅深圳分厅及各区分厅建设。对市政府各部门现行的近千项行政服务事项进行全面梳理,整理形成《转变政府职能事项目录(第一批)》。 (马晓军)

【教育体制综合改革】 2013年,深圳市承担的3项国家教育改革试点通过省政府考核,被推荐为试点转示范项目。招生考试制度改革取得突破,在全市实施义务教育积分入学,阳光招生政策得到落实,招生期间信访投诉比上年下降80%;首次开展民办普通高中和中职学校自主招生,优质普通高中指标生分配试点学校达31所;颁布2015年新中考方案,制订非本市户籍就业人员随迁子女中考方案。 (邱成瑜 胡 鹏)

【医疗卫生体制改革】 2013年,深圳市公立医院改革取得突破性进展。一是实施“管办分开”。市医管中心正式挂牌运作,负责市属11个医疗机构的人、财、物管理。市政府组建市公立医院管理中心理事会,并制定章程。市卫生计生委着力加强医疗卫生全行业监管职责,对所有医疗卫生机构实行统一规划、统一标准、统一准入、统一监管。市医管中心及其所属医院接受卫生行政部门的行业监管,配合开展公共卫生服务等工作。公立医院“管”和“办”两个主体的分开使得医疗卫生行业管理职能和具体办医职能都得到加强。二是完善“医药分开”。定期开展“医药分开”实施情况监测分析,出台《关于完善政府卫生投入政策的实施方案》,加强公立医院财政补偿。落实“广东省第三方药品电子交易平台”新的药品招标采购制度,加强有关工作指引。探索药品、通用医疗设备、低值通用型医用耗材集团化集中采购,降低采购成本。

扶持社会办医政策正式出台。联合市发改委、市财政局等部门出台《关于鼓励社会资本举办三级医院的若干规定》,对社会资本投资新建的三级医院,和现有三级以下(不含三级)医院改建或扩建成的三级医院,给予医疗用地地价优惠、基本医疗服务补贴、三级甲等乙等资质奖励，企业所得税返还奖励等11项扶持政策，吸引一批国内外相关知名机构前来洽谈办医。2013年，深圳市非政府办医疗机构达2262个，占全市医疗机构总数（含社康中心）的77.4%，所占比重比上年增加3.1个百分点。全市非政府办医疗机构门诊和住院患者量分别占23.49%和16%，居全国前列。

基层医疗机构运行机制进一步完善。一是社区健康服务中心标准化建设得到加强。制定并实施《深圳市社区健康服务中心设置规划（2013~2020年）》，对新建和旧改小区配套的社区健康服务中心业务用房的设置进行规范，加强社区健康服务中心基础设施标准化建设。至年底，全市社区健康服务中心业务用房平均面积达667平方米；全市已创建7个国家级、21个省级、75个市级示范社区健康服务中心。二是家庭医生责任制服务范围进一步扩大。全年全市共有549个社区健康服务中心、2024名家庭医生为社区居民提供家庭医生服务，服务量稳步上升，累计签订家庭医生服务协议23.2万户家庭、70.4万名居民，提供家庭医生服务245万人次。三是社区健康服务中心一体化管理取得积极进展。至年底，全市共成立28个医院社区健康服务管理中心，在此基础上推行建立区级、街道级社区健康服务管理机构，对辖区内社区健康服务中心人、财、物及技术服务进行统一管理。福田区、龙岗区建立区级社区健康服务管理中心，宝安区西乡街道对街道内社区健康服务中心进行统一管理。

（洪　墨）

【土地管理制度改革】　2013年，深圳市土地管理制度改革取得一系列新进展、新成果。首宗原农村集体工业用地成功入市。本属于城市化过程中权属不清、手续不全的历史遗留用地，通过政策创新得以入市交易，为全国实现土地同价同权、建设城乡统一建设用地市场提供有益尝试。产业用地供需平台正式启动。针对产业用地准入条件指向性强、竞争性不足等弊端，供需平台通过市场机制，使产业用地供给与需求实现高效链接。城市更新量质并进。全力推动项目实施，全年签订更新项目土地合同62个，出让用地2平方千米，新开工项目49个。城市更新实际投资额达365.7亿元，占固定资产投资、房地产投资的比重分别为14.6%和35%。同时，探索旧工业区开展以综合整治为主的更新模式，罗湖区艺展中心等9个旧工业区及大鹏较场尾村被列为首批综合整治试点项目。土地整备全面铺开，出台《土地整备专项规划（2011~2015）》。土地整备投融资平台运行良好，全年拨付整备资金49.98亿元，整备完成18.23平方千米用地，为华为科技城等一批重点项目提供空间保障。南布社区“整村统筹”试点项目取得实质性进展。运用市场手段成功竞得企业的一块土地使用权，组织推动清理违法侵占国有储备土地14.36平方千米。（王　芳）

基础设施建设

【燃气设施建设】　2013年，深圳市新建市政中压燃气管道205千米，其中，原特区外新建市政中压燃气管道183千米。全市燃气管道长度达到4000千米，燃气管网覆盖率65%，原特区外地区燃气管网覆盖率52%。

（市住建局）

【供排水设施建设】 2013年，深圳市建成污水管网218千米，完成排水管网清源达标小区269个，新增污水处理能力10万吨/日，全市污水处理能力达到479.5万吨/日；年污水处理量14.4亿吨，增加1.3亿吨；全年防洪达标整治河道56.95千米，综合治理河长36.24千米。（贺 芳）

【轨道交通建设】 截至2013年底，深圳市已建成运营轨道交通线路5条，总里程178千米。截至2013年已开工建设3条，分别为七、九、十一号线。完成建设投资143.7亿元。

是年，深圳市将地铁建设与城市的旧城改造、城市单元更新、组团化新区建设等紧密结合，以轨道交通建设加快市政基础设施和民生工程建设。地铁三期工程建设中同步建设前海枢纽、车公庙枢纽等重要城市综合交通枢纽。

【铁路建设】 2013年12月28日，厦深铁路开通运营，成为连接长三角、珠三角和海峡西岸三大经济区的新干线，缩短闽、粤、港的时空距离。随着广深港客运专线、深圳北站和厦深铁路的相继建成投入使用，深圳已成为国家铁路枢纽城市。是年，深圳境内共有在建国家铁路项目1个，即广深港客运专线福田站及相关工程；规划建设国家铁路及城际线路4条，即穗莞深城际线、深茂铁路、深惠城际线及赣深客运专线。（叶博珂）

现代产业

【汽车业】 2013年，深圳市实现车辆购置税征税收入65.16亿元，比上年增长28.81%；征税车辆40.23万辆，增加10万辆，增长33.05%。全年全市车购税收入中，汽车征收65.03亿元，占总收入99.8%（其中国产汽车征收45.06亿元，进口汽车征收19.97亿元），比上年增长28.82%，增收14.55亿元。全年深圳市车购税收入呈现出总量大、增幅高、进度快特点。税收总量实现新超越。深圳市车购税收入迈上新台阶，收入规模连续多年居全国各大城市第三位；

2012~2013年深圳市基础设施基本情况

项目	单位	2012年	2013年
公路通车里程	千米	1617.65	1659.11
其中：高速公路	千米	340.15	389.7
港口泊位	个	172	172
其中：万吨级泊位	个	69	69
本地电话年末用户	万户	551.11	551.35
移动电话年末用户	万户	2313.2	2570.60
国际互联网用户	万户	280.52	304.35
电力消费量	万千瓦·时	6960200	7221000
商品房屋实际销售量	万平方米	367.59	525.83

增速比上年提升两位，列全国各大城市排名首位。个人购车呈迅猛增长态势。全年征税车辆40.23万辆，其中个人申报纳税车辆33.39万辆，比上年增加8.42万辆，增长33.77%，占纳税车辆总数83%；完成征税收入55.71亿元，增加12.98亿元，增长30.38%，占车购税征税总收入85.50%。货运车辆增幅明显。随着现代物流业快速发展以及大量施工工程建设，带来各类货运车辆需求快速增长，特别是运输行业受益于“营改增”政策实施，购买固定资产进项税可以抵扣，进一步激发运输市场投资活力，助力税收攀升；全年受理纳税货运车辆1.9万辆，比上年增长69.64%，征税收入2.11亿元，增长1.28倍。其中，自卸汽车0.66万辆，征税收入1.05亿元，分别比上年增长2.83倍、4.17倍；牵引汽车0.31万辆，征税收入0.52亿元，分别增长1.05倍、91.82%。全年全市车购税大幅增长的主要影响是：深圳经济发展质量效益持续提高，促进消费信心提升；深圳市通过加快转变经济发展方式，创新动力持续增强，产业结构不断优化，战略性新兴产业等新的增长点和前海等新的区域增长极正在加速发力，推动实现经济发展质量效益持续提升；十八届三中全会传递出深化改革的强烈信号，中央政府强调继续深化教育、医疗卫生、就业体制、社会保障等多领域改革，进一步提升居民消费意愿和提振居民消费信心，释放消费潜力，稳定消费增长，为税收可持续发展提供有力保障。季节因素、“双限”政策传闻，促发消费者购车热潮。受天津市汽车“双限”政策实施影响，部分城市不断传出汽车“双限”步伐加速的消息，由于恐慌性购车与元旦、春节购车高峰重叠，促成第四季度购车潮的爆发，汽车销量较快增长助推车购税收入增长，特别是第四季度税收收入增幅高达40%左右；一至四季度车购税收入分别为14.24亿元、15.73亿元、16.80亿元、18.40亿元，分别比上年同期增长18.37%、36.90%、21.04%、39.60%。公车改革带动公务人员购买私家车热潮逐步兴起，黄标车严管政策日趋加紧，推动汽车消费增长，促进车购税收入快速增长。 （叶博珂）

【会展业】 2013年，深圳会展中心举办展览会100余场，展览总面积超过260万平方米，在国内会展城市中展览总面积位列上海、北京和广州之后。市会展办公室不断探索会展政策创新，优化会展产业发展环境，在全市开展会展业财政资助专项资金绩效评估专项工作，优化会展业资助资金使用方向，发挥财政资金对产业发展的引导支持作用；开展对外经济技术展览会审批先行先试改革，落实广东省审批制度改革措施，取消冠名“深圳国际”的展会项目审批，简化办展程序，促进会展业加速发展；开展会展业财政资助、品牌展会评定和政府组团国内参展资助，资助项目66个、资助资金3202万元，引导会展业向高端化、国际化和品牌化发展，发挥专项资金的引导和杠杆作用，截至年底，全市有11个展览项目获得国际展览联盟总部（UFI）认证。为促进会展品牌化发展，在全国率先制定《深圳市品牌展会认定办法》并开展品牌展会评定工作，评选出“高交会”“文博会”“医博会”“光博会”“安博会”和礼品展、家具展、机械展、珠宝展、家纺展11个展会项目为深圳市2012～2013年品牌展会，加大对品牌展会资金支持力度。会展业国际交流合作频繁，开放型发展程度进一步提高，国际影响力逐渐扩大，全年全市会展业相关单位与国际会展业协会（UFI）、国际大会及会议协会（ICCA）等国际组织建立密切合作关系，国际展会比例超过50%，获得国际认证展览会数量位居全国前列；与港澳台互动交流频繁，借展览展会为推广平台，联合整合资源，形成相互参展、联手办展、联合推广等多种合作模式，建立良好合作机制；与台湾贸易中心共同策划举办两岸展览业说明会与商机交流会深圳站活动等，推进会展国际化发展工作进展顺利，逐步构建国际化会展发展体系。（叶博珂）

【文化产业】 2013年，深圳市文化产业增加值达1100亿元，占全市GDP 7.5%。全市共有文化产业园区34个、文化产业基地20个。深圳文化产业发展的整体态势是增长点丰富、增速稳定、投资强劲、产出和效益实现同步增长，文化创意产业十大重点领域的主要企业同比平均增速达20%。全市年营业收入超亿元的文化创意企业100多家，年营业收入超10亿元的企业超过20家。重点行业保持快速增长。动漫游戏、文化软件、新媒体及文化信息服务业等以数字内容为核心的文化创意产业快速发展。腾讯、华强、环球数码、迅雷、中青宝、第七大道等主要企业平均增速超过30%。第九届文博会总成交额达1665亿元，比上年增长16%；合同成交额达1049亿元，占总成交额的63%；出口交易额123.8亿元，增长7.5%。设立分会场43家，组织配套活动598项，比上一届增加106项。10多个国家和地区超过40个海外机构参展，并首次与广交会合作对接，吸引广交会的海外客商参加文博会，国际化程度进一步提高。首次设立文化旅游馆和文化新业态展区，综合性展会优势更加突出。修订完善文化产业专项资金资助实施规程和操作流程，进一步提高专项资金资助工作的安全性和规范性。突破文化创意企业可抵押物少、抵押折旧率高的制约，首创“文创贷”金融服务，招商银行同意为文化创意企业提供总额最高100亿元的授信。

（熊德昌　周天龙）

【文化创意产业】 2013年，深圳市文化创意产业实现增加值1357亿元，占全市GDP总量9.3%。全年全市一批领军企业继续领跑全国。腾讯公司推出多款手机游戏，深受用户欢迎；华强文化科技集团出口动画片6.83万分钟，成全国产量最大的动画企业；华侨城集团“文化＋旅游”模式复制到7省、市；雅图文化科技公司出口比上年增长3倍；深圳报业、广电、出版发行三大国有文化集团实现营业收入近70亿元。产业平台作用凸显。第九届“文博会”实现成交额1665亿元，比上年增长15.99%，分会场43个，展现中国文化产业第一展的强大实力；深圳文化产权交易所交易总额近300亿元；中国文化产业投资基金签约投资额20亿元。创意设计为产业发展注入源源不断的活力。全市有12万名设计师和6000余家设计企业，工业设计市场份额占国内比重的50%经上，平面设计年产值6亿元。年内，深圳与联合国教科文组织合作，面向全球启动创意新锐奖评选，在全球创意城市网络中的话语权日益增长。政府支持文化创意产业发展。全年市级文化创意产业专项资金下达经费4.37亿元，各区用于支持文化创意产业发展专项资金2亿元。

是年，深圳市开展优秀新兴业态文化创意企业、文化创意企业出口10强、文化创意企业保险费资助企业和文化创意产业百强企业认定工作。华侨城文化旅游科技有限公司、迅雷网络技术有限公司、第七大道科技有限公司、宜搜科技发展有限公司、柏星龙创意包装股份有限公司等被认定为“2013年优秀新兴业态文化创意企业”；联建光电股份有限公司、鸿兴印刷（中国）有限公司、中华商务联合印刷（广东）有限公司、通明实业有限公司、第七大道科技有限公司、雅图数字视频技术有限公司、利亚德光电有限公司、闲云工艺饰品有限公司、东方博雅科技有限公司、华强文化科技集团股份有限公司被认定为“2013年文化创意企业出口10强”；腾讯科技（深圳）有限公司、深圳报业集团、深圳广播电影电视集团、深圳出版发行集团、深圳东部华侨城有限公司、深圳世界之窗有限公司、深圳雅昌彩色印刷有限公司等被认定为“2013年文化创意产业百强企业”。此次认定工作所认定的企业涵盖各行业的领军企业。

是年5月，深圳市完成新一批文化创意产业园区认定工作，文化创意产业园区基地达53个，其中国家级文化产业示范园区、基地12个，覆盖文化创意产业9大行业及产学培训，其中创意设计类10个、文化软件类4个、动漫游戏类3个、新媒体及文化信息服务类8个、非物质文化遗产类3个、高端工艺美术类16个、数字出版类3个、文化旅游类1个、高端印刷类2个、产业教学培训类3个。（叶博珂）

【环保科技产业】 2013年，深圳市重点支持生态文明建设机制、重点区域规划、大气和土壤污染控制、水污染防治关键技术等领域的研究，立项环境科研课题44项。组织优秀科研项目申报广东省环保科技奖，“深圳绿道网综合评估与建设管理策略研究”等3项课题获广东省环保科技二等奖，“重大项目适应性环境管理研究”等4项课题获广东省环保科技三等奖。修订《深圳市环境科研资金与课题管理暂行办法》，规范环境科研资金使用和环境科研课题监管。完成2007年以来环境科研资金与课题绩效评估工作。加快饮用水源国家重点实验室建设，建成甘坑环保技术研究基地实验大楼，推进三个批次实验仪器进场。

是年，深圳市人居环境委员会会同市发展改革委员会联合编制《深圳节能环保产业振兴发展规划（2013~2020）》和《深圳节能环保产业振兴发展政策》；开展环境保护及相关产业基本情况调查，调查520家环保企业，建立深圳市环境保护及相关产业发展情况基础数据库，全市环保产品生产、资源综合利用、环境服务业的产值比例为8.9：32.6：58.5；组织环保企业和科研院所参展澳门国际环保展览会、香港国际环保博览会及其他国际环保展览会。

是年，深圳市建立清洁生产审核报告预审核制度、验收前监管意见收集制度、清洁生产电子档案管理制度；完成109家次企业清洁生产审核评估工作，首轮评估通过率68.8%；完成144家次企业清洁生产审核验收工作，首轮验收通过率75.0%；完成2012年度鹏城减废行动的绩效审核和评选工作，4家企业获“卓越减废企业”称号，178家企业获“先进减废企业”称号。

（李　燕　程义君　吴妍妍）

【战略性新兴产业】 2013年，深圳市新一代信息技术、互联网、新能源、新材料、生物和文化创意六大战略性新兴产业实现产值1.63万亿元，比上年增长19.8%，成为拉动经济稳步增长的“主力军”。“创新经济”初步显现。比亚迪公司研发的电动汽车连续在欧美主流市场全球招标中中标，52 辆纯电动出租车 e6 交付英国伦敦市，6 辆 K9 电动大巴交付荷兰弗里斯兰省政府投入使用，45 辆 e6 纯电动出租车在香港投放。众多骨干企业日益壮大，快速走向规模化、国际化，成为推动战略性新兴产业发展的中坚力量，为打造“创新型经济”发挥引领带动作用。腾讯公司发展成国内最大的互联网综合服务提供商，迅雷公司拥有全球最大的下载引擎。OCT 国际专利申请量 1 万余件，占全国比重 48.1%；国内专利申请量 8.07 万件，其中发明专利申请量 3.22 万件；国内专利授权 4.98 万件，其中发明专利授权量 1.1 万件；有效发明专利 6.23 万件；拥有中国驰名商标 103 件，居全国副省级城市第一位。初步形成战略性新兴产业发展的全链条、立体式综合支撑体系，累计投放新能源汽车超过 5000 辆，成为全球新能源汽车和充电设施推广力度最大的城市之一；推动解决核心技术、关键技术、前沿技术问题，形成产业发展的内生动力，使科技创新成为转方式、调结构的关键力量。完善创新政策体系、深化科技体制改革、提升科技创新能力，支持以超多维、光启等为代表的研发型企业快速成长，加快重大源头创新成果产业化，加速在 3D 显示、大数据、移动互联网等前沿领域培育创新型产业集群，加快战略性新兴产业基地集聚区建设步伐，出台海洋经济、航空航天、生命健康等未来产业规划。（叶博珂）

转型升级

【国家创新型城市建设】　2013 年，深圳市完成《深圳国家创新型城市总体规划实施方案（2011～2013 年）》各项任务。总体规划实施期间全市新增各类创新载体 528 个，超过前 30 年总和，创新载体总数达 955 个，其中国家级 69 个；组织实施 153 项科技重大技术攻关项目、126 个科技应用示范项目，基因测序、超材料、4G 通信等领域技术水平跻身世界前沿，国家创新型城市建设取得阶段性成就。全年全社会研究和发展经费支出首次超过 500 亿元，占 GDP 比重提高至 4%；PCT 国际专利申请量 1 万余件，占全国比重 48.1%，实现十连冠。创新成果丰硕，超多维公司裸眼 3D 技术获得国家技术发明一等奖，腾讯、比亚迪、迈瑞、朗科获得国家专利金奖。出台人才引进实施办法，全年引进 10 个海外高层次人才团队。成功举办第十五届高新技术成果交易会和第十二届国际人才交流大会。（叶博珂）

【深汕特别合作区】　深汕特别合作区是广东省委、省政府派出机构，委托深圳、汕尾两市管理。该合作区位于广东省汕尾市西部，范围包括鹅埠镇、赤石镇、小漠镇、后门镇和圆墩林场。行政区域面积 468.3 平方千米，人口 7.1 万人。

合作区投资环境优化　2013 年，深汕特别合作区不断优化投资环境。做好鲘门高铁片区基础设施规划建设。筹措资金建设完成厦深高铁鲘门下穿通道、鲘门站广场等市政配套工程。将赤石互通及其连接线纳入潮惠高速同步建设，并开展施工图设计工作。加强水源保障，推进水底山水库、大蕉园水库前期招投标文件编制工作。协调汕尾和海丰电力部门，推进园区双回路供电线路、鲘门 220 千伏变电站建设，为腾讯、华润等云计算项目运营提供保障。对接省和深圳、汕头两市出入境检验检疫部门，优化合作区检验检疫环境；对接深圳海关、汕头海关，推动外向型企业转移落户合作区；深圳海关将该区供港食品企业海崇公司纳入客户协调员制度管理平台，并为该公司委派客户协调员，提供个性化通关服务，显著提高通关效率，提升企业市场竞争力。对接深圳水务集团、燃气集团等单位，开展供水管网改造、燃气等规划工作。

合作区招商引资　是年，深汕特别合作区开展全方位、立体化招商，在重点产业和重点项目上实现突破。新增招商储备项目28个，涉及云计算中心、安防设备、生物制药、新型材料、食品加工等行业，其中投资意向明确项目19个，通过专家评审项目7个。继续落实与深圳市各区（新区）签订的产业转移协议，逐步建立常态化产业转移流程。突出重点项目招商。对接华润集团，投资近10亿元的华润大型云计算数据中心进入公司注册阶段；推进投资额80余亿元的深圳能源集团滨海发电厂项目招商工作；碗窑村生态农业项目初步达成合作意向；华润分布式发电项目进入前期调研阶段；对接省物资集团钢材交易市场、卡尔丹顿品牌服饰生产基地、美芝装饰产业基地、东莞市华堂实业投资有限公司台商产业园、深圳海雅（集团）有限公司海雅文化旅游商业中心、中国社会福利基金会天伦之乐专项基金现代高端综合养老、清大控股投资生态科技城等项目。加强招商推介。会同深圳市经济贸易和信息化委员会、市科技创新委员会开展招商推介会，多次组织企业到合作区考察；4月，深圳市经济贸易和信息化委员会组织全国73个省、市驻深办到合作区实地考察，宣传合作区投资环境。推动建立国家级云计算产业基地。深圳市科技创新委员会出资委托工业和信息化部下属单位赛迪研究院，支持合作区开展国家级云计算产业基地专题研究。

合作区项目建设　是年，深汕特别合作区继续推进项目建设。做好土地报批工作。协调省国土资源厅等部门，争取汕尾市政府支持，推进建设用地组件报批；委托海丰县报批的2012年第13批次共28万平方米用地通过省政府批准。做好土地出让工作。完成第一批4宗共21公顷土地出让工作，分别由腾讯、中瑞、华瑞、远鹏4家深圳企业摘牌；超常规为未取得建设用地重点项目出具用地蓝线图，提前开展施工图设计等前期工作。推进重点项目建设。加强已落户项目贴身服务，协调供电、供水等部门，解决重点项目配套基础设施建设问题；加快推进省重点项目腾讯云计算数据中心业务楼、数据机房建设；加快推进田园沐歌度假村项目建设；瑞和产业园一期项目宿舍楼工程主体完工，木制品厂主体基本完成。推动投融资平台组建工作。开展投融资模式和合作区建设开发公司组建方式研究，对接深圳和汕尾国资委、深圳市金融办、特区建设发展集团、深圳投资控股公司、深圳建行、浦发银行、创新投等10多个单位，形成投融资平台组建初步方案。（曾标荣）

【前海深港现代服务业合作区】　前海深港现代服务业合作区位于深圳西部南山区南头半岛西侧、珠江口东岸，北起双界河、宝安大道，南至妈湾大道，东起月亮湾大道，西到珠江口，占地面积15平方千米。该合作区具有部分省级经济管理权限，是全国首个“特区中的特区”。国务院明确支持深圳前海实行比经济特区更加特殊的先行先试政策，打造现代服务业体制机制创新区、现代服务业发展集聚区、香港与内地紧密合作的先导区、珠三角产业升级的引领区。《深圳经济特区前海深港现代服务业合作区条例》规定：在治理结构方面，深圳市前海管理局是实行企业化管理但不以营利为目的的履行相应行政管理和公共服务职责的法定机构。管理局局长由市政府任命，任期5年；副局长由局长提名，市政府按规定程序任命；高级管理人员可以从香港或者国外专业人士中选聘；管理局根据市政府确定的原则可以自主决定机构设置、人员聘用和薪酬标准。2013年，深圳市提出以前海深港现代服务业合作区为战略平台，实现市场化、法治化、国际化的新一轮改革目标。年内，市前海管理局以“依托香港、服务内地、面向世界”为总方针，大胆创新，各项工作全面提速、提效，从打基础阶段转入大开发、大建设阶段。深圳前海深港现代化服务业合作区已落实国务院2012年支持前海的22条先行先试特殊政策中的16条。分别是：构建跨境人民币业务创新试验区；试点跨境贷款；支持前海企业赴港发行人民币债券；设立前海股权投资母基金；试点设立创新型金融机构和要素交易平台；对符合前海规划产业方向的境外高端人才和紧缺人才，取得暂由深圳市政府按照内地与境外个人所得税负差额给予的补贴，免征个人所得税；物流企业按差额征收营业税；探索香港仲裁机构在前海设立分支机构；创新管理机制，研究制定相关政策措施，为境外人才、海外华侨和归国留学人员在前海的就业、生活及出入境提供便利；允许已取得香港执业资格的专业人士直接为前海企业和居民提供专业服务，服务范围限定在前海内；允许已经取得中国注册会计师资格的香港专业人士担任内地会计师事务所合伙人；允许香港服务提供者在前海设立独资国际学校，允许香港服务业提供者在前海设立独资医院；支持港澳电信运营商在前海建立合资企业，经营电信业务；鼓励创新电信运营管理模式，支持当地电信企业根据前海实际探索制定优惠电信资费方案。省级管理事项下放实施。2013年10月28日，广东省政府第十二届十一次常务会议通过《广东省调整由前海管理局实施的省级管理权限事项目录》，同意将24项省级管理事项分3批下放，并将继续梳理下放省级经济社会管理权限，明确前海合作区将基本享有省级经济管理权限。12月24日，广东省人民政府公布施行第一批下放的省级管理权限事项目录，共下放实施9项省级管理事项，委托实施4项省级管理权限。

招标模式改革 是年，深圳市前海管理局改革设计招标、设计管理模式。创新采用“咨询及勘察设计一体化+固定总价”招标方式，促进咨询、勘察及设计单位的衔接，切断设计费与工程总投资变化的联系，缩短前期设计工作周期，推进振海路、五号路、高压线下地及水廊道项目等市政项目的快速实施；采用项目“捆绑打包”模式进行可行性研究、设计、监理及施工招标，对七号路、九号路及桃园路的工程进行打包，对听海路、双界河及其地下道路的工程进行捆绑，缩短工程前期准备时间；推行片区专业集成化招标模式，引入大环评、大水保招标概念，分项目性质进行整体大环评招标，分片区打包开展大水保招标。在市交易中心、政府采购平台完成公开招标28项，中标金额6.9亿元；利用友和公司开评标室现场抽签确定中标人方式完成简易招标27项，中标金额630万元；在创新招标流程、提升招标质量及推进招标制度建设等方面取得显著成效。

土地管理改革创新　深圳市政府批复《前海合作区土地管理改革创新要点》，土地管理改革创新基本内容分为探索建立差别化土地供应新模式、创新土地资源资产资本一体化运作模式、高水平推进土地节约集约利用、创新土地市场调控和监管机制、完善土地管理体制机制等五方面，主要措施包括实行弹性年期制度、实施标定地价、奖励节约集约用地、建立需求管控机制、试行土地租赁、探索土地交易新机制、深化资产资本运作、创新土地开发经营模式、推进公共资源市场化、探索预防土地闲置机制、建立用地退出机制等 22 条。其中，实行弹性年期制度，自用部分分期出让、分段计收地价方式供地，出售部分按法定最高年限出让；将土地使用权出让收入（扣除政策性刚性支出）的 15%~20%划入产业发展基金，综合考虑经济贡献、绿色低碳等因素，奖励节约集约用地；试行建设项目用地预申请和公告出让，实行有条件的“带设计方案”出让、实行“带管理方案”出让；实行土地资本化运作，从单纯的土地资源管理向土地资源、资产、资本三位一体化综合管理转变等 4 条为全国率先试行的重要改革创新，被称为国内土地管理改革的“前海模式”。

开发融资模式创新　深圳市前海管理局创新深港合作融资模式。率先实现前海跨境人民币贷款政策落地，前海控股公司获香港 10 家银行跨境人民币授信 28 亿元，贷款授信储备累计 85.3 亿元；推进股权投资，实现重大金融要素平台项目投资 4000 万元；推进前海金融创新、新能源应用及公共服务等产业发展，加强与国内外金融、能源及科技服务企业紧密联系，推动储备智慧前海、LED 应用、集中供冷及前海一卡通等产业发展项目。开展土地作价出资、一体化开发及合作开发模式研究，探索前海国际金融中心三资合一（土地“资源、资产、资本”）发展路径，推进前海控股二级开发模式研究和 REITs 创新模式研究，并积极跟进 19 单元 3 街坊相应地块作价出资进展。　（吴亚辉）

城市发展

【城市规划】　2013 年，深圳市加强城市规划对城市发展的引领作用。推进综合规划编制，完成前海、龙华、大鹏、宝安、大空港综合规划；完成全市综合交通体系规划，交通一体化向纵深发展；推进生态文明建设；加强区域规划合作，强化边界地区的规划统筹；全面梳理规划管理体系，优化规划管理制度，提高法定图则审批效率和可实施性；城市公共空间更加人性化、特色化；地名管理更加精细化。

是年，为实现全市范围内法定图则的全覆盖，市规划国土委组织编制法定图则 245 项，其中通过审批的法定图则有 229 项。在编的法定图则有 16 项，法定图则全覆盖的目标基本实现，为全市建设发展及管理提供法定规划依据。编制《深圳市养老设施专项规划（2011~2020）》《深圳市公共基础设施规划实施台账》《深圳市坝光片区规划》。

市政规划　是年，深圳市编制完成《深圳市地面坍塌事故防范对策研究》，制订《深圳市地面坍塌事故防范治理专项工作方案》，形成深圳市近期防治地面坍塌事故的纲领性文件。下发《关于推进附建式变电站规划建设相关工作的通知》，推进附建式变电站建设工作，缓解变电站用地选址难题，实现城市发展和电网建设双赢；在《深圳市货运场站设施布局规划》提出对场站用地采取混合功能、立体布局方案，综合性解决土地低效利用、产业集聚、新兴物流发展的问题。项目提出“2+4”货运交通枢纽方案，引导全市物流设施布局进一步优化调整；完成《深圳市黄线规划》《深圳市蓝线规划》动态维护和《深圳市市政管线“一张图”规划数据整理》，实现精细化管理。

【建筑设计】 2013年，深圳市编制完成的《前海深港现代服务业合作区综合规划》获得深圳市第十五届优秀城乡规划设计最高奖金牛奖和广东省优秀城乡规划一等奖。《趣城·深圳美丽都市计划》获得深圳市第十五届优秀城乡规划设计一等奖和和广东省优秀城乡规划一等奖。《深圳湾超级总部基地控制性详细规划》《留仙洞总部基地详细规划》通过市政府审议。完成水晶岛项目规划设计及招拍挂条件研究。与市城管局联合编制《深圳市森林（郊野）公园规划编制规定（试行）》，完成四个郊野公园的规划审批工作。参与《梧桐山风景名胜区（国家级）总体规划》《深圳大鹏半岛国家地质公园（地质遗迹保护区）总体规划》的编制工作。配合光汇石油、创新投、工商银行、中建钢构、联想总部大厦等项目；完成《地铁三期7处地铁上盖综合开发规划设计》《下沙城市设计》等规划编制工作；完成《趣城·深圳建筑地图》项目的初步工作。筹备“2013深港城市/建筑双城双年展（深圳）”和“质变——2013深圳公共雕塑作品展览”，并于12月6日承办2013双城双年展（深圳）。完成《深圳市危房拆除重建管理办法（暂行）》编写。联合市发改委、市民政局、市残联印发《无障碍管理深圳市无障碍设施建设与改造规划（2011~2015）》。修订完成《深圳市关于既有住宅加装电梯指导意见》，并于12月正式发布实施。

【城市更新】 2013年，深圳市审批通过两批次28项城市更新单元计划，用地面积233公顷；审批通过城市更新单元规划56项，用地面积295公顷，规划批准建筑面积1155万平方米（含保障性住房45万平方米，产业研发用房182万平方米）；全年签订城市更新项目土地使用权出让合同62项、新开工城市更新项目49个，实现供应用地200.56公顷，已签合同更新项目落实商品住房建筑面积290万平方米，配建保障性住房约1万套；全年实现投资额365.7亿元（其中房地产投资303亿元），比上年增长45.9%，占全市固定资产总投资、房地产总投资比例的14.6%和35%；全年城市更新项目供应商住用地104.8公顷，占全市商住用地供应总量的73%，供应商品房290万平方米，占全市商品房供应总量的36%，增长89%。

（王 芳）

【文明城市建设】 2013年，深圳市完成全国城市文明程度指数测评和未成年人思想道德建设工作测评迎检工作。加强《深圳经济特区文明行为促进条例》和《深圳公共文明公约》宣传推广，定期开展公共文明指数测评、窗口行业满意度调查和交通文明指数调查，开展“基层（街道）文明创建和社会建设基本工作测评”。组织第十一届精神文明建设成果评选表彰活动，开展学雷锋志愿服务及“文明出行”“文明餐桌”等行动，城市公共文明水平得到提升。弘扬“助人者最乐、行善者最美”理念，第十届关爱行动举办1600余项爱心活动，发起成立“深圳关爱行动公益基金会·爱之爱基金”，承办第二届中国慈善公益项目交流展示会，引导市民感恩“求善”。建立249个“道德讲堂”，开展“阳光达人”寻找及宣传展示、“美丽深圳”摄影大赛和“幸福深圳”DV大赛等活动，城市人文精神建设品牌呈现新亮点。建设20个城市“学校少年宫”试点和10个社区“四点半学校”示范点，“未成年人道德教育活动季”品牌影响力进一步提升。

（王　磊）

【地名管理及历史文化保护】　2013年，深圳市开展1：1000比例尺的地名普查二期工作，填写完成地名基本信息表1.5万个，地名属性信息表3.25万个，图上标注地名位置3.5万个，占全部普查地名点的80%。除道路、桥梁、建筑物外的地名登记表填写和落图工作基本完成。在次干道以上路桥梳理工作的基础上，开展次干道以下现状道路桥梁名称梳理规划工作，完成全市路桥现状调研和调研数据内业处理、90%新增道路上图及处理、60%无名道路规划命名工作。开展“深圳市地名管理信息系统”开发研究工作，完成地名成果综合查询模块，实现地名普查成果、路桥疏理成果、地名规划成果、老地名故事、地名审批信息等数据集成查询，建立常用汉字近音库，为地名审批的近音、重名核查提供技术基础。开展《中国地名故事·深圳篇》的拍摄工作，在罗湖区的罗湖桥、南山区的蛇口和盐田区中英街拍摄工作的基础上，完成7个区的地名故事拍摄工作。出版老地名丛书《鹏城街话》。

（王　芳）

社会建设

【教育事业】　2013年，深圳市有各级各类学校（含幼儿园）1997所，各级各类在校学生总数164.13万人。其中，有高校单位11个，在校学生10.62万人；普通中小学649所，在校学生110万人；中等职业学校（含技工学校）22所，在校生63252人；幼儿园1313所，在园儿童36.89万人。深圳市被广东省政府授予“广东省推进教育现代化先进市”称号，成为广东省首批推进教育现代化先进市。深圳市承担的3项国家教育改革试点通过省政府考核，被推荐为试点转示范项目。招生考试制度改革取得突破，在全市实施义务教育积分入学，阳光招生政策得到落实，招生期间信访投诉比上年下降80%；首次开展民办普高和中职学校自主招生，优质普通高中指标生分配试点学校达31所；颁布2015年新中考方案，制定非本市户籍就业人员随迁子女中考方案。

建立教育支出保障协调机制，全年全市财政教育投入280亿元，教育基建资金73亿元；实施全市统一的义务教育公办学校运行经费生均拨款制度；继续落实免费义务教育政策，惠及61.8万名中小学生；建立从学前教育到硕士研究生教育困难学生资助体系，全年资助学生17.1万人次。投入9亿元用于建设普惠幼儿园和发放各类学前教育补贴及奖励，惠及21.5万名在园儿童、近万名教职员工。投入近7亿元实施民办学校义务教育学位补贴、教师长期从教津贴和规范优质办学奖励等3项公共普惠政策，惠及10万名学生、1.4万名教师和193所民办学校。

出台学校安全管理“一岗双责”实施意见；细化灾害天气预警发布及防御指引；排查整治学校安全隐患1106处；开展学校安全风险评估试点工作；创建平安示范校、安全标准化试点校、防震减灾示范校60所；完善学生安全风险保险机制，学生意外伤害险投保率接近100%；实施校安工程，加固改造及拆建校舍60多栋，建筑面积约20万平方米。

举办亚太地区教育信息化高层专家会议，亚太地区27个国家代表团、11位部长级教育官员参加会议，促进教育信息化国际交流合作，展示深圳教育信息化建设成果。

创建全球学习型城市成效显著。建立市长挂帅的联席会议制度，创建全球学习型城市。对60个学习型社区督导评估，推动各类学习型组织建设。举办全民终身学习活动周，130万名市民参加。深圳市获联合国“全球全民阅读典范城市”称号，成为全球学习型城市案例城市。

基础教育 新增幼儿园70所，增加学位2万个；新改扩建公办中小学18所，新增学位2万个；3所高中立项，2所高中动工建设。中小学教育均衡优质发展。组织101对学校参加第二批“百校扶百校”工作，通过教师双向交流、教研员挂点指导、帮扶督查和考评奖励等新举措，实现双方学校教育质量整体提升。强化教育督导，提升办学水平。对58所义务教育学校开展办学水平评估，对366所公办义务教育学校进行规范化学校复核验收，促进教育教学水平提高；制定并实施挂牌督学制度，强化对学校的监督指导；全市5个行政区通过广东省“国家义务教育发展基本均衡县（市、区）”督导验收。素质教育深入推进。持续开展素质教育特色学校创建，对首批获得创建资格的53所学校进行考评，启动第二批31所特色学校创建工作，扩大创建工作覆盖面和影响力，提升办学内涵。创新培养模式，制定提升中小学生综合素养指导意见，完成学生

2012~2013年深圳市社会事业情况

指标	单位	2012年	2013年
普通高校	所	10	10
普通高校在校学生	万人	7.56	8.24
中等职业学校和技工学校	所	15	15
中职和技校在校学生	万人	3.21	3.36
普通中学	所	302	314
普通中学在校学生	万人	35.96	37.17
小学	所	333	335
小学在校学生	万人	68.31	73.02
医院、卫生院	所	2008	2228
医院、卫生院床位	张	27984	29261
公共图书馆	间	641	633
博物馆	座	28	28

培养模式的顶层设计；组织开展关爱行动、微公益行动等德育品牌活动，开展阳光体育活动，全市中小学生参加国家学生体质健康标准测试，180多所学校体育场馆假期向学生免费开放。课程改革全面开展。开发一批全国知名学校精品课程，提升校长和教师课程领导力；出台减轻学生课业负担指导意见，对学生锻炼、作业量等进行严格规定，推出一批“轻负担、高质量”学校典型。扶持民办教育激发发展活力。投入4.5亿元落实民办学校义务教育学位补贴、教师长期从教津贴和优质办学奖励资助等三项政策，惠及97.7%的民办学校、6.48万名学生、1.38万名教师。民办学校办学条件得到改善，办学活力不断激发。构建深圳特色学前教育公益普惠发展新模式。投入1.8亿元建成500所普惠性幼儿园。发放儿童健康成长补贴3.22亿元，惠及21.5万名儿童。发放保教人员长期从教津贴1亿元，奖励省、市一级及100所规范优质园，促进科学优质发展。全市幼儿园96%实现规范化，省一级园数量占全省四分之一。

职业与成人教育　出台《深圳市人民政府办公厅关于促进职业教育校企合作的意见》和《深圳市教育局、深圳市人力资源和社会保障局、深圳市财政委员会关于印发〈深圳市职业教育校外公共实训基地认定管理办法〉的通知》，首次对政府校企合作实行财政补贴。认定15个校外公共实训基地。市第二职业技术学校和龙岗职业技术学校国家改革发展示范学校建设方案和任务书通过教育部专家评审，同意正式实施；市第一职业技术学校和宝安职业技术学校通过国家中等职业教育改革发展示范学校省级验收。深圳市中职代表队获全国职业院校技能大赛一等奖11项、二等奖23项、三等奖40项，获全国职业职校学生技能作品展一等奖2个、二等奖10个、三等奖9个。

高等教育　香港中文大学（深圳）通过教育部专家组考察评议，将于2014年秋季开学招收本科生。香港中文大学（深圳）成立理事会并召开三次会议，遴选确定徐扬生院士为校长，启动校区建设。高等教育发展办公室（大学城管理办）挂牌成立，大学城配套建设进一步完善，清华大学深圳研究生院、北京大学深圳研究生院、哈尔滨工业大学深圳研究生院稳步提升。深圳大学7个专业首次列入一本招生，启动建设高等研究院、学府医院、西丽校区。南方科技大学迁入新校区，开展投入产出考核研究。深圳职业技术学院推进“文化育人、复合育人、协同育人”系统改革，提升高层次应用型人才培养质量。深圳信息技术学院完成国家骨干校中期建设目标，“网络技术专业教学资源库”获国家立项，实现广东省零的突破。暨南大学深圳旅游学院成立新一届院务委员会，加快推进特色学院建设。广东新安学院迁入新校园开展教学科研工作。

（邱成瑜　胡　鹏）

【文化事业】　2013年，深圳市拥有公共图书馆633间，其中市级3间，区级公共图书馆8间，街道及以下基层图书馆622间（定级街道馆59间，达标社区图书馆480间）。全市公共图书馆馆舍面积329526平方米，馆藏总量2854.38万册，其中电子文献877.65万册/件，全年新增藏书139.22万册。全市安装自助图书馆200台，并与深圳图书馆等212间公共图书馆实现统一服务。

全市已登记在册的博物馆（含纪念馆）31座，文物藏品5万多件，其中已确定为三级以上文物4835件。全年全市各博物馆共举办各类展览90个，接待观众达230万人次。

全市有国家级美术馆1个（何香凝美术馆）、市级美术馆（院）3个（关山月美术馆、深圳美术馆、深圳画院）、区级美术馆（院）7个（大芬美术馆、观澜美术馆、坪山新区美术馆、观澜版画基地美术馆、南山画院、宝安画院、罗湖画院），全年举办美术展览172个，服务观众逾200万人次。

全市有群艺馆和文化馆（站）71个，其中市群艺馆和罗湖、福田、盐田、南山、宝安、龙岗6个行政区文化馆全部达到国家一级馆，达标率100%。57个基层文化站除2个刚成立未定级外，其余55个全部跻身省一级以上文化站行列，其中52个文化站（文体中心）被评为省特级文化站，3个被评为省一级文化站。馆站总面积466544平方米。

全市有文化广场757个，总面积231.3万平方米。

全市有歌舞娱乐场所861个，以量贩式卡拉OK为主要特色，全年营业收入3.25亿元，从业人员34336人；游艺娱乐场所744个，全年销售收入1.35亿元，从业人员1687人。

全市营业性演出市场主体包括演出场所、文艺表演团体，演出经纪机构及演出活动四部分。全市有各类演出经营单位200个，其中演出场所19个、文艺表演团体80个、演出经纪机构101个，从业人员3873人，演出3474场。全市有网吧1832间，网吧连锁企业155家（拥有直营或加盟店973家），总产出10.54亿元，从业人员14948人。全市有艺术培训经营单位1776个，其中以钢琴培训最具特色，从业人员34028人，行业收入32.86亿元。全市有营业性画店、画廊1378家（其中大芬油画村进驻673家），从业人员7841人，产值10.51亿元。

【公共体育】　至2013年底，深圳市共有公共体育设施面积（不含高尔夫球场）1253万平方米。全市累计建成健身路径3075条、室内外乒乓球台1860张、篮球场635个、健身苑69个、晨晚练点1723个。深圳市级单项体育运动协会有45个，区级体育单项协会64个，社区体育组织596个。有国家级国民体质测试中心1个，区级国民体质测定站8个；有社会体育指导员1.2万人，设立龙岗体育中心、皇岗健身站、西乡街道桃源社区等10个全民健身示范站、辅导站；创建西丽体育中心（体育舞蹈）、布吉街道（秧歌腰鼓）、福永街道怀德社区（舞狮）等10个全民健身基地。（熊德昌　周天龙）

【社会事业】　2013年，深圳市民生领域投入力度进一步加大。市本级财政在九类重点民生领域投入达588.8亿元。市政府年初确定的111项民生实事高质量完成。教育事业实现快速发展。全年新增公办中小学学位2.04万个，新增普惠性幼儿园60所，南方科技大学新校园启用，香港中文大学（深圳）启动校区主体工程完工。医疗卫生事业取得长足进步。新增病床1042张，市儿童医院住院大楼等一批重大卫生项目建成启用，家庭医生和家庭病床服务制全面推广。保障性住房建设力度加大。新开工建设保障性住房1.7万套，竣工2.21万套；市、区两级发放人才安居货币补贴10亿元，惠及近20万人。公共交通环境进一步优化。深圳机场新航站楼启用，厦深铁路投入运营，广深沿江高速、博深高速、清平高速二期建成通车，文锦渡口岸新旅检大楼投入使用；彩田路北段建设项目、梅林关等二线交通改善项目和轨道交通三期7、9、11号线加快建设；优化公交线路100余条，建成新公交候车亭1600余座。就业形势保持稳定。新增就业人数超过8万人，促进失业人员就业1.6万人，帮扶就业困难人员就业1.2人，扶持自主创业482人，城镇居民登记失业率为2.53%，“零就业家庭”动态归零。社会保障体系更加完备。最低工资标准、最低生活保障标准进一步提高，均居全国领先水平；保障体系更加完善，成为全国非户籍参保人数比例最高、保障力度最大的城市。社会福利工作成效显著。出台养老设施专项规划，推进养老护理院、市社会福利中心和10个老年人日间照料中心建设。大气环境质量提升、绿化提升和鹏城水更清“三大行动计划”成效显著，国际低碳城建设加快推进，城市宜居环境和生态质量优势凸显。文化基础设施建设进一步加强。完成深圳画院、交响乐团、深圳美术馆新馆、图书馆调剂书库、博物馆老馆等改造和扩建的立项工作，印发《基层公共文化服务规定》，落实“三馆一站”免费开放。

【社会保险】 2013年，深圳市社会保险各险种参保总人数达4470.42万人次，比上年增长17.7%，其中养老、医疗、工伤、失业、生育保险参保人数分别为813.90万人、1157.65万人、987.96万人、930.45万人、580.46万人。工伤保险参保人数居全国大中城市首位，各险种参保人数总量和医疗保险、失业保险参保人数位居全国大中城市前列。全年社保稽核部门检查用人单位6583个次，涉及员工人数142.58万人次，追缴社会保险费9502万元。

社会保险法规体系建设 是年，深圳市继续推进各项社保法规政策的修订，完善社会保险体系。草拟《深圳市社会医疗保险办法》《〈深圳经济特区社会养老保险条例〉实施细则》《深圳市失业保险浮动费率管理暂行办法》，并经市政府常务会议审议通过，自2014年1月1日起施行。草拟《深圳经济特区生育保险条例》《深圳市失业保险视同缴费年限认定办法》，并配合做好相关的意见征集、草案修改等工作。

社会保险便民服务体系建设 是年，深圳市加强社保便民利民服务体系建设。自1月起，市社保部门引入第三方监督机构对全市各社保分局、管理站的办公环境、文明服务规则、工作人员遵章守纪等情况进行调查评估，并将监督评估情况通报。完善“足不出户办社保”模式，市社保部门于2月起陆续开展社保征收和制卡业务委托邮政收件业务，为广大市民提供便捷的社保服务。增设自助服务终端，方便参保企业和个人。全年市社保部门在各社保分局及管理站增设近200台自助服务终端机，参保人只要凭身份证及社会保障卡，参保单位凭网上申报密码即可自助办理养老、医疗、失业保险、查询、打印社保清单等5大类13项社保业务。同时，率先在罗湖区开展社保自助服务终端进社区。创新失业保险经办模式。探索与银行合作的经办方式，分别与中国农业银行深圳分行、中国工商银行深圳分行、中国建设银行深圳分行及中国邮政储蓄银行深圳分行4个银行签订深圳市失业保险金申领业务受理委托协议。自2014年1月2日起，参保人可在全市139个邮储银行和部分农行、工行及建行的金融网点办理失业保险金申领业务。

社保扩面征收 是年，深圳市各项社保基金收入738.692亿元，比上年增长22.70%。

社保待遇落实　是年，深圳市各项社会保险基金总支出245.954亿元，比上年增长21.65%。各项社保待遇审核发放程序规范，精准及时。至年底，全市享受离退休待遇20.02万人；全市企业离退休人员养老待遇月人均3635元，其中基本养老金月人均3051元，为19.0万名企业退休人员上调基本养老保险待遇，月人均增加280元。城镇居民养老保险（简称“城居保”）登记和待遇发放业务正常开展，全年办理城居保待遇申领5723人，平均月养老金353元。社会医疗保险金总支付89.37亿元，比上年增长16.6%；依法补偿工伤事故37218人次，补偿总金额8.11亿元，增长12.8%；核发失业保险金57591人次，增长6.1%；支付救济金总额7370.03万元，增长27.6%。

医疗保障水平不断提高　年内，市社会保险部门配合市医改办，研究利用个人账户结余资金购买商业保险的方案，提高大病保障水平。城镇居民参加医疗保险财政补贴由240元提高至282元。规范整理医保药品及诊疗目录。为保障参保人权益，将“双分伪麻片／美扑伪麻片”纳入深圳市医保记账范围。完成2013年度深圳市新增定点医药机构的综合评定，新增24个（市内22个，市外2个）医疗机构、40个零售药店为深圳市社会医疗保险定点医药机构。核准新增3个医疗机构为生育医疗保险服务定点机构。开展定点医疗机构门诊特检和血透项目新增准入，将深圳市康宁医院等16个定点医疗机构的“X-射线计算机断层成像（CT）”等28项次大型医疗设备检查和治疗项目以及香港大学深圳医院等7个定点医疗机构的血液透析项目纳入深圳市医保记账范围。全市社会医疗保险定点医药机构数量增加至1519个（其中市内定点医疗机构885个、定点药店615个，市外定点医疗机构19个）。推进省异地就医即时结算工作的开展，省异地就医结算平台联网医院12个。全年深圳市社会保险部门共为参保人提供社会医疗保险服务4765.83万人次。

工伤保险　自7月1日起，市社保部门在全市18个定点医疗机构试行工伤医疗网上记账，减免参保人来回社保窗口报销的麻烦。健全工伤医疗内部管理制度，控制工伤医疗服务费用的不合理增长。全市工伤定点医疗单位增至92个，工伤康复定点医疗单位13个。全年全市完成工伤认定35590人，工伤事故率0.37‰。

失业保险　2013年1月1日正式实施的《深圳经济特区失业保险若干规定》，将非深户籍员工纳入参保范围。为方便参保员工申领失业金，市人力资源保障部门推进以街道劳动保障事务所为主要业务平台的失业登记与失业保险金申领“一站式”服务平台建设。全年全市办理失业保险金申领网点由原来的10个增加到近100个，增长近10倍。全年为失业员工缴交住院医疗保险272.26万元，比上年增长15.3%。（董嵘慧）

【就业创业】　2013年，深圳市新增就业84342人，促进43271名失业人员就业，帮扶就业困难人员26190人实现就业，扶持自主创业10448人。城镇登记失业率控制在2.35%的较低水平，“零就业家庭”动态归零。发布《关于进一步完善就业援助政策的通知》，侧重于促进就业、扶持就业，调整就业援助政策福利化倾向，实现新旧就业援助政策平稳过渡。结合就业援助政策的完善，规范就业困难人员认定事项，发布灵活就业补贴办法。加强基层公共就业服务能力建设，市、区协同做好《深圳经济特区失业保险若干规定》的贯彻实施。失业登记和失业保险金申领融入基层公共就业服务平台，实现“全覆盖”“一站式”办理。组织开展市属高校毕业生问卷调查、召开毕业生就业工作座谈会、校园招聘会等系列活动，促进高校毕业生就业，全市高校毕业生就业率达92.3%。组织开展全市就业援助月专项活动、开展就业困难人员摸底调查、举办户籍居民专场招聘会，确保就业援助到位。开展“南粤春暖·春风行动”，全年共举办679场免费招聘会活动，进场企业总计超过3.8万家，提供岗位89.9万个。

全市各区提升公共就业服务品质。罗湖区开展“助飞罗湖创业梦”系列活动，营造鼓励创业的社会环境。龙岗区推进创新创业“龙翔”工程，认定7个创新创业孵化基地。光明新区开发就业岗位，为社区就业困难人员提供职业指导等服务。南山区开通“南山就业通”系统，盐田区完善“就业e通”信息服务平台，坪山新区推动公共就业服务网站对接社区家园网，搭建全覆盖、信息化的就业服务体系。（喻金鑫）

【卫生医疗事业】 2013年，深圳市卫生和人口计生系统贯彻落实深圳市“十二五”发展规划纲要，实施“提质增效”战略，着力解决市民“看病难、看病贵”问题和稳定低生育率水平、提高出生人口素质，推进医药卫生体制改革和人口计生综合改革，全面提升卫生人口计生事业发展内涵，实现了卫生和人口计生事业的全面进步。

公共卫生服务　是年，深圳市提供基本公共卫生服务达1483.8万人次，比上年增长19.6%。建立规范化电子居民健康档案1336万份，管理孕产妇29.6万人，完成预防接种576.6万人次，为49.7万名3岁以下儿童提供保健系统管理，为65岁以上老年人19.0万人提供体检及健康指导，登记管理高血压、糖尿病、精神病、残疾人等患者32.6万人。

卫生监督　是年，深圳市排查暗访涉嫌无证行医场所2923个，取缔无证行医点766个。校验医疗机构1943个，暂缓校验21个。对646个次的持证医疗机构实施不良执业行为记分3995分，比上年增长44%。监测医疗广告79833次，违法率比上年大幅下降。加强劳务工职业卫生安全监督，对1634家重点企业、35个职业卫生技术服务机构监督覆盖率均达100%，全市新报告职业病99例，与上年（137例）比呈下降趋势。加强放射诊疗管理，完成129个放射诊疗机构现场审核，现场校验率达100%。加强公共场所卫生管理，共对12293个住宿、游泳、沐浴和美容美发场所实施量化分级管理。其中，住宿、游泳和沐浴场所量化率达100%；美容美发场所量化分级工作进展迅速，量化率70%。加强餐饮具安全监管，对38家持证企业实行100%的量化管理，餐具抽检合格率87.1%，与上年基本持平。

疾病防控　是年，深圳市加强传染病防控，有效应对人感染H7N9禽流感，落实各项防控措施。免疫规划不断推进，对适龄儿童开展脊灰疫苗补充免疫和麻疹疫苗查漏补种活动。推进慢性病防管治，制订《深圳市慢性非传染性疾病预防与控制规划（2013~2015年）》。推进35岁首诊测血压和高血压、糖尿病患者规范管理工作。截至年底，全市管理高血压患者22.9万人，其中规范管理17.9万人；管理糖尿病患者7.4万人，其中规范管理5.9万人。加强重性精神病患者社管工作，在社区加强重性精神病人发现、登记、筛查、评估、随访、通报等工作。全年累计检出患者 27561 名，管理患者 22164 名。推进职业病防治工作，启动深圳市职业病防治地方立法。技术服务机构建设进一步强化，全年全市有职业病诊断机构 9 个。全面开展重点行业领域职业危害治理工作，重点企业监督覆盖率达 100%。

社区健康服务 2013 年，深圳市社区康复中心诊疗人次 3470.3 万人次，次均诊疗费用 47.3 元；提供基本公共卫生服务总服务量达 1483.8 万人次，比上年增长 19.6%，建立规范化电子居民健康档案 1336 万份，管理孕产妇 29.6 万人，孕期保健及产后访视 56.6 万人次，484 个社区康复中心完成预防接种 576.6 万人次，为 49.7 万名 3 岁以下儿童提供保健系统管理 95.6 万人次，为 65 岁以上老年人 19.0 万人提供体检及健康指导，登记管理高血压、糖尿病、精神病、残疾人等患者 32.6 万人，238 家社区康复中心设立计生服务室，提供计划生育服务 72.9 万人次。

妇幼保健 2013 年，深圳市有妇幼保健机构 10 个，具有产科资格并开业的医院 86 间，其中，公立医院 48 个，民营医院 38 个。光明、坪山、大鹏、龙华新区妇幼保健机构建设逐步完善，妇幼保健各项工作顺利开展。全年全市全人口活产数 207740 人，比上年下降 2.77%。孕产妇死亡率 5.32/10 万，下降 33.42%；婴儿死亡率 2.99‰，略有上升。围产儿、5 岁以下儿童死亡率分别为 5.77‰、3.93‰；新生儿破伤风发生率 0.04‰；出生缺陷发生率 17.64‰。

（叶博珂）

【劳动关系协调】 2013 年，深圳市受理群众来信来访 66880 宗（件），涉及 121457 人次，分别比上年下降 3.4%和 8.1%；妥善处理重大集体来访 230 宗，涉及 15116 人次，分别下降 16.4%和 7%；12333 系统受理来电 471.8 万人次，其中人工接听 226 万人次。

落实新修订的劳动合同法，做好劳务派遣行政许可实施工作。自 2013 年 3 月 1 日起，全日制就业劳动者最低工资标准调整为 1600 元 / 月；非全日制就业劳动者小时最低工资标准调整为 14.5 元 / 小时。发布 2013 年深圳市人力资源市场工资指导价位。规模以上企业劳动合同签订率为 98.9%。欠薪保障基金全年为 61 个单位 3599 人垫付欠薪 2116 万元。

开展用人单位工资支付情况大检查等专项行动，维护劳动者合法权益。修订《深圳市劳动监察办案规则》，加强业务规范化建设。开展劳务派遣用工情况专题调研，加强劳动监察执法工作的计划性和预见性。完善与公安部门的联动机制，加大打击拒不支付劳动报酬犯罪行为的力度。强化基层组织化解处置群体性劳资纠纷的能力。全年检查各类用人单位 27455 个次，接受处理各类投诉举报 5334 件；追缴社会保险欠费 9502 万元，涉及单位 6583 个次，劳动者 142.58 万人次。龙华新区全面实行企业分类监控管理，加强对隐患企业的重点监控，事前预防劳资隐患。大鹏新区以劳动监察“两网化”建设为突破口，探索建立隐患排查信息共享机制。

建立劳动争议调解长效机制，推动非公有制企业劳动争议预防调解工作。全面推行仲裁要素式办案改革，提高裁决质量。全年各级仲裁机构立案处理劳动人事争议案件 26276 件，涉及劳动者 54621 人，同期办结案件 29804 件，涉及劳动者 52021 人。累计结案率 92.22%，法定审限内结案率 99.30%。指导各类调解组织处理劳动争议 40528 件，

涉及劳动者 83171 人。（喻金鑫）

【社会管理创新】 2013 年，深圳市推进“平安深圳”建设。构建社会治安立体防控体系，加大对故意杀人、“两抢一盗”、涉黑等严重刑事犯罪的打击力度，实现社会治安持续好转。全年全市共接报 110 刑事治安总警情比上年下降 9.38%，其中严重暴力、“两抢”警情分别下降 21.1%、40.8%；法院系统受理一审刑事案件 1.65 万件，下降 11.94%；检察系统批准逮捕刑事犯罪嫌疑人 2.35 万人，提起公诉 2.46 万人，分别下降 12.3%和 16%。“廉洁城市”建设成效显著。查办征地拆迁、社会保障、医疗卫生、生态环境等社会建设领域职务犯罪 53 件 74 人；推进行贿犯罪档案查询机制建设，检察机关向社会提供行贿查询 5.60 万次，比上年增长近 20 倍。食品药品安全水平不断提升。开展打击非法添加非食用物质和滥用食品添加剂、“地沟油”“私宰肉”等违法活动；抽检食品及相关产品近 3 万次，合格率 95%。建立“一体两翼”药品安全社会管理新模式；健全企业网上公示和违法行为曝光制度；创建 260 个药品安全示范社区。交通安全秩序持续改善。组织《深圳经济特区交通安全管理条例》和《深圳经济特区交通安全处罚条例》执法检查，开展“禁摩限电”“猎虎”“闪电”“天眼”统一行动，倡导绿色出行。全年全市交通事故起数和致死人数分别比上年下降 21.0%、9.2%。公共安全保障机制逐步健全。完成自然灾害、事故灾难、公共卫生、社会安全四类公共安全评估报告，编制《深圳市公共安全白皮书》；将消防行政许可和行政处罚纳入市电子监察系统，接受监察监督；运用物联网新技术对全市危爆从业单位的储存、销售、使用、运输、处置等全程实行电子化管理。社会信用体系进一步完善。印发《深圳社会信用体系建设发展规划（2013~2020）》《2013 年度社会信用体系建设重点工作责任一览表》，开展“2013 年度诚信守法示范企业”创建活动，出台《深圳市食品安全信用管理办法》，建立食品安全“黑名单”制度，建立药品安全企业信用档案。流动人口和出租屋管理日趋完善。全市累计登记流动人口 1333 万人、房屋编码 63.7 万栋 1046.7 万套（间），排查通报各类问题隐患 28.98 万宗，办理合同备案 51.4 万份，代征租赁税 4.8 亿元，查处违法租赁案件 1467 件。特殊人群服务管理更加到位。建立针对精神病人的公安与卫生部门的三级协作机制；救助流浪乞讨人员和未成年人近 7000 次；强化对吸毒人员的管理。网络虚拟社会管理得到加强。发挥政务微博信息发布作用，加强深圳新闻网等各单位门户网站建设，网络舆情引导和应对工作水平进一步提升。法制宣传效果明显。修订《深圳市各单位普法职责》，制定《深圳市公民法律素质提升项目资助办法（试行）》；实施 2013 年“法治惠民”工程，推出 30 余个惠民项目。（董嵘慧）

·责任编辑 袁 菁·

珠海市

基本情况

【地理位置】 珠海市位于广东省南部，珠江出海口西岸，“五门”（金星门、磨刀门、鸡啼门、虎跳门、崖门）之水汇流入海处。地处北纬21°48′~22°27′、东经113°03′~114°19′之间。珠海市区东与深圳、中国香港隔海相望，距中国香港36海里，南与中国澳门陆地相连，西临江门新会区、台山市，北与中山市接壤，距广州市140千米。珠海市海陆域总面积7653平方千米，占广东省面积的3.4%，其中陆地面积1711.24平方千米。珠海市南北长77.3千米（从平洲岛到淇澳岛两岛末端止），东西宽123.4千米（从担杆岛到荷包岛两岛末端止）。珠海市是珠江三角洲中海洋面积最大、岛屿最多、海岸线最长的城市。珠海市的海岸线长224.5千米，有大小岛屿217个，其中面积大于500平方米的有147个，有常住居民的岛11个，素有“百岛之市”之称。

珠海市是中国重要的口岸城市，设有拱北、九洲港、珠海港、万山港、横琴、斗门港、湾仔港轮渡客运、珠澳跨境工业区等国家一类口岸8个、国家二类口岸6个。其中，高栏港是中国沿海主枢纽港，可建1万吨~25万吨的泊位100多个，是珠江三角洲地区珠江西岸唯一的深水港。九洲港、香洲港、斗门港每天有30多班快船直达中国香港、深圳。珠海市拱北口岸是中国第二大陆地进出境口岸，珠海九洲口岸是中国第一大海港进出境口岸。

【建置沿革】 据珠海发掘的文物考证，上溯至四五千年前的新石器时代，就有先民在这块土地上繁衍生息。

唐代至德二年（757）设立香山镇，属东莞县管辖。北宋设香山镇，产盐，是个盐场，故又名香山场。南宋绍兴二十二年（1152）划南海、番禺、新会、东莞四县濒海之地为一体，设香山县，隶属广州府，沿至元、明、清三代。明末在前山筑城池，称“前山寨”，既是军事要塞，又兼管澳门和前山行政、外交事务。辛亥革命以后，香山县隶属广东省。1925年4月15日，为纪念孙中山，香山县易名中山县，隶属第一行政督察专员公署。1930年5月至1934年10月，中山县政府设在唐家。

1949年10月30日，珠海内陆地区解放，1950年8月3日，万山群岛海岛地区解放。1951年1月，从中山县划出鸡头角、涌口山、万山群岛、淇澳岛，从东莞县划出万顷沙、五涌、一涌、龙穴岛，从宝安县划出内伶仃、固戍、蛇口、盐田、外伶仃岛、佳蓬列岛等组成广东省人民政府海岛管理局珠江分区，后改为珠江专区海岛管理处，隶属珠江专署。

为加强海边防管理，发展渔农业生产，经中华人民共和国政务院批准，1953年4月成立珠海县，将中山县属的中山港乡、东莞县属的万顷沙及珠江口外附近的三灶、大横琴、小横琴、南水、北水、高栏、荷包、淇澳、龙穴、内伶仃、外伶仃、三门列岛、万山群岛、担杆列岛、佳蓬列岛等全部100多个海岛划归珠海县，县政府设在唐家，隶属粤中行政区管辖。下设一区（唐家）、二区（前山）、三区（三灶）、四区（万顷沙）。1955年珠海划为边防区，设立上涌、下栅边防检查站和发边防居民证。1956年底，撤区并大乡，将中山县的翠微、康济、造贝、下栅、官塘、东岸六个小乡划入珠海县。1958 年 10 月，各乡成立人民公社。1959 年 3 月 20 日，珠海县撤销并入中山县。1961 年 4 月 17 日恢复珠海县建制，县政府设在香洲。

1979 年 3 月 5 日，珠海县改为珠海市，市革命委员会（1980 年改为市人民政府）设在香洲。同年 11 月，珠海市由广东省和佛山地区双重领导的体制改为地区一级的省辖市，直属广东省。1980 年 8 月 26 日，中华人民共和国第五届全国人民代表大会常务委员会第十五次会议批准，在珠海市内设立经济特区，面积为 6.81 平方千米。1983 年 6 月 29 日，国务院批准调整珠海经济特区范围面积为 15.16 平方千米。1983 年 5 月 5 日，斗门县划归珠海市管辖。1984 年 6 月，在原珠海县范围管辖区域设立香洲区，为县一级建制。1988 年 4 月 5 日，经国务院批准，珠海经济特区面积扩大到 121 平方千米。2001 年 4 月 4 日，经国务院批准，设立金湾区，为县一级建制。同年 12 月 29 日，斗门撤县建区。

2009 年 6 月 24 日，国务院常务会议审议和原则通过《横琴总体发展规划》。同年 11 月 25 日，中央编委同意设立珠海横琴新区管理委员会，属省政府派出机构并委托珠海市政府管理，为副厅级建制。2010 年 8 月 26 日，国务院批复，自 2010 年 10 月 1 日开始，珠海经济特区范围扩大至全市。

（刘利亚）

【历史文化】 珠海涌现出众多闻名中外的历史名人，有中华民国第一任内阁总理唐绍仪，兴中会第一批会员郑仲；有中共五届中央委员杨匏安，中华全国总工会第一任委员长林伟民，中共中央五届政治局委员苏兆征；有清华学校（清华大学前身）第一任校长唐国安，中国第一位在美国取得博士学位的留学生、担任过中国第一任驻美副公使的容闳；有中国第一批赴日留学生之一、创办中国第一家水泥厂（唐山士敏土厂）的唐宝锷，以及中国近代著名实业家唐廷枢、徐润、蔡昌等人；有中国第一位世界冠军——第 25 届世界乒乓球锦标赛男子单打冠军容国团；有中国近代集画家、诗人、和尚、文学家、革命家于一身的苏曼殊。

珠海人文古迹丰富，拥有距今 3000 年左右新石器至青铜器时代的高栏岛宝镜湾摩崖石刻画、光绪皇帝赐首任清朝政府驻檀香山总领事陈芳的古建筑物梅溪牌坊以及中华民国第一位内阁总理唐绍仪在清宣统元年至民国 4 年建造的唐家共乐园。“宝镜湾摩崖石刻”和“陈芳家宅”于 1989 年成为广东省级文物保护单位，在国务院 2006 年公布的第六批全国重点文物保护单位名单中，珠海“宝镜湾遗址”和“陈芳家宅”名列其中。

珠海市先后获得“全国科技进步先进市”“国家园林绿化城市”“国家环境保护模范城市”“国家卫生城市”“国家级生态示范区”“全国双拥模范城”和“全国精神文明十佳城市”等称号。2007 年，珠海市获“中国最具幸福感城市”“中国和谐名城”称号。2012 年获“中国特色魅力城市”称号，珠海市绿道网建设项目获住房和城乡建设部颁发“中国人居环境范例奖”。2013 年，珠海获“中国最美城市”“十佳宜居城市”“最具幸福感城市”“十佳优质生活城市”以及“外国人最爱的中国城市”称号。

【资源物产】 珠海市已发现矿种 25 种，其中金属矿产 15 种、非金属矿产 7 种、能源矿产（地下热水）1 种、液体矿产（地下水和矿泉水）2 种。

金属矿产主要矿种有铁和钨、铋、钼，少量铜、铅、锌和金、银。其中，铁矿矿点和矿化点共 11 处，矿点规模均为小型，主要分布在斗门井岸、金湾三灶、南水、小林和南屏、湾仔等地，以产于花岗岩中的脉状磁铁矿为主，成脉组或单脉产出，单脉长几十到数百米，脉幅从 10 厘米到数米，少量为寒武系和泥盆系含铁粉砂岩、砂页岩经风化淋滤形成的褐铁矿。全市铁矿远景储量 83 万吨，除南山磁铁矿属小型矿床外其余均为矿点。南山磁铁矿床属岩浆热液型，品位低，杂质多，吨级储量 14 万吨，规模小，工业意义不大。

钨、铋、钼矿矿点和矿化点共 9 处，矿点规模均为小型，分布较为零星，香洲、金湾、斗门三个区均有分布，全市钨矿远景储量 6 万吨，以产于花岗岩中裂隙充填黑钨矿石英脉型为主，其中南水钨多金属矿中钨储量规模较大，早期有开采，其余在几百吨到几千吨之间。

金、银矿产地 3 处，规模均为小型，分布在珠海市北部唐家和淇澳一带，属产于花岗岩中的破碎带蚀变岩型金银矿床，远景储量估计超过 500 千克，其中大澳山金矿储量规模相对较大，其余两处均为金矿化点，只具备找矿意义，工业意义不大。

稀有金属矿产地 3 处，稀土金属矿产地 4 处，矿点规模均为小型，分布于香洲柠溪、南屏、唐家和南水等地，稀有金属主要是产于花岗岩中的绿柱石伟晶岩脉，稀土矿主要是花岗岩风化壳离子吸附型稀土矿和第四系冲洪积独居石砂矿。单个矿床储量在几百吨到几千吨之间，品位不高，个别矿床适合小规模民营开采。

金属矿产中，珠海市早期主要开采的矿种有铁矿、钨矿、钾长石和绿柱石等，其中湾仔南山磁铁矿、金湾区红旗镇大林山铁矿、高栏南水多金属矿规模相对较大，开采时间相对较长，其余矿点、矿化点多因规模小、品位低未被开采或仅有小规模的民采。截至 2011 年底，珠海市所有金属矿山已经关停。

非金属矿产主要有钾长石、石英砂矿、建筑用花岗岩、砖瓦用黏土和泥炭等。其中，钾长石矿产地 4 处，规模均为小型，位于香洲区东坑、板樟山、柠溪及湾仔等地，矿床类型为花岗岩中的钾长石伟晶岩脉，其中兰埔钾长石矿床规模较大，矿石质量较好。部分矿点早期有小规模的民采，至 2000 年前已关停。

区内石英砂有玻璃用砂和建筑用砂。玻璃用砂有矿产地 12 处（其中 1 处经地质工作评价），其中大型规模的有 1 处，中型规模的有 2 处，其余均为小型规模；主要分布在珠海市北面的金鼎、唐家湾和东面沿海一带，均属滨海石英砂矿床，其中下栅、莲塘湾、泮砂、下沙、唐家湾等地玻璃用砂矿床规模较大，单个矿床远景储量在 200 万吨到 800 万吨之间，其中下栅玻璃用砂矿床储量 2744 万吨，全区玻璃用砂远景储量达 4585 万吨，下栅玻璃用砂矿床二氧化硅含量平均达 97.30%，可以达到平板玻璃砂Ⅰ级品标准，但大部分矿点已被压覆。区内建筑用砂矿产地 7 处，属滨海沉积砂矿，河流冲积砂矿和花岗岩风化矿床，分布在现代海湾古海湾及河流两岸，除花岗岩风化壳砂矿床外，一般规模不大，质量一般，远景储量达 355 万吨，部分矿点已被压覆。

经地质调查评价的建筑用花岗岩矿产地 6 处，主要分布在南屏洪湾、平沙、黄杨山及万山海岛区，经评价的资源储量为 2860

万立方米，全市估计远景储量接近70亿立方米，岩石物理性能较好，抗压强度一般达到80～150MPa，耐酸耐碱性较高。截至2011年底，全市在采建筑用花岗岩矿山1家，生产规模为300万立方米/年。

砖瓦用黏土矿产地8处，主要分布唐家官塘、金鼎会同和阳春埔、香洲山场、南溪以及三灶深井等地，类型主要为第四系沉积型和花岗岩风化残积型，一般单个矿床储量规模不大。部分矿点早期有小规模的民采，至2000年前已关停。

泥炭矿产地4处，主要分布在斗门井岸和白蕉等地，属第四系山间洼地沼泽相沉积，单个矿层规模小，一般在数千吨到数万吨之间，个别泥炭土矿含腐植酸较高，如井岸大金坑泥炭矿腐殖酸含量平均可达27.5%。

能源矿产仅有地下热水一种。地下热水矿产地共有5处，主要分布在斗门下洲、灯笼沙、银村和金湾平沙以及南屏等地，其中平沙和斗门下洲矿点水温较高，达70℃以上，其余为低温地下热水，总允许开采量1.04万立方米/吨，已开发利用的有平沙地下热水（海泉湾度假城）和斗门下洲地下热水（御温泉度假村），其中平沙地下热水允许开采量3250立方米/吨，年开采量86万立方米，水温达76℃～81℃；斗门下洲地下热水允许开采量3749立方米/吨，年开采量29.2万立方米，水温达69℃～71.7℃。

液体矿产有矿泉水和地下水。其中，矿泉水矿产地13处，主要分布在市区凤凰山、板樟山、加林山，平沙的孖髻山、斗门大环和桂山岛等地，水量达到中型规模的8处，全区矿泉水总允许开采量1804立方米/吨，偏硅酸含量一般在30～50mg/L之间，其中湾仔雷公石壁矿泉水和东坑矿泉水储量较大。全区经地质评价的地下水水源地21处，主要分布在香洲和斗门等地，总资源量4.79万立方米/吨。截至2013年底，珠海市在采矿泉水矿山有6家，总生产规模为23.76万立方米/年。

地下淡水资源包括孔隙水—裂隙水和基岩裂隙水，孔隙水—裂隙水主要分布于丘间谷地、丘陵前缘，基岩裂隙水分布于丘陵台地地段，可供开采的地下淡水资源量20万立方米/吨。全市淡水供水量4.5亿立方米，主要依靠地表水供给，形成“江水为主、库水为辅、江库连动、江水补库、库水调咸”的原水供水模式，占总供水量的99.4%，地下水仅占总供水量的0.6%，年供水量约280万立方米。

全市矿产资源主要特点是：矿产资源种类较少，大型矿床极少，金属矿产均为小型规模或为矿点、矿化点，优势矿产为滨海石英砂矿、建筑用花岗岩和地下热水、矿泉水。（袁旭锋）

【人口情况】 2013年，珠海市年末户籍人口108.57万人，常住人口159.03万人，其中城镇人口139.71万人。户籍人口总户数30.19万户，比上年增加4762户。总户籍人口中，男性55.42万人、女性53.15万人；年内出生人数13336人，出生率12.4‰；年内死亡人数2537人，死亡率2.4‰；人口自然增长率10.0‰；年内户籍人口迁入人数2.10万人，迁出人数1.17万人；港澳流动渔民人口9968人。

【行政区划】 2013年，珠海市设有香洲区、金湾区、斗门区3个行政区，下辖15个镇、9个街道，并设立珠海市横琴新区、珠海（国家）高新技术产业开发区、珠海保税区、珠海高栏港经济区、珠海万山海洋开发试验区5个经济功能区。

【民俗风情】 珠海地区主要有两个传统活动，一是龙舟竞渡，俗称“扒龙船”，二是裹粽子。中华人民共和国成立后珠海首届龙舟竞赛1955年在金星门进行。此后，珠海的龙舟竞赛活动成为群众性一年一度的盛事。1961年，县治迁至香洲，龙舟赛在香埠举行，竞赛地点设在野狸岛附近海面。是年，在海隅搭一间大棚放置龙船，由于常遭浪侵袭，县治集资兴建龙舟亭。每逢端午龙舟赛，124艘渔船云集香洲湾海面，桅墙上挂满各种彩灯、彩条、讯号旗、风兜等。

香洲龙舟赛从农历五月初三至初五，分为初赛、复赛、决赛，冠军队可获一面绣有“赛龙夺锦”的锦旗、一只重60千克的红烧猪和一埕烧酒，第二、三名可获重50千克和40千克的红烧猪。时有香港、澳门、香洲、湾仔、桂山、万山、担杆、南水、东澳、庙湾、外伶仃等代表队参加，参赛人数600余人，龙舟12艘，每艘长40米，可乘载50多人，龙舟中间横贯一条用竹笏扎的“龙筋”，龙头衔一束青菜，意谓“采青”，船底抹上一层黄油或鸡蛋清等润滑剂，以提高航速，比赛分6条赛道，均以插竹作标志，越界犯规。

珠海金鼎镇上栅村端午节不划龙舟，端午日人们到海上洗“龙舟水”，在村里游神(当地称“耍菩萨”)，把武侯公、华佗、天后娘娘、太保公、文昌帝君、十八奶娘、牛王公等诸神装扮一新，并配上龙椅座，村民们虔诚地立于门口。

珠海端午节粽子品种多，有裹蒸粽、咸肉粽、八宝粽、莲蓉粽、豆沙粽、碱水粽等。珠海地区由于缺乏包粽子的竹叶，人们多用“萝刀叶”包。“萝刀”生长于海边盐碱地带，其叶子如刀而齿边，去掉齿边，用来包粽子。珠海还流行一种叫“糯米鸡”的粽子，其特点是以糯米为主料，配以鸡翅膀，或加蛋，包以荷叶，个体大。珠海地区制作碱水粽有其独特的方法，用花生藤晒干后烧成灰，盛于用稻草秆做成的巢状容器，然后用水冲漂之，用所流出的水和稻米做成的粽便是碱水粽。

端午节那一天，各家都在门口燃烧一种特制的粗香和悬挂菖蒲等物，在腰间系挂上一个小香包，额头上涂点雄黄。此习俗历史悠久，传说菖蒲挂在门口可以驱邪。

【风景名胜】 珠海是一个花园式的海滨旅游城市，1999年获联合国人居中心颁发“国际改善居住环境最佳范例奖”，成为中国唯一获此殊荣的城市，以整座城市作为景区入选“中国旅游胜地四十佳”。

珠海市旅游景点：圆明新园、珠海渔女、澳门环岛游、农科奇观、三叠泉、白莲洞、御温泉、平沙温泉、烈士陵园、石景山、东澳岛铳城、梦幻水城、叠石、濂泉洞、海滨浴场、珍珠乐园、金海滩、中山亭、白藤湖、鳄鱼岛、珠海国际汽车赛。

珠海名胜古迹：苏兆征故居、梅溪牌坊、淇澳岛白石街、沙湾古遗址、愚园、杨氏大宗祠、解放万山群岛登陆点、前山寨城墙、草堂湾沙丘遗址、唐绍仪故居、唐家共乐园、摩崖石刻、拱北莲花亭、竹仙洞摩崖石刻群。

珠海离岛风光：淇澳岛、桂山岛、高栏岛、九洲岛、荷包岛、外伶仃岛、东澳岛、飞沙滩。

(珠海年鉴编辑中心)

年度大事

【平价商店实现全覆盖】 2013年，珠海市开展平价商店建设，稳定市场物价，已建设平价商店149家，每月定期报送平价商店营业额、让利额的情况。组织开展省价格调节基金扶持平价商店等“三项建设”财政资金使用绩效评估工作。落实扶持平价商店配送中心的冷链建设工作，向市政府申请扶持配送中心冷链建设90万元的资金补贴，对2013年新建的38家平价商店继续实行补贴。

简化水价分类实现工商业用水同网同价，组织召开价格听证会对水价调整进行论证。开展物业服务收费的调整工作，起草《珠海市住宅物业服务收费政府指导价和物业服务收费参考标准（试行）》。11月12日召开车辆通行费价格听证会。 （郭　炜）

【珠海高栏港高速一期工程全线通车】 2013年6月26日，珠海高栏港高速一期工程辅道正式交工验收，标志着高栏港高速一期工程全线正式通车。高栏港高速公路属珠海市公路网规划“九高速、四纵、三横、九加密”中的第九条高速，也是珠海市集疏运规划“八纵六横”的第八条纵线，北起黄杨大道，衔接规划的高栏港高速二期工程，路线向南途经斗门区和高栏港区，至南水河桥北桥头，路线全长23.55千米，全线路灯采用节能LED照明。

2009年11月11日，高栏港高速一期工程正式动工，设计工期3年。主车道采用高速公路标准，双向四车道，设计速度100千米/小时；辅道采用城市次干道标准，双向四车道，计算行车速度40千米/小时，全线为过渡沥青混凝土路面。一期工程项目预算标准8.11亿元，资金来源包括35%的资本金，由珠海市政府出资，另有65%由银行贷款。该高速公路是珠海市政府投资建设的首条高速公路。

【珠海三灶机场更名为珠海金湾机场】 自2013年1月10日起，原珠海三灶机场正式更名为珠海金湾机场（简称珠海机场）。

珠海机场于1992年底动工，当时珠海机场所处地点在三灶管理区的管辖之下，且珠海机场是在三灶旧机场的基础上改扩建的，命名考虑当时的特殊背景。三灶管理区撤销后，经国务院批准的珠海金湾区取代原有的三灶管理区。所以珠海机场更名为珠海金湾机场。

【珠海现代有轨电车一号线首期工程开工】 2013年9月8日，珠海现代有轨电车一号线首期工程正式开工，首期工程全线8.9千米，均为地面线，线路从海天公园站开始，经梅华路至上冲，全线设车站14座。在翠屏路西侧设上冲车辆段车辆基地1处，占地面积7.5公顷。有轨电车轨道线路建设占用原有市政道路8米的路幅宽度，需要同步完善沿线道路改造，梅华路改造线路东起情侣路，西止明珠路，总长8.43千米，沿线道路改造工程将建设9座人行地道。该工程估算静态投资26亿元，计划2014年珠海航展前建成。该工程将成为全国首条“无辫”现代有轨电车。 （珠海年鉴编辑中心）

【法拉帝游艇亚太中心项目投资协议签署】 2013年6月16日，法拉帝游艇亚太中心项目投资协议在珠海签署。该项目总投资30

亿元，计划在横琴新区设立法拉帝游艇亚太总部，建设游艇展示销售中心、游艇俱乐部、航海学校、公共游艇码头及保障设施、高端商业和旅游休闲配套设施，开展游艇展示销售、商务休闲、零配件采购等业务并推广游艇文化，成为一个滨水商业、办公与休闲的大型综合项目。 （曹振飞）

生态环境

【耕地保护】 2013年，珠海市落实耕地保护责任，加强已开发补充耕地管养，坚持“占一补一”，实现全市耕地总量动态平衡，发挥耕地生产、生态、景观和间隔的综合功能，落实耕地占补平衡制度。全年耕地保有量3.36万公顷，基本农田实际划定2.57万公顷。完成第一批省下达珠海市0.21万公顷高标准基本农田建设，开展第二批0.18万公顷高标准基本农田建设。 （袁旭锋）

【建筑节能】 2013年，珠海市制定并颁布实施《关于加快推进珠海市绿色建筑发展的通知》《珠海市2013年建筑节能暨绿色低碳建筑目标责任实施方案》，组织编制《珠海市绿色建筑设计导则》《珠海市太阳能热水系统与建筑一体化技术设计导则》《珠海市太阳能热水系统与建筑一体化设计标准图集》《珠海市可再生能源建筑应用专项规划（2013～2020年）》《珠海市可再生能源资源评估》。落实建筑节能标准，规范节能设计审查管理，加强建筑节能工程的施工监督。全年全市新建民用建筑节能设计标准执行率100%，建筑节能设计审查备案率100%，新建建筑施工阶段节能标准执行率100%。

推进建筑节能新技术的应用，组织实施示范工程建设。申报“葵竹苑太阳能热水系统”等广东省建筑节能示范工程5项，获得省能财政节能补贴726万元；组织实施2013年珠海市建筑节能示范工程，包括“兴业太阳能金鼎产业园光伏系统屋顶工程”等可再生能源示范项目5个，“双级增焓变频热泵技术的研发及应用”等可再生能源科技创新项目4个；协助申报实施绿色建筑示范工程4项，分别是“珠海市博物馆和城市规划展览馆”“万科魅力之城9～20号楼”“万科城市花园1～11号楼”“华发沁园项目”。

开展机关办公建筑和大型公共建筑能耗统计、能源审计、能效公示及能耗监测平台建设。统计80栋建筑能耗信息，对其中15栋进行能源审计分析，进行能耗公示。征集并实施“珠海港能耗测监系统”等7个能耗监测示范项目，实现能耗数据实时上传，全市建筑节能能源监测管理和服务平台实时能耗监测项目达到17个。

组织重大建筑项目节能审查工作，对珠海市“吉大城市之心建设项目”“唐家人才中心建设项目”“上盖及南侧用地TOD开发项目”等重大工程提出建筑节能意见。

（王海忠）

【新能源项目建设】 2013年，珠海市下发《转发关于印发分布式光伏发电应用示范区工作方案的通知》。申报5个项目入围国家2012年金太阳示范工程项目，总容量3.91万千瓦，申请国家财政补助资金2.15亿元。是年8月广东省财政厅下发预拨金太阳示范工程补助资金7715万元。

【生态文明建设】 2013年，珠海市通过广东省级生态市考核验收，金湾区、斗门区创建成为广东省级生态区，创建国家级生态区通过环保部技术评估。全市13个镇建成广东省级生态镇，7个镇建成国家级生态镇，井岸、白蕉、乾务、莲洲、万山、担杆6个镇申报创建国家级生态镇通过环保技术评估。至年底，全市共建成“绿色学校”163所、“绿色社区”61个、生态环保教育基地16个，“绿色学校”“绿色社区”实现比上年增幅达10%的目标。

完成竹银水库集水区的水源涵养林实施林分改造工程、4号生态景观林带（京珠高速）珠海段、前山河二期工程生态保护恢复工程等重点项目；开展淇澳—担杆岛湿地恢复工程、裸露山体恢复绿化工程，井岸、富山、北区污水处理厂及配套管网工程建设。成立全国首个地市生态文明研究机构——北京大学生态文明珠海研究院，成立广东省首个环境宜居委员会，出台《珠海经济特区生态文明建设促进条例》。12月4日，举办首届主题为“共建美丽珠海、共享生态文明”的珠海生态文明建设学术年会。（王　娜）

【林业生态工程建设】　2013年，珠海市林业用地面积4.86万公顷，有林地面积3.23万公顷，生态公益林面积3.58万公顷；森林覆盖率为33.6%，活立木蓄积量为287.1万立方米。一类森林生态功能等级林地面积276.2公顷，二类森林生态功能等级林地面积3.18万公顷，三类森林生态功能等级林地面积1.43万公顷，四类森林生态功能等级林地面积2250.7公顷。

完成生态景观林带建设96.1千米，建成碳汇林面积1000公顷，新建或提升森林公园（含湿地公园、自然保护区）11个、新建森林家园7个、新增森林面积373.33公顷。全市林业有害生物防控工作春防面积666.67公顷，清理枯死松树506株，除治薇甘菊面积1000公顷。

制订创建广东省林业生态区工作方案，完成《关于珠海市秃山头情况的报告》《珠海市桉树林改造方案（2013～2015年）》《西部沿海高速珠海段两侧绿化提升情况报告》《珠海现代林业建设专题研究报告》，制定《珠海市森林面积界定规范（暂行）》，开展《滨海地区城市景观树种选择与利用》《珠海情侣路红树林景观营造可行性研究》项目研究。

保护性开发利用红树林、水松林、近岸滩涂等湿地资源，推进横琴滨海湿地修复工程建设。督促协调淇澳红树林湿地公园项目前期工作及省重点项目湿地保护与恢复工程建设，推进淇澳红树林湿地公园总体规划。组织开展斗门竹洲头水松林自然保护区规划建设和日常管护工作，完善建设斗门黄杨河华发水郡省级湿地公园，协助推进横琴滨海湿地公园建设。（李虹晓）

【低碳试点城市建设】　2013年，珠海市建立珠海市低碳试点工作联席会议制度，完成《珠海低碳规划研究》，在低碳产业、低碳交通、低碳建筑、低碳能源、低碳生活、碳汇生态系统、低碳政策体系方面探索建立具有珠海特色的低碳城市发展模式。启动珠海交通信息综合服务平台项目、珠海绿色低碳交通指标体系规划项目、珠海横琴新区低碳技术实施项目等试点项目和示范工程。

（郭　炜）

【城市环境综合整治】　2013年2月1日，珠海市下发《珠海市饮用水源保护区区划》方案，将5个河流型水源地和25个水库型水源地划入饮用水水源保护区。全年全市水源保护区达到相应的水质标准，所有监测项目年平浓度值均符合国家地表水的水质标准。省控断面、跨市河流交界断面水质达标率100%，饮用水源水质达标率为100%。

成立前山河流域水环境整治工作领导小组，采用珠中两地联合执法、重点污染源及中珠交界断面水质在线监控等方式，对前山河流域环境工业污染源进行监管，对区域主要污染物排放总量进行控制。对全市畜禽养殖场的污水处理情况、粪便处理情况开展联合执法，对生猪生产发展总体规划和区域布局的畜禽养殖业进行专项检查。截至年底，在划定的禁养区内，集中式生活饮用水水源和生活饮用水水源保护区等重点环境敏感区域，未发现有畜禽业规模化养殖。

推进落后产能淘汰，加大对规划重点企业监管和重点行业治理力度，对重点企业每两年一次开展强制性清洁生产审核，开展涉重金属环保专项整治，安装重金属污染物在线监控装置，定期开展监督性监测，预防和减少重金属污染。全年全市未发生重金属污染事故。

是年，珠海市印发《珠海市清洁空气行动计划暨“天更蓝”（2013～2015）工程实施方案》，将大气污染联防联控工作与污染减排相结合。推广粤Ⅳ车用汽油，从7月1日起，实施国家第Ⅳ阶段柴油车排放标准。

（王　娜）

经济社会发展概况

【经济运行总体向好】　2013年，珠海市完成地区生产总值1662.38亿元，比上年增长10.5%，增加3.5个百分点。全市第一、二、三产业分别实现增加值43.11亿元、849.05亿元和770.22亿元，分别比上年增长5.4%、11.8%和9.2%。全市公共财政预算收入完成194.2亿元，比上年增长19.4%。其中，税收收入完成145.03亿元，比上年增长18.3%。全市全社会用电量为121.73亿千瓦·时，比上年增长3.6%。全市城镇新增就业人数43308人，城镇登记失业率2.28%。城镇生活污水集中处理率86.6%，每万元地区生产总值能耗0.48吨原煤。

【固定资产投资增长高于预期目标】　2013年，珠海市完成固定资产投资额961亿元，比上年增长23%，高于预期目标3个百分点。内源性经济投资成为拉动投资增长的主力。全市内源性经济完成固定资产投资额847.4亿元，比上年增长34.2%，完成额占全社会固定资产投资额的88.2%。资源能源开发投资高速增长。第二产业完成投资254.4亿元，比上年增长36.2%。在中海油油气开发及配套项目带动下，全市采矿业完成投资83.1亿元，比上年增长134倍；电力、燃气及水的生产和供应业在LNG接收站、横琴岛多联供燃气能源站、电网项目的带动下，完成投资56.97亿元，增长53.7%。基础设施投资335.02亿元，比上年增长26.5%。其中，交通运输、仓储和邮政业完成投资146.5亿元，比上年增长28.9%；水利、环境和公共设施管理业完成投资143.9亿元，增长22.8%。实施十大重点建设工程，全市十大重点项目完成投资466.28亿元，完成年度计划的151.2%。工业及制造业投资的比重较低，其中工业投资比重为26.5%，工业投资中资源、能源类产业项目占比过高，制造业投资比重不到一半。

（郭　炜）

2013 年珠海市国民经济发展情况

市（区）	户籍人口（万人）	地区生产总值		人均地区生产总值		规模以上工业增加值		农林牧渔业总产值		全社会固定资产投资额	
		实绩（亿元）	比上年增长（%）	实绩（元）	比上年增长（%）	实绩（亿元）	比上年增长（%）	实绩（亿元）	比上年增长（%）	实绩（亿元）	比上年增长（%）
全　市	108.57	1662.38	10.5	104786	9.7	744.99	11.2	790506	3.6	960.89	22.0
香洲区	60.53	1053.93	9.9	115386	9.1	354.52	9.2	78003	–2.2	552.70	23.1
金湾区	13.62	3700.00	12.2	145373	11.1	265.69	13.2	147319	2.1	256.53	25.7
斗门区	34.42	238.45	10.5	56966	9.7	118.90	14.8	565184	19.8	151.66	22.1

（续表）

市（区）	外贸出口总额		实际利用外资		地方公共财政预算收入		社会消费品零售总额		城镇居民人均可支配收入		农村居民人均纯收入	
	实绩（亿美元）	比上年增长（%）	实绩（亿美元）	比上年增长（%）	实绩（亿元）	比上年增长（%）	实绩（亿元）	比上年增长（%）	实绩（元）	比上年增长（%）	实绩（元）	比上年增长（%）
全　市	266.06	23.0	16.87	16.6	194.18	19.4	720.52	13.5	36375	10.3	14940.21	11.5
香洲区	147.78	19.5	9.42	16.2	22.82	10.4	602.17	13.3	–	–	16819.23	11.3
金湾区	52.88	13.9	5.46	18.2	15.95	16.7	35.54	18.1	–	–	16153.81	12.8
斗门区	65.39	41.4	2.00	14.1	20.14	14.2	82.81	13.4	–	–	13888.07	10.0

体制改革

【价格改革】　2013 年，珠海市推进价格改革，制定出台 2013 年价格工作要点和分解方案，开展平价商店建设，提前完成《2011～2015 珠海平价商店进社区进乡镇发展规划》的建设目标。开展物业服务收费调整工作，修改完善《珠海市物业服务收费管理办法》，草拟《珠海市住宅物业服务收费政府指导价和物业服务收费参考标准（试行）》等。修订《珠海市非营利性医疗机构医疗服务价格》部分医疗服务项目内容。完成 2013 度的行政事业性收费年审工作，核发、换发收费许可证 396 个（含副本 108 个），审核 2012 年行政事业性收费总额 9.85 亿元。

【信用体系建设】　2013 年，珠海市开展信用体系建设，加强信用法规制度建设，制订社会信用体系建设规划。搭建政府内部公共联合征信系统平台，涉及 22 个部门 108 个信用信息共享目录，主要包括企事业单位和社会组织信用信息。开通珠海信用网，为社会公众提供企业和社会组织的诚信信息、查询企业资质和许可等信息。出台《珠海市企业和社会组织信用信息管理办法》，起草完成《珠海市守信激励和失信惩戒办法》。在中国城市商业信用环境指数（CEI）全国250个地级城市排名中珠海市名列第八位。

【医药卫生体制改革】 2013年，珠海市政府颁布《珠海市公立医院改革实施方案》，重点实现管办分开、政事分开、医药分开和营利性和非营利性分开。明晰公立医院办医主体和责任，建立公立医院法人治理结构，改革以药补医机制，强化对营利和非营利机构的分类管理，完善公立医院内部管理制度，构建公益目标明确、布局合理、规模适当、结构优化、层次分明、功能完善、富有效率的公立医院服务体系。

【商事登记制度改革】 2013年，珠海市在全国率先实施商事登记制度改革。通过改革行政审批模式，建立“便捷高效”登记注册服务机制；通过改革行政审批职能，建立“宽进严管”综合监管格局；通过打造市场主体信用体系公示平台，建立“小政府大社会”的公共管理机制。全年全市新增登记商事主体比上年增长58.5%，其中新设立企业数量增长57%。注册资本金比上年增长2.09倍。

【企业投资管理体制改革】 2013年，珠海市推动企业投资管理体制改革，出台《珠海市企业投资管理体制改革实施方案》，对于企业能够自主决定、自担风险、自行调节、自律管理的事项，政府不再审批。将具有一定投资回收能力的公共资源开发利用项目改为竞争性配置，采取公开招标等方式选择投资主体，为各种所有制企业创造平等的投资环境。

【其他领域改革】 2013年，珠海市创新城市管理、推进交通管理体制改革和事业单位分类改革，启动6个单位法定机构试点工作。设立创业投资引导基金，“营改增”实施以来累计减税6.23亿元。新组建农业投资控股集团，市管企业资产总额、国有权益分别比上年增长27.4%和26%，承担交通建设、产业发展、新区开发等重点项目41个，总投资1180多亿元。

加强春运公路客运票价监管工作，全年11次调整成品油最高销售价格（5次调高、6次调低）。

（郭 炜）

基础设施建设

【基础设施投资】 2013年，珠海市完成基础设施投资111.15亿元，完成计划的102.1%，超额完成全年计划。

交通基础设施项目 交通基础设施完成投资33.66亿元，完成计划的97.0%。港珠澳大桥珠澳口岸人工岛填海工程完成交工验收，高栏港高速公路一期工程、机场高速公路建成通车，珠海现代有轨电车一号线首期工程、省道S272线市政配套斗门段二期工程等进展顺利。

公益性设施项目 全年完成公共教育投资2.32亿元，完成计划的96.1%，市第十一中学基本完工，北京师范大学（珠海）附中新疆班建设项目工程交付使用；公共文化体育完成投资3.43亿元，完成计划的109.6%，歌剧院、博物馆和规划展览馆项目顺利推进；公共医疗卫生完成投资2.18亿元，完成计划的124.7%，市人民医院北区主体结构全面封顶，疾控中心新建项目开始外墙装修；公共安全完成投资0.66亿元，完成计划的96.9%，社会治安视频监控系统（二

2013 年珠海市基础设施情况

项　目	单　位	实绩	比上年增长（%）
铁路营业里程	千米	60	140.0
公路通车里程	千米	1446.71	-0.1
其中：高速公路	千米	124.69	0.0
港口泊位	个	153	14.2
其中：万吨级泊位	个	27	50.0
内河通航里程	千米	0	-
本地电话年末用户	万户	82.23	-0.9
移动电话年末用户	万户	350.54	20.6
国际互联网用户	万户	65.85	10.3
电力消费量	亿千瓦·时	121.73	3.6
商品房屋实际销售量	万平方米	342.25	36.2
商品房屋实际销售额	亿元	392.61	46.2

期）工程等建设项目按计划推进；其他公共服务完成投资 4.03 亿元，完成计划的 107.1%，大镜山保障住房顺利竣工。

生态环保公用设施项目　生态环保项目完成投资 4.91 亿元，完成计划的 112.2%，西坑尾垃圾填埋处置场、城市绿化景观提升等项目超额完成任务。

农村基础设施项目　农村基础设施完成投资 4.18 亿元，完成计划的 91.9%，农村公路建成初见成效，城乡防灾减灾项目进展顺利。

市政基础设施项目　市政基础设施完成投资 15.51 亿元，完成计划的 117.04%，生活区配套路网工程加快建设，完善路口交通信号灯设施，石花路等项目完成改造。

政府投资项目计划归还项目　全年政府投资项目计划归还项目融资成本 37.18 亿元，按进度足额偿还年内到期银行贷款本息。

项目前期和储备工作　全年计划安排前期工作经费及预备项目资金 3.09 亿元，保障重点项目、民生项目前期工作经费，实现政府投资项目滚动发展。财政公共预算安排筹措资金 7.48 亿元，市财政基金预算落实 54.92 亿元，其他来源资金落实 11.58 亿元，融资 34.93 亿元全部实现提款（银行贷款 30.78 亿元、BT 融资 4.15 亿元）。

（郭　炜）

【道路桥梁设施】　2013 年，珠海市市政维修改造道桥设施项目 5 个。其中，3 个处于前期工作阶段，2 个竣工。迎宾南路及情侣路（香洲码头段）沥青路再生修复工程，是珠海市首次采用热再生工艺的试点工程，该项目对迎宾南路及情侣路（香洲码头段）两段道路合计 14 万平方米沥青路面进行翻新修复，项目自 10 月 7 日开始施工建设，11 月 8 日竣工。

【城市照明】　2013 年，珠海市推广 LED 路灯，促进城市照明节能。8 月，珠海市政府投资改造梅华路工程开工，道路原有路灯设施被全部撤除，计划 2014 年 11 月前改造完成。开展第二期 5.5 万盏 LED 路灯灯具改造工程，其中由城建集团负责 3.7 万盏 LED 路灯改造工程完成招投标前期相关工作，其余 1.8 万盏 LED 路灯改造任务由各区（除万山和高栏港区由市统一改造外）自行组织改造。

【绿道建设】 2013 年，珠海市建设省立绿道 65 千米（其中香洲区 8 千米，金湾区 10 千米，高栏港区 10 千米，斗门区 10 千米；市城建集团 27 千米）；建设城市绿道 23 千米（其中香洲区 10 千米，高新区 10 千米，万山区 3 千米）。新建淇澳驿站、白石驿站、红树林驿站、海霞驿站和海湾驿站等 5 个驿站。香洲区举办第三届元旦绿道“嘉年华”活动，斗门区开展该区首届五一节绿道嘉年华活动。（李虹晓）

【公路建设】 2013 年，珠海市完成国省道干线公路项目投资 13 亿元，省道 S366 线珠海大道（金湾立交至高栏港段）实现双向通车；省道 S366 线金湾互通立交工程、省道 S365 线中心涌至井岸二桥段工程、省道 S365 线西沥大桥工程、省道 S272 线斗门段市政配套二期工程等项目完成年度投资计划。

省道 S366 线珠海大道（金湾立交至高栏港段）主线改建工程位于金湾区和高栏港区，工程起点桩号 K28+930（金湾互通立交终点），终点桩号 K53+350（与珠港大道交叉附近），路线长度 24.42 千米，该路段设计速度 100 千米 / 小时，按双向八车道一级公路技术标准设计。3 月开始半幅封闭施工，计划 2014 年 1 月全面通车。

推进市政道路 72 个项目的建设，完成投资 5.6 亿元。30 个计划内项目中，石花西路改建工程、南琴路南洪段改线工程、北三路、东桥路市政道路工程等完工通车；逸仙路市政道路工程、情侣路南段拱北口岸至横琴大桥路段改造工程等项目完成前期工作，进入施工阶段。推进海滨北路、凤凰南路等道路沥青路面改造、南湾大道维修工程、珠海大道前山大桥至南湾立交段维修工程、南琴路洪屏段路面修复工程等 42 个计划外项目建设。

完成部分旅游标志和主干道指示标牌完善工程、智能交通工程、主城区道路护栏升级改造二期工程、珠海大道鹤洲段隔离栅网工程、主城区交通信号灯改造工程等 12 个交通设施建设项目，完成投资 6063 万元。投资 7812 万元完成农村公路危桥改造项目 9 座；低标准县道升级改造工程获批准立项。（马沛臻）

【港口建设】 2013 年，珠海有在建港口重点项目 19 个，总投资 191 亿元。年度完成投资 49.47 亿元，占年度计划的 159.78%，连续 5 年超额完成年度计划。其中，秦发 10 万吨级煤炭码头、南海天然气陆上终端码头、新海能源二期码头、高栏港务二期泊位、珠江钢管重件码头和鑫和配套 5 万吨级件杂货泊位等项目主体工程建成，广东 LNG 珠海接收站码头于 10 月 24 日成功靠泊首艘 21 万立方米的大型 LNG 船舶。9 项老旧码头加固改造工作已进入收尾阶段。10 万吨级集装箱第 1 个泊位、中燃桂山 10 万吨级成品油码头改造等项目顺利推进。

（黄　翔）

【信息化建设】 2013 年，珠海市启动“智慧珠海”建设工作，印发实施《珠海市“十二五”国民经济和社会信息化规划》《珠海市智慧城市建设总体规划（2013～2020）》《珠海市智慧城市建设近期行动方案（2013～

2015)》。初步建成网上办事大厅、市民网页、企业网页、珠海市商事主体登记许可及信用信息公示平台，开通“12345”市民综合服务热线，智慧珠海云计算平台（一期）等智慧城市应用项目进入立项阶段。

成立珠海南方信息化与工业化融合创新中心，中心主要开展信息咨询、人才培训、政策宣传、标准制定、国内外交流等业务。珠海市南方软件园和富山工业园分别被评为广东省信息化示范园区金牌单位和铜牌单位。（方　慧）

现代产业

【软件业】　2013年，珠海市软件行业主营业务收入353.89亿元，比上年增长22.74%，其中软件和信息技术服务业务收入258.03亿元，增长15.81%。软件和信息服务业出口总额10.59亿美元，比上年增长4.03%，软件业务收入位列全省第三位。截至年底，珠海市认定软件企业190家，其中新认定17家，登记软件产品2200件，比上年增加272件，增长12.86%。软件新产品著作权登记388件，累计登记2831件。

软件业科技研发　是年，全市软件行业研发经费支出31.62亿元，比上年增长19.68%，研发投入占全行业主营业务收入的8.93%。软件研发人员24362人，比上年增长13.75%。研发人员占从业人员比重达52.93%，比上年增加5.7个百分点。全市软件和信息服务业企业有市级以上工程中心13个、技术中心32个、国家重点实验室珠海机构1个、博士后工作站及分站6个。

软件产业园区　是年，高新区唐家主园区实现主营业务收入205.60亿元，比上年增长33.77%，增速高于全市平均水平11.12个百分点，香洲区（不含南屏科技园）和南屏科技园分别实现主营业务收入79.60亿元和64.69亿元，分别比上年增长20.73%和下降2.96%。横琴新区由于商事改革和税政制度的优势，对软件企业吸引力增强，全年实现主营业务收入1294万元。

软件重点企业　是年，全市新增上市软件企业3家，累计达14家，占全市上市公司的42.42%。金山软件股份有限公司、远光软件股份有限公司、东信和平智能卡公司、珠海世纪鼎利通信科技股份有限公司被评为2013～2014年国家规划布局内重点软件企业，炬力集成电路设计有限公司、全志科技有限公司被评为2013～2014年国家规划布局内重点集成电路企业。珠海金山软件股份有限公司、全志科技有限公司、东信和平智能卡公司、远光软件股份有限公司列入“2013年中国软件业务收入百强企业”。全志科技有限公司和炬力集成电路设计有限公司列入“2013年中国集成电路收入30强企业”，全志科技有限公司成为2013年中国IC产业十大企业。在由工业和信息化部软件与集成电路促进中心主办的“2013中国芯”评选活动中，珠海艾派克微电子有限公司获“最佳市场表现奖”，珠海中慧微电子有限公司获“最具潜质奖”。（崔玉霞）

【文化产业】　2013年，珠海市推进文化产业园区建设，起草《珠海市文化产业园区管理试行细则》，出台针对文化产业园区及入园企业的奖励资助办法。“文化＋科技”“文化＋旅游”“文化＋会展”等产业特色愈加显现，影视娱乐业、数字内容业、文化旅游业等产业显示强劲发展态势。全年全市文

化产业增加值超过79亿元，占全市地区生产总值的4.8%。（郭建华）

【现代农业】 斗门生态农业园 2013年，珠海市斗门生态农业园成为国家农业科技园区及首个全国河口渔业示范区。园区内有较大签约项目14个，投资总额55.65亿元，已投入资金2.66亿元，初步形成无公害水产、无公害蔬菜、高端花卉苗木、有机水稻、农产品深加工和生态休闲文化旅游的产业格局。

台湾农民创业园 2013年，珠海市出台《珠海市人民政府关于加快建设台湾农民创业园的意见》，从财政、税收、用地、融资、保险、技术、人才、合作、用电、出入境、子女入学、服务等12个方面提出扶持措施。组建市现代农业发展中心，加挂“台湾农民创业园管委会”牌子，成立市农业控股集团，参与台湾农民创业园建设。赴台湾地区举办项目推介会，分别与台湾27家企业签订合作意向，总投资4.84亿元；与国内外46家企业签订合作意向，总投资80多亿元。全年园区累计投资9560万元用于基础设施建设，引进永呈园艺、台湾香水莲花、台湾兰花种植等企业（项目）38家，投资近8亿人民币，其中台资企业15家，台资投资近5亿人民币。（黎彩丽）

【游艇产业】 2013年，珠海市游艇产业工业总产值25亿元。有游艇制造企业25家，商贸配套企业40余家，总投资3亿多美元，其中大部分位于平沙游艇基地。10月19日，国家船舶及海洋工程装备材料质量监督检验中心在珠海市平沙镇举行奠基仪式，该中心的建设将填补船舶及海洋工程装备材料国家质检中心的空白，该质检中心的成立为珠海乃至整个广东省船舶及海洋工程装备材料提供国内一流的检测服务。

启动金湾游艇产业园项目一期围填海工程。金湾游艇产业园项目包括水陆两栖游艇制造和配套服务项目、游艇旅游产业园配套项目和世界级游艇物流配件中心。

（曹振飞）

【现代物流业】 2013年，珠海市主要港口完成货物吞吐量1亿吨，比上年增长29.5%，其中外贸货物吞吐量2036万吨，增长18.1%。港口集装箱吞吐量87.26万标准箱，比上年增长7.6%。截至年底，全市有生产性泊位148个，非生产性泊位5个，万吨级以上生产性泊位27个。全市货运量8567.95万吨，比上年增长13.0%，其中铁路109.73万吨，公路7049万吨，水路1408万吨，航空1.22万吨。货物周转量135.62亿吨千米，比上年增长17.6%，其中铁路2.05亿吨千米，公路42.11亿吨千米，水路91.28亿吨千米，航空0.18亿吨千米。

（袁　沅）

【家政服务业】 2013年，珠海市举办六期家政服务培训班，为2000多名贫困下岗失业人员和农民工提供免费家政服务职业技能培训，其中有1000多人培训合格并已持证上岗。（张　平）

【生物医药产业】 2013年，珠海市生物医药产业规模以上企业工业总产值118.82亿元，比上年增长13.6%，比全市工业总产值增速高0.8个百分点；实现增加值34.01亿元，增长11%。丽珠、联邦、亿胜生物、天年生物、汤臣倍健、宝莱特、和佳医疗、溢多利等8家企业已成功上市，是珠海上市企业最多的行业之一。

是年，珠海市政府出台《珠海市进一步扶持生物医药产业发展的若干政策》，整合财政资金1亿元，支持生物医药产业发展，制定《2011～2020年珠海市生物医药产业发展规划》。

是年，丽珠集团的原创新药艾普拉唑的研发和产业化项目获广东省科技进步奖一等奖。珠海联邦制药股份有限公司承担的培南类制剂国际化发展能力建设项目获财政部通用名化学药补助资金资助2500万元。珠海赛乐奇生物技术有限公司的乙型肝炎病毒DNA定量及YMDD突变检测试剂盒（荧光PCR法）等26个医疗器械产品获得市生物医药、医疗器械类研发补助资金资助，其中三类医疗器械产品10个，每个补助20万元；二类医疗器械产品16个，每个补助10万元。补助经费合计360万元。 （姚　蔚）

【交通装备产业】　2013年，珠海市交通运输设备制造业实现规模以上工业增加值21.38亿元，比上年增长10%，其中汽车制造业实现工业增加值12.55亿元，增长14.2%；铁路、船舶、航空航天和其他运输设备制造业实现工业增加值8.83亿元，增长9.8%。

是年，北车（珠海）装备工程有限公司珠海基地项目完成进度50%，预计2014年内投产，将具备年产100列低地板电车，形成年产值30亿元的生产能力。中航工业通飞珠海基地生产的中国首款具有自主知识产权的全复合材料轻型公务机——领航150实现首飞，于11月25日在中航工业通飞华南基地完成总装下线并交付试飞站。珠海保税区摩天宇航空发动机维修有限公司扩建厂房投入使用，年维修产能300台发动机，维修能力比上年增长50%。珠海银隆新能源有限公司研发的钛酸锂电池正式量产，该公司生产的GTQ6105BEVB1纯电动客车满负荷每千米耗电0.84度，获首届中国公共汽车10米组节能大赛金奖。

【石油化工产业】　2013年，珠海市石油化工产业实现规模以上工业总产值459.67亿元、增加值93亿元，分别比上年增长11.7%和11.2%。其中，化学原料及化学制品制造业完成增加值44.28亿元，比上年增长5.5%；橡胶和塑料制品业实现增加值20.72亿元，增长24.4%；化学纤维制造业实现增加值8.5亿元，增长15.4%。

是年，珠海市石油化工行业部分重大项目实现竣工投产或开工。中国石油化工集团公司大型丙烷脱氢、丁苯橡胶等项目进入实质性快速推进阶段，华润聚酯、中海油精细化工园项目正在加快建设。珠海碧辟化工有限公司三期项目列入广东省石油和化工产业“十二五”专项规划七大重点项目之一，获得国家发改委准许建设，预计于2015年上半年投产。壳牌珠海润滑脂厂年产量3万吨，年产值8亿元，成为世界最大的润滑油调配厂。珠海宝塔石化有限公司二期项目开始建设，预计2015年投产。路博润添加剂一期项目于8月20日正式投产，项目总投资3.7亿美元，年产能润滑油添加剂20万吨。 （曹振飞）

【电力能源产业】　2013年，珠海市全社会用电量121.73亿千瓦·时，比上年增长3.63%。向中国澳门输送电量40.59亿千瓦·时，比上年增长5.27%。全市工业用电量77.44亿千瓦·时，比上年增长11.97%。第一产业用电量5.62亿千瓦·时，比上年下降

14.64%；第二产业用电量 80.06 亿千瓦·时，增长 10.37%；第三产业用电量 19.21 亿千瓦·时，下降 8.98%。居民生活用电量 16.84 亿千瓦·时，比上年下降 2.32%。

是年，全市供电量为 121.33 亿千瓦·时。其中，省网电供电量 120.03 亿千瓦·时，比上年增长 3.79%；购地方电量 1.30 亿千瓦·时，下降 5.11%。网电与地方电构成比例为 98.93∶1.07。全市有广东省粤电集团有限公司珠海发电厂、广东珠海金湾发电有限公司、珠海市深能洪湾电力有限公司三家火力发电厂，珠海国华汇达丰风能开发有限公司横琴发电项目、高栏港风电场工程两家风力发电厂和珠海市垃圾发电厂。全年 6 家电厂累计发电量 146.5 亿千瓦·时，主力火电机组发电设备年平均利用小时为 5291 小时。

是年，全市电网建设总投资 10.17 亿元，完成年度计划投资的 100.32%。投运 110 千伏及以上输变电工程 4 项，投运线路 33.96 千米，新增变电容量 20 万千伏安。

（邓　宇）

【电子信息产业】　2013 年，珠海市电子信息产业产值 723 亿元，比上年增长 15.6%，占全市工业总产值的 21%。其中，软件产业产值 320 亿元，连续多年保持 20%以上的增速。集成电路设计收入 24 亿元，比上年增长 32.52%，集成电路设计产业服务收入位列广东省第二位。

是年，珠海市企业自主创新能力显著提升。珠海派诺科技股份有限公司的“能效信息监测系统”获得“华夏建设科学技术奖”；长园共创电力安全技术股份有限公司的“FY3000-TM 微机在线防止电气误操作系统”获得国家重点新产品认定。（崔玉霞）

【家电电器产业】　2013 年，珠海家电电器产业规模以上企业实现工业总产值 772.90 亿元，工业增加值 166.44 亿元，分别比上年增长 9.6%和 7.4%。全年生产房间空气调节器 1982.16 万台、家用电热烘烤器具 1501.72 万个、通信机电子网络用电缆 33.22 万千米。

是年，珠海格力电器股份有限公司实现营业总收入 1200.30 亿元，比上年增长 19.9%；实现净利润 108.13 亿元，增长 46.53%，达到历史最高水平，该公司参与的“夏热冬冷地区建筑冷热湿一体化高效处理技术与装备”项目获 2013 年度国家技术发明奖二等奖，“新型高效无稀土磁阻电机的研发及其在变频压缩机和空调中的应用”获 2013 年度中国轻工业联合会科技进步奖三等奖。广东德豪润达电气股份有限公司营业总收入 31.17 亿元，比上年增长 13.04%，其中 LED 产品营业收入比上年增长 40%，该公司发布的“北极光”1A LED 照明级高驱动电流倒装芯片打破国际巨头的技术垄断。珠海优特电力科技股份有限公司入选珠海市百家“三高一特”重点企业培育目录，成为高新技术产业类重点培育企业之一，自主研发的“JOYO 卓越防误综合操作系统 V1.0”产品获 2013 年第十七届中国国际软件博览会大会金奖，该公司获准设立国家级博士后科研工作站，科技检测实验室获得 CNAS 认可，出具的实验数据可获 60 多个国家和地区认可。

（黄昭颖）

转型升级

【珠海保税区】　2013 年，珠海保税区实现地区生产总值31亿元，比上年增长15.6%；规模以上工业增加值25.1亿元，增长17%，外贸进出口42.5亿美元，增长1.18倍；实际利用外资3706万美元，增长27.7%；固定资产投资额8.4亿元，增长70%；财政一般预算收入2.98亿元，增长19.85%。

是年，珠海保税区开展产业规划研究，确定保税区（跨境区）的发展定位为构建珠江口西岸对接港澳的特殊功能区。打造集国际贸易展示平台、区域物流枢纽、保税加工基地和保税商住基地于一体的综合型保税新城，围绕“一平台、六中心”建设，打造国际贸易展示平台，国际酒类交易中心、生物医药交易中心、精密仪器及电子元器件交易中心、高端消费品交易中心、航空标准件交易中心、现代农产品交易中心。建设服务于中国澳门的高端物流、面向内地的高端进口消费品贸易与展销和配套的保税商务于一体的特色园区。

是年，全区引进新项目162个，总投资超过70亿元，其中内资项目125个，外资项目37个，引进中国轻工、中航控股、恒逸石化、恒沣能源4个中国500强投资项目，引进中油洁能1个总部企业项目。

（余逸丹）

【珠海市横琴新区】 2013年，横琴新区实现地区生产总值36.5亿元，比上年增长60.8%；公共预算收入8.9亿元，增长1.08倍；完成固定资产投资204.3亿元，增长23.6%；实际利用外资1.5亿美元，增长45.4%。其中第一产业增加值0.67亿元，比上年增长2.2%；第二产业增加值21.4亿元，增长56.2%；工业增加值0.15亿元，下降1.97倍；第三产业增加值14.5亿元，增长71.6%。人均地区生产总值481985元。规模以上工业总产值0.6亿元，比上年下降21.4%。固定资产投资204.3亿元，增长23.6%。

是年，横琴新区引进港澳企业101家，投资总额254.2亿元。香港嘉华体育休闲度假项目已经落地，香港丽新星艺文创天地、澳门励骏友谊广场等落地项目前期工作进展顺利。澳门成立横琴发展澳门项目评审委员会，对申请进入粤澳合作产业园的89个澳门项目进行初步甄选。长隆商业街已有3家澳门商家进驻开业。建立珠澳横琴开发工作小组会议机制，下设澳门轻轨延伸横琴线、粤澳合作产业园和珠澳（横琴）金融政策三个直接沟通小组，各小组召开沟通协调会议11次。成立横琴新区发展咨询委员会，构建并运行决委会、管委会、咨委会“三位一体”机制。国内首张银联多币种IC卡在横琴首发。澳门国际银行获准设立代表处并正式挂牌。配合开发“一张保单保两地”的跨境车险产品。

是年，横琴新区落实《国务院关于横琴开发有关政策的批复》，出台《横琴新区产业发展指导目录》《横琴出入境检验检疫监管管理办法》《关于横琴开发有关进口税收政策的通知》等政策实施细则，实施《关于加快横琴开发的若干意见》和《珠海经济特区横琴新区条例》。实行注册资金认缴制、注册地与经营地相分离等企业登记制度。实行“宽进”登记制度和“严管”监管体系，对不涉及到许可经营的一般性经营项目即来即办，登记事项由原来的11项减少到6项，各类申请表格由原来140种缩减到70多种。全年办理企业登记注册2122家。编制《横琴人才管理改革试验区中长期人才发展规划（2013～2020年）》，出台《横琴新区建设人才管理改革试验区行动计划（2013～

2015)》。制订港澳居民个税税负差额补贴办法、特殊人才开发目录和特殊人才奖励办法。成立粤港澳人才交流平台，初步建立5000名粤港澳人才数据库。制订《横琴新区企业信用信息管理实施办法》，完成企业信用信息公示平台建设，《珠海经济特区横琴新区诚信岛建设促进办法》已报市政府，在全国率先以商务诚信为核心，在源头溯源、监管、执法、处罚、先行赔付等方面构筑全流程监管体系。12月20日，成立珠海市横琴新区人民检察院，改变“三级审批制”的传统办案模式，实行主任检察官制度。12月26日，成立珠海市横琴新区人民法院，人民法院不设审判庭，取消案件审批制和审判庭建制，确保依法独立公正行使审判权，强化司法公开、流程监督、审判组织监督、纪律监督、错案责任终身追究、廉政保证金制度等“六项监督”。创建成为首批12个国家级海洋生态文明创建示范区之一，围绕新区生态、环境、城市建设等方面，实施《珠海市横琴新区生态建设促进办法（试行）》《横琴新区生态岛建设规划》《横琴新区创建国家级海洋生态文明示范区建设规划》《横琴海洋生态修复规划》等系列规划。编制完成《珠海市横琴新区创建国家绿色生态城区工作方案》《横琴新区绿色生态新城建设规划》，启动横琴新区创建国家绿色生态城区示范区申报工作。

是年，横琴新区推进岛内外基础设施建设。“两横一纵一环”路网格局基本成型，环岛北路、长隆大道、长隆隧道、西环隧道、环岛西路南段全面建成，全岛闭合环形道路顺利开通。红旗村客运码头、马骝洲摆渡码头、登陆艇码头、环岛北及富祥湾两个直升机应急救援起降点竣工，建成岛内外共1.71万个停车位的6个停车场。11月19日，全国最长、实施难度最大的综合管沟主体结构施工全部完工。全岛第二座3C绿色变电站——环澳（富祥）220kV变电站建成投产。横琴大桥二线通道项目出、入岛综合楼已竣工，对全岛全覆盖式监控的环岛电子监控和电子联网项目初步建成。横琴口岸及综合交通枢纽临时性通关设施进展顺利。直达横琴大桥桥头的港珠澳大桥连接线启动建设，横琴二桥完成主桥全部桩基施工。推进总投资超过2500亿元的65个重点项目。多联供燃气发电项目主体建设基本完成。横琴总部大厦、华融大厦等口岸服务区5个项目桩基础已完成。举办首届中国国际马戏节，建成长隆横琴湾酒店，承办凤凰卫视“2013年中华小姐环球总决赛”。全年引进世界500强企业38家。华润电力、富华国际、渤海租赁、仁和药业等企业项目和中美食品安全检测及科技创新平台等中高端服务项目落户横琴。星光中国芯物联网工程项目、美国麻省总医院中国医院项目进展顺利。全年引进金融企业220家，累计达到321家。金融产业服务基地建成投入使用。广东金融资产交易中心、横琴南方有色金属交易中心、珠海产权交易中心重大金融交易平台相继落户；吸引广发基金、易方达基、KKR、中大科创LSP基金等股权投资基金入驻横琴。商业保理企业实现突破，新华保理等12家企业集中进驻。渤海租赁子公司——横琴国际融资租赁公司已完成注册。（张　瑞）

【珠海高栏港经济区】 2013年，珠海高栏港经济区实现地区生产总值190.77亿元，比上年增长11%；规模以上工业总产值683.8亿元，增长9.3%；规模以上工业增加值144.14亿元，增长12.9%；社会固定资产投资163.25亿元，增长26.05%；实际利用外资4.11亿美元，增长11.64%；外贸进出口总额73.22亿美元，增长5.82%；公共财政预算收入18.15亿元，增长14.8%；全港货物吞吐量1.0亿吨，增长29.3%。

是年，全区有17个重大项目纳入珠海市十大重点建设项目计划，总投资578.23亿元，全年完成投资122.95亿元，完成年度投资计划的243.93%。路博润添加剂、中海油海洋工程装备制造基地、LNG接收站一期等19个项目建成投产，中海油天然气热电联产、中海油精细化工园、三一海洋重工产业园、海泉湾二期等20个在建项目加快建设，推进钰海电力热电联产项目前期建设。引进美国碧美特殊化学品、中海油管道涂敷、万华华南综合产品及服务基地等13个项目，总投资220亿元，在谈重点项目18个，总投资200亿元。由裕廊国际承担的珠海港总体规划以及港区装备制造、石化产业规划整合提升基本完成。

是年，高栏港经济区安排政府投资项目135个，完成投资26.12亿元，比上年增长66.6%。填海造地面积3平方千米。完成中海油陆上终端110千伏电缆线路、海洋工程装备制造基地北区造地二期等17个重大项目配套工程，疏港铁路专用线一期主体工程竣工，中海油LNG接收站等重大项目配套码头、10万吨级进港主航道建成，15万吨级主航道扩建动工，新增港口吞吐能力近千万吨。通过发行企业债券、股权融资、项目贷款等举措，完成融资43.5亿元。

是年，高栏港经济区发展绿色经济、低碳经济和循环经济，可持续发展能力不断增强。南水镇3个社区、4个行政村及平沙镇9个社区创建市级生态示范村（社区），两个镇达到市级生态村（社区）的比例均超过80%。完成4万平方米山体复绿工程，建设生态景观林带400公顷，南水公园主体工程、高栏港大道延长段道路等绿化工程顺利完成，新增绿化面积92万平方米。推进集中供热工程建设，建成供热管道19千米，26家企业使用集中供热；实施清洁空气行动计划暨天更蓝工程、南粤水更清行动计划，完成珠海电厂和金湾电厂4个机组脱硫及脱硝工程。南水污水处理厂和平沙水质净化厂升级改造工程加快建设。（于丛丛）

【珠海高新技术产业开发区】 2013年，珠海高新技术产业开发区完成地区生产总值107.2亿元，比上年增长13.5%。其中，第一产业增加值0.77亿元，比上年增长2.2%；第二产业增加值55.1亿元，增长22.1%；工业增加值52.2亿元，增长19.5%；第三产业增加值51.3亿元，增长3.8%。规模以上工业总产值193.4亿元，比上年增长20.7%。固定资产投资51.4亿元，比上年增长25.5%。社会消费品零售总额26.3亿元，比上年增长17.7%。外贸出口额9.1亿美元，比上年下降3.8%；实际利用外资1.42亿美元，增长14.1%。地方公共财政预算收入10.2亿元，比上年增长16.1%。

是年，高新区引进世界500强企业艾默生等外资项目13个，引进碧水源膜等内资项目15个。佳能新工厂等新项目建成投产，健帆生物、全志科技、健轩服装等在建项目进展顺利。魅族、罗西尼、远光等龙头企业增长迅速。区内主导产业优势凸显，“4+2”产业产值均保持两位数增长，智能配电网装备产业集群列入国家级创新型产业集群培育试点，高新技术制造业增加值占比达50.5%，比上年增加3.9个百分点。

实施孵化器倍增计划，与民营企业合作开办大洲科技大厦，引进珠海信息港项目，新建孵化器面积20万平方米。与市金融办签约共同建设科技金融创新试验区，“成长之翼”债权融资为企业累计融资2.9亿元，企业融资增信平台为32个项目融资超过2亿元，组建“金控高投”等产业基金，吸引广发证券设立高新区营业部。出台初创期企业股权投资扶持办法，支持开展博士后创新工作和创新人才奖励办法，全年区财政投入扶持产业、奖励人才资金1.1亿元。新增省级以上工程技术中心14个，发明专利118件，省级高新技术企业16家。入选国家“千人计划”总人数5名。

编制唐家湾地区空间整体设计、淇澳岛概念性规划、大学小镇和前环总部基地等专项规划。推进基础设施配套建设，投入2.32亿元新建路网7.5千米。与华发集团合作成立“华发高新”，增强以市场化机制实施土地一级开发的能力。珠海北站TOD首期工程顺利开工。投入1.52亿元，完成城轨沿线、港湾大道、科技创新海岸南围绿化改造和特区二线公路生态景观林带建设。开展“三清”工作，全年清理、收回、盘活100万平方米土地。开展“两违”养殖整治“门户行动”和海域非法渔业设施清理“净海行动”。出台本地户籍养殖人员转产转型扶持和集体、国有土地看护办法。（陈　虎）

【珠海万山海洋开发试验区】 2013年，珠海万山海洋开发试验区完成地区生产总值12.5亿元，比上年增长15.2%。其中，第一产业增加值2.1亿元，比上年增长7.9%；第二产业增加值0.4亿元，增长2.05倍；工业增加值0.02亿元，增长25%；第三产业增加值10亿元，增长16.7%。人均地区生产总值25万元，比上年增长15%。固定资产投资额完成6.45亿元，比上年增长64.2%。渔业总产值2.97亿元，比上年增长15.8%。固定资产投资6.45亿元，比上年增长64.2%。公共财政预算收入3.49亿元，比上年增长29.9%。旅游综合收入1.67亿元，比上年增长22.2%。社会消费品零售总额8556亿元，比上年增长16.8%。外贸进出口额10.84万美元，比上年增长9.8%；实际利用外资787万美元，增长13.5%；外贸进出口6.45亿美元，增长10%。人均渔民纯收入16292元，比上年增长15.1%。

是年，万山区桂山油库多点系泊码头技术改造项目已完成主体工程。东澳玲玎海岸项目一期工程接近完工，大万山岛酒店进入试业阶段。推进桂山海上风电场项目，海岛智能微电网示范项目进入调试阶段。桂山码头客运站已封顶。完成对外伶仃电厂和担杆电厂发电机组、高低压配电设备和防雷设施等改造工程。外伶仃岛候船室和游客服务中心完成改造并投入使用。推进桂山对外开放游艇码头项目前期工作。开通担杆岛高速客轮航班。完成担杆岛海防执勤公路工程建设并通过验收。

年内，《万山区产业发展规划》《万山区空间概念性规划设计》《万山区海岛建筑风貌规划研究》三项规划获珠海市政府批准，《珠海大小万山总体概念规划》《珠海市大、小万山岛总体开发建设控制性规划》通过市政府常务会议审议。《珠海万山游钓休闲渔业区建设规划》《珠海万山海洋开发试验区水域养殖发展规划》完成编制并通过专家评审。

是年，万山区深化海岛综合管理。《珠海市三角岛保护和利用规划》通过专家评审和万山区管委会审批，开展《珠海市三角岛开发利用具体方案》和《珠海市三角岛使用项目论证报告》编制工作。完成人工鱼礁议案建设任务和海岛生活垃圾压缩中转站工程建设。推进小蜘洲岛、三角岛和桂山七湾生态修复工程项目，向国家海洋局申报外伶仃岛修复整治项目，将外伶仃岛小石嘴沙滩修复项目与塔湾片区整治工程整合在一起，申报入选省海岛修复项目库。成立庙湾珊瑚自然保护区管理站。完成省下达的30个海岛名称标志设置工作任务，截至年底，全区有70个海岛设置海岛名称标志。（陈启立）

城乡发展

【城乡规划】 2013年，珠海市编制完成《珠海城市概念性空间发展规划》，推进《珠海市城市总体规划（2001～2020）修改》编制和审批。举办2013城市发展与规划大会，制定《中共珠海市委、珠海市人民政府关于提高环境宜居水平、建设美丽珠海的实施意见》和《美丽珠海行动（2013～2017年）》。加强区域规划合作，推进《澳珠协同发展规划》《珠中江城市空间协调发展规划（2009～2020)》等区域规划编制工作。开展“五规融合”统筹发展研究，从空间层次、规划内容和行政管理三个方面理顺“五规”关系，创新搭建“五规融合”工作平台。推进专项规划编制，完成九洲商贸中心城市设计，中心城区密度分区规划、产城融合规划、山体保护规划、水岸线保护利用规划等4项规划已完成方案编制工作。审议通过《珠海经济特区城乡规划条例》，于10月1日起实施。

【城乡建设】 2013年，珠海市新开工房屋建筑和市政工程532项，开工建筑面积979万平方米，合同造价126亿元。全年通过市建设工程交易中心招标建设工程815项，招标金额325.74亿元，成交金额305.36亿元，节省资金20.38亿元，平均中标金额比上年下降6.26%。

【重点工程项目建设】 2013年，珠海市新建和续建房屋建设项目20个，总投资31.63亿元，建筑面积83.4万平方米。其中，6个在建项目已完工，包括市体校教学训练场地建设项目工程、市一中新建宿舍楼工程、北京师范大学（珠海）附中新疆班工程、市第十一中学、市城职院学生宿舍6号楼工程、市技工学校软基处理一期工程，完成项目投资4.02亿元，竣工建筑面积29.68万平方米。市人民医院北区、市传染病综合防治楼、市疾病预防控制中心、市城市职业技术学院扩建、市实验中学艺体教学楼工程和综合性科普场馆改建项目、市航展中心新建展馆工程和市第四中学运动场恢复改造项目8个，总投资7.9亿元，总建筑面积15万平方米。处于项目前期阶段的新项目有市技工学校新校址新校址工程、市妇幼保健院二期改扩建、市委党校停车场及教学楼项目、市特殊学校康复楼项目、南溪消防中队营房、航展馆维修工程项目6个，总投资19.7亿元，建筑面积38.72万平方米。

【村镇建设】 2013年，珠海市制作《幸福村居规划建设知识手册》。4月，发布《幸福村居·农民建房标准图集》。年内，编制完成《珠海市幸福村居城乡（空间）统筹发展总体规划》和《珠海市村居规划建设指引》。各区（镇）开展并完成第一批48个村居的幸福村居建设规划编制工作。选取斗门区莲洲镇的8个村居，形成地域单元和功能片区，编制完成《珠海莲洲八村乐—幸福村居组团协调规划》。制订《珠海市人民政府关于进一步规范珠海市村民建房管理的意见》等文件，于1月1日起执行。各镇（街）成立村居建设管理服务中心，实行“集中式管理，一站式服务”。全年全市核发“乡村建设规划许可证”1034个，比上年上年增长85.17倍。

（王海忠）

【“三高一特”建设】 2013年，珠海市召开全市“三高一特”现代产业体系建设工作会议。编制出台《珠海市“三高一特”现代产业体系规划》《珠海市高端服务业发展规划》《珠海市发展创业投资促进产业转型升级的实施意见》，制定和实施《2013年珠海市“三高一特”现代产业体系建设任务分工方案》《珠海市促进高端服务业发展的若干政策意见》等，完善现代产业建设政策体系。组织珠海市亚仿公司、中航通飞申报高技术服务业研发及产业化专项项目。推进新能源汽车产业发展，为已示范运营的新能源汽车办理市专项资金的拨付手续，组织企业申报新能源汽车高端装备制造新材料等战略性新兴产业专项2013年中央投资项目和第三批广东省战略性新兴产业新能源汽车专项项目。加快促进高技术产业发展，组织申报2013年国家地方联合工程研究中心（工程实验室）和国家第二批电子商务示范城市。

（郭　炜）

社会建设

【教育事业】 2013年，珠海市有幼儿园248所，在园幼儿54809人，招生18513人，毕业10980人。全市幼儿园教职工7166人，其中专任教师3907人。有小学114所，在校学生131577人，招生25299人，毕业21209人。学龄儿童净入学率99.92%；小学毕业生升学率98.01%。有普通中学65所，在校学生93886人，招生30287人，毕业29759人。其中，初中46所，普通高中19所；初中在校学生62456人，招生20786人，毕业20433人；普通高中在校生31430人，招生9501人，毕业9326人。初中毕业生升学率为94.10%，高中阶段毛入学率104.62%；普通高中与职业高中在校生比例为52.25：47.75。有特殊教育学校2所，在校学生310人，专任教师68人。有中等职业学校8所，在校学生28720人，教职工1495人，专任教师1127人。其中，技工学校2所，在校学生7103人，教职工336人，专任教师225人。10所高校在校学生12.7万人，其中本科生100431人，专科生26942人；教师5800多人，有副教授以上高级职称2000多人。是年，珠海市普通高考考生9998人，上线8979人，上线率89.81%。普通高考录取9156人，录取率91.3%，其中第一批本科上线1226人（含部分艺术单考），普通本科录取5113人（含新疆班153人）。

是年，金湾、斗门区通过广东省社区教育实验区督导评估。北京师范大学（珠海）附中新疆班综合楼、市第十一中学、市第一中学新增学生宿舍楼工程完工并投入使用，市实验中学扩建工程（高中部艺体教学楼）年底基本完工。共乐幼儿园、市特殊教育学校项目进展顺利。市第四中学西藏班基础设施一期、二期完成立项批复。横琴镇中心幼儿园开工建设，香洲、金湾、高栏港3所镇中心幼儿园开展施工招标。

落实学前教育三年行动计划，完成学前教育三年行动计划任务。评定183所规范化幼儿园，规范化幼儿园比例达73.8%。颁布《珠海市公办属性幼儿园认定标准》，调整公办幼儿园收费标准，首次将公办幼儿园招生计划的70%面向社会通过摇号方式招生，制定普惠性民办幼儿园认定及奖励补助标准。开展等级幼儿园评估工作，全年有30所幼儿园被评为市一级幼儿园，市一级以上幼儿园94所，优质幼儿园比例达37.9%。

完成农村地区义务教育学校布局调整方案，建成规范化学校165所（含完全中学、十二年一贯制学校），其中公办学校141所，公办学校规范化率达100%，民办学校规范化率为80%。建设全市综合学籍管理和义务教育招生系统（含积分入学系统），实行网上统一报名、多部门后台并联审核、学校网上提交录取申请、教育部门统一审核的义务教育招生新模式。

出台《珠海市民办学校年检办法》，规范民办学校办学行为。完善民办高中筹设与设立审批条件，规范民办学校设置标准和审批办法。落实150万元专项经费，建设紫荆中学等5所学校随班就读资源教室。

成立珠海社区大学，社区教育四级网络初具规模，纳入第一批“中国学习型城市建设案例城市”。对52所市属非学历教育培训机构进行年检。出台《珠海市人民政府关于全面实施“强师工程”的意见》。市直学校全年招聘184名应届毕业生和骨干教师。加强校长培训，选派91名中小学（幼儿园）校长（园长）参加省级培训。加强“名师”培养，开展第二批市名校长和第三批名教师、青年骨干教师选拔工作。

加大对乡镇学校的教科研扶持力度，启动“百名名师入村居”行动。完成义务教育学段学科骨干教师培养对象的集中培训、学科技能培训、跟岗学习和下乡教学交流。举办珠海市教育科研成果推介会，开展第三届珠海基础教育教学成果奖评选工作。实施教育资源下乡行动计划和新装备工程，提高农村中小学实验室装备水平。成立珠海市教育信息化建设专家库，制定珠海市教育信息化三年行动计划（2013～2015）。重点抓好“粤教云”“智慧校园”两个特色项目，完成“粤教云”项目珠海市体验中心建设方案设计、区域整体实验方案、15个试点校实验方案。发挥现代教育技术实验学校示范作用，6所学校确认为第五批省级现代教育技术实验学校，全市拥有国家级和省级现代教育技术实验学校40所。

扩大免费义务教育范围，提高财政补贴标准，在民办学校就读的非本市户籍学生纳入免费义务教育范围，免费义务教育补助标准提高到小学生每人每学年864元，初中生每人每学年1344元。全年有近23万名学生享受12年免费教育，财政补贴2.65亿元，其中免费义务教育19.2万人，财政补贴1.96亿元。做好困难家庭子女上大学资助工作，对234名考上大学的贫困生（本科114人、专科120人）资助210万元，对111名本市户籍高校在校生资助33.3万元。

（珠海市教育局）

【失业就业】 2013年，珠海市城镇新增就业人数43308人，城镇失业人员再就业13352人，就业困难人员实现就业2286人，农村劳动力转移就业3194人，城镇登记失业率2.28%，低于全省平均水平。

出台《关于进一步加强就业专项资金使用管理有关问题的通知》，加强就业专项资金监督管理，提高资金使用绩效。出台《珠海市人民政府办公室关于发展家庭服务业的实施意见》，加快家庭服务业发展。出台

2013年珠海市社会事业情况

教育				医疗、文化、体育			
项　目	单位	实绩	比上年增长(%)	项　目	单位	实绩	比上年增长(%)
普通高校学校数	所	10	0	医院、卫生院数	所	51	4.1
普通高校在校学生数	万人	12.71	3.2	医院、卫生院床位数	张	6990	1.6
普通中学学校数	所	8	14.3	平均每千人口医院、卫生院床位数	张	4.72	0.4
普通中学在校学生数	万人	2.9	-0.1				
中职和技校学校数	所	65	3.2	艺术、文化馆数	个	4	0
中职和技校在校学生数	万人	9.39	-1.1	市级公共图书馆数	个	3	0
小学学校数	所	114	0	博物馆数	个	2	0
小学在校学生数	万人	13.16	2.4	档案馆数	个		
学龄儿童入学率	%	99.93	0.01	人均公共体育场面积	平方米		
幼儿园数	所	248	6.9				
在园幼儿数	万人	5.48	8.7				

《关于调整珠海市职业介绍补贴政策的通知》，扩大补贴适用对象，提高补贴标准，鼓励职业中介机构推荐城乡居民在珠海就业。出台《珠海市人民政府办公室转发广东省政府办公厅贯彻落实国务院办公厅关于做好普通高等学校毕业生就业工作的通知》，开展“六送”服务（送就业政策、送就业指导、送创业指导、送职业技能培训鉴定、送就业岗位、送就业服务）活动，实施就业见习计划，加强职业培训，提升高校毕业生就业技能。全年珠海市生源高校毕业生人数7181人，实现就业7059人，就业率98.3%；举办高校毕业生现场招聘会67场，提供就业岗位77663个次；建立就业见习基地（单位）174个，高校毕业生参加见习162人；参加技能培训1147人，参加创业培训271人。建立市级大学生创业孵化基地和西部大学生创业孵化基地（广东科学技术职业学院），为高校毕业生提供公共创业服务，成立珠海市青年创业协会，成功创业2532人，带动就业7754人。全年举办招聘会808场，参会企业49114家次，提供招聘岗位1308410个次，进场求职者779356人次。

【社会保障】　至2013年底，珠海市参保总人次达521万人次，比上年增长7.6%，其中，养老保险105.4万人次，医疗保险152万人次，失业保险87.4万人次，工伤保险88.4万人次，生育保险87.8万人次。全市社会保险基金收入106.3亿元，比上年增长22.51%；支出54.6亿元，增长31.05%；历年累计结余286.8亿元。全年发行珠海社会保障（市民）卡31.8万，全市社会保障卡持卡人数达150.6万人。　（肖　晖）

【卫生事业】　2013年，珠海市有各类医疗卫生机构674个，实有床位7510张。卫生技术人员13383人，其中执业（助理）医师5068人，注册护士5384人，每千常住人口拥有病床数4.75张、执业（助理）医师

3.02 人、注册护士 3.40 人。

全年全市医疗机构总诊疗人次 1673.11 万人次，出院 21.27 万人次，分别比上年增长 14.13%和 4.44%。其中，基层医疗机构门、急诊 995.54 万人次，占全市门、急诊量的 61.01%，比上年增加 0.87 个百分点。平价医院接收住院患者 30 人，减免费用 5100 元；平价门诊接诊 9118 人次，减免费用 33.5 万元。全市院前急救调度总数 32714 次，救治 26073 人次，分别比上年增长 2.8%和 1%。

是年，珠海市基本医疗和公共卫生服务水平持续提高，居民健康状况保持良好，人均期望寿命为 82.5 岁，婴儿死亡率为 2.46‰，无孕产妇死亡。全市无甲类传染病报告，乙类传染病报告发病率为 324.71/10 万。基础免疫“六苗”接种率各苗达 99%以上。全市人均基本公共卫生服务经费 30 元，城乡居民健康档案电子建档率 64.29%，全市参加免费婚检 8488 人、免费孕检 8663 人。

医政管理　是年，珠海市通过三级医院对口帮扶区（镇）级医院，发挥珠海市三级医院在护理领域的示范引领作用，提升护理质量水平。推进合理用药项目和处方点评工作，完善“无假日医院”等便民利民措施，解决“候诊时间长”等问题。持续推进医疗服务第三方满意度调查工作。完善医疗责任保险制度，强化医疗纠纷第三方防范处理机制。推动平安医院创建工作，畅通信访渠道，设置群众接访室。

研究起草《珠海市名医工程实施方案》，启动名医工程，加强高、精、尖人才的培养、引进和作用发挥。全市获省卫生厅医学科研课题立项 13 项，获省中医药局科研课题立项 9 项。市妇幼保健院新获国家科技进步二等奖 1 项，首个博士后工作站在市人民医院挂牌。建立珠海市医疗卫生科研项目管理系统。建立市级重点专科评审专家库，完成 2013 年珠海市重点专科和特色专科评审。

（李　雪）

医疗卫生服务　是年，珠海市出台《关于进一步加快卫生事业发展的意见》《珠海市公立医院改革实施方案》等文件，创新公立医院管理模式，完成公立医院改革的基本框架设计。推动市区（镇）各级医疗卫生基础设施建设。市人民医院北区、市疾控中心异地新建项目、市传染病综合防治楼、遵医五院新院一期、高栏港区平沙医院住院楼、高新区人民医院（金鼎医院）等建设项目进展顺利。广东省中医院珠海医院新楼、金湾区人民医院、市第二中医院（斗门区侨立中医院）等项目建设步伐加快。市慢病防治中心（公共卫生医院）、市妇幼保健院旧区改造、市紧急医疗救援中心等项目论证评审等前期工作正积极开展。金湾区卫生监督所改建项目完成可研立项等前期工作。推动横琴与国际一流医院团队合作发展高端医疗服务，研究引进美国哈佛大学附属麻省总医院中国医院落户横琴。加快区域医疗“一卡通”项目建设。完成卡的升级改造，发放市民卡 80 多万张，完成数据整合，启动数据中心及共享平台、通信网络的建设，完成金鼎、平沙两家试点医院建设。完善疾病预防控制体系。整合东西部两个疾病预防控制中心，形成新的市疾病预防控制中心。整合原市慢性病防治站与市结核病防治所，成立市慢性病防治中心。

是年，珠海市印发《珠海市实施城市社区卫生服务机构“联建协管”工作方案》《珠海市医师多点执业暂行办法》，组织二级以上公立医院对社区卫生服务机构实行对口联建、业务指导和任务管理，对社区卫生服务机构进行监管和考核。

实施“管理人才基层挂职计划”，在大医院选拔具有中级以上专业技术资格和一定管理经验的优秀专业技术干部到基层挂职副院长3年，引导优质医疗资源下沉到基层，组织两批14名大医院骨干下派到基层。

创新大型公立医院以直管、托管、直办、联建协管为模式的网络化管理合作新机制，提升基层医疗卫生服务水平。市人民医院与高栏港经济区合作接管南水镇卫生院，与横琴新区合作接管横琴社区卫生服务中心。

加大对民营医疗机构支持力度，出台《关于进一步促进民营医疗机构发展的意见》，帮助民营医疗机构完善医院管理、技术规范、专科建设、人才培养等。

加强海岛卫生帮扶工作，印发《珠海市城市三级医院与海岛卫生院对口帮扶及交流培训实施方案》，建立市级公立医院与海岛医疗机构的帮扶机制和医务人员轮岗制度。

开展平价医疗服务，出台《珠海市开展平价医疗服务工作实施方案（试行）》，在全市范围内开展平价医疗服务，设立平价医院1所（斗门区侨立中医院），在全市二级以上公立医院设立平价诊室54个，推广省级和市级平价药包45种。起草《珠海市推进中医药事业发展实施意见》及配套方案，拟定基层中医药适宜技术培训教材提纲并组织专家编写，发挥中医药适宜技术在防治常见病多发病中的优势和作用。

公共卫生服务　是年，珠海市出台《珠海市地中海贫血干预项目管理方案（试行）》，实施地中海贫血、艾滋病、梅毒和乙肝母婴阻断等重大公共卫生服务项目，印发《关于统筹开展免费婚前医学保健服务、孕前优生健康检查和孕期医学保健服务的实施意见》，整合免费婚前、孕前、孕期检查项目，扩大婚孕保健受益人群。开展人感染H7N9禽流感、手足口病、登革热、结核病、艾滋病等传染病监测与防控工作。加强慢性病、重性精神病管理，继续做好常规预防接种工作。开展健康教育，推动珠海市全民健康促进行动示范创建工作，举办“珠海健康大讲堂”。全年处置突发公共卫生事件10起。将健康细胞工程试点工作纳入到卫生镇村创建、全民健康促进行动、文明村居（单位）创建、幸福村居建设之中。

是年，全市新创建35个市卫生村、30个省卫生村、2个省卫生镇、1个国家卫生镇。加大公共场所控烟督查力度。

【社会管理创新】　2013年，珠海市制定《珠海经济特区社会建设条例》，推进社会领域改革，争创全国社会建设示范市。推进基层民主自治。完善城市社区行政事项准入制度，推进农村社区服务网络建设，推进法律服务、专业社区、志愿服务等向村居拓展。以创建“智慧城市”为契机，依托信息化提升基层治理能力，激发社会组织活力。实现行业协会商会与行政机关脱钩，发挥社会组织孵化中心作用，培育需求导向型社会组织，打造珠海特色的品牌和项目。发挥珠海特区立法权和较大市立法权的优势，夯实社会治理的法制基础。健全信访维稳分析研判机制，将涉法涉诉信访问题纳入法治轨道。依法加强网络社会综合治理。（珠海市委办）

·责任编辑　贺　坤·

佛山市

基本情况

【地理位置】 佛山市位于广东省中南部，珠江三角洲腹地。东倚广州，邻近深港澳。全境在北纬22°38′~23°34′、东经112°22′~113°23′之间。佛山市域东距西、南距北均约103千米，大致呈“人”字形，总面积为3848.48平方千米，辖禅城、南海、顺德、高明、三水5个区。

佛山市东傍广州、西接肇庆、南邻江门、中山，陆运、水运、空运交通基础设施齐备，交通便捷。佛山市距广州新白云国际机场、广州南沙港、广州火车南站车程均在1小时之内。佛山市毗邻港澳，与香港、澳门分别相距231千米和143千米，车程均在2小时左右。沈海高速、广昆高速等主要公路干线穿越境内，广佛、佛开高速公路和广深珠高速公路等交通干线经佛山而过，佛山一环、珠二环等环城高速环绕穿越佛山市各区。广佛地铁建成开通，佛山机场开通民用航线，佛山市民出行更加便捷。珠江水系中的西江、北江贯穿全境。佛山市有通航河流70多条，可通航里程1000多千米，20多个口岸使水上运输四通八达，为经济发展提供良好的条件。 （贝永辉）

【气候特征】 佛山市属亚热带季风性湿润气候区，主要气候特点是雨热同季、春湿多阴冷、夏长无酷热、秋冬暖而晴旱。佛山市年平均气温22℃左右，南部比北部略高一些。冬季最冷，平均气温在14℃左右；春季气温21℃；夏季最热，平均气温达28℃以上；秋季气温为23℃。极端最高气温39℃，极端最低气温零下2℃。年平均降水量在1620毫米~1690毫米之间，西部和北部丘陵山地因地形抬升作用而稍多。雨季集中在4~9月，降雨量占全年的80%左右。夏季降水时空分布不均，秋冬季雨水明显减少。年平均日照时数1689小时~1723小时，南多北少，春季多阴雨天气，是日照最少的季节。终年不雪，宜于农作物生长。由于地处低纬度，海洋和陆地天气系统均对佛山有明显影响，冬夏季风的交替是佛山季风气候突出的特征，冬春多偏北风，夏季多偏南风。冬季的偏北风因极地大陆气团向南伸展而形成，干燥寒冷。夏季偏南风因热带海洋气团向北扩张而形成，温暖潮湿。佛山的主要气象灾害有热带气旋、暴雨、干旱、强对流、低温阴雨等，秋冬季节的雾霾相对较多，对人们身体健康和交通安全有一定的影响。 （吴 斌）

【人口语言】 截至2013年底，佛山市总户数115.96万户，比上年增加1.9万户，增长1.66%；全市户籍总人口381.61万人，增长1.05%。其中，禅城区61.05万人，南海区124.48万人，顺德区125.94万人，高明区29.91万人，三水区40.23万人。全市户籍总人口中，男性189.83万人，女性191.78万人。全年人口自然增长率为6.71‰，人口机械增长率为3.68‰。

截至是年底，全市共有外来人口396.28万人，比上年增长32.42%。其中禅城、南海、顺德、高明、三水五区的外来人口分别为54.97万人、178.30万人、129.67万人、13.70万人和19.64万人。 （温威威）

佛山方言粤语处于强势，客家话属于弱势方言，仅通行于三水、高明、南海部分区域。

禅城区区域大致等于佛山原来的市区，

通行粤语，无其他方言。

南海区绝大多数居民使用粤语，仅和顺鲁岗的北洲、猛冲、松岗唐联的燕溪、松岗显子岗的大坑等村落有约1000人使用客家话。按照特点的不同，南海区粤语可分为五小片：一是桂城片，位于南海区中部；二是大沥片，位于南海区东部；三是官窑片，位于南海区北部；四是九江片，位于南海区南端；五是沙头片，位于南海区西南部偏东。以上粤方言属于珠三角片（南番顺小片），但在桂城镇西约的岐阳与健龙、东二的新村、叠南的乐庆村有居民使用四邑片粤方言，但不足1000人。九江镇的西岸为鹤山、高明所包围，语言较复杂，其中八村及六村的新地、下舍通行鹤山茶山话（茶山话归属暂不详）。

顺德区基本属于纯粤区，顺德区粤语可分为五小片：一是大良片，二是陈村片，三是桂洲片，四是龙江片，五是均安片。其中龙江粤语接近四邑片方言。

三水区以粤方言为主，客家话则通行于部分乡村（如迳口、六和、大塘、范湖等地的乡村）。三水区粤语分为五片：一是西南片，二是芦（苞）塘（大塘）片，三是金（本）白（坭）片，四是迳口片，五是南（边）范（湖）片。

高明区多数地域使用粤语，只有合水西部的官山、鹿田少数乡村使用客家话，使用人口3000~4000人。高明区粤方言分为三片：一是以明城话为代表的中、西部方言，使用范围包括明城、新墟、更合等区域；二是以西安话为代表的北部方言，通行地域包括西安、三洲、富湾等；三是使用范围以人和、杨梅为主的南部方言。（淦述卫）

【历史文化】 佛山原名季华乡，“肇迹于晋，得名于唐”，历史悠久，文化底蕴深厚，是国家历史文化名城。据考证，佛山的历史起源于禅城区石湾镇街道区域，距今4500～5500年前，百越先民沿西江、北江来此繁衍生息，以渔耕和制陶开创原始文明。唐贞观二年（628年），因在城内塔坡岗上挖掘出3尊佛像，认为此地是佛家之地，遂立石榜改季华乡为“佛山”。

唐宋年间，佛山的手工业、商业和文化已十分繁荣。明清时，更是发展成为商贾云集、工商业发达的岭南重镇，与湖北的汉口镇、江西的景德镇、河南的朱仙镇并称全国“四大名镇”，与北京、汉口、苏州并称天下“四大聚”，陶瓷、纺织、铸造、医药四大行业鼎盛南国。清末，佛山得风气之先，成为中国近代民族工业的发源地之一，先后诞生中国第一家新式缫丝厂和第一家火柴厂，并建立南洋兄弟烟草公司竹嘴厂。

悠久的历史，孕育独具魅力的岭南传统文化。佛山素有陶艺之乡、粤剧之乡、武术之乡、广纱中心、岭南成药之乡、南方铸造中心、民间艺术之乡等美誉，形成秋色、行通济等佛山独特的民间风尚习俗。

佛山是“南国陶都”“中国陶瓷名都”，制陶工艺源远流长，有700多年历史，自古有“石湾瓦，甲天下”的美誉。建于明代正德年间的南风古灶，是世界上现存最古老的柴烧龙窑，薪火相传至今500多年，被誉为“陶瓷活化石”。

佛山是“南国红豆”粤剧的发源地。诞生粤剧艺人的代称——“红船子弟”和粤剧最早的戏行组织——琼花会馆。民间自发组织的粤剧演唱“私伙局”是佛山文化的一大特色，至今长盛不衰。每年一度举办的琼花粤剧艺术节，使佛山呈现“红船泊晚纱，万人看琼花”的盛况。

佛山是“岭南成药之乡”。古方正药的历史有400余年，其产品种类齐全，大约分为膏、丹、丸、散、茶、油、酒等七大类，是工匠、居家、旅行必备的中成药，涌现出“黄祥华”如意油、“冯了性”药酒、“源吉林”甘和茶等一批老字号名药。

佛山是闻名的“武术之乡”，是中国南派武术的主要发源地。明初，佛山武术已相当普及。清末民初，佛山武术流派纷呈，涌现出一批有国际影响的武术名家和武术组织，并通过各种途径走向世界，现在世界上广泛流行的蔡李佛拳、洪拳、咏春拳等不少拳种和流派其根都在佛山。著名武术大师黄飞鸿，咏春宗师梁赞、叶问，影视武打明星李小龙等祖籍及师承亦在佛山。2004年，佛山被授予“武术之城”称号。

佛山是“狮艺之乡”，是南狮的发源地，是首个“中国龙狮龙舟运动名城”。龙狮舞是融武术、舞蹈、音乐等于一体的体育竞技活动，是佛山武术重要项目之一，每年的“狮王争霸赛”吸引了国内外广大武术爱好者参与。禅城区是“中国龙狮运动之乡”，南海区西樵镇是全国唯一“中国龙狮名镇”。

佛山的铸造业始于2000多年前。宋代，佛山所铸鼎、锅、钟、塔等闻名全国。到明代，佛山的铸造技术已达相当高的水平，成为南中国冶炼中心。鸦片战争期间，佛山所铸大炮为抗击外来入侵者发挥重要作用。

佛山是珠江三角洲民间艺术的摇篮，孕育并保留秋色、醒狮、舞龙、龙舟说唱、龙舟竞渡等大量体现岭南文化精髓的民间艺术及民俗事象；秋色、剪纸、木刻年画、陶塑、灰塑、砖雕等手工传统技艺精湛、独树一帜。狮舞、粤剧、龙舟说唱、佛山木版年画、广东剪纸、石湾陶塑技艺、佛山狮头、香云纱染整技艺、祖庙庙会、佛山秋色、十番、人龙舞和佛山彩灯等13个项目入选国家级非物质文化遗产名录，11人入选国家级非物质文化遗产代表性传承人。始于清初、盛于乾隆年间的正月十六“行通济”传统习俗延续至今，并逐渐被赋予现代色彩，日趋旺盛，每年都有数十万名群众参加。

佛山饮食文化源远流长，是珠三角“美食之乡”。佛山是粤菜发源地之一，素有“食在广东，厨出凤城”的美誉。一直以来，佛山以其民间食谱丰富、茶楼食肆林立、烹饪技艺精良而蜚声海内外。2004年，顺德区被中国烹饪协会命名为“中国厨师之乡”。每年“十一”期间举办的“佛山美食欢乐节”，已成为集美食、旅游、文化艺术于一体的盛大旅游节庆活动。

佛山自古人文荟萃，才俊辈出。唐宋以来广东出过9个状元，佛山占5个。明清时为“气标两广的人文之邦”。近代以来，孕育维新运动领袖康有为，政治活动家张荫桓、戴鸿慈、谭平山、何香凝、罗登贤、邓培，民族实业家陈启沅、简照南、简玉阶，科学家詹天佑、邹伯奇，文学家吴趼人，粤剧名伶薛觉先、马师曾，武术名家梁赞、黄飞鸿、叶问、李小龙，名医李广海，能工巧匠黄炳、陈渭岩、刘传，第一位华人牧师梁发等杰出人物。 （佛山年鉴社）

【资源物产】 水资源 佛山是典型的三角洲河网区，西、北江及其分流河道贯穿全市，内河涌纵横交错。河流水面积有347.04平方千米，占全市总面积的9.1%。2013年，佛山市降水属偏丰年，年平均降水量1898.5毫米，比常年（多年平均，统计年限1956～2000年，下同）偏多22.0%；地表水资源量34.11亿立方米，比常年偏多22.1%；地下水资源量7.37亿立方米，比常年偏多

8.2%；水资源总量35.2亿立方米，比常年偏多19.5%；人均拥有水资源量382立方米。全市入境水量2638.9亿立方米，出境水量2664亿立方米。

矿产资源 佛山市地层发育较齐全，岩浆活动频繁，地质构造复杂，成矿条件良好，银、铅、锌、岩盐、石膏、水泥用灰岩、建筑用花岗岩、砖瓦用页岩等矿产资源较丰富。已发现矿产53种、矿床（点）327处，其中大型矿床11处、中型矿床24处、小型矿床52处、矿点240处。矿产种类有能源矿产、金属矿产、非金属矿产和水气矿产，已查明有储量的矿产40种。

生物资源 佛山市植物资源相当丰富，已查明并有较大经济价值的树种有50多科，约200种。主要林木有马尾松、湿地松、杉、落羽杉、水松、罗汉松、桉、相思、木麻黄、竹、樟树、凤凰木、木棉、苦楝、茶、桑等，另有荔枝、龙眼、柑橘、香蕉、大蕉、黄皮、柚、杨桃、芒果、桃、南华李、梅等果树资源以及数十种药用植物资源。野生动物资源种类繁多，有野猪、穿山甲、黄猄、狐狸、果子狸、箭猪、蛇、龟及鹰、山鸡、夜莺、燕、百灵鸟、杜鹃、画眉等鸟类，多分布在丘陵山地区。此外，以草鱼、鳙鱼、鲢鱼、鲮鱼、鲤鱼等为主的淡水养殖资源和鲈鱼、鲚鱼、银鱼等江河水产资源也相当丰富。（刘　勇　许　伟）

【行政区划】 2013年，佛山市完成南海区行政区划调整，撤销南海区罗村街道，将其行政区域并入狮山镇，并将大沥镇管辖的颜峰、横岗、兴贤、谭边、高边5个社区，调整至狮山镇管辖，设立新的狮山镇和大沥镇。

至年底，佛山市总面积3848.48平方千米，下辖禅城、南海、顺德、高明、三水5个区。全市共有21个镇、11个街道。其中，禅城区面积154.02平方千米，辖南庄1个镇和祖庙、张槎、石湾镇3个街道；南海区面积1074.05平方千米，辖大沥、里水、狮山、丹灶、九江、西樵6个镇和桂城1个街道；顺德区面积806.55平方千米，辖乐从、龙江、杏坛、均安、北滘、陈村6个镇和大良、容桂、伦教、勒流4个街道；高明区面积939.64平方千米，辖杨和、更合、明城3个镇和荷城1个街道；三水区面积874.22平方千米，辖芦苞、大塘、白坭、乐平、南山5个镇和西南、云东海2个街道。

（吕龙锋）

【民族宗教】 据2010年第六次人口普查，佛山市有少数民族52个，常住人口25.97万人，占全市总人口的3.6%，其中1000人以上的少数民族有14个，分别是壮族（132263人）、土家族（37384人）、苗族（27688人）、瑶族（22111人）、布依族（9463人）、侗族（8946人）、彝族（3801人）、回族（2889人）、白族（1967人）、土族（1772人）、满族（1343人）、黎族（1275人）、仫佬族（1218人）、仡佬族（1006人）。佛山市少数民族人口来自全国各地，分布在全市各镇（街道）。

至2013年底，佛山市有佛教、道教、天主教、基督教4个宗教。市一级宗教团体有5个，分别是：佛山市佛教协会、佛山市道教协会、佛山市天主教爱国会、佛山市基督教三自会和佛山市基督教协会。区一级宗教团体有8个，分别是：禅城区佛教协会、禅城区基督教三自会、南海区道教协会、顺德区佛教协会、顺德区天主教爱国会、顺德区基督教三自会、顺德区基督教协会、三水区基督教三自会。全市有宗教活动场所54个，教职人员240人，信教群众1.20万人。

（梁礼臻）

【风景名胜】 佛山市是中国优秀旅游城市，历史文化底蕴深厚，旅游资源丰富。历史文化、南国武术、商务会展、产业观光、休闲度假、购物美食、美化家居等主题旅游颇具特色。

截至2013年底，全市发现并可开发的旅游资源有6大类110余处（包括组合性的旅游资源）。其中，国家级历史文化名城1座，全国重点文物保护单位4处；国家级风景名胜区、国家级森林公园1处；省级旅游度假区3处，动植物保护区1处，文物保护单位27处；市级旅游资源90多处。

祖庙圣域（禅城佛山祖庙）、西樵叠翠（南海西樵山）、古灶薪传（禅城南风古灶）、清晖毓秀（顺德清晖园）、皂幕凌云（高明皂幕山）、南国桃源（南海南国桃园）、花海奇观（顺德陈村花卉世界）、云水荷香（三水荷花世界）于2003年被评为“佛山新八景”。

（刘　晗）

年度大事

【佛山民间金融街成立】 2013年7月11日，佛山民间金融街在广东金融高新区挂牌成立。这是继广州民间金融街后广东省第二条民间金融街。首批50家金融机构签约进驻民间金融街，包括小额贷款公司、融资担保公司、证券公司营业部、汽车金融公司、银行个人业务部、保险公司业务部等金融机构。其中当地民营资本出资成立的小额贷款公司14家，注册总资本33亿元，每年可投放160亿～200亿元的贷款规模。

【顺德区博物馆新馆启用】 2013年12月27日，顺德区博物馆新馆正式免费向公众开放。该馆占地面积32500平方米，总建筑面积26230平方米。设有综合反映顺德历史文化的“顺德人顺德事”展厅、馆藏文物展厅、馆藏书画展厅、明清家具展厅、粤剧曲艺展厅、海外乡情展厅、李小龙展厅6个专题展厅及临时展厅，陈列面积9084平方米。

【中国南车佛山修造基地落户高明】 2013年11月22日，中国南车青岛四方公司、佛山市铁投公司、佛山市高建公司正式签约，共同成立佛山南车轨道车辆有限公司，在佛山市高明区投资建设中国南车佛山修造基地。该项目首期投资约5亿元，主营现代有轨电车研发生产、地铁车辆维护和检修服务等业务。

【《佛山市小额贷款公司分类管理办法（试行）》出台】 2013年，佛山市在广东省内率先出台《佛山市小额贷款公司分类管理办法（试行）》《佛山市小额贷款公司监督管理细则（试行）》，市、区两级联动，实行小额贷款公司现场监管与非现场监管相结合的模式，要求小额贷款公司定期提供经营报表等有关数据，规范小额贷款公司日常经营。引进外部审计和评级机构，加强专业监管。对辖内小额贷款公司实施分类管理，推动行业健康发展。

（佛山年鉴社）

生态环境

【环境质量状况】 *水环境质量* 2013年，佛山市饮用水源地水质达标率为100%，各饮用水源地水质均达到《地表水环境质量标准》（GB3838-2002）Ⅲ类水质标准。主要江河水质状况良好，主要城市内河水质保持稳定。

大气环境质量 2013年是佛山市按照《环境空气质量标准》（GB3095-2012）（以下简称“新标准”）评价的第一年。新标准中，除二氧化硫（SO_2）标准限值保持不变外，二氧化氮（NO_2）、可吸入颗粒物（PM_{10}）浓度限值均有所收严，并增加了细颗粒物（$PM_{2.5}$）、一氧化碳（CO）、臭氧（O_3）等新的污染监测项目并相应计算空气质量指数（AQI）。全年空气质量优良天数比例占有效天数的69.4%。全年SO_2、NO_2、PM_{10}、$PM_{2.5}$平均浓度分别为32、53、83、53微克/立方米。

声环境质量 城市区域环境噪声平均等效声级为56.8dB（A），道路交通噪声平均等效声级为67.4dB（A），均达到《声环境质量标准》（GB3096-2008）相应标准。

（姚 瑾）

【耕地保护】 2013年，佛山市国土规划局加快编制佛山市土地整治规划。制订《佛山市土地整治规划工作方案》，土地整治规划已通过广东省国土资源厅的会审。同时，推进高标准基本农田建设，重新修订《佛山市区级人民政府耕地保护和节约集约用地履行情况考核评分细则》，拟订基本农田保护和高标准基本农田建设补贴方案，加强项目实施管理，将高标准基本农田建设与历史文化、现代农业、生态旅游、社会主义新农村建设相结合。完成高标准基本农田项目建设规划设计方案。

做好2012年度卫片执法检查及日常动态巡查等工作。严厉查处违法用地，坚决拆除违法建筑物，严保土地合规合法利用。同时，完成《佛山市城乡规划遥感监督检测变化图斑信息核查、分析和汇总上报管理项目》系统开发工作。制订《佛山市国土规划局保发展保红线工程2013年行动工作方案》，全面推进2013年“双保工程”。

【矿产资源管理】 2013年，佛山市国土规划局印发《佛山市国土资源和城乡规划局2013年矿产资源领域安全生产工作计划》，落实企业主体责任，加强国土资源管理部门对非煤矿山安全生产监督管理。市国土规划局联合市公安局、安监局等相关部门开展安全生产大检查，并组织开展全国“两会”期间安全生产大检查、“打非治违”“安全生产月”“持证矿山联合检查”等专项整治行动。全年对全市17个持证矿山开展隐患排查，出动检查人员约200人次，排查发现安全隐患21处，落实整改21处。完成全市17家矿山企业年检，确定年检合格17家；完成2个采矿权延续工作；完成矿山矿产资源储量核实报告备案4个、矿山开发利用方案备案3个。全年征收矿产资源补偿费119.70万元，采矿权使用费1.15万元。

【地质灾害防治】 2013年，佛山市国土规划部门编制《佛山市2013年度地质灾害防治方案》，明确防范自然和人为因素引发地质灾害重点区域和防范措施，经市政府审核同意后印发实施。全年共发生地质灾害3

起，均未达到统计标准（直接经济损失1万元以上）。已发灾害事故3起，其中南海区2起、高明区1起；直接经济损失0.6万元。其中2起为自然因素引发，占总数的67%。

全年全市共投入地质灾害治理经费2691万元（不含顺德区），消除地质灾害隐患点29处，消减15.93%，完成省下达消减10%的目标任务。截至年底，全市排查发现地质灾害隐患点165处，威胁人民群众达2000多人，潜在经济损失超5000万元。

（许　伟）

【节能减排】　2013年，佛山市贯彻落实节约能源法律法规和政策措施，加强重点用能单位、重点领域的节能管理，加快企业能源管理中心、能源管理体系建设，推动循环经济与清洁生产，节能降耗工作取得一定成效。全年全市万元地区生产总值能耗为0.53吨标准煤/万元，比上年下降4.54%，完成省下达的节能目标。截至年底，佛山市共有省级清洁生产企业210家，居全省第一位。推动电力需求侧管理城市综合试点，全市已完成备案项目264个，预计年节电量4.71亿千瓦·时，降低、转移电力负荷19.58万千瓦。佛山市电力需求侧管理平台正式上线，面向政府、供电和用电企业、电能服务公司，实现在线监测、分析、管理与统计等功能。

（刘义超）

【排水排污整治】　2013年，佛山市水务、国土、交通、住建、环保等部门协同管理市政排水管网的建设和验收工作，统一制订《城市排水许可证办事指南》，纳入全市联合验收办事指南汇编。从2013年起，佛山市推行建设项目竣工联合验收制度，凡新改扩建工程项目（包括新建楼盘和小区）未按规定办理《城市排水许可证》的，不能验收和启用。

水务和环保等部门大力打击汾江河沿岸企业非法排污。建立河涌保洁机制，制定《佛山市河道水面保洁管理办法》，开展西南涌水浮莲清理和常态化保洁工作，保障河涌整治效果。启动全市主要内河涌基础情况和现状的调查，建设动态河涌基础信息系统，为全市内河涌整治提供技术和基础上的支撑。开展内河涌整治情况调查，建立数据库，对规划进行评估，为开展后续的综合整治工作打好基础。其中，南海区率先全面开展“一涌一档”工作，完成全区四级河涌和河道排污口的摸底调查，首次实现全区河涌信息数字化。

【污水处理厂建设】　2013年，佛山市建成云东海污水处理站和高明区第四污水处理厂，其中云东海污水处理站通过环保验收；南海区桂城污水处理厂停止运行，镇安污水处理厂三期和南庄污水处理厂试运行，在建污水处理厂项目10个。至年底，全市共有54座污水处理厂投入运营，其中禅城区5座、南海区25座、顺德区13座、高明区6座、三水区5座，设计日处理规模达到226.5万吨/日，城镇污水处理率达88.94%。全市污水处理厂处理工艺达二级及以上处理级别，污水处理厂达标排放率100%。

【农村生活污水处理】　2013年，佛山市水务部门推进分散式农村生活污水治理的试点工作，其中禅城区和南海区重点推进农村生活污水接入城镇污水处理厂集中处理，在部分较为偏远的农村建设小型污水处理装置。禅城区在南庄镇华夏陶瓷博览城和利华员工村各建成1个生活污水处理站。南海区建成

9 个农村小型污水处理装置。高明区和三水区开展分散式农村生活污水处理试点，其中高明区塘伙村、旺田村 2 个试点工程和三水区西岸村、岭东村、大望岗村等 6 个自然村污水处理试点投入使用。

全市有 40 座污水处理厂位于镇街，纳污范围包括镇周边的附近行政村，部分村居的污水已引入城镇污水处理厂进行处理。

【污泥处理】 2013 年，佛山市禅城区南庄污泥处理厂开始实施建设，南海区污泥处置中心投入试运行，顺德区正在进行污泥处理中心建设前期工作，三水区与佛山市三水佳利达纺织染有限公司大塘热电厂达成初步协议，计划利用该公司的热电锅炉建设污泥处理处置中心，已完成环评并进行可行性研究；高明区计划建设处置规模为 270 吨 / 日的固废综合利用中心项目，可研报告通过专家评审。 （刘　勇）

【大气污染治理】 2013 年，佛山市印发《佛山市天更蓝三年行动计划（2013~2015 年)》，并将大气污染重点工作任务纳入《佛山市环境整治三年行动计划》，分解落实到各区各镇（街）各部门，并实施考核。同时，按照贯彻实施“大气污染防治国十条”的相关要求，编制《佛山市关于实施国家大气污染防治行动计划的若干意见》，开展大气综合整治工作。

【工业废气污染源治理】 2013 年，佛山市继续推进南海发电一厂降氮脱硝工程，推进工业锅炉燃料结构清洁化。全年全市共提前淘汰（改造）4 吨以下和使用 8 年以上的 10 吨使用高污染燃料的小锅炉 2700 多台。推进挥发性有机物污染控制工作，开展挥发性有机物治理试点示范工程，重点监管全市 334 家挥发性有机物排放企业。加强陶瓷行业污染整治的专题调研，组织编制《佛山陶瓷行业废气排放及治理情况调研报告》《佛山陶瓷行业〈陶瓷工业污染物排放标准〉实施方案》，为企业执行新标准排放要求提供技术指南支撑。推进清洁生产审核工作，全年全市共有 113 家企业通过重点企业清洁生产评估，48 家企业通过重点企业清洁生产验收，对不按要求开展清洁生产审核的企业进行处罚，处罚金额 45 万元。

【机动车排气污染整治】 2013 年，佛山市推进公务类黄标车、公共服务类黄标车、营运类黄标车淘汰工作。全年全市累计淘汰黄标车 7.6 万辆，淘汰率 37.2%。推进提前淘汰车辆奖励补贴工作，共受理申报奖励资金业务 15451 宗，累计发放奖励补贴资金 1.6 亿元。全市推广黄标车“闯禁”电子抓拍系统，利用原有电子警察系统，包括电子抓拍摄像装置、车牌自动识别系统和交警综合执法平台开展工作。通过电子抓拍处罚，推进黄标车淘汰进度。继续整治黑烟车，实施《佛山市公众举报黑烟车奖励暂行办法》，开展整治黑烟车专项行动，累计检查车辆 9548 辆，其中尾气超标 2810 辆，不达标率 29.4%；受理公众举报黑烟车 712 宗。全面推广使用粤Ⅳ标准车用汽油及国Ⅳ标准车用柴油，从源头上减少大气污染物的产生。

【建筑扬尘控制】 2013 年，佛山市出台《佛山市扬尘污染防治管理办法》，明确建筑施工工地和道路与管线施工等扬尘污染防治要求，建立长效管理机制，进一步加强扬尘污染防治工作。 （姚　瑾）

【城乡生态环境建设】 2013年，佛山市实施“天更蓝、水更清”行动计划，开展大气和水环境综合整治。制订实施重点河涌“一河一策”方案，加强河涌治理工作责任制，重污染流域治理推行“涌长制”。加强饮用水源的保护，确保饮用水安全。创新环保监察手段，实行环境监察网格化管理。加强城镇生活污水处理厂、工业废水深度治理等工作。开展重点污染行业专项整治，打击非法倾倒陶瓷废浆渣、危险化学品及医疗垃圾跨区倾倒行为。生态建设有序推进。至年底，19个镇（街）成为国家级生态乡镇，2个镇（街）成为广东省生态乡镇。绿化水平迈上新台阶，完成新造林作业面积0.15万公顷，建设林业生态文明示范村125个；完成森林碳汇工程更新造林300公顷，封山育林面积200公顷，被授予“全国绿化模范城市”称号；新增、改造公园绿地193万平方米。

（市发改局）

经济社会发展概况

【经济稳健增长】 2013年，佛山市完成地区生产总值7010.17亿元，比上年增长10%，经济运行显示出稳健复苏态势。投资总量增速明显加快，全市完成固定资产投资2375.60亿元，比上年增长15%。消费市场稳步增长，全市社会消费品零售总额2264.10亿元，比上年增长12.1%；物价指数上涨2.5%。全年全市进出口总值639.4亿美元，比上年增长4.7%，其中出口总值425.24亿美元，增长5.9%。全市地方公共财政预算收入438.21亿元，比上年增长14.01%；地方公共财政预算支出488.40亿元，增长12.62%。金融机构本外币存、贷款余额分别为11387.13亿元和7112.31亿元，分别比年初增长11.7%和11.3%。

【产业结构优化】 2013年，佛山市第一、二、三产业之比为2.0：61.9：36.1，其中第三产业占比比上年提高0.5个百分点。现代农业发展势头良好，完成农业总产值270.7亿元，比上年增长2.1%。先进制造业和战略性新兴产业加快发展，先进制造业完成工业总产值6147.60亿元，比上年增长11.1%；高技术制造业完成产值1079.52亿元，增长12.4%。一汽－大众一期建成投产，二期已签约投资153亿元；佛山国家高新区建设快速推进，在全省高新区考核中排第三位；南方智谷、广东工业设计城、华南电源创新科技园等载体建设加快；新增广东省生物医药（佛山市南海区）、新能源汽车核心部件（佛山市南海区）2个战略性新兴产业基地。现代服务业发展加快，第三产业增加值2530.76亿元，比上年增长7.6%。制定实施《佛山市提升服务业发展水平三年行动计划》；中德工业服务区成为省级工业服务综合配套改革试验区，中德高技术服务平台、中德高技术试验园等建设顺利推进；广东金融高新区服务实体经济发展效果凸显，累计引进项目148个，总投资超393亿元，佛山民间金融街、区域股权交易中心挂牌，华南新加坡城落户。现代生产性服务业聚集效应增强，成功引进毕马威大中华区后援中心、欧司朗亚太总部、深交所路演中心、苏宁电子商务运营基地、慧聪中国家电电子商务产业园。佛山长鹿农庄创建国家AAAAA级旅游景区通过初评。

【基础设施建设】 2013年，佛山西站先期

2013年佛山市国民经济发展情况

市（区）	户籍人口（万人）	地区生产总值		人均地区生产总值		第一产业增加值		第二产业增加值		工业增加值	
		实绩（亿元）	比上年增长（%）	实绩（元）	比上年增长（%）	实绩（亿元）	比上年增长（%）	实绩（亿元）	比上年增长（%）	实绩（亿元）	比上年增长（%）
佛山市	381.61	7010.17	10.0	96310	9.5	139.05	2.8	4340.36	11.4	4201.80	11.9
禅城区	61.05	1342.35	10.2	121398	9.9	0.54	–5.2	560.07	12.1	530.56	12.9
南海区	124.48	2172.44	10.2	82588	9.5	43.73	3.5	1130.91	9.9	1094.04	10.3
顺德区	125.94	2556.78	10.2	102470	9.8	43.60	3.1	1356.51	10.7	1305.32	11.1
高明区	29.91	558.72	12.5	131732	12.0	16.60	1.4	434.65	14.7	424.30	15.2
三水区	40.23	840.52	12.5	133442	11.9	29.82	3.1	639.84	14.5	629.19	14.8

（续表）

市（区）	第三产业增加值		规模以上工业总产值		农林牧渔服务业总产值		全社会固定资产投资		外贸进口额	
	实绩（亿元）	比上年增长（%）	实绩（亿元）	比上年增长（%）	实绩（亿元）	比上年增长（%）	实绩（亿元）	比上年增长（%）	实绩（亿美元）	比上年增长（%）
佛山市	2530.76	7.6	17121.88	12.6	263.52	0.5	2375.60	15	214.11	2.4
禅城区	781.74	8.6	2224.33	12.5	1.21	–2.6	421.08	–	46.97	–10.9
南海区	997.80	10.8	4647.03	12.0	83.19	0.3	712.62	–	98.27	4.4
顺德区	1156.67	9.8	5353.32	11.8	85.09	0.3	499.24	–	56.60	16.2
高明区	107.47	5.1	2294.12	15.8	32.55	0.9	459.21	–	4.07	13.9
三水区	170.86	6.6	2603.09	15.3	61.47	2.2	283.44	–	8.21	–18.1

（续表）

市（区）	外贸出口额		实际利用外资		地方公共财政预算收入		地方公共财政预算支出	
	实绩（亿美元）	比上年增长（%）	实绩（亿美元）	比上年增长（%）	实绩（亿元）	比上年增长（%）	实绩（亿元）	比上年增长（%）
佛山市	425.24	5.9	25.21	7.3	438.21	14.01	488.40	12.62
禅城区	95.51	–2.4	4.42	8.3	47.97	13.81	61.95	13.92
南海区	109.59	5.7	7.67	8.4	146.13	13.12	139.30	7.34
顺德区	186.77	8.9	7.69	6.4	154.14	12.91	149.63	1.15
高明区	18.65	13.3	1.48	–13.4	23.27	19.69	25.95	21.18
三水区	14.71	22.5	3.95	16.3	32.02	19.37	34.72	16.63

(续表)

市(区)	社会消费品零售总额		城镇居民可支配收入		农村居民人均纯收入		城乡居民储蓄存款余额	
	实绩（亿元）	比上年增长（%）	实绩（元）	比上年增长（%）	实绩（元）	比上年增长（%）	实绩（亿元）	比上年增长（%）
佛山市	2264.10	12.1	38038	10.0	17503	11.6	5602.58	7.6
禅城区	540.31	12.4	34433	—	18976	12.8	1253.56	9.8
南海区	734.41	12.3	39843	—	18515	11.1	1971.51	7.3
顺德区	730.25	12.0	42749	—	18111	12.8	1904.01	5.8
高明区	93.41	11.1	26207	—	12003	11.7	168.44	10.2
三水区	165.72	11.3	28880	—	14799	11.7	297.94	9.5

工程、广佛环线启动建设，广佛线二期按计划推进，广明高速西延线建成通车，龙湾大桥、油金大桥扩建工程建成通车，汾江路南延线、魁奇路东延线等项目正式启动。水利港口设施建设推进顺利。新城区建设提速。继续实施强中心战略，加快推进“一老三新”建设。禅西新城初具规模。对佛山新城管理体制作出重大调整，实行区镇融合、联动发展。广东金融高新区配套设施日益完善，顺德新城、高明西江新城、三水新城等新城区建设有序推进。城市管理不断加强。强化城市管理工作考评，发挥数字城管作用，不断提升城市管理综合水平，出台中心城区公共交通网络优化方案，开展中心城区交通拥堵节点治理，实现禅城、南海、顺德公交系统对接。

【体制机制改革】　2013 年，佛山市推进行政管理体制改革。整合食品监管职能，并划入市食品药品监督管理局；重组卫生计生部门；设立公共资源交易管理委员会办公室，采取“一委一办一中心”模式，实现公共资源交易管办分离；推进网上办事大厅建设，建立公共服务统一热线 12345，实现全市政务服务统一呼叫和指挥调度。深化企业投资管理体制改革，建立以备案制为主的项目管理机制。出台《佛山市市级社会组织发展专项扶持资金管理办法》，设立专项扶持资金，加快社会组织孵化培育基地建设；创新社会组织登记和年检方式，试行社会组织登记和年检委托制。继续推进医药卫生体制改革，加强基层公共医疗服务，对佛山市第二人民医院、禅城区中心医院实行改制等。

【区域合作深化】　2013 年，广东省对佛山市实施《珠江三角洲地区改革发展规划纲要(2008~2020 年)》实现“四年大发展”进行评估考核工作，佛山市排在珠三角城市第四位；佛山市制订实施《规划纲要》实现“九年大跨越”工作方案。区域合作顺利推进。落实广佛同城化年度重点工作计划，海八路对接龙溪大道快速化改造取得进展，三山长江路对接番禺南浦大道、魁奇路东延线对接番禺南大路等前期工作顺利推进。广佛产业互补合作深入，佛山工业制造业与广州生产性服务业实现大范围对接。广佛肇经济圈建设顺利进行。对口援建和扶贫工作成绩突出。完成援助易贡茶场任务，启动援助墨脱县工作；实施援疆项目28个，安排援疆资金4.24亿元。扶贫开发“双到”工作对口帮扶清远、云浮两市落实资金1.64亿元，启动对口帮扶村帮扶项目386个；对口帮扶云浮工作正式启动，建立两市联席会议制度，设立对口帮扶指挥部。

【社会民生发展】 2013年，佛山市社会保障体系持续完善。企业职工退休人员养老金水平进一步提高，达每月2135元，失业保险金增至1048元/月，城乡低保标准由每人每月430元调高到每人每月470元，居民住院报销比例达到75%左右。建立大病医保制度，提高参保人员住院报销比例，受惠对象逾450万人。全市就业形势稳定，城镇登记失业率为2.26%。社会事业持续进步。社会建设卓有成效，社会建设综合考核居全省第三名，幸福广东建设综合评价列珠三角城市第二位。教育水平不断提高，率先开展现代职业教育体系建设试点，成为全省首个“广东省推进教育现代化先进市”。医疗卫生服务能力和可及性明显提升，全市311个政府办基层医疗卫生机构全部实施基本药物制度。文化体育事业丰富多彩，举办2013秋色欢乐节，“魅力佛山·四季情韵”艺术惠民工程深入基层，深入民心。举办高尔夫欧巡挑战赛、佛山国际龙舟公开赛等赛事。

（市发改局）

体制改革

【经济体制改革】 2013年，佛山市安排的财政竞争分配资金涉及科技、工业、体育、民政、文化、教育等领域，提高资金分配的科学性和合理性，扩大财政资金的经济社会效益。推进营业税改增值税试点工作，扩大“营改增”试点行业范围。

探索金融创新改革。是年10月，广东金融高新区股权交易中心正式开业，首批挂牌企业达208家，融资意向约30亿元；集成金融与东鹏控股相继登陆香港主板，分别成为国内首家香港主板上市的民营金融控股集团和建筑陶瓷企业。佛山民间金融街揭牌，已进驻50个项目，包括金融机构、服务机构和中介机构。推进投融资管理体制改革。举办2013佛山城市可经营项目投资推介洽谈活动，共推出重点项目58个，计划投资额为956.51亿元；签约项目42个，投资额494.84亿元；项目涉及基础设施、“三旧”改造、生态环保、社会事业、文化旅游等领域。

【价格体制改革】 2013年，佛山市取消、降低、免征32项行政事业性收费，为企业和群众减负约1亿元；降低佛山市路桥车辆通行费年票收费标准。继续对低保户、五保户家庭实行电信资费优惠，扩大困难群体有线数字电视服务收费减免范围。为减轻出租车营运成本，对车用压缩天然气价格实行最高限价。

【行政管理体制改革】 2013年，佛山市制订实施《佛山市2013年深化行政管理体制改革重点工作方案》，推进市直部门第三批改革事项目录和保留实施目录的制定工作。重点清理各部门面向企业群众办事的社会服务类事项，参照行政许可、审批事项管理模式，规范其事项名称、内容、办事流程和办事指南，并纳入网上办事大厅，实现统一规范管理；对2012年佛山市公布的行政管理体制改革事项目录中涉及的536项审批及日常管理事项进行“回头看”，逐项检查验收。截至11月30日，市级改革事项需落实536项，已落实495项，完成率92.3%；对2012年以来国家、省改革文件涉及市、区两级的事项，市级需承接和取消184项，已完成168项，完成率91.3%；区本级改革目录落实率达94.3%，区需承接和取消247项，96.5%落实到位。提高行政权力运行透明度，开展职能清单动态清理和建库工作，从严把控职能增减。建立审批事项、执法职权、社会服务事项、内部日常管理等职能统筹管理机制，探索整合机构编制和决策分析系统、行政审批事项管理系统、行政执法职权网上公开透明运行系统、电子监察系统，建立动态更新、数据共享、有效监督的职能运行平台，运用信息化手段对行政审批和日常管理事项目录及其办事规程实行动态管理，严格控制事项的设定。

【企业登记制度改革】 2013年1月28日，佛山市正式实施企业登记联合审批改革。该项改革涉及21个许可审批部门，包括工商登记事项、经营许可事项、场地许可事项及其他后续登记事项共100多个行政审批事项，改革面覆盖市、区、镇（街）三级。通过流程梳理，将51个行业准入事项和流程进行固化明晰，通过标准化、程序化、电子化的操作设定，使行政审批公开、透明。9月28日，佛山市全面推行企业注册登记改革。为进一步提高登记效率，顺德区实施企业登记事项并联审批改革，采取将工商、国税、地税、质监、社保、公安等6个登记事项纳入实施“一站申请、一窗受理、一表登记、并联审批、三证同发”的措施，4个工作日内同时领取营业执照、税务登记证、组织机构代码证，审批时间大幅压减。截至11月30日，全市（顺德区除外）按改革后登记方式登记的企业共3171户，其中，住所改革（含“一址多照、一照多址”方式登记的企业）3113户，按“认缴制”方式登记的企业53户，按“先照后证”方式登记的企业5户。

【公共资源管理改革】 2013年，佛山市将医疗设备和后勤供应、水利工程纳入统一的招投标体系。佛山市公共资源交易中心采取统一信息发布、统一业务流程、统一服务标准、统一监督管理的运作模式，为建设工程招投标、政府采购、土地使用权出让、矿产交易、政府资产交易及药品与医疗器械设备集中招标采购等公共资源交易活动提供服务。年内，成立佛山市公共资源交易管理委员会及其办公室，分别作为公共资源交易的决策议事机构和日常办事机构，办公室行使综合监管权，在全市五区形成“一委一办一中心”的公共资源交易监管模式。

（市发改局）

【科技体制机制改革】 2013年，佛山市政府印发《佛山市建设国家创新型城市总体规划（2013~2020年）》《佛山市建设国家创新型城市实施方案》，为建设国家创新型城市提供行动纲领、方向指南和政策依据；出台科技创新团队、重大科技项目、科技创新平台和专利资助办法4个配套文件，进一步修订科学技术奖励办法，为佛山市国家创新型城市建设提供政策支撑。各区也分别制订相关实施方案和行动计划，因地制宜推进国家创新型城市建设工作。在具体工作机制上，市科技局先行先试，全力推进行政管理体制改革，从做好科技经费监管的顶层设计入手，试行大科室制，对科技项目立项、实施、验收、考核等环节实行分开管理，互相监督，促进各项行政权力的规范运行，提高了工作效能和管理服务能力。（赵雪章）

基础设施建设

【交通基础设施建设】 2013年，佛山市完成交通固定资产投资64.45亿元，其中，路桥建设投资42.52亿元，国铁城际建设16.97亿元（征拆），城市轨道交通建设4.46亿元，港口建设4980万元。

全年全市新增高速公路15千米，高速公路密度达到11.52千米/百平方千米。广明高速西延线工程建成通车。广中江高速公路佛山段、佛清从高速公路南段动工建设。广明高速二期、肇花高速三水段和广明高速广州段佛山路段等3个续建高速公路项目推进顺利。

广佛地铁二期工程、广佛环线佛山西站至广州南站段、南海区新型公共交通系统试验段动工建设。广佛线首通段计划再开通的7个出入口加快建设。佛山地铁2号线一期工程起点位于佛山市禅城区南庄站，终于广州南站，线路全长32.3千米，已完成BOT特许经营权招标，正开展初步设计相关工作。地铁3号线工程起点位于顺德区的容桂站，终于南海区狮山，线路全长约71千米，工程建设规划已由国家发展改革委批复，正开展初步设计相关工作。（李丹心）

【水利基础设施建设】 2013年，佛山市共有147个民生水务工程建设项目，年度计划投资36.94亿元。截至年底，有65项工程完工，70项工程在建，12项工程开展前期工作，年度累计完成投资20.69亿元。

【城市排水设施建设】 2013年，佛山市投入排水设施维护资金2757万元，加强排水黑点改造和清疏，做好汛期城市应急排水等工作，特别是对港口路、祖庙路、江湾路、佛山大道、海三路等水浸黑点进行了治理，对西南街道中心城区的下水道管网进行全面清淤。全年全市共清疏排水管道805.5千米、进水口22500个，清理淤泥30930立方米，整治水浸黑点27处。

2012~2013年佛山市基础设施情况

项　目	单位	2012年	2013年
公路通车里程	千米	4902.97	5197.78
其中：高速公路	千米	120.50	135.50
本地电话年末用户	万户	271.43	296.02
移动电话年末用户	万户	1287.00	1339.30
国际互联网用户	万户	218.74	234.10
电力消费量	万千瓦·时	5069528.77	5270608.00
商品房屋实际销售面积	万平方米	802.17	940.74
商品房屋实际销售额	亿元	646.25	860.56

【农村供水设施建设】 2013年，佛山市投入7963万元对农村供水设施进行改造和实施“村村通自来水”工程，解决南海区海寿岛、平沙岛和高明区明城镇苗村片区及三水区青岐片区等共计1.80万名农村居民的饮用水安全问题。 （刘 勇）

【电网建设】 2013年，佛山电网累计完成投资29.81亿元，投产500千伏糯扎渡直流受端配套交流Ⅰ工程（佛山段）、220千伏输变电工程、110千伏小迳输变电工程、高明凤翔（塘美）输变电工程、顺德杏坛站3号主变扩建工程、顺德锦湖站3号主变扩建工程、顺德陈村站第三台主变扩建工程、佛山—大桥—百花链结构完善工程、佛山三水乐平站结构完善工程、广珠货运铁路（佛山官窑）牵引站供电工程等10项工程，新增变电容量88.2万千伏安、线路长度30.45千米。佛山供电局与佛山五区政府签订电网建设战略合作框架协议，编制城市电网饱和网架规划，开展分布式能源应用与电网协调发展研究，在省内率先推行预制式电缆沟及配电房标准化建设。 （赵 岚）

【信息化建设】 2013年，佛山市加大无线宽带、光纤网络、云平台等信息网络基础设施建设力度，加强交通、管网、环保等传统基础设施的智能化改造。

是年，佛山市3G网络覆盖率为98.7%，3G用户数达452万户，移动通信基站数7939个，Wi-Fi发射站数9502个，无线宽带覆盖率20%，佛山市成为继广州、深圳后的第二批TD-LTE建设城市。全市开通光纤用户数45.76万户，开通率为19.32%，其中电信、联通、移动已开通光纤用户数分别为34万户、5.77万户和6.0万户。

在三网融合方面，建成电视营业厅、数字图书馆（一期）、橙视·屏动、欧美专区、名栏精选等系统和栏目。截至年底，全市广电网络U互动业务用户规模突破35万户，电信IPTV用户超过30万户，云联终端用户达到2万户。全市的高清交互业务试点数超45万个，宽带数据业务用户770余万户，广电数字电视用户158万户。

云平台建设方面，截至年底，全市建成交通云、医疗云、陶瓷云、物流云、时尚云、企业云等多个云平台，为全市信息化建设提供有力支撑。交通云通过对佛山道路交通、城市公共交通的监测与分析，运用数据挖掘、整合、仿真等手段，最大限度解决城市交通问题；医疗云为市民提供基本医疗服务，社区公共卫生服务、健康档案（健康卡）管理等服务，还为各级医院提供绩效分析、决策管理、数据交换共享等服务；物流云使物流信息实时共享，以任务协同与资源差异化的设计实现对物流资源的有机整合；陶瓷云为佛山的陶瓷企业提供设计、培训、信息咨询等服务；时尚云立足佛山针织服装行业，以电子商务托管业务为切入点，以时尚杂志和华南针织网两大平台为依托，拓宽行业营销渠道；企业云为中小企业建设汇聚政务、金融等各行业服务的综合服务体系等。 （刘义超）

现代产业

【服务业】 2013年，佛山市推进现代物流、金融、电子商务、会展等现代服务业发展。商贸流通业稳步发展。全年全市实现社会消费品零售总额2264.1亿元，比上年增长 12.1%。其中，城市实现零售额 1715.65 亿元，比上年增长 12.2%；乡村实现零售额 548.45 亿元，增长 12.0%。全市批发零售贸易业零售额为 1974.36 亿元，比上年增长 12.7%，占全市社会消费品零售总额的 87.2%。连锁经营加快发展。至年底，佛山市骏丰频谱科技有限公司等 8 家公司 140 个门店通过直营连锁的认定，发展势头良好。物流业稳步发展。佛山市是国家流通领域物流示范城市，智慧物流腾飞企业经过两年多的培育，均得到较大的发展。工业设计不断发展。佛山市工业设计大赛成果卓著，提高了佛山工业竞争力。佛山家居博览城试业。城乡商业网点建设加快。截至年底，全市共有 38 家外资商业企业 73 个门店通过认定。

【信息产业】 2013 年，佛山市电子信息产业（不含家电）实现工业总产值 1318 亿元；完成工业增加值 291 亿元，比上年增长 12%。电子信息制造业占全市规模以上工业总产值比重超过 8%。佛山市电子信息制造业以平板显示、LED 半导体照明等新兴产业为主，光伏太阳能、卫星导航、通信天线等产业有一定基础，其中平板显示产业产值达 440 亿元，新光源产业产值达 220 亿元。软件业方面，全市软件业业务收入 30 亿元，比上年增长 10%。至年底，佛山市共有“双软企业”(经软件企业认定和软件产品登记的企业）52 家，其中，南海区有 20 家，顺德区 16 家，禅城区 12 家，三水区 4 家。全年全市通信业务总量 141 亿元，比上年增长 12%。

【先进制造业】 2013 年，佛山市先进制造业主要包括装备、汽车、钢铁、石化等制造业，完成工业总产值 6147.60 亿元，比上年增长 11.1%，占全市规模以上工业总产值的比重达 35.8%。其中，装备制造业总产值 4536.46 亿元，比上年增长 12.1%；钢铁加工业 555.90 亿元，增长 4.3%；石油及化学工业 1055.24 亿元，增长 10.9%。全市共有从事汽车及零部件制造规模以上企业 105 家。一汽大众南海项目一期建成投产，第一款车型 F11（高尔夫 A7）于是年 9 月下线。

【高新技术产业】 2013 年，佛山市规模以上高技术制造业企业完成工业总产值 1079.52 亿元，比上年增长 12.4%。其中，医药制造业实现产值 73.50 亿元，比上年增长 14.9%；通信设备、计算机及其他电子设备制造业实现产值 889.83 亿元，增长 9.0%；医疗设备及仪器仪表制造业实现产值 113.98 亿元，增长 48.7%。

【优势传统产业】 2013 年，佛山市规模以上优势传统产业完成工业总产值 6986.48 亿元，比上年增长 13.8%，占全市规模以上工业总产值的比重达 40.7%。其中，家用电器行业紧抓宏观经济平稳增长和家电节能补贴惠民工程发展机遇，实现产值 2330.76 亿元，比上年增长 15.3%；建筑材料行业受房地产市场有所回暖、国内城镇化进程不断推进和农村需求量增加带动，实现产值 1491.87 亿元，增长 13.6%；食品饮料行业实现工业总产值 681.74 亿元，增长 12.5%；家具制造业实现产值 391.95 亿元，增长 14.7%。

（刘义超）

【现代农业】 2013 年，佛山市推进“菜篮子”基地标准化生产、品牌化经营、智能化管理，在全省率先采用二维码技术对基地农产品质量安全进行追溯。加大对农业龙头企业的税收、金融、用地等方面扶持，安排贴息资金360万元补助项目10个，安排补助资金280万元补助项目7个，新增市级农业龙头企业14家。加强现代农业园区建设，提出“三大重点工程”“十个重点任务”“四个保障措施”，制定星级现代农业园区的认定管理办法，其中顺德区通过省级现代农业示范区申报评审。开展淡水鲜活水产品标识管理试点工作，编发录入追溯码5000多家，试点企业收取标识4865份，提高检测合格率。推进农产品品牌创建工作，认证无公害农产品81个、绿色食品5个、有机食品14个、地理标志农产品2个。全市共有省级名牌产品（农业类）19个，其中是年新增5个。加大农业科技研发和示范推广力度，组织对31个农业科技推广项目和9个现代种业项目进行评审，择优筛选部分项目给予扶持建设。市林科所“南亚热带松林改造模式推广应用”项目获广东省农业技术推广奖二等奖，“茶花资源筛选与开发利用研究”获佛山市科技奖二等奖。举办第二届广东（佛山）安全食用农产品博览会，入场总人数达47万人次，现场交易总额约2800万元。全年全市实现农业总产值263亿元，比上年增长0.5%；农业增加值139.0亿元，增长2.8%。

（赖宏宇）

转型升级

【国家创新型城市创建】　2013年，佛山市制订建设国家创新型城市总体规划及实施方案，全面推进“八个一”行动计划，增强产业自主创新能力，优化创新环境和营造创新氛围。全年全市各级财政共安排建设国家创新型城市资金23.49亿元，实际支出20.7亿元。打造创新平台。佛山火炬创新创业园、瀚天科技城成为国家级科技企业孵化器；进一步深化产学研合作，加强与中科院、清华大学、卡内基梅隆大学等科研院所合作；搭建“中国在线制造”云平台，实施“百企携万家登云计划”，共有106家龙头企业带动10067家中小企业上线；新组建企业省级工程技术中心54个、市级工程中心28个。引才引智成效显著。全市共引进省级创新团队3个、市级创新团队12个；吸引国家“千人计划”人选6名，全市入选“千人计划”人数增至13人。开展佛山市重大科技项目海内外招标。全市高新技术企业数量达到614家。

（市发改局）

【城市建设模式】　2013年，佛山市全面开展城市升级行动。佛山以“1+2+5+X”组团式布局城市发展，即强化1个中心组团、建设2个100万人口以上、5个30万～50万人口的新城区，若干个富有岭南特色的优美镇（街道），形成强中心、多组团、扁平化的城市格局。截至年底，佛山市城市升级工作的99个市统筹项目中，完工23个，开工73个，启动3个。全市各区和佛山新城自行安排的城市升级项目共计300个，其中，完工42个，开工42个，启动或开展前期准备工作58个。

【城市组团建设】　2013年，佛山市推进佛山新城，智慧新城，南海千灯湖片区、狮山的佛山高新区，顺德德胜新城、南方智谷，高明西江新城，三水新城等片区建设，以及禅城老城区改造。开展农贸市场改造、特色步行街区打造、组团中心交通改善等专项工作。

【轴线节点改造】 2013年，佛山市沿江、沿路景观林带和城市绿道、城市公园、城市出入口景观建设效果显现，禅桂中心区沿街建筑综合整治和各区重点道路的“五位一体”整治顺利推进，市民生活环境进一步美化。 （许　伟）

【战略合作平台】 2013年，佛山市中德工业服务区成为省级工业服务综合配套改革试验区，引进史太白技术转移中心、VJP知识产权事务所、F+U教育集团等一批德国工业服务机构，中德高技术服务平台、中德高技术试验园、华南德国中心等建设顺利推进。中德工业服务区前期基础设施投资累计超过300亿元，在建重点项目投资总额达613亿元，至年底，累计完成投资257亿元（其中2013年度完成投资83亿元），累计完成投资占总投资额的41.9%。广东金融高新区服务实体经济发展效果凸显，累计引进项目148个，总投资超393亿元。广东金融高新区股权交易中心（OTC市场）和全省第二个民间金融街顺利落户。10月29日正式投运的金融区OTC市场成为全省特批的第三个OTC市场，民间金融街成为全市乃至珠三角民间资本集聚及投融资的平台。完善佛山高新技术产业区管理体制，佛山国家高新区核心区与狮山镇实现“园镇融合”，打造狮山汽车产业城，做大做强光电、生物医药等新兴产业，辐射带动能力显著增强，在是年全省高新区考核中跃升至第三名。顺德高新技术产业开发区升级为省级开发区。南方智谷、广东工业设计城、华南电源创新科技园、欧洲工业园、海尔（三水）创新产业园建设加快，产学研合作进一步深化，产业集聚效应明显。

【经济发展方式转变】 2013年，佛山市经济发展方式继续由资源驱动向创新驱动转变。启动国家创新型城市创建工作。支持企业工程技术研发中心建设，全市有各级企业工程技术研究开发中心856个，其中省级工程中心159个。产学研取得新成效。全市引入中科院创新团队40个，共计420人，建成专业中心7个、创新平台16个，育成企业50家，院市双方达成合作项目780个，其中30个实现产业化，带动产值超500亿元。加大知识产权工作力度。全年全市专利申请量22603件，比上年增长20.31%。其中，发明专利申请量4674件，比上年增长41.21%；专利授权17839件，增长10%。绿色、低碳、环保经济发展迅速。三水区工业园成为国家级分布式光伏发电示范区。禅城、顺德低碳示范区建设深入推进，预计全市万元GDP能耗下降4.25%。探索碳排放权管理和交易，启动重点行业碳排放标准研究，14家企业进入碳排放交易所挂牌。新增省级清洁生产企业39家。 （市发改局）

【工业结构调整】 2013年，佛山市优化调整工业结构。全年全市规模以上优势传统工业总产值比上年增长13.8%，占全市规模以上工业总产值的比重达40.7%，比上年提高0.9个百分点。先进制造业和高技术制造业总产值分别比上年增长11.1%和12.4%，占全市工业总产值的比重分别为35.8%和6.3%。全年全市规模以上轻工业完成总产值8078.88亿元，比上年增长13.6%；重工业完成总产值9078.76亿元，增长11.8%。轻重工业产值之比为47.09：52.91。内需拉动作用进一步增强，全市工业产品销售率为97.0%。其中内销占工业销售值的比重达85.7%，比上年增加2.3个百分点。民营工业总产值占全市工业总产值的比重达65.9%，对全市工业增长的贡献率达72.8%。

【工业产业转移】 2013年，佛山市坚持产业转移与转型升级、生态保护相结合，支持被帮扶城市的产业升级与城乡发展。园区基础设施建设取得新突破。规划面积437.32公顷的佛山（清远）产业转移工业园已全部开发。创兴三路、创兴五路西段、创兴六路西段、创业一路、建设四路、建设六路中段6条道路基本完成。佛山（云浮）产业转移工业园开发完成。园区产业链招商取得新突破。佛山（清远）产业转移园经济发展势头良好，入园企业达120家，投资总额285.9亿元；佛山（云浮）产业转移工业园发展后劲持续增强，共引进项目235个，计划总投资338.3亿元，已与广汽集团、一卓医药和广州福泉生物科技公司等达成合作意向；广东顺德清远（英德）经济合作区入驻企业达21家，总投资234亿元。（刘义超）

【金融创新发展】 2013年，佛山市金融改革创新工作主要以“金融、科技、产业融合”（简称“三融合”）为重点，市政府通过设立产业金融引导基金等累计投入近10亿元，在引导金融资源投入科技企业中发挥“超前引领”作用。同时，新设广东金融高新区股权交易中心、深交所网上路演中心、佛山民间金融街等重点科技金融对接平台。全年全市金融业实现增加值272.5亿元，比上年增长9.8%。佛山市已形成银行、证券期货、保险等传统金融机构与融资担保、小额贷款、股权投资基金、融资租赁等泛金融机构相结合的金融体系，金融机构总数超过500个。（刘　宏）

城乡发展

【城乡规划】 2013年，佛山市国土规划局开展新一轮佛山市城市总体规划编制工作。完成《佛山市控制性详细规划编制单元划分》《佛山市城乡规划和土地规划“一张图”技术规范体系》《佛山建设低碳城市规划》《佛山市城市慢行系统规划》《佛山市城市地下管线勘测成果数据建设（三期）》编制，启动轨道交通2号线与3号线站点TOD研究、珠三角城际轨道站场TOD综合开发、中心城区城市建设强度分区规划、控规成果入库等项目。完成《佛山市交通发展白皮书》的发布及“实施工作责任书”签订工作。组织第二次全市居民出行调查，完成佛山市交通模型的动态维护，编制《2012年佛山市交通发展年度报告》《佛山市2014年交通设施建设年度计划》。开展《佛山市绿线整合规划（2013~2020年）》《佛山市轨道交通系统规划》《佛山市智慧交通中观交通模型开发》《佛山市中轴线实施悬挂式快速公交系统可行性论证》等项目工作。

开展佛山城市中轴线研究，进一步深化落实城市中轴线的规划设计方案，选取4个重要节点组织开展城市设计国际竞赛工作，确定深化实施方案。同步开展《佛山市中轴线地区控制性详细规划》编制工作。

推进控制性详细规划相关工作。印发《佛山市控制性详细规划编制单元划分》，修改《佛山市控制性详细规划管理工作规程》，按照《佛山市控制性详细规划管理工作规程》《佛山市控制性详细规划编制成果技术准则》《佛山市控制性详细规划电子数据成果标准》等控规管理文件以及研究成果，进一步指导各区加强控制性详细规划编制管理工作。完成23项控制性规划的审查、上报工作。开展2013年控制性规划成果入库工作。（许　伟）

【城乡建设管理】　2013年，佛山市投入城市管理资金31.6亿元；开展绿化与景观提升工程，启动城区沿街景观长效管理实施项目“五位一体”整治工作。全年全市城管执法系统共受（处）理案件45万件，立案8348件，其中拆除违法搭建物2876件，面积60970.14平方米，查处撒漏车辆1423辆。

是年，佛山市禅城区、南海区、高明区、三水区在建监督工程5941项，建筑面积5196.18万平方米，工程合计总造价1011.19亿元；新报建项目2164项，建筑面积2822.06万平方米，工程合计总造价549.6亿元；新注册工程监督覆盖率、受监工程主体结构合格率、竣工验收工程一次验收合格率均达100%。

是年，佛山市禅城区、南海区、顺德区、高明区、三水区累计完成房地产开发投资745.37亿元，比上年增长16.7%；新建商品住房均价上升8.06%。（张珍妮）

【基本公共服务】　2013年，佛山市继续推行住房保障制度改革，完善保障房分配制度。完成广东省人民政府下达的新开工建设保障房5500套、基本建成6833套的目标任务，实际新开工保障房项目20个，共5589套，开工率102%，其中政府投资项目1887套、社会力量投资项目2552套、危房改造1150户（套）；基本建成项目33个，共7444套。

是年，佛山市4座生活垃圾无害化处理场（厂）共处理生活垃圾238万吨，城镇生活垃圾无害化处理率达98%，城乡生活垃圾无害化处理率达94%。全市基本完成“一县一场、一镇一站、一村一点”垃圾设施建设，其中南海区正在推进日处理能力为1500吨的南海垃圾焚烧发电一厂改扩建项目建设，顺德区启动160座村居垃圾收集站改造提升工作。开展“5个5”生活垃圾分类试点工作（市直完成5个行政机关，各区完成5个居住小区、5个行政机关、5个事业单位、5个企业和5所学校）。全市累计开展生活垃圾分类试点156个。

（仇国强　雷婉宇）

【城乡一体化建设】　城镇村庄建设　2013年，佛山市禅城区、南海区、高明区、三水区共有建制镇15个、行政村292个，已编制村庄规划的行政村215个，占全部行政村的73.6%。建制镇镇域面积18.38万公顷，镇域户籍人口144.14万人，暂住人口115.83万人。其中，建成区面积1.46万公顷，建成区户籍人口43.26万人，暂住人口36.89万人。建制镇（含暂住人口）燃气普及率42.81%，人均道路面积15.09平方米，污水处理率98.36%，人均公园绿地面积5.80平方米，绿化覆盖率12.51%。

中心镇建设　2013年，佛山市禅城区、南海区、高明区、三水区共有中心镇7个，分别是：南海区里水镇、西樵镇，高明区明城镇、更合镇、杨和镇，三水区乐平镇、芦苞镇。中心镇镇域总面积1404.4平方千米，总人口91.85万人，暂住人口36.65万人。其中建成区面积63.67平方千米，户籍人口16.33万人，暂住人口12.90万人。中心镇建成区公共绿地面积403万平方米，公园绿地面积134.22万平方米，道路长度428.51

千米。

宜居城乡建设　2013年，佛山市禅城区、南海区、顺德区、高明区、三水区共有101个社区被评为“广东省宜居社区”，3个城镇、17个村庄被评为“广东省宜居示范城镇和宜居示范村庄”，3个项目（禅城区南风古灶历史文化遗产保护项目、顺德区天富来国际工业城“三旧”改造项目、生态休闲顺德绿道项目）获“广东省宜居环境范例奖”，5个镇、70个村庄、42个社区获佛山市“宜居城镇、宜居村庄、宜居社区”称号。是年，经广东省住房和城乡建设厅批准，佛山市有6个镇、43个村、101个社区为省级宜居示范城镇、宜居示范村庄、宜居社区，6个省级宜居环境范例奖；经市创宜办批准，有8个镇、110个村庄、158个社区成为市级宜居城镇、宜居村庄、宜居（示范）社区。南海区西樵镇松塘村、顺德区北滘镇碧江村、三水区乐平镇大旗头村，南海区桂城街道茶基村共4个村落分别被列入住房和城乡建设部的第一、二批中国传统村落名单。（伍佩龄）

【社会主义新农村建设】　2013年，佛山市按照广东省创建名镇名村示范村创建工作的要求，推进名村示范村建设，第一批2个名镇投入近75亿元，13个名村和33个示范村投入32亿元资金进行建设，并接受省的抽查验收。第二批9个名村、27个示范村投入建设资金12.4亿元。实施村级公益事业建设“一事一议”财政奖补工作，全面完成2012年全市112个“一事一议”项目的建设和验收工作；2013年“一事一议”项目共69个，市级落实扶持资金852万元，各项目建设进入收尾阶段。推进万村绿化大行动，结合义务植树和村容村貌整治，以村心公园建设、进村道路绿化和村庄后岗风景林改造为重点，开展乡村绿化美化建设，改善农村生态环境。其中三水区推行“一村一景”工程建设，取得明显成效，形成各具特色的村庄绿化格局。全年全市共完成绿化下乡125个村。开展职业农民培训，确定佛山市农科所等7个单位为首批佛山市职业农民技术培训基地，累计培训职业农民3.6万人次。（赖宏宇）

社会建设

【科学技术】　2013年，佛山市财政共安排创新资金23.49亿元，打造科技创新服务平台，开展重大项目攻关。是年佛山市首次开展全球招标项目，选取铝型材、3D打印、工业机器人等5个领域，共收到30家符合条件的企业投标。鼓励和帮助中小企业开展技术攻关，全市共有26个项目获国家创新基金立项，获国家扶持经费1570万元；在省、市创新基金方面，采取省、市联合申报与评审的形式，共收到154个项目申报，其中57个项目获省创新基金立项，扶持金额1560万元；74个项目获市创新基金立项，扶持金额2150万元。

是年，全市共有96家企业通过高新技术企业认定，73家企业通过复审，总数达到614家；新增省创新型企业6家、省创新型企业试点8家，累计拥有国家创新型企业试点2家、省创新型企业24家和省创新型企业试点22家。全年全市申报省级科技项目1444个，比上年增长14%；完成省、市科技成果登记和鉴定共203项，增长14.7%。全年全市专利申请量27194件，其中发明专利申请 4674 件；全市专利授权量 19624 件；有效发明专利量 4537 件；12 个项目获 2013 年广东专利奖，11 个项目获第十五届中国专利奖，其中金奖 1 个，实现零的突破。（赵雪章）

【教育事业】 2013 年 11 月，佛山市被广东省人民政府授予“广东省推进教育现代化先进市”称号，成为全省首个推进教育现代化先进市。截至是年底，全市有各级各类学校 1470 所，其中普通高校 3 所、成人高校 6 所、中等职业技术学校 48 所、普通高中 57 所、初中 134 所、小学 408 所、幼儿园（含部分托儿所）809 所、特殊教育学校 5 所。全市各级各类学校在校生 118 万人，其中基础教育在校生 102 万人。全年全市教育总投入 164 亿元，比上年增加 13 亿元。其中财政性教育经费拨款 124 亿元，占教育经费总投入的 75.61%，比上年增加 7 亿元；公共财政预算教育经费拨款 107 亿元，增加 6 亿元，占公共财政预算支出比重达 24.4%。

从 2013 年起，佛山市政府对具有本市户籍学前三年在园幼儿，按每生每年 100元的标准将生均公用经费拨付给幼儿园，建立起不分公办、民办学前教育生均公用经费制度。调整完善学前教育补助制度，将补贴对象从原来户籍大班在园幼儿扩大到学前三年在园幼儿，补贴标准每人每学年 300 元 ~680 元，全年全市三年保教费各级财政补贴共计 4589 万元，比上年增长 49%，惠及户籍幼儿 96356 人，增长 72%。免费义务教育实现全覆盖。全市免费义务教育对象从原来的省内户籍学生和省外政策性借读生，扩大到就读义务教育公办、民办学校的所有在校生。同时提高免费义务教育拨款标准，小学、初中每人分别比上年提高 190 元和 336 元。全市 65.7 万名在校生享受免费义务教育。外来务工人员随迁子女读书保障水平不断提高。全市义务教育阶段非户籍学生 34.1 万人，比上年增加 24071 人，占全市义务教育在校生总数的 51.2%。

（吴海桐）

【文化事业】 2013 年，佛山市在元旦、春节、国庆等重大节日期间，举办多场文化娱乐活动。推进艺术惠民工程。开展“作家走基层”系列励志演讲活动和文化艺术园区行系列演出活动。加快工业园区书屋建设，建成园区书屋 20 家；在各区开展 4 场岭南流动图书车进园区惠民活动，吸引近万名外来务工人员参加。举办异地务工人员子女文化艺术夏令营，活动形式除艺术分营和阅读分营外，增设文学、文博、戏剧曲艺、创意、新闻写作 5 个分营。该项活动被广东省文化厅授予省级“特色文化品牌”称号和获文化部第十六届全国“群星奖”（项目类）。向工业园区、戒毒所、残疾人工疗站等基层和偏远地区推送“开心广场·百姓舞台”流动演出 10 场、群众精品文艺演出 4 场、流动画展 8 场、流动讲座 5 场，观众达 1.5 万人次。汽车图书馆年内行程近万千米，分别为企业、社区、医院、学校等共 24 个固定服务点和 18 个流动服务点上门服务共 219 次。推进智能图书馆建设，全市建成 9 家智能图书馆。区域内数字图书馆共建共享平台正式上线，市民可使用数据库种类达 30 个。

（张紫琳）

【卫生事业】 2013 年，佛山市人均基本公共卫生服务经费财政预算安排达到 35 元。以镇为单位适龄儿童国家免疫规划疫苗接种率达到95%以上。

是年，佛山市共改建、扩建22个社区卫生服务中心（镇卫生院）和96个社区卫生服务站。制订《佛山市家庭医生式服务实施方案（试行）》，试点开展家庭医生式服务。积极应对登革热、人感染H7N9禽流感等传染病疫情。是年，全市孕产妇死亡率、婴儿死亡率、5岁以下儿童死亡率分别是9.86/10万、2.96‰、3.87‰，均低于全国平均水平。

印发《佛山市智能卫生建设三年提升计划（2013~2015年）》。在全国率先开展居民健康卡的9项应用服务。佛山市区域卫生信息平台成功接入47家医院、34个社区卫生服务中心。发行全市统一的佛山健康卡230万张、国家居民健康卡10万张。在全国首个开通官方微信“健康佛山”预约挂号。全市34个社区卫生服务中心、444个社区卫生服务团队、2583名社区医生使用社区卫生信息系统。（何敏宏）

【体育事业】 2013年，佛山市（含区、镇）组织群众体育活动60多项次，直接参与人数达15万人次。全年全市共投入902万元推进全民健身场地建设。通过连续7年的投入和建设，基本实现全市村（居）户外体育设施全覆盖，全市人均体育场地面积达2.1平方米。开展政府购买体育服务，全年实现春节、元旦、五一、十一和每周日等节假日共64天市级主要场馆免费向市民开放。全年全市共有5个单位、2人分别获得“全国群众体育先进单位”和“全国群众体育先进个人”称号；有31个社区被评为“广东省先进体育社区”。佛山乐从男子龙舟队、九江女子龙舟队和佛山实验中学龙舟队代表中国参加匈牙利第十一届世界龙舟锦标赛，获得奖牌7金、7银、4铜的好成绩。全市参加省体育大会等省级群众体育比赛共获得一等奖30多项。

是年，佛山市运动员参加世界级赛事获得2个第一名、2个第二名、1个第三名。参加全国性赛事获得23个第一名，其中第十二届全运会佛山市71名运动员参加25个大项61个小项的决赛，取得12块金牌，9项第一名、2项第二名、8项第三名、3项第四名、5项第五名、6项第六名、5项第七名的成绩，位列全省城市第三名。参加20个项目的省青少年锦标赛，获得团体总分第二名2个、团体总分第三名2个，单项共获得奖牌24金、37银、40铜，总分1397分，排名全省第五。参加6个项目省传统校比赛，共获得团体总分第二名2个和奖牌6金、6银、8铜。（胡建中）

【失业就业】 2013年，佛山市城镇登记失业率2.26%，低于全省平均水平。新增就业9.1万人。出台《关于加强就业专项资金使用管理的实施意见》《关于进一步加强技能人才队伍建设的意见》《关于加快发展佛山市家庭服务业促进就业的实施意见》。落实高校毕业生就业扶持政策和就业服务，本市生源高校毕业生就业率达93.8%，“双困”毕业生就业率达100%。组织开展就业援助月和“零距离”招聘活动等就业援助服务，就业困难人员实现就业1.19万人，失业人员再就业4.34万人。在省内率先开展“充分就业村”创建工作，充分就业村达标率超80%。打造12个创业带动就业孵化基地，全年全市创业带动就业孵化基地已进驻企业1289家，带动就业8726人。发放小额贷款631笔，共计5904万元，发放额比上年增长78.8%。建成大型创业孵化基地11个，成功创业7030人，带动就业3.6万人。顺德区被授予“广东省创业先进城市”称号。

4月，佛山市建立佛山市异地务工人员服务管理联席会议制度。5月，市政府出台《佛山市加强异地务工人员服务管理工作实施方案》，推进异地务工人员服务管理工作。是年，异地务工人员积分制入户佛山市（含随迁人员）757人，高技能人才入户（含随迁人员）76人。 （李根成）

【社会保障】 截至2013年底，佛山市职工养老（含机关事业单位）、医疗、失业、工伤、生育保险实际缴费人数分别为227.9万人、223.1万人、208.8万人、218.1万人和210.4万人。全市参加新型农村社会养老保险人数62.5万人，居民医疗保险人数205.9万人。全年各险种基金收入合计259.6亿元，支出194.2亿元，当期结余65.3亿元。

3月，佛山市启动村（居）和离（退）休人员社保卡发放工作。至年底，社保卡发卡并激活136万张。

是年1月1日起，佛山市在全省率先贯彻落实《社保法》有关生育保险的规定，正式实施《佛山市职工生育保险试行办法》。截至年底，全市申领生育津贴49991人次，核发金额3.99亿元；分娩住院结算28908人次，结算金额1.21亿元。

出台佛山市居民住院基本医疗保险办法及实施细则，实现居民住院基本医疗保险市级统筹；出台佛山市职工基本医疗保险办法及实施细则，修订基本医疗保险诊疗项目和服务设施管理办法、定点医疗机构管理办法、定点医疗机构医疗服务协议文本、个人账户管理规程等配套文件，进一步完善医疗保险制度；出台《佛山市基本医疗保险定点医疗机构医疗费用结算管理办法》，进一步完善社保部门与定点医疗机构风险分担机制；修订《佛山市医疗保险待遇核发经办业

2012~2013年佛山市社会事业情况

教育				医疗 文化 体育			
项目	单位	2012年	2013年	项目	单位	2012年	2013年
普通高校数	所	3	3	医院、卫生院数	个	108	111
普通高校在校学生数	万人	4.58	4.73	医院、卫生院床位数	张	25338	26696
中职和技校学校数	所	51	48	平均每千人口医院、卫生院床位数（常住）	张	3.49	3.66
中职和技校在校学生数	万人	10.83	9.67				
普通中学学校数	所	189	191				
普通中学在校学生数	万人	31.86	31.56	文化馆数	个	6	7
普通高中毛入学率	%	111.61		公共图书馆数	个	6	6
小学学校数	所	411	408	博物馆数	个	7	16
小学在校学生数	万人	45.28	46.37	体育场馆（标准）	个	132	135
学前教育入园率	%	99.53	99.62	人均体育运动面积	平方米/人	2.1	2.1
幼儿园数	所	793	809				
在园幼儿数	万人	22.25	23.65				

务管理规程》，重点增加转院管理、零星报销风险预警等规定，采取多措施降低零星报销的风险。建立大病保险制度，7 月 1 日起正式实施《佛山市大病保险管理办法》，并将居民医保和职工医保参保人全部纳入制度保障范围，年度最高支付限额为 20 万元。做好异地联网结算和系统完善工作，至年底已与广州 17 家医院实现异地联网结算。

（市人社局）

【社会组织建设】 截至 2013 年底，佛山市有社会组织 4205 个，比上年增长 18.5%。其中经民政部门注册登记的社会组织 3170 个、备案的 1035 个。制定《佛山市市级社会组织发展专项扶持资金管理办法》，通过项目竞争的方式为社会组织提供专项扶持资金。每年安排 640 万元市级财政资金用于扶持实施公益服务类、经济发展类、科学研究类、文化体育类共 40 个项目的社会组织。引进第三方审计，对社会组织进行财务监管。运用网络媒体，打造信息公开平台。加强佛山市社会组织网的建设，开通佛山市社会组织论坛，开设各类社会组织、党建工作 QQ 交流群、微博、微信等，搭建多元化信息管理平台。创新社会组织服务社群方式。开展“为民服务活动日”大型集市活动，举办社会组织为民服务慈善系列活动。促进行业协会商会的发展，推动政府向社会组织转移职能，建立购买服务制度。创新社会组织规范建设路径。印发《佛山市社会团体内部治理各项管理制度示范文本》，对社会团体民主选举制度、会员大会制度、诚信执业、信息公开等 12 项制度进行规范。（吕龙锋）

【社会管理创新】 2013 年，佛山市组织申报第二、三批广东省社会创新观察项目 4 个。省社工委的评审结果，佛山市第二批的南海区“政经分离”改革探索、顺德区社会创新园以及第三批的禅城区“安颐通”平安钟服务、顺德区容桂鹏星社会工作服务社“社会工作人才整合发展思路”等 4 个项目晋级为广东省社会创新试点项目。加上第一批入选的顺德区“两社三工”社区服务管理模式，全市有 5 个项目被评为广东省社会创新试点项目。

（尹　祎）

·责任编辑　刘燕玲·

江门市

基本情况

【地理位置】 江门市位于广东省中南部，珠江三角洲西部，范围在东经111°59′~113°15′、北纬21°27′~22°51′之间。北自鹤山市古劳镇丽水，南至台山市下川镇围夹岛，相距142.2千米；东自新会区大鳌尾，西至恩平市那吉镇蛤坑尾，相距130.68千米。东部与佛山市顺德区、中山市、珠海市斗门区相邻；西部与阳江市阳东县、阳春市接壤；北部与云浮市新兴县和佛山市高明区、南海区相连；南部濒临南海。

（江门市国土资源局）

【资源物产】 *水资源* 江门地表水资源、地下水资源和水资源总量均高于全省、全国平均值，多年平均降雨量2078毫米，是全省平均值的1.18倍、全国平均值的3.2倍；年均河川径流量119亿立方米，占全省的6.62%、全国的0.44%。地下水的补给主要来源于大气降水，全市地下水资源总量25.93亿立方米，占全省的5.56%、全国的0.31%。水资源总量的主体是河川径流量，江门水资源总量120亿立方米，占全省的6.2%、全国的0.43%。至年末，全市有蓄水工程2349项，其中大（2）型水库4项、中型水库29项、小（1）型水库157项、小（2）型水库414项，总库容量24.62亿立方米，灌溉库容量15.92亿立方米。全市水力资源理论蕴藏量42.37万千瓦，可开发量15.56万千瓦。全市建成投产的小水电站255座，总装机容量13.18万千瓦。其中，单站装机容量1000千瓦以上的有26座，装机容量6.24万千瓦。全市小水电多年平均发电量3亿千瓦·时。全市有大中型水库33座，装机容量3.74千瓦。（江门市水务局）

土地资源 江门市土壤多为赤红壤。河谷、三角洲冲积平原土质肥沃，垦耕历史悠久。2013年末，全市耕地面积21.19万公顷，人均耕地面积0.05公顷；水产养殖面积66778公顷，其中海水养殖面积24570公顷、淡水养殖面积42208公顷。

海洋资源 江门市濒临南海，海域广阔，海岛众多，海湾多，海水清澈透明，沙滩宽阔平坦，沙质优良，拥有奇石山林、渔港风情、文史古迹等旅游资源。滨海旅游区主要有上川岛飞沙滩、下川岛王府州、黑沙滩、浪琴湾、崖门炮台等。

渔业资源 江门市海域水质好，海洋生物资源丰富，是多种经济鱼、虾、贝、藻类的繁育场，也是从事捕捞和养殖渔业生产的理想区域。浮游动物在春、秋两季出现，有11个类群72种；底栖生物有140科364种，其中软体动物52科129种、甲壳动物28科139种，是广东省软体动物和甲壳动物的主要分布区之一。软体动物的主要种类有：近江牡蛎、泥钳、毛钳、棒锥螺、光滑河蓝蛤、壳肌蛤、文蛤、巴非蛤、翡翠贻贝、泥东风螺、鲍等。甲壳动物的主要种类有：墨吉对虾、日本对虾、近缘新对虾、刀额新对虾、周氏对虾、锯缘青蟹、远海梭子蟹、锦绣龙虾和日本龙虾等；游泳生物主要以经济鱼类为主，有98种，分别隶属于10目41科71属。经济价值较高或群体较大的鱼类有：红笛鲷、带鱼、鳓鱼、蓝点马鲛、银鲳、长尾大眼鲷、鲐鱼、蓝圆鲹、海鳗、青石斑鱼、梭鱼、金线鱼、黄鳍马面鲀、黄鲫、龙头鱼、黄斑蓝子鱼、斑鳐、灰星鲨、燕鳐鱼、四指马鲅、宝石石斑鱼、短尾大眼鲷、银方头鱼、黄鲷、六齿金线鱼、小公鱼

等。（陈岳祯）

矿产资源 江门市发现矿产51种，矿产地490处，其中地质工作程度较高、探明有一定储量的矿产有石灰石、硅砂、铌钽砂、钾长石、独居石、石英砂、稀土、水晶、绿柱石、煤、金、银、铜、铁、锡、钨等35种。恩平市的石灰石蕴藏量达10亿吨。矿区119处，其中大、中型规模的有39处。在已发现的矿产地中，能源矿产4种，矿产地45处；金属矿产19种，矿产地146处；非金属矿产25种，矿产地244处；水气矿产4种，矿产地55处。

（江门市国土资源局）

动植物资源 江门市野生动植物资源丰富，其中古兜山有野生植物161科494属924种，有国家重点保护植物紫荆木、白桂木、华南杉、吊皮锥、绣球茜草、海南石梓、粘木、巴戟、火力楠、藤槐等。在恩平市七星坑属亚热带次生林区中，有植物种类735种，其中刺木沙椤等12种属国家级和省级珍稀濒危保护植物，有2种植物形状奇特。境内野生动物有兽类100余种、鸟类400余种、蛇类100多种、昆虫类200多种，其中山猪、小灵猫、山蛤、龟、鹧鸪、鳖、蛇、穿山甲等于西北部山地常见。

（谈嘉辉）

森林资源 2013年，江门市林业用地44.37万公顷，占全市总面积47.7%，其中林地面积38.15万公顷。迹地更新率100%，森林覆盖率44.79%。在林业用地中，生态公益林16.14万公顷，占36.4%；商品用材林28.23万公顷，占63.6%。全市活立木总蓄积量1917.9万立方米，年净增长率5.6%；森林蓄积量1869.5万立方米，林木年总生长量110万立方米。（杨圣权）

【面积人口】 *面积* 江门市土地面积9505平方千米。领海基线以内的海域面积2886平方千米。海岸线长420千米，占全省的10%。海岛岸线长400千米，占全省的16.7%。共有大小海岛561个，海岛数量居全省第二位。海岛总面积249.971平方千米，其中面积大于500平方米的海岛有130个，面积大于1平方千米的海岛有9个。上川岛面积137.15平方千米，是全省第二大岛；下川岛面积81.07平方千米，是全省第六大岛。（钟树年）

人口 至2013年末，全市总户数1195981户，比上年减少102户；总人口数3929975人，增加11988人。总人口中，男性1980587人，女性1949388人。年内办理出生登记入户42119人，出生率1.07%；年内办理死亡注销26887人，死亡率0.68%。年内迁入39618人，其中省外迁入7284人、省内迁入32334人；迁出42682人，其中迁往省外9420人、迁往省内33262人。全市非农业人口人数2201060人，未落户常住户口人数5110人；暂住人口427747人，比上年增加33155人。（江门市公安局）

【行政区划】 至2013年末，江门市辖3个区，代管4个县级市。全市共有61个镇、17个街道办事处、1051个村民委员会、265个社区居民委员会。（江门市民政局）

【风俗民情】 江门市及所辖的台山、开平、鹤山、恩平五地，俗称“五邑”。五邑文化总体上属中国岭南文化的组成部分，受外来文化影响，民情风俗文化又具有鲜明个性。

五邑建筑 五邑建筑具有中西合璧的风格，而最能表现这种风格的建筑是村落与民居、碉楼与骑楼。五邑村落的布局是村内道

2013年江门市行政区划情况

单位：个

市（区）	镇、办事处名称	镇数	街道办事处数	村委会数	社区居委会数
蓬江区	镇：荷塘、棠下、杜阮 街道：环市、仓后、堤东、北街、白沙、潮连	3	6	56	84
江海区	街道：外海、礼乐、江南、滘头、滘北	0	5	36	24
新会区	镇：大泽、司前、沙堆、古井、三江、崖门、双水、罗坑、大鳌、睦州 街道：会城	10	1	193	31
台山市	镇：大江、水步、白沙、冲蒌、端芬、都斛、斗山、三合、赤溪、北陡、川岛、海宴、四九、深井、汶村、广海 街道：台城	16	1	277	36
开平市	镇：水口、月山、沙塘、龙胜、马冈、塘口、蚬冈、百合、赤坎、金鸡、苍城、大沙、赤水 街道：长沙、三埠	13	2	226	41
鹤山市	镇：雅瑶、龙口、桃源、古劳、址山、宅梧、双合、鹤城、共和 街道：沙坪	9	1	112	26
恩平市	镇：大槐、良西、圣堂、君堂、东成、牛江、大田、沙湖、那吉、横陂 街道：恩城	10	1	151	23
合计		61	17	1051	265

（江门市民政局）

路纵横垂直交错，宅基面积大小基本相同，民居密集串联，村落首面建筑风格一致。

五邑碉楼的建筑和装饰千姿百态。结构上可分为泥楼、青砖楼、钢筋水泥楼三类，建筑形式有硬山顶式、中西合璧式、古罗马式、欧洲式、庄院式、别墅式等。不同的风格，从一定程度上反映华侨所在国家的建筑艺术风格。五邑骑楼既继承中国传统建筑的民族风格，又吸取国外建筑的艺术特色。其特点是通过柱、廊等不同建筑，在保持一定共性的同时，充分表现建筑的个性特点。女儿墙的建筑风格，正面墙的阳台、门窗的装饰等都表现出丰富的艺术性和文化特性。

四邑方言　四邑方言属汉语粤方言中的四邑系，与广府（广州）话基本相通，但在声母、韵母、声调等方面又与广州话有较大差异，具有明显地域或方言特征，是五邑地区事实上的通用语。四邑是一个历史概念，原指位于广东省西南部的台山、开平、新会、恩平4个县。1951年1月12日，划出新会县的江门镇成立江门市。1983年6月，江门市实行市领导县新体制，增辖台山、开平、新会、恩平、鹤山5个县后，将“四邑”改称为“五邑”。但四邑方言的通行范围并不完全与五邑地域重合，中山古镇话，珠海斗门话，佛山市南海桂城镇西约村岐阳里与健龙里、东二村的新村、叠南村的乐庆村，顺德龙江以及鹤山的多数粤语，均属四邑方言系统。

五邑习俗　五邑有独特的节日、婚嫁、丧葬、饮食、娱乐等习俗，体现五邑民众的生活习惯、情趣、爱好和性格。如婚俗中的“打阁”（抢新娘），参与者的性别、身份、使用物品等方面与东莞、增城等地有别；婚仪中的相亲、文定、出阁、踢轿、乱房也有独特之处。丧祭俗中的土葬，五邑地区习惯是先立长堆墓，两年后开坟“起身”置骨骸于“金埕”内，再立圆墓。清明的祭扫也有不同规定。西江流域在元宵节盛行花炮会，而五邑地区则在正月十五元宵节或二月十九观音诞举行，前者叫“花灯炮”，后者叫“观音炮”。这两日的“拥炮”和“供炮山”活动热闹非凡。中秋节的姑娘拜月门、端午节的打龙船、重阳节的打秦桧和结缘，以及食俗中的做狗社、生活中的用筷禁忌等等，都带有地方色彩。娱乐习俗多种多样，主要有龙舟比赛、舞狮舞龙、广东曲艺、民间舞蹈、民歌演唱，还有台山跳禾楼、摆色，新会鱼灯、大鳌咸水歌，开平泮村舞灯会、八音演奏、鹤山狮艺、恩平木鱼等。

（江门市地方志办公室）

【旅游资源】　至2013年末，江门市有国家AAAA级旅游区8个（圭峰山、立园、金山温泉、古兜温泉、锦江温泉、川岛旅游区、富都温泉、康桥温泉），国家森林公园2个（圭峰山森林公园、北峰山森林公园），国家重点文物保护单位2个（梁启超故居、开平碉楼），国家地热地质公园1个（恩平温泉），全国工农业旅游示范点2个（新会现代农业基地、台山国华台电），省级旅游度假区2个（川岛旅游度假区、金山温泉度假区），省级森林公园2个（恩平河排森林公园、大雁山公园）。

（江门市旅游局）

年度大事

【江门万达广场开工建设】　于2013年4月12日在五邑华侨广场北侧项目工地举行。广场位于五邑华侨广场北侧，由大型商业中心、商业步行街、超五星级酒店、超高甲级写字楼、精品SOHO等组成，是集购物、休闲、餐饮、娱乐、商务、文化、居住多功能为一体的大型城市综合体。

【新会古典家具城博览中心启用】　于2013年4月15日正式开门迎客。该中心位于新会区大泽镇新会古典家具城内，是全国最大的古典家具博览中心，占地面积4万平方米，建筑面积10万平方米，拥有185个铺位，已有超过170个古典家具商家签约进驻。中心定位为高端展销一体化平台，融合产业链中采购、生产、销售、展览4大重要环节。

【首列广东造CRH6型城际动车组下线】　于2013年5月28日在江门新会区的广东轨道交通车辆修造基地制造的CRH6型城际动车组下线，标志着广东南车基地形成完全生产能力，填补广东轨道交通装备制造的空白。该动车组由8节车厢组成、全长250米。

【2013中国（江门）摩托车工业博览会】　于2013年9月13日在五邑华侨广场开幕。共有20家整车生产企业和35家零部件厂商

参展，铃木、豪爵、力帆、五羊本田等国内外品牌和宝马、哈雷、比亚乔等世界名车亮相。展会期间，还举办摩托车工业设计大赛优秀作品展示、摩托车现场促销、特技表演等活动。

【2013年广东江门（上海）投资洽谈会】 于2013年11月21日在上海举行，江门市87个项目和38项优惠政策面向世界500强企业以及长三角地区招商选资。此次洽谈会是江门市首次举办最大规模异地招商活动。来自世界500强企业、央企、跨国公司、知名民企的近300名中外嘉宾、客商与会。活动期间，江门市与500强企业、上海及周边地区的投资者达成合约项目77个，总投资金额达157.68亿美元，其中康师傅食品配套产业园项目、普洛斯鹤山物流园项目、华电江门LNG综合利用产业基地项目、江门高新区公共码头项目等13个项目在招商洽谈会现场签约，涉及投资金额110.22亿美元。 （江门市方志办）

生态环境

【耕地保护】 2013年，江门市严格执行建设用地占用耕地“占一补一”“先补后占”政策，落实耕地保护责任制，抓好补充耕地工作，全市通过省级抽查验收耕地面积516公顷亩。至年底，全市有耕地面积21.18万公顷，其中基本农田面积18.05万公顷，连续13年实现耕地占补平衡，通过耕地保护责任目标履行情况的检查。

【土地管理】 节约集约用地 2013年，江门市出让工业用地总面积503.4公顷，经营性房地产用地总面积285.87公顷，保障性住房、公共设施等其他用地面积325.47公顷。盘活存量土地面积982.07公顷。实施主动服务，专人专责跟踪用地报批，全年上报省厅建设用地62批次面积773.27公顷，顺利上报江罗高速、新台高速南延线、西环路隧道、机动车新训练场等重点项目用地；经省批准用地共84批次面积593.2公顷，康师傅、海信二期、天地一号、嘉宝莉、体育中心、亚太纸业等省、市重点项目获批落地。全年完成“三旧”改造项目7个，面积7.13公顷；经省批准完善历史用地手续28批次面积224.87公顷；全市办理“三旧”改造项目认定40个，项目供地17个，供地面积39.52公顷，包括白石荣泰玩具公司旧厂改造、白石旧村改造5号地、棠下旧墟镇旧城改造、长江活塞厂旧厂改造、江礼塑料厂、白石旧村改造9号地（一期）等项目。

土地整治规划和高标准基本农田建设 江门市初步完成全市各级土地整治规划，出台《江门市高标准基本农田建设指导意见》，建立月通报制度，全市80个高标准基本农田建设项目已动工建设，总建设进度完成77%。

地籍管理 江门市国土资源局共核发“国有土地使用证”19495本，土地登记档案查询18190份。协助法院办理查封、土地使用权过户等案件137件。完成2012年度土地变更调查工作并通过国家检查。江门市作为全省土地登记信息监管系统建设三个试点之一，是全省第一个实现土地登记信息监管系统省市县三级联通的地级市。

土地执法监察 江门市2012年度卫星图片执法检查工作顺利通过省、部级验收。全市共立案查处违法用地案件158件，立案率、查处率100%；作出行政处罚案件52件，金额406.52万元；没收建筑物案件16件，面积9.64万平方米，没收率100%；应拆除建筑物案件62件，面积11.19公顷，已拆除建筑物案件56件，面积10.35公顷；移送追究党纪政纪责任3人，落实处理3人，结案155件，结案率98.1%。开展涉农村集体土地非法流转领域“三打”工作，联合市综治委、监察、公安、农业、林业、城乡规划、住建等部门，开展以农村集体经济组织未经批准非法占地行为、非法买卖土地行为、非法出租土地行为为打击重点的涉农村集体土地非法流转领域“三打”专项活动。全市涉农村集体土地非法流转领域“三打”线索15条，涉及土地面积7.73公顷，已全部立案查处，拆除违法建筑物面积0.57公顷，没收违法建筑物面积0.66公顷，没收非法所得及罚款10.54万元。开展安全生产领域的“打非治违”专项工作，通过日常巡查、卫星图片检查、群众举报、突击检查等途径，全面排查打击国土资源安全生产领域的违法违规行为。全年共组织检查141次，检查人员787人次，对169家矿山企业进行检查，责令改正、限期整改、停止违法行为23起，没收违法所得、非法生产设备9起，移送追究刑事责任1起，罚款80.36万元。全市共受理涉土、涉矿问题来信来访272件，接访人数106批532人次，办结270件，办结率99%。受理12336专线举报电话48件，办结48件，办结率100%；受理信访复查15件，信访复核9件；受理省厅民生热线16件，办结率100%。

（殷华清　黄海文）

【低碳城市试点建设】　2013年，江门市推进节能降耗，发展低碳交通，加快发展循环经济，建设低碳城市。制订《2013年江门市节能监察行动计划》，对30家企业开展现场监察和检查，配合省节能监察中心开展能耗限额专项监察和淘汰落后机电设备监察。组织实施重点节能工程项目，组织企业申报国家、省节能循环经济专项资金财政奖励，利用市节能专项资金支持淘汰更换变压器、无功补偿节电改造。加快全市重点用能单位能源管理中心建设，先后编制能源管理中心建设指南，下达第一批用能单位试点名单，推动38个重点用能单位开展以能源在线监测为中心的建设工作，已有江门市广悦电化有限公司等8家企业签订合同，部分企业已上线运行。推广节能产品，落实节能惠民核查，组织企业申报节能惠民工程产品，包括广东海鸿变压器有限公司、三菱重工金羚空调器有限公司、金羚电器有限公司等100多个产品型号列入国家节能惠民工程推广目录。推进循环经济、清洁生产审核和资源综合利用，全市累计共有50家企业被认定为“广东省清洁生产企业”，114个项目获“粤港清洁生产伙伴计划”资助，21家企业被认定为“粤港清洁生产标志企业”，10多家企业产品申请认定为广东省资源综合利用产品。落实“公交优先”发展战略，设立市区公交发展专项基金，加大新能源公交车补贴投入，市区新购公交车全部采用清洁能源为动力。是年市区已完成100标台清洁能源公交车招标工作，年底前投入使用；蓬江、江海区原投放的出租车基本完成改装，推广使用CNG清洁能源（双燃料出租车共459辆）；结合乡镇发展需要，优化调整公交线路网，上半年市区调整公交线路15条，新增公交线路1条，农村客运线路改为公交线路40条；完善基于低碳理念的智能交通系统，在市区的61条公交线路400辆公交车应用智能公交系统，在8个候车亭安装电子站牌，实现公共交通的安全监控、智能调度、营运管理、数据管理、自动报站、电子站牌、手机查询、网络查询。建设车辆燃油GPS监控管理系统，实现道路客运行业有效节能；建设站场自动化，通过车牌识别功能进行自动放行，降低停车再起步时的额外燃料消耗及废气排放。印发《江门市建筑节能“十二五”专项规划》，指导绿色建设，组织绿色建筑评价标识申报，其中星汇名庭一期等项目获得住建部颁发的绿色建筑评价标识二星级认证；把好新建工程的节能准入关和严格验收建筑节能施工质量，全市建筑节能审查率100%，市直工程验收阶段执行建筑节能规范的比例达98%；加强既有建筑改造，完成100栋政府办公建筑和大型公共建筑的基本情况调查和能耗统计，形成《2011年度江门市部分国家机关办公建筑和大型公共建筑能耗公示表》，并在《江门日报》上进行公示；拨出专项资金，支持金凯悦酒店、蓬江供电局大楼等10栋建筑开展能耗审计。加强民用建筑节能的公众监督管理，全市中心城区已实行网上签订“商品房买卖合同”，在签约前要求开发商必须将《民用建筑节能信息约定》作为合同补充协议。推进墙材革新，调整江门新墙材的产品结构；重视清理整治无证无照实心黏土砖厂，全市原有的203家实心黏土砖厂，已关闭85家、查封81家、转产7家；每年开展1～2次施工现场使用新型墙体材料以及建筑节能措施落实情况专项检查；发展新型墙材生产企业，已有新型墙材生产企业52家，生产能力超过410万平方米/年。加强照明系统节能改造，推进LED绿色照明应用，市行政服务中心完成使用LED日光灯管替代原设计方案的荧光灯管改造，共安装3000多支LED日光灯管，实现节能50%以上。市区的天福路、石子潭路、丰乐路等多条主、次干道安装LED路灯，采用合同能源管理模式对全市3.4万盏高压钠灯实施LED节能改造。

（林焕光）

【城乡生态环境建设】 绿道建设　2013年，江门市新建城市绿道33千米。其中，滨江新区建成绿道27千米，蓬江区建成丰乐山公园环湖绿道3千米，江海区建设绿道3千米。是年，全市完善绿道安全、环卫、休闲、健身等配套设施，市区天沙河绿道沿线配套建设柱头灯、庭院灯。治理机动车违规驶入绿道问题，在滨江绿道沿线安装交通违章监控设备，对违规驶入绿道的机动车进行取证处罚。按照《江门市绿道网功能开发策划方案》《江门市制度化开展绿道主题活动工作方案》要求，开展绿道主题活动，打造绿道特色旅游、绿道体育健身、绿道科普教育、绿道文化服务“四大绿道品牌”。是年，举办庆元旦第二届“中国体育彩票杯”健步行、“文明江门万人行”健步走、侨乡嘉年华健步走马拉松等活动。

（江门市住建局）

三大重点林业生态工程建设　是年，江门市高速公路生态景观林带建设任务里程130.7千米，其中新会区5.5千米、台山市81千米、开平市10千米、鹤山市4.7千米、恩平市29.5千米。全市已完成高速公路生态景观林带134.2千米，完成率102.7%，其中新会区9千米、台山市81千米、开平市10千米、鹤山市4.7千米、恩平市29.5千米。全市碳汇工程建设任务面积0.33万公顷，其中造林面积0.26万公顷、封育管护面积666.67公顷。至年底，已全部完成造林备耕并完成造林面积0.22万公顷，占总造林任务87.7%，完成封山育林面积666.67公顷。全市森林进城围城工程建设任务是新增森林公园7个、创建森林家园26个、新增森林面积848.13公顷，已创建森林家园13个，新增或扩建升级改造森林公园7个，新增森林面积434.13公顷。

万村绿建设　是年，全市完成建设林业生态文明村140个，其中市级文明村7个、县级文明村133个。至年底，共建成林业生态文明村700个，分布于全市60个镇(街)，种植树木8万多株。（张昌凤）

园林绿化建设　全市开展“森林围城，树林进城”绿色行动，加强城市园林绿化规划建设，注重乡镇园林事业发展，统筹城乡生态建设与保护，使城市的园林植被、绿化美化与城市周边、广大乡镇的山形水系、生态廊道等生态要素有机融合。是年，全市共投入园林绿化建设资金4.01亿元，升级改造市区主要道路绿化30多千米，建成50多个社区公园，打造毛杜鹃园、桃花园、茶花园、樱花园等专类公园11个。建设4千米长的河岸立体绿化带，每个区（市）分别建成1~2个立体绿化示范街。至年底，建成区绿化覆盖总面积6824.79公顷，绿化覆盖率43.1%；绿地总面积6513.52公顷，绿地率41.2%；公园绿地总面积2052.33公顷，人均公园绿地面积17.25平方米。

（江门市园林局）

经济社会发展概况

【经济社会发展平稳增长】　2013年，江门市生产总值2000.18亿元，比上年增长9.8%；地方公共财政预算收入158亿元，增长17%；固定资产投资1000.84亿元，增长17.7%，全市重点项目完成投资434.1亿元，投资完成率108.1%；规模以上工业增加值714.44亿元，增长14.1%。全市高技术产业工业增加值、先进制造业工业增加值占规模以上工业增加值比例分别达7.2%和31.5%，江门供电局、国华台电、李锦记（无限极）实现主营业务收入超百亿元，新增3家广东省大型骨干企业。全市社会消费品零售总额903.7亿元，比上年增长12%；外贸进出口总额197.3亿美元，增长5.1%；旅游总收入223.28亿元，增长20.5%；海洋经济增加值292亿元，增长17%；金融机构各项存款余额3335.27亿元，增长14.8%，各项贷款余额1715.51亿元，增长16.9%；城镇居民人均可支配收入、农村居民人均纯收入分别增长11%和13%，连续6年实现两位数增幅。居民消费价格比上年增长1.8%。举办2013年广东江门（上海）投资洽谈会及面向社会投资重大项目推介会，吸引投资达158亿美元和565亿元，引进投资600亿元的华电国际LNG储运等100个项目，实际利用外资9.22亿美元，比上年增长6%。单位生产总值能耗下降和二氧化硫、化学需氧量、氨氮、氮氧化物、单位生产总值二氧化碳排放总量减排完成省下达的目标任务。（孙希艳）

【固定资产投资较快增长】　2013年，江门市完成投资1000.84亿元，比上年增长17.7%。国有经济投资332.85亿元，比上年增长28.3%；民营经济投资526.59亿元，增长21.2%，民营经济完成投资占整个全社会固定资产投资52.6%。全年“三资”完成投资130.36亿元，比上年下降16.7%。全市第一产业完成投资9.34亿元，比上年增长59.4亿元；第三产业完成投资484.62亿元，

2013年江门市国民经济发展情况

市(区)	户籍人口(万人)	地区生产总值		人均地区生产总值		工业总产值		农林牧渔业总产值		全社会固定资产投资额	
		实绩(亿元)	比上年增长(%)	实绩(元)	比上年增长(%)	实绩(亿元)	比上年增长(%)	实绩(亿元)	比上年增长(%)	实绩(亿元)	比上年增长(%)
全市	393.00	2000.18	9.8	44546	9.4	3587.96	12.6	286.48	2.6	1000.84	17.7
蓬江区	47.94	454.35	10.0	62342	3.01	140.32	15.6	17.68	0.2	173.01	26.91
江海区	16.06	129.64	9.5	50297	8.81	319.50	11.90	7.82	2.90	62.53	12.88
新会区	75.53	491.78	9.0	65175	9.03	861.33	22.8	58.89	1.00	201.61	10.82
台山市	98.48	313.41	10.1	33081	9.9	547.27	21.45	93.20	3.8	196.72	10.1
开平市	68.47	260.23	10.2	37039	7.80	347.38	18.8	47.14	3.1	146.68	24.51
鹤山市	36.58	217.59	9.5	43592	8.97	429.15	12.7	30.03	3.7	120.93	22.1
恩平市	49.94	133.25	9.8	26832	8.8	193.01	14.7	32.13	7.9	76.87	24.5

(续表)

市(区)	外贸出口总额		实际利用外资		地方公共财政预算收入		社会消费品零售总额		城镇居民人均可支配收入		农村居民人均纯收入	
	实绩(亿美元)	比上年增长(%)	实绩(亿美元)	比上年增长(%)	实绩(亿元)	比上年增长(%)	实绩(亿元)	比上年增长(%)	实绩(元)	比上年增长(%)	实绩(元)	比上年增长(%)
全市	140.0	7.9	9.23	6.1	158.03	17.0	903.70	12.0	29772	10.2	12684	11.8
蓬江区	36.44	11.1	1.62	8.81	15.47	14.67	175.54	14.45	115.1	15.59	17479	10.2
江海区	14.65	5.66	1.20	6.92	6.07	13.11	31.71	15.70	27642	12.30	15655	14.6
新会区	29.8	0.5	1.69	6.37	38.30	19.97	182.72	10.83	461.47	10.50	14568	13.0
台山市	13.6	15.28	1.58	5.06	20.33	15.40	165.09	12.26	20591	9.10	11225	13.4
开平市	18.8	14.99	0.55	15.76	18.85	14.30	145.11	10.55	322.52	9.30	11379	10.2
鹤山市	23.4	11.2	1.40	7.8	18.88	18.4	131.39	11.0	199.54	11.9	12083	12.5
恩平市	3.2	7.5	0.74	7.7	8.43	19.5	72.14	11.2	154.71	8.7	8245	15.9

增长43.8%；第二产业完成投资506.88亿元，其中工业完成投资506.80亿元，制造业完成303.32亿元。是年，投资到位资金1230.89亿元，比上年增长26.6%；国内贷款到位资金272.94亿元，增长42.5%，利用外资42.87亿元，下降32.6%，自筹资金630.87亿元，增长15.9%。全年基础设施完成投资343.98亿元，比上年增长25.4%，其中城市建设完成投资78.75亿元，增长28.8%。全市房地产开发投资241.79亿元，比上年增长67.3%；商品房施工面积1994.66万平方米，增长36.5%；商品房销

售面积 426.81 万平方米，增长 21.6%；商品房销售额 254.32 亿元，增长 31.3%；商品房竣工面积 321.89 万平方米，下降 8.5%。各市（区）投资保持较快增长，蓬江区完成投资 173.01 亿元，比上年增长 26.9%；江海区完成投资 62.53 亿元，增长 12.9%；新会区完成投资 201.61 亿元，增长 10.8%；台山市完成投资 196.72 亿元，增长 10.1%；开平市完成投资 146.68 亿元，增长 24.5%；鹤山市完成投资 120.93 亿元，增长 22.1%；恩平市完成投资 76.87 亿元，增长 24.5%。

（汪世雷）

【财政收支双位数增长】 2013 年，江门市地方公共财政预算收入 158.01 亿元，比上年增加 22.98 亿元，增长 17.02%。市本级地方公共财政预算收入 31.7 亿元，比上年增加 4.55 亿元，增长 16.75%。新会区等 7 个市（区）公共财政预算收入实现双位数增长，其中新会区比上年增长 19.97%，恩平市增长 19.51%，鹤山市增长 18.36%，台山市增长 15.4%，蓬江区增长 14.67%，开平市增长 14.3%，江海区增长 13.11%。财政收入结构较合理，税收收入占公共财政预算收入比重 76.91%。全市公共财政预算支出 210.7 亿元，比上年增加 22.58 亿元，增长 12.1%；市本级公共财政预算支出 38.57 亿元，增加 5.36 亿元，增长 16.13%。（谢福座）

【农村转型发展加快】 2013 年，江门市第一产业增加值 158.81 亿元，比上年增长 3.0%；农村居民人均纯收入 12684 元，增长 11.8%，连续 6 年实现两位数增长。全市全年粮食播种面积 20.39 万公顷，产量 105.07 万吨。全年新增省级农业龙头企业 3 家、市级农业农头企业 5 家、市级以上重点农业龙头企业 58 家（其中国家农业龙头企业 1 家、省级农业龙头企业 17 家）；新增农民专业合作社 932 个，累计达 1189 个；建成各级农业园区 17 个，园区总面积 1.17 万公顷。全市落实高标准基本农田建设项目 81 个，总投资 4.2 亿元，建设面积 2.31 万公顷。全市农机总动力 185.4 万千瓦，水稻生产综合机械化水平 75.3%，其中机插率 29%。落实涉农财政补贴政策信息服务机制。农业农村气象防灾减灾体系作用增强。全市建立市县镇三级动植物疫病防控机制，科学防控禽类 H7N9 流感，重大动物疫病免疫率达 100%；全市蔬果农药残留合格率和畜禽产品合格率均在 99%以上，禽畜“瘦肉精”残留检测合格率 100%。开展政策性水稻种植保险，全年承保面积 12.91 万公顷，覆盖率 70.2%。农村人居环境整治力度加大，全市实施完成规模化养殖场世界银行贷款广东农业面源污染治理项目 31 个；建成市、县级名村、示范村 90 个，申报广东岭南名村 21 个；新建改建卫生户厕 1.01 万户，普及率 87.9%，建成省、市卫生村 167 个（其中省卫生村 43 个）。全年完成 110 个行政村整治规划编制，累计完成 846 个，占行政村总数 80%；整治村庄 84 个，累计达 715 个，占行政村总数 68%；建成中国历史文化名村 2 个，市级宜居村庄 14 个。全市涉农镇（街）建成农村“三资”管理服务中心和交易平台。加快发展“农超对接”、平价商店，是年供销系统实现销售总额 86.93 亿元，比上年增长 15.1%。

（陈小曼）

【珠三角一体化建设】 2013 年，江门市以交通基础设施对接为先导，主动加强与周边城市对接，加快融入珠三角地区区域经济一体化进程。江顺大桥主塔成功封顶，江门大道北线控制性工程全面启动施工。广中江高速、江罗高速、中开高速、鹤开高速等项目进展顺利，全市高速公路通车里程达378千米。推进产业发展一体化，发展轨道交通、汽车零部件、船舶等先进制造业，与珠三角各市实现错位、协同发展，以江门国家高新区、江门市产业转移工业园（开平、恩平、台山园区）、江沙工业园等核心园区为载体，承接珠三角发达地区的产业转移。加强与珠三角各市的公共服务合作与对接，在资源共享、制度对接、要素趋同、流转顺畅、差距缩小、城乡统一、待遇互认和指挥协同等方面取得成效。江门市牵头编制的《珠中江城市（镇）供水水源同网实施方案》已通过专家评审。完成省异地就医联网结算平台改造工作，珠海市人民医院、中山市小榄人民医院、中山市中医院纳入江门市基本医疗保险异地定点医疗机构。（江门市纲要办）

【社会事业全面发展】 2013年，江门市社会事业方面有新进展。全面启动创建省推进教育现代化先进市的工作，蓬江区、江海区、新会区、台山市、开平市、鹤山市已实现教育强镇全覆盖；新建幼儿园15所，改建扩建27所，全市幼儿学前三年入园率达96%，规范化幼儿园达66%，县（区）一级以上优质幼儿园达51%；高考本科入围人数11170人，鹤山一中入围率93.81%。市、区（县级市）、镇、村四级公共文化设施网络基本完善，全年新建（改造）城乡社区文化室308个，广播电视“渔船通”安装渔船149艘，华博馆被评为全国社科基地，“中国（江门）华侨华人多媒体资源库”成功申报国家级课题并开通运行，市直文化演出90多场。全市有6所平价医院试点单位，68%的二级以上医院开通平价诊室；创建国家卫生镇1个、省卫生村37个、市卫生村37个，居民对试点社区卫生服务机构满意度达93%。鹤山市成为全国城乡环境整洁行动先进单位，蓬江区潮连街道和新会区双水镇创建成省级全国亿万农民健康促进行动示范镇。完善体育基础设施，发展群众性体育活动，启动第十五届省运会申办工作，承办2013～2014中国羽毛球俱乐部超级联赛广东主场5场赛事。江门市运动员彭健烽获第六届东亚运会跳水男子1米跳板冠军，4名运动员代表广东代表队参加第十二届全国运动会，获一枚金牌、两枚银牌和两枚铜牌。

【人民生活水平显著提高】 2013年，江门市就业和社会保障持续加强。全市城镇新增就业4.7万人，安置城镇失业人员再就业3.4万人，新增转移农村劳动力3万人，城镇登记失业率2.33%，比计划控制率低0.87个百分点。全市城乡居民社会养老保险参保率100%，城乡居民基本医疗保险参保率98.42%。新开工建设保障性住房3141套，基本建成4781套，超额完成省下达的考核任务，发放全省首笔保障性住房贷款，全年发放贷款1.8亿元。全市最低工资标准由950元/月提高到1130元/月。推进居家养老工作，建成城市居家养老服务点455个、农村居家养老服务点2695个。建有各类养老机构137个，设置床位9966张，每千名老人拥有床位15.9张。（林焕光）

体制改革

【国有企业改革】 2013年，江门市推动市属国资整合工作，构建城建开发平台。在对市直314个行政事业单位、119家市直行政事业单位属下国有企业全面清产核资基础上，对优质国有资产和优势国有企业进行重组整合，搭建江门市滨江建设投资有限公司、江门市建设集团有限公司和江门融浩水业股份有限公司三大城建开发平台公司。推动城市建设，完成第一期12亿元城投债的发行工作，申报第二期16亿元城投债发行工作。抓好棠下污水处理厂、杜阮污水处理厂首期工程、高新区综合污水处理厂首期工程、污水管网工程、江海综合客运枢纽项目、市区公交站亭（牌）建设、路边停车场建设等重点工程建设。推进重点改革项目，做好江门融浩水业股份有限公司IPO培育上市工作，规范企业管理和财务管理。推进市广悦电化公司搬迁及增资扩股工作，确定选址在新会区经济开发区精细化工园。组建江门市公诚企业信用评级有限公司和江门市五邑旅游发展有限公司。实施市新华造纸厂民事破产工作，抓好省七建集团的破产清算，做好甘化股份公司股权转让后工作。

（江门市国资委）

【文化体制改革】 2013年，江门市整合提升市图书馆、文化馆、博物馆、美术馆的服务水平。市五邑图书馆及新会、台山、开平、鹤山、恩平等市（区）图书馆被评为国家一级图书馆。全年新建和改造城乡社区文化300多个，实现公共文化设施全覆盖。开展农村电影放映工程、农家书屋、广播电视“渔船通”“户户通”、文化下乡、进社区活动等工作。是年，全市成立江门市文艺家义工服务队，出台《江门市文艺精品创作扶持资金暂行管理办法》，实施江门市原创文艺精品扶持计划。“侨批档案”申报世界记忆名录。市博物馆与省考古所合作共建科技考古基地，成为省考古所在省内建立的唯一考古基地。组织编撰《江门市文化产业发展规划》《美丽江门》。举办第三届江门侨乡动漫节，参加第九届中国（深圳）国际文化产业博览交易会。加强文化产业扶持资金的申报、使用管理工作，推荐市优质文化产业项目参加省文化产业专项资金的申报。

（江门市委宣传部）

【行政管理体制改革】 2013年2月28日，江门市召开全市深化行政审批制度改革工作推进会暨深化事业单位改革动员会，印发《江门市深化市直事业单位改革实施方案》，对市直23个部门74个事业单位提出整合、下放、撤销和转企的改革要求。将公共资源交易、公共卫生防控、公共就业服务、农产品检验检测等18个领域的56个事业单位整合归并为31个，将市园林设计室、市勘测院、市建设工程质量检测中心站等15个事业单位进行转企或撤销，优化全市公共事业资源配置，强化事业单位公益属性。5月22日，在整合市政府采购中心、市建设工程交易中心、市产权交易中心和市土地矿业权交易中心基础上，组建江门市公共资源交易中心，为市政府直属事业单位。6月17日，理顺高新区与江海区管理体制，出台《江门市委办公室、江门市人民政府办公室关于印发〈中共江门高新技术产业开发区工作委员会、江门高新技术产业开发区管理委员会主要职责内设机构和人员编制规定〉的通知》《江门市委办公室、江门市人民政府办公室关于印发〈江门市江海区部分党政机构调整方案〉的通知》等文件，实现高新区与江海区相应的党政内设机构合署办公，江海区20个党政部门压缩为13个，精简率35%，构建高新区（江海区）大经济、大建设、大监管、大文化等工作格局，加快江门国家高新区建设与发展。9 月 18 日，《江门市第三人民医院章程》经市事业单位登记管理局核准，市第三人民医院第一届理事会成立，事业单位法人治理试点工作正式试行。10 月 11 日，《江门市老干部大学章程》经市事业单位登记管理局核准，市老干部大学第一届理事会成立，事业单位法人治理试点工作正式试行。13 日，推进食品药品监管体制改革，出台《江门市机构编制委员会关于印发江门市食品药品监督管理体制改革实施方案的通知》。28 日，推进卫生和计生、新闻出版和广电部门机构改革，出台《江门市机构编制委员会关于印发江门市卫生和计生、新闻出版和广电部门职能转变及机构改革实施方案的通知》。12 月 16 日，赋予江门高新区市级经济管理和相关行政管理权限；出台《江门市人民政府关于印发〈关于进一步理顺江门高新技术产业开发区管理权限的实施方案〉和〈赋予江门高新区市级经济管理和相关行政管理权限事项目录（第一批）〉的通知》，决定赋予江门高新区第一批市级经济管理和相关行政管理权限事项 43 项。20 日，理顺职业卫生监管职责。市编委印发《关于印发〈关于理顺江门市职业卫生监管职责实施方案〉的通知》，明确 2014 年 1 月 1 日为职责移交时间节点，将原由卫生部门承担的工作场所职业卫生监管职责调整由安全生产监管部门承担。25 日，完成市级卫生和计生机构改革，出台《江门市人民政府办公室关于印发江门市卫生和计划生育局主要职责内设机构和人员编制规定的通知》；印发《关于推进市级公共资源交易体制改革的实施方案》，确立市级构建“一委一办一中心”的公共资源交易组织架构。31 日，完成市级食品药品监管体制改革，出台《江门市人民政府办公室关于印发江门市食品药品监督管理局主要职责内设机构和人员编制规定的通知》。（江门市编办）

【财政管理体制改革】 2013 年，江门市推进简政放权，明确市区两级政府支出责任，促进事权与支出责任相适应。根据《江门市人民政府印发关于市本级与蓬江区、江海区财政管理体制调整方案的通知》，落实做好市与两区财政管理体制的相关事项，增强基层基本公共服务能力。赋予江门高新区一级财政管理权限，规范和理顺市对高新区财政管理体制，从财政收入和财政支出划分、预算收支审批、财税库机构设置等方面研究落实赋予高新区一级财政管理权限。按照《江门市人民政府印发关于进一步完善江门高新技术产业开发区财政管理体制实施方案的通知》要求，支持促进高新区全面协调可持续发展。（苏女好）

【医疗卫生体制改革】 2013 年，江门市推进县级公立医院综合改革，恩平市、鹤山市纳入全省县级公立医院综合改革试点，确定恩平市人民医院和鹤山市人民医院、鹤山市中医院、鹤山市妇幼保健院为改革试点医院。按照改革方案，制定配套政策，推进各试点医院取消药品加成补偿机制、人事分配制度、医院管理、医保支付等方面改革。建立健全大病保障制度，开展城乡居民大病保险，规范大病保险服务管理。公开招标中国人寿保险股份有限公司广东省分公司为承保全市城乡居民大病保险和职工基本医疗保险大病保险（补充医疗保险）的商业保险机构。开展平价医疗服务体系建设，出台《关于印发江门市平价医疗服务体系建设实施方案的通知》，在全市范围内推进平价医院、平价诊室、平价药包等平价医疗服务。至年底，全市各区（市）分别确定1所平价医院，各平价医院设立平价诊室，印制专门的病历、处方、药包和平价医疗服务指南、流程，公布平价药包清单。全市已开设平价诊室的医院22所，平价诊室占门诊资源数9.3%；全市79个政府办乡镇卫生院（社区卫生服务中心）全部使用平价药包。

（江门市卫计局）

【农村经济体制改革】 2013年，江门市加快农村综合改革试点，新会区申报成为首批全国农村综合改革示范试点县（区）。全市所有涉农镇（街）、村建成农村“三资”管理服务中心和交易平台，全市农村资产资源进入各级交易中心并实现智能化管理和监管，全市农村集体资产资源交易5781宗，资产交易金额13.46亿元。农村集体财务“组账镇管”制度覆盖面达98%，建立村级财务审计制度，开展“政经分离”试点和全市换届任期和离任工作审计，引入社会中介组织第三方规范农村财务管理。

（江门市农业局）

基础设施建设

【交通基础设施建设】 2013年，江门市完成投资49亿元，其中高速公路项目完成19.4亿元、国（省）道项目完成2.73亿元、县（含乡、村）道项目完成8.4亿元、市区交通建设项目完成15.7亿元、公路站场项目完成0.14亿元、港口项目完成2.54亿元。

交通一体化建设　1月1日，实现珠三角九市年票互认。6月31日，撤销外海大桥、国道325开平路段、肇江线沙坪至江门路段3个收费项目。12月31日，恩平收费站、鹤山龙口收费站改为单向收费。建立重大节假日小型客车免费放行及保畅通工作长效机制。

高速公路建设　全市高速公路建设共完成投资19.4亿元，高速公路通车里程达378千米。广中江高速实现全线动工，江门段完成投资10.8亿元，累计完成投资35.31亿元。江罗高速江门段征地拆迁基本结束，完成投资7.8亿元，累计完成投资11亿元；新台高速南延线项目开工建设，完成投资8000万元。

市区重点交通工程建设　广佛江快速通道江顺大桥主塔于9月28日封顶，累计完成投资12亿元。江门大道北线控制性工程全面启动施工，完成投资4.13亿元。西环路隧道完成投资1.12亿元。对G325国道、S270古港线、S271新崖线、S273高铜线、S274稔广线、S365麻阳线等路段进行改善。高新区公共码头完成投资1.2亿元；新会天马港二期万吨级码头完成投资1.21亿元。推进崖门万吨级航道整治工程前期工作。广海湾5万～10万吨深水码头项目预可报告通过省交通运输厅审查并报批。江门江海综合客运枢纽工程完成投资980万元。

（余敬华）

【能源基础设施建设】 2013年，江门市抓好重点能源项目建设工作。台山核电一期工程、省天然气管网二期工程江门段进展顺利，双水电厂1×60万千瓦“上大压小”热电联产机组上报国家发改委，粤电新会电厂天然气发电项目、华电蓬江江沙热电冷三联供项目获省发改委批复；信义玻璃、开平翠山湖太阳能光伏项目完成建设；启动编制全

2012～2013年江门市基础设施情况

项　目	单　位	2012年	2013年
公路通车里程	千米	10010	10008
其中：高速公路	千米	378	378
本地电话年末用户	万户	116	115
移动电话年末用户	万户	497.29	590.98
国际互联网用户	万户	116.53	—
电力消费量	亿千瓦·时	196.14	207.30
商品房屋实际销售量	万平方米	351.12	426.81
商品房屋实际销售额	亿元	193.65	254.32

市热电联产规划；与中国华电集团签订战略框架协议，总投资600亿元的广海湾地区LNG综合开发利用项目启动建设。（罗五方）

【水利基础设施建设】 “双千工程”建设 2013年，江门市列入“双千工程”建设项目有海堤加固达标工程7项、中小河流治理工程11项、病险水库除险加固工程45项、病险水闸除险加固工程7项、潭江河流治理工程1项。7项海堤加固达标工程完成初步设计，其中4项初步设计获批复，2项完成省水利技术中心审查，1项上报待省审查；1项中小河流治理工程完工，2项主体工程完成，5项初步设计完成并获批复，3项正在进行初步设计工作。45项病险水库除险加固工程初步设计完成，其中1项中型水库初步设计获批复，44项小型病险水库除险加固工程中有8项完成、14项准备开工、22项上报省待审查。7项病险水闸除险加固工程完成初步设计并上报待批复。潭江河流治理工程可行性研究完成并上报省水利厅。

农村饮水安全和村村通自来水工程 2013年，江门市完成13项农村饮水安全工程建设，总投资1715.44万元，省级以上补助资金901万元。全市列入省村村通自来水规划的台山、鹤山、恩平3个市开展村村通自来水示范县建设，涉及农村人口53万人，规划投资5.06亿元。

中小型灌区改造 全市列入《广东省中型灌区续建配套与节水改造工程规划（2011～2020年）》32项，设计灌溉面积8.32万公顷，总投资18.9亿元，列入国家农业综合开发项目的台山市大隆洞中型灌区节水配套改造工程1项。启动灌区项目15个，投资12.5亿元，涉及设计灌溉面积5.93万公顷，占全市总灌区设计灌溉面积71%。在建项目3个，分别为开平市镇海灌区、台山市深井灌区、台山市大隆洞中型灌区农业综合开发项目，总投资2.19亿元，省级以上补助资金1.34亿元，其中开平市镇海灌区节水改造工程累计完成投资3800万元，占概算总投资的62.2%；台山市深井灌区改造工程已开工建设，累计完成投资1800万元，占概算总投资的13.2%；台山市农业综合开发大隆洞中型灌区节水配套改造工程累计完成投资1050万元，占概算总投资的47.2%。

小型农田水利工程 开平市中央财政小

型农田水利重点县建设项目通过验收，三年累计完成投资5950万元（省级以上补助资金4800万元），恢复和新增灌溉面积533.33公顷，改善灌溉（排涝）面积5200公顷。鹤山重点县2012～2014年三年建设方案总投资6748.58万元，获中央和省级财政补助4800万元，鹤山重点县2012年度宅梧、双合两个项目开工建设，完成投资2365万元；台山重点县列入中央财政第五批小型农田水利重点县中的高标准农田水利重点县，2013～2015年三年建设方案总投资7628.14万元，获中央和省级财政补助6000万元。蓬江荷塘、新会双水、台山水步、开平赤水、鹤山共和、恩平良西6个小型农田水利示范镇项目完成建设，总投资7633万元，其中省级补助资金4800万元。

中央中小河流治理重点县试点　蓬江区和鹤山市中小河流治理重点县综合整治及水系连通试点县第一批项目共6个项目区（其中包括蓬江区棠下镇—1、杜阮镇—1、杜阮镇—2共3个项目区投资8883.14万元；鹤山市桃源、雅瑶、共和3个项目区投资9050.82万元）的实施方案完成编制并上报省水利厅，其中鹤山市3个项目区和蓬江区3个项目区的实施方案报告通过省水利厅组织审查。

山塘除险加固工程　江门市对列入计划的108个山塘进行除险加固。江门市级财政安排扶贫专项补助资金3年共3000万元，对实施项目给予补助，不足部分由各市（区）自筹解决。市水务局制订《江门市2013～2015年山塘除险加固工作方案》。

机电排灌建设和小水电管理　全市列入广东省大型灌区排泵站更新改造工程1项，同时列入全国大型泵站更新改造计划，工程总投资1.83亿元，其中省级补助资金3658万元。沙坪泵站、坦尾泵站和高压外线及设备单位工程已通过单位工程验收正常使用。联合市物价部门落实全市小水电上网最低保护价为43.82分/千瓦·时政策及台山新会峰谷电价政策。是年12月9日，将最低保护价定为43.82分/千瓦·时，调整后的峰谷电价为丰水期峰期电价45.50分/千瓦·时、谷值电价22.75分/千瓦·时，枯水期峰期电价68.25分/千瓦·时、谷值电价34.13分/千瓦·时，电价从2014年4月1日开始执行，台山市、新会区电价调整后，分别增加70多万元、30多万元。　（江门市水务局）

【信息化建设】　信息基础设施建设　2013年，江门市实现电信网、互联网和广电网全覆盖。形成覆盖全市的光纤高速传输系统，3G网络100%覆盖全市及沿海60平方千米海域。全市通信光缆线路达108万纤芯千米，固定电话机总量138万户，互联网出口带宽达240千兆比特。全市有11个数字移动交换局、5315个移动通信基站，网络容量759万户，手机用户达559万户；全市互联网普及率68.9%。建成广电双向环形宽带综合接入网和宽带多媒体综合信息网，有线电视覆盖率100%。

信息化和工业化融合　实施中小物流企业信息化提升工程，推广应用中小物流企业信息化管理系统，优化企业信息化条件；结合“广货网上行”活动，启动“江货网店培育工程”，扶持销售江门产品业绩好、运行模式先进的江货网店；支持电子商务公共平台和江门专区建设，奥凯水暖卫浴电子商务平台开通上线，启动以光博汇为依托的绿色光源电子商务平台建设；省经信委认定江门高新技术产业开发区为信息化示范园区金牌园区，江门市现代信息服务园为信息化示范园区铜牌园区。

信息资源共享　推广市电子政务云计算中心应用，是年新增应用项目55个，累计100个业务系统和网站部署在市电子政务云计算中心，推进全市硬件资源共享；结合市网上办事大厅建设，加强对全市有关涉民信息化平台的整合，建设市民网页平台，完成对市人社局、市住建局、市卫生局、江门联通公司、融浩水业公司等10个部门和企业的涉民信息整合；以政企通公共服务平台为主体，对33个涉企政府部门的资源进行整合，为企业提供政策发布服务、政企互动服务、项目申报服务、协会商会服务、企业热线服务等。

网上办事大厅　全市已进驻网上办事大厅的行政审批事项共5189项，进驻率100%。网上办理事项实现省、市、县三级同步一致，并实现省、市、县（市、区）、镇四级网上办事大厅互联互通。市网上办事大厅以办事者需求为中心，推动政府服务模式、服务方式、电子政务机制、信息技术应用四大创新，推出市民网页、政企通、e键通、网上支付、联合审批等服务功能，建立纵向到底的网上办事体系，全市所有特大镇、街和中心镇、街（38个）已建立网上办事站，所有社区、村已建立网上办事自助服务区。（江门市经信局）

现代产业

【物流业】　2013年，江门市完成货运量9998.72万吨，比上年增长11.2%；货物周转量1350682.49万吨千米，增长17.2%，增加9.6个百分点；港口货物吞吐量6737.08万吨，增长8.5%；邮政业务总量2.85亿元，增长8.7%。全市登记注册的物流企业及物流关联企业3000多家，注册资金500万元以上的物流企业20多家。大部分物流企业以货代、运输为主业，提供仓储、运输、配送及物流解决方案的第三方物流企业30多家，代表性企业有江门市大昌慎昌公共保税仓、中岸公用保税仓、大昌行物流、德润物流、江顺达物流、仁科物流、高宝隆物流、安捷物流、华贸物流等。全市推进银洲湖、南新区、鹤山三大物流园区建设，其中大昌行物流园、高宝隆物流基地、正平快运物流中心实现增资扩建，建成中健物流园和曙光物流市场。（江门市经信局）

【旅游业】　2013年，江门市印发《中共江门市委、江门市人民政府关于进一步加快旅游业发展的意见》《江门市旅游业发展扶持办法》《江门市旅游发展总体规划（2013～2025年）》。全年全市旅游总收入223.28亿元，比上年增长20.5%。其中，国内旅游收入173.9亿元，比上年增长23.25%；外汇旅游收入79768.43万美元，增长14.08%。全市接待游客3342.05万人次，比上年增长10.8%。其中，过夜游客1410万人次，比上年增长9.8%；一日游游客1932.05万人次，增长11.5%。4月19～21日，参加中国国内旅游交易会；4月28日，江门市区旅游观光巴士开通，首期运营巴士共4辆，分别命名为五邑旅游号、开平碉楼号、川山群岛号、古兜温泉号；5月24～27日，参加台北两岸观光博览会；6月13～16日，参加香港国际旅游交易会；8月30日～9月1日，参加广东国际旅游产业博览会；9月2日，市旅游局联合中山市旅游局、珠海市旅游局组织三地旅游企业到太原、呼和浩特举办“最美珠江西岸游”旅游推介会；11 月 8 日，参加广东国际文化旅游节花车巡游活动；12 月 5～10 日，市旅游局联合广州市旅游局、中山市旅游局组织三地旅游业界及媒体代表赴成都和重庆举办“品花城春韵、寻伟人故里、观碉楼世遗”2013 广中江（成都、重庆）旅游推介会；12 月 27 日，组织市旅游企业参加广东省旅游局和吉林省旅游局联合主办的“交换冬天”旅游推介会活动。

4 月，开平市、台山市川岛镇、新会区圭峰山风景区启动创 AAAAA 景区工作，投入 6000 多万元建设基础设施；加强旅游总体形象宣传，在江中高速江门入口处设置大型旅游广告牌，宣传“江通四海，门迎天下——中国第一侨乡”旅游总体形象。9 月，宣传推广旅游精品线路，以“碉楼·温泉·川岛游”主题旅游年为抓手，整合市本级、各市（区）旅游局及旅游企业宣传促销经费，重点宣传推广世遗、海岛、温泉旅游线路。

2012 年 12 月 29 日～2013 年 1 月 3 日，台山市旅游协会、台山厨点师协会、《南方都市报》联合举行台山侨乡美食节。2 月 10～12 日，新会圭峰山管委会举办“圭峰之春”文化庙会。3 月，广东开平碉楼旅游发展有限公司举行碉楼油菜花节、桃花节、格桑花节。4 月 6～28 日，新会区旅游局举行新会旅游美食水蟹节。6 月 22～23 日，市旅游局与蓬江区人民政府、市农业局、江门日报社、江门广播电视台联合举办 2013 中国（江门）杜阮凉瓜文化节。7 月 29 日，川岛镇主办川山群岛盛夏艺术节。9 月 18 日，举办“2013 台山市滨海风情旅游节暨江门市旅游线路推介会”。10 月 2～9 日，台山市旅游协会、水步镇人民政府主办台山水步牛肉美食文化节。10 月 24～28 日，举办第十届中国（江门）侨乡美食购物节暨首届江门侨乡旅游美食博览会。12 月 18 日，开平市人民政府举行大沙梅花旅游节。

（江门市旅游局）

【金融服务业】 2013 年，江门市年末金融机构人民币存款余额 3207.33 亿元，比上年末增长 14.4%。其中，城乡居民储蓄存款余额 2029.88 亿元，比上年增长 9.5%；企业存款余额 1023.73 亿元，增长 19.3%；财政性存款余额 53.98 亿元，增长 20.1%。金融机构人民币贷款余额 1563.15 亿元，比上年增长 17.4%。其中，短期贷款余额 628.83 亿元，比上年增长 21.9%；中长期贷款余额 900.22 亿元，增长 17.1%。是年，银行业金融机构种类、数量上升，南粤银行江门分行、浦发银行江门分行、汇丰银行新会支行落户江门。至年末，各类银行业金融分支机构 26 个、法人机构 7 个；银行业金融机构总资产 3585.23 亿元，比年初增长 12.81%。人民银行江门市中心支行完善开业管理工作机制，按照申报、审核、现场核验、批复的操作流程，指导南粤银行江门分行、浦发银行江门分行等 5 个新设银行业机构加入人民银行金融服务系统。

（江门市统计局　人行江门市中心支行）

【先进制造业】 2013 年，江门市先进制造业增加值比上年增长 15.0%，其中装备制造业增长 14.4%，汽车制造业增长 36.2%。打造汽车零部件产业基地，在江门国家高新区规划建设广东（江门）汽车零部件产业专业园，该园被列入珠江三角洲产业布局一体化示范项目和全省 6 个省级汽车零部件产业专业园之一。科杰集团成功研制全自动 LED

焊线机，是国内首家可实现“18K 全自动 LED 焊线机”产业化生产企业；南洋船舶成为全省最大的民营造船企业。

【战略性新兴产业】 2013 年，江门市发展高端电子信息、LED、高端装备制造业、新材料等新兴产业。江门绿色光源产业实现规模以上工业总产值 227 亿元，从事 LED 生产的企业超过 500 家，形成从研发、生产制造到销售的价值链。引进西铁城、奥伦德、德力西、台湾一诠等企业，培育本地企业，全市已经或准备上市的龙头企业 4 家，包括真明丽集团、广东德力光电有限公司、江门市科恒实业股份有限公司、广东金莱特电器股份有限公司。建立国家半导体光电产品检测重点实验室、中国（江门）国际绿色光源博览交易中心等公共平台，成立江门市 LED 产业标准联盟、LED 行业协会、照明电器行业协会等服务机构。江门市获“国家火炬计划江门半导体照明特色产业基地”“广东省火炬计划半导体绿色照明特色产业基地”“广东省战略性新兴产业（江门绿色光源）基地”“广东省 LED 产业化基地”“广东省（江门）绿色（半导体）光源产业基地”等称号。“江门新型高分子及复合材料产业”基地通过省市认定。打造以城际动车组为主的轨道交通装备制造全链条产业集群基地，修造基地完成新造部分所有厂房建设。5 月，南车轨道交通首列 CRH6 型城际动车组下线。高端电子信息产业发展迅速，其中广东海信实现生产彩色电视机 173 万台，比上年增长 1.04 倍；完成投资 4.54 亿元，增长 89.96%；实现产值 25.15 亿元，增长 73.16%。

（江门市经信局）

【高新技术产业】 截至 2013 年 11 月底，江门市共有国家级高新技术企业 175 家、市级高新技术企业 107 家、高新技术产品总数 845 项。推动绿色光源产业规模发展，推进中国（江门）绿色光源博览交易中心、国家半导体光电产品检测重点实验室等公共服务平台建设，加快建设江门高新区绿色光源（LED）产业基地核心园区，实现绿色照明产业集群横向一体化和产业聚集；加速发展高端装备制造业，以富华重工为依托，打造台山市汽车零部件生产基地，发展轨道交通装备制造业，深化与南车集团合作，打造城轨车辆修造基地和城轨车辆制造基地，以南车公司为依托，培育轨道交通装备工程技术研究开发中心；推进新能源产业建设，推动电动汽车电池产业化发展，发展清洁能源（核电）装备制造业，打造台山清洁能源（核电）装备产业园。组织高新区实施“一区多园”管理模式和以“三资融合”模式建设总部科技园调研工作。实施高新技术产业开发区发展引导专项，加大高新区创新环境和条件建设力度，提高园区自主创新能力。

（江门市科技局）

【传统优势产业】 2013 年，江门市推动食品、纺织服装、机电、造纸及纸制品、计算机通信及其他电子设备制造、建材等六大产业发展。六大优势传统产业实现规模以上工业增加值 494.36 亿元，比上年增长 13.94%，增长贡献率 40.6%，拉动全市工业增长 9.4 个百分点；实现规模以上工业总产值 2114.47 亿元，增长 12.5%，占全市规模以上工业总产值 68.74%。 （江门市经信局）

【现代农业】 2013 年，江门市冬种春收农作物面积 3.93 万公顷；粮食播种面积 19.12 万公顷，粮食总产量 92.67 万吨；蔬菜播种面积5.88万公顷，总产量126.87万吨；水果种植面积2万公顷，总产量25.11万吨；全市肉类总产量42.15万吨，其中猪肉25.77万吨；生猪出栏321万头，年末存栏199万头；家禽出栏11109万只，年底存栏3147万只。

农村耕地流转 全市集体经济组织专业发包的土地流转做到“九有”（有方案、有表决、有公示、有申请、有审核、有发布、有招标、有鉴证、有备案），家庭承包土地流转做到“五有”（有申请、有审核、有发布、有鉴证、有备案）。成立土地纠纷仲裁机构，调解农村土地承包经营纠纷49起，全市农村耕地流转面积3.33万公顷，占承包土地面积30%。

农业产业化经营 有市级以上重点农业龙头企业58家，其中国家农业龙头企业1家、省级农业龙头企业17家，新增省、市级农业龙头企业4家和5家。全市农民专业合作社1189个，比上年增加932个，全市建立国家、省和市级农民专业合作社示范社72个，新培育市级农民专业合作社示范社16个。全市现有农村规模经营家庭64801户，其中从事种植业及产品加工家庭22189户，从事畜牧业及产品加工家庭18191户。

调整优化农业结构 开展粮食高产创建活动，发展以马铃薯、蔬菜、番薯、玉米等作物为主的冬季农业生产，优先发展规模化、现代化、健康生态畜禽产业。实施名牌战略，改造提升新会陈皮、台山黑皮冬瓜、开平马岗鹅、金山火蒜、恩平簕菜、杜阮凉瓜等品牌产品。发展休闲观光农业、保健功能农业、文化科普农业产业；提升虫草孢子实体、灵芝和其他珍稀食用菌等新兴生物产业；培育壮大新兴肥料、生物农药、生物育种等新兴产业。

农业科技发展 全年举行科技大集31场次，科技小分队34个次，到村、田头指导1139场次，组织农业科技人员送科技下乡6295人次，参与活动群众77371人；举办实用技术培训600期（班），培训农民57782人次；举办绿色证书培训班16期（班），培训农民1568人，获证人数1568人。推广农业新品种136个、新技术78项，发放书籍19550册、资料15.67万份，免费向农民赠送抛秧盘、新农药、新种子、种苗和肥料等农用物资金额287.66万元。全市农作物和畜禽良种覆盖率分别达97%和95%以上。

现代标准农田建设 全市落实标准化农田建设项目81个，各级财政投入资金41568万元，整治农田面积2.31万公顷。至年底，全市建立农业标准化示范区（基地）51个，其中省级12个、市级39个；制定和发布农业地方标准化生产规程32项。

无公害农产品基地建设 江门市杰士植物营养有限公司的有机水溶肥、江门市得宝集团有限公司的“552”瘦肉型小猪配合饲料、恩平基龙实业有限公司的凤山鸡入选广东省名牌产品（农业类）。有效期内的省名牌产品（农业类）共有企业17家、产品26个；有效期内国家有机食品认证企业3家、产品15个；绿色食品认证企业15家、产品38个；无公害农产品企业143家、产品201个、产地170个、农产品地理标志产品2个。

农业信息网建设 省农业信息网发布江门农业信息935条，比上年增长34%，“江门市农业信息直通车”覆盖全市所有行政村，探索应用“江门市农业信息直通车”查询系统，在15个行政村建立直通车信息服务终端和液晶显示屏。全市建成横向部门互动，纵向市、县、镇、村四级联动，全面覆

盖到村、村小组（合作社）的涉农财政补贴政策信息服务机制。

农产品质量安全监测 制订《2013年度江门市农产品质量安全监测工作方案》，加强农产品质量安全日常监管，重点做好“两会”期间和重大节假日的农产品质量安全执法检查，开展农产品质量安全抽样检测。是年，全市共抽检蔬菜水果样本27608个，不合格样本164个，农药残留检测合格率99.41%；强化对生猪养殖场收购、贩运环节“瘦肉精”监督抽查，共监测生猪尿样98264份，“瘦肉精”残留检测合格率100%。 （江门市农业局）

农产品市场建设 11月，江门市远洋冷冻批发市场成为国家农业部定点批发市场，批发市场分6大功能区：冷库物流仓储区，冻品交易区，鲜猪肉交易区，水产交易区，禽畜交易区和腊味、海产、干货交易区，占地面积12万平方米，建成30万吨保鲜冷库，其中冻品交易区销售量达10万吨，销售金额20亿元。新会水果市场实施二期升级改造，投入改造资金2750万元，改造面积3万平方米。 （江门市经信局）

转型升级

【专业镇转型升级】 2013年，江门市组织专家顾问团到20多个专业镇开展专题调研，共建公共服务平台。组织实施蓬江区摩托车、新会司前不锈钢专业镇转型升级创新服务平台、开平市水口水暖卫浴产业技术路线图等计划建设。10月16日，在蓬江区科炬高新技术创业园召开江门市专业镇工作现场会，揭牌成立江门市专业镇产业技术创新联盟，组建“专业镇联盟”。五邑大学与蓬江区政府的“江门市蓬江区摩托车零配件中小企业技术创新平台”、蓬江区荷塘镇的“荷塘玻璃及灯饰专业镇工业设计服务平台建设”、台山市川岛镇的“江门市川岛镇滨海旅游电子商务服务平台”获省科技厅立项支持，获批专项资金200万元。市本级对10个农业项目和12个产学研项目科技立项，组织实施市级专业镇重点计划，对高新区外海街道办和新会区古井镇承担的“江门市专业镇技术创新试点”项目科技立项。实施攻关计划，改革创新财政科技资金投入的管理方式和程序，引入竞争性分配环节，聘请第三方机构组织专家进行评审，组织实施“应用于NFC（近场通信）系统的超薄铁氧体屏蔽材料的研发”等科技专项，扶持企业研发资金500万元，项目涵盖绿色照明、高端电子信息、精细化工、节能环保、新材料等领域。在省工业攻关、数控一代和新兴产业、省部产学研合作等领域组织实施200多个省市级科技计划项目。

【科技自主创新】 2013年，江门市本级拨付科技资金16991万元，鼓励自主创新，发展壮大高端装备制造、清洁能源、新光源等战略性新兴产业。研发经费支出占地区生产总值比重1.5%；组织实施126个市级以上重点科技计划项目，新增40家高新技术企业，高新技术产品产值占工业总产值比重27%。全市每百万人口发明专利申请量300件，成为全国科技进步考核先进市及国家知识产权试点城市。是年，建成国家机械装备检测重点实验室。

【重大平台建设】 2013年，江门市本级拨付16497万元支持省、市重点园区基础设施建设，提高核心园区发展水平，加快引进大项目落户。完成大广海湾经济区发展总体规划编制并获省通过；江沙示范园区、鹤山工业城、鹤山龙湾工业园纳入江门国家高新区“一区多园”管理；江门产业转移工业园在全省考核评价中获第一名；广东轨道交通产业园区、台山工业新城、LED和汽车零部件产业专业园建设进展顺利；江沙食品产业园挂牌；江门国际绿色光源博览交易中心首期封顶。（江门市人大）

【城市经营理念创新】 2013年，江门市构建城市建设良性循环机制，落实鼓励和引导民间投资政策，鼓励多种投资主体参与基础设施、市政公用等领域建设。以股权增资方式完成广中江项目融资25.9亿元，推动交通建设项目取得进展。加快重大基础设施项目建设，启动建设江门大道北线工程，开展江门大道南线征地拆迁工作；江顺大桥主塔成功封顶，进入钢箱梁架设、斜拉索安装阶段；胜利大桥、胜利南路、永康北路顺利通车；启动建设育德街、北环路、福泉路改造项目。（江门市财政局）

【经济协作】 2013年，江门市为企业拓宽经济交流渠道，强化经济协作活动。全年共组织162家次企业参加江门经贸代表团赴广西、湖南开展经贸活动，以及参加广东名优特食品展销会、第九届泛珠三角区域合作与发展论坛暨经贸洽谈会、2013中国（江门）摩托车工业博览会、首届中国南亚博览会暨第21届中国昆明进出口商品交易会、2013中国·青海绿色发展投资贸易洽谈会、第三届中国—亚欧博览会、第十四届中国西博国际博览会，共达成合作总金额56.48亿元，推动全市企业开拓国内市场，提高市场覆盖面。

【产业结构优化调整】 2013年，江门市大力推进产业结构调整。先进制造业增加值比上年增长15.0%，其中装备制造业增长14.4%；汽车制造业增长36.2%。推动优势传统产业转型升级，实施江门市电气机械设备制造产业整体转型升级工作方案，组织实施重点项目，推动产业整体提升。发展战略性新兴产业，全市新型高分子及复合材料产业基地被认定为省市共建战略性新兴产业基地。推进工业设计与制造业的深度结合，举办第二届“五邑杯”创新工业设计大赛，重点推进摩托车及零部件制造专项比赛，以工业设计助推产业转型升级。

【产业园区建设】 2013年，江门市打造核心园区，推动“三边”协调发展，制定大广海湾综合发展经济区建设总体规划。广东轨道交通产业园累计完成投资30亿元，3列CRH6型动车组下线，4家配套企业动工建设。江门高新区启动“一区多园”管理模式，江沙示范园、鹤山工业城等载体纳入江门高新区管理，LED博览交易中心首期封顶。江沙示范园区累计引进企业19家，投资总额200亿元。江门产业转移工业园在全省产业转移目标责任考核中获优秀等次，位列全省第一名，在广东省工业园区服务星级评价中被认定为“五星级园区”，园区累计引进项目249个，投资总额466亿元，实现工业总产值119.3亿元。（江门市经信局）

城乡发展

【城乡规划】 规划编制 2013年，江门市编制完成《江门市城乡总体规划充实完善》

《江门市区轨道交通枢纽及周边地段规划》《长堤历史街区保护规划》，启动《江门市城市空间发展战略规划研究》《江会片区规划协调研究》《江门市主城区地下管线综合管廊专项规划》等项目编制工作。组织编制《江门市主城区高速公路出入口布局规划》《江门市区高速公路出入口连接道路规划研究》《中江高速龙湾出入口与江门大道衔接规划》《滨江快速（北环路—江中高速）段选线》《荷海快线（含新南快线）调整规划研究》《连海路路网调整规划研究》等交通专项规划。创新规划研究方式，加强重点地段、重点项目规划工作，组织开展篁庄考场片区改造规划咨询活动。推进控制性详细规划编制，完成弓湾围地段、北街甘化地段、滨江新区启动区体育中心地段等17项控制性详细规划编制面积27.5平方千米，蓬江、江海两区在编和已批控制性详细规划79项，占规划建设用地面积88%。加强村庄规划修编工作，累计完成857条行政村整治规划编制，其中蓬江区56个、江海29个、新会区154个、台山市222个、开平市181个、鹤山市90个、恩平市125个。

建设用地规划管理 开展深茂铁路的选线及站点规划工作，完成供政府决策参考的江门大剧院项目前期策划与研究咨询工作，完善妇女儿童活动中心规划方案，完成机动车新考场建设选址规划工作，做好范罗岗小学滨江校区的规划选址与规划方案审批工作，完善甘化片区控制性详细规划，制定《“三旧”改造地块开发强度的管理规定》，办理“三旧”项目认定与改造方案38个。组织专家评审会及专家咨询会，论证帕佳图·世家、海逸城邦、帕佳图·星光天地、外海松仔山地块规划条件，加强半岛华庭规划、江海广场规划等建设项目设计水平。加快市区公交站场（枢纽站）的规划建设，完成胜利加油站侧、北苑小学西侧、福泉路、青少年宫侧、江沙工业园等5处公交站场（枢纽站）规划选址工作。全年办理建设项目选址意见34项、用地规划许可证72项、修建性详细规划方案的审核204项、规划公示项39项。

建设工程规划管理 组织万达广场、时代广场、体育中心、新范罗岗小学等项目的规划管理，召开万达广场设计方案修改、元宝山体育公园三期（妇儿活动中心）专家咨询会。起草《公共服务设施移交管理规定》《修建性详细规划、建设工程设计方案修改规划管理规定》《调整城市基础设施配套费标准的请示》等规范性文件。推进建筑单体电子报批软件应用，加强地下管线信息化建设，开展二期地下管线普查工作，普查管线1500千米，研发地下管线二期专网并投入使用。全年共办理建设工程业务1154项，建设工程项目建筑类设计方案421项，市政类设计方案400项。核发建设工程规划许可项目312个，建筑面积410万平方米，临时建设工程（含立面装修）项目31个，道路设计要点27份；办理村民住宅建设工程规划许可27项，核定规划实施意见17项。全年核收城市基础设施配套费3.2亿元。

城乡规划指引与监管 加强全市城乡规划规范化管理指导，制订《江门市城乡规划技术管理规定》，规范规划行政审批、土地开发强度控制、建筑退线、公共设施配置等管理实务，于5月1日起试行。做好城乡规划法普及工作，依法查处违法建设，制定《江门市城乡规划督察工作配合制度》，开展第一期规划督察图斑核查。开展规划宣传工作，履行政府信息公开职责，市城乡规划局网站共发布信息717条，依照申请公开信息

86 条，全年完成规划验收项目 214 个，总面积 265 万平方米；共受理有效信访事项 175 宗，其中行政效能投诉案件 58 件、集书面公示反馈 246 宗、行政复议 2 宗、信访复核 2 宗。（江门市城乡规划局）

【城市建设管理】 市区重点工程项目 2013 年，江门市有重点工程项目 47 个，其中道路工程项目 22 个、桥梁工程项目 1 个、防洪排涝工程项目 1 个、宜居生态工程项目 18 个、社会事业工程项目 5 个。项目年度计划投资 21.9 亿元，实际完成投资 17.05 亿元。其中，滨江新区丰乐路北延线（新南路—北环路）、滨江新区核心人工水系景观、滨江新区启动区雨水泵房建设、滨江体育中心、江门市杜阮污水处理厂首期工程、江门市棠下污水处理厂首期工程、江海生活污水处理厂技术改造、新会菱东球场改造、石涧郊野公园、江海生活污水处理厂配套截污管网工程（二期）、幼儿园路道路改造工程、妇幼保健院新院区周边道路完善、五邑华侨华人博物馆展厅建设工程、市区部分主要道路生态型绿化改造工程、2013 年市区绿化专项、城市出入口生态园林改造工程、荔枝山公园等 23 个城市公共基础设施建设项目已完成；滨江新区规划二路（江沙路—滨江大道）、迎宾广场（新市民广场）及建设路—迎宾路立交工程、江睦路（江海路—金瓯路）、胜利南路（新中大道—金瓯路）、江门市迎宾西路（杜阮南路）、2012 年城市绿道、公园及绿化改造、连海路污水管干管、潮连嘉禾路污水管工程、白鸽滩泵房改造、市区道路维修改造项目、育德街（星河路—院士路）、东炮台桥扩建、广珠城轨江门站人防工程（一期）等 14 个项目正在建设中；滨江新区侨顺路二期（江盛大道—江兴大道）、滨江新区盛新路二期（江盛大道—江兴大道）、滨江新区汇泰路二期（盛新路—滨江大道）、丰乐污水处理厂截污干管（发展大道—北环路）、南山路（江海路—五邑路）、胜利南路延长线（金瓯路—南环路）、江门市污泥处理工程、连海北路（江海五路—中华大道）等 8 项工程开展项目前期工作，未完成建设的项目全部结转 2014 年实施。（江门市住建局）

市区市政公用设施管理　加强市政设施养护和建设工作，全年维修破损混凝土路面面积 6801.46 平方米，维修破损沥青路面面积 7496.73 平方米，维修人行道面积 3722.57 平方米，导盲带 1850 米，维修安装侧石 1166.8 米，安装花岗岩 100 条，维修河堤栏杆 18 卡，检修路灯 10947 盏次，路灯亮灯率 99.24%。推进市区 LED 路灯节能升级改造，完成第一期 127 条道路、12000 盏 LED 路灯升级改造；加快市区道路停车位改造工作，完成白沙大道白沙加油站段以及胜利路都市广场段试点改造；完成江门大桥等加固维修及落实江门铁桥异地重建工作，完善和升级江门大桥超重车辆动态监控系统。编制《关于加强江门市区建筑工地综合管理工作方案》，加强和规范市区建筑工地管理。

城乡生活垃圾治理　旗杆石生活垃圾卫生填埋场一期扩容建设工程和大推车山生活垃圾填埋场封场首期建设工程等按计划完成建设，新会区镇级生活垃圾处理场已进行编制项目建议书和规划拟选址现场考察，推行“户收集、村集中、镇转运、县处理”农村生活垃圾收运处理模式，按照“一镇一站、一村一点”建设要求，建立健全生活垃圾收运网络体系，建成镇级生活垃圾转运站 57 座，正在建设 5 座。全市 11852 个自然村设有生活垃圾收集点，其中生活垃圾密闭式收集点2789个，城镇生活垃圾无害化处理率96.2%。出台《推进有害垃圾分类收集工作方案》，把蓬江区仓后街道作为推进垃圾分类的先行区域，探索建立宣传—投放—收集—运输—处置体系，已投放1000个红色有害垃圾收集桶，初步建立收运处置体系。

城镇生活污水处理　编制印发《潭江流域生活污染源整治工作方案（2013～2020年)》，推进棠下污水处理厂首期工程、杜阮污水处理厂首期工程、江海污水处理厂技术改造扩建工程、高新区综合污水处理厂首期工程、新会区镇级污水处理厂建设、台山市台城污水处理厂配套管网工程、开平市城镇污水处理设施建设项目、恩平市污水处理设施建设项目及污水厂配套截污管网工程等建设。建成并正式运营的城镇生活污水处理厂32座，总处理能力81.7万吨/日，建成配套污水管网260.68千米。全市共处理污水22505.41万吨，城镇污水处理率87.21%，完成年度全市城镇污水处理率87%的考核目标。

给水排水管理　加快备用水源建设，组织编制江门市备用水源及第二水源建设方案和开展《江门市市区供水专项规划》修编工作，建成东方红水库备用水源、台山市区合水上游备用水源泵站、鹤山市四堡水库和大坝水库备用水源、恩平市备用水源等工程，日供水量35.4万吨。加强供水水质及二次供水水质检测工作，对水质不合格的单位、小区勒令整改，保障供水单位的供水水质安全。开展创建“国家节水型城市”工作调研，推进市创建节水型城市工作。召开专题应急工作会议，制订《江门市市区城管防风防洪联动应急工作方案》。全年共完成清疏下水道420千米、维修下水道300余米；安装5105个圆形检查井盖导轨装置；补装350个四防装置；更换500余套检查井井套；对堤东路、江北路、迎宾路、胜利路等排水不畅道路进行整改；对市区15座机电设备、自排闸门、拍门等排涝、排污设施进行检修和维护。强化防汛工作措施，落实15座泵房“空渠待雨”和雨天电话联系低洼点居民水浸情况等措施。全年共开泵1280.56小时，抽水718.37万立方米，市区没有发生较大水浸事件。

市容环境卫生管理　编制《江门市“侨乡环卫杯”竞赛活动方案》，制定环境卫生考核标准，落实环境卫生管理长效机制，表彰先进单位和个人。在蓬江、江海、新会三区分别设置临时建筑垃圾受纳场，印发《关于进一步加强建筑垃圾处置和建筑工地环境卫生监管的通知》，规范建筑垃圾处置工作、建筑垃圾运输单位和运输车辆管理，完善建筑垃圾信息备案手续，实现建筑垃圾信息互通共享。提高城区主、次干道机械化清扫率，其中蓬江区、江海区、新会区城区主、次干道机械化清扫率100%，台山、开平、鹤山、恩平达80%以上，协调统一市区环卫作业时间、作业标准、作业规范，规范市区环境卫生管理工作。

燃气管理　加快燃气设施建设，扩大燃气使用覆盖面，新铺设市政燃气管72千米；新装管道燃气用户7500户；建成汽车加气站5座（其中LNG加气站3个、CNG1个、L-CNG1个），共有天然气管道235千米；安装天然气管道4.9万户，天然气供气量5054万立方米；使用CNG车辆465辆、LNG310辆；液化石油气供气量13.5万吨。

户外广告和景观设置管理　推进户外广告管理制度建设，制定印发《江门市区公共交通工具外表广告设置标准（试行)》《江门市区户外公益广告管理暂行规定》《江门市区户外广告设置专项规划》，对市区设置的户外广告做到常态化巡查，督促使用单位落实整改。完善审批、监督、安全等管理环节，坚决禁止私设、乱设户外广告行为。全年全市进行户外公益广告宣传活动，在高速公路出口等处立柱；市区主要路段灯杆和公共场所建筑外墙、市区所有户外电子显示屏等60多个大型广告牌设置公益广告，总面积2万平方米。整改建设路五邑电脑城楼顶、东海路、桥南大道等房屋、道路不符合安全、规划设置要求、影响建筑外立面以及没报批的户外广告牌面积4000多平方米和各类招牌402个。完成东华路、丰乐路及院士路、跃进路、东海路、桥南大道，堤东平台、东湖广场、迎宾路（建设路—丰乐路）等路段的灯饰安装及亮化工程。组织编制《江门市主城区城市照明专项规划》。

城市综合管理行政执法　制订《联合整治机动车违法占道和泥头车违规行驶、非法营运行动的工作方案》《江门市区土地使用与规划建设工程行政许可及违法建设信息通报制度》，加强整治机动车违法占道、商户违法占道、泥头车违规和住宅室内违法装修装饰等违法违规行为。市区共拆除违法建（构）筑物面积37809平方米，拆除户外违法广告面积10124平方米；落实规划督察卫星遥感图斑案件的查处工作，查处案件39件；对机动车辆行驶或停车时司乘人员乱丢乱吐乱抛洒行为查处14宗，纠正和规劝、教育存在违规行为的当事人30多人；数字城管采集上报案件66603件，办结65674件，办结率98.6%。印制5万份《致市区各经营户的公开信》向沿街商户派发宣讲，联络电视、电台、报刊等媒体进行专题宣传报道，在8条商业街道设置灯杆广告，利用市区各大LED广告屏播放宣传资料。

（江门市城管局）

【滨江新区建设】　2013年，江门市滨江新区重点工程项目主要有江门体育中心、保利城市综合体和启动区基础设施建设3大项目。至年底，完成总投资8.17亿元，完成年度计划投资101.3%。其中，江门体育中心完成投资3.01亿元，完成总工程量的10%。保利城市综合体完成投资2.1亿元，基本完成场地平整工作。启动区建设项目完成投资306亿元，完善路网等基础设施，配合广东银葵综合医院、范罗岗小学等城市配套项目建设供地工作。开展篁庄考场地块、环湖路、规划三路西延线及天沙河桥等公建项目，配合做好江顺大桥、江门大道等BT项目前期建设的融资、合同签订及财务监督工作。调整启动区二期路网控规和二期土规；优化路网配置，整合现有土地规模资源，增加滨江新区发展空间。拓展融资渠道，11月6日，滨江新区管委会与广东南粤银行签订融资合作协议；12月18日，与建设银行江门分行签订战略合作协议。融资3.5亿元，为滨江新区建设提供资金保障。推进滨江新区地块整理，合计实现土地出让收益7.95亿元。搭建全新融资平台，组建江门市滨江城镇投资有限公司。探索引入项目招商，加快启动区二期开发建设。10月，与省铁投签署开发合作协议，以TOD（公交导向型开发）方式进行启动区二期开发建设。12月，与北京工商联、北京叶氏集团签订江门智慧科技创新产业园战略合作框架协议。加强城市管理，完成已建成道路、景观等市政设施的验收、移交、管养工作；抓好新区信息管线建设、管理、维护，减少资源浪费，提高城市基础设施建设水平；由工程管理向城市管理转变，完成编制新区道路、路灯、绿化等市政设施管养制度，探讨采用购买社会服务方式加强市政设施管养；协调、解决属地农村拆迁、村自留地、排涝、村道建设等问题。（叶泳君）

【宜居城乡建设】 2013年，江门市抓好新会区古井镇等3个宜居城镇和蓬江区棠下镇良溪村委会等14个宜居村庄的试点创建工作。是年，3个宜居城镇创建点共投入5727万元用于完善基础设施建设。其中，投入3218万元新建、改建道路9.2千米；投入482万元新建、扩建排水渠277.9千米；投入355万元新建、扩建农贸市场3个；投入210万元新建、扩建篮球场、排球场等体育活动场所6个；投入412万元新建垃圾中转站9座；投入30万元新建公共停车场1个；投入105万元新建小公园5个。投入250万元用于城镇街道立面整治、卫生死角整治、河涌综合治理、垃圾清理等城镇环境面貌整治工作。至年末，全市共有荷塘镇等24个镇、五星村等56个村分别被评为“江门市宜居城镇”和“江门市宜居村庄”。其中，共和镇等12个镇被评为“广东省宜居示范城镇”，独联村、马降龙村等27个村被评为“广东省宜居示范村庄”。（江门市住建局）

【社会主义新农村建设】 2013年，江门市推进美丽乡村、生态幸福村居建设，全市名村、示范村创建带动资金投入8046.96万元，推进农村环境综合整治、乡村景观改造提升、农村管理优化创新等重点项目建设，建成市级示范村7个、县级名村示范村82个，申报广东岭南名村21个。

（江门市农业局）

社会建设

【科学技术】 2013年，江门市被国家科技部评为全国科技进步考核先进市、被国家知识产权局批准为国家知识产权试点城市。与中关村、中国技术交易所签订合作框架协议，在产业孵化、技术交易、科技服务等方面开展合作。争取到科技部5000万元资金参股江门市风险投资基金，在高新区挂牌成立2家科技支行。实施江门高新区“一区多园”模式管理，辐射带动分园区发展。成立江门市高新技术产业促进会，举办首届五邑杯科技创新产业大赛。至年底，全市共有国家级高新技术企业175家、市级高新技术企业96家、高新技术产品701个；省级创新型企业9家、省级创新型试点企业16家、省级工业研究院2家、省级企业工程技术研究开发中心56个、市级企业工程技术研究开发中心176个；科技孵化器6家，其中国家级1家；国家火炬计划产业基地3个、省级火炬计划产业基地3个、省级专业镇20个；与国内100多所科研院校建立产学研合作关系，引进156名科技特派员。全年专利申请量8439件，其中发明专利1634件；专利授权量5345件，其中发明专利272件。

技术创新平台建设 完成创建市级以上企业工程研究开发中心50个，比上年增长2倍，其中新增省级工程中心34个，超过历年存量总数。至年底，全市省级企业工程技术研究中心累计达54个、市级企业工程技术研究中心176个。组织实施蓬江区摩托车、新会司前不锈钢专业镇转型升级创新服务平台、开平市水口水暖卫浴产业技术路线图等专业镇重点计划，推动产业生态规划、产业技术路线图的制订，示范劳动全市专业镇转型升级。引进和支持中科院金属研究的抗菌不锈钢技术，推动普通不锈钢制品产业向医疗器械、食品加工机器、公共卫生等方面的转型发展。支持引导专业镇技术创新体系建设和创新能力建设，引进培养技术创新人才，建立技术预警机制、危机处理机制、利益协调机制、法律援助机制、分投与融资机制等。

科技成果鉴定　全市有41项科技成果通过市级以上鉴定，其中无限极（中国有限公司）“中草药种植管理模式创新研究及其应用”、广东致顺化工环保设备有限公司“废旧塑料破碎清洗和应用水分选成套设备的研究及产业化”、广东道氏技术股份有限公司“陶瓷喷墨打印装饰颜料与油墨的关键技术研发与产业化”、广东新会美达锦纶有机公司“多孔超细旦聚酰纤维技术开发”4个项目通过省级鉴定，量子高科（中国）生物股份有限公司“低聚半乳糖生产工艺的优化研究”等37个项目通过市级鉴定。

科技合作与交流　江门高新区与香港科研机构开展科技合作，联合中国香港生产力促进局开展第二场光机电产业研发资源及服务机构专题对接活动。7月，与中关村科技园区管委会举办两地科技交流对接活动，双方在产业孵化、技术交易、科技服务等方面开展交流与对接，签订战略合作框架协议，市科技局与中国技术交易所签署意向合作协议书。组织江门市中关村科技交流对接活动，全市24家高新技术企业前往北京航空航天大学、北京化工大学、中国农业大学3所高校开展科技交流，罗赛洛（广东）明胶有限公司与北京化工大学签订产学研合作协议。11月，组织10家企业赴上海参加科技交流活动，分别与上海交通大学、同济大学、江南大学等学校开展产学研交流对接。

（江门市科技局）

【教育事业】　2013年，江门市公共财政预算教育经费投入52.89亿元，比上年增加7.3亿元，增长16.01%。

2012～2013年江门市社会事业情况

教育				医疗、文化、体育			
项目	单位	2012年	2013年	项目	单位	2012年	2013年
普通高校学校数	所	3	3	医院数	所	113	111
普通高校在校学生数	万人	3.07	3.43	医院、卫生院床位数	张	15627	16795
中职和技校学校数	所	27	27	平均每千人口医院、卫生院床位数	张	3.4	
中职和技校在校学生数	万人	7.25	6.74				
普通中学学校数	所	180	184	群众艺术、文化馆数	个	8	8
普通中学在校学生数	万人	24.19	23.43	公共图书馆数	个	7	7
小学学校数	所	306	315	博物馆数	个	9	8
小学在校学生数	万人	29.13	29.57	人均公共体育场面积	平方米		2.41
学龄儿童入学率	%	100	100				
幼儿园数	所	470	482				
在园幼儿数	万人	12.21	12.84				

（江门市统计局）

是年，蓬江区被授予“广东省推进教育现代化先进区”称号。恩平市恩城街道、牛江镇建成“广东省教育强镇”。蓬江区荷塘镇，新会区会城街道、大泽镇，台山市水步镇、冲蒌镇、白沙镇，开平市三埠街道、百合镇、塘口镇、沙塘镇、苍城镇、赤坎镇、蚬冈镇、马冈镇、金鸡镇、月山镇；鹤山市雅瑶镇、龙口镇、双合镇，恩平市大槐镇等20个镇（街）完成“广东省教育强镇(街)”复评。至年底，全市7个市（区）有6个建成“广东省教育强县”。71个有教育功能镇建成“广东省教育强镇”，全市强镇（街）覆盖率97%。其中，蓬江区、江海区、新会区、台山市、开平市和鹤山市实现教育强镇覆盖率100%。

江门市二轻幼儿园、棠下英才成长幼儿园、台山第一幼儿园、台山市培正谢林宝珠幼儿园4所幼儿园通过“广东省一级幼儿园”复评。小太阳实验幼儿园、木朗幼儿园、丰盛双语幼儿园等57所幼儿园建成“江门市一级幼儿园”。全市省一级幼儿园15所，占全市幼儿园总数3.1%；地市一级幼儿园158所，优质幼儿园占全市幼儿园总数32.8%；县（市、区）一级幼儿园107所，占幼儿园总数22.2%。至年底，全市验收认定规范化幼儿园363所，占幼儿园总数75%。

重点加强农村小学特别是村小学和教学点建设。在全市义务教育规范化公办学校覆盖率100%基础上，抓好学校分教点标准化建设工程，完善义务教育办学条件，提高全市义务教育阶段标准化学校数量和质量。加强对学校办学行为的管理和监督检查。全面实施素质教育，减轻学生过重课业负担。加强全市中小学校（幼儿园）学籍信息管理系统建设与管理。

推进“三通两平台”建设，推进教育资源服务公共服务平台建设。市教育资源服务公共服务平台（一期）经调研、设计、专家论证和招投标、制作、系统测试阶段，于12月通过验收。全面启动实施教学点数字资源全覆盖项目。广东省补助资金25万元，各市（区）自筹资金33.7万元，共安装50套接收设备投入教学应用。

教学质量稳步提升。全市获广东省第八届普通教育教学成果奖2项，一等奖1项、二等奖1项；广东省教育科学“十二五”规划2012年度项目课题14项，获省资助14万元科研经费；向省教育厅推荐广东省教育科学“十二五”规划2013年度项目课题30项；市委、市政府资助的江门市哲学社会科学规划2013年度项目课题（即江门市社科基金项目）8项，占全市立项总数13.3%；通过江门市哲学社会科学规划课题结题验收的项目4个；下发江门市教育科学“十二五”规划2013年度项目课题50项；中国教育学会外语专业委员会“十二五”规划课题“新课标形势下小学英语网络作业形式探索”课题于6月在紫茶小学开题；农林小学的省重点课题“心境作文”教学研究通过省教育厅验收结题，并获省一等奖。组织编写《江门五邑历史》教材，撰写《江门市基础教育课程教材教学改革发展问题研究》，并入选广东教育蓝皮书《广东教育改革发展研究报告（2013)》。至10月，全市有579位学生获省以上奖励，其中获全国一等奖84人、全国二等奖120人、全国三等奖165人、省一等奖165人；获第18届全国青少年信息学奥林匹克联赛全国一等奖。

加强教育交流合作。12月6日，组织“名师”和“名师”培养对象共46人参加赴中国香港教育学院学术交流活动。12月17

日，组织代表团赴古巴、阿根廷、巴西等国进行教育访问，并与古巴哈瓦那市政府和巴西“中巴文化研究中心”签订教育合作意向书议。加强教育国际化顶层制度设计，研究草拟《江门市推进教育国际化指导意见》(征求意见稿)，加强对全市推进教育国际交流合作的宏观指导。

建立健全市扶困助学体系，确保贫困家庭学生不因贫失学。落实对农村人均年纯收入低于1500元以下贫困家庭子女义务教育阶段学生给予生活费补助制度，全市共18660名（小学生13063人、初中生5597人）学生列入省“一补”（补助生活费）对象，补助资金513万元。扩大中等职业学校免学费政策范围，调整国家助学金制度，从2012年秋季学期起，对中等职业学校全日制正式学籍一、二、三年级在校生中所有农村（含县镇）学生、城市涉农专业学生和家庭经济困难学生免除学费（艺术类相关表演专业学生除外），2012～2013学年全市39000名学生受惠，免学费补助资金达1.07亿万元；从2012年秋季学期起，将中等职业学校国家助学资助对象由全日制正式学籍一、二年级在校农村（含县镇）学生和城市家庭经济困难学生，逐步调整为全日制正式学籍一、二年级在校涉农专业学生和非涉农专业家庭经济困难学生，2012～2013学年共资助中职学校学生14490人，发放国家助学金2137.8万元。落实普通高中家庭经济困难学生和高中阶段困难转复退军人子女资助政策，2013～2014学年共资助高中阶段家庭困难学生1348人，补助资金108.08万元。落实普通高中国家助学金政策，2012～2013学年资助全市普通高中在校生中家庭经济困难学生8252人，发放助学金1237.8万元。落实学前教育资助制度，2013年资助家庭经济困难学前儿童、孤儿和残疾儿童共4384人次，发放资助资金73.16万元。引导和鼓励企业、个人、社会团体设立奖学金、助学金，资助家庭经济困难学生完成学业。是年市教育局收到叶氏化工高考助学奖学金、五邑慈善会奖助学金及朱汉辉助学金等捐资153.1万元，资助中小学生1025人。

是年，江门市培英高级中学承接第9批3个内地新疆高中班学生101名，至年底有内地新疆高中班11个，在校学生382人。第五届内地新疆高中班毕业生74名，全部参加高考，本科入围率97.3%，比全国平均水平高8个百分点。江门幼儿师范学校内地西藏中职班在校学生数177人，其中男生38名、女生139人，藏族学生171名、汉族学生6名，分别来自日喀则、昌都、山南、拉萨、林芝、那曲、阿里7个地区；该校为西藏培养79位毕业生，毕业后均返回西藏从事幼教工作。（江门市教育局）

【文化事业】 *非物质文化遗产保护* 2013年，江门市完成第四批市级非物质文化遗产名录推荐公布工作，周家拳、茶坑石雕刻技艺、洪圣庙会、大有凉果制作技艺等项目进入市级非遗名录，全市市级非遗名录达49个。完成第五批省级非物质文化遗产名录推荐申报，开平民歌、恩平茶坑石雕刻技艺、小冈香制作技艺、陈山香火龙4个项目入选第五批省级非遗名录。组织新会陈皮申报第五批国家级非遗项目，新会举办第二届陈皮文化节，新会陈皮被评为广东省非物质文化遗产生产性保护示范基地。鹤山市申报成为“中国凉茶之乡”。

群众性文化活动 全市组织送文化下乡、进社区、文化广场550场，东湖广场文化舞会、台山文化节被命名为广东省“特色

文化品牌”。组织全市文化部门开展南粤幸福活动周系列广场文化活动，全市开展文体活动546场。举办江门市2013年南粤幸福活动周启动仪式暨迎国庆64周年音乐会，组织承办“同饮一江水”2013年广东农民工歌唱大赛（江门赛区）海选、周赛（两场）、月赛以及季度赛，加强与珠三角地区城市的文化交流。2013年中国（江门）侨乡华人嘉年华暨侨乡旅游节期间，全市共举办文化广场活动27场。

文化惠民工程　全市共建成农家书屋1154家，解决农民群众“读书难”“看报难”问题。做好农村电影放映工作，保证全市1045个行政村每月每村放映农村电影1场，安排公益放映电影总场次13734场，其中农村电影12540场、服务外来工送电影进工厂1094场、市区东湖广场放电影100场。

文化交流　江门市美术馆举办“春燕归来——著名旅美雕塑家吴信坤艺术作品展”“第九回中韩书法交流展”“1+7漫画原稿作品联展”，促进对外文化交流与合作。年内江门市粤剧团赴中国香港，新会区青年粤剧团赴中国澳门进行文化交流演出活动，推动江港澳三地文化交流，开拓境外演出市场。参加在台北世界贸易中心南港展览馆举办的“第四届海峡两岸文化创意产业展”，加强各地文化互动交流与合作。“江门市婆婆合唱团”代表江门市参加首届“两岸相拥·欢歌共享”中老年合唱节并夺冠，新会区葵艺传承人廖惠林随广东艺术团赴乌克兰、白俄罗斯参加“广东周”演出活动，开平市金山中学特邀香港刘平斋纪念国际学校在开平市人民会堂举行文化音乐会，邀请德国汉堡交响乐团到市东湖影剧院演出新年音乐会，推进文化艺术交流。

文化市场综合执法　加强对印刷复制企业、互联网上网服务营业场所、歌舞游艺娱乐场所、书报刊音像零售单位、文物保护单位、广播电视设施、演出活动以及互联网文化、信息、出版服务单位等经营单位的巡查、监管。开展“扫黄打非”专项行动，封堵政治性有害出版物。强化社会文化环境治理，清理含有淫秽色情信息及宣扬赌博、暴力、迷信的非法出版物。加大知识产权保护力度，打击制售侵权盗版出版物及其他侵犯著作权的违法行为。落实未成年人思想道德教育体系建设工作，以网吧行业、出版物市场为重点，规范网吧行业经营秩序，净化校园周边出版物市场环境。落实安全生产责任，指导歌舞娱乐场所开展消防安全排查工作。清查非法广播电视卫星地面接收设施，维护广播电视播出播放安全。是年，全市文化执法队伍执法分局共检查各类文化市场经营单位6266个次，其中印刷复制单位863个次、书报刊经营单位862个次、音像制品经营单位392个次、网吧2202个次，歌舞、游艺娱乐场所1474个次，检查文物保护单位、广播卫星地面接收设施安装单位等其他各类企业473个次；实施网吧远程监控700小时。全年受理并办结“12318”文化市场投诉13宗、“12345”政府服务热线举报108宗，行政处罚51个经营单位；查处取缔非法地摊、游商220多个，查处取缔无证歌舞娱乐场所9个，发现并向工商部门移交“黑网吧”5个次；发现并向公安部门通报“涉赌游戏机室”52个次；查实并提请省通信管理局关闭非法网站4个；收缴各类非法图书报刊16万册（份）、音像制品50多万张（套），收缴广播电视卫星非法地面接收设备4套。全年无“扫黄打非”重大案件，无文化市场安全生产重大责任事故。

（江门市文广新局）

【卫生事业】 2013年，江门市有医疗机构1730个，其中医院39所、基层医疗卫生机构1593个、公共卫生机构96个、其他卫生机构2个。全市拥有病床数16795张，每千常住人口拥有病床数3.73张。全市卫生工作人员27236人，卫生技术人员22851人，全市每千常住人口拥有卫技人员5.08人。三级甲等医院3所、三级甲等中医院1所、二级甲等医院16所。全市医疗卫生固定资产总值38.72亿元。全市公立医疗机构完成门诊量2625.32万人次，出院病人59.8万人。

卫生信息化　抓好社区卫生信息化建设试点，完成试点社区卫生服务中心与市直四大医院信息互联互通，初步实现资源共享。以市直四大医院为试点，实施和推动预约诊疗工作，初步实现市民进行预约挂号。

农村卫生　推行乡村卫生一体化管理，全市有61个乡镇1051个行政村，建有农村卫生站的行政村873个，共建村卫生站1004个，卫生站服务覆盖所有行政村，其中实行镇村紧密型管理一体化卫生站（所）109个。完善乡村医生补偿和养老政策，加强对乡村医生的培训。组织市直医疗机构不定期开展巡回医疗活动，联合开展卫生科技人员下基层对口帮扶活动。根据市本级财政农村卫生专项补助资金预算安排，开展农村卫生专项补助资金竞争性分配工作。

社区卫生　至年底，全市共设置社区卫生服务机构49个，其中社区卫生服务中心20个、社区卫生服务站29个，城市社区卫生服务基本覆盖所有城镇居民。是年市级卫生经费共投入289万元完善社区卫生服务机构的公共卫生服务和基础设施及信息化建设，蓬江、江海投入公共卫生服务经费分别达176.23万元和46.73万元。6个试点社区卫生服务中心总业务收入和总门急诊量分别比上年增长39.46%和15.27%。

中医工作　推进基层中医药服务能力提升工程，建立以县级中医医院为龙头，以社区卫生服务中心、乡镇卫生院、社区卫生服务站、村卫生室为主体，社会资本举办的中医医疗机构为补充的基层中医药服务网络。加大医疗机构中医药人员培训，重点加强基层中医医疗机构临床骨干培训。做好镇卫生院对口扶持工作；加大中医药适宜技术推广力度；推动中医坐堂诊所及民间中医坐堂点工作；鼓励和引导社会资本开办中医医疗机构。组织开展实施基本公共卫生服务中医药服务项目培训，实施“治未病”健康工程，推广中医养生保健方法。开展中医特色临床护理工作，开展优质护理服务，提升医疗服务质量，市五邑中医院重症医学科获“全国中医医院优质护理服务先进病房”称号。

医政工作　开展平价医疗服务，采取“试点先行，逐步推开”方式，分步实现平价医疗服务五大目标。推进“三好一满意”“平安医院”专项活动，组织开展平价医疗服务体系建设、医院感染管理、医疗废物管理、优质护理服务工程、临床用血安全管理以及阳光用药专项整治工作。加强全市临床重点专科建设，全市8个专科被评为省级临床重点专科，累计全市省级重点专科达15个。鼓励社会资本办医，促进多元化办医格局形成，扩大全市优质医疗卫生资源。开展护士执业注册移交及监管工作，推进“护士执业证书核发”行政审批移交给行业协会管理顺利实施。

医学教育与科研　推进全科医师培养工作，委托市全科医学培训中心举办第六期全科医学岗位培训班，全市269人报名参加培训，其中医师136人、护士133人，安排经费 5.35 万元补助全科医师 30 人、社区护士 20 人。加强农村卫生人才队伍培养，支持医疗卫生机构开展卫生科技发展研究，全市共获科研立项 488 项，其中省卫生计生委科研立项 9 项、省中医药局科研立项 9 项、市科技局科研立项 280 项、市卫生局科研立项 190 项。获江门市科学技术奖 16 项，其中一等奖 1 项、二等奖 5 项、三等奖 10 项。印发《江门市人类辅助生殖技术管理专项整治行动实施方案》，加强市人类辅助生殖技术的应用与管理，规范人类辅助生殖技术服务。

卫生应急　制订《江门市突发事件医疗卫生救援应急预案》（2013 修订版）、《江门市人感染 H7N9 禽流感应急预案》。完善卫生应急工作网络，市疾控中心设置公共卫生应急科。在市直医疗卫生单位中建立应急物资季报制度。开展全市卫生应急能力调查，参加全省卫生应急能力评估，开展核电厂所在地市核事故卫生应急能力现状调查。为应对人感染 H7N9 禽流感疫情，市财政投入应急经费 65 万元招标购置 1 台荧光定量 PCR 仪，提高市疾控中心实验室检测能力，投入 15 万元购置生物样品采集运输、消毒器械、检测试剂、人员防护用品等，提高市级疾病防控队伍应急处置能力。开展突发公共卫生事件应急指挥视频交换平台建设，完成第一期设备安装调试工作。成立防控人感染 H7N9 禽流感疫情领导小组、防控专家组，培训各级医疗卫生人员 5000 多人次。加强流感和不明原因肺炎的监测。在江门卫生信息网设置“人感染 H7N9 防控工作专栏”，制作 H7N9 禽流感宣传海报及小册子，向市民宣传普及健康知识。开展全市登革热疫情应急处置工作。9 月 11 日，首次报告确诊本地发生登革热病例，部署落实防控措施，开展爱国卫生运动以消除蚊子孳生地为重点的登革热防控工作。全市登革热累计报告 226 例，本地 225 例，输入 1 例，登革热疫情得到控制，无重症、死亡病例。协调台山市卫生局处置“9·29”台山渔船西沙遇险等突发事件医疗应急救援工作。完成 2013 中国（江门）侨乡华人嘉年华暨侨乡旅游节、2013 中国（江门）摩托车工业博览会系列活动等 28 项大型公共活动的医疗卫生保障工作。组织医疗、职防、疾控人员参加阳江核电站场外应急及首次装料前联合应急演习（广东省第七次核事故应急演习）。在卫生系统组织开展风险隐患排查和整改工作，每季度进行一次全市突发公共卫生事件风险评估，每周进行一次舆情监测。11 月 11 日，市直综合医院到珠海市参加三地联合卫生应急演练，现场观摩学习 2013 年国际（珠海）马戏节突发踩踏事件的医疗救援演练，提升医疗应急救援意识和能力。

疾病预防与控制　全市连续 20 年无脊灰病例报告，24 年无白喉病例报告，19 年无乙脑病例报告。全市重性精神疾病患者检出率 5.04‰，患者管理率 82.76%。江门市第三人民医院获“广东省重性精神疾病管理工作先进市”称号；新会区、开平市分别获“2013 年度广东省重性精神疾病管理治疗工作优秀县（区、市）”称号；江门市皮肤医院获“广东省性病麻风病综合防治先进单位”称号；开平市玲珑医院获“广东省优美麻风病医院”称号。江门市疾控中心艾滋病预防控制科和台山市疾控中心副主任余大年被人力资源社会保障部、国家卫生计生委分别授予“全国艾滋病防治工作先进集体”和“全国艾滋病防治工作先进个人”称号。是年，甲类传染病无发病、死亡报告；乙类传染病除传染性非典型肺炎、脊髓灰质炎、人感染高致病性禽流感、乙脑、炭疽、流脑、百日咳、白喉、钩体病、血吸虫病和人感染H7N9禽流感无发病、死亡报告外，其他共报告发病11239例，发病数比上年下降13.22%。

妇幼保健　江门市妇幼保健院（江门市儿童医院）北新区新院项目，总投资1.58亿元，建设规模42000平方米，于12月8日正式投入使用，新院已开放床位364张。是年，完成全市16个医疗保健机构“母婴保健技术服务执业许可证”发证审核，共培训考核母婴保健技术服务医护人员200人，核发证书78个。开展孕产妇、婴儿死亡调查及评审工作，完成县级妇幼卫生工作绩效考核暨妇幼卫生保健工作督导。实施0～6岁儿童健康管理、孕产妇健康管理、农村妇女免费补服叶酸、妇女免费乳腺癌和宫颈癌检查、预防艾滋病梅毒和乙肝母婴传播等妇幼基本和重大公共卫生服务项目。台山市通过国家卫生计生委预防艾滋病、梅毒和乙肝母婴传播调研组的现场考核，恩平市成为省妇儿工委农村妇女两癌检查项目试点县之一。

卫生监督　建立医疗市场的长效监管机制，强化对医疗机构规范执业的监管能力，开展医疗机构诚信专项治理等6项专项行动，规范医疗机构诊疗行为，惩治非法行医等违法行为，全年共开展“打非”行动23次，取缔无证行医场所47间。开展餐饮具集中消毒行业治理，将餐饮具集中消毒行业整治作为阶段性重点攻坚任务。提升公共场所、饮用水卫生和学校卫生监管水平，通过国家文明城市复审；探索推进公共场所日常监管制度和绩效考核制度。卫生窗口推进“一站式服务、阳光下审批、信息化管理”服务模式。

爱国卫生　全市组织开展爱国卫生月活动，出动1.7万人，清理卫生死角1.1万处，处理“四害”孳生地1.56万处，清理淤泥垃圾杂草杂物2.14万吨，清理“牛皮癣”2.5万张，投入鼠饵鼠谷3.25万公斤，填塞鼠洞1.54万个，修补暗渠破损3225处，清理容器积水1.29万处、小型积水3.19万平方米、淤塞沟渠3.94万米，疏通下水道39万米。（江门市卫生局）

【体育事业】　2013年，江门市加快转变体育发展方式。开放元宝山体育公园二、三期，举办2013中国（江门）侨乡华人嘉年华暨侨乡旅游节体育类活动，申办2018年第十五届广东省运动会。全市共举办体育活动280多次，参与人数超250万人次，全市经常参加体育锻炼人数达205.4万人，占全市人口数的45.64%。4名江门籍运动员代表广东代表队参加第十二届全国运动会，获金牌1枚、银牌2枚和铜牌2枚。市体育彩票全年总销量突破2.88亿元，比上年增长15.47%，超额完成省中心下达的2.7亿元销售任务。全市体彩公益金累计超2100万元，比上年增长17%，上缴地方税收500多万元。（江门市体育局）

【住房保障】　2013年，江门市住房保障范围由低收入家庭扩展到城市中等偏下收入家庭、新就业职工和外来务工人员。市区公共租赁住房保障人均住房面积14平方米以下、人均月收入1801元以下、人均财产7万元以下的符合资格家庭（人员）；廉租住房保障人均月收入684元以下、家庭财产净值人均4万元以下的符合资格。

是年，市政府与市住建局及各市（区）政府签订《2013年江门市住房保障目标责任书》。至年末，全市新开工保障性住房3141套，完成率104%；基本建成保障性住房4781套，完成率112%；新增廉租住房补贴户数220户，完成率161%；华侨农场危房改造新开工207套，完成率100%；华侨农场危房改造完工222套，完成率100%，超额完成广东省下达的住房保障目标任务。

全市保障性住房投入资金4.67亿元。市住建局与市财政局争取到中央补助公共租赁住房专项资金9298.16万元、公共租赁住房省级以奖代补专项资金1336万元，合计10634.16万元。开展住房公积金贷款支持保障性住房建设试点工作，市区河南下沙保障性住房一期贷款8000万元，新会区保障性安居工程住宅小区项目贷款9000万元。

由市政府投资建设的保障性住房采用公开摇珠方式进行分配。全年共组织公开摇珠活动25次，分配保障性住房1670套。其中，市区组织公开摇珠5次，分配保障性住房763套。是年，市区首次举办外来务工人员保障性住房分配专场，44户外来务工人员分配到政府投资建设的公共租赁住房。出台《江门市社会力量投资建设公共租赁住房管理暂行办法》，鼓励和规范社会力量投资建设公共租赁住房，制定《江门市中心城区（蓬江、江海区）住房建设规划（2013～2015）》。（江门市住建局）

【劳动就业】 扩大与促进就业 2013年，江门市城镇新增就业47065人，安置城镇失业人员再就业34187人，其中就业困难人员实现就业2854人、扶创业带就业实现创业4581人、新增转移农村劳动力31049人；城镇登记失业率2.32%。全市各级公共就业服务机构开展南粤春暖行动、春风行动、“一企一岗·互济共赢”高校毕业生就业服务活动等专项就业服务活动，举办现场招聘会594场，入场企业15316家，提供岗位272579个，服务求职者256761人，达成意向121352人，成功就业60288人。

职业技能培训 全市组织开展城乡各类劳动者职业技能培训265071人，其中组织农村劳动力转移就业培训26107人、城镇失业人员再就业培训1876人、农民工技能提升培训3321人、创业培训706人；全市培养高技能人才15630人，其中高级工14360人、技师1041人、高级技师229人。

协调劳动关系 5月1日起，全市最低工资标准由原来950元/月提高到1130元/月；开展江门市人力资源市场供求状况分析工作，每季度向全社会发布《江门市人力资源市场供求状况分析报告》；发布《2013年江门市人力资源市场部分职位（工种）工资指导价位》和企业工资指导线。全市12389家企业参与创建和谐劳动关系示范区工程，涉及职工90.8万人，占企业总量52.2%，建立示范点49个，达标以上示范点18个，其中优秀示范点3个，达标示范点比例达36.7%。全市企业劳动合同签订率92.2%；引导企业开展工资集体协商，进行集体协商的企业10758家，占各类企业总量45.3%，已建工会企业12610家，已建工会企业集体合同签订率83.5%。制订《江门市贯彻实施新修订劳动合同法工作方案》，加强组织培训、畅通信息渠道、规范劳务派遣、强化行政监管等措施，落实和保障新修订劳动合同法的组织实施工作。

劳动者权益保障 全市劳动保障监察机构处理举报投诉案件3487件，其中拖欠工资类案件1565件，涉及劳动者11174人，涉及被拖欠工资3942万元，处理突发事件114宗，涉及劳动者3993人；全市劳动人事争议仲裁机构受理案件5638件，涉及劳动者7350人，裁决和调解金额8077.5万元，办结案件5551件（包括2012年余案257件），累计结案率94.16%，调解和撤诉2558件，调撤率45.37%。制定《江门市预防化解处置劳资纠纷工作实施方案》，明确预防化解市劳资纠纷的责任主体和重点工作内容；市人力资源社会保障局建立江门市人力资源和社会保障网上服务平台。

完善就业促进机制　制订《关于进一步明确就业专项资金使用管理有关问题的通知》，完善全市就业创业扶持政策体系。制定《江门市“一对一”就业帮扶工作方案》和《江门市“一对一”帮扶离校未就业高校毕业生就业工作方案》，为全市离校未就业高校毕业生、大龄就业困难人员、涉军人员、刑释解教人员、零就业家庭人员、被征地农民及其他就业困难人员，提供就业帮扶服务。

【社会保障】　2013年，江门市企业职工养老、城乡（镇）基本医疗、失业、工伤、生育保险参保人数分别为147.13万人、385.31万人、71.23万人、73.86万人、70.93万人；城乡居民社会养老保险参保人数149.55万人，参保率100%。全市申领社会保障卡人数331万人，全市210个定点医疗机构和1000家定点零售药店已开通社会保障卡刷卡服务，累计刷卡交易笔数超过392万笔。至年底，原医保IC卡个人账户过渡至社会保障卡，共划拨余额186万笔，金额5亿多元，涉及人数93万人。

城镇职工基本养老保险　完成第九次企业退休人员基本养老待遇整体调整工作，全市调整养老金共216460人，月人均增加158.79元，并从1月起补发，调整后全市月人均养老金水平达1421.51元。全市高级职称的企业退休科技人员861人，其中正高职称6人，人均增加497.54元；副高职称855人，人均月增加386.91元。全市满75周岁退休人员共31007人，一次性发放720元。

城乡居民社会养老保险　从1月1日起，基础养老金最低标准从每人每月55元调整到65元。其中，新会区参保缴费补贴标准提高至每人每年50元、基础养老金标准调整为每人每月75元。新会区、开平市和台山市被确定为广东省城乡居民社会养老保险示范县区。出台《关于进一步完善我市完全被征土地农民基本养老保障工作的意见》，老年人从原来领取老年生活津贴每人每月91～112元提高至直接领取全征地农民市基础养老金每人每月210元，可以选择向政府申请一次性缴费补贴每人24696万元，特困群体每人61740万元，参加企业职工基本养老保险的，养老金待遇提高至每人每月600多元；年轻人参加企业职工基本养老保险，享受政府给予的参保缴费补贴每人每月158.72元（其中特困群体每人每月396.8元，全额补贴养老保险费）。至年底，全市实施全征地农民基本养老保障政策试点的行政村（社区）17个，参保人数10504人（蓬江区7536人、江海区2968人），其中领取全征地基础养老金3536人（蓬江区2832人、江海区704人），享受参保补贴6449人（蓬江区4704人、江海区1745人），一次性缴费参保、享受企业职工基本养老保险金待遇519人。

医疗保险　职工基本医疗保险和城乡居民基本医疗保险住院医疗费用在社保年度内累计最高支付限额均提高到16万元，城乡居民基本医疗保险普通门诊累计支付最高限额提高至每人每年100元。制订《江门市城乡居民大病保险实施方案（试行）》和《江门市职工基本医疗保险大病保险（补充医疗保险）实施方案（试行）》，将城乡居民基本医疗保险住院年度累计最高支付限额由原来16万元提高至30万元，职工基本医疗保险的住院最高支付限额由原来范围内费用30万元提高至60万元。

失业保险　从4月1日起，全市失业保险缴费比例由3%降低至2%，其中用人单位缴费比例由2%降低至1.5%、职工个人缴费比例由1%降低至0.5%，农民合同制个人不缴费。月人均失业保险金904元，比上年增加144元。

工伤保险　从1月1日起，全市用人单位按照行业差别费率缴纳工伤保险费，属《工伤保险行业风险分类表》中一、二、三类行业基准费率分别为0.5%、1.0%、1.5%；从7月1日起，对二、三类行业的用人单位实施工伤保险行业费率浮动机制，全市共21612个二、三类行业单位参与费率浮动，其中21035个用人单位按照基准费率和低于基准费率进行缴费，577个用人单位按照高于基准费率进行缴费。市人力资源社会保障局联合市安监局、市职防所举办4期工伤保险政策培训班，共814人次参加，培训内容包括企业安全生产知识、一般性事故预防与处理、常见职业病的防治、相关法律保障与维权等。

生育保险　是年，全市生育保险参保人数达70.93万人。　（江门市人社局）

【社会治理机制创新】　2013年，江门市打造“市—市（区）—镇（街）—村（社区）”四级公共服务平台，全市17个街道建有家庭服务中心，1316个村（居）建有公共服务站。新增社会组织1119个、社会组织孵化基地6个、社工机构18个。基本建立政府购买社会组织服务体系，市本级投入资金3486万元、购买服务56项。涉农镇（街）全部建立农村“三资”管理服务中心和资产资源交易中心，初步建立村级财务审计制度。成立土地纠纷仲裁机构，获省耕地保护综合考评一等奖。推进社会信用体系建设，实施诚信企业绿卡计划，启动联合征信系统建设，推动法院、环保、工商、海关等非银行信用信息互联互通，为5330家企业取得授信金额近800亿元。　（潘创明）

·责任编辑　贺坤·

东莞市

基本情况

【地理位置】 东莞市位于广东省中南部，珠江口东岸，东江下游的珠江三角洲。因地处广州之东，境内盛产莞草而得名。介于东经 113°31′~114°15′，北纬 22°39′~23°09′。最东是清溪镇的银瓶嘴山，与惠州市惠阳区接壤；最北是中堂镇大坦乡，与广州市区和增城区、惠州市博罗县隔江为邻；最西是沙田镇西大坦西北的狮子洋中心航线，与广州市番禺区隔海交界；最南是凤岗镇雁田水库，与深圳市宝安区相连。毗邻港澳，处于广州至深圳经济走廊中间。西北距广州 59 千米，东南距深圳 99 千米，距香港 140 千米。东西长 70.45 千米，南北宽 46.8 千米，全市陆地面积 2465 平方千米，海域面积 97 平方千米。

【建置沿革】 东莞于东晋咸和六年（331）立县，初名宝安，隶属东官郡。唐至德二年（757）更名东莞，县治从芜城（今宝安南头）移至到涌（今莞城）。南宋绍兴二十二年（1152）分东莞的香山镇立香山县（今中山市）；明万历元年（1573）将东莞守御千户所、编户五十六里立新安县（今深圳市宝安区），东莞地域随之缩小。清沿明制。民国期间，先后隶广东省粤海道、粤中行政区、第一行政区和第四行政区。1949 年 10 月 17 日，东莞全境解放。初期属东江行政区管辖。1950 年 3 月，东莞县隶珠江专区。1952 年，撤销珠江专区，东莞县隶粤中行政区。1956 年 2 月，撤销粤中行政区，东莞县隶惠阳专区。1958 年 11 月，东莞县曾短期隶广州市。1959 年 1 月，撤销惠阳专区，东莞县划归佛山专区。1963 年 6 月，复置惠阳专区，东莞县又隶惠阳专区。1985 年 9 月，国务院批准撤销东莞县，设立东莞市（县级），仍属惠阳地区管辖。1988 年 1 月 7 日，国务院批复将东莞市升格为地级市，直属广东省管辖。

【行政区划】 2000~2013 年，东莞市行政区划主要变更有：2000 年 1 月，附城区街道办事处更名为东城街道办事处；2001 年 11 月，篁村区街道办事处更名为南城街道办事处；2002 年 11 月，万江区街道办事处更名为万江街道办事处；2002 年 12 月，撤销城区人民政府筹备组，改设莞城街道办事处。

【资源物产】 *渔业资源* 东莞市水域总面积 34062 公顷，其中海域面积 10288 公顷，江河水域面积 13867 公顷，海水养殖面积 627 公顷，淡水养殖面积 8973 公顷。有鱼类 200 多种，分别隶属于 2 纲 15 目 38 科。鱼类中包括淡水鱼类 110 多种，海水鱼类 90 多种。另外还有各种淡水观赏鱼，包括金鱼的龙种、文种、蛋种、丹凤四大系列；日本锦鲤御三家的红白、大正三色、昭和三色等三大系列和热带观赏鱼的脂鲤科、花鳉科、攀鲈科、慈鲷科等系列品种 150 多种。

动植物资源 东莞市野生动物种类繁多，主要分布于山区和丘陵地带，体型较大的野兽多栖息在东南山区，一般兽类出没于平川、丘陵。主要野生动物有：哺乳类、鸟类、鱼类（134 种）、甲壳类和多种贝类、两栖、爬行类、昆虫类等。主要野生植物有：维管束植物 1630 种，隶属 210 科，805 属，其中蕨类植物 125 种，37 科，66 属；裸子植物 7 种，5 科，5 属；被子植物 1498

种，168 科，734 属（其中双子叶植物 143 科，556 属，1135 种；单子叶植物 25 科，178 属，363 种）。内陆水域中常见的浮游生物共 8 门 110 属。

矿产资源　东莞市内已知矿产有 7 类 19 种，矿床点 66 处。其中，金属矿产 3 类 8 种，矿床点 34 处：黑色金属矿产 10 处（铁矿点 9 处，钛铁矿 1 处），有色金属矿产 23 处（铜矿点 4 处、铅锌矿点 4 处、钨矿点 10 处、锡矿点 4 处、钛矿点 1 处），贵金属黄金矿化点 1 处。非金属矿产 6 类 11 种 32 处：冶金辅助原料矿产 9 处（耐火黏土 4 处、泥炭土 4 处、石油 1 处），化工原料矿产 14 处（黄铁矿点 6 处、重晶石矿点 3 处、钾长石矿点 4 处、石盐矿点 1 处），建材非金属矿点 3 处（水泥灰岩 2 处、水泥粘土 1 处）。主要分布在东莞中部、南部和东部的山地、丘陵地带。矿产分布分散，无规律。

【人口语言】　2013 年，东莞市常住人口 831.66 万人，其中户籍人口 188.93 万人；城镇常住人口 738.10 万人，人口城镇化率 88.75%，是广东省第三大人口城市。2013 年出生人口 2.22 万人，出生率 11.8‰；死亡人口 8693 人，死亡率 4.6‰；人口自然增长率 7.2‰。人口密度为每平方千米 3374 人，在广东省各地级市中居第一位。

东莞市境内流行粤方言和客方言。粤语区面积、人口均占全市的绝大部分，客方言主要通行在东南部与惠州、深圳相邻的丘陵地带，约占全市面积的 18%。在 32 个镇街中，纯粤语镇街有石龙、长安、沙田、洪梅、道滘、麻涌、万江、中堂、望牛墩、石碣、高埗、大朗、寮步、茶山、企石、石排、常平、横沥、东坑、桥头 20 个。兼有 2 种方言的镇街中，莞城、东城、南城、厚街、虎门、大岭山、塘厦、黄江、谢岗 9 个镇街大部分甚至绝大部分讲粤方言；清溪、凤岗 2 个镇大部分讲客家方言。全市仅樟木头是纯客家方言镇。

【历史文化】　东莞市是广东省历史文化名城、中国曲艺之乡、中国民间艺术之乡、龙狮之乡、举重之乡、游泳之乡、龙舟之乡。主要旅游景点有林则徐销烟池、威远炮台、沙角炮台等鸦片战争遗址和鸦片战争博物馆、海战博物馆等爱国主义教育基地，明代的迎恩门楼、金鳌洲塔、榴花塔、袁崇焕故居、南社古村落、明清时期的燕岭摩崖石刻、清代广东四大名园之一的可园和蒋光鼐故居、东江纵队抗日纪念馆等人文景点；有广东观音山国家森林公园、松山湖景区、水濂山森林公园、植物园、长安莲花山以及虎英郊野公园等自然景观；有新华南 MALL·欢笑天地、东莞市科学技术博物馆等新兴景区。

东莞市民间艺术丰富，主要有客家山歌、舞龙、舞狮、舞麒麟、莞草编织、龙舟、醒狮、千角灯等。东莞千角灯和龙舟制作技艺、木鱼歌、赛龙舟、樟木头舞麒麟等项目入选国家级非物质文化遗产。东莞孕育出一批历史名人，如袁崇焕、陈伯陶、蒋光鼐、陈安仁、李任之、容庚、王作尧、何非凡等；涌现出陈镜开、陈满林、陈伟强、叶浩波、曾国强、叶欢容、梁桂良、叶润成等举重、游泳国际比赛金牌获得者。土特产有荔枝、东莞腊肠、白沙油鸭、麻涌香蕉、虎门麻虾、虎门水鱼、虎门番荔枝、万江腐竹、麦芽糖柚皮等。

【风俗民情】　东莞是从 5000 年前蚝岗贝丘遗址走来的岭南古邑，有丰富的民俗文化遗产资源，并在传承中不断创新。其中，比较有代表性的民俗风情有端午节的赛龙舟、粤曲粤剧、咸水歌、舞狮（龙、麒麟、凤）、荔枝节、客家山歌、新年习俗等。

端午节的赛龙舟　端午的龙舟盛景，是东莞民间相传近300年的习俗。每年的农历五月初一至初五（端午节），水乡各镇举行传统赛龙舟，吃“龙船饭”和“端午粽”，相邀周边百乡的人前来闹游龙，万人淋泼吉祥的龙舟水。

粤曲粤剧　东莞戏曲文化历史悠久，其中以粤剧、粤曲为主要剧种、曲艺类型。东莞是粤剧艺术的重要发源地之一，是著名的“粤剧曲艺之乡”，在粤剧史上有着光辉的一页，曾出现过很多著名的粤剧名伶，如何非凡、陈天纵、丁公醒、陈笑风、陈小茶、楚岫云、卢启光等。粤剧在东莞有着深厚的群众基础，特别是对于土生土长的东莞人来说，粤剧寄托着他们的风俗习惯、乡音乡情。“粤韵金声”“粤剧黄金周”是东莞市传承和发展本土粤剧艺术的两大品牌活动。

咸水歌　是渔民操广州方言演唱的一种渔歌，咸水歌在东莞主要留传于新湾、沙田、麻涌、中堂等地。咸水歌主要有情歌和哀歌两种。

客家山歌　东莞清溪、樟木头等镇的客家人流传下来的山歌，可分为放牛歌、割草歌以及四六联、白口联、平山民歌等，词曲不固定，一般都是即兴编唱。

舞狮（龙、麒麟、凤）　舞狮（龙、麒麟、凤）民间艺术在莞邑历史悠久，源远流长，每逢新春及喜庆日子，人们喜舞狮以示吉庆，深受群众喜爱，流传至今。长安镇还被国家体育总局命名为“龙狮之乡”，麒麟则以清溪镇、樟木头镇较为出色。

荔枝节　东莞荔枝有“岭南第一品”“果王”之美称，每年6~7月荔枝成熟之际，东莞各镇均以佳果迎接四方来宾，举办“荔枝节”，共庆丰收。其中大朗镇、寮步镇、大岭山镇、常平镇等比较有特色。

新年习俗　除夕：各家各户进行清洁、除秽，张贴春联，把房屋布置一新。主妇捧着三牲酒茗，供奉神灵，俗称“酬神”。晚饭吃“团年饭”，团年饭吃咸汤丸，取团圆之意。童子取红鸡蛋、线香，到村外“卖懒”，边走边哼《卖懒歌》。农历正月初一，民间风俗称“做年”。初二俗称“开年”，夫妻携孩童到岳父母家拜年。初三，舞狮子、舞麒麟、舞貔貅、舞龙、舞凤、飘色、演戏、杂耍。喜庆活动延至元宵。元宵节又称“上元节”“灯节”，民俗以响丸互赠答，称“结缘”。各镇街还有一些特色的民俗风情，如东坑的“二月二”卖身节，横沥牛墟和常平端午游木龙等。

【风景名胜】　东莞市既有滨海秀色、稻海蕉林、荔红荷香、旗峰胜迹等自然风景，又有丰富的人文景观，是广东省历史文化名城、中国近代史开篇地、东江人民抗日根据地、改革开放的先行地。2004年，东莞市评出新八景：“松湖烟雨”（松山湖高新技术产业开发区）、“大道朝晖”（东莞大道）、“广场挹萃”（市中心广场）、“古塞飞虹”（虎门大桥）、“虎英叠翠”（虎英郊野公园及御景湾周边景观）、“板岭凝芳”（绿色世界、水濂山森林公园及周边景观）、“莲峰赏鹭”（长安莲花山风景区）、“金沙漾月”（石龙金沙湾）。同年，东莞市获评“中国优秀旅游城市”。2011年4月，又被亚太旅游联合会、国际度假联盟组织与中华生态旅游促进会、中国人民对外友好协会、中国国际友好城市联合会授予“中国最具投资价值旅游城市”称号；同年11月，获评“中国十大特色休闲城市”称号。

截至2013年，东莞市境内有鸦片战争博物馆、广东观音山国家森林公园、松山湖景区等5个国家级AAAA旅游景区，有林则徐销烟池、威远炮台、沙角炮台、鸦片战争博物馆、可园等国家级重点文物保护单位、爱国主义教育基地，有村头村遗址、金鳌洲塔等省级文物保护单位。

（潘朝明　刘念宇　王学林）

年度大事

【民间金融街启用】　2013年10月，东莞民间金融街启用。项目选址南城三元里社区综合楼，位于莞太大道和四环路交汇处，毗邻市行政文化中心，紧邻南城国际商务区和东莞金融商务区，由三栋建筑物构成，设446个地下停车位，总建筑面积8.11万平方米。东莞出台民间金融街进驻（含增资）奖励、租金补贴、风险补偿等政策，吸引小额贷款公司等民间融资机构、各类金融机构的小微企业专营部门、中介服务机构进驻，把项目打造成为集资金贷款、财富管理、支付结算、信息发布为一体的民间金融创新平台，撬动东莞庞大的民间资本。截至2013年，基本确定进驻及有进驻意向的企业超40家。

【全国首批电子营业执照发出】　2013年6月18日，东莞市电子营业执照应用平台启动仪式在松山湖举行，并率先发出全国首批电子营业执照，合泰半导体（中国）有限公司是首家申请电子营业执照的企业。东莞市电子营业执照应用平台首先在松山湖进行试点，平台主要有九大功能，包括企业身份证明、网上亮照、年检验照、档案查询、信用信息、电子商务、电子合同、综合应用和网络监管。

【全国首宗港澳台籍罪犯假释案开庭】　2013年8月20日，东莞市中级人民法院开庭审理港台籍罪犯减刑假释案。香港籍罪犯尹照华和台湾籍罪犯许光福成为首批被监狱提请假释的港澳台籍罪犯；尹照华成为中国港台籍罪犯适用假释案例第一人。2013年3月16日，广东省高院指定东莞市中级人民法院为全省唯一的港台籍罪犯假释工作试点单位，探索在不突破现有法律制度的前提下，借鉴“中途之家”制度设计理念，搭建港台籍罪犯假释与内地社区矫正的桥梁，建立相应配套制度设计，使港台籍罪犯适用假释。

【东莞水乡特色发展经济区建设】　东莞水乡特色发展经济区位于东莞市西北部，地处珠江三角洲地理中心。包括石龙、万江、中堂、望牛墩、麻涌、石碣、高埗、道滘、洪梅、沙田以及虎门港等10个镇街和1个港区，总面积约510平方千米。2013年，东莞市水乡特色发展经济区规划建设实现良好开局。启动中粮广东粮油产业园、亚洲云（中国）总部基地、广深高速公路水乡段景观节点建设、水乡特色村建设、东莞“奥运蔬菜”现代农业生态园、益海嘉里东莞精细化工、中油建兴石化仓储、联想增益供应链华南总部基地等8个产业发展项目，总投资179亿元；启动10个示范片区、6个特色村落和4段标志岸线的规划建设，其中麻涌华阳示范片区一期工程完工，特色村规划设计方案全部完成，麻涌和洪梅标志岸线建设完工。出台水乡清理整治违法用地、违法搭建物、城乡环境卫生、畜禽养殖业污染、黑烟囱及无证无照污染企业等5个专项行动方案，据东江北干流等13条主要河流的断面监测结果显示，劣V类和V类水质比例下降，水乡总体水质状况由中度污染转为轻度污染。水乡特色发展经济区先后成为国家农村综合改革试点、省水生态文明建设示范区试点，并在创建国家水生态文明建设试点市、国家城乡土地生态利用制度综合改革试点及国家节能减排财政政策综合示范城市等全市性创建工作中成为重点区域。

2013年10月30日，广东省政府常务会议审议通过东莞水乡特色发展经济区总体规划；12月8日，广东省发改委印发《广东东莞水乡特色发展经济区发展总体规划(2013~2030年)》，明确该区的发展定位为国家水乡生态文明建设示范区、粤港澳优质生活圈的特色区域、珠江口东岸产业优化发展先导区、穗莞战略合作重要平台，标志着该经济区建设上升为省级发展战略。

【东莞生态园湿地景区获批为国家级】
2013年12月，经住房和城乡建设部批准，东莞生态园湿地景区成为珠江三角洲地区首个“国家城市湿地公园”。景区是东莞生态园开发建设的基础性环境治理与修复工程，由燕岭湿地、中央水系生态岛群、月湖湿地、下沙湿地、大圳埔湿地和南畲朗河渠等湿地群组成，具有排涝、水质净化、生物多样性恢复、市民休闲、生态科普教育等功能，总面积651.1公顷，其中水域面积342.7公顷。景区是修复型、复合型湿地公园，生物资源、景观类型和周边历史文化资源丰富，有维管束植物426种，其中湿地高等植物70种，国家Ⅱ级保护植物2种（土沉香和香樟）；鸟类68种（其中湿地鸟类22种），昆虫204种；有6个中类和31个小类景源；有南社古村、塘尾古村、麦屋古村、摩崖石刻等国家和省重点保护单位。

【东莞市获评最具成长性创新型城市】
2013年4月18日，在北京人民大会堂举行的第三届中国自主创新年会上，东莞市获“最具成长性创新型城市”称号。东莞中镓半导体科技公司同时入选“最具成长性创新型企业”。评选标准以城市产业创新指数、城市企业创新指数、城市结构创新指数和城市科技惠民指数考量。2012年，东莞市城市产业创新指数0.4178，居全国地级城市第11位；城市结构创新指数0.5071，居全国地级城市第7位；城市科技惠民指数0.4888，居全国地级城市第14位。因产业创新活力与势头强劲，东莞市连同贵州毕节、河北承德、河南三门峡、重庆渝北，全国共5个城市入选。

【知识产权示范城市考评总分居全国第一位】
2013年11月27日，国家知识产权局授予东莞市“国家知识产权示范城市”牌匾。东莞市以全国地级市总分第一的成绩入选第二批国家知识产权示范城市，成为广东省继广州市、深圳市之后第三个获此称号的城市，也是广东省唯一入选的地级市。东莞市在三年创建过程中，做到知识产权质、量双提升。一是在知识产权创造方面，2012年，全市申请专利29199件，授权20900件，均居全省第三，三年分别增长53%和62%。其中发明专利申请5571件、授权1385件，三年增长2.5倍和4.45倍。二是在知识产权运用方面，东莞建立国家专利技术（东莞）展示交易中心、东莞版权产权交易平台等载体。三年来，全市共达成技术合同517份，成交额6.5亿元，实施专利许可20件，成交额1.7亿元。通过创造各种条件，东莞越来越多的知识产权与资本结合、与市场对接，转化为现实生产力。

【东莞市创建成为全省首个国家公共文化服务体系示范区】 截至2013年，东莞市自2011年开始创建国家公共文化服务体系示范区工作，投入13.3亿元，用于建设公共文化设施网络、打造文化活动品牌、提高文化服务队伍素质、支持文化产品创作、创新文化服务技术。建成公共图书馆（室）629个，博物馆31座，文化广场769个；建成农家书屋589个，覆盖率100%；实现广播电视“村村通”和“渔船通”；镇（街）文广中心全部达到省“特级文化站”标准；镇（街）24小时自助图书借阅全覆盖；村（社区）综合文化活动室、公共图书室、公共电子阅览室、文体广场全覆盖；每万人拥有室内公共文化设施面积1670平方米，基本建成较为完善的市镇村三级文化设施网络。推出“我们的节日”“东莞读书节”“绚丽大舞台”“文化周末”等30多个文化活动品牌，每年举办各类文化活动约2万场次，参与群众1300万人次，其中“文化周末”和“绚丽大舞台”分别获得文化部创新奖、群星奖项目奖。市镇两级公益文化机构拥有干部职工2530人；各村（社区）配备1名专职文化管理员、2名以上兼职文化志愿者；70%的村（社区）拥有2支以上业余文艺团队。连续两年取得广东省群众文艺作品评选总成绩第一名；音乐剧《三毛流浪记》《爱上邓丽君》，歌曲《故乡啊故乡》以及动画片《开心宝贝》等4件作品获广东省“五个一工程”奖；新莞人文艺作品先后获得国家级以上奖项20个。开发图书馆集群网络管理平台，率先在全国实现市域范围的通借通还、率先在全国推出图书馆全天候ATM自助服务；推出东莞文化网、东莞学习中心、手机阅读电子书包等信息化公共文化服务平台。2013年11月，东莞市获得首批“国家公共文化服务体系示范区”称号，是广东省唯一获此称号的城市。

（潘朝明　刘念宇　王学林）

生态环境

【环境质量】 2013年，东莞市城市总体环境质量改善，空气质量优良天数266天，达到国家二级标准。集中式饮用水源地水质达标率100%，东江东莞段水质达到国家地表水Ⅱ类标准。运河水质达到国家地表水Ⅴ类标准，市区声环境质量保持良好。城市固废物处理能力进一步提高。完成2013年度污染减排考核、城市环境综合整治定量考核和广东省环境保护责任考核。

【节能降耗】 2013年，东莞市单位GDP电耗比上年下降5.8%，单位工业增加值能耗下降8.46%。东莞市被列入国家第二批节能减排财政政策综合示范城市，获3年12亿元以上的中央财政支持。入选省万台注塑机伺服节能改造两个试点城市之一，全年完成改造1297台。通过省2012年度节能考核，省考核组对东莞市节能工作给予高度评价。完成全市33个镇街（含松山湖）及905个重点用能单位年度节能考核。提请市政府出台《关于实施“十二五”期间工业固定资产投资项目能耗控制的意见》，率先建立工业固定资产投资项目能耗“双红线”制度，从源头上遏制高耗能、高污染行业过快增长，倒逼产业结构优化。开发东莞市能源信息管理系统二期，实现全市近千个重点用能单位能源利用状况月报的网上直报，88 家企业的能源管理中心系统与市系统实现数据对接，24 个能管中心通过验收。设立节能与循环经济发展专项资金，116 个项目获奖励，认定天龙阿克达电子等 14 家企业为第一批市清洁生产企业。

【污染减排】 2013 年，东莞市完成年度减排考核的 47 个项目，其中涉及水污染物减排项目 5 个、涉及大气污染减排项目 42 个。完成沙角电厂群取消脱硫旁路项目 4 个、降氮脱硝工程项目 9 个、工业锅炉改造治理项目 13 个。将 13 个二氧化硫监管减排项目纳入全市环境监察重点。

【水环境整治】 2013 年，东莞市开展水乡地区畜禽养殖业、黑烟囱和无证无照污染企业 3 项环境综合整治。启动水乡特色经济区土壤污染整治和修复工作，联合广东省生态环境与土壤研究所制订《东莞市水乡特色发展经济区土壤环境保护和综合治理方案》。

是年，东莞市制订《东莞市内河涌整治工作实施方案》《东莞市污水处理费征收管理办法》《东莞市污水处理费征收管理办法实施细则》。验收 11 家污水处理厂。全市建成截污主干管网 846.62 千米，占总工程量的 98.37%，完成 17 个确定需要清淤的项目。完成石马河流域建设配套截污次支管网 126 千米。全市 37 家污水处理厂处理污水 9.88 亿吨，日处理规模 270.84 万吨，年削减 COD（化学需氧量）11.28 万吨，污水处理率 85.48%。

【水资源保障】 2013 年，东莞市制订《东莞市全国重要饮用水水源地安全保障达标建设实施方案》；推进 27 个水库型重点饮用水水源地保护区划分工作，其中茅輋、契爷石、官井头、三坑 4 座水库水源地保护区划分基本完成，并通过省专家评审；启动联网水库饮用水水源保护区围网隔离工程前期工作。江库联网工程水源配置一期工程完成投资 18.81 亿元，占总投资的 89.6%。

【基本农田保护】 2013 年，东莞市出台《东莞市基本农田保护经济补偿实施细则》，由市镇两级按 4.5 万元 / 公顷补助高标准农田建设资金。探索农田分散、地力差的镇街委托其他镇街易地建设。

【建设用地统筹利用】 2013 年，东莞市坚持新增建设用地指标由市统筹分配，优先保障重大项目和民生工程用地需求。全年省下达东莞市新增建设用地指标 1374.27 公顷、农地转用指标 936 公顷（其中灾后重建新增用地指标 68.47 公顷，农地转用指标 68.47 公顷）。实际上报省市批次 296 个，共占用新增用地 1374.27 公顷、农地转用 936 公顷。

东莞市共向国务院、省申报建设用地 148 批次，涉及征地面积 716.9 公顷。其中，使用 2013 年度计划指标 123 宗 558.3 公顷，取得省政府一般批次批复 114 宗 825.9 公顷，单独选址批复 6 宗 24.3 公顷，取得国务院批复 1 宗 131.7 公顷。全年盘活存量土地 1066 公顷，处置闲置土地 413 公顷。出台《水乡地区土地统筹规划》《东莞市土地统筹整合管控细则》，全年整合 66.67 公顷以上地块 7 块 1994.27 公顷，统筹麻涌、中堂等零散耕地实行规模集中经营。

【国家生态城市创建】 2013年，东莞市启动国家生态市创建工作，编制实施《东莞生态市建设规划（2012~2020年）》《东莞市创建国家生态市实施方案》《关于积极开展生态镇创建工作的通知》。截至年底，全市累计创建国家生态镇10个、市级生态村422个、“绿色学校”452所、“绿色社区”106个、省级“环保教育基地”8个。

【环保专业基地建设】 2013年，东莞市基本完成麻涌基地电镀区、虎门基地A区、长安基地B区、沙田电镀基地、常平基地废水集中处理厂等基础设施建设。整治227家电镀企业。出台《东莞市重点污染企业搬迁入园补助办法》，对在规定时间自愿将整体或配套污染车间搬迁入环保专业基地，并且配合环保专业基地统一管理的电镀、漂染、造纸、洗水、印花、制革等重点污染企业，按照不超过该企业2011~2013年在东莞缴纳增值税和企业所得税的市地方留成的50%，给予最多不超过50万元的财政补助。

【渔业资源与海洋环境】 2013年，东莞市稳步推进虎门威远岛、沙田西大坦海岸修复整治项目，虎门威远岛列入广东省海岸带综合整治修复试点城市项目。全年在虎门、沙田、石碣等镇组织5次规模性渔业资源增殖放流活动，共增殖放养鲤、鲮、鲫等淡水鱼苗623万尾，刀额新对虾苗1000多万尾，黄鳍鲷等海水鱼苗近40万尾。加强海洋环境监测及资源修复，编制发布《2012年东莞市海洋环境质量状况》。完成沙田港区二期海洋与渔业资源环境损失赔偿工作，征收赔偿款55.03万元。结合商事改革要求，规范网上办事、共享平台以及简政强镇等各事项办事程序。办理水生野生动物“经营利用许可证”“驯养繁殖许可证”年审700多份。编制《东莞市创建黄唇鱼省级自然保护区方案》，从日常管护、科研监测、科普宣教、社区发展、资源利用等方面加强建设。

（潘朝明　刘念宇　王学林）

经济社会发展概况

【经济平稳增长】 2013年，东莞市坚持“稳中求进、稳中求好、稳中求优”，加快落实高水平崛起的各项决策部署，继续保持经济平稳较快增长，基本形成体现转型升级的“拐点”。全年全市实现地区生产总值5490亿元，比上年增长9.8%，高于全省全国平均水平；人均生产总值6.6万元，增长9.4%；来源于东莞的财政收入974.2亿元，其中市公共财政预算收入409亿元，增长14.8%；进出口总额1530.7亿美元，增长6%，其中出口908.6亿美元，增长6.9%。

【“三重”建设推进】 2013年，东莞市全力推进重大项目建设，推动建设总投资588亿元的44个重大产业项目，中集集团等优质项目相继落户，东莞新火车站等重点工程建成启用，城市轨道等重要基础设施有序推进，重大项目投资超额完成。实施百家企业、百亿企业“双百”工程，全年主营业务收入超50亿元的企业有33家，超100亿元的企业有7家。统筹推进重大产业集聚区建设，松山湖台湾高科技园、两岸生物技术产业合作基地、中以国际科技合作产业园建设扎实推进，沙田镇虎门港统筹发展成效明显，虎门港跻身全省第四大港口，生态园获批创建“国家生态工业示范园区”，长安新区规划建设取得新进展，全市专业镇数量增至 25 个。加快推进重大科技平台建设，引进东莞清华大学研究院创新中心、东莞暨南大学研究院、东莞华南设计创新院等 5 家院所，全市公共创新平台总数达 16 个。3 个镇街获批省级技术创新专业镇。新增公示 194 家国家高新技术企业，位居全省第二。国际科技合作周升格为国家级。这一年，东莞市获“最具成长性创新型城市”“国家知识产权示范城市”称号，成为第二批国家电子商务示范城市。

【开放型经济水平提升】 2013 年，东莞市用好全国加工贸易转型升级试点城市的先行先试政策，开展外经贸九大课题调研，率先在全国构建开放型经济政策体系。着力实施加工贸易十大增效计划，推动加工贸易监管从“四方联网”拓展至“八方联网”。成功承办第二届加博会，开通“网上加博会”，举办台博会、漫博会等系列展会。企业“走出去”步伐加快，组团赴南美开拓新兴市场，赴以色列开展招商引资，赴北京、上海和台湾拜访重点企业，实际利用外资增速排珠三角首位。

【综合改革深化】 2013 年，东莞市全面铺开商事登记制度改革，市本级不再保留任何涉及市场准入的前置审批事项，创造在没有地方立法权情况下率先改革的先进经验，全年新增市场主体 10.62 万个，比上年增长

2013 年东莞市国民经济发展情况

指标名称	单 位	实 绩	比上年增长(%)
地区生产总值	亿元	5490.02	9.8
第一产业增加值	亿元	20.09	-0.3
第二产业增加值	亿元	2518.88	10.3
工业增加值	亿元	2112.65	11.3
第三产业增加值	亿元	2951.06	9.4
人均地区生产总值	元	66109	9.4
规模以上工业总产值	亿元	942.68	17.4
农林牧渔业总产值	亿元	33.15	-1.4
固定资产投资	亿元	1383.94	18.2
社会消费品零售总额	亿元	554.91	9.8
外贸进口总额	亿美元	622.08	4.6
外贸出口总额	亿美元	908.64	6.9
实际利用外资	亿美元	39.38	16.9
地方公共财政预算收入	亿元	409.01	14.8
地方公共财政预算支出	亿元	450.73	16.8
城镇居民人均可支配收入	元	46594	8.5
农村居民人均纯收入	元	27214	9.1

21.5%，实有市场主体56.7万个，总量在全省地级市中排名第一。深化行政审批制度改革，推动投资项目审批流程再造，行政审批事项减幅达55.1%，市直部门70%以上的审批事项、60%以上的社会事务服务事项实现网上办理。开展创建城乡土地生态利用制度综合改革试点，建设全国节能减排财政政策综合示范城市、国土资源节约集约模范市，整合盘活土地6666.67公顷。创建全国农村综合改革示范试点，推进社区政务中心、综合服务中心建设，实行村（社区）治安环卫行政管理“三统筹”，32个镇街全部建成农村集体资产交易平台和“三资”（资金、资产、资源）监管平台。统筹推进公共资源交易、公交运营体制、医药卫生体制、城市管理体制等改革。

【区域协调发展】　2013年，东莞市着力培育东中西发展“三大增长极”，增强经济社会发展的均衡性、协调性、可持续性。建设总投资40亿元的大学创新城，华南协同创新研究院、东莞同济大学研究院等公共平台正式落户；水乡特色发展经济区上升为省级战略，总投资486亿元的20个项目稳步推进；粤海高端装备产业园规划、招商工作顺利推进。统筹市镇村三级发展，建立“市镇主导规划开发、市镇村分享发展成果”的经济发展与利益分配模式，推进市镇村统筹招商、统筹用地、合作开发。促进镇村经济转型发展，设立亿元镇村产业升级补贴奖励专项资金，建立集体经济发展联席会议制度，引导镇村发展提升物业型、服务型、投资型经济。防范和化解村组隐性债务，村组两级经营纯收入比上年增长10.6%，自2000年以来首次实现两位数增幅；资产负债率19.3%，处于近20年最低水平。推进深莞惠一体化和穗莞战略合作。扎实开展市内外扶贫“双到”工作。

（潘朝明　刘念宇　王学林）

体制改革

【商事登记改革】　截至2013年，始于2012年的东莞市商事登记改革形成便捷登记、审批提速和协同监管“三位一体”的制度体系。是年，东莞市启动网上商事登记，开发电子营业执照应用平台，在全国实现3个率先：发出首批电子营业执照，推行电子商务企业集群注册，在所有市场主体中开展全程电子化登记管理。完成两批行政审批事项清理，压减55.1%；压缩审批时限，59%的部门缩减20%以上；工商登记窗口基本实现排队取号不超过5分钟，等候不超过1小时，执照一般事项在1个工作日内发出，最长不超过5个工作日。强化后续监管，建设企业信用信息公示系统和协同监管信息化系统，实现数据链、监管链、责任链在各有关部门及市、镇两级的无缝对接。至年底，新增各类市场主体10.62万个，比上年增长21.46%；实有市场主体56.7万个，在全省地级市排名第一；全年新登记企业注册资本366.17亿元，增长13.13%。

【各类机构改革】　2013年，东莞市启动食品药品、文化广电、卫生计生3个领域的体制改革，组建三个部门。一是重新组建市食品药品监督管理局。划转整合职能，将原分散在市卫生局（食安办）、市工商局、市经信局等关于食品安全的职能，划入市食品药品监督管理局，实行统一监管；优化内设机构，根据职能划转，在市食品药品监督管理局综合设置13个内设机构；设立派出机构，在水乡特色经济发展区的重点发展区（麻涌、中堂、望牛墩、洪梅、道滘镇）按区域设立水乡分局，在其他27个镇街和松山湖相应成立分局，建立纵向到底的食品药品监管网络。二是组建市卫生和计划生育局。将市卫生局的职责、市人口和计划生育局的计划生育管理和服务职责整合，组建市卫生和计划生育局，原市卫生局、市人口和计划生育局予以撤销，对新组建的卫生和计划生育局内设机构进行综合设置，比原市卫生局、市人口和计划生育局的内设机构数减少2个；调整各镇街社区卫生和计生生育服务机构设置，将各镇街计划生育服务所并入社区卫生服务中心。三是重新组建市文化广电新闻出版局。在市文化广电新闻出版局基础上，结合行政审批制度改革，对职能进行调整优化，重新制订印发机构编制方案。

【农村综合改革】 2013年，东莞市加快推进农村综合改革8大任务25项工作，推进城乡发展一体化。全市32个镇街以“二合一”的模式建成农村集体资产交易平台和“三资”监管平台，全市村组集体经济组织均纳入平台进行实时监控，全年交易2891宗，成交金额53亿元，溢价率8.6%，确保集体资产保值增值。减债节支成效显著，17个镇街设立转贷基金或为村组提供借款担保，扶持村组减贷或转贷降息，村组两级资产负债率降至19.5%，处于20年来最低水平；组级经济统筹进展顺利，全市567个村（社区）中有471个基本完成统筹改革，占全市村（社区）总数的83.1%。农村社会治理体系不断完善，在6个片区再试点建设6个社区政务服务中心，打造政社互动平台，农村政务服务水平得到提升；新建成10个社区综合服务中心示范点，解决一批与群众生活息息相关的问题。农村财政体制改革强力推进，从市镇参与税收分成收入中切块5%共计13.7亿元，设立农村基本公共服务专项资金，专门用于补助村（社区）负担较重的治安、环卫、行政管理等重大公共事务开支，减轻基层公共服务管理负担。对全市各村（社区）治安联防组织进行整合统筹管理，12个镇街完成城乡环卫一体化管理改革，初步构建起“大治安”“大环卫”格局。

【简政强镇事权改革】 2013年，东莞市对简政强镇事权改革下放的500多项事权进行重新梳理，出台《关于清理规范放权事项深化简政强镇事权改革的通知》，将市经信局等35个行政机关的457项经济社会管理事项及权限，以委托、交办等形式下放给镇（街）、园区行使，优化基层职能配置，增强基层发展动力。协助有关部门，推进87项政府职能移交给社会组织行使，推进266项服务和管理事项向社会购买服务，建立健全政社协管机制。

【事业单位分类改革】 2013年，东莞市立足事业单位分类改革，创新事业单位管理体制。探索经营服务类事业单位转制。在东莞市电影发行放映中心、东莞市影剧院、东莞市电影院、东莞市太平影剧院、东莞市交通规划勘察设计院等事业单位，探索开展经营服务类事业单位“脱事转企”改革。通过改革，共撤销5个事业单位，成功转为企业运作，收回事业编制158个。推进事业单位信用体系建设。选定东莞市广播电视大学等339个事业单位公开年度报告，接受社会监督。推进科技创新平台建设。组建东莞深圳清华大学研究院创新中心、东莞华南设计创新院、东莞暨南大学研究院 3 个“国有新制”的新型科研机构。推进公立医院管办分离改革。组建东莞市市属公立医院管理中心，作为市人民医院、市中医院、市慢性病医院、市新涌医院、市妇幼保健院、市石龙人民医院、市太平人民医院及以后新建市属公立医院的专门举办机构，理清管理权责，实行管办分离。

【行政管理专项体制改革】 2013 年，东莞市在城市管理体制、港镇统筹体制等方面推进体制机制改革创新。深化城市管理体制改革。结合数字城管工作，按照“不增机构、不增职数、不增编制”原则深化城市管理体制改革。组建市城市管理委员会，统领全市城市管理工作；整合市城市综合管理局和市城市管理综合执法局，将执法局调整为城管局的部门管理机构，并整合相关内设机构、直属机构和事业单位；改革镇一级的城市管理体制，将各镇街的城市综合管理分局（加挂城市管理综合执法分局牌子）的人、财、物下放给镇一级管理。推进镇港统筹体制改革。整合镇港机构设置，将沙田镇的 9 个内设机构和虎门港的 7 个内设机构整合为 13 个，将沙田镇的 19 个事业单位、虎门港的 6 个事业单位整合为 19 个，将安监、环保、国土、财政、公安、交警 6 个派驻机构调整为合署办公；优化领导职数设置，通过领导兼任等方式，精简管理架构，共减少领导职数 5 名；实施简政强镇改革，在镇港实施简政强镇事权改革，将 457 项经济社会管理权限下放行使，将人力资源分局、社保分局、交通分局、文化执法分队、人力资源服务中心、社保基金管理中心和医院等 8 个事业单位下放管理。

【行政审批制度改革】 2013 年，东莞市转变政府职能决策咨询委员会继续推进行政审批制度改革，在压减审批事项、规范审批用权、建设重大平台等方面均取得重大突破。

压减审批事项　继上年出台第一批目录压减行政审批事项 41.3%后，继续开展 75 个单位政府职能及审批事项清理工作，清理出 731 项行政审批事项和 520 项日常管理事项，于 2013 年 6 月出台第二批目录。两批目录共压减行政审批事项 321 项，减幅 55.1%，其中取消 256 项，转移 65 项，下放管理 186 项；压减日常管理事项 92 项，减幅 41.1%，其中取消 70 项，转移 22 项，下放 201 项；下放行政执法事项 70 项。

抓好审批用权　在清理审批事项推进简政放权同时，对东莞市暂保留的行政审批事项和日常管理事项，出台具体管理规定，建立行政审批事项目录管理系统，健全事项及其目录的动态管理机制，实行动态管理，从源头管好控住审批事项，防止出现随意增加审批、变相进行审批等情况。会同市社工委，针对改革中取消、下放行使、转移给社会组织等事项，要求制定出台具体监管办法，确保不出现“工作真空”“管理死角”。

建设重大平台　结合东莞台湾高科技园工作实际，协调有关部门单位，争取省下放部分经济社会管理权限，以促使扩大管理权限、提高发展层次，其中提请下放或委托事项有 49 项，直报省审批事项 26 项。优化台湾高科技园管理体制机制，10 月 11 日，广东省批复同意在东莞松山湖高新技术产业开发区管理委员会加挂东莞台湾高科技园管理委员会牌子。

【土地生态利用制度改革】 2013年，国土资源部批准东莞市开展城乡土地生态利用制度综合改革试点，并允许东莞市在土地规划修改、农用地结构调整、围海造地供地分离等方面先行先试。东莞市启动“创建国土资源节约集约模范市”和“申报建设用地审批制度改革试点”两个平台，先行探索部分制度创新和试点项目，出台设施农用地管理、科研用地管理等制度。在麻涌、长安、虎门等镇开展土地利用总体规划修改，在万江、麻涌等镇开展土地统筹整合试点，在凤岗、大岭山等镇开展城乡建设用地增减挂钩试点。

【全国农村综合改革示范试点建设】 2013年3月，东莞市申报创建全国农村综合改革示范试点，11月，东莞市被正式列为创建全国农村综合改革示范试点单位，市政府出台《东莞市建设全国农村综合改革示范试点实施方案》，选定水乡特色发展经济区、莞城街道、黄江镇和虎门镇作为全国农村综合改革示范试点创建单位，着重从推动镇村经济转型、强化农村社会管理、减轻农村经费负担、实现公共服务均等化等方面探索农村综合改革发展的有效途径。

（潘朝明　刘念宇　王学林）

基础设施建设

【路桥建设】 2013年，东莞市推进路桥建设，完善路网结构，强化国省县道等干线公路功能，全年在建项目完成投资25.5亿元，推进两个市重点项目——省道S256、S358路面大修工程和市主干公路交通堵塞点改造工程建设，两项工程累计完成投资5.05亿元，建设进度在全市重点项目中排名靠前；广深沿江高速虎门至长安段18千米建成通车；博深高速正在进行清溪、凤岗互通立交施工的招标工作；从莞高速完成总投资计划的74%；深圳外环高速、莞番高速、莲花山过江通道、虎门二桥4个项目前期工作均取得明显进展。

【电网建设】 2013年，东莞市政府和广东电网公司签订“十二五”战略合作框架协议，共同推进电网发展。东莞供电局将虎门港、松山湖华为等重点镇、园区大型项目的用电需求融入2013年东莞电网滚动规划及2020年饱和负荷规划。推动环境友好型绿色变电站建设，推广应用新技术、新型低损设备材料，投产全市首座绿色变电站110千伏石鼓变电站。全年投产110千伏及以上输变电工程8项、主变容量165.3万千伏安、输电线路111.47千米，10千伏及以下配网工程659项。实施虎门滨海大道电力线路迁改工程，投入1.06万人次，车辆2500辆次，历时47天完成，并在全省范围内首次采用新型杆塔，节省土地资源。

【信息化建设】 2013年，东莞市实施信息化与工业化融合牵手工程，在石龙镇结合创意产业园区举行挂牌活动和以电子商务为主题的牵手工程巡回交流活动，针对制造业信息化，由用友公司和两化融合推进联盟联合举办企业信息化高峰论坛，组织中科院云计算中心举办智能产业高峰论坛，组织松山湖企业家协会举办桌面云技术讲座，组织企业信息安全和IT服务管理讲座等，建立信息技术服务企业与制造业企业对接机制，推动两化深度融合。

【燃气工程建设】 2013年，东莞市推进天然气汽车加气站建设，先后组织石龙、莞长路扩建工程，大朗、茶山等13座天然气汽车加气站初步设计文件专家审查，有17座天然气汽车加气站建成并投入使用。全年新增天然气管道110千米；天然气城市总供气量（含电厂）6.09亿立方米，燃气普及率市区达100%、全市达97.63%。

【交通基础设施建设】 2013年，东莞市累计完成交通建设投资53.46亿元，建成高速公路34.1千米，完成国、省道升级改造12.13千米，建成镇际、村际联网路58.9千米。管养的国省道公路优良路率达98.7%，路况水平处于全省前列。

是年，东莞市公交运营车辆5766辆，运营线路513条，日均客运量134万人次，公交线路长度1.5万千米，公交专用道15.5千米。市区建成公交首末站25个，公交候车亭929个、站牌994个，站点覆盖环城路内的全部区域，主干道路300~500米就有1个公交站点；28个镇建成公交候车亭1969个，站牌3354个，莞龙、莞长、莞樟、东深4条主干公路及省道S120线、S359线建成公交候车亭320个。

东莞市有客运站（配客点）67个，其中一级站5个、二级站8个、三级及三级以下客运站20个，其他各类客运站场（配客点）34个，年均日发送客运班次3091班、发送旅客15万人。东莞市公路客运站开通客运班线562条，其中省际线路307条、年均日发送班次350班，市际线路255条、年均日发送班次2741班（注：以东莞市市籍车辆统计）。

东莞市营运客车中高级车型和清洁能源车型比例上升，其中高级客车1868辆，占道路客运车辆总数的76%；重型货车、集装箱拖挂车、厢式车等高效、节能车型的比例

2012~2013年东莞市基础设施情况

项目名称	单位	2012年	2013年
公路通车里程	千米	4969	5002.49
其中：高速公路	千米	301.01	335.11
港口泊位	个	195	201
其中：万吨级泊位	个	22	23
内河航运通航里程	千米	643	643
本地电话年末用户（含小灵通）	万户	325.11	321.99
移动电话年末用户	万户	1754.10	1850.39
国际互联网用户	万户	209.59	216.11
电力消费量（规模以上工业生产电力消费）	亿千瓦·时	267.14	292.91
商品房屋实际销售量	万平方米	639.12	803.09
商品房屋实际销售额	亿元	542.38	728.07

稳步提高，集装箱车辆有3488辆。全市有公交车辆5766辆，其中LNG（液化天然气）和CNG（压缩天然气）车型1515辆；出租车7691辆，其中CNG和汽油双燃料车型7118辆。

【轨道交通工程建设】 2013年，《东莞市城市轨道交通建设规划（2013~2019）》于9月13日通过住房和城乡建设部专家审查，12月18日获国家发改委正式批复。启动1号线工程可行性报告报批前相关准备工作，开展1号线建设时序和招标模式研究。开展有轨电车交通规划、线路布局及制式选择等前期相关专题研究。R2线完成投资39.45亿元，累计完成投资86.66亿元，下桥站、展览中心站、旗峰公园站等12座车站主体结构封顶，实现东城站—旗峰公园站等7个区间双线盾构隧道贯通，11台盾构机完成掘进吊出R2线工程现场。天宝站A出入口完工，其余车站出入口、风亭等附属工程稳步开展。隧道贯通里程53.66千米，隧道贯通率达92%。车辆段±0.00以下工程基本完成。线网控制中心进行基坑围护结构施工。R2线车辆段±0.00以上工程、轨道、主变电所已进场施工。机电设备78个标段已完成58个标段的招标工作；车辆等13项机电设备已在工厂生产，12月26日R2线首列列车下线，AFC自动售检票系统完成样机测试；屏蔽门结构测试及天宝站、东城站预埋件完成验收和移交；风机设备完成样机验收。

【港口航道设施建设】 2013年，东莞市完成码头项目固定资产投资9.4亿元，新增新港建材码头、伟业水泥码头、广东理文纸厂码头和国丰粮食码头5座码头、9个泊位，新增设计能力665.2万吨。沙田港区综合客运码头工程、麻涌港区新沙南作业区4号5号泊位工程、海昌（三期）散杂货码头工程等省市重点项目建设有序推进，海昌（一期）煤码头、三江码头改造、西大坦作业区5号6号泊位和富之源码头竣工验收。推进码头结构加固改造工程，沙角A电厂码头、飞虎石化码头、金明石化码头结构加固改造工程顺利开展招投标，部分项目施工进展顺利。沙田港区三期工程、虎门港（太平）客运口岸搬迁工程和台泥散杂货码头工程已获得使用港口岸线的批复，至2013年东莞市获批建设的3万吨级及以上泊位增至28个。

（潘朝明　刘念宇　王学林）

现代产业

【工业】 2013年，东莞市规模以上工业实现增加值2112.65亿元，比上年增长11.3%，增速高于全省平均水平2.6个百分点；规模以上工业企业实现利润总额289.04亿元，增长6.9%。在32个行业中，有17个行业利润实现好转，其中8个行业利润增速超过20%。固定资产投资1383.94亿元，比上年增长18.2%。支柱产业支撑作用增强。五大支柱产业实现规模以上工业增加值1461.72亿元，比上年增长13%，占全市规模以上工业增加值的69.2%，上升0.9个百分点。

【商贸业】 2013年，东莞市商贸流通市场保持平稳增长，全市商品供应充足，消费品市场稳中有升。全年社会消费品零售总额1486.66亿元，比上年增长9.8%。其中，批发零售贸易业1363.1亿元，比上年增长

10.4%；住宿和餐饮业 123.56 亿元，增长 2.7%。物价调控政策成效显著，全年 CPI 低位运行，物价整体涨幅较上年进一步收窄。市场整顿监控力度进一步加大，生猪屠宰、拍卖、二手车、报废车、盐业市场、酒类市场秩序日趋规范。

限额以上批发零售贸易企业中，中西药品类销售额比上年增长 8.5%，食品、饮料、烟酒类增长 6.5%，汽车类增长 12.4%，日用品类增长 8%，石油及制品类增长 8%。此外，家用电器类、五金电料类及服装、鞋帽、针纺织品类等销售额分别比上年下降 10.8%、7%和 8.3%，机电产品及设备类销售额下降 40.8%。

石油及制品类、五金电料类和机电产品设备类生产资料实现销售 189.38 亿元，比上年增长 6.78%。

【旅游业】 2013 年，东莞市接待游客 2826.32 万人次，比上年增长 3.01%；旅游总收入 346.43 亿元，增长 13.08%；旅游直接从业人员超过 10 万人；全市星级饭店 87 家，其中五星级 22 家、四星级 22 家；全市有旅游景区 80 多处，国家 A 级景区 13 个，其中 AAAA 级景区 8 个。旅行社 65 家，其中出境组团社 9 家（2 家台湾游组团社）、普通旅行社 50 家、非法人分社 6 家；全市持证导游员 1331 名。

【物流业】 2013 年，东莞市有物流园区（中心）25 个，面积 480 万平方米，初步形成“一港三带六园区”的物流产业布局。快递服务方面，东莞市快递业务收入 45.85 亿元，比上年增长 34.35%。“双十一”网购促销期间，全市主要快递企业累计产生收件量 1214.91 万件，比上年增长 51.4%；派件量 590.68 万件，增长 35.9%。全市取得经营许可证的快递法人企业有 319 家，登记在案的营业网点有 810 个，快递从业人员 5 万多人，东莞市已成为全省快递业最集中、从业人员最多的地区之一。在国家邮政局组织的全国 50 个重点城市快递服务满意度调查中，东莞市快递服务满意度由 2012 年的第 40 名上升到第 25 名，在广东省参与调查的 7 个城市中排名第一。

【会展业】 2013 年，东莞市拥有广东现代国际展览中心、东莞国际会展中心、常平会展中心 3 个专业展馆，占地总面积 55.2 万平方米，室外展览面积（含停车位）15 万平方米，室内展览总面积 13.3 万平方米，室内可设标准展位 7000 多个。举办展览规模在 5000 平方米以上的展览会 44 个，总展出面积达 157 万平方米，总参展商 1.54 万家，吸引采购商和观众超过 210 万人次，成功举办“加博会”“漫博会”“科技合作周”等国家级名牌展会，并培育厚街名家具展、虎门服交会、大朗毛织展、广印展等一批专业展会。东莞会展业呈现差异化特征，会展成为城市靓丽名片。一些知名工业类展会纷纷落户东莞，如“广印展”、东莞国际模具及金属加工展暨东莞国际橡塑胶、包装、压铸及铸造展、中国东莞国际鞋展·鞋机展、国际线路板及电子组装展等。与此同时，吸引“香港讯通”“雅式”“迪亿”“星球”“浩瀚”和香港线路板协会等知名办展机构到莞办展。中印协国际展览有限公司、香港讯通公司、星球国际资讯（香港）有限公司等知名会展企业在东莞注册，成为本土会展企业。

【都市农业】 2013 年，东莞市出台《关于推进都市农业发展的意见》《关于加快都市农业发展的若干政策措施》，力争构建起以“土地集约、田园优美、特色鲜明、技术集成、效益显著”为标志的都市农业发展体系。市、镇两级财政投入建设资金 3950 万元，新建成标准化农田和鱼塘 57.67 公顷、农田林网 11 千米、温室大棚 1.76 公顷、供电设施 3 个。东坑、谢岗、石排、清溪等园区新引进温室花卉、石斛、葡萄、蔬菜种植以及龟鳖养殖等 12 个优质投资项目，协议经营面积 86.67 公顷；中堂、麻涌园区分别与相关企业签订园区整体开发建设协议。东坑、谢岗、麻涌等园区新发展生态垂钓、鲜果采摘、科普展示等农业休闲观光项目，桥头园区被选定为第 27 届全国荷花展分会场。12 月，东坑园区被农业部、国家旅游局认定为“全国休闲农业与乡村旅游示范点”。龙头企业、专业合作社等产业化组织达 140 家，实现发展规模成倍增长，其中依法注册登记的专业合作社增至 121 个。发放财政资金 409 万元，奖励规模经营面积 1333.33 公顷，全市农业规模经营面积 9000 公顷。2013 年广东省农业类名牌产品评审通过率达 100%，“三品”认证农产品（无公害农产品、绿色食品、有机食品）和农业类名牌产品分别增至 139 个和 44 个。

【蔬菜商业】 2013 年，东莞市年均蔬菜交易量 280 吨，消费量 170 吨。其中，石碣润丰国际蔬菜交易中心、虎门富民农批市场为主要蔬菜交易市场，全年交易量占全市 65%，其余分布在中堂江南农批市场、虎门果利来果蔬批发市场、虎门北栅蔬菜批发市场，东城润民农副产品市场、常平木伦农批市场等。此外，大部分镇街的中心农贸市场也以早市的形式承担蔬菜批发的功能。农超对接试点工作呈现出加快发展、加速推进的态势。随着商业超市的快速发展，农产品在超市的销售额每年以 10%以上速度递增。农超对接主要试点企业——东莞市嘉荣超市有限公司先后与位于增城、韶关等地的多个农村合作社签订采购协议，全年生鲜产品销售总额达 3 亿元。

【粮油商业】 2013 年，东莞市粮食消费量 135 万~145 万吨，比上年增长 3.8%，市场供应量 220 万~240 万吨，与上年持平。其中，常平粮食批发市场、樟木头粮油批发市场、“信立农批”等主要粮食批发市场的交易量约占全市 80%~90%。

【肉食品商业】 2013 年，东莞市完善生猪产销联建工作，开展生猪屠宰专项整治，屠宰企业硬件设施及经营管理水平进一步提高，生猪定点屠宰 356.03 万头，比上年增长 7.8%。是年，全市多部门开展联合执法行动，出动检查人员 2 万多人次，检查定点屠宰企业 670 家次，捣毁窝点 26 个，查获私宰肉 9900 公斤，其中病害猪 4 头。

【造纸及纸制品业】 2013 年，东莞市造纸及纸制品业拥有规模以上企业 235 家，实现增加值 99.46 亿元，占全市规模以上工业增加值的 4.10%；主营业务收入 488.29 亿元，占全市规模以上工业主营业务收入的 4.51%。东莞市的造纸及纸制品业已成为中国最大的造纸及纸制品生产基地，形成生产包装用纸（纸板）、生活用纸、包装、印刷、造纸机械、化工等工业相互配合、协调发展的产业链和产业集群。全市大中型企业主要分布在麻涌镇、中堂镇、洪梅镇等水乡片，其中中堂纸品产业集群为省级产业集群升级示范区。

【电子信息制造业】 2013年，东莞市的电子信息制造业拥有规模以上企业962家，全市电子信息产业规模以上企业实现增加值769.22亿元，占全市规模以上工业的31.71%；主营业务收入4058.45亿元，占全市规模以上工业的37.47%。产业配套优势明显，以电脑产品及配件最为突出，电脑整机的配套率达95%以上。东莞是“全球最大的电脑设备生产基地”，一些产品在全球市场占有10%~40%的份额，形成较为成熟的产业集群。产业集群优势突出。东莞被命名为“信息产业国家高技术产业基地”。电子信息产业遍布全市32个镇街，其中以石龙、石碣、长安、寮步、塘厦、清溪、黄江等镇较为集中。拥有4个中国电子信息产业名镇（石碣、寮步、常平、大朗），1个中国电子信息产业重镇（长安），4个广东省产业集群升级示范区（石龙电子信息产业集群、常平光电产业集群、石碣电子产业集群、清溪光电通讯产业集群），1个广东省光电产业制造基地（企石）。

【电气机械及设备制造业】 2013年，东莞市电气机械及设备制造业拥有规模以上企业1141家，实现增加值431.39亿元，占全市规模以上工业增加值的17.78%；主营业务收入1868.67亿元，占全市规模以上工业主营业务收入的17.25%。东莞市电气机械及设备制造业已形成长安五金模具产业集群、虎门电子线缆产业集群、寮步汽车产业集群、横沥模具制造产业集群4个产业集群。以石龙、长安等为主的办公设备生产基地，其生产规模和技术水平均属世界先进水平。东莞在该产业中涉及新兴产业的重大装备以及重要零部件，如OLED设备，光伏用逆变器、并网控制器，大容量储电设备方面具有明显的竞争优势，产业发展潜力巨大。此外，电动汽车产业也将成为该产业新的增长点。

【纺织服装鞋帽制造业】 2013年，东莞市纺织服装鞋帽业有规模以上企业903家，实现增加值311.02亿元，占全市规模以上工业增加值的12.82%；主营业务收入986.38亿元，占全市规模以上工业主营业务收入的9.50%。拥有总数过万家的纺织服装生产及流通企业，已形成门类齐全、产业规模大、产业配套水平较高的产业体系。东莞已成为全省乃至全国的纺织服装加工生产出口基地，形成厚街—虎门—长安—松山湖—大朗时尚产业带，总体呈现良性发展态势。东莞市作为全国首批十大纺织产业基地之一，成为全省乃至全国重要的纺织服装加工生产出口基地，拥有大朗毛织产业集群、虎门服装产业集群、厚街鞋业产业集群3个省产业集群升级示范区和“中国女装名镇”（虎门）、“中国羊毛衫名镇”（大朗）、“中国品牌服装制造名镇”（茶山）等一批纺织服装产业基地。“世界鞋业总部基地”在厚街奠基，东莞成为国际中高档鞋品的加工基地。

【食品饮料加工制造业】 2013年，东莞市的食品饮料加工制造业拥有规模以上企业91家，实现增加值83.89亿元，占全市规模以上工业增加值的3.45%；主营业务收入575.79亿元，占全市规模以上工业主营业务收入的0.42%。东莞市食品饮料加工制造业不乏国内外知名品牌，形成粮油食品、烘焙食品、糖果食品、饮料、啤酒、饮用水等多个富有市场竞争力的产业集群；形成以麻涌镇为中心的粮油食品，以茶山镇、南城街道为中心的烘焙食品，以道滘镇为中心的特色食品，以南城街道为中心的饮料制造等产业集聚区，以及石龙、厚街等食品产业集聚区。拥有道滘、茶山两个食品产业集群。茶山镇被命名为“中国食品名镇”。

【软件业和信息服务业】 2013年，东莞市软件业务收入35亿元，比上年增长43.8%，软件产品收入和嵌入式系统软件收入占软件业务总收入的80%以上，尤其是嵌入式系统软件业务收入占总收入50%以上，主要覆盖手机、电池、激光制造、智能制造等高端电子信息产业。经认定的软件企业有41家；新增180件软件产品；1家企业认定为国家规划布局内重点软件企业和集成电路设计企业。

扶持促进创意产业园区建设，指导南城动漫城、东城及南城新基地等园区按照东莞市促进创意产业园区发展实施意见及园区认定办法，准备各项申报资料。修改完善市级创意产业园区认定管理办法，规范有关工作程序。指导各园区提升服务水平，在政策辅导、项目申报、人才培训、招商引资等方面服务好园区内企业。组织各园区到其他地市学习考察创意产业园区建设经验和做法。

推动云计算应用产业发展，完成省市共建战略性新兴产业东莞云计算应用产业基地签约工作，组织开展省市共建云计算应用产业基地重点企业走访调研，先后走访华盈光达等7家企业，与企业沟通2013年基地建设问题，了解相关项目进展情况，形成《东莞市云计算应用产业基地调研报告》和《东莞市云计算应用产业基地发展规划(2013~2015年)》（初稿）。指导和扶持中科院云计算育成中心发展建设，掌握教育云、医疗云等项目进展情况，调动资源协助解决。成功引进和孵化企业10余家，获得批准立项的国家、省市级项目22个，项目经费4400万元，逐步实现科技成果产业化进程。支持和推荐广电院和华云科技有限公司联合申报珠三角卫星导航应用示范系统支撑平台项目，并成功中标。参与做好对世纪互联、115、中科遥感等重大项目的各项工作。

推动软件和集成电路设计公共服务平台东莞分平台项目建设，指导软件测试平台、软件服务平台等公共服务平台开展服务，促进行业发展。东莞市软件行业协会、东莞市现代信息服务协会发挥行业协会作用，联系和服务企业。 （潘朝明　刘念宇　王学林）

转型升级

【重大产业平台建设】 2013年，东莞市制定《东莞市水乡片区培育幸福导向型产业体系行动计划》《统筹提升水乡地区特色优势产业工作方案》及《水乡地区招商联盟工作方案》；制订《水乡地区淘汰“两高一低”行业产能专项行动工作方案》。提请省经济和信息化委与市政府签订共同推进广东粤海高端装备技术产业园建设框架协议，在汽车零部件配套体系建设、汽车装备制造业产业链资源整合等方面加强合作。协助做好粤海产业园产业定位工作，拟定园区产业和项目准入政策，协调推进园区产业规划编制。

【新兴产业扩张调整】 2013年，东莞市入选全国城市共同配送试点首批15个试点城市之一，为广东省地级市中唯一入选城市，获中央财政3000万元补助。全年全市现代服务业实现增加值1716.42亿元，占全市服务业增加值比重达58.2%。其中，软件业实现收入40亿元，列全省第五位，99家企业获认定为国家软件企业。远峰科技入选2013~2014年度国家规划布局内重点软件企业和集成电路设计企业。组织2013中国（东莞）电子信息产品博览会；赴沈阳开展“莞货全国行”活动，在全国性平台上集中展示东莞装备制造业；赴俄罗斯举办“莞货国际行”活动，“莞货”以集体形象亮相国际舞台。出台《关于加快现代流通业发展的实施意见》《东莞市重点会展项目认定办法》。发展楼宇经济，出台《关于促进楼宇经济发展的若干意见》及实施细则。

是年，东莞市智能手机产业基地获认定为省市共建战略性新兴产业基地，全市4个产业基地获省认定。物联网产业基地实现产值613亿元；全市手机产量达1.06亿部（不含东莞诺基亚），比上年增长60.7%，占全省手机总产量的15.1%。东莞广电院和华云科技入选国家珠三角卫星导航应用示范系统支撑平台项目；世纪互联“亚洲云”总部基地等重大云计算产业项目落户东莞市；中科院云计算中心育成效应逐步显现，引进、孵化企业10家，获市级以上立项项目22个；与南方电网合作共建开放式光伏应用产业发展平台。松山湖高新技术产业开发区获认定为第五批国家新型工业化产业示范基地；新增省级战略性新兴产业骨干和培育企业8家。

【传统产业转型升级】 2013年，东莞市的纺织服装、家具、食品饮料、玩具、造纸及纸制品五大优势传统产业实现主营业务收入2534亿元；实现规上工业增加值571.97亿元，占全市规模以上工业增加值的27.1%；拥有国家名牌名标20个，省名牌名标198个，分别占全市的37%和34%。以纯、搜于特、都市丽人等服装企业纳税额分列全市民营制造业企业的第一、四、五位，其中以纯纳税额列全市制造业企业第四位。虎门服装、大朗毛织、厚街鞋业等区域品牌的知名度和美誉度进一步提升。

【信息化和工业化融合】 2013年，东莞市推动成立东莞市“两化”（信息化和工业化）融合推进联盟。组织开展“两化”融合推广活动12场，评选出23家“两化”融合标杆企业，建成12个基于云计算的行业信息化平台。截至年底，全市大中型企业应用ERP（企业资源计划）或CRM（客户关系管理）比例超65%，制造类企业应用CAD（计算机辅助计划）等计算机辅助研发制造技术比例超80%。电子商务快速发展。全年全市电子商务交易额达2300亿元，比上年增长28%，约占全省电子商务交易额的1/10。中小企业电子商务应用率达40%以上。出台《关于加快推动我市电子商务发展的实施意见》及发展规划，财政拨款1.5亿元专项扶持电子商务发展。举办“广货网上行”系列活动3场。

【自主创新能力提升】 2013年，东莞市审核两批专利申请资助项目20959个，全年资助资金3719.83万元，资助项目和下达资金分别比上年增长48%和56.98%；全年平均专利电子申请率达93.91%，位居全省第二。全市专利申请量和授权量分别为29012件和22595件，均居全省第三位，分别比上年下降0.64%和增长8.11%，其中发明专利申请量6454件，发明专利授权量1495件。全市有9个项目获得2013年广东省科学技术奖三等奖，1个项目获得第十五届中国外观设计优秀奖，3个市专利奖项目获得2013年广东省专利优秀奖。

【加工贸易转型升级】 2013年，东莞市以纺织制衣行业为试点探索实施“加工贸易增效计划”。召开纺织服装行业转型升级现场会，推广晶苑毛织等示范企业经验；深化莞港生产力提升辅导服务，实施“纺织服装行业提升线路图”辅导计划，通过制定行业转型升级的线路图，帮助企业明确自身转型升级的方向，并提供专业辅导服务。提升大朗毛衫全国外贸转型升级示范基地作用，用好各类转型升级平台推动大朗毛衫产业的技术创新和产品换代升级。

搭建中小企业创品牌拓内销的新平台。完善和提升“大麦客”商业模式，通过政府购买社会服务的方式，由“大麦客”在三楼搭建5000平方米的“加工贸易产品订购中心”，支持100家中小企业进驻常年展示和推广自主品牌产品，开展各类采购对接，培育本土内销代理商，打造“政府、大麦客、商协会以及企业四位一体”合作帮助企业尤其是中小加工贸易企业创品牌拓内销的新模式。与商协会合作，组织100多家企业参加中国国际玩具及模型展、北京国际品牌鞋及配饰展等内销展会，突出东莞抱团参展形象。全年全市外资企业新增注册商标1521个，国内销售总额2880亿元，比上年增长9.9%。

推动企业提升研发创新能力。以百家科技型外资企业为重点，组织企业与东莞市10多个公共创新平台开展对接洽谈活动，帮助企业了解和用好科技创新平台，借力提升创新能力；举行多场高新技术企业认定培训班，集中辅导企业优化整合内部资源，加快高新技术企业认定工作。新增外资高新技术企业52家，新增外资企业研发机构（研发中心）255个，累计达916个，新增加工贸易转型升级示范企业34家，累计达到103家。

办好“加博会”。“2013加博会”吸引全国25个省、市、自治区的1213家企业参展，展位3098个，吸引5500多家采购商和1.2万名专业买手到会采购，达成意向成交金额769.8亿元，比上届增长12%。

推动企业“走出去”。东莞市主要领导带队的“走进南美”系列活动取得良好效果，在当地举行的经贸交流大会，商协会以及企业代表踊跃参与，参加人数达400人，达成贸易投资合作金额超过39亿元，为企业抢占巴西等新兴市场搭建高规格平台。支持400多家优质企业参加40多场境外展览活动，鼓励企业抢抓时机拓展新兴市场。对东盟、非洲、南美等新兴市场出口比上年增长16.3%。

培育外贸新业态。发展和推广以“广东汇富”为代表的外贸供应链管理服务新业态，推动国家出台政策明确支持外贸综合服务企业发展，为外贸综合服务企业发展进一步扫清政策障碍。“广东汇富”提供融资服务的中小外贸企业增加至1800家，比上年增长80%，出口值为7亿美元，增长35.7%。

是年，东莞市加快建设加工贸易管理服务平台，由外经贸、海关、检验检疫与企业“四方联网”拓展至外汇、工商、国税以及财政等部门，实现“八方联网”。

全省试点改革加工贸易审批制度。东莞市作为全省试点开展加工贸易审批改革，暂停加工贸易业务审批，加强企业生产能力证明等后续管理，并依托“八方联网”推进企业诚信综合评价体系建设，为全省、全国推进加工贸易审批制度改革提供经验和做法。

推行外资项目网上审批。新增股权变更、股权质押、合并等复杂项目的网上审批功能，企业办理外资项目审批由原来至少两趟办理，减少到一趟办理，行政审批效率提高1倍以上。

【城市建设模式改革】 2013年，东莞市推进土地统筹整合工作。东莞实业投资控股集团有限公司在水乡地区探索“市、镇、村联合开发，利益共享”的模式，与万江、中堂、洪梅等镇街签订合作协议，推动统筹开发，改善农村环境，提升集体和村民收入。推进轨道交通站点周边土地统筹，开展站点TOD（以公共交通为导向的开发模式）规划。与厚街、大朗、常平、石龙、茶山等镇街达成土地统筹意向，并与虎门镇签订土地统筹开发协议，成立合作公司推进开发建设。

实行招投标制度改革，实施电子招投标，招投标文件电子化、模块化；修订企业信用分值招投标差异化措施，调整差异化抽取比例；改革评标方法，实行“三阶段择优评标法”，增设评审结果不合格企业申辩环节，实行评审结果、专家编码及个人评审情况主动公开、投标文件依申请公开。东莞市建设工程交易中心全年完成招投标项目610个，其中服务类项目158个、施工类项目452个。施工类项目预算总金额128.61亿元，中标总金额112.75亿元。

（潘朝明　刘念宇　王学林）

城乡发展

【城乡供水】 2013年，东莞市启动编制《东莞市城镇供水专项规划（2012~2030）》以及污水处理厂再生水利用实施方案。印发《东莞市2013年供水行业水质监测方案》，对水质连续不达标的4家水厂进行处置并整合1家村级水厂。完成5个源水在线监测站（桥头、东城、中堂、五点梅、横岗）和全市64个管网水在线监测点的选址和仪器设备安装。投入1.1亿元完成新增老化管网改造572千米。截至2013年，全市有供水企业93家，水厂108间。其中，市级供水企业1家，水厂5间；镇级供水企业30家，水厂45间；村级水厂58间。全年自来水供水量16.08亿立方米，日平均供水量440万立方米，用水量19.75亿立方米（含微咸水），万元地区生产总值用水量36立方米。

【城市排水】 2013年，东莞市编制完成《东莞市市区排水专项规划》和《东莞市重要内涝地区和交通节点内涝整治应急工程初步方案》；加快各镇街（园区）属地排水专项规划编制，其中洪梅、凤岗等12个镇街（园区）完成规划初稿。完成市区内涝整治应急三期工程（新开河系统）北侧分流工程东纵路、罗沙路、新河北路排水管道铺设及路面恢复工作。市直管道路新建、更换各类排水管道3530米。

【环境卫生】 2013年，东莞市完善生活垃圾处理设施，推进生活垃圾分类处理，提高全市生活垃圾处理“减量化、无害化、资源化”的能力。全市城镇生活垃圾无害化处理率 97.39%。

生活垃圾分类试点 启动编制《东莞市生活垃圾分类收运处置规划》，制订《关于进一步推进我市生活垃圾分类收运处置试点工作方案》。进一步铺开垃圾分类试点，坚持按月单独收运和处置有害垃圾。

存量垃圾治理 调研水乡经济区和水源地附近的生活垃圾简易填埋场，推进凤岗镇生活垃圾填埋场综合整治工程。落实中以合作生活垃圾填埋场渗沥液处理示范项目，初步选定桥头大东洲填埋场为试点项目选址。

环保热电厂建设 东莞市区环保热电厂技改升级项目按照欧盟 2000 标准和园林式厂区完成建设并成功试运行，成为全市垃圾处理行业的新标杆。麻涌环保热电厂完成项目环评，并全面开展初步设计、征地等工作。

环卫统筹管理 印发《东莞市城乡市容环卫统筹管理实施方案》，制定《东莞市城乡市容环卫统筹管理工作指引》。全市有 30 个镇街制订城乡市容环卫统筹管理工作方案，12 个镇街完成统筹村级环卫管理事务，实现镇级城乡环卫"一体化"管理；超过 60%的村（社区）实现村级环卫支出零负担。

水乡环境整治 开展水乡经济区城乡环境卫生专项整治摸底调研，建立水乡经济区城乡环境卫生专项整治工作检评督促机制。全年水乡片清理卫生死角 1821 处，面积 5 万多平方米，总量 4000 多立方米；清理"牛皮癣"806 处，面积 6 万平方米；完成城乡"六乱"整治 4865 宗，清理面积 32.54 万平方米，清理进度 99.61%。

城市"牛皮癣"整治 11~12 月，东莞市在市区 4 个街道、松山湖园区和 7 个"省文明镇"创建单位铺开综合整治城市"牛皮癣"试点工作。试点期间共清理城市"牛皮癣"5 万多处、105 万条，收集源头线索 95 万条，并移交相关部门处理，基本形成"城管部门一线整治、相关部门联合行动"的城市"牛皮癣"整治模式。

【宜居城乡建设】 2013 年，东莞市成立宜居城乡名镇名村建设工作领导小组，负责宜居城乡、名镇名村建设工作的领导和统筹协调。东莞市确定第二批宜居社区（村）和名村建设名单，其中宜居社区（村）50 个、市级名村 6 个、镇级名村 9 个。制定《宜居社区（村）和名村建设工作指引》《宜居社区（村）和名村专项资金管理暂行办法》，明确工作重点、建设时序和资金统筹办法。推荐清溪等 13 个镇申报全国重点镇，推荐樟木头等 2 镇 1 村申报第三批全国特色景观旅游名镇名村。麻涌镇麻二社区等 22 个社区获"2013 年广东省宜居社区"称号，道滘镇南丫村等 5 个村获"第三批广东省宜居示范村庄"称号。

【园林绿化管理】 2013 年，东莞市城市人均公园绿地面积 17.30 平方米，绿化覆盖率 47.33%，有公园广场 1200 个、面积 142.88 平方千米。加强园林企业资质管理，核准、延续园林企业一级资质 5 家、二级资质 19 家、三级资质 33 家。凤岗、黄江、道滘 3 镇获"广东省园林城镇"称号，全省 9 个省级园林城镇有 8 个落户东莞市。指导石排、樟木头两镇创建省园林城镇，并通过省住房和城乡建设厅评审。开展市中心广场园林绿化升级改造项目，优化项目完成招标并已进场施工，中心广场南广场东南地块景观改造升级试点项目竣工。

【城市规划编制】 2013年，东莞市完成《东莞水乡特色发展经济区城乡总体规划》《珠江口东岸现代产业集聚区统筹发展思路报告》《东莞市住房建设“十二五”住房建设规划》《加强研发用地管理促进科技和产业融合的专题研究》《如何通过规划促进工业用地的集约开发建设调研报告》《落实新型城镇化发展要求，创新两规合一工作思路》《东莞市地下空间利用的政策研究》和《工业房地产模式探索》等20多项规划研究。组织南城金融区启动区地块、寮步镇新中心区、东城世博地区等重点地块的包装研究，开展《东莞市东城区黄旗山南地区综合发展规划研究》《东莞市鳒鱼洲地块综合规划研究》。至年底，全市审核控制性详细规划方案16个，控制性规划调整269个，处理生态线调整业务49宗，审查常平、塘厦等9个镇总体规划修改业务，实现市区控制性规划全覆盖；审查《寮步镇新中心区E09-01地块包装》等12个项目。

【“三旧”改造规划审查】 2013年，东莞市出台《关于完善我市“三旧”改造工作的有关建议》及若干实施细则，制定《东莞市产业转型升级基地认定和管理试行办法》。全年审查“三旧”改造等各项规划29份，其中4份规划通过审批。

（潘朝明 刘念宇 王学林）

社会建设

【科学技术】 2013年，东莞市筹建大学创新城，引进清华大学、广东工业大学、暨南大学、同济大学分别与东莞市共建清华东莞创新中心、东莞华南设计创新院、东莞暨南大学研究院和东莞同济大学研究院。洽谈共建东莞上海高校协同创新研究总院、东莞武汉大学研究院、东莞四川大学生物医药研究院等公共科技创新平台。探索东莞市新型科研机构体制机制改革，成立市校地研究院深化改革领导小组，探索公共科技创新平台体制改革、机制创新，为平台的产业孵化及发展壮大提供政策支持和保障措施，全市公共创新平台总数达16个。

是年，东莞市组织实施市创新资金项目、企业工程中心和重点实验室资助项目等科技项目，鼓励企业申报承担国家863科技计划、国际科技合作计划项目以及省部（省院）产学研项目、省重大科技专项、工业高新技术领域科技计划项目等上级科技项目，企业创新水平和承担国家、省科研项目的能力进一步提升。全年全市科技企业和科研单位累计申报国家和省各类科技计划项目近700个，比上年增长20%，其中获国家科技型中小企业技术创新基金立项43个、资助经费2725万元，为历年之最。加强政策引导企业加大研发投入，制订《东莞市R&D投入奖励实施方案》和《关于镇街（园区）R&D投入比重达标奖励实施方案》，推动全社会加大R&D（研发）投入强度；组织专家对申报2012年度东莞市企业研究开发费税前扣除的840个项目进行鉴定评审，有150家企业享受税前扣除优惠政策，加上计算扣除经费9.8亿元，比上年增长46.58%。

【教育事业】 学前教育 2013年，东莞市有幼儿园841所，其中公办、集体办园191所，民办园650所。3~6周岁在园幼儿27.78万人，入园率达99%，比上年提高2.0%。全市幼儿园教职工3.15万人，其中园长、教师1.88万人。教师学历达标率98.0%，大专以上学历占58.2%。全市有省、市一级幼儿园253所，其中省一级幼儿园16所、市一级幼儿园237所。市政府把建设“5所公办园”列入年度十件实事，全年新增11所公办、集体办幼儿园。全年新增市一级园138所，认定和批准东莞市“广东省规范化幼儿园”724所，占全市幼儿园总数的86%。

义务教育　2013年，东莞市有小学321所，比上年减少1所。小学在校生65.91万人，比上年增加5.1万人，适龄儿童小学入学率、东莞户籍毕业生升学率达99.9%以上。全市有初中167所（不含完全初中），初中在校生20.12万人，比上年增加0.91万人，东莞户籍适龄少年入学率99.9%以上，辍学率0.22%。是年，东莞户籍初中毕业生3.14万人，升入各类高中阶段学校就读的学生3.11万人，升学率98.4%。

新莞人子女义务教育　2013年，东莞市义务教育学校非东莞户籍学生68.03万人，比上年增加7.1万人。非东莞户籍小学生54.95万人，比上年增加5.3万人，其中在公办小学就读的非东莞户籍小学生12.17万人；非东莞户籍初中生13.08万人，增加1.75万人，其中在公办初中就读的非东莞户籍初中生3.28万人。全市通过积分制入读义务教育阶段公办学校新莞人子女2.25万人，比上年增加2276人。安排华侨华人和台胞子女390人在东莞市就读。

普通高中教育　2013年，东莞市有普通高中（含完全中学和多层次学校高中部）39所，在校生7.70万人，比上年增加0.12万人。在民族教育方面，完成东莞高级中学新疆校区的扩建工程，做好新疆班的扩招工作，为600余名在校新疆学生提供安全舒适的学习环境。

中等职业教育　2013年，东莞市有中

2012~2013年东莞市社会事业情况

指标名称	单　位	2012年	2013年
普通高校	所	6	6
普通高校在校学生	万人	5.24	6.09
中等职业学校和技工学校	所	24	27
中职和技校在校学生	万人	5.01	4.79
普通中学	所	203	207
普通中学在校学生	万人	26.8	24.91
小学	所	322	321
小学在校学生	万人	60.81	65.91
医院、卫生院	所	2218	2254
医院、卫生院床位	张	24600	25700
群众艺术馆、文化站	个	34	34
公共图书馆	个	649	629
博物馆	个	31	31

等职业学校25所（含技工学校3所），其中公办14所、民办11所；有省级以上重点中职学校11所，其中国家级重点10所、省级示范性中职学校4所。中职学校招生人数2.62万人，比上年增加0.51万人，增长24.25%；在校生6.32万人，其中省级以上重点中职学校在校生4.55万人，占整个中职学校在校生人数的72%；接收本省东西两翼和粤北山区的“双转移”学生11232人，增加2446人。全市中职学校共有教职工3462人，其中专任教师2736人；共有“双师型”（指具备学历证书和技能证书的教师）教师890人，占专业教师的47.6%。中职学生升学就业率达98.11%。中职学校开设的专业有电子、计算机、会计、金融、服装、家具、模具、数控技术、汽车维修等50多个，其中省级重点建设专业（点）16个。

特殊教育　2013年，东莞市特殊教育学校在校生300人，本市户籍“三残”儿童少年小学入学率98.9%，初中入学率98.2%。

成人教育　2013年，东莞市有5所成人高等教育机构、32所乡镇成人文化技术学校，其中有12所省级示范成校，372个民办培训机构，年培训量57.78万人次，各类成人高等学历教育规模51235人。

民办教育　2013年，东莞市经教育行政部门批准开办的民办普通中小学（下称民办中小学）252所（含2所国际学校和1所台商子弟学校），其中小学111所、九年一贯制学校116所、初级中学10所、高级中学1所、完全中学1所、从幼儿园到高中的多层次民办学校13所；批准开办的民办幼儿园650所（含1所国际幼儿园）；新增开办民办中小学7所，幼儿园28所。全市共有专门招收新莞人子女的民办中小学222所。全市民办中小学和民办幼儿园在校生78.42万人，其中幼儿园21.29万人、小学44.06万人、初中11.05万人、普通高中2.02万人。民办中小学就读学生占全市在校学生60.95%；义务教育阶段新莞人学生在民办学校就读52.58万人，占全市义务教育阶段新莞人学生总数的77.29%；民办幼儿园就读幼儿占全市在园幼儿76.63%。

高等教育　2013年，东莞市有高等院校9所，分别为东莞理工学院、东莞职业技术学院、广东医学院（东莞校区）、东莞理工学院城市学院、广东科技学院、广东亚视演艺职业学院、中山大学新华学院（东莞校区）、广东创新科技职业学院、东莞广播电视大学。普通高等教育规模、成人高等教育不断扩大，其中普通高等教育在校学生94470人，成人高等教育在校学生40174人，分别比上年增长10.1%，2.8%。有专任教师4860人，其中教授职称534人，副教授职称1181人。有省级重点实验室7个，实验室、实验中心470个，实习基地1206个。

【文化事业】　2013年，东莞市成功创建成为全省唯一、全国首批国家公共文化服务体系示范区，公共文化服务水平全国领先。全市建成公共图书馆（室）641个、博物馆31座、文化广场769个、“农家书屋”589个，覆盖率达100%；实现广播电视“村村通”和“渔船通”；镇（街）文广中心全部达到省“特级文化站”标准；村（社区）综合文化活动室、公共图书室、公共电子阅览室、文体广场全覆盖，健身场地和设备配备达标率达到100%；每万人拥有室内公共文化设施面积达1670平方米。完成公共文化服务体系示范镇（街）、村（社区）、企业创建工作。

东莞市文化广电新闻出版局组织参加第十届中国艺术节，获 11 个国家奖项。29 件作品获全省群众文艺作品评选总分第一，实现三连冠。文化遗产保护扎实有力。开展第一次全国可移动文物普查，进度居全省第一。《虎门销烟》陈列获全国博物馆十大陈列展览精品评选优秀奖。文化产业发展基础夯实。新增文化经营场所 722 个次。印刷企业转型升级 13 家，8 家企业、1 个基地获国家扶持奖励资金 1265 万元。文化市场管理有效加强。市文化市场综合执法大队获得国家版权局颁发的查处侵权盗版案件有功单位一等奖。莞城等 6 个示范镇（街）、大朗求富路社区等 10 个示范村（社区）、广东唯美陶瓷有限公司等 9 个示范企业通过验收。获得第十届中国艺术“群星奖”。在由文化部主办的第十届中国艺术节“群星奖”决赛上，东莞市选送的少儿舞蹈《学军》、男声小组唱《脚印》2 个作品获群星奖。塘厦镇策划组织的《越唱越红》歌唱大赛获“群星奖项目奖”。开展第五次公共图书馆评估定级。制订《东莞市公共图书馆第五次评估定级工作方案》，莞城图书馆、虎门镇图书馆、东城图书馆、长安镇图书馆、塘厦镇图书馆、常平镇图书馆评为省一级图书馆。统筹组织重大节庆文化活动。组织各有关单位参与东莞市“南粤幸福活动周”活动，开展“幸福我来秀”群众文化艺术活动等。完善全市、镇、村三级图书馆服务体系。为配合示范区创建工作，将 2013 年 6 月定为全市“基层文化服务月”。举办百场文艺培训、千场文艺演出、数字阅读进社区活动等多项服务活动，拓展公共文化服务领域，服务基层村（社区）。开展文化志愿者服务边疆行。组织市、镇部分文化志愿者赴青海参与“春雨工程”2013 年广东省文化志愿者边疆行活动，举办东莞市创建国家公共文化服务体系成果展，承办 8 场国家艺术院团（馆）志愿服务走基层活动。

【医疗卫生】 2013 年，东莞市有医疗卫生机构 2425 个，其中专业公共卫生服务机构 5 个，各级各类医疗机构 2420 个，包括：医院 83 个（民营医院占 44.58%），社区卫生服务中心（站）389 个，农村卫生站 1148 个，门诊部 300 个，诊所 131 个，卫生所、医务室 164 个。全市卫生人员 5.23 万人，其中，卫生技术人员 4.21 万人，包括：执业（助理）医师 1.49 万人，注册护士 1.81 万人，医护比例为 1∶1.2。全市编制床位 3.29 万张，实际开放床位 2.57 万张（民营医院床位数占 24.72%），每千常住人口拥有床位数 3.09 张。全市大型医用设备中，X 线电子计算机断层扫描装置（含 CT、PECT、SPECT）有 72 台，医用磁共振成像设备（MRI）有 22 台，800 毫安以上数字减影血管造影 X 线机（DSA）有 66 台。全市医疗机构总诊疗 6872 万人次（民营医疗机构门急诊量约占 27.8%），人均全年诊疗 8.2 人次。全市出院 87.4 万人次，出院者平均住院日 8.4 天，病床使用率为 81.6%。

【体育事业】 2013 年，东莞市各镇街举办大型体育活动 69 次，单项体育赛事 263 次；在第十二届全运会上莞籍运动员 11 人夺得 8 个团体项目冠军；举办 2013 年全球华人青少年国际羽毛球赛等大型赛事，承办中国职业男子篮球联赛、中国羽毛球超级联赛等赛区赛事。成功申办 2015 年苏迪曼杯世界羽毛球混合团体锦标赛；实施农民健身工程，安排专项资金 135 万元添置一批健身器材分发到镇街社区。全年开展体育培训 177

次，培训青少年3071人，涉及28个体育项目。开展监测工作56次，为7300名市民提供免费体质监测服务。组织代表团参加全省第三届体育大会，以总分1308分的成绩位居全省第三名。广东东莞银行队实现CBA八冠王。东莞市麻涌男子龙舟队在中华龙舟赛福州站首次夺得全国最高水平赛事的冠军，并在东莞麻涌镇首次承办中华龙舟赛。

【劳动就业】 2013年，东莞市进一步优化就业创业政策措施，提升就业服务，加强人力资源开发，努力实现高质量的就业创业。

完成“十件实事”和劳动力转移任务。依托市镇村三级公共就业服务机构，坚持开展“就业服务日”“就业援助月”等活动，推动9392名登记失业人员就业，帮扶4597名就业困难人员实现就业，完成市政府“十件实事”目标任务。贯彻落实省“双转移”战略，组织开展农村劳动力技能培训4.17万人次，本市新增转移就业6541人，吸纳本省劳动力就业3.26万人，完成全年省农村劳动力转移任务。

促进各类群体充分就业。拓宽高校毕业生就业渠道，全市应届高校毕业生报到总人数1.52万人，其中就业1.50万人，就业率98.76%，155名困难家庭高校应届毕业生实现100%就业。出台《关于发展家庭服务业的实施意见》，鼓励各类人员在家庭服务业领域就业创业，7278人获得家庭服务业国家职业资格证书。开展2期“青年就业见习训练与青年培训全市集中招训日活动”，提供6700多个见习训练岗位，521人完成见习训练。组建“村民车间（班组）”581个，安置属地劳动力2.14万人。抓好涉外就业服务管理，办理外国人及台港澳人员就业登记8130人次。共向57.02万人次城乡劳动者发放各项就业补贴3.22亿元，全市累计城镇新增就业8.48万人；第四季度末城镇登记失业率为2.17%，全市就业局势保持稳定。

扶持自主创业。扶持高校毕业生自主创业，实施“导师带徒”大学生创业引领活动，组建105人导师团队，选拔129名大学生学徒，结成89对企业家导师与大学生学徒的帮扶对子。举办大学生创业培训班17期，培训大学生1711人。面向社会征集符合东莞市产业政策和产业发展方向的创业项目，16个项目纳入创业项目资源库并向创业人员推广。激励自主创业，向284名自主创业人员发放创业资金小额免息贷款1350.5万元，向184人发放创业成功奖励金90.5万元，全市促进创业1.46万人。

强化就业用工对接。开展“春风行动”系列活动，全年开展各类招聘会400多场，1万多家企业参与现场招聘，为10万多名求职者提供就业服务。举办各类公益性高校毕业生招聘活动41场，吸引2166家用人单位参与，提供就业岗位1万多个。在东莞市就业服务网设立“企业招聘”“高校毕业生求职招聘”等栏目，1.1万家企业在网上发布岗位需求信息26.3万个。组织440家企业赴省内外举办劳务对接招聘会、洽谈会220场次。组织莞企赴江西、湖北、湖南等省的多所院校开展校园系列招聘活动，现场招录7700多人。成功举办第四届校企合作洽谈会，333所职校、技校和近1000家企业参会，达成订单式培训协议1492个，合作建立实习、见习基地849个，参会学校计划年内向企业输送毕业生近5万人。

【社会保险】 医疗保险 2013年，东莞市修订出台《东莞市社会基本医疗保险规定》《东莞市重大疾病医疗保险试行办法》和

《东莞市补充医疗保险办法》，率先在全国建立城乡一体化的多层次医疗保险制度。改革主要内容：构建"基本险"+"大病险"+"补充险"的全新制度结构。以"银卡（原社会基本医疗保险）"制度模式作为基本，构成"基本险"部分，所有"基本险"参保人同时享受"大病险"；对"金卡（原综合基本医疗保险）"制度，按"基本险"加"补充险"进行结构调整，"补充险"部分由"住院补充"和"门诊补充（即医保个人账户）"组成。改革后，医保待遇有所提高，对原"金卡"参保人主要增加"基本险"的社区门诊70%报销和"大病险"待遇，对原"银卡"参保人主要增加"大病险"待遇，最高支付限额从20万元/年增加到50万元/年，且可选择参加"补充险"。改革主要特点：一是模式统一。通过继续实施"基本险"的住院和门诊"双统筹"，在基本医疗保险层面搭建起全市统一、公平的医疗保险制度，参保人同缴费、同保障，享受相同财政补贴。二是层次分明。按"基本险"（含"大病险"）和"补充险"分类实施，保障层次由低向高、循序渐进，"补充险"可自愿选择参保，消除原"金卡""银卡"间的壁垒。三是保障增强。原"金卡"参保人的缴费水平有所降低，但所有参保人的保障待遇水平比改革前均有提高。四是发展可持续。"基本险"3%的较低费率标准增强"基本险"的费率弹性，"补充险"由用人单位自愿选择参保，负担可控。2013年，医疗保险住院和门诊就诊分别为30.79万人次和1695万人次；10~12月大病统筹累计为7767人，支付5012.81万元，占该部分患者10~12月医疗费的11.62%。

养老失业保险　2013年1月起，东莞市对全市退休人员基本养老金进行调整。至年底，全市7.35万名企业职工和19.13万名城乡居民退休人员的人均基本养老金分别为2001.03元/月、661.88元/月。此外，设定基本养老金最低保障线。9月16日，市政府办公室下发《关于提高我市退休人员基本养老金最低保障线的通知》，从2013年10月1日起，将企业退休人员每人每月的基本养老金最低保障线从430元提高到680元，村（社区）退休人员从300元提高到510元；从2015年7月1日起，两者的基本养老金最低保障线统一为680元/人/月。同时，调整失业保险待遇。结合东莞市最低工资标准调整，从2013年5月起调整失业保险金。调整后，东莞市户籍参保人的失业保险金从880元/人月调整为1048元/人月。

工伤保险　2013年，东莞市完善工伤保险政策配套，着力抓工伤预防宣传教育、工伤认定调查取证、工伤康复、劳动能力鉴定工作。组织企业高危工种人员开展1.2万人次的免费职业健康体检服务，全年全市完成工伤认定5.44万人次，工伤康复1538人次，康复辅助器具装配294人次；完成劳动能力鉴定2.58万人次（其中工伤劳动能力鉴定2.48万人次），在鉴定结果中，伤残一至四级107人，伤残五到六级369人，伤残七到十级1.73万人。

【社会救助】　2013年，东莞市修订出台《东莞市最低生活保障实施办法》《东莞市最低生活保障对象基本医疗救助暂行办法》，建立市社会救助联席会议制度。东莞市低保标准从440元/人·月提高到510元/人·月，全市城乡人均低保补差水平分别提高到321元和290元。五保对象基本生活保障标准由原来660元/人·月提高到765元/人·月，保障水平位居全省前列。低保医疗救助报销比例由80%提高到90%，年最高限额由3万元提高到8万元，起付金支付额度由50%提高到100%，全年市镇（街道）两级财政共发放低保医疗救助金3111万元。切实加大助学补助力度，全年为低保家庭在读子女发放助学和住宿补助金5287.62万元。开展春节慰问困难群众活动，为全市3.46万户困难群众发放春节慰问金2384.24万元。

救助管理。开展“流浪孩子回校园”专项行动，举办“救助站开放日”活动。在传统节假日、重大活动、极端气候天气期间，利用流动救助车和以党员为骨干的街头救助工作巡逻队，不间断地开展街头流动救助。2013年，东莞市救助站共实施救助8627人次，其中救助流浪未成年人876人次。

【福利事业】　2013年，东莞市出台《东莞市2013~2015年社会养老服务体系建设规划》《东莞市民办社会福利机构资助实施方案》《东莞市敬老院建设规范及服务成效评估试行办法》，社会养老服务体系建设日趋完善。全市有359个村（社区）开展居家养老服务工作，享受居家养老服务政府补助老人达7000人，全市城镇社区和农村社区居家养老服务覆盖率分别达84%和44%；为1658名符合政府资助条件的老人家庭安装“平安铃”，全市享受“平安铃”服务的老人总数增加到2790人，比上年增加1700多名。

【住房保障】　2013年，东莞市印发《关于落实东莞市公共租赁住房建设和运营税费优惠的通知》，明确税费减免内容、标准和流程。审定《东莞市公共租赁住房管理办法》。开展住房信息调查试点。采取租赁补贴、房屋修葺、租金核减、实物配租等方式，完成632户低收入困难家庭住房保障工作。安排108户经适房保障户入住雅园新村。完成省下达新增公共租赁住房建设任务，松山湖幸福花园项目3386套公租房动工建设。

【基层治理】　2013年，东莞市创新推出优化基层治理模式系列举措。在莞城等7个镇街的村（社区）进行区域化党组织设置改革试点，建立镇街党委派出机构的党工委。率先在全省完成村级“两委”换届选举任务，书记、主任“一肩挑”比例达86.6%，“两委”委员“交叉任职”达87.1%，创新构建“一核心、两联席、三评议、四公开”运行机制，党在基层的领导核心地位进一步加强。加快村（社区）党务、居务、经济事务“三整合”，实行村（社区）治安、环卫、行政管理“三统筹”，实现农村集体资产交易平台和“三资”（资金、资产、资源）监管全覆盖。建设社区政务服务中心，建成20个“阳光雨”党员服务中心，建立健全政府购买服务制度，探索实行以奖代拨资助机制和社区服务轮候制度，党员群众服务需求在社区范围内得到有效满足。建成55个社区综合服务中心，基层刑事案件、越级上访总量等比上年有所下降，常住人口幸福感综合评价达72.9分，东莞市获评为“全国农村社区建设全覆盖示范单位”，水乡特色发展经济区等“一区三镇街”被确定为“全国农村综合改革示范试点创建单位”。

【社会组织建设】　2013年，东莞市社会组织总数达2477个，位居全省地级市前列。名家具俱乐部、出版印刷行业协会获评为“全国先进社会组织”，75个社会组织获得AAA以上等级，146个社会组织具备承接政府职能转移和购买服务资质，社会组织整体实力明显提升。建立社会组织综合监管机制，依法注销和撤销社会组织72家，实现社会组织发展生态的净化优化。大力培育发展社会组织。制定培育发展行业协会商会等系列政策文件，管好用好1000万元市级社会组织发展扶持专项资金，支持14个社会组织获得360万元省级扶持资金、85个社会组织获得免税资格，吸纳近50个社会组织在孵化基地接受孵化，被评为“全国社会工作服务标准化建设示范地区”。支持社会组织实现政府目标。推进行政审批制度改革，取消和转移政府事项336项。市财政安排1.12亿元，用于向社会组织购买266项服务。增强重点社会组织综合实力。推动20多个行业实现“一业多会”（同一行政区域内成立两个以上业务范围相同或相似的社会团体），培育出世界莞商联合会等多个服务能力强的社会组织。民政、司法等部门聚集引导200个社会组织提供专业社会服务。公益创投项目直接服务群众5万多人次，进驻孵化基地的社会组织服务群众60多万人次。推动1655个社会组织建立党组织，党员总数达6515人，实现有党员的社会组织党组织覆盖率和从业人员30人以上的社会组织党员覆盖率两个100%。推广属地党组织选派党建工作指导员做法，社会组织中党员战斗力明显提高。

【非物质文化遗产保护】　2006年，东莞市成立非物质文化遗产保护中心。2013年，全市已初步形成非物质文化遗产名录72项，其中省级名录33项、国家级名录5项。全市有非遗项目代表性传承人34名，其中国家级2名、省级19名、市级13名。组织非遗名录和传承人申报工作。开展第三批市级非物质文化遗产名录申报暨第二批市级非物质文化遗产项目代表性传承人推荐工作，确定14个项目、10名项目代表性传承人入选。寮步香市、莞香制作技艺、麒麟制作3个项目获省文化厅推荐申报第四批国家级非物质文化遗产代表性项目。清溪客家山歌、凤岗客家山歌、塘厦舞麒麟3个项目入选第五批省级非物质文化遗产名录。道滘裹蒸粽制作技艺项目保护基地、东莞市佳佳美食品有限公司，莞香制作技艺项目基地、东莞市尚正堂莞香发展有限公司，获第一批广东省非物质文化遗产生产性保护示范基地。组织“非遗”项目参加展演活动。首次组织全市莞香制作技艺项目参加第四届中国成都国际非物质文化遗产节。其间，组织茶山公仔、龙舟制作技艺及莞香制作技艺项目代表性传承人参加省文化厅举办“粤韵珠江·巧夺天工”展示活动。举办莞深惠三市非物质文化遗产名录图片联展，承办文化部“大地情深”——国家艺术院团志愿服务走基层东莞市之非物质文化遗产讲座，开展“东莞市非物质文化遗产·七夕贡案展”“东莞市非物质文化遗产·传统民歌展”等非物质文化遗产展。做好濒危项目抢救性保护保存工作。组织召开莞草编织项目工作协调会议，基本完成莞草种植、收割、晾晒、编织工作，做好“莞草编织”的抢救保护和保存工作。

（潘朝明　刘念宇　王学林）

·责任编辑　袁　菁·

中山市

基本情况

【地理位置】 中山市位于广东省中南部，珠江三角洲中部偏南的西、北江下游出海处，北接广州市番禺区和佛山市顺德区，西邻江门市区、新会区和珠海市斗门区，东南连珠海市，东隔珠江口伶仃洋与深圳市和香港特别行政区相望。全境位于北纬22°11′~22°47′，东经113°09′~113°46′之间。行政管辖面积1891.95平方千米。市中心陆路北距广州市区86千米，东南至澳门特别行政区65千米，由中山港水路到香港特别行政区52海里。

【建置沿革】 中山市，1925年前称“香山”。据宋朝《太平寰宇记》记载：东莞县香山在“县南隔海三百里，地多神仙花卉，故曰：香山”。古代香山，是孤悬于珠江口外伶仃洋上的岛屿，境域仅为现时的五桂山和凤凰山周围的山地和丘陵区，即石岐城区至澳门一带地域。考古表明，在距今5000多年前的新石器时代，已有土著古越族人在香山岛屿捕鱼打猎和半定居。香山在汉代属番禺县地域，晋代以后属东官郡地域，唐代属东莞县地域。南宋绍兴二十二年（1152年）设香山县，并割入南海、番禺、新会等三县的滨海地域，隶属广州。民国时期，直属广东省。香山县翠亨村是孙中山的故乡。1925年3月12日，孙中山逝世。同年4月15日，广州中华民国陆海军大元帅府决定，将香山县更名为中山县，以示纪念孙中山。1949年，中华人民共和国成立后，仍为中山县，属佛山地区管辖。1983年12月，经国务院批准中山县改为中山市（县级），属佛山市管辖。1988年1月，经国务院批复，中山市升格为地级市，直属广东省管辖。

【地形地貌】 中山市地质构造体系属于华南褶皱束的粤中凹陷，中山位于北段。地形以平原为主，地势中部高亢，四周平坦，平原地区自西北向东南倾斜。五桂山、竹嵩岭等山脉凸屹于市中南部，五桂山主峰海拔531米，为全市最高峰。地貌由大陆架隆起的低山、丘陵、台地和珠江口的冲积平原、海滩组成。其中，低山、丘陵、台地占全境面积的24%，一般海拔为10~200米，土壤类型为赤红壤。平原和滩涂占全境面积的68%，一般海拔为-0.5~1米，其中平原土壤类型为水稻土和基水地，滩涂广泛分布有滨海盐渍沼泽土及滨海沙土。河流面积占全境的8%，西江下游的西海水道、磨刀门水道自北向南流经市西部边界，由磨刀门出南海；北江下游的洪奇沥水道自西北向东南经过市东北边界由洪奇门出珠江口。其间汊道纵横交错，其中小榄水道、鸡鸦水道横贯市境北半部，汇入横门水道由横门出珠江口。水系分为平原河网和低山丘陵河网两个部分，平原地区河网受南海海洋潮汐的影响，具有典型河口区特色。

【资源物产】 太阳能资源 中山市历年平均太阳总辐射量达445155.4焦耳/平方厘米，是广东省内太阳辐射资源比较丰富的地区之一。

水资源 中山市属丰水地区，年平均降水量为1886.1毫米，西江和北江流经中山市的磨刀门、横门、洪奇沥，多年平均径流总量2241亿立方米，占珠江平均径流总量3290亿立方米的68.1%。此外，中山市地处滨海，可利用潮差进行排灌。

矿产资源 中山市的地质发展历史悠久，地壳变动频繁，但地层分布比较简单，富矿地层缺乏，矿产种类不多，金属矿产十分短缺，优势矿产主要有建筑用花岗岩、矿泉水、地下热水、砂料和耐火黏土。现已探明并开发利用的矿产有花岗岩石料、砂料、耐火黏土和矿泉水、地下热水。其中，石料主要是黑云母花岗岩、黑云母二长花岗岩和花岗闪长岩，广泛分布于市内的低山、丘陵和台地，以五桂山和竹嵩岭储量最为丰富；地下热水含氟、氡，适用于医疗，可作为温泉浴使用，主要分布在三乡、坦洲等地；矿泉水是20世纪80年代后期兴起的矿产资源开发产业，属花岗岩裂隙水，为偏硅酸低矿化度饮用天然矿泉水，主要分布于五桂山至神湾一带的山区，是年全市7家矿泉水企业合计开采量为29.6万立方米；砂料以中粗粒石英砂为主，主要分布于市内东部龙穴、下沙一带沿海地区；耐火黏土主要分布于火炬开发区濠头村附近。

动植物资源 中山市大中型兽类的主要活动场所分布于五桂山低山丘陵和白水林山高丘陵地区，现存的经济动物有小灵猫、食蟹獴、豹猫、南狐、穿山甲、板齿鼠和各种鸟类、蛇类等；平原地区以爬行类、两栖类、鸟类和鼠类为主；水生动物有鱼类、甲壳类和多种贝壳。植被代表类型为热带季雨林型的常绿季雨林。据2007年调查，全市有维管植物217科912属1771种，其中野生维管植物186科646属1235种，种类占广东省总数的1/6。2013年，全市森林覆盖率为19.43%。

旅游资源 市内主要旅游景点有：孙中山故居、孙中山纪念馆、孙文纪念公园、中央电视台中山拍摄基地——中山影视城、孙文西路文化旅游步行街、中山温泉、长江水库旅游区、詹园、泉林山庄、岭南水乡、紫马岭公园、五桂山逍遥谷、翠竹园漂流乐园及革命历史根据地、逸仙湖公园、大涌卓旗山公园及烟墩山古塔、西山禅寺、南山古香林、宋帝遗迹、罗三妹山、桥头小琅环等。

土特产 主要有三月红荔枝、神湾菠萝、小榄菊花肉、中山杏仁饼、石岐乳鸽、东升脆肉鲩、茶薇花制品、三乡濑粉、黄圃腊味等。

【人口语言】 2013年末，中山市常住人口317.39万人，户籍人口154.09万人。其中，男性76.51万人，女性77.58万人，人口性别比（以女性为100，男性对女性的比例）为98.62。中山市的语言状况较为复杂，主要使用汉语方言，包括粤方言、闽方言及客家方言。其中，使用粤方言的人数最多，占总人口数的84%，主要分布在北部冲积平原区和中部的石岐地区。粤方言分为4种：（1）石岐话，主要分布在石岐地区、南区和南朗镇。（2）沙田话（近顺德话），主要分布在南头镇、黄圃镇、东凤镇、小榄镇、阜沙镇、东升镇、横栏镇、港口镇、民众镇、坦洲镇、板芙镇及西区的沙朗、南朗镇的横门等地。（3）三角话（近东莞话），主要分布在三角镇。（4）古镇话（近新会话），主要分布在古镇镇。闽方言主要分布在沙溪镇、大涌镇、三乡镇及火炬开发区的张家边等地。客家方言主要分布在五桂山、神湾镇及坦洲镇的南部。

【民风民俗】 中山市民爱国爱乡，勤劳敦厚，富于进取，勇于创新，灵活求实，较少保守思想。民风平和有礼，与人为善，团结互助，崇尚正义。市委、市政府在2004年重新确定“博爱、创新、包容、和谐”为中山人精神。中山民间艺术丰富，其中有中山民歌、舞龙狮鹤凤、崖口飘色等。中山是民歌之乡，民间流行的民歌有咸水歌、高棠歌、大缯歌、客家山歌、鹤歌、姑妹歌、渔鼓、龙舟、小调儿歌等，其中以咸水歌和高棠歌最有特色，这两种民歌已有300多年的历史，流行于坦洲镇等大沙田区。中山舞龙分为木龙、火龙、金龙、沙龙、草龙、游龙、板龙、云龙8个种类。坦洲咸水歌、小榄菊花会、沙溪凉茶、西区长洲醉龙、南朗崖口飘色、古镇六坊云龙舞被纳入国家级非物质文化遗产，五桂山白口莲山歌、沙溪鹤舞、黄圃麒麟舞、黄圃飘色、沙溪四月八、咀香园杏仁饼传统制作工艺、黄圃腊味传统制作工艺、三角麒麟舞、石岐赛龙舟、小榄赛龙艇、东凤五人飞艇赛、南头五人飞艇赛、大涌红木家具雕刻艺术等13项民间艺术形式被纳入广东省非物质文化遗产代表作名录。1988年起，每年都在农历正月初七(2001年后改为正月十五）举办慈善万人行活动，为社会公益事业筹集善款，民间艺术也在此间展演，成为中山独特的新民俗。

【行政区划】 中华人民共和国成立以后，中山县从1949年冬起，建立新的区乡体制。到1951年1月，全县设置1个区级镇（石岐镇)、11个区。1952年7月，由于珠江区专员公署海岛管理处撤销，中山县从该处接管原属中山、宝安的48个岛屿和渔港，包括唐家、湾仔、香洲、南水、涌口门、担杆列岛、蜘蛛群岛、外伶仃岛、佳蓬列岛、万山群岛等地。同年12月，中山县设立渔民区人民政府（驻唐家），管理上述地方。1953年3月，设立石岐市（省辖市），以中山县石岐镇行政区域为其行政区域，归粤中行署领导，中山县划出长洲、后山、柏山、张溪、基边、员峰6个小乡，归入石岐市郊区。1953年4月，设立珠海县，以中山、东莞、宝安三县所属海岛为其行政区域。中山县划出渔民区和前山、关闸、吉大、南屏、北山等地与淇澳、三灶、高栏、荷包、大小霖、大小横琴等海岛，归珠海县管辖。1953年6月，中山县调整行政区划设置，设3个区级镇（小榄镇、黄圃镇、大岗镇)、15个区。1957年2月，中山、珠海两县调换相邻的部分乡村，中山县坦洲区的康济、翠微、造贝乡，翠亨区的下栅、东岸、官塘乡，乾雾区白蕉乡的白藤村，划归珠海县管辖。珠海县的万顷沙区划归中山县管辖。同年2月，中山撤区并乡，全县15个区改划为34个大乡，原来的3个区级镇不变。1958年8月，各大乡普遍建立人民公社，公社取代大乡。同年10月，实行政社合一体制，全县34个公社（大乡）合并为7个大公社。同年10月，原属黄圃公社的小黄圃、高黎等两个小乡，划归顺德县管辖。1959年3月，撤销石岐市、珠海县，将原石岐市、珠海县的行政区域全部划归中山县。同年7月，大岗、万顷沙两个公社和大岗镇，划归番禺县管辖。1961年8月，恢复区的建制，设置1个县级镇、2个区级镇、13个区。1961年10月，恢复珠海县，以合并于中山县的原珠海县行政区域为珠海县的行政区域，中山县划出6个公社和两个小乡，归珠海县管辖。1963年，撤销区的建制，全县改设18个公社、3个镇。1964年5月，原属横栏公社的特沙大队，划归新会县管辖。1965年7月，设立斗门县。中山县划出斗门、乾务、白蕉3个公社与平沙农场，归斗门县管辖。1967年12月，改公社建制，设置1个县级镇、2个区级镇、20个公社。1969年1月，石岐镇归并中山县，撤销石岐镇建制。1971年8月，恢复石岐镇建制（公社级）。1976年12月，全县有3个区级镇、25个公社。1983年12月，中山县改为中山市（县级）。1984年2月，撤销石岐镇，改为市区，设置中区、西区、岐江区、莲峰区、烟墩区5个办事处；市郊设置25个区和2个区级镇，另设1个管理区。1985年11月，张家边区改为张家边镇。1986年7月，南蓢区分出翠亨村镇。1986年12月，撤区建镇，扩大市区范围，全市改为：市区设8个街道，市郊设24个镇。1988年1月，中山市升格为地级市。同年8月，从环城区、郊区分出东区。1990年11月，由张家边区分出中山港区。1990年12月，中山市区设9个街道，市郊设24个镇。1993年，沙蓢镇更名为沙朗镇。同年1月，张家边区、中山港区、中山火炬高技术产业开发区三区合并为中山港区，1995年1月改为中山火炬高技术产业开发区。1996年10月，中区、岐江区、莲峰区、烟墩区4个街道合并，称中区。同年12月，郊区更名为北区。1997年12月，环城区更名为南区。中山市设1个开发区、5个街道、24个镇，另设长江管理区。1998年9月，撤销翠亨村镇、横门镇，并入南蓢镇管辖。全市设1个开发区、5个街道、22个镇。1999年7月，撤销沙朗镇、坦背镇，将两镇分别并入西区街道办事处和东升镇管辖。全市设1个开发区、5个街道、20个镇。2000年5月，撤销中区和北区，组成石岐区。撤销浪网镇，并入民众镇。全市设1个开发区、4个街道、19个镇。2001年8月，原黄圃镇的新二村、阜沙镇的新团结村划入三角镇，原三角镇的新联村、新群村划入民众镇。从2001年开始，全市开展行政村（村委会）和社区（居委会）调整合并，并逐步将村委会改制为社区居委会。2005年9月，五桂山镇撤镇设街道办事处。全市设1个开发区、5个街道、18个镇。全市各镇（区）共辖110个社区和165个行政村，下设110个社区居委会和165个村委会。2011年3月，三乡镇成立南龙社区（居民委员会），南头镇合并南头和南城2个社区为南城社区（居民委员会）。火炬开发区、石岐区、东区、西区、南区、小榄镇、南头镇7个镇区完成“村改居”工作。2013年，三角镇三角社区居民委员会更名为中心社区居民委员会，东风镇伯公村、民乐村、小沥村改制为社区居民委员会，三乡镇新成立西山社区、大涌镇新成立石井社区、全禄社区，南区将原有10个社区整合为城南社区、良都社区、北溪社区、马岭社区。至2013年底，全市设国家级开发区1个、街道5个、镇18个，共辖社区（居民委员会）126个和行政村（村民委员会）150个。

（中山市地方志办公室）

年度大事

【智能渡口启用】　2013年2月22日，中山市首个智能渡口——民众镇沿江渡口启用，实现智能化安全管理。该智能管理系统由闸门、工控器、监视器、电子显示屏、控制中心等部分组成，通过计算机管理、匝道控制、人像拍摄、无线网络传输等手段，实现人员限流、远程控制、人像拍摄、数据分析、信息发布等功能。设立于渡口码头出入口处的安全通道，可双向通行，通道宽度1.6米，可满足载货摩托车、挑担赶集等乘客通行。遭遇恶劣天气，渡口需停渡时，海事部门可通过系统管理中心软件，远程无线控制强制锁定渡口通道设备禁止通行，能有效避免渡船载客冒险渡运。

全市共有渡口 35 个，分布在 13 个镇区，其中，中山市批设管理渡口 26 个，年渡运量超过 1000 万人次。其中，小榄镇沙口渡口渡运量约 160 万人次，属于繁忙的渡口之一。民众镇沿江渡口试点经验成熟后，将向全市所有渡口推广。

【广珠西线三期通车】 2013 年 1 月 25 日，历时 3 年建设的广珠西线高速三期正式通车。广珠西线三期（编号 G94）起于沙溪镇北侧，途经中山市大涌镇、南区、板芙镇、三乡镇，终点位于坦洲镇月环，顺接西部沿海高速珠海段支线（广澳高速，编号 G4W），全长 37.7 千米。同日，广珠西线三期的中山西、沙溪、中山南、板芙、三乡、月环 6 处互通式立交全部开通，中山市民可全程高速公路通达珠海、佛山和广州。广珠西线三期建成通车，使中山市南北部之间贯通高速公路，正式实现所有镇区均可 15 分钟内上高速公路的目标。

【实施“新三百”战略】 2013 年 6 月，中山市提出实施“新三百”战略（力争到 2016 年底前培育出超 10 家百亿级企业，100 家十亿元级企业，10 家百亿元级乃至若干个以民营企业和中小微企业为主体的千亿元级产业集群），出台 22 条政策措施，内容涵盖发展总部经济、支持并购重组，引进适用人才、鼓励增资扩产、优先安排发展用地、减轻企业负担等方面，为企业发展提供优质高效服务，催生更多大型骨干企业。除减免企业堤围防护费、投入科技扶持资金外，市财政将在市工业发展专项资金中每年安排 1000 万元用于专项奖励扶持“新三百”企业。这一年，“新三百”企业带动成效明显，实现产值 2619.6 亿元，占规模以上企业总产值的 44.8%，产值比上年增长 15.6%，高出全市平均水平 5.4 个百分点。

【翠亨新区正式挂牌成立】 2013 年 3 月 25 日，中山市翠亨新区正式挂牌成立，为市政府派出机构（不定级别），下设四个副处级工作机构。翠亨新区是中山立足长远发展倾力打造的重大战略平台，位于中山市东部临海区域，规划范围包括南萠镇、横门岛及临海区域，面积 230 平方千米。其中，起步区位于规划中的深中通道南部，以横门岛南部国有围垦用地为主，总面积 20 平方千米。2013 年，翠亨新区“先进智造区”入园项目 52 个，包括中海油新能源、香港立信—门富士、台湾纬创资通等 22 个全面投产项目，粤新海工中山基地、中舟海洋科技等 13 个在建项目以及 17 个签约待动工项目，近期建成工业产值 1000 亿元的园区。其中翠亨国际旅游小镇兰溪河环境改造工程第一标段完成施工和验收，投资 35 亿元的兰溪谷文化养生园动工建设，投资 28 亿元的希尔顿温泉度假酒店完成地基工程。

【中山实现“长安杯”三连冠】 2013 年 5 月，中山市被中央社会治安综合治理委员会评为“全国社会管理综合治理优秀市”，成为全省唯一“五连冠”的地级市，并捧得社会管理综合治理最高奖项“长安杯”，成为广东省唯一连续 3 次获得“长安杯”的城市。中山将“犯罪少、治安好”的“小平安”，拓展到涵盖政治、经济、社会、文化、生态等领域的“大平安”，持续以“大平安”的理念实施平安中山建设工程。推行“全民治安”、“全民禁毒”、消防安全“网格化”管理、流动儿童随行卡、社区“2+8+N”等工作。

【学前教育“三年行动计划”完成】 2013年，中山市完成实施《中山市学前教育三年行动计划（2011~2013年）》。市级学前教育财政投入从2010年的648万元增加至2013年的1590万元。全市学前教育财政性经费投入从2011年的4486万元增加到2013年的8144万元。实施在读户籍小班至大班幼儿生均定额补助制度，3年补助户籍幼儿共8.1万人次、3053.4万元。是年9月起，低保及散居孤儿的资助标准提高至每人每学年4800元，残疾儿童资助标准提高至2600元。在市儿童福利院设立特殊教育幼儿园，为残疾儿童提供幼儿学位，残疾儿童接受三年学前教育比例达85%以上。年内全市新开办幼儿园35所，新增学位近1万个。至是年底，全市有幼儿园456所，在园幼儿数11.15万人，学前三年入园率达99%。公益性、普惠性幼儿园数量稳步增长，优质幼儿园比例提高，等级幼儿园160所，占全市幼儿园总数的35.09%，省规范化幼儿园387所，占总数的84.87%。

【中山城市创新能力位列全国地级市第五位】 2013年，中山城市综合创新能力位列全国地级市第五位，比2012年上升3位。全年全社会研发经费投入占地区生产总值比重达2.28%，高新技术产业产值突破2500亿元，占规模以上工业总产值的43%。全市24个镇区中，有16个为省级技术创新专业镇。风电装备、新能源汽车、生物医药等战略性新兴产业突破一批关键技术。海洋工程装备产业基地申报为省市共建战略性新兴产业基地，生物医药产业基地成为国家新型工业化产业示范基地。年内，全市15个项目获国家专利奖、省科学技术奖，其中“专业镇中小微企业科技服务体系的实践与创新”获省科技奖特等奖，大洋电机股份有限公司的“一种直流无刷电机系统”获省专利金奖。全市企业与近100所国内高校、科研机构开展产学研合作，引进11个国家级研发平台、3个院士工作站、7个创新科研团队，组织实施合作4000多个项目。是年，中山市连续第六次获“全国科技进步考核先进市”称号。

【全国地级市首个中长期社会建设规划纲要发布】 2013年11月27日，《中山市社会建设规划纲要（2013~2020年）》（简称《纲要》）正式发布，中山市成为首个发布社会建设中长期规划的地级市。《纲要》明确中山社会建设的基本目标、具体内容等，提出“着力构建民生社会、平安社会、公平社会、活力社会、法治社会，建设善治中山，争当全省加强社会建设、创新社会治理排头兵”的总体目标，实施热点民生提质工程、居民收入倍增工程、社会保障惠民工程、现代社区建设工程、社会融合共进工程、全民修身提升工程、博爱名城公益工程、平安中山建设工程、法治中山建设工程等项目。

【农村（社区）文化室高标准全覆盖】 2013年，中山市推进国家公共文化服务体系示范项目“农村文化室全覆盖工程”创建工作。经检查验收，评出特级文化室106个，一级文化室78个，达标文化室96个。室内活动场地总面积20.15万平方米，室外文体活动广场总面积118.36万平方米，藏书量113.95万册，报刊8268种，电脑2277

台，文体队伍1193支，文化协管员422人，免费开放时间1.18万小时。11月，“中山市农村（社区）文化室高标准全覆盖”被文化部评为“第一批国家公共文化服务体系示范项目”。

【中山获评“全国农村留守流动儿童关爱服务体系示范市”】 2013年，中山市就流动儿童生存现状、暑期生活、犯罪预防等问题探索关爱服务“三模式”：以电子科技大学中山学院与博爱小学结对试点“校＋校”模式；以民众等镇区为试点，设立农村留守流动儿童服务站，打造“社工＋志愿者”模式；以三乡镇宝元鞋厂为试点，开展留守流动儿童夏令营，打造“企业＋社会组织”模式，实现关爱服务全面推进。针对流动儿童假期安全问题，在民办学校和大型企业，为1.5万名流动儿童及其家长举办安全教育公益课堂和安全演练，提高流动儿童的自我保护意识及家长的监护意识。在24个镇区开展公益性“阳光伙伴夏令营”“小候鸟夏令营”活动；举办“我们的节日”流动儿童包饺子、贺卡制作活动；组织流动儿童开展“我爱父亲母亲”感恩拼图大赛、篮球联赛、童心故事会、向阳花合唱团培训、评选表彰“千名自强好儿童”等活动，支持鼓励异地务工人员加速融入中山。4月，中山市被评为“全国农村留守流动儿童关爱服务体系示范市”。（中山市地方志办公室）

生态环境

【耕地保护】 2013年，中山市将耕地保护纳入镇区政府领导实绩考核和离任审计，市、镇（区）、村三级签订《耕地保护目标责任书》，坚守耕地保护红线。全年完成省下达中山市基本农田保护区面积不少于4.39万公顷，耕地保有量面积不少于4.96万公顷的耕地保护任务。全年实现新增建设用地中占用的387.38公顷土地占补平衡；抓好土地整治和高标准基本农田建设，编制通过《中山市土地整治规划（2011~2015）》。建立健全耕地保护经济补偿机制，制订和落实基本农田保护补偿实施办法，在省发放补贴资金基础上，由市政府对承担保护耕地任务的农村集体经济组织和农户或其他责任单位进行经济补偿。

【土地资源管理】 2013年，中山市编写完成土地利用总体规划（2006~2020年）中期评估报告。实施细化和差别化计划土地管理，优先安排保障性安居工程、基础设施和重点项目建设用地，建立台账管理制度，实行土地利用计划动态管理，对各镇（区）土地执法监察、耕地保护和节约集约用地等工作的考核以用地指标进行奖励。全年上报省国土资源厅用地157个批次，面积813.33公顷，获批准（含往年报批）92批次，面积766.67公顷，解决省、市级62个重点项目建设用地。盘活存量土地和闲置土地处置，制定闲置土地处置实施办法，申请列入闲置土地有偿收回处置试点城市。

【水资源管理】 2013年，中山市加强水资源“三条红线”（用水总量控制、用水效率控制、水功能区限制纳污）管理。深化取水许可监管，全年全市共保有取水许可证215套；推进计划用水管理，实行超计划累进加收水资源费；完成取水在线监控的纺织、漂染及地下取水大户共25家；完成国电民众等新、改、扩建项目的水资源论证审查4个，提高取水审批科学性。完善城区居民生活用水定额管理，建立阶梯水价制度，全年共受理居民生活用水户的定额调整申请1316份；开展企业水平衡测试，实施超计划累进加收水资源费制度。加强枯水期咸潮动态监测，调度蓄水工程蓄水供水，其中长江水库全年实现对外供水3200多万立方米，向城区供水2100万立方米。

【污染物减排】 2013年，中山市出台《“十二五”主要污染物总量减排考核办法》，对镇区完成的减排项目予以考核加分奖励，将雨污分流及高污染锅炉整治任务的完成情况纳入减排考核范畴。加强农业源重点项目减排，完成珠海食出公司坦洲猪场与中山市潮兴家禽发展有限公司整改，关闭中山市创富养殖有限公司；清拆东升镇粮泉生猪养殖场以及中山市中益农牧有限公司。新增中山市横栏镇吉大灯饰玻璃厂等2个大气污染物结构减排项目申报减排，实现中山友利玩具城有限公司清洁能源替代项目的减排申报。对158个项目进行总量前置审批，引导环境容量投向符合市产业升级的重点项目，对未取得总量控制指标的项目，一律不予批准建设。推进强制性清洁生产审核评估、验收工作，全年有20家企业通过专家审核评估，71家企业通过专家审核验收。

【污染源监控监管】 2013年，中山市出动执法人员52634人次，现场监督检查企业25297家次，其中，给予口头警告1184家次，下达限期改正通知书1215份，立案查处违法行为731宗，处罚金额2022.6万元。制定出台《中山市重点污染源在线监控系统值守和预警制度（试行）》，对全市300多个重点污染源和环境敏感点实施实时监控，开展污染源自动监控设施现场检查，全年检查污染源自动监控设施655家次，下达限期改正通知书43份，实施口头警告70家次，超标排污行为实施立案查处3宗。加强机动车环保标志管理，建立机动车环保标志远程审核监控系统，规范机动车环保标志技术鉴别程序，开展“黄标车”提前淘汰“以奖促淘”工作。

【水环境综合治理】 2013年，中山市开展岐江河水质保障工作，凡涉及水环境生态保护区的各镇区均严格落实禁止新建排污口、设置禁养区、严控重污染行业项目建设等措施；组织开展针对内河涌、禽畜养殖等专项整治，对需在岐江河水环境生态保护区内设置排污口的建设项目和禽畜养殖项目均不予审批。全市地表水质达到环境功能要求，饮用水源水质高标准稳定达标。全年全市筛选拟消除劣Ⅴ类水体的近50条河涌实行“河长制”和“河段长制”。推进镇区雨污分流建设，推进镇区雨污分流与中心城区雨污分流同步建设。至年底，全市铺设主干管网105.73千米，支管网197.65千米。

【城乡绿化大提升】 2011~2013年，中山市投入绿化资金超37亿元，其中社会投入资金21亿元。2013年，全市森林覆盖率增加到19.43%，建成区绿化覆盖率达36.29%，绿地率达33.01%。开展树木认养认捐活动，全市共筹得个人和企业义务植树认养认捐款项6298万元。参与义务植树超过170万人次，种植大小苗木640余万株、主题林350多处。新建与改造绿地面积378万平方米，新种与提升道路绿化1000千米，人均公园绿地面积13.76平方千米。完成生态景观林带建设28千米，林相改造面积1180公顷，提升一河两岸景观，完成绿化面积5.6万平方米。投入1500万元，绿化村庄社区，打造火炬开发区马安社区绿地体系、五桂山桂南村树山香樟公园、南区树涌公园等村庄绿化美化样板工程。建设森林公园体系，建成南蓢云梯山、大涌卓旗山、三乡小琅环3个森林公园，在建田心、南区北台山、板芙金钟山、黄圃尖峰山4个森林公园。

【环保专项行动】 2013年，中山市制订《2013年中山市整治违法排污企业保障群众健康专项行动工作方案》，开展重金属排放企业专项整治，岐江河流域排污企业专项检查行动，针对市控以上重点污染企业、涉及重金属排放企业及岐江河沿岸排污企业实施夜间突击检查。开展后督查工作，对未完成整改的违法企业，依法申请强制执行，组织媒体曝光违法情节恶劣的企业。全年对151家被处罚企业的整改措施落实情况进行跟踪落实，其中初步完成整改任务的企业125家（含已搬迁、已停产、已关闭和正在申请验收及试生产），未完成整改任务的企业24家。 （中山市地方志办公室）

经济社会发展概况

【经济平稳增长】 2013年，中山市地区生产总值2638.93亿元，比上年增长10%。其中，第一产业增加值66.87亿元，比上年增长2.2%；第二产业总产值1463.71亿元，增长10.9%；第三产业增加值1108.35亿元，增长9.0%。全市人均地区生产总值8.34万元，比上年增长9.4%。三次产业结构调整为2.5：55.5：42.0；先进制造业占规模以上工业增加值比重35.4%，高技术制造业占规模以上工业增加值比重15.7%，分别比上年增加1.4和0.4个百分点。海洋工程装备产业基地申报省市共建战略性新兴产业基地，生物医药产业基地成为国家新型工业化产业示范基地。民营经济发展活跃，民营经济增加值1311.95亿元，比上年增长7.1%，占地区生产总值比重达49.7%。“新三百”（超10家百亿元级企业、100家十亿元级企业、10家百亿元级乃至若干个以民营企业和中小微企业为主体的千亿元级产业集群）培育企业产值增速高于全市平均水平5.7个百分点，百亿元级企业增至8家，十亿元级企业增至98家，百亿元级产业集群达9个。大中型企业实现增加值909.6亿元，比上年增长11.6%，境内外上市公司累计达23家，全年净增“四上”企业163家。单位建设用地二、三次产业增加值，全员劳动生产率，平均立项投资额分别比上年增长6.35%、7.8%和29.7%。万元生产总值能耗比上年下降3.9%。

【投融资快速增长】 2013年，中山市全社会固定资产投资962.93亿元，比上年增长15.2%。其中，民间投资647.7亿元，占全市总投资的67.3%。投资结构持续优化，第一产业投资0.90亿元，比上年增长4.9倍；第二产业投资295.54亿元，下降3.9%，其中工业投资294.72亿元，下降4.1%；第三产业投资666.49亿元，增长13.8%。98个市重点建设项目完成投资250.5亿元，其中19个省重点建设项目完成投资102.8亿元。建立发债企业项目储备库，组织3批共5个项目参与全省面向民资招标推介活动。多层次资本市场建设取得成效，全市境内外上市及通过发行审核企业23家；新增新三板挂牌后备企业18家，全市新三板挂牌后备企业共36家。

【市场消费持续活跃】 2013年，中山市实现社会消费品零售总额890.55亿元，比上年增长10.4%，金银珠宝、汽车消费分别比上年增长21.0%和16.5%。推进“万村千乡市场工程”，建立农家店488家，形成覆盖全市农村的现代流通网络；启动实施食品溯源、物流配送进社区等重点工程，成为全省唯一入选全国肉菜流通追溯体系试点市。全年旅游总收入198.0亿元，比上年增长8.7%；接待过夜海内外游客861.42万人次，增长7.6%。全年商品房销售面积780.34万平方米，比上年增长19.3%；销售额472.08亿元，增长31.2%。全年居民消费价格比上年上涨1.6%，涨幅收窄0.7个百分点。

【工业效益稳步提升】 2013年，中山市实现工业增加值1404.17亿元，比上年增长11.6%。全市3000家规模以上工业企业完成增加值1257.02亿元，比上年增长10.2%。工业结构重型化发展，轻重工业比调整为54.7：45.3，轻工业增加值672.54亿元，比上年增长10.1%；重工业增加值523.44亿元，增长12.9%。高技术制造业增加值比上年增长13.8%，先进制造业增加值增长16.4%。规模以上工业综合能源消费总量311.2万吨标准煤，比上年下降3.4%；工业用电145.8亿千瓦·时，增长6.1%。科技创新能力增强，全市研发经费占地区生产总值比重2.28%。全市专利申请量2.18万件，比上年增长18.6%，其中发明专利申请量2432件，增长33.99%；专利授权量14218件，增长30.4%。获得国家专利优秀奖项目2个，广东省科技奖特等奖、广东省发明专利金奖实现“零”的突破。新增产学研合作项目117个，新增省级工程中心38个、市级工程中心28个、高新技术企业28家，全市

2013年中山市国民经济发展情况

项　目	单　位	实　绩	比上年增长（%）
常住人口	万人	317.39	
地区生产总值	亿元	2638.93	10.0
人均地区生产总值	元	83393	9.4
工业增加值	亿元	1404.17	11.6
农林牧渔业总产值	亿元	111.77	2.2
全社会固定资产投资额	亿元	962.93	15.2
外贸出口总额	亿美元	264.78	7.5
实际利用外资	亿美元	6.46	-19.6
地方公共财政预算收入	亿元	225.31	11.6
社会消费品零售总额	亿元	890.55	10.4
城镇居民人均可支配收入	元	34274	10.1
农村居民人均纯收入	元	21727	12.3

市级以上工程中心增至384个，高新技术企业增至263家；新引进3个市级创新科研团队，累计引进7个创新科研团队（其中省级2个、市级5个）；新引进院士工作站2个，累计引进院士工作站3个；新引进国家重点实验室分支机构1个。

【服务业发展迅速】　2013年，中山市实现服务业增加值1108.4亿元，比上年增长9%。服务业对经济增长的贡献率为34.1%，比上年增加8.9个百分点，服务业比重达42%；服务业实现税收收入177.5亿元，增长12.1%；服务业固定资产投资666.5亿元，增长13.8%，占全社会固定资产投资69.2%。服务业集聚区稳步推进，首批市镇（区）共建服务业集聚区内27个共建项目累计完成投资112亿元，盛景尚峰金融商务中心、中山国际金融中心、麦德龙中山商场等20个项目投入运营，引进金融、中介、物流等服务业企业908家，全年实现总营业收入115亿元，纳税5.7亿元。第二批市镇（区）共建服务业集聚区内12个共建项目实际投资15.8亿元，完成年度投资计划109%。纳入2013年度市重点项目计划的38个服务业项目实际投资110.8亿元。在深圳举办2013年深圳—中山现代服务业对接会，中山、深圳两地签订现代服务业合作发展协议，对接会推介项目投资总额超过850亿元，现场签约合作项目4个；深圳怡亚通、前海股权交易所落户中山，实施广宏控股网屏编码产业园项目。推进制造业服务环节分离工作，认定第四批13家制造业服务环节分离企业，获得认定的分离服务业企业累计44家，注册资本1.98亿元，全年实现营业收入7.7亿元，税收3717万元。全市服务业企业登记注册数比上年增长22.7%，至年底从事服务业的企业178047家，占市场主体比重77.3%，比上年增加5.1个百分点；限额以上批发零售业住宿餐饮业企业1256家，规模以上服务业企业263家，分别比上年增加140家和84家。

【对外贸易稳步回升】　2013年，中山市外贸进出口总值356.3亿美元，比上年增长6.3%。其中，出口总值264.8亿美元，比上年增长7.5%；进口总值91.5亿美元，增长3.1%；进出口差额（出口减进口）173.27亿美元，增长9.9%。对外贸易结构不断优化，一般贸易出口值113.8亿美元，比上年增长12.3%，占全市出口总值比重43.0%，增加1.9个百分点；加工贸易出口值149.46亿美元，增长4.3%，占全市出口总值的56.5%。服务贸易发展迅速，离岸服务外包执行金额1677.3万美元，比上年增长4.03倍。机电产品出口184.24亿美元，比上年增长8.92%；高新技术产品出口59.01亿美元，增长2.9%；服装及衣着附件出口23.39亿美元，增长6.9%。新兴市场出口保持快速增长，对拉丁美洲、大洋洲、俄罗斯等新兴市场出口分别比上年增长22.6%、7.6%、29.6%。外贸环境得到提升，保税物流中心申请综合保税区部分功能先行先试；建成全省首个进口食品集中检管区。新批“走出去”企业项目14个；全年实际利用外资金额6.46亿美元，比上年下降19.6%，其中制造业实际利用外资额4.33亿美元，占全市的67.0%。开展扩内需促消费、名优产品促销、淘宝清仓中山专场等活动；举办红木家具文化博览会、灯饰博览会、食品博览会等展销会；推动电子商务发展，“双十一”期间全市企业实现网络销售超4亿元。

【财税金融健康发展】 2013年，中山市公共财政预算收入225.3亿元，比上年增长11.6%；公共财政预算支出236.7亿元，增长9.9%。完成税收收入491.1亿元，比上年增长11.5%。其中，国税收入268.7亿元，比上年增长14.1%；地税收入191.6亿元，增长10.3%。年末全市金融机构本外币各项存款余额4021.8亿元，比年初增长15.9%。在人民币存款中，境内企业存款和个人储蓄存款分别为993.61亿元和1932.67亿元，分别比上年增长13.5%和10.5%。全市金融机构本外币各项贷款余额2315.87亿元，比上年增长17.6%。年末全市有证券营业部23个；期货营业部4个。证券市场交易活跃，全年证券交易额4174.83亿元，比上年增长36.6%。其中，股票基金成交额2718.16亿元，比上年增长40.5%；期货成交额3711.43亿元，增长9.4%。全市有保险公司49家，新增2家。商业保险全年保费收入82.85亿元，比上年增长9.8%；商业保险各类赔付（给付）25亿元，增长42.34%。

【交通运输和邮政业持续活跃】 2013年，中山市交通运输、仓储和邮政业增加值48.43亿元，比上年增长12.2%。全市年末公路通车里程2304千米。全市机动车拥有量87.8万辆，比上年增长9.0%，其中汽车拥有量55.5万辆，增长14.9%。全年货物周转量146.6亿吨千米，比上年增长20.1%；旅客周转量277.0亿人千米，增长27.9%；港口货物吞吐量6875.7万吨，增长30.8%。全年邮电通信业务总量87.32亿元，比上年增长7.5%。年末全市移动电话用户626.02万户，比上年增长21.2%；本地电话用户115.44万户，下降5.9%。全市国际互联网络用户99.6万户，比上年增长14.4%。

【民生工程建设积极推进】 2013年，中山市财政民生支出163.3亿元，占财政支出68.8%，完成向社会承诺的十件民生实事。推进公交优先战略，成为省首批创建公共交通示范城市，建成“利和广场—太阳城”快速公交示范线，新增常规公交线路8条、大站快线7条，跨市公交线路4条，IC卡乘车优惠实现全覆盖，中心城区、三乡镇、古镇镇建成公共自行车租赁服务系统。建设南部组团垃圾焚烧发电厂，推进中心组团、北部组团垃圾焚烧发电厂扩容项目；加快污水处理设施建设，全市新增污水处理能力4万吨/日；雨污分流工程进展顺利，中心城区完成主干管网38千米、支管管网219千米，镇区完成主干管网70.6千米、支管管网109.2千米。实施绿化中山行动，完成28千米生态景观林带建设，推进田心、金钟山、尖峰山、北台山四大森林公园建设。推进秀美村庄建设，投入13.5亿元建设农村项目783个，加快实施村容整洁工程，实现镇区垃圾转运站全覆盖。住房保障范围扩大，新开工建设保障性住房2968套，新增发放租赁补贴549户，基本建成保障性住房3705套。建成平价商店203家。全市13106人纳入最低生活保障，最低生活保障标准比上年增长11.6%，完成新社会福利院首期工程，新建居家养老服务中心5个，改造双低家庭和优抚对象危房500户，发放高龄津贴1500万元。

【社会治理能力不断加强】 2013年，中山市制定实施社会建设规划纲要，实施热点民生提质工程、现代社区建设工程、博爱名城公益工程等十大社会建设工程。完成《珠三角规划纲要》统筹城乡发展综合改革试点评估，制订基本公共服务均等化方案，推进火炬开发区、西区、小榄镇、南头镇、沙溪镇、三乡镇等6个城乡一体化试点镇区建设。加快推进“两建”（建设社会信用体系、建设市场监管体系）工作，社会信用体系和市场监管体系建设通过省级考核验收。加强社会创新资源统筹力度，设立5000万元市级社会管理创新专项资金，重点投向关系全局的社会管理与创新项目。公益模式创新成效显著，举办首届“博爱100”公益创投活动，带动近1000万元社会公益事业资金，集中支持公益项目110个。培育城乡基层群众生活类、公益慈善类、社会服务类社会组织，推进市社会组织孵化基地建设，新增社会组织163个。降低积分管理制度准入门槛，创新入户排位，增加积分制服务内容，获中国地方政府创新奖，全年8721名流动人员子女取得入读公办学校资格，78名流动人员租住保障性住房，3600名流动人员取得入户资格。社区建设模式成效显著，“2+8+N”模式（“2”指各社区组建一个农村社区建设协调委员会，搭建一个社区服务中心；“8”指各社区服务中心内设“四站”和“四室”，即社区公益事业服务站、社区环境卫生监督站、社区志愿者服务站、社区农技服务站和社区文体活动室、社区计划生育卫生室、社区治安警务室、社区法律服务室；“N”指根据农村社区和村民生产生活需要增加若干服务项目）获评全省社会创新试点项目，全面推行村（居）委会特别委员和社区建设协调委员会制度，建成200个社区综合服务大厅，实现社区事务一站式服务。完善基层治理机制，制定村（居）务监督委员会议事规则，实施村、社区行政事务准入制度，推行社区工作人员、社工、志愿者、群众共同参与社区管理、协同服务群众的新机制。持证社工人数超过1800人，推进“社工＋志愿者”联动，推动社工服务向信访、教育、卫生等专业化方向发展。创建无医闹城市，向全国推广全民禁毒经验，连续5次获“全国社会管理综合治理优秀地市”称号，成为全省唯一连续3次获得“长安杯”的城市。

是年，中山市率先在省内启动公共法律服务体系建设工作。在全市构建半小时法律服务圈，镇区依托综治信访维稳中心设立法律服务大厅，为群众提供一站式法律服务。均衡城乡法律服务资源，鼓励律师到镇区设律师所，增加镇区公证办证点，11月15日，古镇办证点挂牌成立。基层司法所开展人民调解“一镇一品”活动，坦洲镇成立“老镇长”调解室，东区启动调解片长责任制，东升镇新设流动调解室等。推进政府购买法律服务，全市有18个镇区政府向律师购买法律服务。其中，港口、南朗、东区分别与律师所签订相关专项法律服务合同，市律师协会以购买法律服务的方式为团市委提供“尚法修身”服务。

在全市276个村（社区）选派党组织“平安书记”。由各镇区组织人事办与公安分局根据各村（社区）班子配备情况，在公安系统基层派出所中选派一批优秀民警挂任村（社区）党组织副书记，每个村（社区）配1名。“平安书记”主要协助村（社区）党组织书记负责村（社区）的综治维稳和社会治安管理工作，参加“两委”议事决策会议和村（社区）的重大事务，兼顾原派出所工作（担任书记的所长，不再主持派出所日常工作）。主要职责是加强治安、维护稳定、监督村务。

【社会事业稳步发展】　2013年，中山市推进学前教育改革，学前三年入园率达99%以上，初中毛入学率、高中阶段教育毛入学率分别达 111.7%和 100%，普通高考录取率达 96.5%，高等教育毛入学率达 61.5%。实施异地中考政策，扩大中等职业教育免学费范围，通过省教育现代化先进市评估验收。完善公共文化体系，全国公共文化服务体系示范项目通过验收，24 个镇（区）文化站达到省特级标准，免费向公众开放文化场馆，开展香山讲坛、广场舞会、粤剧文化周等文化活动。年末全市有文化事业机构 29 个，营业性文艺表演团体 7 个，文化艺术馆 1 个、镇级及以上公共图书馆 25 个，博物馆 6 个、镇（区）文化站 24 个、村文化室 280 个，全年举办群众文化活动 4500 场。公共卫生服务成效显著，基本建成市、镇、村三级医疗卫生服务体系，新增 4 个国家卫生镇，社区卫生服务率达 100%。年末全市有卫生机构 586 个，比上年增长 4.1%；医院床位 12102 张，增长 7.9%；各类卫生技术人员 18180 人，增长 6.2%。推进医药卫生体制改革，实施基本药物制度，推进公立医院改革，开展综合性公立医院医疗质量第三方评价工作。推进基层群众体育组织和基层协会实体化建设，全年举办市级体育赛事活动 500 多项次。

【居民收入稳步提高】 2013 年，中山市城镇居民年人均可支配收入 34274 元，比上年增长 10.1%；农村居民年人均纯收入 21727 元，增长 12.3%。就业帮扶力度继续加大，城镇新增就业 5 万人，新增就业服务基地 7 个，设立 186 个“大嫂工作坊”等社区就业服务基地，实现国家级充分就业示范社区零突破，农村劳动力技能培训转移就业考核全省第一。年末全市新增就业 5.09 万人，城镇登记失业 8973 人，城镇登记失业率为 2.3%。城镇居民人均消费性支出 24093 元；农村居民人均消费性支出 1.23 万元。社会保险体系不断完善，全市城镇职工社会保险参保 741.3 万人次；参加城镇基本养老保险 217.01 万人，比上年增长 2.4%；参加城镇基本医疗保险 255.90 万人，增长 2.1%；参加失业保险 149.42 万人，增长 3.0%；参加工伤保险 151.11 万人，增长 3.0%。城乡居民基础养老金由每月 55 元提高至 65 元，退休人员人均养老金 1281 元。

（中山市地方志办公室）

体制改革

【经济体制改革】 2013 年，中山市制订中山市企业投资管理体制改革实施意见，推动核准审批转为备案管理、“串联”办理转为“并联”办理、行政配置转为竞争性配置、分散布局转为规划指引、重事前审批转为抓事中事后监管、审批管理转为服务监管等改革。推进完善企业投资管理体制改革配套政策，编制企业投资项目管理分类改革目录和企业投资竞争性配置公共资源开发利用项目实施方案。制订市发展改革局（市物价局、市粮食局）第六轮行政审批制度改革实施方案、第六轮行政审批制度保留事项办事指南以及第三批委托放权事项操作规程，落实第三批 12 项事权下放工作。

【财政体制改革】 2013 年，中山市推动财政工作改革创新，加强部门项目经费管理，提高预算管理水平，推进项目库管理改革，改革试点单位由原来 18 个增至 133 个。通过推行项目库管理改革和将项目库中经常性、阶段性、财政备选等项目自动结转下年等措施，实现预算单位项目申报的常态化、项目分类的立体化和对预算项目的滚动管理。以农口线专项资金二次分配改革为重点，拓宽专项资金分配要素公示的广度和深度，完善联审机制，引入竞争性分配，增强资金分配的透明度，提高资金使用效益。创新财政资金扶持方式，改变产业扶持资金单一资助形式，采用股权投资和委托放款等方式扶持企业发展，实现产业扶持资金网上申报和评审、拨付。完善政府购买服务财政保障机制，将政府购买服务范围从机关后勤服务，扩大到医疗卫生、教育文化、养老扶贫、环境保护等领域。全年政府购买服务经费达 1927 万元。

【国有企业改革】 2013 年，中山市市属国有企业去行政化改革取得突破。通过兴中集团托管实业集团，中汇集团吸收合并旅游集团，以公建集团和城投集团为基础组建中山城建集团有限公司等举措，原市属七大集团公司重组整合为四大集团公司（中汇集团、兴中集团、城建集团和交通集团）。组建后，企业负责人不再保留公务员身份，企业成为市场主体，按市场原则在企业投资、人员管理、薪酬分配、资金运营等方面配置。全年市国资委批复股权处置项目 9 个，扩大主业投资项目股权比例。

【商事登记制度改革】 2013 年，中山市出台商事登记制度改革工作方案及实施办法，商事登记制度改革内容包括工商登记注册与经营项目审批相分离改革、公司注册资本登记改革、企业经营场所登记改革、经营范围登记改革、企业登记服务方式改革、年检验照方式改革及建设商事主体登记许可及信用信息公示平台。登记前置审批事项由原来的 180 项减为 21 项；72 个大项、114 个小项审批事项从前置审批事项改为后置审批事项。截至年底，全市有 5832 户市场主体申领商事登记营业执照，其中 4939 户为新设商事主体，893 户通过变更取得商事主体资格。

【医药卫生体制改革】 2013 年，中山市制订《2013~2015 年医药卫生体制深化改革实施方案》《深化医药卫生体制改革意见》《深化基层医疗卫生机构综合改革和区域卫生信息平台建设工作方案》等文件，明确公共卫生服务和基本医疗服务的总体方向，推进社区卫生服务中心建设、医疗信息化、医疗联合体试点、区域中心医院建设、提升中医药服务等工作。完成中山市“十二五”医药卫生体制改革框架性设计等课题研究，开展社区卫生服务中心建设情况调研，以及制定扶持社会办医政策文件的前期调研，鼓励和规范社会资本举办医疗机构。

【食品药品监管机构改革】 2013 年 12 月，中山市推进食品药品监管机构改革，有关食品流通环节、食品生产加工环节和食用农产品、林产品、水产品流通环节的安全监管，以及酒类流通监督管理等职责划转至市食品药品监管局，原市食安办、市经贸局、市工商局、市质监局等部门涉及食品监管的机构编制人员随职能全部划转。改革后，市食品药品监管局共设 14 个科室；设立稽查局为直属机构。

【海事机构体制改革】 2013 年，中山市海事系统由事业单位转为公务员单位，中山海事局为正处级建制，人员编制 119 人，领导职数 5 名。内设办公室、财务会计处、指挥中心（搜救中心办公室）、船舶监督处、船员管理处、危管防污处、船舶检验处、党群工作部（纪检监察处）8个正科级机构；政务中心、海巡执法支队2个正科级处室办事机构；港口海事处（副处级）、石岐海事处、小榄海事处、黄圃海事处、神湾海事处（正科级）5个派出机构。

【社区管理体制改革】 2013年，中山市完善以基层党组织为领导核心、村（居）委会为主体、社区服务中心为依托、社区社会组织为补充的“一核多元”治理体制。在全省率先实施行政事务村、社区准入机制，社区服务中心统一承接民政残联、劳动社保等8项职能，村级组织机构由50个减少到8个，承接职能由120项减为50项。推进社区建设协调委员会和特别委员制度，全市90%村（居）社区组建协调委员会，探索在异地务工人员集中村居聘任特别委员。至年底，全市有89个村居聘任委员252人，参与涉及异地务工人员权益事项讨论500项。推动社区社会组织实行登记备案双轨制，登记备案总量达390家。推动本土非物质文化遗产社团化建设，登记备案南头北帝社区灯酒会、沙溪圣狮村“四月八”巡游等20个非物质文化遗产项目。探索推进“电子社区”建设，以南头镇穗西社区为试点，实现社区家庭全覆盖。（中山市地方志办公室）

基础设施建设

【公路建设】 2013年，中山市推进交通运输各项建设。深中通道项目上报国家立项，深茂公铁大桥公路连接线完成可行性研究，广中江高速中山段全线动工，东部外环高速和中开高速中山段及小榄支线纳入省高速公路建设计划和省重点项目。纵四线接顺德黄圃段已动工，北二环接江门、东阜公路接顺德、新中公路接江门等项目前期工作加快推进。全市干线公路完成总投资21.45亿元。中环路、城桂公路起点段升级改造、105国道平交口改造工程同安、同乐、坦背路口跨线桥建成通车。翠亨特大桥、鸡鸦水道特大桥交工验收，大南沙大桥完成主体工程。广珠中线二期、十水线、翠亨快线、中山港大桥扩建、古神公路二期、纵四线黄圃至东升段、横二线东段、105国道细滘至沙朗段改造等项目加快建设。年末，全市公路总里程达2304千米，其中高速公路4条共158.47千米、一级公路378.73千米、二级公路540.5千米、三级公路375.5千米、四级公路806.22千米、等外公路44.6千米，公路密度为每百平方千米128千米，比上年增长11.3%。

12月30日，中山市重点交通项目中环路建成通车。该项目北起南区中山三桥附近，于国道105线与渡兴西路交叉处，经南区虎头山和凤凰山，终点于板芙镇中环村，再与105国道顺接，全长6.3千米，总投资7.5亿元，为双向6车道，配套绿化带和双向4车道辅道，限速80千米/小时，该路2011年3月底动工建设，是对既有105国道的改线，比原线路缩短2千米，其开通后市民从中心城区到板芙镇车程将由原来半小时缩短为10分钟。同时，中环路连接广珠西线高速中山南出入口，是中心城区经广珠西线高速前往西部沿海高速、珠海横琴、珠海机场和中国澳门的最快捷通道。

是年，中山市委、市政府将打通镇际未连接道路（“断头路”）列入年度十件民生实

2012~2013 年中山市基础设施情况

项　目	单　位	2012 年	2013 年
铁路营业里程	千米	0	0
公路通车里程	千米	2757	2589
其中：高速公路	千米	117.4	158.47
港口泊位	个	121	137
内河通航里程	千米	861	861
本地电话年末用户	万户	115.93	115.44
移动电话年末用户	万户	547.55	626.02
国际互联网用户	万户	87.08	99.64
电力消费量	万千瓦·时	149.07	217.10
商品房屋实际销售量	万平方米	654.16	780.34
商品房屋实际销售额	亿元	359.8	472.1

事之一，出台《加快镇际未连接重点道路建设工作方案》，采取“市领导挂点督办”“实施项目审批绿色通道”“以奖励促进度”“部门联系包干”“纳入镇区政府绩效考核”等措施，推动“断头路”建设。全年全市19 个“断头路”项目中，打通古镇海洲村螺沙新桥至小榄永宁村道路、金凤路、同福南路、裕福路、分花水至白溪道路、大涌至沙溪道路、合丰南路、东福南路接新柳路、福获村至白企道路、广丰工业大道南段、沙仔大道接三角进源路、涌芙路、横充公路延长线、东升大道 14 条“断头路”。

【农村基础设施建设】　2013 年，中山市推动农村公路硬底化项目 81 个，建设里程 50 千米，惠及 12 个镇区、34 个行政村共计 13 万个村民。重点推进民众镇接源村十四顷九队、南头镇滘心村九队、三角镇高平村福隆涌下街团结五队、东凤镇东罟村等道路拓宽升级。实施古镇镇海洲村迎阳路大修、东升镇益隆村益隆路改造、阜沙卫民村一队交通桥梁修建等项目。全市完成危旧桥涵改造 70 座，实施基本农田整治项目 6 个，面积 222.67 公顷，加快 3640 公顷高标准基本农田建设项目，开展 3146.67 公顷高标准基本农田建设项目的勘查、设计等工作。

【水利工程建设】　2013 年，中山市完成水利投资 7.45 亿元。其中，三角镇福隆大型泵站工程完成并投入运行，该工程设计流量 75 立方米 / 秒、总投资 8986 万元；火炬开发区张家边大型泵站及水闸工程完成并投入运行，工程设计流量 60 立方米 / 秒、总投资 1.8 亿元；投资 5000 万元的东凤镇横沥泵站及水闸工程完成主体工程土建部分。投资 3520 万元的中顺大围大涌堤段新建横河水闸工程，总投资 5000 万元的板芙镇寿围泵站及水闸工程，火炬开发区玻璃围、同兴围水闸重建工程以及东凤小沥水闸重建工程动工。民众镇六围、七围水闸重建工程完成施工准备，古镇镇洼口泵站工程完成立项审批，阜沙镇鸦雀尾水利枢纽工程、中顺大围白花头泵站及水闸等重点项目进行前期工作。

【文化设施建设】 2013年，中山市建成中山漫画馆并免费对外开放。完成中山纪念图书馆建筑设计走向调整、项目建设用地控规调整、项目可行性研究报告修编、完善项目设计任务书等前期筹建工作，拆卸图书馆和科学馆原建筑。完成139文化街区（博物馆群）项目方案设计、建筑设计方案论证、项目可行性研究报告修编等前期筹建工作，完成项目房屋征收。

【南部组团垃圾处理基地】 中山市南部组团垃圾焚烧发电厂（BOT）项目于2011年获省环保厅和省发改委批复同意建设，2012年9月28日动工。2013年完成桩基础和垃圾坑基础施工，配套道路工程施工中。南部组团垃圾处理基地市财政投资的20个公建配套项目子项，基本完成的有管理中心土建工程等6个子项；在建的有卫生填埋场一区工程等10个子项。此外，南部基地卫生填埋二区（应急）工程项目立项获批，通过市住建局初步设计评审，完成施工图设计和预算编制单位采购。2013年，南部基地总概算投资约10.14亿元，已完成总投资约6.6亿元。 （中山市地方志办公室）

现代产业

【物流业】 2013年，中山市出台加快现代流通业、电子商务发展的实施意见，编制物联网、电子商务、再生资源等专项规划。启动北斗城市应用示范项目建设，由航天恒星公司以1.4亿元中标示范项目，获国家扶持资金3300万元。中山市入选全国第四批15个肉菜流通追溯体系建设试点城市，获国家扶持资金3000万元。组织重点商贸流通企业开展扩内需促消费活动和中山名优产品促销活动。实施物流配送进社区工程，举办淘宝清仓中山专场活动，开展“双十一”电子商务大赛和电子商务促销活动。“双十一”期间，市属企业在国内各大电子商务平台实现销售总额超4亿元。全市有物流企业1869家，网点14326个，从业人员3857人。全年全市规模以上快递企业收寄快件业务量6027万件，承载货值125亿元，比上年增长92%。广东广通物流发展有限公司、中山市琪朗灯饰厂有限公司、中山南丰电机制造有限公司4家企业被认定为广东省制造业与物流业联动发展示范企业。

【会展业】 2013年，中山市举办“3·28”招商经贸洽谈会，引进境内市外项目67个，金额超过200亿元；国内贸易项目981个，实际完成金额47亿元。跟踪服务小榄—湖北工业园区建设项目。搭建经贸交流平台，举办装备制造业博览会、电展会、红木家具文化博览会、灯博会、食博会、汽博会等市内展会，组织企业参加2013广东名优食品展销会、第九届新疆喀什·中亚南亚商品交易会和第九届泛珠三角区域经贸洽谈会等市外展会。协助品牌专业镇组团参加2013广州（GTI）电子游戏国际产业展、第十五届中国（广州）国际建筑装饰博览会、第三十二届中国（广州）国际家具博览会等市外行业专业展会。

【金融业】 2013年，中山市实现金融业增加值114.39亿元，比上年增长13.0%，金融业增加值占国民生产总值和第三产业增加值的比重分别为 4.33%和 10.32%，分别增加 0.53 和 1.28 个百分点。全市新增上市公司 2 家，银行 2 家，保险 2 家，新设小额贷款公司 7 家，融资租赁公司 1 家。年内中山农村商业银行、小榄专业镇金融服务中心、古镇专业镇金融服务中心挂牌成立。加快中小微企业公共服务平台建设，优化中小微企业金融服务，推动科技、产业、金融的融合。欧亚包装和益华百货在中国香港上市，全市境内外上市及通过发行审核企业达 23 家；培育“新三板”（全国性的非上市股份有限公司股权交易平台）挂牌后备企业 36 家，分别在深圳前海股权交易中心和广州股权交易中心挂牌的企业有 28 家。上市公司发展态势良好，直接融资形式多样，兴中集团发行企业债 7 亿元，中顺洁柔发行公司债 8.3 亿元，华帝燃具增发新股募集资金 1.19 亿元，全年全市资本市场直接融资 18.26 亿元。

【旅游业】 2013 年，中山市开展旅游区域合作，以珠中江、中珠澳、广中江旅游合作联盟的方式，针对港澳以及国内主要客源市场，采用“请进来”方式，强化旅游宣传促销。全年参加各类旅游展览会 10 次，组织旅游推介会 4 次；旅游资源开发的重点为绿道游、乡村游，新增景点为中山温泉园景区。开展“百万妇女游中山”和“百万车友游中山”活动。全年旅游业总收入 198 亿元，比上年增长 9.57%，其中旅游外汇收入 2.39 亿美元，增长 8.70%。城市接待过夜游客 861.42 万人次，比上年增长 7.64%。

【游艇产业】 2013 年，中山市成立中山市游艇行业协会，推进江龙船舶制造有限公司二期工程、大飞洋公司研发综合大楼、神湾盛世游艇会等项目建设，发挥游艇产业专项资金作用，推动东升镇、神湾镇等游艇产业核心区加快发展。2013 年 6 月 14 日，中山市与澳门特别行政区政府正式签署《广东省中山市政府与澳门特别行政区政府关于游艇自由行的合作意向书》，以神湾盛世游艇会为试点，推进中山—澳门游艇进行“点对点”自由行。盛世游艇会项目由新加坡吉宝集团投资 25.5 亿元兴建，将建成集游艇会、游艇产业园和航天生态城于一体的神湾盛世游艇产业服务集聚区，是广东省“十二五”重点建设项目。项目采用内挖湖方式建设占地面积 28 万平方米，游艇泊位 650 个，至是年 10 月完成投资 13.5 亿元，建成滨水休闲长廊 2700 米主体工程、游艇公共港池开挖工程、船闸主体工程、会所大厦基础施工、1 期内港池岸壁工程等。

【电力工业】 2013 年，中山市全社会用电量 217.10 亿千瓦·时，比上年增长 5.14%；全市总供电量 213.61 亿千瓦·时，比上年增长 4.89%。其中，省网、省调电量 204.78 亿千瓦·时，比上年增长 5.22%；地调电厂电量 88.26 亿千瓦·时，下降 2.19%。全市工业用电量 145.84 亿千瓦·时，比上年增长 6.11%，占全社会用电量的 67.17%，增加 0.61 个百分点。第一产业累计用电 5.92 亿千瓦·时，第二产业用电 148.72 千瓦·时，第三产业用电 29.63 亿千瓦·时。城乡居民用电 32.83 亿千瓦·时。全年全市电网日最高负荷 3 次刷新纪录，达到 405.8 万千瓦。

【电子信息产业】 2013 年，中山市纳入统计范围的 23 家电子信息制造业企业工业总产值 680.7 亿元，比上年下降 3.2%；利润总额 17.01 亿元，下降 48.3%。65 家软件企业软件业务收入12.08亿元，比上年增长24.1%；利润总额2.01亿元，增长27.6%。广东长宝和达华科技共获省现代信息服务业专项扶持资金300万元。

【新兴产业集群】 2013年，中山市以光电装备、风电装备、新能源汽车、海洋工程装备四个省市共建战略性新兴产业基地为主要载体，发展新兴产业集群。加强与新能源汽车企业合作，打造动力电池、电机及控制系统、相关设备制造以及研发服务配套产业集聚区。以明阳风电为支撑，加快建设广东风电研究中心、出口中心、核心零部件制造中心、整机制造与服务中心四大功能中心。完善风电产业链，打造珠三角地区最大的风电机组产学研基地和亚洲最大功率的风力发电机组生产基地。以新诺科技、汉唐激光、纬创资通为支撑，重点引进新型显示、激光装备、光电材料、光电工程、芯片等项目，完善高端新型电子信息产业链条。推进游艇、造船等海洋工程装备产业发展。全市拥有国家级产业基地33个，省级技术创新专业镇16个，形成电子信息、家电、五金、服装等23个产业集群。古镇灯饰、小榄五金、南头家电、沙溪休闲服、黄圃食品加工、火炬开发区健康医药、东凤小家电、大涌牛仔纺织服装、火炬开发区电子信息9个产业集群被认定为广东省产业集群升级示范区。

【现代农业】 2013年，中山市加快市农科中心试验、示范、试种基地建设，开展4.13公顷共49个品种试验。发展农业机械化，全市农机装备总动力73.45万千瓦；水稻机耕、机插、机收水平分别达到99%、52%和97%，粮食生产综合机械化率达到84.3%。全年培训农民近1.5万人次。推进现代农业园区建设，开展“一镇一园区”和创建市级“十大现代农业示范园”活动，评选挂牌市级现代农业示范园10个，打造现代农业示范园区7个。全市有成片整合开发规模达到33.33公顷以上的符合标准农业现代园区30个，面积0.6万公顷。

【水产品养殖业】 2013年，中山市水产养殖面积2.34公顷。其中，南美白对虾、罗氏沼虾、青虾等虾类精养面积0.99万公顷，占全市池塘养殖面积的40.8%；六种大宗优质水产品（南美白对虾、罗氏沼虾、甲鱼、脆肉鲩、鳗鱼、桂花鱼）面积共1.28万公顷，占全市池塘养殖面积的54.8%。全年水产品产量35.4万吨，水产品总产值51亿元（现行价）。确定及明确扶持建设方向的水产苗种示范基地11个，总资金100万元，主要支持基地推广良种化养殖技术及水产苗种示范试验，提高渔业生产效益，保证水产品质量安全。 （中山市地方志办公室）

转型升级

【产业转移】 2013年，中山市通过广东省政府组织的产业转移目标责任考核和现场考评。参与共建的河源、肇庆两个产业转移示范园被评为“五星优秀服务园区”。至年底，中山市与肇庆、河源、阳江等市共建4个产业转移园累计开发面积3326.67公顷（其中2013年开发面积413.73公顷），实现工业总产值1122.47亿元。其中，中山（大旺）和中山（河源）产业转移园分别实现工业总产值682亿元和367.5亿元，分别占肇庆和河源工业总产值的21%和29%。

【节能降耗】 2013年，中山市规模以上工业综合能源消费量为311.17万吨标准煤，比上年下降3.4%，低于规模以上工业增加值增速13.6个百分点。共有9家企业通过广东省清洁生产协会组织的专家组现场审核，其中6家企业获"广东省清洁生产企业"称号，3家企业获"中山市清洁生产企业"称号。中山华帝燃具股份有限公司、中山格兰仕日用电器有限公司和广东奥马电器股份有限公司获得国家节能惠民工程补贴资金6491万元。新增中山市鸿宝电业有限公司、中山市道亨节能技术服务有限公司和广东爱科能源投资管理有限公司为国家合同能源服务企业，全市累计有4家。4家企业获得广东省合同能源财政奖励补助56.27万元。华南现代中医药城被认定为第二批广东省循环经济工业园。

【产学研结合】 2013年，中山市新增产学研合作项目117个，其中产业关键技术攻关及产业化项目70个，推动新能源、新材料、光电、电子信息等重点优势产业创新发展。新增企业科技特派员25名，累计达390名，新组建产学研创新联盟2个。实施"请进来""走出去"战略，平均每月组织1次"企业院校行""专家企业行"等产学研对接活动，编制《高校科技成果汇编》2期，加快国家重点建设高校科研成果在中山转移转化。加强与港澳台以及国际科技交流合作，全年共开展省级对外科技合作项目6个。中山市小榄镇生产力促进中心与香港生产力促进局合作开展"创新公共服务平台专业能力建设"和"热处理中心诊断"顾问项目，推动产业创新平台服务多元化和专业化。组织参与珠中江三地校企产学研对接活动，推动三地公共技术平台资源共享，特别是中山市游戏游艺产学研创新联盟与珠海软件产业资源的互动交流。

【产业结构优化】 2013年，中山市探索专业镇传统优势产业发展新路径，推动低碳绿色发展，调整优化产业结构。编制中山市2013年产业结构调整指导目录，设定投资强度、用水效率和用水总量等约束性指标，提高项目准入门槛，引导产业向符合主体功能区规划的空间布局。推动低碳发展，制订"十二五"控制温室气体排放工作方案，提出到2015年全市单位生产总值二氧化碳排放量比2010年下降19.5%的工作目标。安排低碳发展专项资金，扶持低碳试点镇区、园区、项目发展。推进新能源汽车示范应用，累计投入运营纯电动公交车14辆、天然气汽车2192辆，建成天然气加气站6座，中山市被确定为国家第一批新能源汽车推广应用城市。

【专业镇转型升级】 2013年，中山市火炬高技术产业开发区被省科技厅批准为广东省技术创新专业镇，特色产业是健康医药。全市有专业镇16个，实现生产总值1903.8亿元，规模以上工业增加值1003.9亿元，分别占全市总量的72.1%和79.9%。实施"一镇一策"行动计划，通过项目扶持、校镇合作等形式推进各镇区高质量建设公共服务平台，各镇区累计建有各类服务平台170个。结合"中山美居"产业战略策划，加强技术研发、创意设计和产学研帮扶，提升灯饰、家电、五金、家具等传统优势产业发展内动力。大涌镇成为全市产业转型升级试点，编制《中山市大涌镇产业转型升级发展规划纲要（2013~2020年）》，提出创新发展驱动转型、环境整治倒逼转型、资源约束推动转型、人才领军带动转型、淘汰落后促动转型、兼并重组拉动转型等方案，探索专业镇传统优势产业发展新路径。

【技术创新平台建设】 2013 年，中山市新引进建设微生物技术国家重点实验室美味鲜中山联合实验室、中山市半导体照明稀土新材料院士工作站和广东省中山大桥化工集团有限公司天然高分子材料院士工作站。全市国家重点实验室分支机构增至 5 个，院士工作站增至 3 个。实施“1+4”市校共建科技创新平台服务提升工程，中山北京理工大学研究院、中山市武汉大学技术转移中心、中山市武汉理工大学现代工程技术研究院和中山市华南理工大学现代产业技术研究院 4 所高校研究院协同发展，全年累计服务企业 135 家，创建各类平台 13 个，孵化企业 7 家，组织实施科研项目 69 个。全市各级技术研究中心累计达 384 个，其中省级 72 个、市级 312 个。

【战略性新兴产业发展】 2013 年，中山市海洋工程装备产业基地申报为省市共建战略性新兴产业基地，成为继光电装备、风电装备、新能源汽车产业基地后中山市第四个省市共建战略性新兴产业基地。“生物医药·广东中山高技术产业开发区”获评为国家新型工业化产业示范基地。作为广东省战略性新兴产业基地的中山市新能源汽车项目竣工，标志中山的新能源汽车零部件生产正式迈入“产业基地”模式。规划建设中国航天中山北斗物联网产业基地，引进北京埃彼咨石化科技有限公司（APC）基于北斗油气管道 XYZ 职能检测技术服务等项目落户。全年新增海事重工公司为广东省战略性新兴产业骨干企业，华帝、达华、奥美森 3 家企业为广东省战略性新兴产业培育企业。至年末，全市共有省级骨干企业 4 家和省级培育企业 6 家。在富湾工业园启动建设中山美居产业园经济协作区。“中山美居”集体商标注册获国家工商总局批准。全年共有 36 个名牌名标获得市级奖励 900 万元。全市共有 279 家企业获得省级以上名牌、名标等称号 483 个，其中中国驰名商标 45 个。

【工业化和信息化融合】 2013 年，中山市北斗城市应用示范项目进入全面启动阶段。北斗基础服务平台在市云平台部署，通过国家发展和改革委员会卫星及应用产业发展专项的专家评审，获得国家扶持资金 3300 万元。推动企业科学化管理、业务流程再造及工业化和信息化融合进程，组织召开中山市减员增效现场推广会，举行信息技术和自动化设备应用讲座，现场参观企业减员增效成功案例。推广农村综合信息服务体系，中山市农家超市电子商务平台推广项目被广东省经济和信息化委员会认定为 2013 年中山市农村信息化建设专项资金项目。

【企业竞争力提升】 2013 年，中山市修订出台促进企业兼并重组的实施意见，将扶持范围放宽至全市所有类型企业，扩大政策惠及面。全年安排 650 万元资助和胜铝材、华帝和大洋电机 3 家企业兼并重组。推广长青、达华智能、三和管桩、南头镇等民营企业兼并重组成功案例和经验，为全市民营企业兼并重组树立标杆。出台《加快健康医药产业发展行动计划》，选定神威、亚宝、千金等国内大型健康医药企业特别是上市企业进行定向招商，组织召开 2013 年深圳—中山健康医药产业对接会和中山（板芙）生物医药产业园概念性规划研讨会。共锁定招商引资项目29个，计划总投资156亿元；投资1200万元引进4种重量级新药；推动增资扩产项目15个，增资总额8.5亿元；兼并重组项目7个，重组标的额2.44亿元；设立企业总部6家。

（中山市地方志办公室）

城乡发展

【规划编制】 2013年，中山市核查全市总体规划中规划建设用地规模等内容，为城市未来发展提供空间支持。推进翠亨新区各项规划编制，《中山翠亨新区总体规划(2012~2030年)》已上报省政府审批，翠亨新区综合交通、电力工程、信息工程、燃气工程和给水工程专项规划上报市政府审批，20平方千米起步区控制性规划完成编制。《中山市翠亨国际旅游小镇控制性详细规划》上报市政府审批；《中山翠亨新区起步区控制性详细规划》通过市规委会审查。全面展开岐江新城规划，深化和完善总部经济发展的相关概念，《中山市岐江新城·总部经济区概念规划与城市设计》报市政府审批；岐江新城分区规划完成专家评审、岐江新城南片区控制性规划完成采购。

【城市供气】 2013年，中山市有燃气经营企业18家，其中瓶装液化石油气经营企业12家，管道燃气经营企业6家。瓶装液化石油气销售点135个，全市液化石油气设计储存能力6350立方米。中心城区的气化率99%，全市气化率99%。全市液化气供应量3.42万吨，煤气（天然气）销售量7689万立方米。全市天然气用户26.53万户，月天然气平均用量2923万立方米。全市累计建成市政燃气网总长度1313千米，新增362千米。城区天然气（煤气）管线788千米，年新增35千米，天然气用户普及率29%。

【污水处理】 2013年，中山市中心城区共有中嘉和珍家山2家污水处理厂，其中中嘉污水处理厂设计日处理能力20万吨，珍家山污水处理厂设计日处理能力10万吨。是年，中嘉污水处理厂处理水量5770.50万吨（不含沙溪污水量），出水达标排放率100%，处理污泥量（含水率为80%）2.36万吨；珍家山污水处理厂处理水量3238.52万吨（不含火炬开发区11~12月污水量），出水达标排放率100%，处理污泥量1.05万吨（含水率为80%）。

【流动摊档管理】 2013年1月25日起，中山市重点开展整治利用机动车流动摆卖专项行动。7月20日，启动城管、公安、交警联勤机制，采取驻点管理和突击行动相结合的方式，加强孙文公园、库充市场、岐江桥、金都城等重点区域的管理。全市共设置流动摊档疏导点102个，提供2873个摊位，疏导1877个流动摊档入场经营。鼓励各镇区探索流动摊贩管理新模式，其中三乡镇设置疏导点34个，实行统一时间、地点、服装、证件等管理；小榄镇在农贸市场预留摊位低价甚至免费提供给有困难的流动摊贩经营，并为流动商户提供创业、再就业、技能培训机会；火炬开发区对流动摊档实行统一集中安置、统一管理标准、统一审查备案、统一类型标识，并在安置点设置城管工作站或综合行政执法办公室。

【城市公共交通】 2013年，中山市落实公共交通优先发展战略，全年新开通常规公交线路6条、大站快线7条、至珠海跨市公交线路4条，优化调整公交线路24条。全市共有中山市公共交通运输集团和小榄汽车运输有限公司2家公交企业，均为公有制企业，从业人员超7000人。有公交车2363辆，其中新能源公交车占车辆总数28%；市公交线路171条，营运线路长度3302.74千米，中心城区公交线网密度3.02%，公交专用道20.4千米；3300多个公交站点，中心城区300米公交站点覆盖率60.1%，500米公交站点覆盖率84.18%；全市共建成437个公共自行车租赁点，11240个桩位，投入自行车9480辆，实现中心城区内自行车租赁点300~500米全覆盖。全市共有出租车企业7家，出租车1581辆。全年公交、出租车客运量2.88亿人次，比上年增长3.6%；公交、出租车出行分担率提升至23.8%。中山市被省交通运输厅授予“广东省优先发展城市公共交通先进城市”称号。

【新型城镇化建设】 2013年，中山市以控规编制及审批为调控手段，完善地块指标体系，提高土地使用效率。开展《中山市城市规划技术标准与准则》修编，引导设计单位探索创新工业用地容积率控制标准。将生态文明理念和原则融入城市建设全过程，引导各镇区走集约、智能、绿色、低碳的新型城镇化道路；推进全市秀美村庄建设，塑造岭南特色水乡风貌，全年共完成4个名镇、6个名村、30个秀美村庄规划评审并上报市政府审批。《中山市综合管廊工程专项规划》获市政府批准，优化和集约利用地下空间资源、保障城市地下管线安全畅通运行；编制《中山市公共服务设施专项规划》，《中山市中心城区低冲击开发规划》上报市政府审批；完成《中山市暴雨强度公式（修编）》的初步成果。完成岐江河环境整治工程二期城市设计，港口、城南段高速公路城区入口城市设计的编制、长江路沿线地段城市设计（修编）的编制完成前期相关工作。

【“泥头车”整治】 2013年1月，中山市组成联合整治工作组，严查“泥头车”遗撒污染路面行为。组织2个特勤中队，对中心城区（含火炬开发区、翠亨新区）共165个在建工地重点巡查，发出《责令限期改正违法行为通知书》150份，《询问调查通知书》150份，对施工单位负责人、运输车队负责人和施工人员进行法律法规宣传教育，要求做好车辆密闭、清洗，及时清理被污染路面。对不按规定运输城市建筑垃圾造成污染路面的泥头车进行查处。全市共查处“泥头车”在运输过程中密闭不够，沿途扬撒、遗撒污染路面行为近300宗，教育1800多宗。

【城乡客运服务均等化】 至2013年4月底，中山市投入9400多万元收购整合9家农村客运企业，其中1家集体企业纳入“一盘棋”管理、8家由国有资产收购，实现全市“公交一盘棋”战略目标。组建北部、中东部、南部三大组团营运公司，全部实行城市公交化经营，按照统一政策、统一实施、统一管理、统一规划、统一布局、统一服务标准“六个统一”进行经营管理。创新镇区公交运营管理模式，编制完成三乡镇内公交小巴运营管理方案，开通1条三乡镇内公交小巴专线，投入6辆小型公交车运营。推进镇区公共自行车服务系统建设，三乡镇、古镇镇建成公共自行车服务系统，投资1400多万元，共建成171个租赁服务点、3760个桩位，投放公共自行车2200辆。

【中心城区雨污分流工程】 2013年，中山市中心城区雨污分流工程前期设计工作完成。主干管、市政管和支管到户工程进入施工阶段，河涌外排泵站和水循环工程正在进行招标前期工作，主干管、泵站、市政管、支管到户工程开工项目合计109个（片），其中主干管工程28项、泵站工程4项、市政管道工程37项、支管到户工程开工40个片区。主干管道累计铺设41.95千米，市政管道完成铺设120.7千米，支管到户工程完工19个片区。

【岐江河环境整治二期项目】 2013年，中山市推进岐江河环境整治二期项目，施工地点位于彩虹桥至长江大桥沿线一河两岸，开展示范段为东明桥至康华桥北岸建设，分为悠闲人居段及滨水绿坡两部分，悠闲人居段主体工程于10月完成，滨水绿坡段施工图纸中介预算送财政部门审核。岐江河环境整治二期项目以体验推动旅游和以景观促进生态为总体思路，延续岐江河一期两岸优质的生活岸线，完善各项基础设施建设。

【乡村建设】 2013年，中山市投入绿化专项资金500万元，完成宏基社区、裕洲村、神溪村、云汉村、金溪村、和泰村等26个村庄（社区）的秀美村庄绿化建设。引导社会力量参与村庄绿化，石岐区在宏基社区种植“育才林”，南朗镇与市社科联在崖口村种植“社科林”等。开展创建宜居城乡工作，东升、神湾、横栏3个镇创建成为“中山市第四批宜居示范城镇”、神湾镇外沙村等32个村创建成为“中山市第四批宜居示范村庄”、东区长江三溪社区等59个社区创建成为“中山市2013年宜居示范社区”。

（中山市地方志办公室）

社会建设

【公共文化服务】 2013年，中山市属重点文化场馆实行免费开放，全年接待观众、游客达372.4万人次。其中，孙中山故居接待游客145万人次，市图书馆服务读者78万人次，市文化馆服务进馆活动群众15.4万人次，市博物馆及属下各分馆接待观众122万人次，市文化艺术中心接待观众及演职人员12万人次。各文化场馆创新服务手段、丰富服务形式，孙中山故居纪念馆推出微信导览系统；市图书馆在全市推广总分馆模式，年内建成图书分馆2家，开展“香山讲坛”“童心故事会”“妈妈故事会”等品牌读书活动；市文化艺术中心以公益低票价开展“戏如人生”话剧季、“绚彩华章”演出季等艺术演出，创新举办“星期二艺术沙龙”等惠民普及活动，在文化艺术中心广场举办“广场舞会”“广场音乐会”等群众文化活动，全年举办各类演出活动302场次；市文化馆面向青少年和中老年人群体开办“全民修身”公益文艺课堂共3227课时，受惠5.8万人次；市博物馆及下属各分馆举办《粤剧文化周·南国红豆》《岭南画派大师杨善深》等展览45项。

【文化惠民】 2013年，中山市承办第十届中国艺术节“群星奖”合唱决赛，主办中山市第六届合唱节，全市有48支群众合唱队伍共3600人参与。连续7年举办“绿色暑假、缤纷文化”市暑期文化活动，面向全市20多万名青少年儿童策划组织公益性普惠型文化教育活动10个系列共120项；承办“同饮一江水”2013广东农民工歌唱大赛中

2013 年中山市社会事业情况

教育				医疗、文化、体育			
项目	单位	实绩	比上年增长（%）	项目	单位	实绩	比上年增长（%）
普通高校学校数	所	5	–	医院、卫生院数（含民营）	所	47	–2.08
普通高校在校学生数	万人	3.86	6.34	医院、卫生院床位数	万张	1.2	9.1
普通中学学校数	所	100	0.99	平均每千人口医院、卫生院、社区服务中心床位数（常住人口）	张	3.85	7.24
普通中学在校学生数	万人	15.26	–2.74				
中职和技校学校数	所	10	0				
中职和技校在校学生数	万人	3.15	0.6	艺术馆、文化馆数	个	1	–
小学学校数	所	208	0.48	市级公共图书馆数	个	1	–
小学在校学生数	万人	25.75	4.87	博物馆数	个	5	–
学龄儿童入学率	%	100	–	档案馆数（含镇区档案馆）	个	20	5.26
幼儿园数	所	454	0	人均公共体育场面积	平方米	2.44	35.6
在园幼儿数	万人	11.07	–0.45				

山分赛区活动；主办“大家演、大家睇”2013 中山粤剧文化周活动，举办粤剧艺术表演、展览、现场体验等七大系列活动，吸引近 2 万人次群众参与。实施全市业余文艺团队资助计划，全年共资助 29 支团队开展文艺下乡演出 188 场次。

【公共卫生】 2013 年，中山市有医疗卫生机构 586 个，其中医院 47 所、社区卫生服务机构 250 个、门诊部（诊所）197 个。全市有病床 1.22 万张，卫生人员 2.17 万人，其中卫生技术人员 1.81 万人，执业（助理）医师 6060 人，注册护士 7915 人。全年总诊疗量 3585.80 万人次，比上年增长 9.91%。中山市提升公共卫生服务和卫生应急保障能力，全年全市卡介苗、脊灰、麻疹、乙肝等疫苗报告接种率达 95%。开展预防艾滋病、梅毒和乙肝母婴传播项目管理，全年为 6 万名孕产妇免费提供检测。实现免费避孕药具服务和免费孕前优生健康检查项目全覆盖。全市 2600 个免费避孕药具发放点上线运行，平均每 0.7 平方千米就有 1 个免费发放网点，形成 5~10 分钟的药具免费服务圈。

【群众体育】 2013 年，中山市加大体育场地设施建设力度，投入 100 万元对市、镇两级体育场地设施进行新建和改造，投入 200 万元对村级体育场地设施进行新建和改造，全市体育用地占地面积 837.66 万平方米，人均体育用地占地面积 2.68 平方米。全市 16 种体育场所（含体育馆、训练房馆、田径场、小运动场、游泳池、篮球场、足球场等）共 11292 个，全年新增体育场所 979 个。有单项体育协会 31 个。全年举办市级体育活动 22 项次，承办省级以上的赛事活动 3 项次。组队参加“珠江 0 度”社区篮球争霸赛、广东省首届千万人群广场健身排舞展示大赛、全国拔河锦标赛、广东省第八届定向越野锦标赛、广东省定向冠军赛、全国定向越野锦标赛等。开展体育惠民工程，市属体育场馆由原来每周六、周日免费向市民开放增加到每周三、周六、周日三天免费开放。

【竞技体育】 2013年，中山籍运动员在国内外赛事中取得优异成绩：苏炳添在第六届东亚运动会田径男子100米决赛以10″31获得冠军，4×100米接力第三名，在亚洲田径锦标赛男子100米决赛以10″17获得冠军；黄丽茹在亚洲青少年柔道锦标赛女子57公斤级比赛中获得冠军。32名中山籍运动员参加第十二届全国运动会17个大项35个小项，获3枚金牌、2枚银牌和1枚铜牌。在广东省第三届体育大会上，中山代表团组队357人参加定向、拔河、篮球等22个项目的赛事，获一等奖15项、二等奖46项、三等奖35项，团体总分971分。

【就业创业】 2013年，中山市城镇新增就业5.08万人，城镇登记失业率为2.25%。落实高校毕业生就业政策，高校毕业生就业率为98.2%。加强与劳务合作市沟通以及驻外工作站管理，组织企业参加招聘会，帮助解决用工需求6万多人。推进创业带动就业，在民众镇建设全省首个高校毕业生创业农业孵化基地，举办首届高校毕业生创业农业大赛。全市共有社区就业服务基地186个，帮扶6500名就业困难人员和残疾人实现就近就业。黄圃镇马安村创建国家级充分就业示范社区，坦洲十四村、东区起湾、沙溪龙瑞等3个村（社区）创建为省级充分就业星级社区。东升、小榄、坦洲、黄圃、古镇5个二级人力资源市场获省级公共招聘信息服务示范点称号。

【社会保险】 2013年，中山市社会保险参保906万人次，其中养老保险190.05万人、基本医疗保险255.9万人、门诊医疗保险120.54万人、工伤保险151.11万人、失业保险149.42万人。社保基金累计结余216.19亿元。城镇职工养老保险缴费基数从1100元调升至1500元，“农转城”参保人员缴费基数由920元调升至1100元。调整退休人员待遇，惠及26万人，人均月增加养老金100元，城乡居民基础养老金由每月55元提高至65元。补充医疗保险起付额由原来4000元调整为3000元。实现生育住院医疗费联网结算，推进异地就医即时结算。义务教育阶段非本市户籍积分入学学生纳入市社会医疗保险体系。开展门诊工伤康复试点，引入社工早期介入工伤康复。中山市被人力资源和社会保障部确定为全国首批“电子社保示范市”。

【住房保障】 2013年，中山市开工建设保障房2968套，新增发放租赁住房补贴549户，竣工3705套，提前并超额完成省下达的工作任务。5月14日起实施2013年住房保障准入新标准，符合条件的城镇居民和异地务工人员可入住保障房。实施《中山市住房保障管理暂行办法》，制订关于落实公租房建设和运营期间行政事业性收费减免政策，以及向符合条件的流动人员发放租金补贴等相关政策。深化积分制政策，突破户籍限制，将流动人员纳入住房保障范围。

（中山市地方志办公室）

·责任编辑　贺　坤·

惠州市

基本情况

【地理位置】 惠州市位于广东省东南部、珠江三角洲东北部，东接汕尾市，南临南海大亚湾，西邻广州、深圳和东莞，北靠韶关、河源。辖惠城区、惠阳区、惠东县、博罗县、龙门县，设国家级大亚湾经济技术开发区和仲恺高新技术产业开发区。

【面积人口】 2013 年，惠州市行政区域面积 1.13 万平方千米，其中市区面积 2694 平方千米。年末户籍人口 343.37 万人；常住人口 470 万人，其中城镇人口 310.2 万人。人口自然增长率 6.94‰。

【资源物产】 惠州市自然资源丰富，境内有集雨面积 100 平方千米以上的河流 34 条，总长约 1500 千米。广东三大水系之一的东江、西枝江横贯其中。浅层地下水量 33 亿立方米。水力资源理论蕴藏量 60.32 万千瓦。有浅海面积 560.4 平方千米，可供养殖面积 137.33 平方千米。海域内有鱼类 400 多种，贝类 200 多种，甲类 100 多种，刺皮类 60 多种，藻类 30 多种，具有较大经济和捕捞价值。适宜建设海港码头的海岸线长 28.4 千米，可建泊位 126 个，其中万吨以上深水泊位 76 个。惠州港为华南地区天然优良深水港。

全市森林面积 69.6 万公顷，森林覆盖率 61.28%，活立木蓄积量 0.31 亿立方米。城市人均公园绿地面积 16.8 平方米。已探明储量矿产有 40 多种，主要有无烟煤、铁矿石、锡矿、钨矿、钾长石、高岭土、铅十锌、萤虫石、石灰石等。铌钽、石灰石、水晶、汞等矿产储量居广东省前列。

土特产有梅菜、东江糯米酒、博罗酥糖、罗浮山百草油、酥醪菜、龙门竹笋、惠东仙人菜、高潭明姜等。

惠州是全国首批国家电子信息产业制造基地之一，国家火炬计划“数码视听产业基地”，世界最大的电话机、彩电、激光头生产基地，亚洲最大的组合音响生产基地，中国最大的汽车音响、DVD、手机生产基地，中国石油化学工业重点园区。

【旅游景点】 惠州市主要旅游景区（点）有：惠州西湖、罗浮山、南昆山、巽寮湾、双月湾、龙门铁泉、尚天然国际温泉小镇、惠东港口海龟国家级自然保护区、象头山国家级自然保护区、白盆湖国家级水利生态风景区、惠东古田自然保护区、平海古城、邓演达纪念园、叶挺纪念园等。

【历史文化】 惠州处在客家文化、广府文化和潮汕文化的交汇地带，各种文化相互交融、兼收并蓄，广东汉剧、渔歌、山歌、舞龙、舞狮、舞春牛、瑶族的舞火狗等各种民间文艺多姿多彩。惠州“李家拳”是中国武术南拳的五大拳种之一，惠东“平海渔歌”名扬神州，龙门“农民画”是中国三大民间画之一，被誉为“中国现代民间绘画的一朵奇葩”。历代许多名人对惠州情有独钟，其中东晋道教理论家、化学家、药物学家和医学家葛洪在惠州罗浮山修道炼丹、采药济世，罗浮山因此成为岭南道教发祥地；北宋杰出文学家苏轼寓居惠州 3 年，留下“不辞长作岭南人”的佳句；明代有叶梦熊、杨起元、韩日缵三位尚书；清末、民国时期，孙中山、周恩来等在惠州开展过革命活动，涌现出廖仲恺、邓演达、叶挺等一批民主志士和革命家。

【城市荣誉】 2013年，惠州市先后获全国文明城市、全国“双拥”模范城、全国未成年人思想道德建设工作先进市、中国最具幸福感城市、中国十佳宜居城市、中国最具特色文化竞争力十佳城市、2013年中国最美丽城市等称号。

（张世开　钟景业　刘惠慧　邹莹莹）

年度大事

【惠州市电子商务服务中心成立】 2013年3月27日，惠州市电子商务服务中心和电子商务协会正式成立。该中心将按照“五心一站”（网上展销平台运营中心、电子商务配套服务中心、产业研究与推进服务中心、孵化中心、品牌发展中心和电子商务公共仓储物流服务站）的功能框架体系构建和运营，计划3年内引进30家专业电子商务服务商，扶植培育400家标杆企业，实现线上交易金额超过100亿元的目标。

【中海油惠州炼化二期项目开工】 2013年7月9日，中海油惠州炼化二期项目正式开工，同时中国海油惠州炼化二期中下游招商项目签约暨配套项目动工及惠州港荃湾港区煤炭码头一期工程开工仪式在惠州市大亚湾石化区举行。该项目由中海石油炼化公司建设，包括1000万吨/年炼油、100万吨/年乙烯及配套公用工程，总投资500多亿元。

【惠州年吞吐量最大内河码头启用】 2013年5月8日，惠州市年吞吐量最大的内河码头——宏兴港区正式建成启用。宏兴港区位于博罗县龙溪镇，总投资5.3亿元，占地总面积80万平方米，江岸线长800余米，设泊位10个，年吞吐量500万吨，是全省江河水路运输中具有较好区位优势、配套设施较为完善的大型多功能综合性货运码头，也是惠州市年吞吐量最大的内河码头。

【惠州市丝光棉产业基地落户水口】 2013年，惠州市丝光棉技术产业基地落户惠州市惠城区水口街道，基地总占地100公顷，分3期建设，预计可吸引150家企业进驻，建成后年产值可达100亿元，年生产丝光棉服饰1500万件，产量约占全国的五分之一。全国丝光棉四分之一产自惠州，而惠州丝光棉企业80%集中在惠城区水口街道。

【惠州仲恺高新区LED产业基地跻身国字号】 2013年1月5日，科技部火炬中心2012年第三批认定的国家火炬特色产业基地名单出炉，全国17家产业基地入围，惠州市仲恺高新区LED产业基地被认定为“国家火炬惠州LED特色产业基地”，成为广东省唯一入围的产业基地。

至年底，美国科锐、LG伊诺特、TCL、华阳多媒体、元晖光电及雷曼光电等一大批国内外龙头企业LED项目落户仲恺高新区，区内LED产业初步形成集上游外延片、中游芯片及下游封装应用等为一体的完整产业链。

【第二届中国惠州物联网·云计算技术应用博览会】 于2013年11月1～3日在惠州会展中心举行。该届云博会签订投资合作项目25个，金额195.70亿元；签订意向合作项目480个，金额12.65亿元；签订销售合同

96个，金额5.67亿元；参展企业达成意向代理（经销）商410家；现场参观人次12.4万，其中专业观众7600多人。

云博会期间，惠州市政府与乌克兰国立技术大学签订科学技术与教育领域合作框架协议。云博会上还举办高峰论坛、“2013亚太云端应用创新论坛”“2013香港及国际物联网专业应用方案论坛”和“惠州·云计算应用发展需求对接会”等论坛。

【中国首个电视机博物馆在惠州揭牌】 2013年11月14日，惠州仲恺高新区工业旅游启动暨TCL电视博物馆揭牌仪式在TCL液晶产业园举行。TCL电视博物馆是中国首个以电视机为藏品的博物馆，高新区工业旅游的启动填补惠州市工业旅游空白。启动仪式上，高新区向可口可乐公司、富绅公司、天敏科技公司、华阳集团、伊利乳业公司5家公司授予“广东省工业旅游示范基地创建单位”牌匾。

【惠州仲恺高新区获授国家新型工业化移动智能终端产业示范基地】 2013年3月21日，工信部公布第四批“国家新型工业化产业示范基地”名单，惠州仲恺高新区国家新型工业化移动智能终端产业示范基地榜上有名。

仲恺高新区国家新型工业化移动智能终端产业示范基地已初步发展成以TCL移动、三星电子、德赛视听、龙旗等为龙头的移动通讯智能终端产业和以TCL显示、创维、康冠等为主导的显示终端产业以及以德赛西威、华阳通用、天缘为主的车载终端三大支柱性产业。是年，该基地实现总产值1552亿元，占全区规模以上总产值的78%。

（张世开　钟景业　刘惠慧　邹莹莹）

生态环境

【耕地保护】 2013年，广东省下达惠州市高标准基本农田建设任务16666.67公顷。惠州市国土资源局协调农业、水务、财政等部门，整合各种涉农地资金，全面开工建设。2013年度高标准基本农田建设任务14286.67公顷，基本完成所承担的项目选址、测量及规划设计等前期工作。制订《惠州市基本农田保护补贴办法》，累计与农户签订基本农田保护责任书110301份，整治基本农田保护标志牌859个。惠州市承担的9个国家、省级投资土地开发整理项目全部完成，建成标准农田7162.47公顷，新增耕地面积509.87公顷。全市有耕地面积149333.33公顷，其中基本农田面积131182.47公顷，完成省下达惠州的目标任务。

【重点流域综合整治】 2013年，惠州市淡水河和潼湖流域“两河”流域新增污水处理能力4万吨/日，新建截污主干管网48千米、支次管网53千米，关停重污染企业42家。开展15个农村环境连片整治，新建成农村生活污水处理设施33个，在建22个。新建成镇级生活垃圾转运站18个，在建26个。省人大组织的第三方评估考核结果显示，惠州市淡水河紫溪断面COD、氨氮和总磷2013年均值分别为15.79mg/L、3.96mg/L、0.24mg/L，优于上游深圳来水水质；潼湖平塘COD、氨氮和总磷2013年均值分别为24.92mg/L、3.77mg/L、0.74mg/L，赤岗村COD、氨氮和总磷2013年均值分别为25.38mg/L、5.17mg/L、0.57mg/L，基本达到年度目标任务要求。

【生态示范创建】 2013年，惠州完成8个国家级生态乡镇、45个省级生态乡镇申报工作，其中45个拟创建省级生态乡镇由省环保厅组织的专家组进行现场核查。新创建市级生态示范村342个。至年底，全市有广东省生态乡镇8个，国家级生态村1个，省级生态示范村10个，省级生态示范园2个，市级生态示范村594个，市级生态示范园1个。

【宜居城乡创建】 2013年，惠州市推进宜居城镇创建工作。惠东县巽寮镇和博罗县石湾镇2个镇和惠城区三栋镇上洞村、惠城区汝湖镇南新村、惠城区芦洲镇岚田村、惠城区水口街道樟霞村、惠城区三栋镇坝山口村、惠阳区秋长街道周田村、惠阳区平潭镇新圩村、惠东县稔山镇新村村、博罗县石湾镇铁场村、龙门县龙城街道横田村、大亚湾开发区霞涌街道新村村、仲恺高新区沥林镇君子营村12个村成为第三批广东省宜居示范城镇和宜居示范村庄。惠东县巽寮滨海旅游度假区、博罗县石湾镇、龙门县南昆山生态旅游区3个城镇和惠城区马安镇新楼村、惠阳区平潭镇新圩村、惠东县大岭镇彭白村、博罗县罗阳镇鸡麻地村、龙门县龙城街道林村村、大亚湾开发区澳头街道黄鱼涌村、仲恺高新区沥林镇君子营上围村等28个村庄成为惠州市第三批宜居示范城镇和宜居示范村庄。

（张世开　钟景业　刘惠慧　邹莹莹）

经济社会发展概况

【经济平稳较快发展】 2013年，惠州市实现地区生产总值（GDP）2678.4亿元，比上年增长13.6%。其中，第一产业增加值136.7亿元，比上年增长3.6%；第二产业增加值1550.6亿元，增长16.0%；第三产业增加值991.1亿元，增长11.0%。三次产业结构调整为5.1∶57.9∶37.0。民营经济增加值1018.9亿元，比上年增长13.8%。人均地区生产总值57144元，按平均汇率折算为9227美元。

【财政收入增长迅速】 2013年，惠州市地方公共财政预算收入250.1亿元，比上年增长24.5%；地方公共财政预算支出328.1亿元，增长19.7%。其中，教育支出72.6亿元，比上年增长16.0%；社会保障和就业支出26.8亿元，增长21.9%；医疗卫生支出26.3亿元，增长20.5%；节能环保支出28.6亿元，增长281.1%；农林水事务支出26.5亿元，增长0.5%。税收总收入728.7亿元，增长3.5%。其中，国税收入522.6亿元，比上年下降1.3%，国税中的国内税收收入342.2亿元，增长12.5%，国税中的海关代征税180.5亿元，下降19.9%；地税206.1亿元，增长17.9%。

【居民消费价格小幅上涨】 2013年，惠州市区居民消费价格总水平（CPI）比上年上涨2.1%。其中食品类上涨4.6%，居住类上涨2.3%，衣着类上涨1.9%，家庭设备用品及维修服务类上涨1.4%，烟酒类上涨1.1%，医疗保健和个人用品类上涨0.5%，娱乐教育文化用品及服务类下降2.5%，交通和通信类下降0.1%。工业生产者出厂价格指数（PPI）下降2.9%。

【就业形势基本稳定】 2013年，惠州市城镇新增就业人员65603人，下岗再就业人员

2013年惠州市国民经济发展情况

指标名称	单位	实绩	比上年增长（%）
地区生产总值	亿元	2678.35	13.6
第一产业增加值	亿元	136.67	3.6
第二产业增加值	亿元	1550.59	16.0
工业增加值	亿元	1464.70	16.6
第三产业增加值	亿元	991.09	11.0
人均地区生产总值	元	57144	12.8
规模以上工业总产值	亿元	6518.66	18.0
农林牧渔业总产值	亿元	217.77	3.0
固定资产投资	亿元	1401.30	18.6
社会消费品零售总额	亿元	857.91	13.5
外贸进口总额	亿美元	240.72	18.6
外贸出口总额	亿美元	333.21	14.1
实际利用外资	亿美元	18.34	6.2
地方公共财政预算收入	亿元	250.11	24.5
地方公共财政预算支出	亿元	328.10	19.7
城镇居民人均可支配收入	元	32992	10.1
农村居民人均纯收入	元	14029	13.0

21198人，转移农村劳动力10627人，就业困难人员再就业3453人。年末城镇登记失业率为2.25%，比上年末下降0.1个百分点。

（张世开　钟景业　刘惠慧　邹莹莹）

体制改革

【事业单位改革】　2013年，惠州市深入推进事业单位分类改革。确定13个市直事业单位的类别，至年底，全市分类事业单位占事业单位总数的98.2%。

是年，惠州市出台《惠州市教育事业单位公开招聘人员工作暂行规定》及《惠州市卫生事业单位公开招聘人员工作暂行规定》。开发事业单位人事管理系统。

全市完成人员聘用的事业单位2239个，占全市应聘单位总数的72%；全市签订聘用合同6.8万人，占应签订聘用合同人数的83%。全市有136个事业单位进行公开招聘人员工作，有12197人参加考试，招聘人员共计1141人。

【国有企业改革】　2013年，惠州市妥善安置企业员工，强化退市企业资产的监管，防止国有资产流失。至年底，经退市办批准实施退市312家，其中破产99家，关闭213家；已完成安置企业285家，共安置职工5473人，总安置费用14795.29万元，其中财政资金13134.08万元，企业自筹资金1661.21万元。

【行政审批制度改革】 2013年，惠州市出台《惠州市人民政府第五轮行政审批制度改革调整事项目录（第二批）》，调整事项共195项，其中取消事项32项，下放事项19项，承接国家、省下放事项140项，新增省委托事项4项。制定出台《关于加强对行政审批制度改革调整事项监管的实施意见》《政府向社会转移职能工作方案》等相关配套措施。推行注册资本“零首期”和“认缴制”，建成“惠州网上注册易”服务平台，实现“易咨询、快反馈，易注册、快办结，易监管、快联动”，企业登记注册效率提升60%以上。

【社会保障体制改革】 2013年，惠州市印发《惠州市城乡居民社会养老保险暂行办法》，将惠州市先行开展的被征地农民养老保险和农村独生子女纯生二女结扎夫妇养老保险制度统一并入城乡居民社会养老保险制度合并实施。按照“政府保基本、商业保大病”的指导思想，于7月1日起实施商业保险大病二次补偿，年度内住院医疗费用（含起付标准）总额超过1万元的部分再报销95%，形成多层次的医疗保障体系。

（张世开 钟景业 刘惠慧 邹莹莹）

基础设施建设

【地方公路管养】 2013年，惠州市地方公路管理总站管养全市农村公路里程为9513千米，其中县道919千米、乡道5378千米、村道3216千米、桥梁1667座42221延米，公路经常性养护率县道100%、乡道67.8%、村道51.1%，平均好路率县道为86.6%，硬底化乡村公路为76.5%。1041个行政村全部实现通行政村公路硬底化目标，基本实现100%镇有客运站、100%符合通客车条件的行政村通客车和100%有候车亭。

【管道燃气建设】 2013年，惠州市铺设城市地下供气管网983.6千米，基本覆盖市区各大片区。管道燃气报装用户24.4万户，投入使用13.7万户；瓶装燃气用户7.4万户。全年生产供应燃气销售33955吨。其中，液化石油气22672吨，液化天然气11283.3吨。拓展新用户20724户，新增点火15825户。新增工程建设投入10807.7万元，完成地下供气管网施工125.2千米，安装户内管29215户。

【交通基础设施建设】 2013年，惠州市完成交通固定资产投资135亿元，比上年增长18%。其中，铁路轨道完成投资36亿元，高速公路完成投资40.2亿元，普通公路完成投资24.9亿元，港口航道完成投资21亿元，站场等其他交通完成投资12.9亿元。

普通公路建设 国道G205线文明示范路工程大修路段完工。省道S356线惠阳环城路、省道S356线平山至多祝段和省道S357线路面大修工程主体完工。省道S120线水口至河源路段完成工程可行性研究报告编制和专项评估咨询单位的招标工作。省道S119线完成初步设计，正开展施工、监理招标。省道S358线新圩路段完成工程可行性研究报告编制。

高速公路建设 惠大高速公路完成投资16.8亿元，广惠高速公路东延线完成投资

3.6 亿元，从莞高速公路惠州段完成投资 5.1 亿元，大广高速龙门段完成投资 1.8 亿元，惠深高速公路惠州段改扩建工程完成投资 4 亿元，潮惠高速公路惠州段完成投资 3.1 亿元，汕湛高速博罗段完成投资 3.1 亿元。

惠州机场建设　至年底，惠州机场完成项目投资 3.5 亿元，供水、供电、道路、通信、排涝等市政配套工程按民航要求基本建成，机场路一期全部完成。占地 300 公顷的机场改造及配套道路建设纳入交通战备建设项目。

客运枢纽站建设　惠州市汽车客运南站累计完成投资 2.5 亿元，完成市中心客运枢纽、客运三栋站和客运东站工程可行性研究报告的编制工作，取得项目规划条件告知书，市国土部门和惠城区政府进行项目用地盘整工作。

国省道建设　做好境内 2 条国道、13 条省道 962 千米国省干线的管养，完成国道 205 线国道改造示范工程惠州段路面改造工程、惠州大道东段改造工程、惠州机场路一期建设工程、省道 340 线博罗县秀埔至石坝段路面改造工程、省道 357 线惠阳段路面改造工程建设。

港口建设　完成荃湾港区国际集装箱码头等 7 项重点工程投资 18.51 亿元，完成荃湾主航道荃湾作业区段疏浚扩建工程。惠州港第 1 艘专业引航艇完成建造并投入使用。

公交客运建设　惠州市公共汽车总公司经营公交线路 47 条，经营线路总里程 747 千米，投放运营公共汽车 587 辆；经营出租车 100 辆。公共汽车营运里程 4031 万千米，比上年减少 1038 万千米；全年出租车营运里程 1500 万千米，载客里程 950 万千米，与上年基本持平。

【市政道路桥梁建设】　2013 年，惠州市惠城中心区建成使用的市政道路、桥梁总长 233 千米，总面积 786 万平方米，桥梁、隧道总数 63 座。全年市政道路桥梁设施管养维护投入资金 2300 万元；维修路面 4.89 万平方米；人行道 8.17 万平方米。市政道路桥梁设施完好率达 95%以上。全年办理市政公用设施移交 18 宗，市政工程施工许可报建 18 宗，监理报建备案 21 宗，开设路口及人行道改造许可 14 宗，城市排水许可 94 宗，临时占道许可 1 宗，破挖城市道路许可 14 宗，查处私自破、挖、改市政设施行为 6 宗，各类档案归档 1800 多卷。“数字市政”项目基本完成一个中心、两个平台、三个子系统和多功能监控指挥中心、市政公用事业基础地理信息平台的建设。全年通过市政联合巡查上报问题 1915 宗，及时处理问题 1892 宗，办结率为 98.8%。

【城市照明设施建设】　2013 年，惠州市组织实施文华二路北段路灯工程、市区主干道路灯灯杆夜景灯光工程、三环路道路路灯工程、四十二集团军文艺队至鳄湖路路灯工程等 8 项照明工程。全年安装路灯 1454 座 3827 盏，铺设线路 12.1 万米，安装变压器 25 台，配电器 34 台。维修更换各种灯泡 13632 盏，维修及更换电线 30844 米，维修电表箱 84 个，维修更换镇流器 3169 个、触发器 3343 个。至年底，城市照明线路总长 1076 千米，灯具总量 82189 盏，城市照明设施完好率、亮灯率达 98%，均优于 95%的国家标准。“数字市政”子系统之一的城市照明监控中心建成并投入使用，市区有 244 个城市照明节能控制箱接入城市照明自动化监控管理系统；基本完成市区主要道路公共照明 LED 路灯节能改造。

【重点水利工程建设】 2013年，惠州市列入重点项目的4个水利工程项目完成年度投资47875万元。其中，金山河小流域和水环境综合整治工程基本完成建设任务；马安围平马围合围安全加固工程完成投资5050万元；东江高新科技开发区防洪排涝整治澳背主排渠工程完成投资3010万元；潼湖东岸泵站更新改造工程完成投资3895万元。

是年，惠州市列入省民生水利五项工作方案的416个项目（2012～2020年），开工建设24个，完成投资6.85亿元。其中，1个示范县、5个重点县、5个示范镇项目全面开工；博罗示范县全部29个项目完工5个、在建14个；5个省级财政农田水利示范镇完成建设任务；博罗、龙门、惠东和惠阳等山洪灾害防治县非工程措施通过验收；农村饮水安全工程全面完成建设任务，受益总人口超过77万。

【网上办事大厅建设】 2013年，惠州市建成“横向覆盖部门，纵向延伸县区”的一体化网上办事大厅。至年底，市直部门进驻服务事项969项，可在线申办962项，占比99%，其中234项服务事项达到三级（全流程网上办理）服务深度，占比24%；县（区）进驻事项5576项，可在线办理5180项，占比92.8%。全市累计网上办事突破700万件。

（张世开　钟景业　刘惠慧　邹莹莹）

现代产业

【旅游业】 2013年，惠州市加大旅游资源开发力度，推动景区升级改造，创新宣传推介模式，提高旅游市场监管水平，提升旅游接待服务能力，推动全市由旅游资源大市向旅游产业大市转变，罗浮山景区成为全市第一个国家AAAAA级旅游景区。全年全市实现旅游总收入212.65亿元，比上年增长15.47%；接待游客3551.52万人次，增长12.64%。其中，过夜游客1501.63万人次，比上年增长14.38%；“一日游”游客2049.89万人次，增长11.39%。

【制鞋工业】 2013年，惠州市皮鞋产量12096.2万双，比上年下降0.6%。全市皮鞋业规模以上企业完成总产值80.08亿元，比上年增长12.5%；实现增加值27.47亿元，增长10.9%。

【服装制造业】 2013年，惠州市服装产量11534.0万件，比上年增长1.6%；布料产量1210.0万米，增长0.6%。全市纺织服装行业规模以上企业完成总产值134.98亿元，比上年增长20.3%；实现增加值31.72亿元，增长19.7%。

【石油化学工业】 2013年，惠州市原油加工量1006.1万吨，比上年下降10.8%；乙烯产量97.7万吨，增长17.2%。全年全市石化行业规模以上企业完成总产值1463.66亿元，比上年增长2.8%；实现增加值314.11亿元，增长9.2%。

【电子信息产业】 2013年，惠州市规模以上电子信息产业总产值3011.6亿元，比上年增长25.2%；完成增加值560.2亿元，增长29.3%，占全市工业比重的40.2%，增幅高于全市规模以上工业增加值11.6个百分点，出口交货值445.5亿元，增长40.5%。

软件产业产值41.5亿元，比上年增长20.6%；全年全市电子行业投资117.58亿元，增长30.1%；TCL、德赛、华阳、侨兴4家企业继续入选“全国2013年（第27届）电子信息百强企业”。惠州三星电子完成销售产值1271亿元，比上年增长48%；TCL集团完成销售产值855亿元，增长23.2%；德赛集团完成销售产值112亿元，增长10.76%，侨兴集团完成销售产值67亿元，增长26.4%；华阳集团103亿元，增长2%；全市累计生产彩电1980万台（行业数，含本土企业外地生产数），增长3.4%，销售1871万台，增长5%（其中LCD电视销量1766万台，增长12%，销量排名全国第一），手机产量2.87亿台，增长55.7%，约占全国产量的20%。在地生产彩电产量1403.84万台，比上年增长5.8%，其中液晶电视1372.1万台，增长19.0%；锂电池产量25880万只，增长82%；激光音、视盘机13464.01万台，下降15.9%；电话单机2228.68万台，增长2.6%；车载导航设备产量530万台。

【现代农业】 2013年，惠州市实现农业增加值136.67亿元，比上年增长3.6%；农民人均纯收入14029元，增长13%，连续7年保持两位数增长，连续8年超过城镇居民人均可支配收入增幅。城乡居民收入比缩小到2.37：1。

现代农业示范基地建设 整合资源建设高标准基本农田1.67万公顷，打造总面积0.27万公顷的现代农业综合示范区7个，成功竞得惠城区省级现代农业示范区项目。至年底，全市有省级现代农业园区12个，园区总面积0.15万公顷；累计建成连片33.33公顷以上的现代农业（种植业类）示范基地119个，其中连片0.07万公顷以上的11个，0.03万～0.07万公顷的30个，标准农田面积4万多公顷。

特色效益农业建设 打造甜玉米、马铃薯、梅菜、荔枝、龙门年橘、石湾韭黄、特色蔬菜、花卉、优质番薯、大顶苦瓜、淮山粉葛、优质紫红茄等12大特色农产品，形成7个相对连片0.33万公顷的特色农业产业带。全年特色农产品种植（含复种）面积14.2万公顷，总产值68.9亿元。

农业产业化进程 全市有各级农业龙头企业240家（其中国家级4家、省级38家、市级117家），年经营收入80亿元，带动农户24万户，户均年增收4800元；新增合作社514个，总数达1206个，成员2.67万户，辐射带动农户17万户，户均增收4200元。

农业科技创新与推广 惠州市拥有1所农业中专学校，1所农干校，4个市级农业科研所，1个省级“农业院士工作站”，24个农业科技创新中心，加强与以色列、深圳华大基因研究院等技术合作，在惠州学院设立“现代农业人才培训基地”和“惠州市新农村发展研究院”，在惠州农校设立“农村实用人才培训基地”。每年引进、试验、示范、推广农作物新品种600多个，每年开展各种形式的农业科技下乡活动900多场次，培训农民2万多人次，服务群众28万人次。全年全市主要农作物良种覆盖率99%，生猪良种覆盖率100%，农业科技贡献率59.5%、比上年提高1.5个百分点。

农业机械化建设 全市农机总动力133万千瓦，实现农业机械原值9.9亿元，水稻耕种收三项综合机械化水平69.4%，比上年增长2.15%。完成农机购置补贴资金3365万元，落实粮食生产农机作业用燃油补贴100万元，建设现代设施农业示范点13个、机械化烘干加工中心4个，全市现代设施农业面积0.75万公顷，粮食日烘干总量1000吨。

农业信息化建设　惠州农业信息网年发布信息2.5万条，访问总量突破2700万人次，连续3年被评为“市级卓越农业政府网站”；编发《惠州农业信息》6期，发行3万册；推出惠州农产品交易网和手机惠州农业网，开发智能农业专家管理系统等5个信息平台，信息服务的路子越拓越宽。

农业标准化和品牌化　累计制定地方农业标准55个，建成农业标准化示范区35个（其中国家级2个、省级14个、市级19个），有“三品”（无公害农产品、绿色食品、有机农产品）认证企业141家、产品272个；有省市级名优农产品109个，其中省名牌产品43个、市名优产品66个。市县（区）两级均建有农产品质量安全检测中心，全市有农业的乡镇（办事处）100%建有农药残留检测站，每年抽检农产品样品30多万个，总体合格率在99%以上。

生态农牧业建设　是年，惠州市世界银行农业面源污染治理项目有序推进，环境友好型种植业示范工程的第一批3个项目镇实施方案通过世界银行评估团的评估，有9个养殖场纳入第一批养殖场废弃物管理示范工程实施项目，占全省15个实施单位的60%。累计建成各类实用沼气池11005个，其中大中型沼气池1169个，总池容31.1万立方米，年产沼气2842万立方米。建成管网式集中供气工程580个，惠及农户3862户；19个猪场实行沼气发电，占全省沼气发电场的60%。

外向型农业建设　是年，惠州市有出口菜场39个，出口畜禽养殖基地30个，畜禽出口加工企业7家，成为中国内地最大的供港蔬菜种植基地。举办第三届惠州农博会，落实签约项目60个，项目总额67.75亿元，比上届增长16%；展示展销农产品1000多个类别1万多个品种，参展企业和科研院校机构300多个，参观群众22.6万人次，评选出我最喜爱的惠州十大品牌农产品。

现代畜牧业建设　全市累计有现代化畜牧业示范基地56个，国家级、省、市级畜牧业龙头企业24家；有年出栏万头以上瘦肉型肉猪的肉猪场43个、年出栏5万只肉禽以上的大型肉禽场41个、年存栏1万只种禽以上的蛋禽场7个，规模场（户）的畜禽出栏量占全市畜禽出栏总量的85%以上。

【会展业】　2013年，惠州市会展中心举办展览、活动、会议76场次，全年场馆使用率为20.2%。全年展馆使用天数176天。全年举办的各类展会覆盖电子信息、汽车、旅游、房产、科技、餐饮等领域，带动全市旅游、交通、服务、房地产、汽车贸易等相关产业发展。

（张世开　钟景业　刘惠慧　邹莹莹）

转型升级

【建筑节能】　2013年，惠州市区新建建筑实行施工图建筑节能设计审查和备案项目121个，建筑面积572.29万平方米，其中：居住建筑面积381.70万平方米，公建面积84.68万平方米，节能变更面积105.91万平方米。年内，全市新建建筑设计阶段执行建筑节能标准比例达100%，施工阶段建筑节能信息公示率达99%，施工阶段执行建筑节能标准比例达99%。施工阶段建筑节能信息公示率达99%，施工阶段执行建筑节能标准比例达99%。公示惠州市76栋国家机关办公建筑及大型公共建筑2012年能耗统计，完成金裕碧水湾居住建筑能耗统计。推广既有建筑节能改造和太阳能热水系统建筑规模化应用，市住房和城乡规划建设局办公大楼改造工程列为惠州市2013年既有建筑节能改造试点项目，市区26个新建项目设计安装太阳能光热或光电系统，太阳能应用面积占新建建筑面积比例的7.2%。推广绿色建筑，2个项目分别获广东省设计类一星A级和二星B级绿色建筑评价标识。

【墙材革新】 2013年，惠州市新型墙体材料包括混凝土多孔砖、蒸压泡沫混凝土砖、蒸压加气混凝土砌块、普通混凝土小型空心砌块、蒸压粉煤灰砖、建筑用轻质隔墙条板、纤维板材、纸面石膏板等产品。年内，全市有67家新型墙体材料生产企业，年生产能力近900万立方米，新型墙材总产量约占全省10%，其中节能效果较好的蒸压加气混凝土企业22家，年设计生产能力509万立方米。实现产品认定全覆盖，实现“禁实限粘”。加大新型墙体材料建筑应用力度，市区内建设项目基本使用新型墙体材料，新型墙体材料使用占总墙体的比例达98%，居全省先进行列。全市新墙材应用量27.61亿标准砖，实现年节约土地303.67公顷，节约能源17万吨标煤，减排二氧化硫3423吨，减排二氧化碳37万吨。

【智慧城市建设】 2013年，为促进中国智慧城市建设健康有序发展，推动中国自主创新成果在智慧城市中推广应用，经全国各地市（区）政府申报、各省科技厅推荐、科技部组织专家评审，10月16日，科技部和国家标准化管理委员会联合公布新一批智慧城市试点城市名单，惠州市成为中国智慧城市建设试点城市。试点城市实施年限为三年。

（张世开　钟景业　刘惠慧　邹莹莹）

城乡发展

【城市规划】 2013年，惠州市完成和正在编制各类城市规划20多项。市区控制性详细规划覆盖范围不断扩大，编制完成小金口金源片区、高新科技产业园南部片区、金山湖地区（调整）、江南（下角、梅湖）地区（调整）等地区5项控制性详细规划；基本编制完成南部新城东区（调整）、三新村局部地块（调整）、江北西区金鸡地区、白石西区、尖峰山地区、惠南大道两侧等地区5项控制性详细规划；正在组织编制火车西站地区、江北火车站地区、水口民营工业园南区等地区3项控制性详细规划。市区控制性详细规划覆盖率达90%。

【城市排水】 2013年，惠州市公用事业局管辖的下水道总长830千米，有泵站14座，市区排水设施完好率达98%。全年清疏排水管道15641米，清疏检查沙井、集水井22422座。更换破损管道978米，更换修复井盖863套，安装侧向排水阀315座，出动清疏车216台班。全年污水收集输送总量为11894万立方米，月均输送量为991万立方米。全年累计组织应急抢险排涝Ⅰ级以上16次，出动应急排涝人员近1440人次，排除内涝积水365处。完成惠州工业园至金山污水处理厂、惠州大桥北桥头、南山大道、惠博快速路、东湖北路、江北45号小区等

11条道路的排水设施移交工作，排水管道总长62.7千米。完成市政排水设施巡查PDA管理系统升级工作，增设7个易积水点排涝视频监控点，市区13个易积水点全面覆盖；完成市区234条道路的27086座排水检查井内安装防坠网工作。

【城市供水】 2013年，惠州市实现售水量12906万吨，总产值22884万元。铺设管径75毫米及以上管道25千米，改造完成管径100毫米以上管道2千米，管径100毫米以下管道18千米。水质检测能力达到125项，水质综合合格率为99.89%，优于《生活饮用水卫生标准》水质综合合格率不低于95%的考核指标。推进潼湖水厂首期20万吨/日建设工程，至年底投入资金达2.9亿元。按照分片区经营管理的模式，推进供水一体化工作，接管永湖镇、良井镇和平潭镇的供水市场。

【城市园林绿化】 2013年，惠州市区城市园林绿地面积7705.26万平方米，绿化覆盖率41.23%，绿地率37.24%，人均公园绿地面积16.80平方米。其中，惠城中心区园林绿地面积3966.12万平方米，绿化覆盖率43.62%，绿地率39.04%，人均公园绿地面积17.55平方米。园林绿地管护取得新进展。至年底，实施市场化养护绿地面积369.6万平方米，卫生保洁面积24.6万平方米，水域保洁面积11.6万平方米，行道树58155株；全年累计新增绿化管养面积20.3万平方米。市园林局组织实施园林风景建设项目20个，计划总投资6.71亿元，江北新湖公园和文星公园建成开放，金山湖公园（二期）正在建设。市园林局指导培育苗木23个品种6.9万株（袋），西湖和红花湖景区接待游人1140万人次，下埔滨江公园文化广场举办各类晚会演出和公益活动58场。

【名镇名村规划】 2013年，惠州市组织开展平潭镇、矮光村等名镇名村创建点的建设规划编制。完成惠东县巽寮全国特色景观旅游名镇核心景观资源的登记上报工作，组织指导博罗县龙华镇旭日村、惠城区横沥镇墨园村等2个村开展第三批全国特色景观旅游名镇名村示范申报工作。惠阳区周田村、茶园村、龙门县绳武围等3个村落被列入第二批中国传统村落名录，完成第一批中国传统村落档案成果登记和保护发展规划大纲编制。组织开展《惠州市传统村落保护规划研究》和墨园村等4个村历史文化名村保护规划编制，组织指导惠城区墨园村、博罗县旭日村等2村申报全国历史文化名村。推荐上报惠东县吉隆镇、稔山镇等8个镇为全国重点镇。

【城中村改造】 2013年，惠州市水北村二期、惠城区小金口街道金鸡村陈塘村、大亚湾经济技术开发区澳头街道妈庙村、西区街道上田村、惠阳区淡水街道坝尾村5个大中城市城中村改造项目计划投资3.5亿元，至年底，5个大中城市城中村改造项目完成全年投资计划的65%。推动惠城区燃气项目建设，完成年度投资计划的120%。水东街改造项目稳步推进。组织编制《青年河水清岸绿工程规划》，启动《惠州市（惠城组团）地下管线综合管廊专项规划》编制工作。

【房地产市场】 2013年，惠州市房地产市场总体态势健康平稳。全年完成房地产开发投资593.47亿元，占全市固定资产投资的42.4%，比上年增长23.1%。商品房新增上市面积1388.72万平方米，比上年增长47.57%。至年底，全市商品房累计可售面积981.86万平方米，市场供应相对充足。全市全年新建商品房成交面积1149.46万平方米，比上年增长39%，居全省第二位。新建商品房成交均价5917元/平方米，比上年增长6.11%，其中商品住房5659元/平方米，增长5.72%。

【保障性住房建设】　2013年，惠州市继续完善住房保障制度，推进保障性安居工程建设，全年建设保障性住房3245套。其中，新增建设任务为公共租赁住房2165套，华侨农场危旧房改造1000套。5月，广东省住房保障工作目标责任考核组对惠州市2012年度住房保障工作完成情况进行考核，惠州市获得优秀等级。惠城区东安花园二期保障性住房项目进行主体工程施工，进展顺利。

【公租房配租】　2013年5月和11月，惠州市在惠城中心区开展两批公租房配租工作，经过三审三公示和电脑公开摇号，2249户符合条件的家庭入住公共租赁租房。异地务工人员和城市新就业人员纳入保障范围，并为2271户住房保障家庭发放公租房租金补助522万元。

【市容市貌执法管理】　2013年，惠州市推动市容市貌常态化管理，细化落实网格管理责任，抓好门前秩序管理责任制的落实，签订《街道门前秩序管理责任书》1万多份。牵头组织辖区政府及相关市直部门按照“一市场一整治方案”的要求，整治龙丰市场、桥东市场、南门市场等市场周边市容环境，规范整顿市场周边的“天光圩”、灯光夜市和临时摆卖点，维护市场周边市容秩序。加大“六乱一跨”、夜间大排档、泥头车污染路面等重难点问题的专项整治力度，优化市容市貌环境。全年开展各类集中整治行动3702次，清理“牛皮癣”83753处（张），拆除横幅标语17443条，教育规劝乱摆卖行为、流动摊档、占道经营行为222369人次。坚持“疏、教、管”并举，实行“三教而罚”的人性化管理措施，达到教育大多数人讲文明提素质的目的。在“三乱两随”整治行动中，累计教育规劝3256宗，处罚389宗。

【城乡客运一体化】　2013年，惠州市成立基本公共服务均等化综合改革试点公共交通专题工作领导小组，制订《惠州市基本公共服务均等化公共交通专题2013年度工作方案》，完成12个公共交通专题项目。

实施公交优先发展战略，新增公交线路20条，新增公交车261辆，超额完成年度计划新增公交线路15条、新增公交车230辆的目标任务。市区中心区每万人公交车拥有量达18.5标台，居全省同类城市前列；完成东部客运整合，投放30辆环保型公交车开通惠城区至惠东县公交线路；新增9条公交线路与厦深铁路惠州南站、惠东站对接，实现高铁与公共交通的无缝对接。

扩大农村客运覆盖面，实现城市公交由县城至周边乡村80%覆盖；完成6条道路短途客运班线公交化改造；升级改造全市180个2009年以前建设的农村客运候车亭，将全市53个乡镇客运站、1313个农村客运候车亭纳入统一管理和养护。

完成出租汽车经营权招标工作，完成惠城区、仲恺高新区300辆出租汽车经营权招标工作，新车于年底逐步投入运营。

完成惠城区出租汽车“油改气”工作，制订《惠城区出租汽车“油改气”实施方案》，对符合改装条件的568辆出租汽车完成“油改气”并投入使用。

（张世开　钟景业　刘惠慧　邹莹莹）

社会建设

【概况】　2013年，惠州市公共财政民生支出224.8亿元，比上年增长22.6%，占公共财政预算支出的68.5%，十件民生实事66个民生实事项目全部完成年度目标任务。基本公共服务均等化综合改革14个专题、219个项目基本完成，提前基本实现国家基本公共服务体系“十二五”规划目标。新增优质（市一级以上）幼儿园91所，新建和改扩建中小学校18所，新增公办学位10274个，建成市技师学院二期工程。成为推进义务教育均衡发展国家示范市。实施国家基本药物制度，县级公立医院改革试点顺利推进。实施商业保险大病二次补偿，参保人年度内产生的住院医疗费用个人自付部分（含起付标准）总额超过1万元的再报销95%；居民医保财政补助标准提高到每人每年300元，门诊特定病种增加到26种。文化惠民卡试点工作推进，跻身第二批国家公共文化服务体系示范项目创建行列。以全省第一名通过全国城市文明程度指数测评。社会保障水平大幅提高。城镇新增就业人员6.56万人，下岗失业人员再就业2.12万人，新转移农村劳动力1.05万人，城镇登记失业率为2.35%。城乡居民养老保险实现全覆盖，城乡低保标准由385元提高到430元。全市发放低收入群众临时价格补贴695万元。城镇“三无”人员供养标准达到1300元/人/月，孤儿最低养育标准达1200元/人/月，80岁以上户籍老人的政府津贴每人每月提高到100～500元。建设保障性住房3385套，发放公租房租金补助522.66万元

【科技事业】　高新技术产业发展　2013年，惠州市高新技术产品产值达3200亿元，占规模以上工业总产值比重达49%，占比排名高居全省第二。全市新认定高新技术企业37家，全市认定高新技术企业共163家；新认定省创新型企业4家，省创新型试点企业5家，全市有国家创新型企业1家、试点企业1家，省创新型企业24家、试点企业7家；共有70家企业147种产品获省高新技术产品认定。全市LED全年产值380亿元，产业规模超过广州等市，位列全省第二（仅次于深圳）。全市LED照明产品推广应用工作走在全省前列，LED路灯及隧道灯完成招标数12.6万盏，位居全省第二，新建道路照明项目全部采用LED灯。

科技研究与开发　是年，惠州市组建省级工程中心15个，市级工程中心24个，全市企业技术创新平台达189个。支持外资企业在惠州建立研发机构，至年底，科锐光电、TCL罗格朗、宝柏包装等外资企业在惠设立研发机构。仲恺高新区在美国波士顿率先建立海外孵化器，启动陈江LED、惠环移动互联网专业孵化器建设；东江科技产业园科创大厦、惠南科技产业园科创中心加快建设，加速形成“孵化器+加速器+服务中心”孵化体系，促进“外地研发惠州应用”。通过开展“分类培训、筛选指导、陪练提高、调研培育、汇报亮点”五步工作法，支持企业申报科技项目。推荐申报国家级科技项目76个，其中国家863计划6个，国家

科技型中小企业技术创新基金项目70个；申报省级科技项目共233个，其中战略性新兴产业核心技术攻关项目28个，LED产业项目11个，省部院产学研结合项目73个，高新技术产业化项目30个，星火计划项目14个，省数控一代机械产品创新应用示范工程专项资金项目9个；下达2013年度惠州市技术研究与开发资金计划项目90个，三大集团科技专项17个，涉及项目经费3900万元。至年底，惠州市有24个国家科技型中小企业技术创新基金项目立项，共获1405万元资金扶持；7个省战略性新兴产业专项资金LED产业项目进入考察阶段。年内新增2个广东省专业镇，至年底，全市有19个省级专业镇。中山大学惠州研究院全面运行，武汉大学深化合作并建立技术转移中心，北京化工大学组建惠州研究院，暨南大学共建协同创新中心达成初步协议。推动“惠州广东工业大学物联网协同创新研究院”和“中科院自动化研究所”建设。

国际科技合作　是年，惠州市引进国际高端创新资源，加强与独联体国家、以色列等科技强国合作，在电子信息、石油化工、新能源汽车、新材料、现代农业等领域，联合建立高水平的科技研发中心。分别与乌克兰国家科学院、乌克兰国立技术大学签订系列合作协议和科学技术与教育领域合作框架协议，拟联合组建技术转移中心和科技成果转化中心，推动乌克兰国立技术大学分校和中乌科技园建设，促进乌克兰和世界先进的技术项目、人才团队落户园区。规划建设“潼湖智慧城”，形成技术创新与高端人才集聚区，重点加强与城南市协调沟通，力争建立“中韩科技园”；与以色列、独联体国家联合建立国际科技合作园；与著名高校和科研院所联合建立大学创新园。

科技成果与专利　是年，惠州市实施知识产权战略，推进创建国家知识产权示范城

2012~2013年惠州市社会事业情况

指标	单位	2012年	2013年
普通高校	所	3	3
普通高校在校学生	万人	2.43	2.70
中等职业学校和技工学校	所	39	33
中职和技校在校学生	万人	9.79	9.58
普通中学	所	214	221
普通中学在校学生	万人	29.66	28.73
小学	所	472	460
小学在校学生	万人	42.11	44.56
医院、卫生院	所	137	139
医院、卫生院床位	张	14485	16258
群众艺术馆、文化馆	个	6	6
公共图书馆	个	5	5
博物馆	个	6	6

市工作。全市申请专利量达15168件，比上年增长53.32%，增幅连续5年位居珠三角第一。专利申请在保持“量增”的同时，逐步实现向“质升”转变，全年发明专利申请量达2467件，比上年增长47.2%；发明专利授权量达467件，增长50.65%，TCL集团的2个专利技术项目获2013年度广东专利优秀奖。启动知识产权质押融资，解决中小科技型企业创业融资难题。启动专利资助网上申报管理系统，提高工作效率和管理水平，增强专利资助政策透明度。在惠州学院开设法学·专利代理方向双学位辅修专业，为专利代理行业的持续发展培育专业人才，成为全国样板。专利行政执法成效显著，全年查处假冒专利案件83件，调处专利侵权纠纷案件10件。完成成果鉴定31项，成果登记29项，产业技术研究与开发资金项目428个，科技类民办非企业单位设立审查5个，科技计划项目结题验收296个，市科研课题阶段性小结145个。认定市农业科技创新中心4个。完成技术合同认定登记核准9份，合同交易额9502万元。

【教育事业】 2013年，惠州市有各级各类学校1200所（其中技工学校9所），在校生992742人（其中技工学校在校生30814人），比上年增加59759人。全市教职工总数67963人，其中专任教师54543人。围绕尽快进入珠三角第二梯队的总目标，以“创建广东省推进教育现代化先进市”为总抓手，完成全年教育工作的目标任务。惠阳、惠城、大亚湾、仲恺高新4个区通过广东省推进教育现代化先进区督导验收；惠州市承担的推进义务教育均衡发展国家教育体制改革项目通过专家评估验收，由“试点”转为“示范”项目；全市高考本科上线达1.3万人，比上年增加1942人，占全省增长总数的1/7；秋季学期起全面实施义务教育阶段学生营养改善计划。

学前教育　是年，惠州市有幼儿园480所，在园幼儿163139人。提前完成学前教育三年行动计划目标任务，基本建立“保基本、广覆盖、促普及”的优质学前教育公共服务体系，全市规范化幼儿园比例达82.3%，全市幼儿三年毛入园率为96.1%，公办性质幼儿园比例达33.1%。加快学前教育优质发展，全市新增优质（市一级以上）幼儿园91所，全市优质幼儿园比例超过40%，比上年提高21个百分点。全市幼儿生均保教费为每月400元；农村幼儿教学点月保教费一般在200元以下，减轻农村家庭子女学前教育负担。全市随迁子女占在园幼儿总数的38%，与户籍人员享受同等平价收费待遇。坚持政府主导，通过统一规划、统一配置、统一预算，促进学前教育资源均衡配置。全年全市各级财政投入学前教育各类工作经费1.6亿元。建立完善学前教育资助体系，全市投入2474万元，对本市户籍困难家庭、孤儿、残疾、留守儿童入读幼儿实施补贴每人每年1000元，共资助10790人；对所有入读符合普惠性收费标准幼儿园的儿童按照每人每年400元的标准实施资助，共资助34897人。在满足孩子“有园上”的基础上，通过“强园扶弱园、公办帮民办、优质带一般”的“一体帮扶”办园模式，提升学前教育质量水平，实现“上好园”目标。实施“园长、教师专业化发展工程”，通过统一培训、统一评定、统一教研的“一体培养”模式，促进幼儿园教师队伍教学水平和整体素质的大幅提升。

特殊教育　是年，惠州市有特殊学校6所，在校生866人，专任教师213人。发挥市特殊学校教育资源优势，启动县（区）教师跟岗学习培训项目。11月中旬，龙门县特殊教育学校30名教师分三批到市特殊学校跟岗学习，开辟县（区）特殊教育教师学习交流的新平台。利用惠州市特殊学校的办学经验和管理资源，开展送课下乡活动。市特殊学校成立专门指导小组，在学校管理、学校设施设备、特殊教育政策和法规等方面提供咨询，并在招生、师资培训上给予县（区）特殊教育以帮助和支持，同时组织本校各学科骨干教师24人次送课下乡到博罗、惠阳、惠东、龙门等新建特殊教育学校，深入课堂上示范课。在2013年广东省计算机教育软件评审结果暨第十七届全国多媒体教育软件大奖赛中，市特殊学校的信息技术与学科教学整合课例《老山羊请客》、多媒体课件《小壁虎借尾巴》分获国家一、二等奖。

普通教育　是年，惠州市有中小学校681所，在校生732925人。年初全市计划新建和改扩建中小学校18所，新增公办学位10274个，年底全部项目完成。其中，仲恺高新区总计投入2.7亿元，在原定计划建设3所学校新增3000多个学位的基础上，增加建设（含改扩建）学校7所，共计新增学位12440个。秋季学期起全面实施义务教育阶段学生营养改善计划，市财政向各县（区）拨付补贴资金1068.5万元，全市22772名学生每人每天享受4元的营养补助，按每学年200天计算，全年每人补助800元。直分优质高中教育资源，全市省一级和国家级示范性普通高中学校的计划内招生指标的40%～55%直接分配到全市初中学校（包括民办初中学校），比上年提高5个百分点，全市近9000名学生从中受益。开展强弱学校“兼管”与“托管”改革大行动，以镇中心小学或初中强校为中心总校，对全镇其他小学或同区其他初中弱校实行兼并管理，被兼并的学校作为中心总校的分校区，分校校长兼任总校副校长，在人事权、财务权和教学组织等管理方面，实行中心总校“一盘棋”统筹管理。推行优质教育资源城乡共享，全市166个教学点各配备一套卫星接收和多媒体互动电教平台，加快数字化优质教育资源的普及共享。实行教师“刚性流动”，秋季学期，全市有43名中小学校长轮岗交流，76名骨干教师到农村学校或薄弱学校任校长、副校长，417名优秀教师到农村学校或薄弱学校支教，3855名教师纳入“县（镇）管校用”，解决规模较小的农村学校专业教师学科结构问题，提高专任教师专业对口比例。开展农村学校“联片教研”，各镇中心小学设兼职教研组长，统筹组织全镇小学教研活动。初中主要以片区为单位组织教研活动。每个片区设立各学科兼职教研员，开展集体教研和备课活动，并在平时的教学实践中自主开展教学研讨、定期观摩等。

中等职业技术教育　是年，惠州市有中职学校24所，在校生64998人，比上年减少4896人，毕业生21743人；市技工学校9所，在校生30814人，增加2856人，毕业生10271人。全市中职学校招生23203人，技工学校招生11263人，合计招生34471人。职业教育基础建设资金投入1.56亿元。惠州商贸旅游高级职业技术学校位列2013年度广东中等职业教育院校竞争力第一名。2013年护士执业资格考试中，惠州卫生职业技术学院护理系中职生考试总通过率为95.64%，位居全省护士资格证考试总通过率榜首。惠州工程技术学校的汽车运用与维修专业通过省教育厅重点建设专业点的评估；

选拔和直接推荐154名优秀选手参加全省中职学校技能大赛，其中惠州工程技术学校学生获得艺术插花项目和种子质量检测项目两个一等奖。组织全市60多所高中阶段学校在市区滨江公园及各县（区）文化广场举办5场高中阶段学校办学成果展示暨招生咨询会。职业学校聘请行业和企业、工厂的技术专家到校讲学，担任学校顶岗实习生指导教师，聘请行业中有实践经验的专业技术人员担任兼职教师，实现教师与师傅、教师与学生、学生与教师和师傅、学生与学生的多向互动。开展社会人才培训，面向社会开展电子电工证书班、导游证培训班、烹饪短期培训，财会电算化、计算机应有等社会急需的技能人才培训，同时与相关职能部门合作开展岗位培训，全市职校各类培训量每年达到近万人次。惠州卫生职业技术学院完善集职业培训与鉴定、产学研与技术服务、对口支援与交流于一体的社会服务体系，为区域产业发展培养急需人才，拓展社会服务功能，依托"校院（企）行"合作平台，建立"教、学、研"一体化的职业教育和职业教育培训模式，形成长效机制，年培训量达2000人次以上。加强特色专业建设，引导学校根据地方产业结构调整优化专业结构，支持学校设置新兴专业或紧缺技能人才培养；指导学校开展专业内容与国家职业资格标准衔接的研究，开发专业课程。

【文化事业】 2013年，惠州市有文化馆6个、乡镇（街道）综合文化站73个、县级以上公共图书馆6个、博物馆（纪念馆）6个。全市文化、文物事业机构101个，从业人员1310人。其中：艺术事业机构2个，从业人员25人；群众文化事业机构79个，从业人员511人；公共图书馆事业机构5个，从业人员158人；文物事业机构6个，从业人员166人。全年全市文化、文物事业费总支出20768.5万元，比上年增加3714.9万元。实施文化下乡进社区服务工程，开展文化下乡进社区活动，全市文化工作者送戏下乡进社区270场，送电影下乡进社区12492场，送书下乡进社区104000册次。

文学艺术活动 是年，惠州市坚持文化惠民，丰富人民精神文化生活，开展"走、转、改""迎、讲、树"和"艺润万家"惠民活动，践行"共筑中国梦，当好建设者，同铸文明城"活动主题和文艺界核心价值观，举办20场文艺活动。主要有："惠风和畅"安想珍毛体书法艺术作品展，"魔方色彩"肖加鸿画展、"画说惠州、书写未来"美术、书法、摄影作品广州展和惠州汇报展、中国将军文化艺术协会南方创作基地暨中国将军后代合唱团走进惠州文艺演出、首届流行渔歌创作展演、赵学敏书法艺术展、王玉霞慈善画展、首届百亿国宝进惠州巡展、杨昶元山水画精品展、王学岭书作展、刘克武中国画展、全市小戏小品曲艺大赛、首届民间艺术博览会、摄影作品县区巡展、市青少年钢琴大赛、《新世纪诗典》第二届年度大奖颁奖礼暨惠州诗会等。

文艺创作 是年，惠州市文艺工作者创作和演出不少作品，其中有部分在全国和全省获奖。申平《东坡岭南情》在《中国作家》发表；雪弟获中国小小说金麻雀奖；刘明霞长篇报告文学《乌禽嶂下的中国好人》获得广东省文艺精品创作专项扶持资金；李华生报告文学《纪实惠州》由中国文联出版社出版并在惠州召开高端研讨会。何水泉油画作品入选全国第二届中青年油画展；在"广东省第十二届美术书法摄影作品展"上美术作品毛永获金奖，黄吕平、罗秀芬、石林和、王伟平、吴宝霞获铜奖；余立新国画作品《河山》获“东方红·中国梦——纪念毛泽东诞辰120周年中国书画艺术大展”优秀奖；王宏造作品获“韩国阴城国际美术节”金奖；邱楚莲国画作品《青春进行曲》获“相聚宜兴——全国工笔画作品展”优秀奖（最高奖）；周惠康《素香》获第六届广东省水彩粉画展优秀奖，并入国家青苗画家的培育；陈权枢《秋韵》获广东龙门农民画展银奖；《早春二月》获第六届广东省民间工艺精品展铜奖。李雷作曲《妈妈告诉我》获“美丽中国”全国音乐创作大赛银奖。在省群众文艺作品评比中，姜波作曲《无声的誓言》获一等奖，《罗浮情深》和王伟松作词、姜波作曲《家乡的春分茶》获三等奖；贻萍作词、黄闻滔作曲的《霸王别姬》获“放歌中华”第二届全国大型音乐展评词曲银奖；在省第二届大学生声乐比赛中，陈志祥作词、王振龙作曲《天蓝蓝　海蓝蓝》，王个松参与演唱《天蓝蓝　海蓝蓝》获小组类金奖，李淑珍、王一晴获优秀指导教师；在第二届亚洲国际声乐（合唱）节中惠城区西湖合唱团获混声组一等奖、优秀钢琴伴奏奖，刘扬海获歌剧组三等奖；林碧炼获省青少年键盘乐器大赛教师指导奖金奖；张慧敏获第三届香港国际邀请赛英才导师奖；黄水泉被中国少数民族音乐学会、感动中国新创词曲选拔组委会授予“艺术创作成就奖”；毕践新、黄红英、王少辉、周锐坚、陈志祥、丘金贝、杜洪泉、古东权获颁“2012年度广东省优秀音乐家奖”。在第八届全国戏剧文化奖中黄洁端影视戏剧工作室创作的哑剧小品《阶梯上》获金奖，彭琼香创作的小品《退休综合症》获银奖，苗建宏创作的小剧场话剧《投票》获铜奖；曾荣玲创作的微广播剧《假如》、傅雪梅创作的《玉兰飘香》均获“微风廉影”惠州市首届反腐倡廉微小说、微电影、微广播剧创作大赛（广播剧类）优秀奖。田茂真、陈木弟两人入展“妈祖杯”书法大赛；陈木弟入展全国小品书法展；吴鸿发入展全国“钟繇杯”书法展；黄冠霖、吴鸿发等3人入展全国“袁崇焕杯”书法展；在第四届全国“康有为奖”书法展中潘艳华、杨忠亚、邓梅3人获“康有为创作奖”，卢晖、何宗卫等12人获优秀奖；在广东省“大沥杯”第四届中青展中徐中哲等3人获优秀奖，方赤中、黄海玉等20人入展；在纪念梁启超诞辰140周年“聘园艺轩杯”广东省书法作品展中郭杰、邓梅等3人获优秀奖，刘汉勇等7人入展；在广东省“张九龄”杯书法展中，黄海玉等等3人获优秀奖，温苑雄等3人入展。温世华《芦林仙境》获“庐山梦、中国情”全国摄影艺术大展铜奖；陈竞辉《最后的美丽》、温世华《绚彩夜色》、黄延辉《暖阳》《盛会》《幸福一家》《荷花仙子》《农贸市场新貌》《美丽的家园》《2011年荷花仙子三甲佳丽》入选“等你在桥头”全国摄影大展；陈竞辉《春天的歌》入选“客家风·东江情”全国摄影大展；《初雪》入选法国第10届迦西里“人与自然”国际摄影展；《大漠之旅》入选2013年希腊第一届国际摄影巡回赛；《路径》入选第22届奥地利超级摄影巡回赛；《梦境》入选2013年美国SCENIC　CIEY国际摄影展；温世华《沐浴》入选中国赣州“客家摇篮”全摄影大赛；谢悦《闹火龙》入选2013海外“欢乐春节”主题图片展；《烧炭工》入选《中国摄影家》杂志“光影艺苑”；《热情待客》获2013广东“鑫源食品杯”摄影大赛优秀奖；《捕》获2013《大众摄影》影像社区第二期优秀奖；欧国强的《钱鼓舞》入选“风情广东”摄影大展；在广东省第十二届美术书法摄影联展中欧国强摄影作品《客家婚俗》获金奖，古瑜的《起舞》获银奖，《无题》获铜奖，曾丁科的《“构成”组照》、韦庆翔的《农忙》、邱发的《丰渚园》、邓锐钧的《油港雄风》、赵敏的《渔歌唱晚》、谢开凯《印象双月湾》获优秀奖。文艳平工作室创作少儿舞蹈《摇啊摇》获全国舞蹈“小荷之星”金奖，文艳平、戴倩如获全国“小荷风采”优秀创作奖，杨璐萍创作编排少儿舞蹈《木棉花下》获广东省第九届少儿艺术花会银奖，杨育琼创编少儿舞蹈《太阳出来了》、曾文娜创作编排幼儿舞蹈《疯狂鸡宝宝》、林凯玉创编少儿舞蹈《为梦想而奔跑》获广东省第九届少儿艺术花会铜奖，陈桂平、苏文显《情满天路》获第三届全国老年大学文艺汇演银奖，陈桂平被广东省文化厅评为“先进工作者”。在参加第二届广东民间工艺博览会暨第六届广东民间工艺精品展中会员作品获1金5银9铜奖，惠州市民协获省文联颁发的“优秀组织奖”。郑国培参与编剧并执导制作的山歌小戏《油茶飘香》获广东省戏剧花会调演二等奖；廖宏育主创（演）的客家方言快板说唱《改革开放幸福多》获惠州首届戏剧小品曲艺大赛金奖；刘云龙创作的小品《霸王别姬》获惠州市小戏小品曲艺比赛银奖；张海棠创作的粤曲演唱《粤韵》获市第九届少儿花会声乐组演唱第一名。

广播影视事业　2013年，惠州市落实广电民生工程建设的各项任务；完成省、市民生实事工作项目——广播电视“户户通”工程建设任务，全市未通达有线网络的2700多个自然村5.8万户农户安装直播公共卫星接收设备，实现免费接收多套卫星和数字电视节目以及接收应急广播服务。推进农村公益电影放映服务工程效果明显，全年全市完成农村公益电影放映12492场。协调、指导市、县（区）广播电视播出、传输机构及广播影视制作、服务等单位，加强行业建设；筹建重组成立惠州市广播影视传媒协会。

【卫生事业】　2013年，惠州市卫生机构总数2604个，其中：医院63所、卫生院76个，妇幼保健院（所、站）6个，社区卫生服务中心（站）80个。与上年相比，综合医院增加1个，社区卫生服务中心增加1个，社区卫生服务站增加4个，专科疾病防治院增加1个，门诊部减少23个，诊所、卫生所、医务室增加49个（为新增机构及转制），村卫生室减少66个（为撤销的核查不合格和证件到期的机构），其他医疗机构保持稳定。全市医疗机构床位19155张，其中：医院12714张，卫生院3544张，妇幼保健院1093张，专科疾病防治院1354张，社区卫生服务中心442张。全市每千常住人口有病床数4.08张。全市卫生人员32079人，其中：卫生技术人员25528人，其他技术人员994人，管理人员1327人，工勤技能人员2839人。卫生技术人员中，执业（助理）医师9578人（其中执业医师7377人），注册护士10266人，其他卫生技术人员2940人。每千常住人口卫生技术人员5.43人，每千常住人口执业（助理）医师2.04人，每千常住人口注册护士2.18人。全市卫生财政投入12.13亿元，比上年增长19.98%，占全市财政总支出3.7%。按常住人口计算，人均财政投入258.09元，比上年增加52.91元。全市万元以上卫生医疗设备14125台，其中：价值在10万元以下的10529台，价值在10万～49万元的2739台，价值在50万～99万元的480台，价值在100万元以上377台。

疾病防控　是年，惠州市成立惠州市防控人感染H7N9禽流感工作领导小组，指定11个定点收治医院，建立联防联控长效工作机制，实行疫情日报告和零报告制度，修订完善人禽流感防治应急预案，清点并加强应急物资储备，开展外环境禽流感病毒污染状况调查，累计采集并检测样本120份，未发现H7阳性。救治8月8日报告的全省首例人感染H7N9禽流感病例，患者于9月18日治愈出院，密切接触者96人医学观察无异常，未出现二代新发病例。

是年，惠州市出台《惠州市遏制与防治艾滋病“十二五”行动计划》《惠州市结核病防治规划（2011～2015年）》，抓好手足口病、艾滋病等重点传染病和地方病的防治工作。至年底，全市无甲类传染病病例报告，无疟疾、登革热、流脑病例报告。组织各县（区）开展一轮脊灰疫苗补充免疫和两麻疹疫苗查漏补种，分别接种263659剂次、39481剂次。

公共卫生监督监测　是年，惠州市开展公共场所、饮用水、放射卫生、职业卫生、学校卫生、传染病防治等领域的公共卫生监督监测，推行公共场所卫生监督量化分级管理，住宿业和游泳场所卫生监督量化评级率100%。结合社会关注热点，开展二次供水、餐饮具集中消毒服务单位、游泳场馆等专项监督监测，推行居民小区二次供水卫生信息公示制度，规范二次供水、集中式餐饮具消毒和游泳场馆的卫生管理，提高公共卫生安全水平。完成全国文明城市文明指数测评迎检及学校卫生监督。制定《惠州市城市饮用水卫生安全保障规划（2013～2020年）》。为63758名接触职业危害工人进行职业健康检查，为其中33人提供职业病诊疗服务；承担政府各级部门37项医疗保障任务，保障147天，派出医务人员263人次，救护车39辆次。

【社会保险】　2013年，惠州市城乡居民社会养老保险参保人数103万人，领取待遇人数29.4万人；医疗保险参保人数409万人，城乡居民医疗保险参保率保持100%，城镇职工医疗保险参保率达96%以上；全市参加工伤保险人数134.5万人。

是年，惠州市为全市8万多名企业退休人员增加基本养老金，人均增资160元，比上年增长10.7%，增加后人均基本养老金1776元/月；全市城乡居民社会养老保险基础养老金标准由每人70元/月提高至90元/月；各级财政医保补助标准从每人每年252元提高至300元；将门诊特定病种从21种增加到26种，并将最高支付限额统一到4000元～5万元；失业保险金标准由每人760元/月调整为904元/月。

是年，惠州市有244万个参保人申请办理社会保障卡，申办社会保障卡人数累计超过330万人。

是年，惠州市推动社保基金监管软件应用，及时研究解决应用过程中发现的问题。核查国家、省人社部门下发的社会保险疑点信息，共核查处理7名跨市重复领取养老金人员。组织开展城乡居民养老保险基金专项检查。成立由市政府及职能部门代表、用人单位代表、参保人员代表等组成的社会保险监督委员会，维护被保险人的合法权益。

（张世开　钟景业　刘惠慧　邹莹莹）

·责任编辑　袁　菁·

肇庆市

基本情况

【地理位置】　肇庆市位于广东省中西部、珠江三角洲西部，在东经 111°21′~112°52′和北纬 22°47′~24°24′之间。北回归线横贯封开县、德庆县、广宁县、四会市境域。肇庆市东部和东南部与佛山市、江门市接壤，西南与云浮市相连，西和西北与广西壮族自治区的梧州、贺州等市交界，北部和东北部与清远市毗邻。

【资源物产】　*土地资源*　2013 年，肇庆市土地总面积 148.91 万公顷。有省级以上自然保护区 5 个。其中，鼎湖山是国家级自然保护区，封开黑石顶、怀集大稠顶和三岳、高要烂柯山（又称斧柯山）是省级自然保护区。广宁竹海是国家级森林公园，星湖湿地公园是国家级湿地公园。

水资源　肇庆市境内有西江干流和北江干流，属珠江水系。境内水资源较为丰富，辖区地表水资源总量 136.20 亿立方米；集水面积超过 1000 平方千米的河流有西江、贺江、新兴江、东安江、北江、绥江、凤岗河；集水面积超过 100 平方千米的河流 50 条，其中属西江水系的 25 条，北江水系的 25 条。西江干流水量在全国各大河流中仅次于长江，高要水文站多年平均径流量为 2241.3 亿立方米，多年平均流量为每秒 7107 立方米。水资源理论蕴藏量 2943 万千瓦，可开发装机容量 2160 万千瓦。水资源总量相对丰富，但水质有逐年下降的趋势。辖区地下水资源总量 49.1 亿立方米，地下水开采量 2533 万立方米。水资源人均占有量为 3550 立方米，如加上入境水资源量，则人均拥有量为 59610 立方米。辖区水库水质较差，全市 7 个县（市、区）20 座水库，水质达到Ⅲ类的占 60%，Ⅳ类的占 30%，Ⅴ类或超Ⅴ类的占 10%。

生物资源　肇庆市自然地理条件优越，生物丰富多样，是广东省生物多样性最丰富的地区之一。境内生物物种起源古老，种类繁多，区系复杂，特有种多。植被类型丰富，是国际候鸟迁徙的主要停歇地、繁殖地和越冬地。全市的植物类型大部分属南亚热带常绿季雨林，其代表是鼎湖山和黑石顶自然保护区。天然生长和人工栽培的植物近 300 科 1200 多属 2500 多种，属国家重点保护植物 254 种，其中国家一级重点保护植物有银杏、苏铁、银杉等 51 种，国家二级重点保护植物有苏铁蕨、格木、降香檀、红豆树、桫椤等 203 种。全市陆生野生动物 416 种，包括鸟类 246 种、两栖类 34 种、爬行类 66 种、兽类 70 种。其中国家一级重点保护野生动物有蟒、白颈长尾雉、黄腹角雉等 7 种；国家二级重点保护野生动物有猕猴、藏酋猴、穿山甲等 56 种；省重点保护野生动物 30 种；“三有”保护野生动物 243 种。2013 年，全市森林覆盖率 69.1%，活立木蓄积量 4982.24 万立方米。

矿产资源　截至 2013 年底，肇庆市找到矿产 60 种，其中探明有储量的矿产包括金、铁、水泥用石灰岩、石膏、高岭土、花岗岩、砚石等 36 种。主要矿种保有资源储量：金矿 55 吨，铁矿 3919 万吨，水泥用石灰岩 78200 万吨，石膏 3796 万吨。其中石膏的储存量和品位居全省首位。砚石是肇庆特有的工艺观赏石矿产，储量约 100 万吨，“端砚”为中国四大名砚之首。广宁县出产的“广绿玉”是中国五大佳石之一。

肇庆特产　肇庆市土特产主要有端砚、

广绿玉、高要花席、肉桂、松脂、茶秆竹、肇实、紫背天葵、七星剑花、竹笋、何首乌、巴戟、裹蒸、贡柑、沙糖橘、封开油栗、杏花鸡、茶油鸡、文岗鲤、麦溪鲤、燕窝、六十日黄菜、疍家糕、竹篙粉、大船糕等。

【面积人口】 肇庆市总面积1.49万平方千米，东西宽156.50千米，南北长175.38千米。肇庆城区（端州区、鼎湖区）辖7个街道和4个镇，总面积706平方千米，占全市总面积的4.74%。

2013年末，全市户籍人口429.82万人，其中非农业人口119.99万人；常住人口402.21万人，其中城镇人口176.25万人，占常住人口的43.82%。城区（端州区和鼎湖区）户籍人口51.96万人，常住人口65.86万人。全年出生人口5.43万人，出生率12.34‰；死亡人口2.34万人，死亡率5.32‰；自然增加人口3.09万人，自然增长率7.02‰。

【行政区划】 中华人民共和国成立后，肇庆的行政隶属关系及行政区划多次调整。

1949年10月18日，肇庆解放。同年11月11日，广东省人民政府设西江行政督察专员公署，专署机关驻肇庆镇（11月20日改为肇庆市），辖高要、四会、广宁、封川、开建、德庆、郁南、罗定、云浮、新兴、高明（1950年1月划归珠江专区）11个县及肇庆市。1950年3月，西江行政督察专员公署改称广东省西江区行政督察专员公署，肇庆市并入高要县改称城关区。同年9月，广东省西江区行政督察专员公署改称广东省人民政府西江区专员公署，辖区不变；城关区改称肇庆镇。1951年5月，政务院批准广西省怀集县委托广东省西江专区代管。1952年3月，政务院批准怀集县由广西平乐专区划归广东省粤中行政区。

1952年，撤销西江专区，所属县并入粤中行政区，粤中区行政专员公署驻江门市（1955年9月迁至佛山市）。粤中行政区辖南海、番禺、顺德、中山、三水、新会、鹤山、高明、增城、龙门、博罗、东莞、宝安、高要、广宁、四会、新兴、罗定、云浮、郁南、德庆、封川、开建、怀集、渔民25个县及三埠镇。同年5月，封川、开建合并为封川开建县，治封川城；广宁、四会合并为广四县，治会城镇。1954年撤销广四县，恢复广宁县、四会县建制。

1956年1月，撤销粤中行政区，成立高要专区，辖高要、四会、云浮、广宁、新兴、罗定、德庆、郁南、怀集、封川开建10个县。高要专区行政专员公署驻高要县肇庆镇。1957年，撤销封川开建县，恢复封川县、开建县建制。

1958年4月，肇庆镇改为肇庆市（县级）。同年5月，封川县、开建县再度合并为封川开建县。同年10月，广宁、四会两县合并称广四县。同年11月，德庆和封川两县合并为德封县，初治江口镇，后迁德城镇；怀集与开建合并称怀建县，未几复称怀集县，治怀城镇。同年12月，肇庆市并入高要县，复称肇庆镇。1958年12月，高要专区更名为江门专区。江门专区除辖原高要专区所属的高要、广四、云新、罗南、德封、怀建6个县外，增辖从佛山专区划入的新会、台山、开恩、高鹤4个县及江门市（县级）。江门专区行政专员公署驻高要县肇庆镇。

1961年4月，恢复肇庆市（县级）。同年10月，撤销广四县，恢复四会、广宁两县；撤销德封县，恢复德庆县，设立封开县；江门专区更名为肇庆专区。肇庆专区辖高要、四会、广宁、怀集、封开、德庆、郁南、罗定、云浮、新兴、高鹤、新会、开平、恩平、台山15个县和江门、肇庆2个市（县级）。肇庆专区行政专员公署驻肇庆市（县级）。1963年6月，江门市和新会、台山、开平、恩平、高鹤县划归佛山专区。

1968年3月，成立肇庆专区革命委员会，取代肇庆专区行政专员公署职能。1970年10月，肇庆专区更名肇庆地区，辖肇庆市（县级）和高要、四会、广宁、怀集、德庆、封开、郁南、罗定、云浮、新兴10个县。1979年4月，撤销肇庆地区革命委员会，设立肇庆地区行政公署，肇庆地区所辖县、市不变。

1988年1月，国务院批准撤销肇庆地区，将肇庆市升格为地级市；设立肇庆市端州、鼎湖2个市辖区；将原肇庆地区的高要、四会、广宁、怀集、封开、德庆、罗定、云浮、郁南、新兴10个县划归肇庆市管辖。肇庆市人民政府驻端州区。

1992年9月至1993年11月，云浮、罗定、高要、四会4个县先后撤县设市（县级），由肇庆市代管。

1994年4月，罗定市、云浮市、郁南县、新兴县划归新成立的地级市云浮市；肇庆市辖端州、鼎湖2个区和广宁、德庆、封开、怀集4个县，代管四会、高要2个市（县级）。

1998年4月，设肇庆高新技术产业开发区（省级）；2010年9月26日，肇庆高新技术产业开发区升级为国家高新技术产业开发区。

2008年12月，国务院批准《珠江三角洲地区改革发展规划纲要（2008~2020年）》，肇庆市被划入珠江三角洲地区。

2012年10月27日，肇庆新区挂牌成立。截至2013年底，肇庆市辖端州区、鼎湖区、广宁县、德庆县、封开县、怀集县，代管四会市、高要市，另设肇庆高新技术产业开发区和肇庆新区。

【历史文化】 肇庆市历史悠久，文化底蕴深厚。1994年1月被国务院公布为第三批国家历史文化名城。14万年前境域就有人类生息繁衍，有文字记载的历史达2200多年。春秋战国时期为百越地；秦始皇三十三年（公元前214年）所设四会县是广东省4个最早建制县之一；西汉元鼎六年（公元前111年）设高要县；隋朝开皇九年（589年）置端州；宋政和八年（1118年）设肇庆府，意为“开始带来吉庆”；明嘉靖四十三年（1564年）至清乾隆十一年（1746年），肇庆是两广总督府驻地。曾是西江流域政治中心和军事重镇；既是岭南土著文化和广府文化的发祥地，也是中原文化与岭南文化、西方文明与中国传统文明最早的交汇处之一。

肇庆市人杰地灵，著名历史人物有：经学家陈钦和陈元，禅宗一代宗师石头和尚陈希迁，广东历史上第一个状元莫宣卿，宋翰林直学士李积中，刑部尚书李质，江南提督张国梁，书法家、诗人彭泰来，东河总督苏廷魁，陕西巡抚、晚清著名书画家冯誉骥，翰林院编修吴桂丹，黄花岗七十二烈士李炳辉，中国同盟会早期会员黎仲实，中共中央候补委员薛六，广东四大农民运动领袖之一周其鉴，中共广西特委书记邓拔奇，肇庆第一位留学博士、孔学大师陈焕章，中共粤桂湘边工委副书记钱兴，华侨领袖彭泽民，中国第一个共产国际代表刘泽荣，国民党中央常委梁寒操，岭南书画、篆刻大师吴子复，美籍华裔科学家李敏求，国民党陆军一级上将余汉谋，第一个率国民党海军起义的原重庆舰舰长、政协全国委员会副主席邓兆祥，教育家、物理学家吴大猷，昆虫学家赵善欢，岭南画派大师黎雄才，承包经营代表陈志雄，南拳王邱建国，省名老中医梁剑波等。古往今来，唐代书法家李邕、日本留学唐朝僧人荣睿、佛教禅宗六祖惠能、北宋名臣包拯、意大利天主教传教士利玛窦、革命先行者孙中山等均在肇庆留下足迹。

全市有文物古迹300多处，其中梅庵、德庆学宫、肇庆古城墙、七星岩摩崖石刻、悦城龙母祖庙 5 处是全国重点文物保护单位，省级文物保护单位29处，县（市）级文物保护单位211处。鼎湖山的庆云寺建于明朝，是“广东四大名刹”之一。地方特色文化有包公文化、宋文化、端砚文化、龙母文化、六祖文化、山水生态文化、红色文化、古建筑文化、摩崖石刻文化、广信文化、民俗文化等，“封开人”、广信文化、端砚文化、端州文化、地下森林之都、燕都文化、广竹文化入选广东省首批“珠江文化星座”，端砚入选“岭南文化十大名片”。

入选广东省非物质文化遗产代表作名录的有：端州的端砚制作技艺、肇庆裹蒸制作技艺和疍家糕制作工艺，四会的玉雕、贞仙诞，高要的金渡花席编织技艺和高要春社，广宁的玉雕，德庆的悦城龙母诞、雄鸡舞及德庆学宫祭孔活动，封开的五马巡城和麒麟白马舞，怀集的龙鱼舞、贵儿戏及春牛舞。其中，端砚制作技艺和悦城龙母诞入选国家级非物质文化遗产名录。

【风俗民情】　肇庆市的风俗源于传统礼法，各县（市、区）大同小异，形成各具特色的风俗民情。

岁时节俗　春节，肇庆人俗称“过年”，是农历一年中最为隆重的节日，时间由当年农历十二月二十三“送灶君上天”开始，至次年元宵节第二天“落灯”止；有“年卅晚，逛花市”的习惯。过年糕点类食品，高要市称“茶果”，其他各县（市、区）称“整糕”“做糍”；最有代表性的是端州、鼎湖 2 个区及高要市的裹蒸，还有广宁县的“打白糍”。元宵节，怀集县的下帅乡有对山歌、表演“采茶舞”等传统活动；德庆县有“闹元宵攻狮子”节目。清明节，主要活动是扫墓，俗称“拜山”“拜清”“行清”。端午节，俗称“五月节”，大都吃粽子，在门上挂艾叶或菖蒲；端午赛龙舟是高要市金利镇的民间传统体育活动。中元节，民间称“鬼仔节”，入夜以香烛、水饭、花生和冥纸在门前或路旁作祭，称“烧衣”“撒水饭”。中秋节，城乡盛行从八月初开始向亲友送月饼及糖果等礼物，八月十五当晚为家人团聚，围坐赏月、饮茶、尝月饼；怀集县桥头、下帅等乡镇中秋之夜有摆歌堂、唱夜歌的特色风情。重阳节，民间有登高、迎出嫁女归宁、扫墓（秋祭）等习俗，其中登高最为盛行。冬至，俗称“过冬”，有“冬至大过年”之说，当天杀鸡宰鸭，备酒水奉神，款待各方亲友。

特色习俗　有端州区伍丁宝诞（四月初八），鼎湖区包公诞（二月十四）和鼎湖区苏真人诞（四月二十），四会市贞仙诞（九月初九），高要市茶果节（正月，二月，八月的初五、初八、初十、十二）、高要春社（二月），高要市河台镇的开耕节（二月初二），德庆县悦城镇的龙母诞（正诞五月初八，润诞八月十五），怀集县下帅乡的牛王诞（四月初八）和桥头镇的燕子节（六月初六）等20多种。

民间表演艺术　包括德庆的德庆学宫祭孔活动、“雄鸡舞”（又称凤鸡舞）、“蝴蝶舞”（又称“舞蝴蝶”），封开的“五马巡城”“麒麟白马舞”，怀集的“春牛舞”“壮狮舞”“龙鱼舞”，还有流传各地的“舞龙”“舞狮”等；民间戏曲以怀集的“贵儿戏”最具特色，被列入中国稀有地方剧种。

传统手工技艺　有端砚制作、草席编织、玉雕、花灯扎制、古法造纸等，裹蒸、叾家糕、竹篙粉、大船糕等农产品加工技艺远近闻名。

【民族宗教】　2013 年，肇庆市有壮、瑶、回、土家、苗、满、维吾尔、乌孜别克、锡伯、蒙古、塔塔尔等少数民族类别 46 个，人口约 2 万人。下帅壮族瑶族乡是全市唯一的民族乡，是广东省 7 个民族乡之一，全乡有 1.1 万人，70%以上是壮族和瑶族。有近 400 年历史的世居回族穆斯林生活在端州城区，有 608 人。在肇庆经商、务工、读书的外来少数民族约 3000 人，其中肇庆学院、肇庆工贸学校、肇庆中学新疆班有学生近 700 多人，分别来自维吾尔、回、乌孜别克、锡伯、蒙古、塔塔尔等 13 个民族。

是年，肇庆市有佛教、基督教、天主教和伊斯兰教四大宗教，宗教团体 17 个，其中市级有佛教协会、基督教三自爱国会、基督教协会、天主教爱国会、天主教教务委员会、伊斯兰教协会 6 个，县（市、区）级 11 个。有寺观教堂和固定处所 39 个。有教职人员 110 人，佛教僧尼 80 多人，基督教牧师 1 人、传道士 10 人，天主教神父 1 人、修女 3 人，伊斯兰教阿訇 1 人。有信徒约 29 万人。

【风景名胜】　肇庆市山峦秀丽，风景名胜众多。星湖风景名胜区（含七星岩景区和鼎湖山景区）为第一批国家重点风景名胜区；怀集县燕岩、封开县龙山是省级风景名胜区。鼎湖山是“广东四大名山”之一，有“北回归线上的绿洲”之称，是中国第一个自然保护区，被联合国教科文组织列入国际生物圈保护区。著名的溶洞胜景是由“五湖六岗七岩八洞”组成的七星岩景区，湖面 530 公顷，集“桂林山、杭州水”于一体，被誉为“岭南第一奇观”。“西江小三峡（三榕峡、大鼎峡、羚羊峡）”和四会奇石河景色如画。温泉有怀集县蓝钟镇双兴温泉和凤岗镇燕峰峡温泉。

1998 年 12 月，肇庆市获评为“中国首批优秀旅游城市”。全市有地方特色的旅游资源单体 95 个，其中属自然的资源 58 个，主要有：以鼎湖山（风景区）、七星岩、大斑石（封开县）为代表的山岳与地质景观资源，以星湖、西江、贺江为代表的水景观资源，以鼎湖山、黑石顶为代表的森林生态资源，以肇庆古城墙、阅江楼、端砚为代表的历史文化资源，以德庆悦城龙母祖庙、梅庵为代表的民俗与宗教资源，以肇庆高尔夫度假村为代表的休闲度假资源等。开发利用的景区景点 60 多个，如城区的肇庆古城墙、“千年古寺”梅庵、“古端州名郡”丽谯楼、包公祠、沿江三峡四塔；与城区紧连的是星湖风景名胜区；西线有德庆学宫、悦城龙母祖庙、金林水乡、三元塔、盘龙峡、花世界，封开龙山、黄岩洞遗址、杨池古村；北线有广宁竹海、宝锭山，怀集燕岩、燕峰峡、世外桃源；东线有九龙湖、奇石河、四会贞山、邓村造纸等。形成以七星岩和鼎湖山为中心，连接四会贞山、广宁竹海大观、怀集燕岩和世外桃源、封开龙山和天下第一石、鼎湖葫芦山和九龙湖、德庆盘龙峡和龙母祖庙、高要砚坑紫云谷的“肇庆千里旅游画廊”。其中星湖风景名胜区、德庆悦城龙母祖庙景区、德庆学宫景区、德庆盘龙峡生态旅游区和广宁宝锭山景区为AAAA级景区。

【荣誉称号】　肇庆市是国家历史文化名城、中国优秀旅游城市、全国创建文明城市工作先进城市、国家园林城市、国家卫生城市、中国砚都、国家环境保护模范城市、中国投资环境百佳城市、中国最休闲旅游城市、全国科技进步考核科技进步先进市、全国社会管理综合治理优秀市、全国首批法治城市创建先进单位、国家知识产权试点城市、全国无偿献血先进城市，获全国社会管理综合治理“长安杯”；是广东省文明城市，是广东最大的柑橘种植基地、主要淡水养殖基地、蔬菜生产基地、重要林业产业基地。辖区的四会市是中国柑橘之乡和中国玉器之乡，高要市是中国肉桂之乡、中国罗非鱼之乡、中国罗氏沼虾之乡、广东黄金之乡，广宁县是中国竹子之乡、中国武术之乡和中国沙糖橘之乡，德庆县是中国贡柑之乡和中国柑桔之乡，封开县是中国松脂之乡，怀集县是中国竹子之乡、中国攀岩之乡。

（叶可道　韦相伍）

年度大事

【端砚科普馆开馆】　2013年12月11日，位于肇庆市端州区黄岗街道端砚文化村内的端砚科普馆启用。这是中国首个专业性的集端砚文化、科普宣传、科学教育活动于一体的场所。该馆共分4大主题12个展区，展示各坑种端砚材质，向公众普及端砚历史文化、矿物材质和工艺性质等知识，宣传推广肇庆端砚研究所“广东省院士专家工作站”最新研究成果等。

（谢　敏）

【全国首个政法微信群开通】　2013年7月2日，肇庆市在全国率先开通政法微信群，发挥集群效应，为社会各界提供网上优质服务。肇庆市委政法委推动法院、检察院、司法局等单位开通微信公众平台，与公安机关的系列微信平台形成集群，扩展民众获取政务信息、获得政务服务的途径，发挥为民服务职能作用。肇庆政法微信群成员包括平安肇庆、公正肇庆、正义肇庆、和谐肇庆、阳光肇庆边检、平安怀集、平安端州、平安四会、平安鼎湖、平安高要、平安德庆、平安广宁、平安大旺、宝月派出所。微友只要通过用手机扫描二维码，或者在微信公众账号中搜索以上名称，就可实现与警官、检察官、法官和司法、边检等公务人员进行“点对点”沟通。通过微信公众平台管理员的QQ群、个人微信群进行协调，交流信息，解决微友提出的个性化问题；微友可通过窗口了解政法动态，咨询办事流程、案件进展情况和法律法规，监督、投诉政法队伍等。

（韦相伍）

【广东省第三届体育大会在肇庆举行】　2013年6月至10月，广东省第三届体育大会在肇庆市举行，是该市第二次承办省体育大会。10月19日在牌坊广场开幕，26日在肇庆市体育中心闭幕。全省33个代表团7592名运动员参加，设比赛项目30大项188小项，其中乒乓球、龙舟、男子室内五人制足球、舞龙舞狮等13个项目在肇庆市举行。肇庆代表队获团体总分第四名，舞龙

舞狮比赛一等奖1个、二等奖5个，男子室内五人制足球赛亚军。（傅金明）

【广东首个国家湿地公园落户肇庆星湖】 2013年10月，位于肇庆星湖风景名胜区的广东星湖湿地公园通过国家试点验收，成为“中国国家湿地公园”，是广东省第一个国家级湿地公园。同年11月27日，广东星湖国家湿地公园和肇庆星湖国家湿地公园管理中心同时挂牌。肇庆星湖湿地是西江流域重要的湿地生态系统，具有纳洪蓄水和改善自然生态功能的作用。2004年12月，省林业局批准成立肇庆星湖（省级）湿地公园，总面积935公顷；2007年2月，肇庆市组织编制《广东星湖国家湿地公园总体规划》，同年4月获国家林业局批准为国家湿地公园（试点）。（童益南）

【肇庆市入选最美中国·文化旅游目的地城市】 2013年11月25日，由新华网主办的最美中国·2013旅游业融合与创新论坛暨最美中国榜发布会在北京市召开，肇庆市被授予“最美中国·文化旅游目的地城市”称号。此次活动有来自全国220个城市参与竞争，经网络投票和专家评审，最后由组委会综合各项得分确定60个城市入选，肇庆市以其悠久的历史、丰厚的文化底蕴及独具魅力的山水名胜成功上榜。

【肇庆金秋——2013重大发展平台投资洽谈会】 于2013年11月29～30日在肇庆市举办。主要活动有：第十六届广东（肇庆）房地产博览会，肇庆市第八届农业良种展示暨农业项目投资招商推介会，广东省汽车零部件产业招商推介会，“企业家之夜”互动交流活动，肇庆金秋——2013重大发展平台投资洽谈会开幕式、项目签约、现场招商活动等。肇庆各县（市、区）、肇庆高新区、肇庆新区、肇庆农业局等单位设11个展览馆进行现场招商。本届洽谈会创新招商模式，突出重大发展平台、重大项目、主导产业、基础设施项目和产业招商项目，采取会前会后、场内场外、网上网下相结合的方式，全方位推介招商。现场推介123个、投资总额约3000亿元的重点招商项目；签约项目63个，投资总额1791.7亿元；奠基项目65个，投资总额405.2亿元；投产项目37个，投资总额145.9亿元。30日，肇庆市政府与中国人民银行广州分行签署《金融支持肇庆重大平台建设合作备忘录》，并与13家省级银行业金融机构签署战略合作框架协议。洽谈会邀请世界500强和3家境外大型企业代表共48人，中国500强企业、大型央企、民企、跨国公司及省内骨干企业客商约500人。招商项目超百亿元以上项目9个，项目以基础设施和“4+3+2”工业主导产业为主。肇庆高新区、肇庆新区、粤桂合作特别试验区和广佛肇经济合作区四大平台签约项目投资总额占全部签约项目投资总额的58%。

【肇庆市入选中国最具幸福感城市和十佳宜游城市】 2013年12月10日，由中国城市竞争力研究会主办的第三届“香港论坛中国城市新动力·新价值”暨第三届“让城市更优秀·城市颁奖礼”活动在香港特别行政区举行。在当晚的颁奖礼上，肇庆市市长郭锋接受“2013中国最具幸福感城市”和“2013中国十佳宜游城市”牌匾。中国城市分类优势排行榜是由中国城市竞争力研究会发布，按照自主创立的GN评估指标体系，根据翔实的基础资料及大量的调查研究，对包括内地及港澳台在内的中国385个地级以上城市的综合竞争力、成长竞争力、单项或专项竞争力进行评价比较而产生。

【肇庆市获“中国十大最具投资潜力旅游目的地”称号】 2013年10月11日，在2013澳门国际旅游博览会上，肇庆市被授予“中国十大最具投资潜力旅游目的地”称号。肇庆山、湖、城、江浑然一体，旅游产品丰富，风光优美如画，文化底蕴深厚。肇庆市开展绿道网建设，建成星湖景观绿道、四会田园绿道和端州山地绿道等特色绿道。

（韦相伍）

生态环境

【节能减排】 2013年，肇庆市单位GDP能耗比上年下降4.03%，单位工业增加值能耗下降9.31%。加快淘汰落后产能，新认定清洁生产企业54家，其中33家被认定为省清洁生产企业，21家企业被认定为肇庆市清洁生产企业。累计有省清洁生产企业131家，市清洁生产企业71家。4家企业技术中心被认定为省清洁生产技术中心。高新区被认定为省清洁生产示范园区。端州区美亚金属公司、封开华润水泥公司等4家企业被列入“粤港清洁生产伙伴计划”示范项目。单位建设用地二、三产业增加值每平方千米增加到1.38亿元，被评为“省部共建节约集约用地试点示范省先进单位”。

印发《肇庆市2013年主要污染物总量减排工作方案》，明确污染减排目标任务和工作措施，落实责任单位、责任人；市政府与各地签订《2013年城镇污水处理设施建设责任书》，各地环保（畜牧）部门与污染减排国家责任书项目单位签订《污染减排责任书》，明确工作要求和责任；对未能完成任务的单位，将采取限期停产整改等措施；未能完成国家责任书项目的地区，将实行暂缓区域建设项目环评审批。各地制订畜禽养殖规划，划定畜禽养殖业“禁养区、限养区、适养区”，制定农业源污染物总量减排项目现场检查表和农业源五类禽畜治污设施记录表，按国家农业减排鼓励模式要求分类指导，指导检查农业源减排项目300多个次。市公安交警联合环保、交通等部门制订城区“黄标车”限行方案及营运“黄标车”提前淘汰补贴方案，推动机动车减排；市公安交警、环保部门联合上路执法，推进“黄标车”限行。市府办出台《关于印发推进企业“煤改气”“油改气”工作实施方案的通知》，推进“煤改气”；高要市府办印发《关于印发高要市陶瓷企业综合整治方案的通知》；四会市以乐华陶瓷厂、石兴陶瓷厂、协进陶瓷有限公司为试点推进“煤改气”工作。针对城镇污染增量问题，市政府要求各地开展城镇化建设时设置污水处理、垃圾处理等设施；各中心镇、沿江城镇及污水处理能力不足的地区均筹划建设污水处理设施，高要市金渡镇污水处理厂等27家污水处理厂开展征地、环评、立项、配套管网建设等工作。环保部门做好减排工作进度跟踪和情况分析，每月收集各减排项目进度；6月和11月，市府办督查室联合环保、农业、水务等部门督办污染减排工作进展缓慢地区。各县（市、区）分批、分期建立减排台账，市环保部门不定期进行审核。全年完成162个废水减排项目、50个大气减排项目，其中化学需氧量排放总量控制在8.51万吨以内，比上年减少900吨；氨氮排放量控制在

0.88万吨以内，减少180吨；二氧化硫排放量控制在3.03万吨以内，增加1400吨；氮氧化物排放量控制在4.89万吨以内，增加1900吨。各项指标完成省下达的年度减排任务。（黎　柱　彭丽丽）

【耕地保护】　2013年，肇庆市实行耕地保护考核问责制和一票否决制，建立县、镇、村三级基本农田保护区监察网络。年内，通过省政府2012年度耕地保护目标责任履行情况考核，完成2012年度60个拟建高标准基本农田项目规划设计方案的批复。做好增减挂钩试点项目拆旧区申报和土地复垦工作，向省国土资源厅申报项目9个，拆旧复垦面积807.44公顷；组织土地复垦验收，完成“边拆边建”拆旧复垦项目7个，上报资料归还周转指标167.6公顷；完成“先拆后建”拆旧复垦项目4个，上报资料申请周转指标288.3公顷；完成基本农田疑问地块清查及2012年度耕地占补平衡考核项目核实工作。

【建设用地管理】　2013年，肇庆市供应土地面积970.77公顷，其中商业服务用地106.06公顷、住房用地130.14公顷、工矿仓储用地473.07公顷、交通运输用地137.11公顷，新增建设用地指标631.47公顷。是年1月1日起，土地估价中介机构提交的土地估价报告必须经土地估价报告备案系统备案并取得电子备案号，方可作为办理土地相关业务的依据。是年，全市招拍挂出让用地173宗，面积979.72公顷，成交价款65.34亿元。是年9月，肇庆市2012年度卫片执法检查通过省级验收。经动态巡查发现的违法用地案件74件，其中制止73件，共挽回经济损失88.3万元。（冯永成）

【城乡生态环境建设】　2013年，肇庆市环保部门制订《2013年肇庆市生态村（镇）创建工作实施方案》。全年创建市级生态村14个：鼎湖区沙浦镇沙四村委会和永安镇夏江村委会、四会市江谷镇镇郊村委会和迳口镇迳口村委会、高要市南岸街道坦场村委会及活道镇塘苟村委会、广宁县古水镇梨溪村委会与排沙镇木源村委会、德庆县永丰镇古蓬村委会和武垄镇武垄村委会、封开县莲都镇文华村委会与长岗镇联合村委会、怀集县坳仔镇罗大村委会及岗坪镇关塘村委会。加大乡村农业生产污染防治，控制农业面源污染，推进农村环境综合整治；深化畜禽养殖治理，推动农业源减排。全市划定乡镇饮用水源保护区75个，及时有效应对贺江水污染事件，完成星湖水质整治外坑渠清淤工程。全年造林2.03万公顷，完成生态景观林带工程9866.67公顷、森林碳汇工程5666.67公顷。新建城市绿道慢行道118.7千米。（陈晓红）

经济社会发展概况

【经济稳步增长】　2013年，肇庆市出台支持重点骨干企业、中小微企业和外贸企业的政策措施，推进“六个一批”项目和省市重点项目，经济增长拉动力持续增强。全年实现地区生产总值1660.07亿元，比上年增长11.5%；人均地区生产总值41479元，增长10.5%；三次产业的比例为15.8：47.7：36.5，第一、二、三产业增加值分别增长5.6%、15.7%、8.5%；完成地方公共财政预算收入120.75亿元，增长16.3%；完成固定资产投资1007.78亿元、外贸进出口总额

70.17 亿美元、社会消费品零售总额 493.12 亿元，分别增长 20%、10.5%和 13.8%。主要旅游景区（点）接待游客 2751.43 万人次；旅游业总收入 205.87 亿元，比上年增长 14.7%。商品房销售额 231.59 亿元，比上年增长 31.7%。

【产业集聚转型加快】 2013 年，肇庆市有 82 家规模以下工业企业转升为规模以上企业，年主营业务收入超 10 亿元的企业增加到 35 家，新创建省名牌产品 22 个，九大主导产业总产值占比提高到 67%。全年规模以上工业企业完成增加值 813.45 亿元，比上年增长 18.1%。高新技术企业增加到 108 家，新组建企业工程中心和技术中心 26 个，成为国家产学研合作创新示范基地。全年服务贸易进出口额比上年增长 91.6%，委托设计和自主品牌混合生产方式出口占比提高到 60.5%；外贸出口额 48.26 亿美元，增长 27.6%。端州区成为国家智慧城市试点，该区的华南智慧城被确定为省服务外包示范园区和省物联网重点项目。小额贷款公司增至 12 家，融资超市为 555 家企业提供贷款 54.37 亿元。制订现代农业发展五年行动计划，建成 3.59 万公顷高标准农田，3.73 万公顷土地实现流转经营，发展农业龙头企业 42 家。

【平台建设取得突破】 2013 年，肇庆高新区加快转型发展，引进三浦重工总部等 83 个优质项目和 9 个科技孵化项目，创新实施“零土地”招商，盘活 114 公顷闲置土地，与县（市、区）开展“一区多园”合作，连续第五年被评为省优秀园区，并获“首批省清洁生产示范园区”称号。启动粤桂合作特别试验区起步区建设。广佛肇（怀集）经济合作区主干路网基本成形。肇庆（高要）汽车零部件产业园成为省汽车零部件专业园区，承办省汽车零部件产业招商推介会。“肇庆金秋”重大发展平台投资洽谈会签约项目 63 个，总投资 1791.7 亿元。全市承接产业转移项目 88 个，计划投资 188.85 亿元；新批外商投资项目 129 个，合同外资额 31.12 亿美元；实际吸收外资 12.41 亿美元，比上年增长 7.8%。

【重点项目有效推进】 2013 年，肇庆市 100 个市级以上重点项目完成投资 330.93 亿元，其中 38 个省重点建设项目完成投资 198.30 亿元。广佛肇高速肇庆段全线动工，二广高速怀集至岗坪支线建成通车，贵广、南广铁路肇庆段进入铺轨阶段，广佛肇城际轨道肇庆段完成大部分路基建设，肇庆火车站综合体、鼎湖大道等重点工程启动实施。59 个现代产业项目完成投资 147.89 亿元，星湖新材料铝板带等重点产业项目建成投产。国电热电联产项目试运营，建成“西电东送”直流输电工程肇庆段，省天然气管道肇庆段加紧施工。启动景丰联围加固三四期和封开西江干堤达标加固等水利工程建设，完成 18 座病险水库除险加固工程。

【城市建设有新成效】 2013 年，肇庆市完成城市总体规划评估报告，编制实施市城区 11 项专项规划、12 项城市设计和控制性详细规划。肇庆新区成为省重大创新平台，产业发展、基础设施、低碳发展专项规划通过省审批，该区的中央绿轴生态城被住建部确定为“国家绿色生态示范城区”，总投资 200 亿元的 11 个重点项目进展顺利，引进国际商贸城等重大项目。加快推进中心城区建设，阅江大桥、城东新区城市综合体、广

2013年肇庆市国民经济发展情况

区市县	户籍人口（万人）	常住人口（万人）	地区生产总值（当年价）		人均地区生产总值		规模以上工业总产值（当年价）		规模以上工业增加值（当年价）	
			实绩（亿元）	比上年增长（%）	实绩（元）	比上年增长（%）	实绩（亿元）	比上年增长（%）	实绩（亿元）	比上年增长（%）
全市	429.82	402.21	1660.07	11.5	41479	10.5	3424.98	18.1	813.45	18.1
端州城区	36.56	48.94	324.77	7.3	66699	6.7	423.99	13.7	95.38	13.3
端州区			162.09	13.5	83224	12.8	265.25	17.0	59.24	17.0
高新区	3.11	8.31	179.17	21.1	223596	12.4	682.77	22.4	159.21	23.0
鼎湖区	15.40	16.96	81.13	13.7	48202	12.5	204.28	21.2	48.16	21.0
四会市	41.88	48.34	278.05	13.8	57810	12.9	594.78	21.4	135.12	21.7
高要市	79.09	77.43	346.08	13.8	44952	12.7	893.85	22.2	212.79	21.8
广宁县	56.87	43.32	111.74	12.1	25874	11.4	145.14	21.1	35.50	21.2
德庆县	38.48	34.89	103.40	12.4	29725	11.6	201.63	18.6	48.29	19.1
封开县	50.67	40.66	115.02	13.1	28369	12.4	111.96	20.0	26.15	20.5
怀集县	107.77	83.38	191.92	12.0	23100	11.2	166.58	21.6	52.84	21.1

（续表）

区市县	农林牧渔业总产值（当年价）		固定资产投资		外贸出口总额		实际利用外资	
	实绩（亿元）	比上年增长（%）	实绩（亿元）	比上年增长（%）	实绩（亿美元）	比上年增长（%）	实绩（亿美元）	比上年增长（%）
全市	397.15	5.3	1007.78	20.0	48.26	27.6	12.41	7.8
端州城区	1.10	–9.5	138.37	–3.7	20.48	22.9	1.47	4.92
端州区	1.10	–9.5	113.76	18.6	8.90	22.0	1.47	12.4
高新区	1.74	–0.7	111.12	21.6	7.06	17.8	3.58	0.5
鼎湖区	24.38	4.1	69.39	22.5	2.50	24.4	0.78	6.8
四会市	67.63	5.0	218.78	23.2	9.06	93.7	1.76	10.1
高要市	96.58	3.0	211.73	23.1	6.56	13.8	2.52	18.3
广宁县	37.49	7.2	45.90	20.7	0.24	–44.8	0.66	13.2
德庆县	37.16	6.6	77.50	24.0	1.30	–2.6	0.49	18.1
封开县	52.00	6.6	66.47	20.2	0.58	12.2	0.79	18.2
怀集县	79.07	7.6	68.51	23.3	0.48	15.2	0.35	25.3

（续表）

区市县	地方公共财政预算收入		社会消费品零售总额		城镇居民人均可支配收入		农民人均纯收入	
	实绩（亿元）	比上年增长（%）	实绩（亿元）	比上年增长（%）	实绩（元）	比上年增长（%）	实绩（元）	比上年增长（%）
全市	120.75	16.3	493.12	13.8	23929	10.0	11661.54	12.5
端州城区	30.14	13.7	157.42	12.5	–	–	–	–
端州区	12.05	14.6	126.59	16.5	–	–	19441.45	13.9
高新区	9.66	0.6	6.65	8.6	–	–	19999.73	2.1
鼎湖区	5.30	24.8	19.65	16.6	20900	12.1	12961.16	13.3
四会市	21.06	21.7	92.06	16.7	–	–	13846.04	14.1
高要市	23.05	19.9	76.37	12.9	23500	14.8	14610.52	12.6
广宁县	6.91	18.4	34.21	13.3	19100	5	8953.80	13.4
德庆县	7.53	16.8	31.69	12.6	23800	10.88	14324.79	13.1
封开县	6.60	17.2	26.21	13.1	–	–	9607.04	13.9
怀集县	10.50	16.6	48.84	15.2	20546	13.5	9686.03	13.8

注：1. 端州城区＝市直＋端州
2. 人均地区生产总值按常住人口计算
3. 全市的“城镇居民人均可支配收入”由国家统计局肇庆调查队提供，其他各县（市、区）的“城镇居民人均可支配收入”由各地方志工作机构提供
4. 以上指标数据为快报数，准确数据以《肇庆统计年鉴·2014》为准

（蔡喜玲）

佛肇城际轨道鼎湖站综合开发项目、下湾城市公园等项目顺利实施。启动端州城区城市管理综合行政执法改革，率先在全省创建城市管理“执法通”防控平台。实施各县（市）新一轮城市总体规划修编，新城建设和旧城改造同步推进。全市新动工及续建“三旧”改造项目50个，新增动工面积172.06公顷。

【镇村建设有新面貌】 2013年，肇庆市实施创建幸福村居五年行动计划，乡镇总体规划实现全覆盖，村庄规划覆盖率达72%。新创建省卫生镇7个、省卫生村215个，建成市级宜居城镇10个、宜居村庄79个、生态文明村100个、宜居社区19个，累计建成名村示范村129个。完成农村公路硬底化402.56千米。建成农村垃圾集中收运“一镇一站”“一村一点”。

【人民生活持续改善】 2013年，肇庆市公共财政用于11类民生支出132.1亿元，比上年增长10.8%，占预算总支出的67.6%。投入惠民实事各类资金合计44.25亿元，市十件惠民实事全面完成。城镇新增就业47196人，实现创业3459人，农村劳动力转移就业43162人，城镇登记失业率2.39%。企业最低工资标准从四类提高到三类。新开工保障性住房5468套，建成3476套，均超额完成任务。发放临时价格补贴5322.89万元，新建平价商店53家、标准化

惠民农贸市场12个。居民消费价格比上年上涨2.9%。城镇居民人均可支配收入23929元，比上年增长10%；农村居民人均纯收入11662元，增长12.5%；农村居民家庭恩格尔系数为48.7%，减少0.1个百分点。

【社会保障更加健全】 2013年，肇庆市全面完成各项社会保险参保任务。企业退休人员月人均基本养老金提高到1504元；发行社会保障卡310万张；人力资源和社会保障服务所实现乡镇（街道）全覆盖；城镇职工和城乡居民基本医疗保险年度最高支付额度分别提高到55万元、25万元；实施城乡居民基本医保大病保险，与广州等地医院实现医保异地联网即时结算，医保经办服务网点覆盖所有乡镇（街道）。低保范围扩大到年人均收入低于3000元的农村居民和低于4560元的城镇居民，提高“五保”和孤儿供养标准。全年投入救灾款物7200多万元。在全省率先完成656户因灾房屋重建。新一轮扶贫开发共投入帮扶资金2.52亿元。

【社会事业全面发展】 2013年，肇庆市的省教育强县（市、区）实现全覆盖，教育强镇覆盖率92.3%。市第一中学新校区投入使用并成为国家级示范性普通高中；义务教育规范化学校覆盖率和普通高中优质学校比例分别达到95%、83.9%。共有4.89万名学生享受中职免学费政策，实施山区和农村边远地区义务教育学校教师岗位津贴制度。四会市县级公立医院综合改革试点初见成效。全市各类二级以上医院开展平价医疗服务，村卫生站全面使用基本药物。建成覆盖市、县、镇的食品安全风险监测网络。解决16万多人听广播看电视难问题。“中国砚都”通过复评；端砚文化产业园、四会玉器文化产业创意园等项目进展顺利。通过创建全国文明城市年度考核验收。第十二届全运会金牌数居全省第六位，承办广东省第三届体育大会并取得全省第四的历史最好成绩，成为广东省第十五届运动会承办城市。制定社会组织承接政府职能转移和购买服务目录，建成社会组织孵化基地，登记在册社会组织增至1308家。排查调处各类矛盾纠纷8258宗，成功率98%，获全国社会管理综合治理“长安杯”。

【困难与问题】 2013年，肇庆市经济社会发展中存在的困难与问题是：人均生产总值与全国同期平均水平仍有差距，统筹城乡区域协调发展力度有待加大；主导产业集聚度和竞争力还不高，生产性服务业发展滞后；城市化整体水平偏低，产城融合发展有待加快；空气质量有待提高，生态环境保护压力加大；基本公共服务与群众要求还有不少差距，改善民生任务依然艰巨；政府职能还需进一步转变，行政效能建设仍需加强。

（韦相伍）

体制改革

【经济体制改革】 2013年，肇庆市出台《肇庆市企业投资管理体制改革实施方案》，启动企业投资管理体制改革。深化公共资源交易体制改革，肇庆市公共资源交易中心挂牌，整合建设工程交易、土地与矿业权交易、产权交易、林权交易及政府采购五个要素市场。推进收入分配制度改革，出台《肇庆市市直其他事业单位绩效工资实施办法》，建立绩效考核机制；印发《肇庆市调整市直公务员津贴补贴标准实施办法》，改革机关工作人员收入分配制度；落实企业职工最低工资保障，5月1日起，月最低工资标准从850元/月上调为1130元/月。成立肇庆市公共资产管理中心，整合政府性资源（资产），搭建融资平台推进财税体制改革。加快社会信用体系建设，编制《肇庆市社会信用体系建设规划（2012~2020年）》。建设全市公共联合征信系统。

【行政体制改革】 2013年，肇庆市印发《肇庆市人民政府2013年行政审批制度改革事项目录（第一批）》，取消、转移、下放、委托管理的行政审批事项共233项。开通运行省网上办事大厅肇庆分厅，全市进驻省网上办事大厅的事项总数为5827项，基本实现市与省，县与省、市事项目录数据同步。深化企业登记相关领域审批制度改革，放宽市场准入门槛，强化市场监管。印发《赋予肇庆高新区第二批市级经济管理和相关行政管理权限事项目录的通知》《肇庆市人民政府关于印发赋予肇庆新区国土资源行政审批（管理）权限事项目录的通知》《关于落实赋予肇庆高新区和肇庆新区市级经济管理和相关行政管理权限的补充意见》，分别赋予肇庆高新区、肇庆新区第二批市级权限35项、32项。稳妥推进大部制改革和简政强镇事权改革，完善试点县（市）大部制改革，促进大部门内部职能有机融合。推进四会市大沙镇和高要市金利镇两个试点镇改革，按照主体功能区划分要求，明确乡镇（街道）职责，推动县镇权责法定化。 （姚丽娟）

【政府机构改革】 2013年10月，肇庆市分别制订食品药品监管体制改革和卫生、计生部门职能转变及机构改革的实施方案；11月25日，召开全市食品药品监管体制改革和卫生计生部门职能转变及机构改革动员大会，明确改革部门的职责分工，理顺监管体系，优化组织机构；拟订市食品药品监督管理局、市卫生和计划生育局两个部门的“三定”规定，明确部门职责、人员编制等。经广泛征求意见，两项改革方案及“三定”规定经市委、市政府审定并印发实施。12月31日，完成相关部门职能交接。 （张苑浩）

【社会事业体制改革】 2013年，肇庆市改革基层社会管理体制，创新农村社区管理，选取9个村为试点，开展弘扬村史文化工程，培育建立农村社会组织，促进农村自我管理；创新农村公共服务供给模式，将异地医保异地住院药费报销、最低生活保障金、五保生活保障金、林地林权登记、林木采伐许可、农村宅基地申请等六大事项纳入“便民通”系统审批，行政审批平均提速率达62%。创新社会治理体制，召开社会组织圆桌会议，增进全市社会组织沟通交流，推动社会组织参与公共服务；简化社会组织登记程序，全市社会组织应建率和覆盖率均达100%，工会应建尽建率达86.7%。建立肇庆首个以“人人参与公益”为目标的“肇庆市人人公益网”，整合全市公益资源，为社会提供公益服务。落实《肇庆市加强异地务工人员服务管理工作的分工方案》，推进基本公共服务向异地务工人员覆盖。深化教育体制改革，调整城区公办幼儿园和肇庆中学、肇庆市第一中学初一招生办法，规范义务教育办学行为，促进教育公平。深化医药卫生体制改革，上调城乡居民医疗保险统筹基金支付比例；完成在城乡居民医疗保险中引入市场机制试点工作，基本实现城乡医疗全覆盖。

（姚丽娟）

【简政强镇事权改革】 2013年，肇庆市把简政强镇事权改革与农村综合改革相结合，推进四会市大沙镇和高要市金利镇两个试点镇改革，报省编办备案审核，将大沙镇类别由较大镇调整为特大镇。以“不增人员，减少成本，提高效率”为原则，优化乡镇机构设置。推进镇级行政服务中心建设，除广宁县部分镇街在建外，其他县（市、区）已完成，全市基本形成市、县、镇三级联动的政务服务体系。

【事业单位分类改革】 2013年，肇庆市创新事业单位体制机制和优化资源配置。印发高新区第二批共17个事业单位、市皮肤病医院等15个市直事业单位的机构编制方案或分类改革方案，明确机构编制事项。撤销市演出公司、市博爱医院、《西江文艺》编辑部和市城区过境公路管理所的事业单位建制，收回109名事业编制，其中市演出公司、博爱医院、《西江文艺》编辑部均实行转企。整合市直行政事业单位政府性资源（资产），设立市公共资产管理中心。采取部门内部调剂编制资源等方式，整合组建市水务技术中心、市体育学校、森林消防大队、突发事件预警信息发布中心和市公共资源交易中心等机构，确保机构精简和效能。以市委办、市府办为先行点，开展部门所属事业单位改革，分别成立专项改革领导小组，草拟初步改革方案。

【城市管理综合行政执法改革】 2013年，肇庆市实施《肇庆市城市管理综合行政执法改革实施方案》，把城市管理领域的市容环境卫生、城市建设、城乡规划、城市绿化、市政管理、公用事业管理、环境保护、水务管理、工商行政管理、医疗机构管理等的行政处罚及相关的监督检查、行政强制职能整合，统一划归市城市管理和综合行政执法局承担，建立“统一领导、重心下移、条块结合、以块为主”的城市管理综合行政执法体制。

（张苑浩）

基础设施建设

【交通基础设施建设】 2013年，肇庆市完成交通基础设施投资108.51亿元，其中，铁路轻轨建设完成投资55.07亿元，高速公路建设完成投资47.36亿元；三榕港二期工程建设完成投资4168万元。6月28日，广佛肇高速公路动工，年内项目完成投资31.2亿元；12月28日，二广高速公路怀集先行段怀集南站至岗坪镇支线通车，肇庆至广西贺州实现全程高速。全年完成农村公路硬底化402千米，改造县道282.68千米，新建、改建农村公路桥梁21座/1046延米。改建国道、省道及路面大修动工项目共5条46.24千米，完成投资7130亿元。至年末，全市公路通车里程13382.4千米，其中高速公路里程251.32千米；公路密度90.1千米/百平方千米，比上年底提高5.4千米/百平方千米。

（贺广玲）

【电力能源建设】 至2013年末，肇庆市小水电总装机68.5万千瓦，2.5万千瓦以上的水电站有江口电厂、高塘电站、都平电厂、白垢电厂、花山电厂；水电站发电总量为23亿千瓦·时，比上年增长10%。有11家规模较大的企业自备热电联产及资源综合利用发电机组，装机容量9.13万千瓦，可解决企业部分生产用电，其他企业自备小型发电组1146台，装机容量38.7万千瓦。

年内，肇庆市对小水电实施扩容增效，列入国家农村水电增效扩容改造计划项目46个，概算总投资1.55亿元，改造后装机7.46万千瓦，比改造前增加1.10万千瓦，年发电量增加8000万千瓦·时。至年末，所有项目均按省的要求完成各项前期工作，省以上补助资金到位1870万元；各县（市、区）相继启动增效扩容改造项目，其中怀集县的水下电站完成总任务工程量的60%以上，高要市的石洋降电站已动工，封开县的贺江电力10个项目进入招投标程序，广宁县10个项目完成招标前的各项审批程序，其他项目正进行工程实施前的各项准备工作。

肇庆市有500千伏的变电站2座，220千伏的变电站10座，110千伏的变电站63座；35千伏及以上主变总容量1289.94万千伏安，110千伏及以上输电线路总长2068千米。是年，全市投入9.95亿元开展电网建设，重点推进500千伏砚都第三台主变扩建、220千伏康州、220千伏怀集输变电、220千伏翠竹扩建、220千伏布基站配套线路等重点工程建设。　　（易　蓉　何国龙）

【水利设施建设】　2013年，肇庆市投入水利工程建设的资金7.28亿元。在建水利工程（项目）包括省级水利建设示范县项目、农田水利重点县项目、中小河流治理工程、小型水库加固工程、大江大河堤防加固工程、大型泵站和水闸重建工程、水库移民安居工程、水生态环境整治工程8类。地市级实施的项目有景丰联围景福围三四期加固工程和星湖水质整治工程，其他的为县（市、区）级实施。在建的省级水利示范县项目在德庆县和四会市。德庆县建设项目分布在13个镇（街道），项目共123个，项目总投资7.11亿元。该项目于2012年2月动工，至2013年底，完成可行性研究审批1个，完成初步设计审批92个，完工47个，正在施工91个，累计完成投资2.17亿元。四会市水利建设示范县项目90个，总投资7.41亿元。至年底，除部分项目开工外，多数项目正进行初步设计等前期工作。全市实施农

2012～2013年肇庆市基础设施情况

项　目	单　位	2012年	2013年
铁路营业里程	千米	81.5	81.5
公路通车里程	千米	12611	13382.4
其中：高速公路	千米	221	251
港口泊位	个	189	176
内河通航里程	千米	544	544
本地电话年末用户	万户	70.65	65.8
移动电话年末用户	万户	334.20	392
国际互联网用户	万户	–	106
电力消费量	万千瓦·时	1310349	1425029
商品房屋实际销售量	万平方米	373.6	465.39
商品房屋实际销售额	亿元	175.82	231.59

田水利重点县项目5个（高要市、广宁县、怀集县、封开县和德庆县）。（何国龙）

【信息化建设】 2013年末，肇庆市城域网络出口总带宽达290G，光纤总长度达4万皮长千米，95%以上的城市小区和商业楼宇实现光纤覆盖，光纤100%到行政村，家庭宽带平均接入能力超过10Mbps；建成WLAN热点1377个、3G基站2845个，3G网络覆盖全市各县城（市区）、工业园区和行政村，固定电话用户65.8万户，移动电话用户392万户（其中3G用户106万户）；有线宽带端口54.7万个。6月底，省网上办事大厅肇庆分厅开通运行，至年底，进驻该厅的部门53个，办理事项总数882项，其中行政审批事项747项、社会事务服务事项135项。各县（市、区）建成本级分厅，进驻事项总数5506项，其中行政审批事项4145项、社会事务服务事项1361项。电子政务外网覆盖市直机关、事业单位及部门企业共54个单位。德庆县、高要市被列为全国依托党员干部现代远程教育网络开展农村商务信息服务试点县（市）。中巴软件园超算中心升级具备每秒10万亿次浮点的运算能力。肇庆市政府门户网站获中国特色政府网站称号和广东省政府网站“服务创新奖”。（黎　柱）

现代产业

【制造业】 2013年，肇庆市完成制造业固定资产投资额454.68亿元，比上年增长18.1%。完成制造业工业增加值677.02亿元，比上年增长21.3%。电子信息、生物医药、节能环保、新材料、汽车、精细化工、金属加工、新型建材及林产工业是肇庆市九大主导产业，合计实现规模以上工业增加值530.69亿元，比上年增长19.7%，占全部规模以上工业增加值的65.24%。先进制造业增加值252.25亿元，比上年增长17.7%，占规模以上工业增加值的31%；对全市工业增长的贡献率达29.8%，拉动工业增长5.4个百分点。其中，装备制造业工业增加值182.58亿元，比上年增长21.3%；仪器仪表制造业、汽车制造业、电气机械和器材制造业增加值分别为0.88亿元、25.99亿元和26.44亿元，分别增长35.7%、28.9%和28.2%。

【商贸业】 2013年，肇庆市社会消费品零售总额493.12亿元，比上年增长13.8%。举办“2013年肇庆市消费促进月”活动，消费总额4626.23万元。组织45家企业参加亚欧博览会、第九届“泛珠洽谈会”等经贸活动，达成项目23个，涉及金额118亿元。全市获国家级“万村千乡”市场工程项目75个，获中央财政补助136.7万元；市级“万村千乡”市场工程项目69个，市财政补助20万元。全市建设“万村千乡”市场工程配送中心18个、农家店1260个，镇级和村级农家店覆盖率分别为100%和72%。其中获国家级“万村千乡”市场工程配送中心10个、乡镇商贸中心2个、农家店813个，共获中央财政扶持资金626.7万元。

（黎　柱）

【物流业】 2013年，肇庆市完成货物运输总量4471万吨，比上年增长21.5%，其中，公路货运量3345万吨，比上年增长20.2%；水路货运量1126万吨，增长25.4%。货物运输周转量60.39亿吨千米，比上年增长19%。其中，公路货运周转量41.13亿吨千米，比上年增长18%；水路货运周转量19.26亿吨千米，增长21.3%。旅客运输总量7672万人，比上年增长1.4%；旅客运输周转量42.72亿人千米，增长2.1%。港口完成货物吞吐量2941万吨，比上年增长6.8%；港口集装箱吞吐量69.28万标准箱，下降2.1%。 （蔡喜玲）

【旅游业】 2013年，肇庆市开发利用的旅游景区（景点）60个，国家级景区1个，省级景区2个，AAAA级景区5个。有旅行社45家（其中出境游组团社3家，国内游和入境游组团社42家），旅行社分社8家，旅行社营业部50个。有星级饭店26家，其中五星级饭店1家、四星级饭店1家、三星级饭店16家。肇庆市获2013中国最美丽城市、中国十大最具投资潜力旅游目的地、最美文化旅游目的地城市、中国最具幸福感城市、中国十佳宜游城市等称号，德庆县获“中国最美生态文明旅游名县”称号，悦城龙母庙被授予“最受海外华人喜爱的文化景区”称号。星湖大酒店被全国星评委评定为五星级旅游酒店，成为肇庆市首家五星级酒店。 （孙秀丽）

【金融业】 2013年，肇庆市有金融机构21个、保险公司31家、小额贷款公司12家、融资性担保机构5个、上市企业5家、证券机构7个（含2个期货机构）。年末金融机构本外币各项存款余额1594.43亿元，比年初增长17.62%；各项贷款余额1051.4亿元，增长17.65%。中小微企业贷款余额581.47亿元，比年初增长20.92%；融资性担保机构担保余额4.72亿元，在保户数83户。保险业总保费收入25.91亿元，比上年增长12.94%。证券期货交易总额5706.15亿元；营业收入1.63亿元，比上年增长42.07%；净利润0.71亿元，增长1.05倍。上市公司市场总市值105.7亿元，比年初增长5.68%。有证券营业部13家，股票账户42.4万户；证券交易额1676.28亿元，比上年增长41.83%，其中，股票交易额1048.01亿元，增长39.8%。期货营业部2家，代理交易额4029.87亿元，比上年增长61.53%。

（黄珊珊）

【房地产业】 2013年，肇庆市房地产开发投资171.48亿元，比上年增长17.9%。其中，商品住宅开发投资128.57亿元，增长12.4%；商业营业用房投资和其他投资分别为18.94亿元和21.12亿元，分别增长53.0%和15.5%。商品房施工面积1889.83万平方米，比上年增长20%；商品房销售面积465.39万平方米，增长24.6%；商品房销售总额231.58亿元，增长31.7%。商品房销售均价4976元/平方米，商品住宅销售均价4654元/平方米。全市有房地产企业440家，其中城区（端州区和鼎湖区）178家、高要市64家、四会市51家、德庆县30家、封开县37家、怀集县32家、广宁县27家、肇庆高新区21家；有资质等级以上建筑企业104家，比上年增长3.0%，其中，二级房地产开发资质企业7家，三级房地产开发资质企业74家。 （黄彩霞）

【肇庆高新区】 2013年，肇庆高新技术产业开发区地区生产总值179.17亿元，比上年增长21.1%；规模以上工业总产值682.77亿元，增长22.4%；规模以上工业增加值159.21亿元，增长23%；固定资产投资

111.12 亿元，增长 21.6%；地方公共财政预算收入 9.66 亿元，增长 0.6%；外贸进出口总额 9.3 亿美元，增长 7.8%；新批注册合同外资 7.22 亿美元，增长 4%；实际利用外资 3.58 亿美元，增长 0.5%。

是年，该区组建招商投资局和 5 个招商分局，评审通过蓝带啤酒、合普动力等项目 83 个，投资总额 335 亿元，引进 9 个科技孵化项目；盘活 114 公顷闲置土地和 29.8 万平方米空置厂房，引进 23 个新项目，其中 8 个项目已投（试）产；举办肇庆金秋——2013 重大发展平台投资洽谈会暨高新区项目集中签约奠基剪彩活动，28 个项目集中签约、奠基、剪彩，引资额超 180 亿元。

开展“项目建设年”活动，落实区领导分工联系重点项目责任制，推动重点项目如期开工、加快建设、早出效益。全年省、市重点在建项目 16 个，全年完成投资 72.36 亿元；推进“六个一批”项目建设，怡宝饮料、中油天然气等新项目动工建设，林安物流、以纯服饰等开工项目按计划推进，国电热电联产、中恒一期、奥瑞金、台日电梯等 27 个项目投（试）产，宇丰机械等 9 家企业正在安装调试生产设备，碧桂园二期、澳华铝业二期等 23 家企业增资扩产。

重新调整科技创新扶持系列政策。皇威集团科技企业孵化器动工，设立长春理工大学国家大学科技园肇庆分园，引导和支持企业开展科技创新，2 家企业获批组建省级工程中心，5 家企业获批组建市级工程中心，1 家企业被认定为市级企业技术中心；10 家企业通过高新技术企业认定；组织企业申报上级科技计划项目 45 个；千江公司项目获 2012 年度肇庆市科学技术奖一等奖，科茂项目获 2012 年度肇庆市科学技术奖二等奖并申报 2013 年度省科学技术奖。获专利申请 368 件，比上年增长 7.29%；专利授权 307 件，增长 71.51%。红日燃具、晶信五金等一批低效企业进行技改升级。（张　逊）

【高新技术产业】　2013 年，肇庆市有高新技术企业 108 家；实现高新技术产品产值 897.55 亿元，比上年增长 28.9%，占规模以上工业总产值的 26.21%。出台《肇庆市改善创新环境五年行动计划实施方案》，明确以市科技局为组织单位、肇庆高新区为示范单位，通过 5 年努力，实现自主创新环境建设新跨越。年内，全市有 9 家企业组建省级工程技术研究开发中心，10 家企业组建市级工程技术研究开发中心。至年底，全市有国家重点实验室等创新平台 5 个，建立省级工程研究开发中心 26 个、省级企业重点实验室 2 个，组建市级工程研究开发中心 48 个。新认定高新技术企业 26 家；认定省级的技术创新专业镇 21 个、市级的 31 个。被认定为国家火炬计划重点高新技术企业的有 2 家。深化龙头企业与高校院所合作，全年组织 42 家企业与高校开展省部产学研合作申报；组织 32 家企业申报市级产学研结合技术创新项目和专业镇特色产业创新项目，其中立项 21 项。肇庆市傲翔科技信息有限公司联合广东风华科技股份有限公司与广东工业大学、包头稀土研究院、成都电子科技大学、肇庆电子信息行业协会联合申报产学研重大专项；推进与广东工业大学、肇庆学院的产学研合作，端州区、华南智慧城与广东工业大学共同组建肇庆市高端电子信息产业协同创新研究院，为电子信息企业提供关键共性技术研究、科技咨询和科技成果转化服务。12 月，肇庆市获“中国产学研合作创新示范基地”称号。（麦伟男）

【优势传统产业】 2013年，肇庆市优势传统产业优化升级。纺织服装、食品饮料、家具制造、建筑材料、金属制品、家用电力器具制造业是肇庆市的六大优势传统产业。是年，优势传统产业完成工业增加值283.22亿元，比上年增长20.2%，占全市工业增加值的34.8%，对全市工业增长的贡献率为36.2%，拉动工业增长6.5个百分点。

（黎　柱）

【现代农业】 2013年，肇庆市实现农林牧渔业总产值397.15亿元，比上年增长5.3%；农林牧渔业增加值262.38亿元，增长5.6%；农村居民人均纯收入11662元，增长12.5%。至年底，全市有县级以上农业龙头企业160家，其中，省级重点龙头企业13家、市级58家、县级89家；农民专业合作社2252家。有省级现代农业园区14个，连片6.67公顷以上各级农业园区161个，其中占地66.67公顷以上的规模园区25个，包括省级现代农业园区9个、农业标准化示范区15个。印发《肇庆市现代农业发展五年（2013~2017）实施计划》，发展优质、高效、外向、生态、安全农业，推进农业生产规模化、装备设施化、经营产业化、服务社会化，通过5年努力，实现农业大市向农业强市跨越。

（张东方）

转型升级

【城市建设模式转变】 2013年，肇庆市实行代建制模式，完善城市基础设施建设。开展前期和筹备工程项目25个，在建项目17个，竣工并交付使用项目4个。多渠道招商引资，继续推进“三旧”改造。经市、县政府审批及上报省完善手续的历史用地面积976公顷；新动工项目40个，新增动工面积172公顷（含续建项目新增动工面积）。

（廖成涛）

【经济发展方式转变】 2013年，肇庆市加快产业转型升级，转变经济发展方式，推动经济集约发展、绿色发展和低碳发展。促进投资出口消费，经济运行稳中有进，产业结构日趋优化，三大产业结构比例为15.8：47.7：36.5，其中第二产业所占比例比上年提高1.88个百分点。肇庆被纳入国家知识产权试点城市和中国产学研合作创新示范基地。有6家企业成为省战略性新兴产业骨干和培育企业，33家企业被认定为高新技术企业，2家企业获批为广东省创新型企业试点，新组建省级工程技术研究中心9个、市级工程技术研究开发中心10个，申报组建1家省企业重点实验室。中山（大旺）产业转移园被省授予信息化园区金牌，华南智慧城被列入省物联网发展重点项目。全市新增农业龙头企业42家，新增农民专业合作社1621家，新增省级农业名牌产品3个、绿色食品7个、无公害食品21个，创建标准化基地面积1.13万公顷。

（姚丽娟）

【四大平台招商引资】 2013年，肇庆市出台《肇庆市人民政府关于促进工业主导产业集聚发展转型升级的若干意见》，明确“一核、两带、三板块”主导产业总体布局，使各县（市、区）明确招商引资方向。肇庆高新区、肇庆新区、粤桂合作特别试验区和广佛肇经济合作区等四大平台大力招商引资。是年11月29~30日，举办“肇庆金秋——

2013重大发展投资洽谈会”。肇庆市政府与中国人民银行广州分行共同签署《金融支持肇庆重大平台建设合作备忘录》，并与13家省级银行业金融机构签署《战略合作框架协议》。全年四大平台签约项目投资总额占全市签约项目投资总额的58%。其中，位于怀集县的广佛肇经济合作区签约动工项目20个，投资额15亿元；肇庆高新区签约项目7个、奠基项目11个、剪彩项目10个，涉及金额超180亿元，肇庆新区签约项目5个，总投资798.2亿元；封开县签约、动工项目共37个，揽资总额296.61亿元；粤桂合作项目8个，总投资121.83亿元。

（叶可道　韦相伍）

城乡发展

【城乡规划】　2013年，肇庆市继续完善中心城区规划布局，落实城区扩容提质五年行动计划，推进新型城镇化发展。完成《肇庆市城市总体规划（2010~2020）》实施评估；编制肇庆市主体功能区规划与城市总体规划图，确定城市（城镇）发展空间与发展重点，优化发展区、重点发展区及生态发展区，落实中心城区及各县（市、区）近期发展重点片区及各类产业发展重点片区。编制完成《广东肇庆新区城市总体规划（2012~2030年）》成果，经省住房和城乡建设厅组织审查会审议通过。完成新区基础设施、产业发展、低碳发展等专项规划编制，并上报省发改委。基本编制完成《肇庆新区重点地段城市设计与控制性详细规划》《肇庆新区市政工程专项规划》《肇庆新区能源规划（2012~2030年）》《肇庆新区水系及防洪排涝专项规划》。编制《肇庆市城市绿地系统规划（2013~2020）》《肇庆市中心城区路名规划（2011~2020）》《肇庆市城市特色研究》《肇庆市中心区域消防专项规划（2012~2020）》等11项专项规划和《肇庆市端州区北岭片区控制性详细规划》《端州区太和路以西局部地段控制性详细规划》《肇庆市端州区双龙片区（现代服务业园区）城市设计及控制性详细规划》《肇庆市鼎湖山风景区新入口及周边地段城市设计及控制性详细规划》《肇庆市“一江两岸”修建性详细规划》等12项城市设计及详细规划，启动《肇庆星湖水质整治综合规划》《肇庆市中心城区管线综合专项规划》《肇庆市天然气高压管网规划》《鼎湖区旧城片区控制性详细规划》《七星岩风景名胜区北门广场规划设计》等规划编制项目，基本完成中心城区控制性详细规划编制全覆盖。

是年，广宁县、怀集县城市总体规划获市政府批复实施，高要市、四会市新一轮城市总体规划纲要成果通过由省住房和城乡建设厅组织的专家评审，德庆县编制完成新一轮城市总体规划报市政府审批并通过成果审查，封开县组织编制新一轮城市总体规划纲要成果。各中心镇陆续开展新一轮总体规划编制，高要市白土镇、德庆县悦城镇等镇编制完成新一轮总体规划并获市政府批复实施。推动一般建制镇规划编制，完成德庆县凤村镇、武垄镇等总体规划编制，基本实现乡镇总体规划全覆盖。

高要市回龙镇完成名镇建设规划并经高要市政府批准实施，名镇建设通过市级考核并向省农委办申报第一批广东省岭南名镇；完成鼎湖区永安镇、德庆县悦城镇名镇建设规划纲要编制。完成2012年安排的100个行政村村庄规划编制，落实2013年100个行政村编制村庄规划计划。

【城乡一体化建设】 绿道建设 2013年，肇庆市实施《肇庆市绿道网建设总体规划(2011~2015)》，制订《肇庆市绿道网建设2013年实施方案》，印发《肇庆市绿道网管理维护运营方案》，绿道管理运营逐步形成常态化、规范化。绿道建设的重点是完善配套设施，绿道沿线建成3个驿站、12个绿道标识、22个安全设施、28个环卫设施、2个停车场及2个自行车租赁点，建成绿道网“公共目的地”10个，其中体育健身类3个、特色旅游类5个、文化展示类1个、餐饮娱乐类1个。举办“2013广东旅游文化节肇庆分会场暨肇庆徒步旅游季”“美丽肇庆定向星湖——2013年邮储杯广东省肇庆星湖绿道（景区）定向运动邀请赛”等活动，利用绿道网沿线的自然、人文等优质资源，打造特色旅游、体育健身、科普教育、文化服务四大绿道品牌。

珠三角城市群一体化 2013年，肇庆市加快广佛肇经济合作区、粤桂合作特别试验区和各县（市、区）产业园区建设，提高产业承载能力，形成工业园区化、规模化发展格局。落实珠三角地区基础设施建设、产业布局、城乡规划、基本公共服务、环境保护“五个一体化”规划，构建珠三角优质生活区；落实广佛肇经济圈发展规划，按照“两年实现项目全面合作、五年实现高度融合发展”工作目标，促进与广佛地区基础设施共建共享、产业发展合作共赢、公共服务协调一体、生态环境协同保护，推进广佛肇城市一体化发展。 （区惠怡）

【城乡基本公共服务】 义务教育 2013年，肇庆市有小学223所，比上年减少69所；在校生327739人，减少6893人。初级中学（含九年一贯制学校）140所；在校生197486人，减少16290人。小学适龄人口入学率100%，辍学率0.02%；初中阶段入学率99.09%，辍学率0.74%。是年，把加强义务教育规范化学校建设作为推动教育均衡发展的重点。上半年，除端州区外，有农村义务教育学校的7个县（市、区）分别编制《农村义务教育学校布局专项规划(2013~2015)》，各地坚持因地制宜、“一镇一策”原则，科学调整中小学校布局，以“三室一场五有”工程建设为重点，加强农村义务教育规范化学校建设。 （姚灵娟）

公共卫生设施 2013年，肇庆市有卫生机构880个、村卫生室2566个，医疗机构床位总数12688张，专业卫生技术人员18452人，执业（助理）医师5656人，注册护士7156人。每千人口医院有床位3.15张、卫生技术人员4.58人、执业（助理）医师1.41人、注册护士1.77人。 （陈鸿明）

体育设施 2013年，肇庆市有63个体育场馆，77%的县（市、区）建有体育馆、体育场、游泳池和全民健身广场（1万平方米以上），100%的街道建有健身小广场，100%的社区和行政村建有体育健身点，人均公共体育场地面积1.94平方米。投入400多万元购置体育器材，在各县（市、区）的街道和行政村安装308张室外乒乓球台、22套健身路径、60副篮球架、22张室内乒乓球台，1330个行政村配备一个篮球场和两张乒乓球台；建设12个广场文化体育活动示范点和10个乡镇农民体育健身广场。完成31个全民健身工程建设，乡镇农民体育健身工程覆盖率68%。升级改造高要体育中心和德庆县体育培训中心，完善怀集县体育场配套设施，鼎湖区广利镇和端州区睦岗街道办事处增设全民健身园。在绿道安装18套健身路径。第十五届省运会场馆选址在肇

庆新区，落实规划用地80公顷。（傅金明）

供电　2013年，肇庆市水力发电总装机68.5万千瓦，年总发电量23亿千瓦·时，比上年增长10%。全社会总用电量142.50亿千瓦·时，比上年增长8.8%。其中工业用电量108.18亿千瓦·时，比上年增长11.3%。城乡居民用电量14.43亿千瓦·时，下降1.7%。（何国龙）

供水　2013年，肇庆市自来水供水能力66万立方米/日，供水面积220平方千米。全年总用水量19.16亿立方米，比上年下降1.9%。其中生活用水2.61亿立方米，比上年增长13%；工业用水3.26亿立方米，下降18.5%；农业用水13.29亿立方米，增长0.5%。完成售水量1.15亿立方米，比上年增长29.53%。年内，完成永安贝水大道DN300供水管道安装；配合广佛肇城际轻轨建设、星湖水质改造迁改沿线供水管网。肇庆新区永安水厂二期、西江饮用水取水管道及加压泵站动工建设；向广州市番禺区水务股份有限公司输出自主研发的“供水营运综合管理系统”“供水调度系统”科技成果。整合推出银行代扣、网上支付、便民服务点、网点自助、柜台服务、邮政便民服务站现金缴费和中行24小时自助终端等自来水缴费方式。（冯晓敏）

乡村交通　2013年，肇庆市完成农村公路硬底化402千米，动工改造县道282.68千米，新建、改建农村公路桥梁21座/1046延米。完成肇庆高新区大旺大桥主体工程建设。完善农村客运线路、客运站亭，全市公共交通均等化服务水平不断提高。（贺广玲）

垃圾处理　2013年，肇庆市建成市垃圾场和德庆县垃圾场2座生活垃圾无害化填埋场，日处理能力分别为500吨和100吨；在建垃圾场4座。全市各乡镇（街道）全部建成生活垃圾中转站，大部分乡镇安装垃圾压缩机；大部分自然村建成生活垃圾收集点，未建收集点的自然村以安放密封垃圾桶代替。德庆县在全省率先建成“一县一场”“一镇一站”的农村垃圾收运、处理网络。

（罗　欢）

【社会主义新农村建设】　2013年，肇庆市投入资金1.88亿元，启动第三批76个名村示范村建设，建成41个名村和88个示范村；新建省卫生镇7个、省卫生村215个，建成市级宜居城镇10个、宜居村庄79个、生态文明村100个、宜居社区19个。完成农村公路硬底化402.56千米，建成农村垃圾集中收运“一镇一站”“一村一点”。

（张东方）

社会建设

【教育事业】　2013年，肇庆市的广宁县、怀集县通过省教育强县督导验收，全市如期实现省教育强县（市、区）100%覆盖。怀集县梁村镇等8个镇完成省教育强镇创建任务，全市共有省教育强镇96个，省教育强镇覆盖率92.3%，其中端州区、鼎湖区、高要市、四会市和德庆县实现省教育强镇100%覆盖。出台《关于加快推进教育现代化的决定》及实施方案，召开全市推进教育现代化工作动员大会，提出推进教育现代化先进市工作的时间表和路线图。全市有21所幼儿园成为市一级幼儿园，新增优质学前教育学位5200多个。调整城区7所公办幼儿园招生办法，2013年秋季学期起，各安排70%的名额面向社会公开招生，30%的名额实行自主招生。有22所义务教育学校成为规范化学校，规范化学校覆盖率达95.86%。完成市工贸学校、市农业学校等职教项目工程建设，新增建筑面积1.65万平方米，新建集实训、考核、竞赛、培训“四位一体”学校实训中心6个，新增优质学位1300多个。市农业学校被认定为国家级改革发展项目建设示范学校，怀集县中等职业学校成为广东省重点职业学校。推进肇庆科技学院和肇庆工商学院“升本”工程。实施4.89万名中职学生免交学费，总额达1.86亿元，各级财政给予学校补助1.78亿元；全市中职毕业生就业率98.3%。全市有26所普通高中创建为市一级以上优质学校，优质学校比例达83.87%。为农村小学教学点配备电脑、打印机、大屏幕液晶电视机和市教育专网设备，实现教学点数字教育资源全覆盖。推进广东教育视频网和“远程多媒体交互教学平台”建设，中小学校64%的教室建成远程多媒体交互教室。“肇庆市区域教育云学习平台”于9月投入使用。评估县级德育示范学校200多所、市级德育示范学校35所。创建省级书香校园5所，评选阅读之星25名。推进传统文化教育，实现中华优秀传统文化进校园、进课堂目标。

（姚灵娟）

【公共文化】 2013年，肇庆市有文化馆9个、群众艺术馆1个、公共图书馆9个、博物馆8个、陈列馆1个、档案馆12个，公共文化场馆全部实现免费对外开放。有广播电视台10座、广播电台7座，广播综合人口覆盖率和电视综合人口覆盖率均为100%。有线广播电视用户55.04万户，有线数字电视用户19.21万户，分别比上年增长2.6%和2.1%。有文化市场经营单位625个，其中，歌舞娱乐场所161个，游艺娱乐场所165个，网吧经营场所269个，演出团队7个，演出场所经营单位16个，电影院12家。有出版物发行单位520个，其中书报刊发行单位344个、音像发行单位168个、电子出版物发行单位8个。公开发行报刊有《西江日报》《肇庆学院报》《肇庆学院学报》《西江文艺》《南方声屏·肇庆荧声》《肇庆侨刊》，全年出版报纸1694万份。

推进公共文化设施建设。完成市博物馆新馆、市文化馆新馆、市档案馆、市少年宫、包公文化园等重点文化项目的前期筹备工作。省、市两级财政分别安排1593.35万元和100.60万元专项经费，完成全市有线电视网络未通达农村地区“户户通工程”31867户建设，解决163281人听广播看电视难问题。完善51个综合文化站设施，为213个行政村（社区）安装公共电子阅览设备。组织送戏下乡演出1068场，送图书70020册。完成农村数字电影放映任务16087场，观众295.82万人次。开展“文化拥军——共享工程优秀影剧进部队”“文化共享工程进校园”“红色历史文化系列讲座、专题片”等服务活动。与星湖管理局合作，在星湖景区开展“粤剧进景区”文化惠民演出活动，吸引众多游客观赏。（吴 源）

【卫生事业】 2013年，肇庆市继续加强流感、手足口病、鼠疫等急性传染病监测防控，有效防控人感染H7N9禽流感；全市无手足口病死亡病例，未发生手足口病局部暴发疫情。落实新颁布的《精神卫生法》，推进精神病医院—社区防治康复一体化。全市报告甲、乙、丙类传染病发病人数39836例，报告死亡65人。实施妇幼安康工程，基本完成规范化儿童保健门诊建设。全市产妇建卡率98.11%，产前检查率96.58%，孕产妇住院分娩率99.32%；孕产妇死亡率、婴儿死亡率、5岁以下儿童死亡率分别为3.49/10万、3.66‰、4.31‰，均控制在国家和省要求的范围内。修订《肇庆市突发事件医疗卫生救援应急预案》。及时处置封开县杏花镇腮腺炎暴发疫情。继续实施广佛肇、肇梧重大传染病和突发公共卫生事件联防联控。开展餐饮具集中消毒企业、“四小”公共场所、涉水产品等专项整治，开展集中式供水单位基本情况调查；严厉打击非法行医和无证经营行为，实施行政处罚242宗，取缔无证行医51宗。查处各类食品案件2328件，移交司法机关21件，涉案金额1600多万元，全市无发生重大食品安全事故。

推进公共卫生服务均等化。继续实施11项基本和6项重大公共卫生服务项目。城市、农村居民健康档案累计建档率分别为78.39%和80.53%，电子档案建档率71.33%；0～6岁儿童健康管理率95.89%，孕产妇健康管理率96.15%；老年人保健管理率80.31%；高血压病、糖尿病管理人数分别为241866人、68040人；排查发现重性精神病人23092人，管理率99.97%；农村住院分娩率98.92%；孕妇HIV、乙肝、梅毒母婴阻断干预率分别为80.95%、88.47%、90.95%。建成社区卫生服务中心16个、社区卫生服务站21个。推广社区医生团队负责制，开展家庭签约服务，为居民提供优质、方便的社区卫生服务。建立社区卫生服务对口帮扶及双向转诊制度，二级以上医院对口扶持社区卫生服务机构，定期安排专家到社区卫生服务机构坐诊，提高社区卫生服务能力和水平。

实施基层医疗卫生机构综合改革。是年，肇庆市110家政府办基层医疗卫生机构全部定为公益一类事业单位，核定人员编制6819名。基层医疗卫生机构全部实施绩效工资，执行经常性收支差额补助办法、一般诊疗费标准、医保支付政策等。市财政安排基层医疗机构经常性收支差额补助资金1375万元。改革后，基层医疗卫生机构医护卫生人员和职工工资水平与当地财政核拨的事业单位工作人员工资水平大致相当。

完善基本药物制度。是年，肇庆市实施基本药物制度的政府办基层医疗卫生机构110家，覆盖率为100%。将村卫生站纳入基本药物制度实施范围，开展基本药物零差率销售试点，同步实施一般诊疗费和医保支付政策，逐步落实乡村医生的各项补助和扶持政策。政府办二级以上综合医院优先配备使用基本药物。全市三级公立医院基本药物使用比例为30.38%，市二级公立医院35.32%，县级公立医院49.40%，综合改革试点县级公立医院52.47%。

实施县级公立医院改革。是年6月1日起，四会市作为第一批省县级公立医院改革试点县（市），实施公立医院综合改革，纳入改革范围的有3家医院，取消药品加成政策，实行药品零差率销售，破除“以药补医”机制，减轻群众看病就医的费用负担。下半年，德庆县和封开县成为全省第二批县级公立医院改革试点县。

发展中医药事业。是年，肇庆市中医院通过三级甲等中医医院评审；实施基层中医药服务提升工程，10个镇（街道）创建为肇庆市农村中医工作先进镇；肇庆市被确定为全国中医药预防保健及康复服务能力建设单位；李力强、李万逸、谢少龙被省政府授予“广东省名中医”称号。（陈鸿明）

【体育事业】　2013年，肇庆市有肇庆籍运动员获25项全国冠军，其中第十二届全运会获6项冠军。肇庆市体育中心举办全国田径大奖赛、广东省第三届体育大会、广东省青少年田径锦标赛等100多次文体和社会活动。肇庆成为2018年第十五届广东省运动会承办城市。鼎湖乐康青少年体育俱乐部被评为国家级青少年体育俱乐部。开展“体育节”大型全民健身活动。全市国民体质合格率88.7%。（傅金明）

【失业就业】 2013年，肇庆市新增就业105336人，其中，城镇新增就业47196人，农村培训转移就业43162人；大学生就业14978人，高校毕业生就业率95.27%；农村劳动力技能培训41922人。年末城镇登记失业率2.39%。建立以市高级技工学校（技师学院）为主、市属其他技工学校和县（市、区）就业训练（培训）中心为分教点的农村劳动力培训网络。围绕实施“双转移”和“职业技能培训民生工程”，落实“一户一技能”计划，推行农村劳动力普惠制培训。推进校企合作，开展订单培训。部分定点培训机构把农村劳动力培训课堂搬到基层农村。市直相关部门利用自身资源优势，为农村劳动力提供农业种养等内容的技能培训。

【社会保障】 2013年，肇庆市参加城镇职工基本养老、基本医疗、失业、工伤、生育保险、城乡居民社会养老保险的人数分别为72.07万人、400.05万人、41.05万人、43.14万人、40.41万人、141.28万人。基本医疗保险覆盖率达98%以上，城乡居民社会养老保险覆盖率100%。全市本省户籍二、三产业从业人员参保率和企业职工养老保险实际缴费人数占参保人数比例分别为75.08%和75.11%。推进城乡居民医疗保险引入市场机制扩大试点工作，医保经办服务网点向基层延伸，覆盖率100%。上调城乡居民医疗保险统筹基金支付比例：一级医疗机构90%，二级医疗机构75%，三级医疗机构60%。推

2012~2013年肇庆市社会事业情况

教育				医疗 文化 体育			
项目	单位	2012年	2013年	项目	单位	2012年	2013年
普通高校	所	5	5	医院和卫生院	所	143	146
普通高校在校学生	万人	6.37	6.66	医院与卫生院床位	张	10978	12688
中职和技校学校	所	31	28	平均每千人口医院和卫生院床位	张	2.57	2.95
中职和技校在校学生	万人	9.92	9.26				
普通中学学校	所	170	171	群众艺术和文化馆	个	9	9
普通中学在校学生	万人	30.26	28.57	公共图书馆	个	9	9
小学学校	所	292	223	博物馆	个	7	9
小学在校学生	万人	33.46	32.77	档案馆	个	11	12
学龄儿童入学	万人	31.23	30.81	国民体质合格率	%	86	88.7
学龄儿童入学率	%	100	100	人均公共体育场地面积	平方米	1.38	1.94
幼儿园	所	488	510				
在园幼儿	万人	12.83	13.64				

行医保门诊统筹，提高特定病种门诊医保待遇。参加肇庆市城镇职工医疗保险的异地务工人员，其子女可参加城乡居民医疗保险。确认广州、佛山两市30个医疗机构为异地定点机构；实现广肇异地就医即时结算。城镇职工基本医保年度最高支付限额提高到20万元，加上高额补充医保，年度最高支付限额合计达55万元；各级财政对城乡居民医保的补助标准增至每人每年280元，城乡居民医保年度最高支付限额提高到25万元。企业退休人员基本养老金提高到1504元，月人均增加170元；失业保险金提高到904元，月人均增加224元；工伤伤残津贴提高到1459.77元，月人均增加160元；城乡居民基础养老金提高到65元，月人均增加10元。推进“金保工程”信息化建设，搭建社保专用光纤网络，实现市、县、镇三级联网，全市覆盖互联互通。推广发行社会保障卡310万张。端州区和鼎湖区被评为第二批“广东省城乡居民社会养老保险示范县区”。 （黄　研）

【社会管理创新】　2013年10月，肇庆市建立市级社会组织孵化基地。年内，公布首批75个获免税资格的非营利性社会组织，省、市投入财政扶持社会组织资金201万元（其中市级21万元）。全年全市新增社会组织172个，累计有1308个。社会组织党建覆盖率100%，工会组建率86.7%。建立首个市级社工专业人才培育基地。以端州区、四会市、怀集县为试点，开展专业社工服务，首次引入香港社工督导，对社工试点进行指导，累计培育引入社工机构6个（其中属肇庆的5个）。评出全市首位“广东省社工之星”，1名社工获评为2013年度“中国最美社工”。肇庆市大同社会工作服务中心获“广东省居家养老服务示范单位”“公益行动先锋”称号，该中心的“耆乐到家，其乐融融”居家养老服务项目被省民政厅评为2013年全省优秀专业社会工作服务项目三等奖。在全省创建首个公益志愿服务和组织网络平台——肇庆人人公益网，引导社会参与公益活动，开展10期“清洁家园”大型公益活动，在《西江日报》开辟“肇庆公益在成长”专栏。推进“三官一师”（法官、检察官、警官和律师）进社区、社区民警兼职制度、居委“法制副主任”试点工作，提升社区服务管理水平。 （陈林茂）

·责任编辑　刘燕玲·

珠江三角洲
地区风采

广州市

2013年12月28日，广州地铁六号线首期开通运营。图为首列地铁车辆驶出浔峰岗站 （石建华 摄）

广州市第一批美丽乡村示范村——南村镇坑头村中心湖码头公园 （杨达超 摄）

从化夜景 （李晓彤 摄）

广州白云新城 （石建华 摄）

2013年12月27日，广明高速公路延长线通车 （四航局供稿）

石门国家森林公园石灶油菜花及次生林 （邝健华 摄）

广州城区一角 （天河区府办供稿）

深圳市

盐田港旭日　　（汪秦生 摄）

大梅沙栈道　　（刘伯良 摄）

第12届中国国际人才交流大会现场　　（深圳史志办供稿）

大鹏所城夜景

南澳月亮湾　（深圳史志办供稿）

（深圳史志办供稿）

2013年4月28日，深圳市举办“感动深圳”深圳关爱行动十周年纪念表彰晚会　（深圳史志办供稿）

珠海市

2013年1月14日，珠海横琴380亿元综合开发项目开工暨中交南方投资发展有限公司揭牌活动举行　　（珠海年鉴编辑中心供稿）

2013年11月20日，中共珠海市委副书记、市长何宁卡主持第一届中国国际马戏节开幕式　　（珠海年鉴编辑中心供稿）

珠海金凤北路　　（珠海市市政园林和林业局供稿）

2013年2月27日，珠海海泉湾二期项目举行开工仪式 （珠海年鉴编辑中心供稿）

珠海华发商都 （珠海市住房和城乡规划建设局供稿）

珠海长隆酒店远眺 （珠海市住房和城乡规划建设局供稿）

禅城亚洲艺术公园

三水城区新貌

南海垃圾焚烧发电二厂

高明西江河畔

南海广东金融高新技术服务区

顺德北滘镇

禅城智慧新城

（本版图片由佛山年鉴社供稿）

江门市

2013年5月28日，首列广东造CRH6型城际动车组在江门市新会区广东轨道交通车辆修造基地下线

（江门日报社供稿）

2013年10月27日，首届江门（国际）健走马拉松大赛举行

（中共江门市委宣传部供稿）

江门市发展大道黄花风铃木

（江门市园林局供稿）

江门市新会银洲湖纸业基地

江门市新会区小鸟天堂全貌

2013年11月15～18日，第二届中国新会陈皮文化节在江门市新会区陈皮村举行

（本版图片除署名外，均为江门市地方志办供稿）

东莞市

东莞市龙舟赛

东莞市可园

东莞市南城区

东莞市东江两岸

东莞市行政文化区全景

东莞大道

东莞市沙田镇中心区

（本版图片均为东莞市地方志办供稿）

中山市

2013年2月17日，中山市领导体验自行车租赁服务

2013年9月28日，中山市南头镇举行传统群众文化活动——五人飞艇赛

2013年，中山市获全国社会管理综合治理最高奖“

源于宋朝的中山市西区长洲舞——醉龙表演

位于中山市石岐城区岐江河东岸的兴中广场外景

中山市五桂山绿道

位于中山市辖境中部的五桂山山脉

（本版图片均为中山市地方志办供稿）

惠州市

惠州市西湖

惠州市区江北新貌

惠州市区全景

惠州市大亚湾炼油厂全景

中国传统古村落、广东省最美古村落、广东省古村落——惠州市惠东县稔山镇范和村

（本版图片均为惠州市地方志办供稿）

肇庆市

肇庆市星湖栈道 （刘春林 摄）

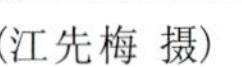
建设中的贵广高铁（广宁段） （江先梅 摄）

肇庆市高要市上清湾天主堂

肇庆市星湖春色 （肇庆市旅游局供稿）

（陈伟雄 摄）

广宁乡村秋韵 （江先梅 摄）

肇庆市新八景之宝月荷香 （肇庆市旅游局供稿）

肇庆市新八景之江堤塔影 （陈伟雄 摄）

肇庆市桃花岛春日 （陈绍通 摄）

统计资料

珠江三角洲主要经济指标

年份	年末常住人口（万人）	城镇人口	年末户籍总人口（万人）	年末从业人员（万人）	城镇单位从业人员
1990	2369.93	1696.63	2371.57		
1995	3292.03		2372.76		
2000	4289.78	2981.23	2563.60	1902.93	495.46
2001	4376.10		2595.24	1947.10	480.97
2002	4414.68		2595.24	2034.09	498.78
2003	4463.55		2660.46	2250.43	523.34
2004	4516.50		2714.08	2492.27	570.64
2005	4547.14	3516.06	2763.32	2822.60	636.10
2006	4735.47	3771.33	2821.27	2963.93	675.38
2007	4930.68	3919.89	2872.47	3107.38	718.88
2008	5138.48	4119.52	2920.82	3232.88	724.38
2009	5361.72	4375.17	2967.02	3412.10	767.05
2010	5616.39	4645.88	3024.57	3572.01	823.67
2011	5646.51	4687.17	3073.87	3630.21	927.40
2012	5689.64	4770.19	3105.01	3638.83	969.59
2013	5715.19	4802.55	3156.02	3784.09	1552.80

（续表）

年份	地区生产总值（亿元）	第一产业	第二产业	工业	第三产业
1990	1006.88	153.78	441.65	388.89	411.45
1995	4076.16	346.42	1983.39	1710.30	1746.35
2000	8422.24	458.30	4009.14	3618.01	3954.80
2001	9560.64	475.94	4500.11	4094.73	4584.59
2002	10956.75	496.63	5133.78	4705.82	5326.34
2003	12960.09	511.32	6263.90	5758.61	6184.87
2004	15488.13	556.37	7650.42	7080.88	7281.34
2005	18279.63	557.96	9266.58	8664.74	8455.09
2006	21686.34	561.77	11137.08	10481.75	9987.49
2007	25759.83	624.99	13015.56	12301.40	12119.28
2008	29945.66	722.86	14932.71	14123.72	14290.09
2009	32147.00	723.62	15427.46	14518.51	15995.92
2010	37673.26	809.78	18313.49	17223.20	18549.99
2011	43720.86	924.09	20952.91	19674.73	21843.86
2012	47779.56	983.24	22084.62	20731.70	24711.70
2013	53060.48	1061.10	24050.94	22628.17	27948.44

(续表)

年份	人均生产总值(元)	地区生产总值指数(上年=100)				
			第一产业	第二产业		第三产业
					工业	
1990	4295	117.5	107.2	119.9	121.5	119.0
1995	12676	120.4	108.2	122.4	124.6	120.0
2000	20280	113.7	104.3	114.4	115.1	113.9
2001	22065	113.3	104.9	113.6	114.5	114.0
2002	24928	114.4	105.9	115.5	116.5	114.1
2003	29195	116.9	101.7	122.0	122.7	113.3
2004	34495	116.8	102.6	120.1	121.4	114.4
2005	40336	115.7	103.5	118.2	119.0	113.7
2006	46725	116.8	98.8	118.8	119.6	115.7
2007	53299	116.3	101.6	116.0	116.7	117.5
2008	59480	112.8	103.8	111.8	112.4	114.3
2009	61231	109.4	103.9	108.6	108.4	110.5
2010	68633	112.2	104.2	114.1	114.2	110.4
2011	77637	109.9	103.5	110.4	110.5	109.7
2012	84355	108.1	103.3	106.7	107.0	109.7
2013	93114	109.4	102.4	107.6	107.9	111.5

(续表)

年份	人均生产总值指数(上年=100)	公路通车里程(千米)	邮电业务总量(亿元)	本地电话年末用户(万户)	移动电话年末用户(万户)	固定资产投资额(亿元)
1990	115.2					264.34
1995	112.9	20323	152.60			1515.82
2000	107.2	29029	587.64			2364.71
2001	108.6	29792	614.33	1069.79	1867.67	2612.88
2002	112.7	30354	728.24	1253.95	2508.32	2945.74
2003	115.8	30919	967.45	1663.32	3118.25	3749.51
2004	115.5	31582	1446.30	1915.25	4502.45	4515.27
2005	114.6	32312	1738.94	2355.10	5317.71	5328.37
2006	114.0	52139	2068.19	2559.62	5497.75	5964.60
2007	111.7	53106	2348.22	2651.33	6075.36	6909.74
2008	108.3	53418	2754.77	2529.77	6463.22	7829.03
2009	104.9	54261	2983.47	2400.25	6867.61	9603.55
2010	107.3	55848	3949.45	2269.84	7457.64	11355.80
2011	107.1	56380	1544.39	2284.31	8285.85	12366.76
2012	107.5	58590	1730.31	2295.29	9573.16	13974.24
2013	108.8	59555	2019.89	2288.94	11228.38	16030.78

（续表）

年份				社会消费品零售总额（亿元）	出口总额（亿美元）	进口总额（亿美元）
	城镇	房地产开发投资	农村			
1990				424.35	222.21	196.77
1995				1694.60	513.31	429.29
2000				3204.99	847.77	743.15
2001				3581.35	908.29	776.32
2002				3996.23	1126.08	992.57
2003				4497.21	1450.56	1262.47
2004				5106.86	1824.44	1596.44
2005				5878.70	2273.18	1837.58
2006				6810.19	2887.45	2181.97
2007				7919.89	3540.85	2560.28
2008				9539.76	3872.08	2697.61
2009	7783.61	2583.17	1819.95	10834.73	3417.77	2430.46
2010	9452.12	3118.66	1903.68	12613.24	4318.02	3195.01
2011	10509.63	4022.87	1857.13	14575.57	5064.89	3678.00
2012	11708.00	4483.67	2266.25	16552.69	5477.09	3956.56
2013	13325.86	5362.75	2704.92	18933.00	6070.93	4403.38

（续表）

年份	实际外商直接投资额（亿美元）	地方公共财政预算收入（亿元）	地方公共财政预算支出（亿元）	城乡居民储蓄存款余额（亿元）	中外资金融机构本外币存款（亿元）	中外资金融机构本外币贷款（亿元）
1990	12.36	97.98	80.03			
1995	79.47	275.26	322.81			
2000	103.87	599.06	690.64	6699.12	16118.10	11061.27
2001	114.96	749.65	832.94	7733.33	18562.11	12447.65
2002	116.17	772.97	976.78	9309.45	21881.50	14689.30
2003	137.41	867.88	1113.18	11146.36	25574.00	17772.73
2004	90.16	930.99	1234.13	12860.44	28704.24	19642.60
2005	113.34	1218.48	1567.23	15257.09	32962.25	21073.93
2006	130.86	1460.77	1714.73	17287.90	37367.68	23613.32
2007	151.88	1882.01	2145.82	17738.02	42555.31	27982.87
2008	169.21	2248.16	2550.77	21991.67	48512.14	31044.80
2009	175.08	2522.29	2882.33	25168.89	60618.78	40608.44
2010	183.47	3139.58	3654.91	29064.60	71294.51	47159.74
2011	195.29	3674.70	4444.97	31725.18	79575.13	53133.57
2012	215.53	4129.09	4798.40	35646.70	91585.24	60568.45
2013	230.62	4669.16	5240.59	38918.70	104255.28	67988.65

注：珠江三角洲包括广州、深圳、珠海、佛山、江门、东莞、中山、惠州、肇庆九市

珠江三角洲主要经济指标占全省比重

指　标	单位	2012 年		2013 年	
		珠江三角洲	占全省比重(%)	珠江三角洲	占全省比重(%)
土地面积	平方千米	54754	30.5	54754	30.5
年末常住人口	万人	5689.64	53.7	5715.19	53.7
#城镇人口	万人	4770.19	66.8	4802.55	66.6
年末从业人员	万人	3638.83	61.0	3784.09	61.9
地区生产总值	亿元	47779.56	79.1	53060.48	79.0
第一产业	亿元	983.24	34.0	1061.10	33.8
第二产业	亿元	22084.62	79.3	24050.94	78.6
第三产业	亿元	24711.70	83.3	27948.44	83.7
人均生产总值	元	84355		93114	
地区生产总值指数	上年 =100	108.1		109.4	
第一产业	上年 =100	103.3		102.4	
第二产业	上年 =100	106.7		107.6	
第三产业	上年 =100	109.7		111.5	
人均生产总值指数	上年 =100	107.5		108.8	
规模以上工业增加值	亿元	18639.71	82.0	21446.65	80.8
固定资产投资总额	亿元	13974.24	72.4	16030.78	70.2
社会消费品零售总额	亿元	16552.69	73.0	18933.00	72.8
出口总额	亿美元	5477.09	95.4	6070.93	95.4
进口总额	亿美元	3956.56	96.5	4403.38	96.7
实际外商直接投资	亿美元	215.23	91.4	230.62	92.4
地方公共财政预算收入	亿元	4129.09	66.3	4669.16	65.9
中外资金融机构本外币储蓄存款	亿元	37059.20	80.1	40218.90	79.4

注：1. 珠江三角洲包括：广州、深圳、珠海、佛山、江门、东莞、中山、惠州和肇庆。东翼指汕头、汕尾、潮州和揭阳。西翼指湛江、茂名和阳江。山区指韶关、河源、梅州、清远和云浮

2. 本表地区生产总值、工业增加值绝对数按当年价格计算，增长速度按可比价格计算，下表同

3. 2013 年地区生产总值为初步核算数，下表同

4. 地区生产总值在计算分区域占全省比重时，分母为 21 个市相加的合计数

珠江三角洲工业

项　　目	企业单位数（个）	#亏损企业	工业总（当年
总　计	**31680**	**4566**	**90691**
按经济类型分			
在总计中：国有控股经济	698	133	13408
国有经济	112	18	651
集体经济	193	42	279
股份合作经济	49	3	60
股份制经济	16994	1821	40147
外商投资经济	4320	823	26467
港澳台投资经济	8578	1762	21694
按轻重工业分			
轻工业	15876	2325	32752
重工业	15804	2241	57938
按企业规模分			
大型企业	1276	95	42054
中型企业	7368	1042	22708
小微型企业	23036	3429	25928
按行业分			
石油和天然气开采业	2	1	379
黑色金属矿采选业	21		95
有色金属矿采选业	4	2	60
非金属矿采选业	63	4	97
开采辅助活动	3		30
农副食品加工业	405	66	1573
食品制造业	340	43	1274
酒、饮料和精制茶制造业	136	30	868
烟草制品业	2		260
纺织业	1163	167	1648
纺织服装、服饰业	2139	265	2310

要指标（2013年）

单位：亿元

增加值（入法）	年末资产总计	#产成品	流动资产合计	固定资产合计	年末负债合计
446.64	**67600.64**	**3319.09**	**40976.16**	**17518.48**	**39567.89**
853.09	14684.02	307.44	6151.34	5630.20	8442.21
237.09	752.70	17.63	356.45	297.89	349.78
87.69	146.47	3.39	72.23	52.09	108.57
14.71	23.15	1.65	15.81	5.44	13.74
785.11	32450.79	1543.49	18328.09	8342.16	19474.58
735.55	17007.22	787.02	11027.28	4458.26	9605.38
266.67	16704.78	938.09	10852.90	4254.30	9707.53
017.14	23477.10	1606.73	15600.41	4931.35	13525.43
429.50	44123.55	1712.36	25375.74	12587.12	26042.47
208.13	31916.36	1350.74	18094.37	9133.96	18462.00
417.79	18007.64	992.53	11103.49	4712.27	10234.39
820.72	17676.65	975.82	11778.29	3672.25	10871.50
333.45	387.88	4.24	34.80	292.06	367.54
31.50	25.98	0.83	12.34	10.59	7.22
2.10	6.21	0.60	3.41	0.47	3.84
26.45	29.91	3.16	16.73	9.05	11.25
7.78	25.54		21.98	3.14	9.05
219.46	818.16	52.01	592.27	131.50	521.74
460.25	939.46	41.80	600.75	234.48	425.17
240.87	613.01	19.37	342.87	176.62	319.54
197.22	286.54	7.07	215.21	37.51	81.02
386.18	1023.16	60.26	583.52	330.64	558.26
597.73	1248.90	122.34	916.48	224.57	722.79

(续表)

项　　目	企业单位数（个）	#亏损企业	工业总产（当年价
皮革、毛皮、羽毛及其制品和制鞋业	1303	204	1492.
木材加工和木、竹、藤、棕、草制品业	268	35	375.
家具制造业	1089	156	1273.
造纸和纸制品业	906	107	1408.
印刷和记录媒介复制业	646	101	807.
文教、工美、体育和娱乐用品制造业	1080	189	2962.
石油加工、炼焦和核燃料加工业	54	12	2176.
化学原料和化学制品制造业	1677	180	4594.
医药制造业	243	31	879.
化学纤维制造业	47	6	110.
橡胶和塑料制品业	2655	406	3315.
非金属矿物制品业	1294	169	2646.
黑色金属冶炼和压延加工业	356	59	1566.
有色金属冶炼和压延加工业	549	79	2447.
金属制品业	2638	326	3843.
通用设备制造业	1334	169	3065.
专用设备制造业	1139	148	1624.
汽车制造业	563	65	4605.
铁路、船舶、航空航天和其他运输设备制造业	388	71	1165.
电气机械和器材制造业	3750	551	10230.
计算机、通信和其他电子设备制造业	4319	760	24921.
仪器仪表制造业	423	65	729.
其他制造业	195	32	189.
废弃资源综合利用业	121	16	628.
金属制品、机械和设备修理业	32	3	73.
电力、热力生产和供应业	121	12	4168.
燃气生产和供应业	39	4	507.
水的生产和供应业	173	32	277.

增加值 入法）	年末资产 总计	#产成品	流动资产 合计	固定资产 合计	年末负债 合计
38.22	849.68	51.94	629.37	140.75	461.42
83.64	275.72	16.09	161.29	62.60	155.72
12.82	778.63	55.22	503.20	167.37	432.05
90.28	1433.49	58.28	724.71	562.14	817.98
25.28	726.97	25.24	453.24	183.71	383.30
94.91	1697.28	299.47	1360.85	193.22	1110.59
43.15	863.15	33.37	422.78	335.37	628.72
09.28	3136.63	150.59	1889.70	848.65	1584.70
86.86	991.80	60.64	599.98	190.54	415.61
26.49	106.11	6.05	53.54	38.62	53.20
78.07	2402.83	130.23	1492.46	591.44	1345.47
77.32	1980.91	110.58	985.25	689.24	1166.88
28.74	983.77	54.90	488.28	373.79	692.84
88.38	1320.82	65.51	728.39	488.90	903.47
90.94	2429.29	120.46	1479.94	626.95	1304.01
68.69	2208.58	137.53	1579.56	398.57	1234.93
68.10	1662.48	86.50	1063.90	365.62	894.95
75.36	3445.31	112.66	2172.88	831.85	1985.49
65.86	1366.82	29.99	804.24	263.10	883.31
18.20	8066.32	544.06	5643.93	1372.65	5065.12
32.05	16508.45	785.32	12047.55	2833.62	10319.07
09.48	612.44	38.57	427.57	105.94	294.34
47.98	125.86	7.61	80.27	28.20	84.09
16.40	270.56	15.97	174.29	19.44	175.29
16.67	87.91	1.26	55.38	27.27	57.68
18.89	6320.36	3.80	1147.54	3642.44	3181.83
13.25	429.65	3.70	135.78	201.68	261.39
18.36	1114.03	1.89	329.96	484.19	647.03

(续表)

项　　目	年末所有者权益合计	主营业务收入	主营业税金及
总　计	**278121.06**	**87959.75**	**813.9**
按经济类型分			
在总计中：国有控股经济	6230.58	13036.17	437.8
国有经济	398.18	629.16	95.7
集体经济	32.19	270.53	0.9
股份合作经济	9.26	57.09	0.4
股份制经济	12887.65	38842.66	369.2
外商投资经济	7369.76	25884.02	220.4
港澳台投资经济	6929.44	20945.65	120.9
按轻重工业分			
轻工业	9871.15	32083.14	285.6
重工业	17949.90	55876.61	528.2
按企业规模分			
大型企业	13418.29	40792.58	557.3
中型企业	7740.69	21821.84	142.0
小微型企业	6662.07	25345.33	114.5
按行业分			
石油和天然气开采业	20.33	432.62	29.2
黑色金属矿采选业	16.86	90.81	0.9
有色金属矿采选业	2.37	59.90	0.0
非金属矿采选业	15.67	89.92	0.9
开采辅助活动	16.48	30.66	0.8
农副食品加工业	294.33	1542.77	1.9
食品制造业	513.51	1300.96	10.8
酒、饮料和精制茶制造业	290.94	823.29	18.5
烟草制品业	205.52	245.79	124.3
纺织业	453.53	1578.45	6.2
纺织服装、服饰业	517.70	2191.34	10.5
皮革、毛皮、羽毛及其制品和制鞋业	384.45	1458.12	7.3
木材加工和木、竹、藤、棕、草制品业	117.58	362.73	2.1

利润总额	#亏损总额	利税总额	本年应交增值税	全部从业人员年平均人数（万人）
5160.89	**330.55**	**8611.80**	**2629.84**	**1207.79**
911.07	33.16	2018.67	667.11	61.90
38.93	2.81	165.59	30.90	3.74
12.80	1.20	17.47	3.73	12.05
2.11	0.03	4.40	1.86	0.70
2393.52	93.20	4084.56	1317.72	442.07
1547.22	115.90	2508.37	738.89	289.65
1089.44	116.51	1717.59	506.01	443.18
1892.87	107.77	3152.60	971.39	590.46
3268.02	222.78	5459.20	1658.45	617.33
2588.23	94.63	4555.06	1406.07	454.32
1285.81	92.57	2016.94	587.43	462.07
1286.86	143.36	2039.80	636.35	291.40
154.33	0.07	207.26	23.66	0.25
13.12		19.42	5.30	0.25
0.12	0.14	0.25	0.04	0.09
7.87		11.90	3.05	0.60
6.07		6.89	0.01	0.06
67.59	3.53	94.04	24.52	6.20
209.02	2.27	303.86	83.97	14.26
64.06	6.97	125.22	42.09	7.09
29.66		180.66	26.67	0.36
86.17	4.80	131.76	39.27	27.76
94.06	6.41	163.35	58.60	73.39
56.20	4.79	99.46	35.76	67.33
29.94	1.78	42.52	10.44	4.65

（续表）

项　　目	年末所有者权益合计	主营业务收入	主营业税金及
家具制造业	343.13	1248.01	5.7
造纸和纸制品业	613.86	1356.40	4.1
印刷和记录媒介复制业	339.96	778.52	3.7
文教、工美、体育和娱乐用品制造业	583.27	2947.68	7.0
石油加工、炼焦和核燃料加工业	234.43	2151.91	162.3
化学原料和化学制品制造业	1543.32	4448.19	23.6
医药制造业	575.91	816.76	5.8
化学纤维制造业	52.86	106.60	0.4
橡胶和塑料制品业	1050.20	3232.45	13.7
非金属矿物制品业	807.64	2503.00	12.5
黑色金属冶炼和压延加工业	286.53	1471.03	4.1
有色金属冶炼和压延加工业	412.50	2364.50	4.1
金属制品业	1096.65	3679.34	18.3
通用设备制造业	950.50	2967.65	13.3
专用设备制造业	765.09	1562.03	8.4
汽车制造业	1457.23	4618.59	136.9
铁路、船舶、航空航天和其他运输设备制造业	481.23	1103.35	9.4
电气机械和器材制造业	2981.78	10158.33	43.0
计算机、通信和其他电子设备制造业	6143.54	23787.10	93.5
仪器仪表制造业	316.80	700.16	3.4
其他制造业	40.97	184.99	0.7
废弃资源综合利用业	91.17	626.93	2.0
金属制品、机械和设备修理业	30.18	72.24	0.2
电力、热力生产和供应业	3137.86	4109.54	18.7
燃气生产和供应业	167.70	487.99	1.4
水的生产和供应业	467.46	269.10	2.6

注：本表统计范围为年主营业务收入 2000 万元及以上的工业法人企业

利润总额		利税总额	本年应交增值税	全部从业人员年平均人数（万人）
	#亏损总额			
56.17	4.47	93.75	31.78	30.71
47.10	5.85	84.09	32.77	19.58
49.70	3.17	76.37	22.91	19.45
70.97	6.80	118.13	40.00	57.62
57.74	8.75	341.80	121.69	1.42
333.32	24.87	530.42	173.06	27.53
100.35	2.90	151.13	44.75	8.72
7.04	1.22	10.37	2.83	1.14
150.32	17.36	237.78	73.58	70.87
174.12	8.35	256.92	70.03	37.35
50.45	4.99	83.02	28.26	6.41
73.50	8.43	118.54	40.89	13.27
216.05	11.16	321.16	86.57	62.67
164.23	11.38	246.34	68.70	43.86
120.74	11.20	171.87	42.54	30.16
430.57	21.43	745.24	176.27	30.33
37.75	8.32	69.83	22.49	14.90
621.53	30.16	944.01	278.69	169.43
1050.30	86.81	1848.73	703.75	314.21
50.56	3.32	70.24	16.16	21.30
5.50	1.67	10.34	4.13	5.22
47.63	6.48	58.77	9.12	2.01
3.70	1.77	4.73	0.79	0.85
350.13	4.27	534.44	164.88	12.04
39.29	1.02	50.33	9.56	0.92
33.94	3.60	46.89	10.25	3.52

珠江三角洲各市规模以

市别	企业单位数(个)	年末资产总计		本年折旧	
		总量	比上年增长(%)	总量	比上年 (%)
合计	12620	52696.97	14.6	997.43	10.8
广州	5363	26423.84	18.3	508.67	16.
深圳	4203	18749.45	10.9	213.19	-9.
珠海	471	1897.27	10.1	20.21	26.8
佛山	564	1479.71	7.1	75.33	54.
#顺德	219	428.40	6.6	11.08	8.
惠州	294	970.47	26.9	40.10	3.0
东莞	1239	2235.51	13.3	96.78	12.5
中山	262	683.36	3.7	15.56	-11.
江门	128	163.92	-3.6	14.21	4.
肇庆	96	93.44	5.9	13.39	61.

(续表)

市别	管理费用		财务费用		利润总额	
	总量	比上年增长(%)	总量	比上年增长(%)	总量	比上增长
合计	1592.88	11.9	347.80	-6.4	2122.87	11
广州	705.23	11.4	161.67	-8.2	662.87	16
深圳	667.80	13.3	113.60	-15.0	1023.72	5
珠海	46.94	13.2	8.27	0.2	91.96	22
佛山	44.40	11.7	12.57	10.0	56.67	-7
#顺德	14.81	8.3	6.32	-5.7	10.77	193
惠州	20.17	5.4	13.21	51.7	40.76	15
东莞	71.17	11.3	29.64	11.7	172.90	27
中山	20.29	10.4	6.57	44.1	47.42	30
江门	9.53	2.4	1.73	-8.2	19.08	3
肇庆	7.35	-20.0	0.53	3.9	7.48	-8

企业主要指标（2013 年）

单位：亿元

营业收入		营业成本		营业税金及附加		销售费用	
量	比上年增长(%)	总量	比上年增长(%)	总量	比上年增长(%)	总量	比上年增长(%)
0.02	12.6	9924.15	13.8	312.94	27.2	901.18	15.2
8.99	13.6	4749.90	12.9	138.83	22.5	398.33	13.7
8.64	11.9	4033.15	15.5	123.02	46.2	336.64	17.9
4.90	10.7	212.10	7.5	8.27	7.0	21.77	17.4
6.02	12.9	244.85	16.7	11.67	7.6	40.43	15.3
0.44	20.1	75.31	19.5	3.08	11.6	4.97	11.1
3.38	3.9	119.56	4.9	5.69	7.2	16.56	8.2
7.49	12.0	345.15	7.6	15.86	7.7	48.53	14.5
1.39	20.0	124.49	28.7	5.20	−12.7	20.84	6.5
5.68	8.5	63.77	12.0	2.94	12.6	11.48	14.7
3.54	6.9	31.17	12.7	1.48	8.4	6.59	12.4

应交所得税		应付职工薪酬		应交增值税		从业人员平均人数（万人）
总量	比上年增长(%)	总量	比上年增长(%)	总量	比上年增长(%)	
4.91	2.6	2474.66	28.6	184.91	104.2	269.94
8.90	15.1	1290.06	41.0	72.91	161.5	106.55
4.81	−9.3	867.62	17.3	90.94	64.9	107.57
7.85	19.9	64.81	18.9	6.67	168.8	8.63
0.89	−13.3	60.24	20.0	3.01	84.2	11.27
2.67	62.2	22.34	27.1	1.55	32.2	4.27
6.18	−9.0	26.97	10.8	1.49	166.7	5.14
1.37	3.8	108.60	17.8	7.25	310.1	20.85
8.72	49.3	30.24	24.5	1.67	168.7	5.51
3.93	−0.7	16.92	13.3	0.63	84.9	2.70
2.26	−2.7	9.19	9.3	0.34	217.7	1.71

珠江三角洲各市地区生产总值和指数

单位：亿元　上年 =100

市　别	2000 年		2005 年		2009 年	
	地区生产总值	指　数	地区生产总值	指　数	地区生产总值	指　数
合计	8422.24	113.7	18279.55	115.7	32147.00	109.4
广州	2492.74	113.3	5154.23	112.9	9138.21	111.7
深圳	2187.45	115.7	4950.91	115.1	8201.32	110.7
珠海	332.35	112.0	635.45	113.1	1038.66	106.6
佛山	1050.38	112.5	2429.38	119.4	4820.90	113.5
#顺德	364.59	114.5	825.12	118.9	1670.18	114.1
惠州	439.19	111.3	803.92	115.9	1414.70	113.2
东莞	820.25	119.7	2183.20	119.5	3763.91	105.3
中山	345.44	112.4	885.72	120.9	1566.41	110.2
江门	504.66	110.2	801.70	112.6	1340.88	109.7
肇庆	249.78	110.6	435.05	115.7	862.00	113.9

（续表）

市　别	2010 年		2011 年		2012 年		2013 年	
	地区生产总值	指　数	地区生产总值	指　数	地区生产总值	指　数	地区生产总值	指　数
合计	37673.26	112.2	43720.86	109.9	47779.56	108.1	53060.48	109.4
广州	10748.28	113.2	12423.44	111.3	13551.21	110.5	15420.14	111.6
深圳	9581.51	112.2	11505.53	110.0	12950.06	110.0	14500.23	110.5
珠海	1208.60	112.9	1404.93	111.3	1503.76	107.0	1662.38	110.5
佛山	5651.52	114.3	6210.23	111.4	6613.02	108.2	7010.17	110.0
#顺德	1951.06	114.5	2153.90	111.6	2317.33	108.0	2556.78	110.2
惠州	1729.95	118.0	2093.08	114.6	2367.55	112.6	2678.35	113.6
东莞	4246.45	110.3	4735.39	108.0	5010.17	106.1	5490.02	109.8
中山	1850.65	113.9	2193.20	113.1	2441.04	111.0	2638.93	110.0
江门	1570.42	114.5	1830.64	113.0	1880.39	108.1	2000.18	109.8
肇庆	1085.87	117.5	1324.41	114.7	1462.35	111.0	1660.07	111.5

注：2009 年起区域生产总值增速由广东省统计局统一调整核算，以前年份增速由分市汇总计算

珠江三角洲各市第三产业增加值和指数

单位：亿元　上年 =100

市　别	2000 年		2005 年		2009 年	
	第三产业增加值	指　数	第三产业增加值	指　数	第三产业增加值	指　数
合计	3954.80	113.9	8455.01	113.7	15995.92	110.5
广州	1376.75	116.3	2978.79	113.3	5560.77	113.4
深圳	1085.80	113.3	2298.64	112.2	4367.55	112.5
珠海	145.14	108.9	273.58	109.1	465.88	111.1
佛山	435.03	113.6	876.52	112.3	1687.44	113.8
#顺德	138.89	116.1	309.32	115.6	610.51	116.2
惠州	121.70	108.6	273.09	117.4	535.45	114.7
东莞	343.64	120.0	934.78	119.3	1926.04	111.4
中山	141.09	110.0	315.59	126.0	616.73	112.5
江门	200.73	110.2	303.66	104.0	459.08	108.1
肇庆	104.93	112.2	200.36	120.2	376.98	113.1

(续表)

市　别	2010 年		2011 年		2012 年		2013 年	
	第三产业增加值	指　数	第三产业增加值	指　数	第三产业增加值	指　数	第三产业增加值	指　数
合计	18549.99	110.4	21843.86	109.7	24711.70	109.7	27948.4	111.5
广州	6557.45	113.6	7641.92	111.3	8616.79	112.0	9963.90	113.3
深圳	5051.67	110.1	6155.65	108.5	7206.12	112.3	8198.14	111.7
珠海	514.23	107.1	603.98	111.6	688.38	112.1	770.21	109.2
佛山	2003.63	113.4	2220.43	110.8	2369.16	106.6	2530.76	107.6
#顺德	713.40	113.7	906.91	111.5	1029.64	108.0	1156.67	109.8
惠州	608.00	110.6	753.32	116.1	865.76	111.1	991.09	111.0
东莞	2069.07	104.1	2351.32	109.0	2615.78	106.5	2951.06	109.4
中山	725.81	112.0	911.51	113.0	1025.24	107.1	1108.35	109.0
江门	581.18	111.9	695.01	109.9	770.06	112.2	828.34	106.8
肇庆	438.94	111.4	510.72	111.4	554.41	105.3	606.59	108.5

珠江三角洲各市人均地区生产总值和指数

单位：元　上年 =100

市别	2000年		2005年		2009年	
	人均地区生产总值	指数	人均地区生产总值	指数	人均地区生产总值	指数
合计	20280	107.2	40336	114.6	61231	104.9
广州	25626	108.3	53809	114.3	79383	105.2
深圳	32800	105.2	60801	111.6	84147	106.0
珠海	27770	104.9	45320	110.3	68042	104.2
佛山	20231	106.3	42066	117.8	71691	108.6
#顺德	22213	108.0	42382	116.4	72881	108.9
惠州	13877	107.7	21909	113.0	33142	108.9
东莞	13679	106.6	33287	119.4	48988	100.5
中山	15077	105.4	36435	120.6	54156	104.9
江门	12851	108.8	19546	112.1	30999	107.8
肇庆	7422	109.9	11890	114.1	22554	113.1

（续表）

市别	2010年		2011年		2012年		2013年	
	人均地区生产总值	指数	人均地区生产总值	指数	人均地区生产总值	指数	人均地区生产总值	指数
合计	68633	107.3	77637	107.1	84355	107.5	93114	108.8
广州	87458	106.1	97588	107.5	105909	110.0	119695	110.9
深圳	94296	107.6	110421	107.3	123247	109.0	136948	109.6
珠海	77888	111.0	89794	110.3	95471	106.3	104786	109.7
佛山	80313	109.2	86073	108.6	91259	107.7	96310	109.5
#顺德	81154	109.1	87263	108.7	93494	107.6	102470	109.9
惠州	38650	112.5	45331	111.1	50873	111.7	57144	112.8
东莞	52798	105.3	57470	105.4	60557	105.7	66109	109.4
中山	60797	108.3	70014	109.9	77527	110.5	83393	109.4
江门	35622	112.4	41063	111.7	42028	107.7	44546	109.4
肇庆	27987	115.7	33642	113.0	36864	110.2	41479	110.5

注：2009年以后区域人均生产总值增速由广东省统计局统一调整核算，以往年份增速由分市汇总计算

珠江三角洲各市地方公共财政预算收支

单位：亿元

市别	地方公共财政预算收入							
	2000年	2005年	2008年	2009年	2010年	2011年	2012年	2013年
合计	599.06	1218.48	2248.16	2522.29	3139.58	3674.70	4129.09	4669.16
广州	200.55	371.26	621.84	702.65	872.65	979.48	1102.40	1141.80
深圳	221.92	412.38	800.36	880.82	1106.82	1339.57	1482.08	1731.26
珠海	24.23	48.97	92.32	101.41	124.53	143.41	162.60	194.20
佛山	59.53	130.85	227.99	254.70	306.05	341.73	384.08	438.21
#顺德	21.22	47.38	79.34	89.29	106.75	122.06	136.52	154.14
惠州	12.94	34.72	78.07	101.57	131.23	162.83	200.88	250.17
东莞	30.22	103.97	209.22	231.16	277.84	313.06	356.32	409.29
中山	17.46	54.26	100.12	110.44	139.38	183.22	201.89	225.42
江门	21.24	41.63	74.68	83.63	104.29	119.17	135.03	158.03
肇庆	10.97	20.44	43.56	55.92	76.80	92.23	103.81	120.77

(续表)

市别	地方公共财政预算支出							
	2000年	2005年	2008年	2009年	2010年	2011年	2012年	2013年
合计	690.64	1567.23	2550.77	2882.33	3654.91	4444.97	4798.40	5240.59
广州	240.72	438.41	713.35	789.92	977.32	1181.25	1343.65	1386.13
深圳	225.04	599.16	889.86	1000.84	1266.07	1590.56	1569.01	1690.83
珠海	31.14	57.77	105.68	121.31	166.41	190.37	212.20	252.03
佛山	72.48	150.85	244.51	266.99	363.35	388.68	433.96	488.40
#顺德	25.16	54.21	77.34	83.23	134.52	130.50	148.25	149.63
惠州	20.14	52.41	106.30	134.75	185.44	227.21	274.08	328.29
东莞	33.61	117.04	218.26	232.62	289.83	351.92	385.58	444.66
中山	19.24	56.71	101.22	117.90	145.85	192.67	215.32	237.24
江门	28.18	54.24	92.60	111.08	132.98	165.30	188.12	212.61
肇庆	20.09	40.64	78.99	106.93	127.66	157.01	176.49	200.40

珠江三角洲各市人均地方公共财政预算收入

单位：元

市　别	2000 年	2005 年	2007 年	2008 年	2009 年	2010 年	2011 年	2012 年	2013 年
合计	1442.48	2688.72	3894.02	4465.44	4804.27	5717.85	6525.32	7284.81	8188.04
广州	2061.72	3875.93	5110.97	5735.56	6103.90	7100.70	7693.97	8615.73	8862.98
深圳	3327.64	5064.37	7379.55	8575.37	9037.32	10892.78	12856.12	14105.11	16350.94
珠海	2024.57	3492.54	5194.40	6184.14	6643.34	8025.47	9166.01	10323.14	12241.05
佛山	1146.57	2265.69	3153.36	3542.73	3787.59	4349.20	4736.35	5300.29	6020.44
#顺德			3270.61	3625.81	3895.47	4439.32	4945.20	5507.95	6193.72
惠州	408.85	946.27	1570.40	1900.54	2379.32	2931.87	3526.46	4316.39	5337.57
东莞	503.97	1585.20	2658.48	2851.21	3008.51	3454.53	3799.37	4306.79	4928.56
中山	762.08	2231.98	3289.91	3636.68	3818.31	4578.83	5848.99	6411.82	7123.35
江门	540.87	1014.97	1492.10	1757.69	1933.44	2365.62	2673.09	3018.13	3519.54
肇庆	325.95	558.68	868.72	1147.86	1463.01	1979.41	2342.76	2616.91	3017.68

注：本表按年末常住人口数计算

珠江三角洲各市城镇居民人均可支配收入和消费支出

市　别	可支配收入(元)					消费支出(元)				
	2000 年	2005 年	2010 年	2012 年	2013 年	2000 年	2005 年	2010 年	2012 年	2013 年
广州	13621.83	18287.24	30658.49	38053.52	42049.14	10988.99	14468.24	25011.61	30490.44	33156.83
深圳	21577.24	28665.25	32380.86	40741.88	44653.10	18200.67	21188.84	22806.54	26727.68	28812.44
珠海	15375.90	18907.73	25381.58	32978.21	36374.97	12616.21	14323.66	20369.83	24083.48	26130.58
佛山	11976.98	17680.10	27244.68	34579.72	38037.69	10662.58	14485.61	21995.08	26163.76	28309.19
惠州	10327.78	15762.77	23565.24	29965.02	32991.49	8945.02	12651.95	19740.50	22278.90	24061.21
东莞	14226.05	22881.80	35690.02	42944.23	46594.49	12603.21	21767.78	25732.81	31369.01	33251.15
中山			25356.59	31129.83	34273.94			18833.13	22287.55	24092.84
江门			21152.50	27016.58	29772.27			15560.79	18448.45	19905.88
肇庆	7300.73	10097.20	16832.37	21754.40	23929.84	6750.84	7476.65	12163.85	15728.70	17160.01

珠江三角洲各市农村居民人均纯收入和生活消费支出

单位：元

市 别	2010 年		2012 年		2013 年	
	人均纯收入	人均生活消费支出	人均纯收入	人均生活消费支出	人均纯收入	人均生活消费支出
合计	11431.40	7735.98	14892.49	9944.96	16662.82	10952.59
广州	12675.55	8985.81	16788.48	10964.52	18887.04	11688.20
珠海	10187.10	8070.79	13399.29	10099.20	14940.21	11415.76
佛山	12202.28	8539.28	15683.50	11458.11	17502.79	12693.93
# 顺德	12543.03	9641.14	16062.50	11149.29	18111.30	14385.93
惠州	9077.20	6028.82	12414.66	8285.96	14028.57	9465.10
东莞	20486.46	11839.70	24943.90	16188.73	27213.80	17003.41
中山	14928.00	9007.72	19347.08	11321.27	21726.77	12311.72
江门	8588.65	6411.91	11345.39	8355.11	12684.15	9396.34
肇庆	7524.04	5080.96	10365.81	6429.73	11661.54	7502.95

注：1. 本表数据来自市县农村住户调查

2. 深圳因完全城市化没有开展农村居民调查，因此无相关数据

珠江三角洲各市社会消费品零售总额（2013 年）

单位：亿元

市 别	社会消费品零售总额	按行业分		按城乡分	
		批发和零售业	住宿和餐饮业	城 镇	乡 村
合计	18933.00	16751.07	2181.93	17558.53	1374.47
广州	6882.85	5992.81	890.04	6819.44	63.41
深圳	4433.59	3954.53	479.06	4433.59	
珠海	720.52	639.19	81.33	693.73	26.79
佛山	2264.10	1973.99	290.11	1699.85	564.25
# 顺德	730.25	644.05	86.20	436.80	293.45
惠州	857.91	781.88	76.03	707.47	150.44
东莞	1486.66	1364.67	121.99	1389.21	97.45
中山	890.55	801.56	88.99	815.08	75.47
江门	903.70	801.75	101.95	650.37	253.33
肇庆	493.12	440.69	52.43	349.79	143.33

珠江三角洲各市限额以上批发零售企业商品购、销、存总额（2013年）

单位：万元

市　别	商品购进总额	#进口	商品销售总额	批发	#出口	零售	年末库存总额
批发业							
广州	245095911	13462660	259812432	254204517	13807106	5607915	11701771
深圳	101310830	21395402	108111250	103275165	21819109	4836086	6528941
珠海	24690783	5679436	24507290	24136451	470829	370839	4140425
佛山	33465938	1433399	37255767	36262471	4432307	993296	2542444
#顺德	10323367	494598	11432468	11359019	1303668	73449	1410409
惠州	5178918	43090	6150819	5907960	347688	242859	233561
东莞	19599738	1438146	20986164	20670388	3132172	315777	1972403
中山	10374363	317585	10795186	10729791	2915152	65395	699442
江门	5982413	726391	6511928	6410749	1461633	101179	521662
肇庆	3005238	972454	3628230	3559020	759754	69210	183318
零售业							
广州	30034828	1675362	32349853	5970692	106118	26379160	2590753
深圳	18908268	1018535	21753261	1689968	24728	20063293	2664982
珠海	2085233	291963	2497784	247452	4	2250332	285991
佛山	5531569	243638	6044742	698755	282	5345987	842701
#顺德	2686835	106395	2902438	333250	282	2569189	511760
惠州	2108569	100057	3134047	398419		2735628	240721
东莞	7098768	433452	8383228	900099	613	7483129	1217051
中山	2818134	112139	3577226	189937	1249	3387290	297781
江门	2303244	4063	2480244	248931	1088	2231314	292642
肇庆	1790406	13210	1997887	487304	336	1510583	86418

珠江三角洲各市限额以上住宿餐饮业经营情况（2013 年）

单位：万元

市别	企业(单位)数(个)	营业额	客房收入	餐费收入	商品销售收入
住宿业					
广州	602	1647506	942722	468378	13102
深圳	285	998993	556552	325837	3384
珠海	104	208518	112473	59728	7887
佛山	120	267789	108146	125104	10090
#顺德	32	58154	23116	27324	901
惠州	110	226045	111010	75541	10024
东莞	213	524168	192319	251900	2959
中山	107	187601	67918	90605	1159
江门	71	153218	49511	66337	9056
肇庆	76	73515	43359	23450	2373
餐饮业					
广州	1731	3173895	48433	3015497	65782
深圳	897	3419377	39054	3313214	17982
珠海	198	182738	1706	180600	307
佛山	246	391059	25867	353372	1660
#顺德	60	86691	7448	75747	966
惠州	211	180040	12542	159851	3067
东莞	368	414269	4748	402721	3455
中山	243	231127	502	229001	250
江门	235	153958	2796	148696	615
肇庆	235	154276	9819	135849	4984

珠江三角洲各市旅游宾馆（酒店）住宿设施（2013年）

市　别	宾馆（酒店）（家）						客房（间）	床位（张）	客房出租率（%）
		五星级	四星级	三星级	二星级	一星级			
合计	8985	97	133	425	103	5	596793	886106	
广州	3007	23	39	132	34		199180	304820	64.0
深圳	806	20	27	66	21		82114	120654	64.1
珠海	496	8	8	61	4		42797	65444	58.5
佛山	439	10	17	44	15	1	29628	45217	56.5
#顺德	352	2	10	7	7	1	12195	21146	56.9
惠州	697	5	10	43	4		31547	57954	54.9
东莞	1531	22	24	30	13	1	107522	126350	56.9
中山	528	3	5	17	3	2	34459	50282	44.4
江门	491	6	2	16	2		35390	61030	62.2
肇庆	990	1	1	16	7	1	34156	54355	59.6

注：本表星级宾馆（酒店）指2010年底止已得到国家旅游局或广东省旅游局批准的，不包已报未批部分

珠江三角洲各市旅游业收入

单位：亿元

市　别	收入合计		旅游外汇收入		国内旅游收入	
	2012年	2013年	2012年	2013年	2012年	2013年
合计	4388.59	5017.50	946.70	967.21	3441.89	4050.27
广州	1911.09	2202.38	324.98	320.09	1586.11	1882.29
深圳	839.97	955.98	273.45	280.59	566.52	675.39
珠海	235.83	241.79	60.04	51.87	175.79	189.92
佛山	365.72	431.09	76.42	78.64	289.30	352.45
#顺德	92.24	105.47	23.64	24.68	68.60	80.79
惠州	184.15	212.65	42.82	47.71	141.33	164.94
东莞	306.35	346.43	80.18	89.78	226.17	256.65
中山	180.69	198.00	13.88	14.79	166.81	183.21
江门	185.29	223.28	44.17	49.41	141.12	173.88
肇庆	179.50	205.87	30.76	34.33	148.74	171.54

珠江三角洲各市普通中学情况(2013年)

市别	学校数(所)	毕业生数(人)			招生数(人)
			高中	初中	
合计	1947	831890	262776	569114	864698
广州	494	179258	59080	120178	182627
深圳	314	109616	34062	75554	131160
珠海	65	29759	9326	20433	30287
佛山	191	102530	36852	65678	105386
#顺德	61	35324	12280	23044	37814
惠州	221	98685	29719	68966	95644
东莞	207	78364	24341	54023	100170
中山	100	49303	14715	34588	50034
江门	184	79866	26321	53545	77648
肇庆	171	104509	28360	76149	91742

(续表)

市别	在校学生数(人)			教职工数(人)	
		高中	初中		#专任教师
合计	2566396	829480	1736916	253118	220256
广州	546941	177227	369714	55809	48160
深圳	371735	113639	258096	50332	40560
珠海	93886	31430	62456	8048	7172
佛山	315613	113746	201867	26015	23347
#顺德	112399	39154	73245	9009	8639
惠州	287317	96918	190399	26005	22945
东莞	278289	77045	201244	29084	24841
中山	152635	46733	105902	14592	13174
江门	234284	84532	149752	20008	18540
肇庆	285696	88210	197486	23225	21517

注：2011年起，普通中学教职工数和专任教师数含初级中学、九年一贯制学校、职业初中、完全中学、高级中学、十二年一贯制学校数据，不含九年一贯制学校、十二年一贯制学校小学部数据

珠江三角洲各市中等职业教育基本情况（2013年）

市别	学校数（所）	毕业生数（人）	招生数（人）	在校学生数（人）	教职工数（人）	
						#专任教师
合计	244	193308	220921	628840	33666	25694
广州	85	74136	86776	241321	11310	7768
深圳	15	8937	12076	33618	2790	2070
珠海	8	6636	7073	21734	1159	902
佛山	36	24737	25180	77497	4891	3970
#顺德	13	9942	9582	28949	1985	1810
惠州	24	21743	22082	64998	3173	2384
东莞	22	14234	17618	47910	2814	2219
中山	11	6980	9529	24739	1608	1465
江门	23	16511	17655	49780	2617	2299
肇庆	20	19394	22932	67243	3304	2617

珠江三角洲各市小学情况（2013年）

市别	学校数（所）	毕业生数（人）	升学率(%)	招生数（人）	在校学生数（人）	教职工数（人）	
							#专任教师
合计	3320	619643	99.24	799433	4170508	178159	162296
广州	936	131947	97.56	167919	859263	41711	37706
深圳	335	98650	99.84	147097	730232	25476	22034
珠海	114	21209	98.01	25299	131577	5784	5247
佛山	408	71135	99.54	84423	463667	21631	19819
#顺德	150	25207	98.83	28781	165702	7933	7768
惠州	460	62148	100.00	89068	445608	20071	18628
东莞	321	84641	99.27	127237	659138	21108	18262
中山	208	37393	100.00	47295	257539	9979	9327
江门	315	49322	100.00	52693	295745	15020	14573
肇庆	223	63198	100.00	58402	327739	17379	16700

注：1. 各地市小学毕业生升学率，由于跨地市流动学生较多，如按教育部口径计算将与实际差异较大，因此采用各地填报的小学升上本地及外地高一级学校(包括普通初中、职业初中等)就读的学生数除以小学毕业生进行计算

2. 2011年起小学教职工、专任教师数包含小学、教学点，不含九年一贯制和十二年一贯制学校小学部的教职工和专任教师数

珠江三角洲各市学龄儿童入学情况

市别	2012年			2013年		
	学龄儿童人数(人)	已入学人数(人)	入学率(%)	学龄儿童人数(人)	已入学人数(人)	入学率(%)
合计	3765329	3765230		3987151	3986338	100.0
广州	785938	785938	100.0	834764	834219	99.9
深圳	661183	661183	100.0	714656	714656	100.0
珠海	119043	118944	99.9	124032	123764	99.8
佛山	435473	435473	100.0	450260	450260	100.0
#顺德				165702	165702	100.0
惠州	409732	409732	100.0	441726	441726	100.0
东莞	567799	567799	100.0	629097	629097	100.0
中山	209728	209728	100.0	214524	214524	100.0
江门	264094	264094	100.0	269944	269944	100.0
肇庆	312339	312339	100.0	308148	308148	100.0

珠江三角洲各市工业企业 R&D 活动人员和经费

市别	R&D活动人员(人)		R&D经费内部支出(万元)	
	2012年	2013年	2012年	2013年
合计	479469	489113	10099164	11583840
广州	64621	74008	1582281	1710177
深圳	196202	187045	4618655	5329402
珠海	16409	15814	312434	345668
佛山	71576	75852	1468785	1612186
惠州	19055	18678	435405	518729
东莞	51386	53258	748347	983720
中山	34269	37857	531454	611855
江门	15684	16033	277983	318046
肇庆	10267	10568	123820	154060

注：本表统计范围是规模以上工业企业

珠江三角洲各市工业企业新产品产出情况

单位：万元

市　别	2012 年			2013 年		
	新产品产值	新产品销售收入	#出口	新产品产值	新产品销售收入	#出口
合计	148068663.5	145215704.3	58213313.4	169927310.6	170182589.4	59222991.5
广州	22383772.1	22184517.3	2143724.2	26467064.2	26788946.0	2446495.1
深圳	62226473.7	62076796.8	39983188.6	65858036.9	67704277.0	39109408.6
珠海	7279123.3	7346628.0	2219361.6	8691920.8	7961479.4	2183064.0
佛山	19092900.9	18510536.8	4118888.9	21791830.9	21619617.8	5685970.6
惠州	15475059.1	15469048.2	3593460.8	21942998.8	21661816.7	3127926.8
东莞	8643848.4	8385864.4	3466739.0	11744373.6	11951808.3	3786174.2
中山	8123430.6	6535057.8	1386357.3	7527604.5	6981541.1	1696895.5
江门	3237543.1	3232719.0	1057388.2	3890700.6	3587045.8	920615.4
肇庆	1606512.3	1474536.0	244204.8	2012780.3	1926057.3	266441.3

注：本表统计范围是规模以上工业企业

珠江三角洲各市文化、文物事业机构数（2013 年）

单位：个

市　别	艺术表演团体	文化馆	公共图书馆	博物馆（含美术馆）	档案馆
合计	19	57	57	111	82
广州	7	13	14	30	17
深圳	2	8	11	26	8
珠海	3	4	3	3	6
佛山	2	7	6	16	13
#顺德		1	1	3	1
惠州	1	6	5	6	9
东莞		1	1	7	4
中山		1	1	6	4
江门	2	8	7	10	11
肇庆	2	9	9	7	11

注：各区域不包括省直单位部分

珠江三角洲各市广播、电视事业机构数（2013年）

单位：座

市别	广播电台	中波广播发射台和转播台	电视台	100瓦及以上电视发射台和转播台	县、市广播电视台
广州	1	2	1	3	7
深圳	1	2	2	2	3
珠海	1		1	1	2
佛山	1		1		
惠州	1	1	1	6	4
东莞	1		1	1	
中山	1		1	1	
江门	1		1	6	5
肇庆	1		1	3	6

珠江三角洲各市卫生事业情况（2013年）

市别	机构（个）	#医院	床位数（张）	#医院床位	卫生工作人员（人）	#卫生技术人员	执业（助理）医师（人）
合计	11595	771	223779	193759	437623	357154	126664
广州	2639	222	73301	64864	139831	114322	39342
深圳	2885	121	29296	27141	83335	66624	25715
珠海	518	37	7510	6251	15690	13138	4941
佛山	1194	89	27073	23845	47904	39714	14179
#顺德	408	30	8312	7904	15532	12545	4514
惠州	1096	63	19155	12714	30093	24933	9154
东莞	1106	103	25736	25026	49378	40074	13770
中山	502	47	12225	12102	21514	18082	6013
江门	775	39	16795	12476	26200	21815	7723
肇庆	880	50	12688	9340	23678	18452	5827

珠江三角洲各市社会保险参保情况（2013年）

单位：万人

市　别	城镇职工基本养老保险参保人数	失业保险参保人数	医疗保险参保人数	工伤保险参保人数	生育保险参保人数
合计	3103.95	2351.45	4651.21	2616.48	2342.72
广州	602.93	413.23	803.89	415.39	319.42
深圳	834.91	930.45	1157.65	987.96	580.46
珠海	107.80	87.42	151.98	88.39	87.82
佛山	351.98	208.83	464.27	218.13	210.39
惠州	206.80	127.38	414.06	142.48	159.30
东莞	529.26	322.44	618.09	496.03	618.09
中山	217.00	149.42	255.90	151.11	255.90
江门	181.20	71.24	385.31	73.86	70.93
肇庆	72.07	41.05	400.05	43.14	40.41

注：各区域不包括省直单位部分

珠江三角洲各市“三废”排放情况（2013年）

市　别	废水排放总量(亿吨)		工业废气排放总量（亿立方米）	工业烟尘排放总量（万吨）	工业固体废物产生量（万吨）	工业固体废物丢弃量（万吨）
		#工业废水				
广州	15.67	2.14	3774.00	1.67	555.6	
深圳	15.54	1.53	2067.30	0.19	111.3	
珠海	2.35	0.55	1327.56	0.96	264.7	
佛山	8.53	1.74	2460.25	4.99	519.6	
#顺德	2.95	0.54	493.96	0.91	61.1	
惠州	3.96	0.83	1509.51	2.30	167.5	
东莞	10.37	2.42	3047.30	1.55	529.0	0.66
中山	4.06	0.89	713.20	1.74	99.8	0.46
江门	3.81	1.17	1481.66	1.25	257.5	
肇庆	2.27	1.02	1423.11	3.19	163.2	

珠江三角洲各市环境保护基本情况

市别	城镇污水处理率(%)				城镇生活垃圾无害化处理率(%)			
	2010年	2011年	2012年	2013年	2010年	2011年	2012年	2013年
广州	88.1	79.4	82.7	91.4	92.0	81.4	80.4	87.1
深圳	88.9	85.4	96.1	96.2	94.6	95.0	95.1	98.4
珠海	84.7	86.0	86.6	88.5	92.3	100	100	100
佛山	79.7	95.9	99.0	94.3	95.6	79.8	83.4	99.4
惠州	71.5	91.7	92.1	97.0	100	100	100	88.2
东莞	91.1	85.1	95.1	95.2	100	39.3	54.4	63.7
中山	85.1	87.8	90.7	90.7	100	100	100	100
江门	63.5	77.9	88.2	88.9	100	50.1	100	100
肇庆	70.5	82.0	85.4	94.1	83.8	100	98.5	98.7

(续表)

市别	城市公共交通车辆标准运营数(标台)				城市人均公园绿地面积(平方米)			
	2010年	2011年	2012年	2013年	2010年	2011年	2012年	2013年
广州	10232	17861	18600	19658	11.87	15.05	19.64	19.72
深圳	14677	20204	19757	19883	16.4	16.50	16.60	16.70
珠海	1557	1887	2154	2375	13.7	13.81	19.02	18.5
佛山	3715	4899	5385	5433	10.2	10.42	10.86	12.13
惠州	1124	1225	1425	1770	11.1	12.16	14.91	16.8
东莞	6129	6278	6331	6092	15.3	16.69	16.53	16.71
中山	2151	2240	2338	2472	11.9	13.43	14.33	17.41
江门	924	1228	1406	1427	11.0	12.50	16.92	17.35
肇庆	443	466	564	618	22.7	22.57	22.67	21.67

珠江三角洲各市中外资金融机构本外币存贷款

单位：亿元

市　　别	各项存款							
	2000 年	2005 年	2008 年	2009 年	2010 年	2011 年	2012 年	2013 年
合计	16118.10	32962.25	48512.14	60618.78	71294.51	79575.13	91585.24	104255.28
广州	6161.70	11734.10	16929.46	20944.19	23953.96	26460.80	30186.57	33838.20
深圳	3918.58	9486.76	14260.93	18357.47	21937.89	25095.78	29662.40	33943.15
珠海	519.03	1014.08	1575.36	2105.20	2748.70	2980.01	3449.70	4121.58
佛山	2107.92	3906.93	5713.95	7211.14	8462.33	9116.84	10167.55	11387.13
#顺德	684.72	1249.91	1698.29	2158.35	2531.53	2757.91	3146.27	3453.20
惠州	392.42	823.96	1336.94	1778.95	2090.14	2401.05	2696.97	3138.79
东莞	1320.97	3036.77	4460.25	5094.92	6077.87	6756.66	7691.24	8874.91
中山	616.26	1186.76	1823.11	2211.13	2665.35	2993.67	3469.71	4021.81
江门	801.04	1279.67	1683.39	1995.14	2285.75	2559.66	2905.50	3335.27
肇庆	280.18	493.23	728.75	920.63	1072.54	1210.67	1355.59	1594.43

(续表)

市　　别	各项贷款							
	2000 年	2005 年	2008 年	2009 年	2010 年	2011 年	2012 年	2013 年
合计	11061.27	21073.93	31044.80	40608.44	47159.74	53133.57	60568.45	67988.65
广州	4265.18	7622.20	11080.08	13851.83	16284.31	17732.88	19936.52	22016.18
深圳	2906.82	7596.72	11188.40	14783.39	16808.12	19248.73	21808.34	24680.07
珠海	318.86	486.72	748.46	1062.44	1472.54	1638.21	1920.30	2071.90
佛山	1550.91	2122.74	2999.73	4101.97	4868.99	5615.15	6391.47	7111.31
#顺德	498.38	704.48	944.33	1232.06	1615.82	1873.13	2243.78	2514.95
惠州	224.31	409.44	752.10	1134.26	1225.71	1439.09	1735.12	2036.92
东莞	647.10	1540.48	2432.88	3017.07	3441.99	3860.92	4446.82	4989.50
中山	356.58	498.05	844.27	1196.59	1373.62	1626.77	1969.07	2315.87
江门	571.00	565.45	624.73	892.58	1032.46	1205.30	1467.17	1715.51
肇庆	220.51	232.13	374.15	568.31	652.01	766.51	893.63	1051.40

珠江三角洲发展研究论文摘要

珠江三角洲发展研究论文摘要（2013年）

论文题目：珠三角某区农村水环境污染防治对策

作者姓名：郑国辉　罗建中　邱鸿荣

文献来源：安徽农业科学

发表时间：2013-1-1

内容摘要：本文针对目前农村水污染问题产生的原因及其危害，以及水污染防治工作中存在的问题，在分析珠三角某区农村水污染现状特点和规律的基础上，提出该区农村水环境污染防治的对策和建议，为农村水污染处理提供参考。

论文题目：土地资本化视角下的乡村发展研究——珠江三角洲村庄土地变化的一个案例

作者姓名：魏开　魏成

文献来源：生态经济

发表时间：2013-1-1

内容摘要：本文在田野调查资料的基础上，追溯珠江三角洲一个村庄在过去约30年的土地变化过程。在市场化转型和乡村城市化总体背景下，以土地资本化视角，从个体（家庭）—村集体—企业关系角度，探讨该社区土地变化及空间演变深层机制，力求解析农村土地在由资源转为资产继而转为资本的变化过程对于乡村发展的影响。

论文题目：基于TOPSIS法的城市竞争力比较研究——以珠江三角洲城市群为例

作者姓名：郭海湘　陈丽　刘龙辉　龙维

文献来源：华东经济管理

发表时间：2013-1-1

内容摘要：文章基于TOPSIS法对珠江三角洲城市群9市竞争力进行比较研究。首先，建立新的城市竞争力模型；其次，根据模型以及国内外研究的指标使用频率，建立新的评价指标体系；再次，运用TOPSIS法对指标数据进行处理，计算出各城市的贴近度，并对各城市进行总体排名；接着，对排名结果进行分析，珠江三角洲城市群可以根据2005~2009年各城市的排名情况，将城市群划分为三个层次，第一层为五年均排名在前三的城市：广州、深圳、东莞，第二层为五年排名始终在中等（第四至第六）的城市：佛山、珠海、中山，第三层为五年始终排名倒数三名的城市：肇庆、惠州、江门；最后，文章提出提高城市竞争力的政策建议。

论文题目：珠三角公共图书馆一体化发展效益分析及建议

作者姓名：黄燕红

文献来源：河南科技

发表时间：2013-1-5

内容摘要：本文分析珠三角公共图书馆一体化发展效益，在借鉴联席会议、图书馆联盟、另设机构等协调机制的基础上，引入对珠三角公共图书馆一体化制度性框架的研究，并对珠三角图书馆未来发展提出思路。

论文题目：珠三角“三旧”改造中的土地利益格局重构及其运作机制——以佛山市“三旧”改造经验为例
作者姓名：陈晨　赵民　刘宏
文献来源：中国名城
发表时间：2013-1-5
内容摘要：本文认为，珠三角地区经历多年“自下而上”的高速发展，在取得成就同时，土地资源配置低效等问题也日益凸显。为破解城镇化发展中的土地困境，广东省推开“旧城镇、旧厂房、旧村庄”改造。这是一项具有重要意义的创新实践，其实质是对既有土地利益格局的重构。文章基于对佛山市的实地调研，分析相关政策内涵，总结实践经验，并解析“佛山模式”的运作机制。

论文题目：基于超效 DEA 模型的泛珠三角区第一产业生产效率评价
作者姓名：祁奇　刘殿国
文献来源：湖北农业科学
发表时间：2013-1-5
内容摘要：本文运用超效 DEA 模型对泛珠三角区第一产业效率进行评价。研究结果显示：广东省第一产业生产效率最高；分年度广东省第一产业 Malmquist 生产率指数及分解指标表明，2001~2004 年技术进步平均增长率达到 1.78%；1999~2003 年的规模效率平均增长率达到 3.12%；1999~2010 年的纯技术效率平均增长率达到 3.37%。文章对泛珠三角区内其他各省第一产业发展提出相应建议。

论文题目：珠三角加工贸易竞争力分析及对策研究
作者姓名：邓武均
文献来源：科技创新与应用
发表时间：2013-1-8
内容摘要：珠三角加工贸易企业经过长期高速发展，目前正处于困难期。经过研究发现，产品科技含量低，产业层次处于产业链末端，人才缺乏，公司治理不善是导致珠三角加工贸易企业竞争力低迷的主要原因。本文认为，珠三角加工贸易企业必须针对上述不足加以改进，才能走出低谷，重振雄风。

论文题目：珠三角实行区域年票制的时机分析
作者姓名：王芳
文献来源：交通标准化
发表时间：2013-1-8
内容摘要：文章从如何减少收费站、缓解公路债务压力、构建公路建设融资平台出发，论证珠三角实行年票制的必要性。

论文题目：基于 SWOT 分析的“珠三角”高职院校发展战略选择——以广东机电职业技术学院发展实践为例
作者姓名：李铭辉
文献来源：高教探索
发表时间：2013-1-10
内容摘要：文章就当前“珠三角”高职院校面临的总体发展态势作出劣势大于优势、机遇多于挑战的判断，并以广东机电职业技术学院的发展实践为例，提出实施文化治校、开放办学的“珠三角”高职院校发展应对战略。

论文题目：珠三角计算机类毕业生调查报告——以深圳市宝安职业技术学校为例
作者姓名：刘春影　王学成
文献来源：新课程研究（中旬刊）
发表时间：2013-1-11
内容摘要：本文对深圳市宝安职业技术学校

近四年计算机相关专业毕业生的就业情况展开调研。采用的调查方法基本能够科学、准确地反映中职毕业生工作现状，调查结果包括毕业生就业岗位情况、自身薪酬情况、对自身工作态度及自身专业与从事工作相关程度，以及对学校教育教学的建议和意见。旨在使计算机专业课程的设置更适合学生发展，更有利于培养学生职业技能和综合素质，使其贴近社会需要。

论文题目：新老两代农民工行为和需求比较研究——基于珠三角的实证调查
作者姓名：陈亚辉
文献来源：调研世界
发表时间：2013-1-15
内容摘要：本文以珠三角地区 1726 名农民工调查为基础，对新老两代农民工的行为方式和主要需求展开比较分析，发现新生代农民在行为和需求方面已经具备与第一代农民工差异性极大的独立社会群体特征。

论文题目：大陆台资企业转型分析——基于长三角、珠三角等台资企业聚集区的调研
作者姓名：曹小衡　高一　朱航
文献来源：调研世界
发表时间：2013-1-15
内容摘要：本文对长三角、珠三角等五个台资企业相对聚集的城市进行调研。调研结果表明：当前大陆台资企业转型已经起步，部分行业转型效果已初步显现。但由于存在多方面制约因素，台资企业转型进程仍有待加快。当前亟须从企业自身与外部环境优化两方面同时入手，推动大陆台资企业的转型发展。

论文题目：珠三角及其邻近地区地下室防水工程施工技术
作者姓名：谢斌贝
文献来源：技术与市场
发表时间：2013-1-15
内容摘要：本文认为，随着时代的发展，拥有地下室的高层和超高层建筑越来越多，防水渗施工技术问题成为地下工程中最不可忽视的问题。作者结合工作经验，对地下室防水工程施工技术进行探究。

论文题目：试析我国外交资源的进一步开发及其与珠三角的互动
作者姓名：唐国才
文献来源：国际展望
发表时间：2013-1-15
内容摘要：本文认为，在全球化和综合国力竞争加剧浪潮下，中国外交资源面临的挑战和危机上升，必须突破传统的概念和框架，主动筹划开发外交资源。以港澳为窗口的珠三角地区是改革开放的先行者，既蕴藏着丰富的外交资源，也面临一系列新的涉外挑战和问题，外交资源与国内社会环境的互动明显。进一步开发中国外交资源，对于新时期中国与世界的良性互动具有重要意义和深远影响。外交资源重在国内，必须向下看，向内反刍，既要大力开拓经济、军事、科技设备等物质性硬资源，更要倾心培育人文、理念、思想等非物质性软资源，还要用好港澳台侨等相关涉外资源，探索公民社会“取之于民，用之于民”的外交外事资源管理新模式，以维护国家权益，服务社会发展。

论文题目：打造更具竞争力的大珠三角城市群
作者姓名：丘杉　梁育民　郭楚
文献来源：广东经济
发表时间：2013-1-15

内容摘要：本文认为，改革开放30多年来，以粤港澳为首的大珠三角城市群虽然取得长足发展，但与世界级城市群相比，与自身在中国经济格局中应担当的责任和应做出的贡献相比，大珠三角城市群还有着广阔的发展提升空间，同时也面临着需要破解的各种难题。粤港澳只要抓住、抓紧、抓好“十八大”这一千载难逢的历史机遇，用好、用足这一无比广阔的空间，必定能够实现建设世界级城市群的宏伟目标。

论文题目：珠三角地区多产品生产企业的区位研究
作者姓名：陈向阳　陈日新　周静
文献来源：产经评论
发表时间：2013–1–15
内容摘要：本文选择珠三角城市群的多产品生产企业在城市之间布局和在代表性城市内部布局为研究对象，运用经济地理学与产业经济学基本理论和调查数据分析珠三角地区多产品生产企业布局特征及其对企业本身范围经济与城市增长的影响。得出结论：珠三角城市群多产品生产企业的集聚效应明显，多样化水平高；珠三角城市群多产品生产企业为了使企业能更好地发展壮大，会选择制造业集聚的地方进行生产，以达到实现企业规模经济和范围经济的目的。

论文题目：泛珠三角区域旅游环境保护法律问题探析
作者姓名：张智群　丘杰
文献来源：法制与社会
发表时间：2013–1–15
内容摘要：文章分析泛珠三角区域在旅游环境保护法律问题的基础上，从完善旅游环境保护立法思想、健全法律制度和增强环保意识的角度提出建议，促进旅游环境的有效保护。

论文题目：珠三角地区地埋管地源热泵热水系统运行特性实验研究
作者姓名：王成勇　王跃　陈炳文　宋月贤　胡映宁
文献来源：暖通空调
发表时间：2013–1–15
内容摘要：本文在现有U形地埋管地源热泵热水系统的基础上搭建实验平台，研究该地区不同运行工况下地埋管地源热泵的启动运行特性、制热性能系数COP、地埋管内循环水温度恢复规律、单位井深换热量及地埋管换热器的热影响半径。结果显示：该地区地埋管地源热泵供热工况下从启动到进入稳定换热时间为6～9小时，连续和间歇运行工况下COP的平均值分别为3.47和3.56，间歇运行工况下两个实验井的单位井深换热量比连续运行工况分别提高6.6%和9.4%，两种U形地埋管换热器在48小时内的热影响半径均在0.5～1.0米之间。

论文题目：珠三角重雷区牵引变电所防雷工程技术研究
作者姓名：朱江
文献来源：铁道工程学报
发表时间：2013–1–15
内容摘要：本文认为，解决变电所防雷保护这一复杂的系统工程至少须构筑三道防线防止直击雷对变电所配电装置的侵袭；同时针对升高的地电位或者感应电压、感应电流可能导致变电所中低压设备故障做有效的三级防护；针对接地系统采取多种措施保证良好接地。

论文题目：民营企业劳动关系不和谐程度评价指标体系研究——以珠江三角洲为例
作者姓名：王国颖
文献来源：暨南学报（哲学社会科学版）
发表时间：2013-1-15
内容摘要：本文通过文献综述、劳动仲裁及诉讼原因汇总、员工容忍度评分确定影响劳动关系不和谐的因素，采用探索性因子分析提取评价指标，利用结构方程模型技术，对珠三角民营企业员工样本数据进行验证性因子分析，确定影响民营企业劳动关系不和谐因素的路径关系和路径系数，进而确定各指标权重，构建包含“薪酬待遇受损”“管理不规范性”“员工不满意度”“沟通协调不良”“管理非人性化”5个一级指标，以及16个二级指标的民营企业劳动关系不和谐程度评价指标体系，并区分不同评价结果所对应的劳动关系状况，设定绿、蓝、黄、红四种预警色。

论文题目：珠江三角洲河道整治与修复方法初探
作者姓名：梁海涛　陈国轩　黄兆玮　朱婷
文献来源：水利规划与设计
发表时间：2013-1-15
内容摘要：本文针对珠江三角洲河道出现的问题，提出泄洪整治、水环境整治与修复、景观工程三个方面的整治措施，为珠江三角洲进行河道整治与修复，建设人、水、生态环境和谐的河道体系提供参考。

论文题目：珠三角地区新生代农民工城市融入的现状与对策
作者姓名：冯克江　卢士华
文献来源：内蒙古电大学刊
发表时间：2013-1-20
内容摘要：本文认为，新生代农民工融入城市对其个人发展、经济持续增长及构建和谐社会具有重要意义。针对问卷调查显示新生代农民工城市融入的若干障碍，应加快制度建设，促进新生代农民工市民化，给予更多平等机会，丰富文化生活，消除歧视，提升竞争力和素质。

论文题目：泛珠三角经济增长背景下深港物流业合作机制研究
作者姓名：赖明明　张方波
文献来源：科技与企业
发表时间：2013-1-22
内容摘要：本文认为，深港物流业的发展与合作是深港共建“创新圈”的重要组成部分，有力地促进深港两地物流资源在更大范围内、更高层次上、更广领域内进行配置和整合，对于打造深港全球性物流中心和贸易枢纽具有重要意义。在泛珠三角区域经济增长和社会发展的大背景下，重新审视深港物流业合作历程，从中吸取有益的合作经验，克服深港两地物流业中存在的因不同经济结构、社会文化、历史发展带来的瓶颈，对进一步深化两地物流业合作起到积极作用。

论文题目：珠三角实行区域年票制面临的主要难题及解决方案
作者姓名：王芳
文献来源：交通标准化
发表时间：2013-1-23
内容摘要：本文鉴于珠三角区域公路收费年票制存在诸多问题和困难，针对年票制债务、收费标准、站点设置、高速公路代收路费及经营性公路回购等问题，对珠三角实行区域年票制的影响逐一分析，并提出解决方案。

论文题目：珠三角物流园区发展困境及对策研究
作者姓名：韩波勇
文献来源：特区经济
发表时间：2013-1-25
内容摘要：本文就珠三角物流园区发展现状与对策研究这一论题进行系统论述，探讨珠三角物流园区的发展现状及优缺点，通过先进物流园区运行的案例分析，确定珠三角物流园区优化对策。

论文题目：节能减排与技术创新：来自广东珠三角地区企业的经验证据
作者姓名：曾萍　邓腾智　吴小节
文献来源：经济体制改革
发表时间：2013-1-25
内容摘要：本文以广东珠三角地区 348 家制造业企业为实证研究对象，探讨节能减排对企业技术创新的影响。结果表明：节能减排对企业技术创新有显著的积极作用。具体而言，企业降低能耗对新产品产值率有正面影响；与其他企业相比，节能先进或排放达标的企业有更高的新产品产值率；但企业是否通过 ISO14000 认证对于新产品产值率没有显著影响。

论文题目：珠三角地区发展甩挂运输的前景探析
作者姓名：李聪怡　周爱莲
文献来源：公路与汽运
发表时间：2013-1-25
内容摘要：文章在分析珠三角地区道路甩挂运输特点的基础上，探讨在该区域发展甩挂运输的制约条件和驱动因素，进而对珠三角地区甩挂运输的目标市场和货运量进行预测和分析，结果表明：珠三角地区发展甩挂运输具有很好的市场前景。

论文题目：广东珠三角城市社区心理健康服务工作研究
作者姓名：彭凤飞　黄玫
文献来源：赤峰学院学报（自然科学版）
发表时间：2013-1-25
内容摘要：本文认为相对于国外社区心理健康服务，中国的社区心理健康服务工作还在起步阶段。广东珠三角城市社区心理健康服务工作普遍开展，但从实际效果来看，还存在不少问题。部分西方国家社区心理健康服务工作的经验可为建立更符合珠三角城市社区实际的心理健康服务工作模式提供借鉴。

论文题目：珠江三角洲城市群灾害易损性时空格局差异分析
作者姓名：唐波　刘希林　李元
文献来源：经济地理
发表时间：2013-1-26
内容摘要：本文应用贡献权重模型，从人口易损性、经济易损性、社会易损性和环境易损性四个方面，对珠江三角洲城市群 17 个城市的灾害易损性时空格局差异进行分析。结果表明：珠江三角洲城市群灾害易损性评价因子的贡献率发生明显变化，由城市绿化率和道路密度向经济密度、建成区面积比和人口密度转移；时间上 2010 年城市灾害整体易损性变化速率高于 2000 年，空间上以广州和深圳为代表的东侧城市易损性整体有明显上升的趋势，而以恩平和四会为代表的西侧城市易损性有下滑的趋势或变化不明显，并且内圈层城市灾害易损性高于外圈层城市。这说明 10 年来，珠江三角洲城市群的经济和城市化进程得到迅速发展，城市防灾减灾能力亟待进一步提高；同时灾害易损性的时空格局反映出珠江三角洲城市群东西侧和内外圈层城市在人口、经济、社会和生态环境方面存在较大差异，这将成为珠江三角洲城市群实现优化整合、区域一体化面临的关键问题。

论文题目：农民工随迁子女“入学门槛”的差异研究——以长三角与珠三角地区为例
作者姓名：汪传艳
文献来源：安徽师范大学学报（人文社会科学版）
发表时间：2013-1-30
内容摘要：本文运用内容分析方法解析农民工随迁子女“入学门槛”的地区差异，在此基础上聚焦于条件相似但“入学门槛”差异显著的长三角和珠三角地区，从产业结构视角分析产生这一差异的原因，并提出相应的对策建议。

论文题目：珠三角地区水泥搅拌桩基础处理施工技术
作者姓名：黄荫光
文献来源：科技资讯
发表时间：2013-2-3
内容摘要：本文结合佛山市南海区丹灶建设泵站工程水泥搅拌桩基础处理施工实例，分析水泥搅拌桩施工中的施工流程、技术参数、施工方法、质量控制措施等控制要点，总结水泥搅拌桩施工的关键技术。

论文题目：FDI对国内投资挤入挤出效应的再检验——基于珠三角城市面板数据的实证研究
作者姓名：张光南　朱宏佳
文献来源：国际商务(对外经济贸易大学学报)
发表时间：2013-2-15
内容摘要：文章采用珠三角地区城市面板数据，通过固定效应和SUR方法对FDI与国内投资的关系进行再检验。结果发现：FDI外生的假设并不适用于珠三角地区的研究；FDI对整体国内投资存在显著的挤出效应，而且在市场潜力越高的地区，其挤出效应越大。但对国内投资各组成部分的进一步分析发现，FDI对其中的“房地产开发投资”存在显著的挤入效应，而对“更新改造投资”和“基本建设投资”则表现为挤出效应。

论文题目：珠三角物流经济中心城市空间等级灰聚类分析
作者姓名：李超锋
文献来源：五邑大学学报（自然科学版）
发表时间：2013-2-15
内容摘要：本文采用灰聚类分析方法研究珠三角物流经济中心城市空间等级体系划分问题。通过合理划分物流区域，确定物流经济中心城市层次结构，根据城市的不同等级确立相应的功能定位和发展策略，实现以点带面，共同发展。

论文题目：珠江三角洲肝癌高发区人发重金属元素来源及其影响因子分析
作者姓名：李勇　赵志忠　周永章
文献来源：广东微量元素科学
发表时间：2013-2-15
内容摘要：本文为解析珠江三角洲肝癌高发区人发重金属元素来源，探析其来源影响因子。文章利用电感耦合等离子体原子发射光谱仪对佛山顺德区人发的7种重金属元素Pb、Sr、Zn、Fe、Mg、Mn和Al的含量进行测定，对人发元素进行多元统计分析。结果研究区居民人发Pb、Al和Fe的平均含量较人发正常值高，而人发 Sr 的平均含量均低于其他地区的正常值，Zn 的平均含量在健康人群人发 Zn 含量平均值范围内。主成分分析提取的三个主成分可解释总方差的71%，Pb、Sr 和 Mg 属外源性元素；Zn、Fe 属内源性元素，可用于生物监测；Al、Mn 既是外源性元素又是内源性元素。聚类分析验证主成分分析的结果：不同年龄的人发元素含量，30 岁以上的人发中 Al 平均含量经 t 检验显著高于 30 岁以下人群，其余元素均无显著差异；不同健康状况和性别的人发元素含量，各元素经统计检验均无显著差异。结论：该地区人发中 Pb、Al 含量较健康人高，可能与肝癌高发有关，值得进一步探讨其来源。

论文题目：港珠澳大桥对珠江三角洲地区水上高速客运的影响及对策
作者姓名：涂建军　卢晓春
文献来源：水运管理
发表时间：2013-2-15
内容摘要：本文从管理角度和应对角度分析港珠澳大桥对珠江口客运走势的影响，提出港珠澳大桥建成通车后珠江三角洲水上高速客运的发展对策和建议，为粤港澳三地行业主管部门制定交通运输配置、管理等政策提供考虑因素和参考依据。

论文题目：珠三角城际轨道交通通信系统集成初探
作者姓名：张聪云
文献来源：铁道通信信号
发表时间：2013-2-17
内容摘要：本文简析珠三角城际轨道交通通信子系统的构成，基于全程全网、互联互通的组网需求，从构建自愈保护的传输环网、合理配置各线节点通信资源、统筹规划互联条件及频率资源三方面，提出通信系统集成的初步设想。

论文题目：珠三角小流域水土保持生态建设探讨
作者姓名：胡封兵　张鹏　韩洁春
文献来源：水土保持应用技术
发表时间：2013-2-20
内容摘要：本文通过分析珠三角小流域生态环境存在的问题，论述水土保持生态环境建设的目标和原则，指出应以小流域为单元，从流域整体角度开展水土保持生态环境建设，通过采取各种生态及工程措施，在上游改善林地生态功能，下游河道整治修复河流生态功能，改变水库消涨带的景观，同时注重开发建设项目水土保持，提升小流域内各类生态系统功能，促进区域水土保持生态可持续发展。

论文题目：泛珠三角区域的就业环境与高校复合型人才培养策略的再思考
作者姓名：曾翠云
文献来源：延边党校学报
发表时间：2013-2-20
内容摘要：本文认为，以产业结构调整需求为导向培养复合型人才，可以为区域经济增长注入新的活力，实现教育、人才、产业多赢的局面。

论文题目：政府主导下大都市区的管治——以珠江三角洲为例
作者姓名：孙莉　吕拉昌
文献来源：城市观察
发表时间：2013-2-20
内容摘要：本文首先简要分析珠三角大都市区管治的必要性和管治历程，接着从政府、市场、非政府组织和公众四个方面阐述珠三角大都市区管治的机制，研究结果表明：政府在珠江三角洲大都市区的管治中起主导作用；非政府组织和公众在珠三角大都市区管治中参与不够；珠三角管治的效果有待提高。

论文题目：后危机时代的区域弹性与集群转型——基于珠江三角洲东西两岸电子企业的对比分析
作者姓名：符文颖　李郇
文献来源：南方经济
发表时间：2013-2-20
内容摘要：文章对比分析东西两岸电子企业的生产和创新行为。结果显示：西岸地区尽管在国内市场具有较高的品牌经营能力，但面临营销创新的融资障碍。东岸地区则通过长期的外向经济进行技术和人力资本积累，在创新过程中显现出更大的网络性特征，从而更有利于集群经济的创新转型。

论文题目：珠江三角洲港口群一体化发展规划研究
作者姓名：杨中庆　赵彬彬
文献来源：港口经济
发表时间：2013-2-20
内容摘要：本文认为，在区域经济一体化持续深入和经济发展方式转变的关键时期，珠三角港口群的发展也面临着新的机遇。如何通过创新合作机制、统筹发展规划、优化港口资源配置、构建珠三角港口群一体化体系、提升珠三角港口群的整体效率和服务水平、为区域经济产业转型与产业一体化布局发展提供更加有力的支撑，是珠三角港口群发展面临的重要课题。

论文题目：长三角与珠三角经济增长的比较分析
作者姓名：姚志敏
文献来源：现代经济信息
发表时间：2013-2-23
内容摘要：本文运用因子分析、聚类分析等方法对双三角洲各地区的经济增长状况进行综合评价和分类，探讨不同城市经济增长之间存在的差异。

论文题目：为珠三角医药产业培养优秀人才——创新产学结合机制服务区域经济建设
作者姓名：陈德泉　李岩
文献来源：现代交际
发表时间：2013-2-23
内容摘要：广东岭南职业技术学院始终将办学与区域经济建设和发展相结合。近年来，学院主动面向珠三角医药产业的发展需求，在已有的产学研合作模式基础上，创新机制体制，拓宽合作的深度与广度。在为珠三角食品药品产业建设做出重要贡献的同时，进一步提升学院的社会服务能力。

论文题目：开发高校毕业生就业市场初探——“珠三角”市场
作者姓名：劳涛
文献来源：中小企业管理与科技（下旬刊）
发表时间：2013-2-25
内容摘要：本文认为，高校开发就业市场，关键要学习十八大精神，解放思想，胆大心细；珠三角的发展为全国的改革开放、经济发展发挥示范带动作用，同时也是吸纳高校毕业生就业的重要区域，广州企业摆摊，高校赶场，中山产业分工强势、鲜明，深圳依山傍海，比邻港澳，是一个移民城市，三地各有特色，就业前景广阔。

论文题目：珠三角地区文化产业竞争力实证分析——基于人才资源优化配置视角

作者姓名：丁孝智　王利伟

文献来源：特区经济

发表时间：2013-2-25

内容摘要：本文运用因子分析法和回归分析法，从珠三角地区人才资源优化配置角度对文化产业竞争力进行实证分析，揭示人才资源优化配置对文化产业发展的重要作用，并对提升珠三角文化产业竞争力的人才策略提出建议。

论文题目：珠三角地区高职分析检测人才的培养模式构建

作者姓名：陈燕舞　肖坤

文献来源：职教论坛

发表时间：2013-2-25

内容摘要：本文从人才培养目标的确立、人才培养过程管理、教学模式与学习模式四个方面着手，构建“课内学习、岗位实践、检测服务三结合”的人才培养模式，运行校内“导师制”与校外“企业检测服务站”人才培养管理机制，创新建立行动导向的螺旋式尝试实践学习模式，人才培养取得良好成效。

论文题目：香港离岸贸易对珠三角地区产业发展的影响研究——基于珠三角地区 48 个区县面板数据的实证分析

作者姓名：彭羽　沈克华

文献来源：国际经贸探索

发表时间：2013-2-25

内容摘要：本文将离岸贸易因素纳入传统的 Cobb-Douglas 生产函数模型，对珠三角地区 48 个区县的面板数据进行实证分析。结果表明：香港离岸贸易对珠三角地区产业的总体发展具有显著的促进作用；同时，香港离岸贸易对珠三角地区中心城市服务业发展的促进作用要明显大于制造业，与之相反的是，香港离岸贸易对珠三角地区非中心城市制造业发展的推动作用要显著大于服务业。

论文题目：珠三角工业园区职工参加体育活动调查与分析——以佛山市三水工业园区为例

作者姓名：桂良发

文献来源：科技信息

发表时间：2013-2-25

内容摘要：本文运用文献资料法、问卷调查法、访谈法、数理统计法等研究方法，对广东省佛山市三水工业园区职工参加体育活动的情况进行调查。结果显示：大部分园区职工能够清楚地认识到体育运动的价值，但是受到各种客观因素的影响，在体育参与程度等方面还存在诸多问题。主要有：工业园区体育基础设施不足；职工工作时间过长，工作任务繁重，从而导致运动时间的减少及运动欲望的降低；缺少专业指导人才从而导致组织活动过少等。

论文题目：关于广佛肇经济圈协调效应的研究综述

作者姓名：朱俊超　林一骏

文献来源：市场经济与价格

发表时间：2013-3-1

内容摘要：本文从广佛肇经济圈的制度和政策、内部存在的差距及其动力机制、区域产业布局的考虑与产业转移等对相关研究进行综述。

论文题目：发达国家职业教育对农民工技能

培训的启示——以珠三角产业转型升级为背景
作者姓名：曾书琴　陈绍华
文献来源：成人教育
发表时间：2013-3-10
内容摘要：本文从技能培训的对象、内容、体系和效果等方面，研究美国、德国、日本和澳大利亚等发达国家职业技能培训的现代化进程，借鉴和吸收其成功经验，提出“确立培训重点对象与优先原则，创建个性化的培训体系，建立流动职业教育体系与灵活性认证制度，开创基于开放性终身学习的职业教育模式”等建议，以期构建劳动力市场与技能需求相适应的技能培训模式，切实提高农民工的职业技能素质。

论文题目：流变的传统：珠江三角洲地区的彝人家支再造
作者姓名：刘东旭
文献来源：开放时代
发表时间：2013-3-10
内容摘要：本文认为，家支是传统彝族人最为核心的社会组织方式，随着大量彝人外流到珠江三角洲地区务工，家支与家支聚会也在当地逐渐兴起和发展。这种新家支的生成是在领工制基础上，临时工劳务市场的进一步发展投射到彝人社会组织关系中的表现；同时也是彝人应对群体内和群体间不稳定的紧张关系而增强自身社会性团结，从而对劳动力深度市场化过程生成抵制的反映。因此，珠三角彝人家支和家支聚会的社会意涵已经与传统彝区发生很大程度上的断裂，是一种新的创造。

论文题目：我国城市群协调发展模式分析——基于长三角、珠三角和长株潭城市群的案例
作者姓名：熊雪如　覃成林
文献来源：学习与实践
发表时间：2013-3-15
内容摘要：本文从城市群协调发展的概念及其主客体的关系出发，对现有城市群协调发展模式进行扩展，构建城市群协调发展模式的基本框架。以长三角城市群、珠三角城市群和长株潭城市群为例，分别从空间发展协调、经济运行协调、社会组织协调、公共设施协调和生态环境协调五个方面对中国城市群协调发展模式进行分析和比较，揭示现阶段中国城市群协调发展模式的特点及未来进一步完善的方向。

论文题目：珠三角中小企业遭遇“用工荒”的对策分析
作者姓名：尹枚
文献来源：广东经济
发表时间：2013-3-15
内容摘要：本文认为，珠三角缺工比较严重的主要集中在加工制造、住宿餐饮和建筑装饰等劳动密集型行业，其中又以加工制造企业和餐饮企业需求最为紧迫，而不是高新技术型企业，难以招到的是收入不是很高也不能很高的普工，而不是那些收入相对比较高的技术型工人。

论文题目：珠三角地区人口分布时空格局及其变化特征
作者姓名：游珍　王露　封志明　杨艳昭
文献来源：热带地理
发表时间：2013-3-15
内容摘要：本文对珠三角地区 1982 年、1990 年、2000 年和 2010 年 4 期人口普查数据进行分析，定量揭示珠三角地区近 30 年来人

口分布的时空格局及其变化特征。结果表明：(1) 从人口总量变化来看，1982~2010年珠三角地区人口数量增加3821.66万人，增长率达215.61%，远超全国平均水平；(2) 从人口流动状态看，1982~2010年珠三角地区以人口流入为主，其中珠三角的中部以及东部城市成为人口流入的主要地区，人口迁移流入是珠三角地区总人口增加、人口集聚程度增高的主要原因之一，但近10年珠三角地区的人口流入速率有所减缓；(3) 从人口集聚度上看，1982~2010年珠三角地区县市人口集聚程度普遍高于全国平均水平，并逐年增高，深圳、广州、东莞等市成为区域人口集聚中心。

论文题目：城市等级差异下的服务业发展影响要素研究——基于珠三角面板数据的实证分析

作者姓名：钟韵　黄民勃

文献来源：产经评论

发表时间：2013-3-15

内容摘要：本文研究不同等级城市中影响服务业发展的各项要素的差异，总结城市等级与服务业发展之间的关系。基于对1996~2009年珠三角地区9市的研究，作者发现城市等级差异导致服务业的增长速度、服务业对地区经济贡献率，以及服务业内部结构都存在差异。研究显示：人力资本、本地市场需求、外部投资，以及地方政府的扶持程度等要素对服务业发展均具有正向作用，且不受城市等级差异影响；而劳动力要素和资本要素对服务业发展的影响则因城市等级差异而异。基于上述结果，本文提出不同等级城市的服务业发展策略。

论文题目：珠江三角洲旅游业竞争力评价

作者姓名：兰婷

文献来源：经济研究导刊

发表时间：2013-3-15

内容摘要：本文在借鉴前人研究成果的基础上，建立宏观经济环境、组织接待环境、旅游业经济效益、交通环境4项指标及19个影响因素，对珠三角各个城市的旅游业竞争力采用因子分析法进行评价，对综合得分进行聚类分析，得出珠三角地区9市在旅游业竞争力上可以划分出四个等级的结论。

论文题目：珠江三角洲财经类人才培养与需求状况的实证研究

作者姓名：汪前元

文献来源：湖北经济学院学报

发表时间：2013-3-15

内容摘要：本文采用SPSS软件进行编码分析，总结出该地区对财经类毕业生素质要求的三个维度，研究非财经类毕业生与财经类毕业生的真实表现和企业真实需求之间的差异，以及这两类毕业生真实表现之间的差异，并从财经类高等院校财经类专业的人才培养角度提出改善该地区财经类人才结构性失衡现状的政策建议。

论文题目：关于珠三角地区公示语英译状况的调查研究

作者姓名：冯克江　吴含

文献来源：牡丹江教育学院学报

发表时间：2013-3-16

内容摘要：本文通过访谈、问卷调查等方式，以关心公示语英译状况的大学生、教师为主要调查对象进行调研，以期对该地区的公示语英译状况有一个全面的了解，并通过对访谈和问卷调查的结果进行分析，力图给出解决的方案和对策，为珠三角地区的国际化提供帮助。

论文题目：传统型生产制造类企业培训效果评估——以珠三角 W 企业为例
作者姓名：罗玉越
文献来源：现代商业
发表时间：2013-3-18
内容摘要：文章根据不同的受训人员及不同的培训内容设计不同的评估工具，以期能够解决企业培训效果评估难的困境。

论文题目：工作转换对农民工收入的影响——基于珠三角两代农民工的调查
作者姓名：陈媛媛
文献来源：南方经济
发表时间：2013-3-20
内容摘要：本文采用 2008 年珠三角地区农民工进行的问卷调查，研究职业流动对这两代农民工收入的不同影响，实证发现职业流动对一代农民工收入会产生显著的影响，但对二代农民工收入的影响却不显著。在校正遗漏变量和样本选择性偏误可能导致的内生性问题之后，结论仍然成立。

论文题目：珠三角产业转型升级下的人力资源发展研究——以佛山市为例
作者姓名：解运亮
文献来源：科技与企业
发表时间：2013-3-22
内容摘要：本文以佛山市为例研究珠三角地区产业升级下的人力资源发展，分析佛山市人力资源发展的基础和面临的问题，并探讨佛山市产业转型升级对人力资源的需求，在此基础上对佛山市和珠三角地区的人力资源发展提出有针对性的政策建议。

论文题目：微观之计与宏观之策——解析珠三角中小企业“用工荒”
作者姓名：尹枚
文献来源：特区经济
发表时间：2013-3-25
内容摘要：本文探究珠三角中小企业“用工荒”现象背后的深层次原因，并从微观和宏观层面提出解决问题的举措。

论文题目：关于珠三角城际轨道交通票务系统的设想
作者姓名：张小星　赵明霞
文献来源：铁路计算机应用
发表时间：2013-3-25
内容摘要：本文从运输组织、票制、系统架构等多角度对珠三角城际轨道交通票务系统提出设想，探讨如何建立这种全新运营模式的票务系统，从而取得最佳社会和经济效益。

论文题目：珠三角绿道政策研究
作者姓名：梁晓明
文献来源：湖州职业技术学院学报
发表时间：2013-3-25
内容摘要：本文认为，珠三角绿道政策是广东省落实“科学发展观”、建设宜居城乡的一项重要政策，但在执行过程中出现各种问题，如长距离借道、未划定绿廊控制区、部分绿道功能不全、缺乏管理等，政策实施并未达到预期效果。主要是因为政策执行主体未充分认识绿道的内涵，缺乏相关法律、制度以及宣传不足等，为此提出要加快绿廊控制区的划定工作、完善配套服务设施、加大宣传力度、建立合理的管理体系和监督机制、健全绿道保护的相关法律等进一步完善珠三角绿道政策的建议。

论文题目：珠三角山水城市新区复合型旅游规划研究——以清远市广晟生态城概念规划设计为例
作者姓名：杨子淘
文献来源：中华民居（下旬刊）
发表时间：2013-3-25
内容摘要：本文从珠三角区域的三线山水城市面临该区域的核心城市发展日臻成熟后所带来的发展机会和压力来剖析，尤其是在山水自然资源条件优越的城市新区进行规划开发时，更需考虑到生态旅游产业规划对三线城市未来发展的促进作用和针对于场地特殊性、项目发展目标的规划布局策略及前瞻性的规划发展视角。

论文题目：珠江三角洲某排涝泵站电气设计
作者姓名：陶茂蕾
文献来源：中国新技术新产品
发表时间：2013-3-25
内容摘要：文章结合工程实例，围绕电气主接线、电机起动方式、继电保护、厂房布置和过电压保护等方面对珠三角地区排涝泵站的电气设计进行探讨，为类似设计工作提供借鉴意义。

论文题目：基于游客感知的乡村旅游地实证评价研究——以珠三角地区为例
作者姓名：郭丽　章家恩
文献来源：旅游研究
发表时间：2013-3-26
内容摘要：本文认为，乡村资源的吸引力和环境条件是影响游客进行乡村旅游目的地选择的重要因素。选取游客的感知评价因子，采用层次分析法构建乡村旅游地的定量评价模型，并运用游客打分法对珠三角 13 个乡村旅游地进行等级评价研究。结果表明：珠三角大多数乡村旅游景点处于需要进一步完善的阶段，挖掘乡村旅游资源特色，努力改善乡村旅游地的环境条件是这些景点实现自我提升的关键。

论文题目：珠三角空间梯度葫芦藓的重金属含量及其环境指示意义
作者姓名：吴清华　闵兴玲　周永章　卢强
文献来源：热带地理
发表时间：2013-3-26
内容摘要：本文以珠三角空间梯度上的核心区广州、近郊区肇庆鼎湖及远郊区怀集三地的葫芦藓为研究对象，对其重金属污染进行研究。结果显示：珠三角地区葫芦藓重金属含量呈明显的梯级分布，其中 Cu、Pb、Zn、Cr、Cd 含量均表现为广州最高，肇庆次之，怀集最低。珠三角地区葫芦藓内不同重金属的含量差异反映来源差异，其中 Cd、Pb、Zn 和 Cu 之间呈显著正相关关系，反映重金属元素来自于相同的污染源；而 Cr 与 Cd、Pb、Cu 和 Zn 的相关性相对弱些，说明 Cr 的污染源与其他元素存在差异，或者说这个元素与其他元素同时污染大气的可能性相对小些。分析进一步揭示，三地葫芦藓污染同三地大气污染以及工业化进程存在一定的耦合性。基于此，指出葫芦藓可作为研究环境污染的指示标志，具有重要的环境指示意义。

论文题目：珠江三角洲公共体育服务体系活动开展特征的研究
作者姓名：付强　朱征宇　马莉
文献来源：广州体育学院学报
发表时间：2013-3-28
内容摘要：本文认为，体育活动是公共体育服务的中心和载体，公共体育服务只有通过体育活动才能真正地落实。作者根据公共服务理论，对珠江三角洲公共体育活动开展的情况进行多维度分析，并归纳出珠江三角洲公共体育活动开展的特征。

论文题目：珠三角港口体系演化模型研究
作者姓名：吴旗韬　张虹鸥　叶玉瑶　陈静
文献来源：热带地理
发表时间：2013–3–28
内容摘要：本文在详细梳理不同阶段港口体系发展阶段和特征的基础上，从长时间序列构建珠三角地区港口体系演化模型。该模型与西方发达国家以及殖民地国家的港口体系演化具有一定差异。珠三角港口体系具有港口体系波动特征，不同于西方国家模型中只有单一集中化和分散化发展趋势的描述；珠三角港口体系发展模型的起始阶段为单极化发展阶段，而非西方国家模型中的均衡化发展阶段；珠三角港口体系发展模型增加对枢纽港口空间位置转移的描述。

论文题目：城市化进程对珠江三角洲地区气温变化的影响
作者姓名：陈静林　杜尧东　孙卫国
文献来源：气候变化研究进展
发表时间：2013–3–30
内容摘要：本文根据1979~2010年珠江三角洲24个气象站的气温观测数据以及NCEP/NCAR　R1地表气温再分析月资料，运用OMR（observation minus reanalysis）方法分析珠三角地区平均气温、平均最高气温、平均最低气温的年、季变化趋势。研究结果表明：过去32年珠三角大部分地区呈增温趋势，年平均气温、年平均最高气温、年平均最低气温的OMR趋势分别为0.22℃/10a、0.19℃/10a、0.23℃/10a，对珠三角地区观测气温增暖的贡献率分别为55.7%、41.7%、57.2%；四季OMR增温趋势冬季最大，夏秋季较小。城市化对区域平均最低气温的影响比对平均最高气温的影响更大。

论文题目：劳动关系利益化集体化转型态势及其法律规制——以珠三角Z市为例
作者姓名：欧阳白果
文献来源：中国劳动关系学院学报
发表时间：2013–4–1
内容摘要：本文认为，珠三角近年多发的集体停工事件，标志着“法外权益诉求难以满足”成为劳资矛盾的症结，劳动关系进入主要基于权益“法外化”的集体化转型阶段。劳动关系的转型态势主要表现在劳动力市场供求、劳动者诉求与维权、争议标的与争议形式等方面。转型阶段构建和谐劳动关系，应重点加强法外权益集体劳动关系立法，建立完善争议处理制度；准确界定劳资矛盾性质类型，依法妥善处理集体争议和群体性事件。

论文题目：浅谈洋楼与珠江三角洲的关系
作者姓名：崔国贤
文献来源：中外建筑
发表时间：2013–4–1
内容摘要：本文认为，佛山市的建筑文化，大致有两个品种。首先，是土生土长的传统格式，如二进两廊或三进两廊、青砖灰瓦、镬耳山墙以及其本身的街、巷、里。其次，就是民国时期的洋楼，洋楼分布在佛山主要的道路上。于是这两种元素共同构成佛山市近代城市景观整体风貌特色。

论文题目：制衣企业一线员工离职倾向影响因素分析及对策——基于珠三角

的调研
作者姓名：吴彩容　靳娜
文献来源：经营管理者
发表时间：2013-4-5
内容摘要：文章以珠三角制衣企业的调研为基础，分析制衣企业一线员工离职倾向产生的原因，并从工作环境、薪资福利、工作强度、职业生涯规划等方面提出对策建议。

论文题目：高管团队智力资本、战略柔性与企业财务绩效互动关系研究——以珠三角制造企业为例
作者姓名：谢卫红　王永健　蓝海林
文献来源：现代财经（天津财经大学学报）
发表时间：2013-4-6
内容摘要：本文基于高层梯队理论，构建高管团队智力资本、战略柔性与企业绩效间关系的理论模型，并以珠三角大中型制造企业为样本，利用结构方程模型进行实证检验，结果表明：高管团队智力资本对先动柔性和响应柔性均有正向影响；响应柔性对财务和非财务绩效均有显著正向影响，而先动柔性只对非财务绩效有显著影响；先动柔性对响应柔性有正向影响。此外，进一步分析表明，高管团队智力资本对财务和非财务绩效均无直接影响，即战略柔性在高管团队智力资本与企业绩效的关系中起完全中介作用。

论文题目：港珠澳大桥建设、区位优势演变与珠三角西岸经济发展研究——基于新经济地理学视角的分析
作者姓名：黄维芳　李光德
文献来源：当代经济
发表时间：2013-4-8
内容摘要：本文分析珠三角西岸基于港珠澳大桥建设的区位优势的演变机理，勾勒珠三角西岸基于区位优势变迁的产业布局和经济发展。

论文题目：珠三角公共服务一体化实践经验对广西北部湾的启示
作者姓名：雷景创　吴东霞
文献来源：广西教育学院学报
发表时间：2013-4-10
内容摘要：本文认为，珠三角在推动公共服务一体化方面积累实践经验，对中国其他区域的相关实践具有重要借鉴意义。广西北部湾公共服务一体化起步较晚，有必要向珠三角学习相关经验。

论文题目：珠三角城际轨道交通运营管理模式探讨
作者姓名：温敏珍
文献来源：中国铁路
发表时间：2013-4-15
内容摘要：本文通过对自主运营、部分委托运营、完全委托运营三种运营模式的优缺点分析，结合城际轨道交通特点和管理模式选择原则，提出珠三角城际轨道交通运营模式应采用自主运营管理模式。

论文题目：珠三角地区外资企业文化一体化建设思考
作者姓名：贾曼丽
文献来源：山东商业职业技术学院学报
发表时间：2013-4-15
内容摘要：本文选择珠三角外向型经济的主体—外资企业的文化建设作为研究主题，从分析外资企业文化建设现状入手，分析外资企业文化一体化建设的必要性和意义，并在此基础上对文化一体化建设提出对策性建议。

论文题目：泛珠三角区域海洋经济合作发展路径选择
作者姓名：陈明宝
文献来源：海洋经济
发表时间：2013-4-15
内容摘要：本文以国家南海海洋战略为导向，以开发和利用南海资源、发展面向环南海的经济为内容，优化区域海洋经济的空间布局、提升海洋产业结构的水平、建立健全海洋经济合作的运行机制以及改革完善海洋环境的治理体制与方式是实现泛珠三角区域海洋经济合作的重要路径。

论文题目：珠三角地区煤炭物流网络建设研究
作者姓名：王有华
文献来源：内蒙古煤炭经济
发表时间：2013-4-15
内容摘要：本文从物流渠道、市场容量、市场竞争、网络建设、功能定位、风险分析等方面对珠三角地区煤炭物流网络建设进行探讨。

论文题目：珠江三角洲休闲体育公共服务需求的探析
作者姓名：潘灿星
文献来源：当代体育科技
发表时间：2013-4-15
内容摘要：本文运用问卷调查法、访谈法和文献资料法对珠江三角洲地区休闲体育公共服务需求的现状进行调查。调查显示：珠三角休闲体育公共服务未能满足居民日益多元化的休闲体育公共服务需求。

论文题目：区域文化视域下大学生社会适应能力提升的路径初探——以珠江三角洲地区高校及岭南文化为研究视角
作者姓名：衷华　邵际珍
文献来源：长春理工大学学报
发表时间：2013-4-15
内容摘要：本文从岭南文化的视角，分析区域文化与大学生社会适应的关系，阐述岭南文化的基本特质和主要局限，分析其对珠三角地区大学生社会适应的影响，并从高校德育工作、校园文化建设以及人才培养模式等三方面提出对策建议。

论文题目：珠江三角洲物流园区规划及发展对策分析
作者姓名：孙妙青
文献来源：科技信息
发表时间：2013-4-15
内容摘要：本文分析珠江三角洲地区物流园区发展背景、趋势以及规划和运营模式等现状，重点提出对珠江三角洲物流园区总体规划以及区域合作运营方式的建议，以便更好地促进该地区的物流和经济的发展。

论文题目：珠三角公路通达性演化及其对城市潜力的影响
作者姓名：梅志雄　徐颂军　欧阳军
文献来源：地理科学
发表时间：2013-4-19
内容摘要：本文将空间句法模型与GIS结合，基于1990年、2009年公路网数据，定量分析1990年以来珠三角公路网通达性时空演变，并探讨其对城市潜力变化的影响。结果表明：①近20年来，珠三角公路网拓扑连接等级差异趋于缩小，整体通达性显著提高，但核心区内部和外部路网发育差距趋于扩大；②公路通达性总体上呈“核心—外围”结构，核心区范围不断扩大，至2009

年以广—佛核心都市区、深—莞—惠都市区为最高，向外围逐渐递减，并形成“∧”型高集成度轴线分布带及由此向外放射状延伸的态势；各等级公路轴线分布格局变化空间分异明显，公路网拓扑连接的区域不均衡性更加明显；三大地带公路通达性空间差异明显，中部最高且提高较快，东部次之但与中部差异趋于缩小，西部相对最低且与中、东部的差异进一步扩大；③公路网总体布局上智能性、可理解性有较大提高，但核心区外部公路智能度仍普遍较差；④公路通达性与城市潜力呈正相关性并得到增强，公路交通对城市潜力变化影响更加显著，但2009年仍属中度相关。

论文题目：珠三角地区港口的竞争与合作
作者姓名：黄钟苏
文献来源：港口经济
发表时间：2013-4-20
内容摘要：本文通过对集装箱港口竞争和合作影响因素的分析，认为香港港、深圳港和惠州港之间，有望形成较好的分工协作关系，而广州港与其他港口间的分工协作有待加强。

论文题目：面向广西以及泛珠三角地区的物联网专业人才培养模式研究
作者姓名：李余琪　周顺先
文献来源：科教文汇（中旬刊）
发表时间：2013-4-20
内容摘要：本文根据广西及泛珠三角地区对物联网应用技术人才的需求情况，结合梧州学院自身办学条件，从物联网专业社会人才需求、人才培养方式、教学改革目标、采取的措施和方案等方面入手，研究探索一种更加有效和更加科学的人才培养模式，满足广西以及泛珠三角地区战略性新兴产业发展对高素质人才的迫切需求。

论文题目：珠三角金融产业集聚趋势的经验分析
作者姓名：李阳柳　王洪良
文献来源：中国商贸
发表时间：2013-4-21
内容摘要：本文认为广州、深圳在金融产业上应形成资源互补，在构建区位金融中心时形成错位发展，更利于发挥各自的金融产业优势。

论文题目：实现珠三角海洋大市向海洋强市的跨越——以广东江门为例
作者姓名：范佳凤　李军　肖健华
文献来源：当代经济
发表时间：2013-4-23
内容摘要：本文旨在分析江门市海洋经济资源的特点，剖析限制海洋经济发展的因素，并提出相关建议，以促进江门市从海洋大市向海洋强市转变。

论文题目：珠三角城际轨道隧道施工超前地质预报关键技术的探讨
作者姓名：张培辉　王正旺　钱治国
文献来源：中国建材科技
发表时间：2013-4-25
内容摘要：本文以珠三角城际轨道交通佛山—肇庆段控制性工程羚山长隧道施工为例，结合该隧道工程的地质、水文、气候条件；为确保该工程的安全与质量，采取施工超前地质预报技术。该技术不仅适用于羚山长隧道的施工，而且对其他类似工程的施工都有着非常重要的借鉴意义。

论文题目：浅析珠三角工业结构与环境污染物的灰色关联
作者姓名：刘洁　马民涛　廉婕
文献来源：四川环境
发表时间：2013-4-26
内容摘要：本文根据2004～2009年珠三角地区各种工业结构、总产值以及工业“三废”排放量等数据，运用灰色关联分析研究珠三角工业生产规模结构、轻重工业结构、行业结构、工业生产结构与不同环境污染物之间的关联程度。结果表明：珠三角三种生产规模的企业中，与工业“三废”关联最大的是中型企业，其次是大型企业，小型企业最小；相对于重工业，珠三角轻工业与工业“三废”的关联较大；珠三角工业主导行业与工业“三废”的关联度排序为：采矿业 > 制造业 > 电力燃气及水的生产和供应；就产业结构来说，与污染物的灰色关联度依次是：第一产业、第二产业、第三产业。

论文题目：造价比法在珠三角高速公路路桥比选的应用
作者姓名：刘吉福　尹敬泽
文献来源：广东公路交通
发表时间：2013-4-30
内容摘要：本文针对珠江三角洲地区根据工程造价进行路桥方案比选存在的问题，提出考虑工后维修费用的路桥造价比法。通过专家调查和对实际工程路桥造价比的分析，给出临界路桥造价比的推荐值。利用实际工程验证路桥造价比法及建议的临界造价比对珠三角高速公路路桥比选的适用性。

论文题目：珠三角高技能人才需求变化研究
作者姓名：闫利雅
文献来源：顺德职业技术学院学报
发表时间：2013-4-30
内容摘要：本文通过文献研究和实地调研了解珠三角产业结构调整、产业转型对人才需求的变化趋势。发现人才需求在结构上由“金字塔形”逐渐向“梯形”转变，人才质量构成由“唯才是举”到“德艺双馨”，人才需求多元化“专才”与“复合型人才”同时并重。企业在具体素质需求方面，除了传统对企业的忠诚、服从精神外，更加注重员工的社会学习能力、心理抗压能力和应用创新能力。作者提出高职教育的应对建议：建设开放型高职院校，构建与珠三角区域经济转型相匹配的专业与课程体系，在学生培养方面提供更加重视理想、信念和“正能量”的作用。

论文题目：社会化语境下珠三角地区高职教育的缘起与困境探析
作者姓名：朱俊
文献来源：广州职业教育论坛
发表时间：2013-4-30
内容摘要：本文认为，社会化语境下的高职教育不仅丰富中国的教育体系，还体现区域经济产业结构调整的风向标。珠三角高职教育的发展主要源于珠三角地区的人口城市化、社会管理创新和产业结构转型带来的外部需求。同时，这种实用主义需求带来高职教育内部的困境，主要表现在内部管理体制结构性失衡、高职教育文化功利化位移、非均衡的内部分配方式及校企合作模式创新困难，这种融入区域经济社会发展带来的内部困境，使珠三角高职教育正面临发展的十字路口。

论文题目：基础设施、工业效率与空间溢出——环渤海、长三角与珠三角

区域的比较
作者姓名：施洁　史学贵
文献来源：经济问题探索
发表时间：2013-5-1
内容摘要：本文运用层次分析法和交叉数据包络分析方法，测算 2001~2010 年中国环渤海、长三角和珠三角区域共 90 个地级市的基础设施综合水平和工业效率值，在空间技术溢出理论基础上建立空间计量模型，考察三大区域基础设施综合水平及其外溢效应对工业效率的影响。实证结果表明：区域基础设施显著促进工业效率的提升，同时，在相邻地级市之间存在显著的空间溢出效应。此外，交通、通信和能源基础设施分项对工业效率的影响，及其外溢效应的分析结果，在三大区域之间的表现并不一致。

论文题目：反推拉模型：珠三角农民工短缺动因分析
作者姓名：吕惠琴　李锦雯
文献来源：学术交流
发表时间：2013-5-5
内容摘要：本文通过运用“推拉理论”构建的“反推拉模型”分析发现，珠三角农民工短缺系该地区产生的反向推力，其他区域经济发展存在的异向拉力、农村及附近地区经济发展产生的反向拉力与新生代农民工主体因素综合作用的结果。加强社会管理创新机制改革，逐步减少对普工的过度依赖以及增强对农民工的正向拉力，才能解决短缺问题。

论文题目：珠江三角洲创新产出的区域分布及影响因素研究——基于城市面板数据的实证分析
作者姓名：岳鹄　刘艳明
文献来源：科技管理研究
发表时间：2013-5-8
内容摘要：本文应用 TOP1 指数及泰尔指数等方法，以专利授权量代表创新产出，选取研发投入等指标，建立计量经济模型，测度珠江三角洲 9 市之间创新产出的分布不均衡情况，并深入探究其内在原因。研究结果表明：研发经费和研发人员投入、外商直接投资（FDI）对创新产出有显著的正向影响，而集聚效应却与创新产出呈弱的负相关。最后提出政策建议。

论文题目：农民工工资性别差异的实证研究——基于珠江三角洲和长江三角洲的问卷调查
作者姓名：张琼
文献来源：广东社会科学
发表时间：2013-5-8
内容摘要：本文通过对珠江三角洲和长江三角洲问卷数据进行实证分析，发现女性农民工的收入低于男性农民工，女性农民工的月工资收入仅为男性农民工的 73.94%，女性农民工的小时工资收入仅为男性农民工的 73.36%。通过控制人口等变量特征，女性农民工的月工资或小时工资都比男性农民工低 20% 以上。通过 Oaxaca-Blinder 分解方法，发现年龄、受教育年限、婚姻状况、总工龄、工种对性别工资的影响显著；性别工资中不可解释的部分占 3/4 左右，农民工的工资存在性别歧视。

论文题目：珠三角农业流动人口“代耕农”权益保护问题研究
作者姓名：吕惠琴　向安强　冯智莉
文献来源：南方农村
发表时间：2013-5-10

内容摘要：本文以珠三角农业流动人口“代耕农”群体为例，分析中国农业流动人口“代耕农”权益缺失问题及其成因，在此基础上提出完善中国“代耕农”权益保护的建议。

论文题目：珠三角地区轴—幅式物流网络的构建
作者姓名：钟前朗　黄辉　王寅
文献来源：物流科技
发表时间：2013-5-10
内容摘要：文章在梳理轴—辐式网络理论研究的基础上，提出区域物流网络构建的思路和方法，并选取珠三角城市群进行实例分析，构建珠三角城市群的轴—辐式物流网络，为珠三角城市群现代物流网络的构建提供借鉴意义。

论文题目：珠三角保税物流的敏捷运作策略
作者姓名：董鹏　王树刚
文献来源：物流技术与应用
发表时间：2013-5-10
内容摘要：本文分析珠三角地区保税物流体系的发展，总结出供应商管理库存策略，生产零库存及时配送运作策略，集中采购、快速进口、分散配送策略，跨境通关、快速配送运作策略及保税仓库的“集中申报”运作策略等五个物流操作策略，指出其对促进该区域经济的发展起着重要的支撑作用。

论文题目：集体的重构：珠江三角洲地区农村产权制度的演变——以“外嫁女”争议为例
作者姓名：柏兰芝
文献来源：开放时代
发表时间：2013-5-10
内容摘要：文章以“外嫁女”为主体，检讨功能取向的制度研究，重新以动态的、行动者的角度分析制度的形成。一方面揭示产权改革中妇女作为行动主体如何不断推动制度的演变；另一方面重新审视关于国家—社会关系的讨论。

论文题目：珠三角港口群市场结构成因分形分析
作者姓名：黎文峰　黎文　唐宋元　杨干
文献来源：生态经济（学术版）
发表时间：2013-5-15
内容摘要：本文选取珠三角港口群有关资料作为研究对象。使用分形理论对珠三角港口市场结构进行分形分析，计算港口群的分形维数，明确珠三角港口群市场结构类型，指出珠三角港口群的市场垄断特性，对其成因进行分析，并得出结论及提出展望。

论文题目：明清珠三角“广州—澳门—佛山”城市集群的形成
作者姓名：黄滨
文献来源：深圳大学学报（人文社会科学版）
发表时间：2013-5-15
内容摘要：本文认为明清时期，在中国封建小商品经济高涨的推动下，广州城市经济辐射能力陡然剧增，其经济行业运行地理空间的向外延伸，直接催生附近地带崛起澳门、佛山两座城市，使得珠江三角洲出现自身历史上第一个城市集群——“广州—佛山—澳门”；珠三角城市集群的具体分工组合是：广州本城为母体和轴心，澳门为外港，佛山为内港，实际上是一个“大广州”城市集群。在明清时期，这一城市集群贯通内外，互为犄角，一体运转，不仅成为珠三角甚至广东全省的经济中心城市，而且构成全国当时最大的经济中心城市。

论文题目：广州市西江引水工程对珠三角网河区的影响分析

作者姓名：郑悦华　秦蓓蕾

文献来源：水利规划与设计

发表时间：2013-5-15

内容摘要：文章认为，广州市西江引水工程对珠三角网河区的水动力格局、河口压咸、河道生态需水、水体纳污能力、区域用水户等存在必然联系和一定影响。文章根据珠三角网河区的水系特点，建立网河区数学模型，对工程取水影响及技术方法展开探讨分析。

论文题目：中原经济区经济增长差异分析——兼与长三角、珠三角及环渤海湾的比较

作者姓名：李建新　耿玉静

文献来源：现代商贸工业

发表时间：2013-5-15

内容摘要：本文采用泰尔指数及其分解方法计算中原经济区、长三角、珠三角及环渤海湾的经济增长差异。结果表明：相对于中国三大经济区，中原经济区的整体经济实力较低，竞争力不足。中原经济区经济总差异在2000~2010年呈威廉姆森的倒U型曲线，2008年后呈下降趋势。其中，东部的贡献最大，劣势显著，扩大了与其他区域的差异，中部的内部差异呈缩小趋势，西部、南部及北部内各地的发展相对平衡，对区域差异的贡献较小。最后，根据研究提出中原经济区协调发展的政策建议。

论文题目：珠三角经济发展模式及其对东北地区经济振兴的借鉴——以制造业为例

作者姓名：张志元

文献来源：兰州学刊

发表时间：2013-5-15

内容摘要：本文认为，借鉴珠三角地区先进经验，合理定位地方政府职能、发展民营经济、实施创新驱动发展战略、发挥地区制造业发展的区位优势，是振兴东北地区经济的主要对策。

论文题目：社区治理视角下村改居基本公共服务的现状及影响——基于珠三角的调研

作者姓名：梁绮惠

文献来源：云南行政学院学报

发表时间：2013-5-15

内容摘要：本文通过对珠三角村改居社区的实地调研，发现珠三角基本公共服务存在投入不足、城乡不均、地区不均、不同群体不均且政府对公共服务的投入缺乏强制性和规范性等问题，由此造成村改居社区治理的基础缺失、居民社会角色难以转化、“政经分离”“政社分开”难以真正实现等，并提出促进城乡基本公共服务均等化的途径。

论文题目：大珠三角城市群金融等级体系分析

作者姓名：覃剑

文献来源：产经评论

发表时间：2013-5-15

内容摘要：本文以大珠三角城市群为研究对象，分别从金融业整体及其亚类行业领域两个层面，对金融资源的空间布局特征进行客观描述和分析，并运用因子分析和聚类分析方法勾画出金融等级体系形态。在此基础上，提出构建大珠三角区域金融中心体系的建议。

论文题目：无缝隙政府理论视角下少数民族

流动人口的管理——以珠三角城市为例
作者姓名：郭正涛　黄庆泉
文献来源：韶关学院学报
发表时间：2013-5-15
内容摘要：本文认为，无缝隙政府理论是以顾客为导向、以竞争为导向和以结果为导向，旨在向顾客提供连贯、有效的公共产品和服务，以最低的成本换取顾客最大的满意度。依据无缝隙政府理论可对珠三角城市少数民族流动人口实行有效管理。

论文题目：珠三角区域创新系统的复杂适应性及演化机理
作者姓名：刘明广
文献来源：技术与创新管理
发表时间：2013-5-20
内容摘要：本文为了研究珠三角区域创新系统的演化过程机理，揭示其创新主体的自适应演化过程规律。借鉴复杂适应系统的基本理论与模型，首先，对珠三角区域创新系统的四个适应性特征、三个机制以及其他适应性属性进行分析；其次，描述珠三角区域创新系统的受限生成过程演化机理；最后，得出激发珠三角区域创新系统的协同效应价值、建立珠三角区域创新系统的良好运行机制以及塑造珠三角区域创新系统的学习氛围等结论。

论文题目：珠三角城际轨道交通穗莞深2标太平隧道堵漏施工技术
作者姓名：丁剑鹏
文献来源：中国建筑防水
发表时间：2013-5-20
内容摘要：本文结合工程现场情况，对渗漏部位进行分析后，选用化学灌浆材料对渗漏部位进行高压注浆，较好解决暗挖施工中的防水难题。

论文题目：珠三角地区普通高校2013届大学生就业意向调查分析——以东莞理工学院为例
作者姓名：黎清旦　曾洪鑫
文献来源：当代教育理论与实践
发表时间：2013-5-20
内容摘要：本文以东莞理工学院2013届毕业生为研究样本，调查和总结大学生就业意向情况，分析相关影响因素，针对性地提出建议，为珠三角地区普通高校的大学生就业工作提供参考。

论文题目：珠三角八大口门潮汐调和分析及潮性特征对比
作者姓名：肖莞生　卢婧青　陈国轩　曾彩华
文献来源：广东水利水电
发表时间：2013-5-25
内容摘要：本文以分布于珠江三角洲入海口八大口门11个观测站的枯季实测潮汐资料为基础，利用潮汐调和分析方法，对比分析八大口门潮性特征，研究枯水期利用潮汐调和常数进行潮汐预报的可能性，进而研究各口门潮汐变化规律及其异同点。

论文题目：基于PSR模型的珠三角地区水资源系统脆弱性评价
作者姓名：陈文静　雷洪成
文献来源：广东水利水电
发表时间：2013-5-25
内容摘要：本文从胁迫程度、敏感性、适应性三个层面建立珠三角地区水资源系统脆弱性评价指标体系。根据珠三角地区

1980~2008 年基础统计数据，计算珠三角地区水资源系统脆弱性演变趋势，并分析主要影响因素。评价结果表明：珠三角地区水资源脆弱性整体呈波动式发展特点，经历“微脆弱”和“中脆弱”两个阶段；目前珠三角水资源系统呈“中脆弱”，主要为敏感性脆弱度增强引起的。研究成果不仅对改善水资源系统结构、提高水资源系统安全性提供理论依据，对促进和加快水利现代化建设也具有重要意义。

论文题目：基于因子分析的珠三角地区经济差异实证研究
作者姓名：吴波
文献来源：中国市场
发表时间：2013–5–25
内容摘要：本文采用因子分析方法对珠江三角洲地区 9 市 2010 年的 22 项指标进行因子分析，结果表明：广州、深圳为珠三角地区最为发达的城市，东莞、佛山、珠海为珠三角的次级核心城市，中山、惠州、江门、肇庆为珠三角的相对落后地区。并指出应通过发挥中心城市的辐射带动作用，优化珠江口东岸地区功能布局，提升珠江口西岸地区发展水平等措施达到缩小内部经济发展差距，最终实现珠三角地区区域经济一体化的目标。

论文题目：对养老院需求的调查与建议——以珠三角部分地区养老院为例
作者姓名：翁开源　陆文敏　洪爽
文献来源：中国老年学杂志
发表时间：2013–5–25
内容摘要：本文采用分层整群抽样的方法，抽取有代表性的养老院各三所及三所养老院辐射的人群进行调查。结果显示：只有少数老年人愿意其晚年在养老院等养老机构中度过；养老机构工作人员数量缺乏、素质低、缺乏必要的专业知识和技能，严重影响养老机构的服务质量。得出结论：政府应加强政策支持；大力提倡养老机构工作人员参加继续教育；提倡设立养老院管理专业，提高养老机构工作人员素质，积极推进专业化、职业化的养老服务队伍建设。

论文题目：完善珠江三角洲公共体育服务体系的构想
作者姓名：朱征宇
文献来源：广州体育学院学报
发表时间：2013–5–28
内容摘要：本文根据公共服务理论，从政府职能转变、健全政策法规、场馆设施建设、突出特色品牌、完善服务网络五个方面进行阐释，对完善珠江三角洲公共体育服务体系提出构想。

论文题目：珠三角发展创新型经济的理论探索及启示：基于“弯道超车”的理论视角
作者姓名：蒋键　陈搏
文献来源：当代经济管理
发表时间：2013–5–28
内容摘要：本文概括创新型经济和“弯道超车”理论，阐述“弯道超车”理论在指导创新型经济建设实践中的作用，分析珠三角地区所面临“弯道超车”的战略机遇期以及通过“弯道超车”发展创新型经济的可行性，并从实施“弯道超车”的落脚点、路径、动力和智力支撑四个方面来分析其对珠三角地区发展创新型经济的启示。

论文题目：粤港澳经贸合作的法律基础

作者姓名：蔡镇顺
文献来源：广东外语外贸大学学报
发表时间：2013-5-30
内容摘要：本文认为，粤港澳合作的法律基础存在的主要问题是 CEPA 协议缺乏国内法意义上的法律依据,《珠江三角洲地区改革发展规划纲要（2008~2020 年）》不属于《立法法》规定的法律渊源,《泛珠三角区域合作框架协议》缺乏法律明确授权，粤港粤澳合作联席会议缺乏宪法依据。法律上应明确地方政府包括港澳特别行政区政府缔结地方政府间合作协定的权力，在《立法法》中明确合作协定的法律地位。

论文题目：培训对外来务工人员工资的影响研究——基于 2009 年珠三角城市外来务工人员调查数据
作者姓名：马磊　许杨
文献来源：延边大学学报（社会科学版）
发表时间：2013-6-1
内容摘要：本文通过采用 2009 年对珠三角城市外来务工人员调查数据，研究家乡政府提供的培训对外来务工人员工资的影响。结果发现：政府培训对劳动者目前的工作和第一份非农工作的工资均无显著影响，同时也不会提升管理、技术工种和普通工种的工资；相反，企业的在职培训却可以很显著地提高外来务工的工资水平。其原因主要是家乡政府提供的培训质量不高、针对性不强所致。

论文题目：探析珠三角中小企业人力资源管理现状和对策建议
作者姓名：刘粤
文献来源：经营管理者
发表时间：2013-6-5
内容摘要：本文在对珠三角中小企业进行实地问卷调查的基础上，理清珠三角中小企业人力资源管理现状，进而总结出珠三角中小企业在人力资源管理方面存在的问题，并提出完善珠三角中小企业人力资源管理制度的方法，对珠三角广大中小企业的人力资源建设有一定的作用。

论文题目：互动导向、创新方式与公司绩效——基于珠三角的实证研究
作者姓名：吴兆春　于洪彦　田阳
文献来源：中国科技论坛
发表时间：2013-6-5
内容摘要：本文对珠三角 100 家公司进行调查研究，运用验证性因子分析和结构方程模型对互动导向、创新方式与公司绩效模型进行实证检验。研究发现：互动导向程度越高，公司绩效越好。互动导向程度越高，开发性创新和探索性创新就越多，而且互动导向对开发性创新的影响明显高于对探索性创新的正向影响。此外，开发性创新越多，公司绩效越好，而探索性创新对公司绩效的影响不显著。通过模型探索发现：开发性创新能促进探索性创新，说明渐进的开发性创新对公司产品或服务的改进到一定程度后会发生质变，导致产品或服务大幅度地改进和提升；而探索性创新对开发性创新的促进作用不显著。

论文题目：珠三角一体化语境下的科技资源整合路径研究
作者姓名：王彦雨
文献来源：科技管理研究
发表时间：2013-6-8
内容摘要：文章分析科技资源整合的内涵及路径，以及珠三角经济圈科技资源整合的路径规划等问题，在此基础上，从内部科技资

源整合及对圈外科技资源整合两个方面研究当前珠三角一体化背景下科技资源整合的整体路径。

论文题目：珠三角小城镇社区转型与居住空间重组策略

作者姓名：刘玉亭 朱晓灿 李嘉靖

文献来源：城市规划

发表时间：2013-6-9

内容摘要：本文分析珠三角小城镇居住空间的现状问题，并结合新城市主义理论等社区营建方法，提出居住空间重组策略，主要分为居住空间组织重构、社区管理模式改革、社区服务体系重组、混合社区营造等方面。具体内容包括：在居住空间组织上，提出“社区—住区—邻里单元”的居住空间重组模式；在社区管理模式上，提出“村改居”为基础的空间管理模式；在社区服务体系重组方面，提出构建多层次服务设施体系以满足多样化的需求；在混合社区营造方面，以社区融合为导向，针对阶层分化提出不同阶层住区的组织策略。

论文题目：珠三角地区社会企业介入养老服务供给刍议

作者姓名：朱汉平 杨慧

文献来源：广东行政学院学报

发表时间：2013-6-10

内容摘要：本文认为，社会企业介入养老服务供给具有现实意义，能缓解财政对养老服务投入的不足，有效促进养老服务社会化改革，促进社会养老服务资源的整合。珠三角地区社会企业介入养老服务供给的推进思路应包括：健全社会企业的法律法规政策体系；积极培育社会企业家精神；加大政府对社会企业介入养老服务的支持；扩大社会对社会企业介入养老服务的认知度；丰富社会企业介入养老服务供给的形式。

论文题目：珠三角货代市场存在的问题与对策研究

作者姓名：林斯斯

文献来源：中国市场

发表时间：2013-6-12

内容摘要：本文回顾珠三角地区货代业务的发展历程，探讨该区域货代市场中存在的问题，并针对性地寻求合适的解决方式。

论文题目：制造业投入服务化对碳生产率影响的理论建模和实证检验——以珠三角为例

作者姓名：饶畅

文献来源：经济与管理

发表时间：2013-6-15

内容摘要：本文认为，制造业投入服务化有利于制造业提高劳动生产率，且具有生态效益。在短期内，制造业服务化的发展会引起碳生产率的降低；但随着制造业服务化发展到一定程度，服务化对碳生产率的负向影响转为正，促进制造业碳生产率的提高。碳生产率与制造业服务化之间存在非线性关系且呈U型。

论文题目：珠三角FDI与碳排放相关性测评——基于区域发展时滞与产业结构演变视角的分析

作者姓名：王之军 孔群喜 焦艳

文献来源：汕头大学学报（人文社会科学版）

发表时间：2013-6-15

内容摘要：本文通过区域发展时滞视角，运用协整EG两步法、误差修正模型以及灰色关联度方法，发现珠三角经济对于FDI的依赖程度不断增强，FDI 方向发生积极转变，但外资对碳排放的正向影响在长期内加强；FDI 投入与能源消费结构向第三产业偏移，说明第三产业在外资利用方式与内容上较为粗放；第三产业对 FDI 的吸收超过第二产业成为趋势，但其发展方式、内容与外资引进结构仍然存在不足；主要耗能产业碳排放量与 FDI 相关性随经济发展出现上升趋势，表明经济发展方式仍然较为粗放。

论文题目：珠三角夏秋季节大气颗粒物与碳黑气溶胶污染特征的研究
作者姓名：谢敏　岳玎利　区宇波　陈多宏
文献来源：环境科学与管理
发表时间：2013-6-15
内容摘要：本文以珠三角地区 4 个区域监测站 2012 年夏秋季节监测结果为例，分析该地区不同粒径大气颗粒物（PM_{10}/$PM_{2.5}$/PM_1）和碳黑气溶胶（BC）质量浓度的变化特征。结果显示：区域内不同站点之间或站点不同粒径颗粒物之间均有显著的相关性，该地区 PM_1 和 BC 质量浓度约占 $PM_{2.5}$ 的 70% 和 8.2%，$PM_{2.5}$ 约占 PM_{10} 的 68%。秋季污染天气中，PM_1 质量浓度的增长量大于其他粒径颗粒物的增长量。颗粒物浓度与大气能见度的影响分析显示，碳黑气溶胶质量浓度增大与能见度降低关系密切。

论文题目：珠三角地区生物多样化审计探析
作者姓名：王志榕
文献来源：广西财经学院学报
发表时间：2013-6-15
内容摘要：本文通过对珠三角地区生物多样化及审计现状分析，探索分两步建立生物多样化审计框架，从工作制度、人才培养、审计方法及理论研究等方面来健全完善珠三角地区生物多样化审计。

论文题目：CAD 在珠三角地区服装企业的应用和发展趋势
作者姓名：徐卫强
文献来源：化纤与纺织技术
发表时间：2013-6-15
内容摘要：本文介绍 CAD 系统的主要功能，以及珠三角地区服装企业采用 CAD 系统的情况，分析制约 CAD 系统在珠三角服装企业普及应用的原因，同时展望 CAD 在服装企业的发展趋势。

论文题目：珠江三角洲对流层气溶胶时空变化特征分析
作者姓名：蒋哲　陈良富　王中挺　陶明辉
文献来源：地球物理学报
发表时间：2013-6-15
内容摘要：本文利用 AERONET 资料对珠三角地区气溶胶物理性质特征进行分析，建立珠三角地区的气溶胶模型，在此基础上，根据 RT3 辐射传输模型构建矢量查找表，采用多角度偏振方法从 PARASOL L1B 数据反演得到细模态气溶胶光学厚度（AOD），最后采用 2007~2009 年 MODIS 总的 AOD 产品和本文的细模态 AOD 三年的反演结果分析珠三角地区气溶胶的时间变化和空间分布特征，为深入研究珠三角地区污染物的局地排放和输送提供条件。结果表明：（1）珠三角地区对流层气溶胶呈双峰型对数正态分布，其中细粒子平均半径主要集中在 0.05 ~ 0.1，标准方差以 0.5、0.6 为主，粗粒子平均半径以 0.9、1.0 为主，标准方差为 0.6、0.7，复折射指数实部以 1.4、1.5 居多，虚部以 0、0.01 为主，细粒子所占比例大于 70%，珠三角气溶胶呈现出粗颗粒物和细颗粒物并存的特征；(2) PARASOL业务算法中的气溶胶模型在珠三角地区有较大的局限性，引入当地气溶胶模型使细模态AOD的反演精度较卫星产品有了很大提高，细模态AOD主要反映珠三角地区二次污染的强度；(3) 珠三角地区总AOD值春季较大，秋夏季次之，冬季较小，并呈现逐年减小的趋势；(4) 珠三角地区细模态AOD也在逐年降低，2009年细模态AOD年均值比2007年低0.02，在空间分布上，高值地区主要集中在广州、佛山、中山等城市。

论文题目： 珠江三角洲地区乡村转型及规划策略研究

作者姓名： 肖红娟

文献来源： 现代城市研究

发表时间： 2013-6-15

内容摘要： 文章回顾改革开放以来珠江三角洲地区乡村工业化和城镇化的历程，总结该地区乡村的二元性和低效性特征，研究乡村转型的趋势，以及传统乡村空间的消亡、地域认同感的消失、村民发展前景的风险、村民自主性的缺失等危机，并提出城乡规划的应对策略，包括：划定乡村控制线，编制乡村发展规划；构建“中心城市—新市镇—中心村—基层村”的城乡体系；引导乡村产业多元化和“三产化”；通过建设“乡村文化绿道”将乡村整合进区域休闲网络；整合配置城乡公交网和乡村公共设施；构建两级互动的乡村规划建设体制。

论文题目： 珠江三角洲地区历史文化名村的编制特点

作者姓名： 杨海英

文献来源： 山西建筑

发表时间： 2013-6-15

内容摘要： 本文以东莞市潢涌村历史文化名村为例，对其规划期限和范围进行介绍，并对规划过程中存在的问题进行分析，总结规划技术思路，阐述规划保护的基本内容，为城市发达地区的名村规划编制提供参考依据。

论文题目： 珠三角发展天然气发电的必要性和经济分析

作者姓名： 姜鹏飞

文献来源： 能源与节能

发表时间： 2013-6-20

内容摘要： 本文从负荷增长、调峰需求、环保限制等角度对珠三角地区发展天然气发电的必要性进行论证，对气价下发展天然气发电的经济性进行分析，依据广东天然气供应现状及规划情况对广东发展气电的规模进行分析和预测，最后针对发展气电的困难提出建议。

论文题目： 泛珠三角地区人力资本对经济增长的贡献率测算研究

作者姓名： 何南　王之尧

文献来源： 科技与经济

发表时间： 2013-6-20

内容摘要： 本文基于人力资本与经济增长的相互影响机制，采用泛珠三角9省区数据，测算各省区人力资本对经济增长的贡献率大小。研究发现泛珠三角地区存在人力资本贡献率不足、结构失调、地区发展失衡等问题。相对而言，广东省和福建省的人力资本和经济增长的各项指标状态较好，而其他省区则较为落后，地区内差距较大。据此，提出更具针对性的泛珠三角地区人力资本开发对策。

论文题目： 经济圈服务业产业趋同的合意性

分析——基于珠三角和长三角经济圈的比较
作者姓名：苏启林　蔡仲芳
文献来源：科技管理研究
发表时间：2013-6-23
内容摘要：本文采用珠三角和长三角经济圈城市服务业14个子行业2005~2010年的面板数据，测度两个经济圈内城市服务业专业化指标并进行具体特征的分析比较，进而分别考察两个经济圈服务业地区专业化水平及其对经济增长的影响。研究发现：经济圈内部服务业产业趋同存在合意性，而且这种产业结构趋同合意性背后所呈现的多样化发展对经济增长的促进作用更大。

论文题目：商务英语专业人文教育实施现状调查及对策——以珠三角高等职业院校为例
作者姓名：贾曼丽
文献来源：中南林业科技大学学报（社会科学版）
发表时间：2013-6-24
内容摘要：文章以人文素质教育为研究主线，以珠三角高职商务英语专业人文教育为切入点，剖析商务英语专业人文素质教育中存在的问题，并对人文教育的开展提出了对策性建议。

论文题目：珠三角社会转型期成人教育机构发展的现状研究
作者姓名：曾宪群
文献来源：职教论坛
发表时间：2013-6-25
内容摘要：本文以珠三角东莞成人教育机构为例，探讨东莞成人教育机构发展的概貌、成人教育机构发展的特征以及成人教育机构在发展的过程中将面临高等教育的大众化、教育服务的国际化、教育竞争的市场化等诸多未来挑战，初步呈现珠三角社会转型期成人教育机构发展的现状。

论文题目：外生拉动的城市化困境及出路——以珠江三角洲地区为例
作者姓名：仝德　刘涛　李贵才
文献来源：城市发展研究
发表时间：2013-6-26
内容摘要：本文认为，区域城市化受外生拉动和内生成长两种驱动力推进，具有相对清晰的发展轨迹：工业化—小城镇化—城市化—大城市化（城市区域化）。而作为中国城市化速度最快的地区之一，珠三角受香港等外生拉力驱动，表现出城市化滞后于工业化、内部需求滞后于外部需求、城市化质量滞后于城市化数量等特征。区域内工业和城市节点发展强于工业化和城市化过程发展，以内生成长力为基础的城市化发展链条并不健全，在城镇向城市发展、城市反哺乡镇等方面的城市化循环链条甚至出现断裂，导致本地区受2008年全球经济危机影响严重，区域发展严重受阻。基于此，作者提出四方面建议，以打通珠三角地区内部农村、小城镇、城市、城市区域之间的资源补给通道，从而构建内生成长力和外生拉动力共同作用的珠三角城市化良性运转机制。

论文题目：珠三角区生态文明可持续发展的问题及策略
作者姓名：朱小莉
文献来源：价值工程
发表时间：2013-6-28
内容摘要：本文认为，珠三角地区从改革开放到现在，无论是经济实力，还是人民生活水平都发生巨大的变化，成为中国经济最发达地区之一，但其环境—生态系统也付出沉重代价。故本文在研究其生态文明存在问题的基础上，给出珠三角生态文明可持续发展的对策。

论文题目：建筑业务视角下珠三角区域的功能联系特征
作者姓名：赵渺希
文献来源：南方建筑
发表时间：2013-6-30
内容摘要：本文以珠三角区域的建筑业务中标公告为数据来源，通过建筑业务承接关系来探索城市区域的功能联系特征，实证研究内容包括设计企业的市场格局、跨城业务联系流以及流的地方化三个方面。研究发现：珠三角区域的建筑业务在企业层面已经处于群雄竞逐的格局，但在城市层面却呈现明显的区域极化特征，其中广州—佛山之间的业务联系最为突出。在建筑与城市空间媒介化的时代，需求方对设计方案的购买服务具有强烈的高等级城市指向，同时在空间场所建构实践中有着强烈的在地服务需求，广州、深圳既是链接全球新技术、新理念的区域门户城市，在地理区位和社会网络方面有着更为邻近的地域优势，因而成为珠三角区域建筑业务的主要承接者；所在城市的行政层级因素成为承接建筑业务的潜在因素。

论文题目：珠三角地区县域经济增长收敛的空间计量分析
作者姓名：张婷　李红
文献来源：华东经济管理
发表时间：2013-7-1
内容摘要：文章运用空间计量分析方法，以珠三角1997~2011年24个县市级人均GDP为样本，对区域经济增长的空间相关性和收敛性进行实证研究。结果表明：1997~2011年，珠三角24个县域经济增长具有显著的空间正相关，在地理空间上存在集聚现象。与传统空间计量模型对比，本文选用能消除区域经济增长的空间依赖性的空间误差模型，研究发现：各县市间存在β-收敛，珠三角地区经济增长不仅受到自身初始水平的影响，还会对周围地区的经济增长具有扩散作用。因此，在制定区域政策时，应充分考虑经济发展的空间依赖性和溢出效应。

论文题目：关于农民工教育培训问题的思考——以珠三角地区为例
作者姓名：徐大兵
文献来源：职业技术教育
发表时间：2013-7-1
内容摘要：本文认为，要构建政府主导、多方参与的农民工教育培训体系，根据城镇化、工业化的要求，完善培训内容和培训方式，增强教学的针对性和实效性，搭建农民工教育培训服务平台。

论文题目：珠江三角洲典型地区水产品中砷形态调查
作者姓名：熊文明　冯敏玲　周秀清　李拥军　李盛安
文献来源：现代农业科技
发表时间：2013-7-2
内容摘要：本文选择珠江三角洲典型地区为试区，随机抽取80批次水产样品，采用HPLC-ICP-MS法测定水产品中4种砷形态含量。除检出砷甜菜碱外，其他3种砷化合物均未检出。空间分析发现，该研究区西北部产出的水产品砷甜菜碱含量最高，这主要与当地的产业布局有关。

论文题目：珠江三角洲海岸线遥感调查和近期演变分析

作者姓名：朱俊凤　王耿明　张金兰　黄铁兰

文献来源：国土资源遥感

发表时间：2013-7-4

内容摘要：本文利用TM、ETM、ALOS等多源多时相遥感图像对珠江三角洲海岸线进行遥感调查和近期演变分析，通过几何纠正与图像配准，得到具有统一投影和坐标系统的基础图像；根据不同海岸类型特征和所建立的解译标志，采用人工目视解译和计算机自动提取结合的方法，提取珠江三角洲1998年、2003年和2008年3个时段的各类海岸线，提取精度优于80%；借助GIS的叠加和统计工具，分析珠江三角洲海岸线近期演变特点、变化趋势和原因。结果表明：珠江三角洲海岸线长度在1998~2003年间几乎没有多大变化，而在2003~2008年增加较多，其中人工岸线的增加比例最高（达50%以上），其次是基岩岸、河口岸、沙砾质岸和淤泥质岸，而红树林岸的增加比例最低；珠江三角洲海岸线变迁趋势以向海延伸为主，主要是沿岸工程建设、滩涂围垦、围海造地和人工养殖等所致，而人为造地是海岸线变迁的主要驱动因素。

论文题目：中原经济区经济增长关联性分析——兼与珠江三角洲的比较

作者姓名：李建新　梁阁

文献来源：当代经济

发表时间：2013-7-8

内容摘要：本文基于中原经济区和珠三角经济2001~2010年的面板数据，采用Johansen协整检验和Granger因果关系检验进行经济增长关联性测算。结果表明：中原经济区总体关联度明显低于珠三角，中原经济区内各地市之间关联程度较差。最后，根据本文研究，提出加强郑州、洛阳等重要地市的经济辐射强度，提高以郑州的首位度，加大中原经济区各地市之间经济增长的相互影响政策建议。

论文题目：珠三角地区第三方物流企业的服务供应链运营水平评价研究

作者姓名：付秋芳　赵淑雄　忻莉燕

文献来源：战略决策研究

发表时间：2013-7-10

内容摘要：本文以珠三角地区第三方物流业为研究对象。在界定物流服务供应链概念基础上，对珠三角地区的物流服务供应链现状进行深入调查。对获得的调查数据分别应用统计分析方法和模糊综合评价方法进行局部分析和整体分析，分析结果表明：珠三角地区第三方物流企业的物流服务供应链运营水平不高。最后，提出珠三角地区第三方物流企业必须走服务供应链协同运营道路的建议。

论文题目：大珠三角区域合作背景下城市旅游形象优化研究——以广州市为例

作者姓名：王观娣

文献来源：商业时代

发表时间：2013-7-10

内容摘要：本文通过对大珠三角区域内各个城市的旅游形象进行比较分析，找出广州市旅游形象定位存在的不足。在此基础上，对区域旅游合作、城市旅游形象定位提出新要求及对广州市资源条件进行研究，提出广州市旅游形象“突出特色，强化整体，分层实施”的优化思路。

论文题目：中国“泛珠三角”区域和东盟农

业比较优势研究
作者姓名：胡新萍　苟天来　黄杰　毕宇珠
文献来源：世界农业
发表时间：2013-7-10
内容摘要：本文认为，中国“泛珠三角”区域和东盟在自然资源和农业生产方面存在很大的相似性和互补性，其农产品无论在质量和产量方面，均在国际市场上占有一定的竞争优势。在世界经济一体化的进程中，农业发展处于机遇和挑战并存的境况中，如何抓住机遇，促进农业发展，提高农产品在世界经济市场中的竞争力，发挥农业发展的比较优势，成为各国关注和研究的重点问题。

论文题目：政府购买服务契约的权力运作逻辑——基于珠三角B市购买社会服务的研究
作者姓名：顾江霞
文献来源：广东工业大学学报（社会科学版）
发表时间：2013-7-15
内容摘要：文章以珠三角B市政府购买服务实践为基础，分析当前权力制约关系下的契约关系运行逻辑。首先，在契约关系缔结过程中，契约双方分为“统合主义”“互助式合作”“分利式合谋”“孵化式合作”四种类型。其次，契约双方在经济利益、价值观念、关键人物的管理风格、所在组织成熟度的不同导致双方关系维系表现不同。契约双方关系并不完全是纸面上的合同关系，还表现为事实上的支配与被支配关系，体现强烈的“街道统合主义”权力运作特征。政府购买服务能否达到政策预期效果，其关键在于是否能够建立均衡的利益团体博弈体制。

论文题目：空间视角下珠三角生产性服务业对制造业效率影响分析
作者姓名：龚唯平　孟滔滔
文献来源：产经评论
发表时间：2013-7-15
内容摘要：本文运用Moran指数、Lmerr、Lm-lag等检验方法和空间计量模型回归分析，对珠江三角洲9市制造业效率的空间相关性进行检验。结果表明：珠三角9市制造业效率存在显著的空间正相关性；珠三角9市生产性服务业不仅对本地制造业效率提升有着显著的正向作用，而且存在正向的空间外溢效应。

论文题目：基于点轴理论的珠三角区域海洋产业布局研究
作者姓名：朱坚真　闫柳
文献来源：区域经济评论
发表时间：2013-7-15
内容摘要：本文认为，制约珠三角地区海洋产业布局的因素是：海洋生态环境恶化、资源利用率低，海洋科研力量有限、科技转化率低，海洋监管职能分散、统管协调性差。珠三角海洋产业总体布局要选择海洋产业布局点，构建海洋产业发展轴，带动海洋经济发展面。珠三角海洋产业发展的保障措施是：大力推动海陆经济一体化布局，充分考虑海洋产业间的排他性，保障海洋资源可持续利用，提高海洋科技创新及转化能力，强化海洋综合管理，促进海洋产业投资多元化。

论文题目：珠三角铁路高职院校与产业集群的共融发展——以广州铁路职业技术学院为例
作者姓名：薛胜男
文献来源：广东技术师范学院学报
发表时间：2013-7-15
内容摘要：本文认为，珠三角轨道交通产业

的高速发展为产业集群和铁路高职院校提供良好的发展机遇。为适应轨道交通产业链的发展，铁路高职院校应对接轨道交通产业集群，做“优”轨道交通类专业；对接轨道交通光机电与系统集成产业链，做“精”电子信息类专业；对接轨道交通服务产业链，做“特”现代服务类专业。

论文题目：救助管理职能优化的动力因素及其实现途径——珠三角某市的实践与启示
作者姓名：汤秀娟
文献来源：广西民族大学学报（哲学社会科学版）
发表时间：2013-7-15
内容摘要：本文通过救助范围的扩大，救助类型、方式、内容、力量、性质的转变，反映救助管理职能在实践中的不断优化。而人口有序流动、社会矛盾协调、社会治安防控、服务型政府建设、救助制度完善等因素是救助职能优化的内外动力源。为此，建立良好的救助文化、完善救助协作机制、提升救助队伍素质，是打造立体救助模式、实现救助职能优化的基本途径。

论文题目：地方高校学风问题的实证研究——以珠三角某地方高校为例
作者姓名：黎婉勤　曹梦霞
文献来源：社科纵横
发表时间：2013-7-15
内容摘要：本文通过问卷调查显示地方高校学风问题不容乐观，需要从文化熏陶、制度约束、教师引领、专业调适等方面给予加强。作者认为，地方高校要加快校园文化建设，激发学生内在动力；完善各种管理制度，加强外在监督管理；推进教育教学改革，以教促学；适当调整专业课程设置，引导学生进行长远的生涯规划。

论文题目：引资转型、FDI 质量与区域经济增长——基于珠三角面板数据的实证分析
作者姓名：邹建华　韩永辉
文献来源：国际贸易问题
发表时间：2013-7-15
内容摘要：本文在 FDI 与经济增长关系理论模型的基础上加入 FDI 质量要素，得出外资质量也是推动经济增长重要因素的结论，进而以珠江三角洲 9 市 1999~2010 年的数据为样本，实证检验外商直接投资质量与经济增长之间的关系，分析什么质量的外资更能推动社会经济发展。研究结果表明：引资转型应注意四个外资质量因素，即单项 FDI 规模、FDI 投向高新科技产业与现代服务业、FDI 企业出口比重、FDI 承载的技术潜力。

论文题目：珠江三角洲会展企业空间格局变动
作者姓名：方忠权　王章郡　刘莉
文献来源：中国人口·资源与环境
发表时间：2013-7-15
内容摘要：本文以珠三角会展企业名录为数据基础，运用核密度估计法和 GIS 空间密度指标分析等方法，探讨珠三角会展企业空间格局变动。研究发现：①珠三角会展企业在空间分布上呈现出高度的地理集聚特征和动态性，空间的集聚程度并没有因为空间范围扩展而降低，而是在扩散中集聚——在向新区扩散的同时，老区的集聚在不断加强；②空间格局的变动呈现出由“单中心格局”到“双中心格局”再到“多中心格局”的演变特征；③影响珠三角会展企业空间格局变动

的因素是多方面的，各具特色产业集群的发展是会展企业空间格局变动的基础；市场需求是会展企业在珠三角迅速扩散的动力；政府政策及会展设施等构成软硬环境对会展企业产生差异化吸引作用和集聚效应。

论文题目：浅析城市水土流失与行洪排涝——以珠江三角洲城市为例
作者姓名：杨婷
文献来源：水利技术监督
发表时间：2013-7-15
内容摘要：本文在介绍珠江三角洲城市水土流失现状、成因及对行洪排涝影响的基础上，阐述治理城市水土流失、控制行洪排涝影响的措施。

论文题目：广东珠江三角洲地区民营企业发展分析
作者姓名：张杨勋
文献来源：内蒙古科技与经济
发表时间：2013-7-15
内容摘要：本文对广东珠江三角洲地区民营企业近几年的发展现状、存在问题进行分析，在分析的基础上，提出进一步发展珠江三角洲地区民营企业的几点建议。

论文题目：珠三角城际轨道交通曲线超高设置研究
作者姓名：谭代明　伍丽蓉　向海波　蔡俊华
文献来源：铁道建筑
发表时间：2013-7-20
内容摘要：本文针对珠三角城际轨道交通主要技术标准及线路特点，提出适用于城际轨道交通的曲线超高设计技术条件。结合在建穗莞深、佛肇、莞惠三条城际轨道运行速度和距离曲线，对三条线路无砟轨道曲线超高进行设计研究。计算结果表明：三条线路的欠超高、过超高、欠超高与过超高之和以及超高时变率等限制条件均满足要求，有利于内外两股钢轨均匀受力及钢轨磨耗均等，满足旅客舒适性要求。超高设置是合理的，可为其他城际轨道线的曲线超高设置提供借鉴。

论文题目：区域联动的政府间合作实践分析——以珠三角一体化推进为例
作者姓名：张岩鸿　韩靓
文献来源：特区实践与理论
发表时间：2013-7-20
内容摘要：本文认为，地方政府间的合作联动在国家战略推动下确实取得成效，珠三角、长三角等区域市场初显雏形。但即使这些发达区域的市场想实现一体化，地方政府间的合作也是任重道远。

论文题目：清末民国时期珠江三角洲的桑基鱼塘与生态经济环境
作者姓名：周晴
文献来源：华南农业大学学报（社会科学版）
发表时间：2013-7-20
内容摘要：本文认为，清末至20世纪20年代是桑基鱼塘经营和扩建的鼎盛时期。清末民国时期珠江三角洲桑基鱼塘的经营需要有堤围和闸窦等水利设施保障，筑堤围以防洪，通过闸窦以利用潮水排灌，控制池塘的溶氧；以顺德为中心的地区形成与循环经济相适应的景观特点，珠江三角洲地区桑基鱼塘所在的乡村也具有独特的农户住宅模式；桑基鱼塘是一个开放的系统，农户在桑基鱼塘经营过程中投入大量的有机肥，19世纪末期以来，香港及周边地区大量的人粪肥也流入桑基鱼塘区，池塘养殖的主要饲料是用水草和有机肥沤制成的绿肥与精饲料，顺德地区缫丝厂大量产出的蚕蛹也是塘鱼的精饲料；清末民国时期珠江三角洲地区的桑基鱼塘农业经营效益与整个世界丝业市场直接联系，小农户必须根据外部市场经济的状况随时调整桑基鱼塘各部分的经营。

论文题目：论珠三角新型城镇化投资方向选择

作者姓名：雷钧

文献来源：现代经济信息

发表时间：2013-7-23

内容摘要：本文认为，中国新型城镇化进程中的一个极具代表性的问题就是城镇化投融资模式和体制，主要表现为资金缺口、发展投资方向和投融资主体的选择。在未来新型城镇化建设进程中，珠三角地区乃至整个广东省仍会继续扮演改革先行者和攻坚排头兵的角色，同时更要面对来自长三角和环渤海经济圈的追赶，面对挑战，广东省应更加审视历史发展模式的利弊，重新定位城镇化的策略和思路，合理选择新型城镇化的投资发展方向。

论文题目：珠三角区域高速公路计重收费改造方案

作者姓名：赵文文

文献来源：交通世界（运输、车辆）

发表时间：2013-7-23

内容摘要：本文认为，在高速公路发展初期，收费方式较简单。一般采用的是分车型按通行里程进行费额核算。这类收费方式管理单一、容易操作，但随着中国经济发展与高速公路管理技术的提升，如何在收费的同时最大程度保证行车安全减少路桥损耗成为新的需求。计重收费的概念也进入大家视野。计重收费作为限制超载、维护行车安全、保护路桥设施的重要手段，目前在国内已经大范围采用。

论文题目：福特－后福特二元生产系统下的企业创新行为——以珠江三角洲电子产业为例

作者姓名：符文颖

文献来源：地理科学

发表时间：2013-7-23

内容摘要：本文以珠江三角洲电子企业问卷调查的数据为基础，考察珠江三角洲的电子产业集群在生产系统、劳动力市场、融资体系、创新系统以及商务模式五个方面的特征，指出珠江三角洲的电子企业在社会资本基础上发展呈灵活化外包的生产组织模式，但整个集群的劳动力市场、融资体系和创新系统都表现出福特式的封闭内向化特征，是典型的福特－后福特二元生产系统。建立创新行为的二元选择模型，分析企业规模、R&D 投入、CEO 背景、员工流动率以及城市化经济对促进企业创新的作用，并有效区分这些因素在不同创新类型（产品创新、流程创新、组织创新和营销创新）的影响。结果表明：由于创新活动仍然保持福特式的内部化特征，大中型企业和 R&D 投入是区域创新的主要驱动因素。同时，城市化集聚经济反而对产品创新和营销创新产生负效应，地方化集聚经济主要通过劳动力流动促进产品创新。

论文题目：绿道旅游存在的问题及开发对策——以珠三角绿道网为例

作者姓名：胡卫华

文献来源：热带地理

发表时间：2013-7-23

内容摘要：本文以国内最大的区域绿道建设工程珠三角绿道网为研究对象，基于对深圳、广州、东莞、惠州、中山5市的绿道和香港郊野公园的实地调研，分析其对区域旅游发展的影响和建设中存在的重速度、轻质量，重建设、轻管理，重游道、轻配套，重形式、轻内涵等问题。针对上述问题，提出布局网络化、建设生态化、特色多样化、设施人性化、管理科学化和活动多元化的解决对策，以达到绿道旅游效益的最大化。

论文题目：珠三角绿道体育开展的现状与对策
作者姓名：黄瑞苑
文献来源：军事体育学报
发表时间：2013-7-25
内容摘要：本文通过文献资料法、实地走访调查法等研究方法，归纳总结珠三角绿道体育开展的状况，探析珠三角绿道体育发展之路并提出相应对策，旨在为广东省打造体育绿道品牌提供参考价值。

论文题目：珠江三角洲入海口软土次固结系数特性研究
作者姓名：廖先斌　祝刘文　黄雄
文献来源：水运工程
发表时间：2013-7-25
内容摘要：本文通过采取I级不扰动软土样，进行室内分类试验和单向固结试验，获取相应的物理、变形指标，分析次固结系数随荷载变化特征，研究次固结系数与前期固结压力、压缩指数、含水量和塑性指数的相关性。结果显示：次固结系数随着含水量增加、塑性指数增大呈线性增长；次固结系数与压缩指数比值在正常固结下并非是一个常数；次固结系数在前期固结压力前，值小，随着加荷递增，固结系数也增加；前期固结压力之后，主要随着加荷递增，次固结系数呈由大变小趋势。经过研究，掌握珠江三角洲入海口正常固结软土的次固结系数变化规律，建立次固结系数与相关物理力学指标相关关系，为珠三江角洲软土变形计算提供地区性的指导作用。

论文题目：珠三角农村留守老人体育锻炼行为特征及影响因子研究
作者姓名：肖海婷
文献来源：广州体育学院学报
发表时间：2013-7-28
内容摘要：本文对珠三角七个城市的农村地区，采用“入户方式”进行问卷调查，内容涉及珠三角农村老年人体育锻炼动机特征、内容特征、时间特征、空间特征、形式特征、效益表现及体育锻炼的相关影响因子。采用Pearson卡方检验，结果表明：(1) 珠三角农村留守老人与非留守老人在体育锻炼动机、锻炼频度、锻炼持续时间、锻炼形式、锻炼场地选择等行为上存在显著性差异；(2) 老年人在体育锻炼后有着良好的心理感知；(3) 场地设施不足及体力劳动代替体育锻炼是阻碍珠三角农村老年人体育锻炼的主客观因子。

论文题目：建立台风灾害应急管理体制的建议——基于珠三角地区的案例研究
作者姓名：金剑峰　黄妍中
文献来源：价值工程
发表时间：2013-7-28
内容摘要：本文通过分析珠三角地区台风灾害应急管理体制存在的问题，提出相关的建议，希望有助于珠三角地区构建一套完善的台风灾害应急管理体制，减少台风灾害带来的损失。

论文题目：珠三角制造业专业镇转型升级探析——以佛山大沥镇为例

作者姓名：刘丽辉　杨望成　辛焕平

文献来源：佛山科学技术学院学报（社会科学版）

发表时间：2013-7-30

内容摘要：本文认为，在世界新一轮产业转移大环境下，面对成本、资源、环境等的压力和挑战，佛山大沥制造业要素密集型、生态破坏型、社会失序型的粗放式发展模式使大沥“黄金走廊”的区位价值被低估，这不仅与佛山大沥社会各界的期望相距甚远，而且严重制约着大沥城市化进程，大沥制造业转型升级是大势所趋且迫在眉睫。佛山大沥雄厚的经济基础、制造业的高度集群及转型实践的丰富经验等都为大沥制造业转型升级提供有利条件。

论文题目：珠三角地区教师教育技术能力培训策略研究

作者姓名：陈子超

文献来源：佛山科学技术学院学报（社会科学版）

发表时间：2013-7-30

内容摘要：本文认为，珠三角地区教师教育技术能力总体较好，但仍存在结构不合理、教育技术创新能力和应用能力有待提高的问题，教师教育信息技术培训策略需做三方面调整：一是在内容上着重加强课件能力开发、媒体素材编辑制作能力等方面的培训；二是在培训形式上应多样化；三是建立完善、科学、系统的评价机制。

论文题目：珠三角地区城市化的历史特征与乡村城市化策略

作者姓名：周游　周剑云

文献来源：小城镇建设

发表时间：2013-8-7

内容摘要：本文剖析区域城市化过程中乡村规划工具的匮乏和城市规划工具的误用所导致乡村发展的三种混乱状态，提出城市化区域的乡村具有经济、生态、休闲和文化的多重价值，建议城市化区域的乡村规划目标是保护乡村，将乡村视为城市绿色生态空间和城市居民休闲空间，将城市的历史遗产和文化设施进行统筹规划，建立城乡一体的规划体系，遵循乡村保护与转化原则和小尺度渐进更新的发展模式，使乡村逐步融入城市。

论文题目：珠三角港口物流一体化整合模式研究

作者姓名：涂建军　曾艳英

文献来源：物流科技

发表时间：2013-8-10

内容摘要：本文以港口物流一体化为出发点，分析珠三角港口物流发展状况及存在的问题，探讨珠三角港口物流一体化整合模式，并提出珠三角港口物流一体化整合策略，为珠三角发展港口物流业、推动珠三角一体化提供一定的借鉴。

论文题目：珠三角地区高职智能交通专业人才需求调研分析

作者姓名：曹成涛　林晓辉

文献来源：职业技术教育

发表时间：2013-8-10

内容摘要：文章采用问卷调查等方法，系统调查珠三角智能交通高技能人才的需求现状和发展趋势，对珠三角地区智能交通行业的工作领域、证书、性别、工作经验、学历要求、薪酬、岗位分布、行业认可度等多个方面进行具体分析，提炼出智能交通专业岗位能力及技能要求。智能交通行业发展需要大量复合型高技能人才，未来应加强学生非智力因素的培养力度。

论文题目：珠三角“代耕农”问题的政策改进与管理策略选择

作者姓名：高青莲　夏青　向安强

文献来源：南方农业学报

发表时间：2013-8-15

内容摘要：本文通过实地调研和归纳整理，对珠三角地区“代耕农”问题管理中的现有政策和管理策略进行分析，从制度和体制两个层面提出解决珠三角“代耕农”问题的建议。结果显示：珠三角地区“代耕农”面临着入户入学、转产就业、社会保障和社会融入等生存与发展的系列难题，存在政策和管理的双重缺位，对“代耕农”、流入地居民和流入地政府均产生负面影响。作者提出，需从政策上制定有针对性的入户政策和入户后的福利保障政策，管理上进行补偿安置归位、改善基本公共服务、提高“代耕农”的群体组织化程度，以解决珠三角“代耕农”问题。

论文题目：珠三角物流产业区域发展水平的差异性分析

作者姓名：贾卫丽　林思瑶

文献来源：东莞理工学院学报

发表时间：2013-8-15

内容摘要：本文基于珠三角物流一体化的发展目标，通过建立主成分分析模型和聚类分析模型，实证分析珠三角物流产业区域发展水平的差异性。主成分分析模型的结果显示：珠三角 9 市区域物流发展水平存在明显差异，其中排名前三位的是广州、深圳、佛山，排名后三位的为江门、珠海、肇庆。进一步的聚类分析结果发现，广州、深圳属于高发展区，东莞、佛山属于中等发展区，其余 5 市属于低发展区。最后基于实证结果提出推动珠三角物流一体化发展的政策建议。

论文题目：珠三角地区农田生态系统植被碳储量与碳密度动态研究

作者姓名：朱苑维　管东生　胡燕萍

文献来源：南方农业学报

发表时间：2013-8-15

内容摘要：本文探讨珠江三角洲农田植被的碳储量、碳密度及其动态，为区域的碳循环研究和农田生态健康评估提供依据。根据珠三角农作物产量及其经济系数、平均含碳量与果实含水率等数据，运用碳储量模型估算 1993~2010 年珠江三角洲农作物的碳储量和碳密度动态变化。结果显示：珠江三角洲农田生态系统植被碳储量和碳密度从 1993 年的 5.71 × 106t 和 5.70　t/ha，下降到 2010 年的 2.83 × 106t 和 4.00　t/ha。在珠江三角洲各市中，佛山和中山的碳储量下降趋势最显著，而广州和佛山的碳密度下降趋势最明显。2010 年，肇庆的碳密度（3.09　t/ha）最高，珠海（2.86　t/ha）次之，深圳（0.49　t/ha）最低，其余 7 市的碳密度为 0.80~3.00　t/ha。水稻、甘蔗和蔬菜是珠三角农田植被碳储量构成中占比例最大的农作物，甘蔗（13.92　t/ha）的平均碳密度最高，水稻（3.76　t/ha）次之，蔬菜（0.63　t/ha）最低。近年来珠三角农田植被中蔬菜所占比例增大，故与邻近区域相比其碳密度较低。珠江三角洲农田生态系统植被碳储量和碳密度总体呈下降趋势，耕地面积下降和种植结构变化是导致珠三角农田植被碳储量下降的主要原因，珠三角农田植被碳密度的下降则与种植结构变化有关。

论文题目：珠三角小微企业融资调查及分析
作者姓名：曾林扬　陈炜　林棠
文献来源：时代金融
发表时间：2013-8-15
内容摘要：本文通过对212家珠三角小微企业进行调查，其结果反映珠三角小微企业的融资状况。造成企业融资难的外部原因有非市场化历史教训、银行私有化改制和外资银行带来的市场化理念，内部原因主要是小微企业的信用状况。用市场化手段破解难题的途径是让市场教育企业、增加小银行数量和建设市场化的融资环境。

论文题目：珠三角后发地区先进制造业出口品牌战略研究
作者姓名：周铁
文献来源：北方经贸
发表时间：2013-8-15
内容摘要：本文认为，珠三角后发地区（江门、肇庆）推进先进制造业转型升级要增强企业创牌意识，坚持品牌战略；提高产品科技含量，增强自主品牌内涵；拓宽品牌营销渠道，推动出口市场多元化。

论文题目：珠江三角洲地区农民工权益保障现状调查
作者姓名：曾书琴　田楠
文献来源：继续教育研究
发表时间：2013-8-15
内容摘要：本文以珠三角地区农民工为研究对象，采取目的性调研、问卷调查和走访相结合的调查方法，对收集到的数据进行统计分析，调查分析农民工群体的弱势地位及其权益保障的缺失现状，探索从劳方、资方和政府三管齐下，规范合同管理，健全保险制度，创新住房保障新模式，搭建社会参与平台等保障新型农民工权益的途径，为政府相关部门提供切实可行的参考依据。

论文题目：珠江三角洲区域深基坑支护结构破坏分析
作者姓名：张星河　姜凤飞
文献来源：广东土木与建筑
发表时间：2013-8-15
内容摘要：本文认为，软土地区深基坑支护结构的破坏是导致基坑事故频发的主要因素之一，特别是珠江三角洲区域基坑的安全事故较为频繁，如何因时因地合理选择支护类型、设计支护结构是避免基坑事故的重要方式。文章着重介绍各类支护结构及其适用条件，分析各类支护结构的可能破坏因素，提出避免软土地区深基坑破坏的最佳支护方式，为深基坑支护设计提供参考依据。

论文题目：珠江三角洲制鞋行业挥发性有机化合物排放系数研究
作者姓名：吴洪杰　刘玲英　蔡慧华　罗超
文献来源：中国环境监测
发表时间：2013-8-15
内容摘要：本文采用工艺调查与现场监测相结合的方法，以物料衡算法为依据，通过现场监测结果进行验证，研究制鞋行业挥发性有机化合物（VOCs）排放系数。结果表明：水性胶粘剂使用企业的VOCs排放系数为（5.25±2.67）g/双，油性胶粘剂使用企业的VOCs排放系数为（30.11±10.60）g/双，根据不同类型胶水在制鞋行业中所占的权重，可得到反映地方特色的制鞋行业VOCs排放系数。

论文题目：珠三角某市污水管网在线管理系统的构建

作者姓名：张琼　郑国辉　邱鸿荣

文献来源：中国给水排水

发表时间：2013-8-17

内容摘要：本文认为，建立污水管网在线管理系统，对污水管网实行数字化管理，掌握污水管网实时运行情况，是维持污水处理厂正常运行以及确保污染物减量排放的有效手段。以珠三角某市污水管网为例，文章介绍污水管网在线管理系统的基本组成及主要功能、监测设计以及数据传输选择，为实施污水管网数字化管理设计提供参考。

论文题目：珠三角承接国际技术服务外包的差异化路径研究

作者姓名：杨学军

文献来源：科学管理研究

发表时间：2013-8-20

内容摘要：本文通过对珠三角与其他地区比较分析，指出珠三角在承接国际技术服务外包时实施与其他地区同质化的政策措施，为发挥珠三角各主要承接地的区位优势，明确“以 ITO 为核心，BPO 差异性发展”的产业定位，提出“错位发展，打造八大中心”的空间布局和“确保核心，优先基础，适时突破”的发展路径。

论文题目：珠江三角洲中小服装企业网络营销渠道建设研究

作者姓名：张海波　朱江

文献来源：山东纺织经济

发表时间：2013-8-20

内容摘要：本文从网络营销渠道概念和类型的理论入手，对珠江三角洲中小服装企业现状进行分析，比较传统渠道与网络渠道的优劣势，提出该类企业针对自身情况，可以选择四种网络营销渠道模式的建议，从而解决珠江三角洲中小服装企业的生存危机。

论文题目：经济血缘关系对欠发达地区经济发展的影响——基于粤西地区与珠三角欠发达地区的比较

作者姓名：刘辛元

文献来源：西安文理学院学报（社会科学版）

发表时间：2013-8-25

内容摘要：本文认为，在区域经济发展过程中，经济发达地区与经济相对欠发达地区的经济血缘关系对经济发展起着重要作用，这种作用对欠发达地区的经济发展是促进还是阻碍，与欠发达地区和发达地区的经济差距直接相关。粤西地区与珠三角欠发达地区都与珠三角发达地区存在不同程度的经济血缘关系，并且经济血缘关系对这些地区经济有着不同程度的影响。在粤西地区与珠三角欠发达地区的对比中发现，尽管它们都属于欠发达地区，但由于经济血缘关系的不同影响，使得两地区的经济发展存在着差异，主要是粤西地区因为距离发达地区更远而对经济发展更为不利。粤西地区在经济发展过程中，要充分意识到自身不足，当地企业应该增强技术创新意识，政府应当加大政策支持力度，以利于粤西地区经济持续增长，最终实现区域经济协调和均衡发展。

论文题目：珠三角高职院校大学生创业调查分析——以惠州经济职业技术学院为例

作者姓名：王小芬　李博

文献来源：现代妇女（下旬）

发表时间：2013-8-25

内容摘要：本文认为，加强创业教育业已成

为世界现代教育改革与发展的新趋势，珠三角地区高职院校对创业教育进行一系列可行性与可能性探索。文中以惠州经济职业技术学院为例，指出珠三角高职院校在加强创业教育过程中存在的问题。

论文题目：金融集聚竞争力评价模型及其应用——基于珠三角经济圈的实证研究
作者姓名：任英华　李彬
文献来源：湖南大学学报（自然科学版）
发表时间：2013-8-25
内容摘要：本文从经济规模和金融集聚规模两个方面构建金融集聚竞争力评价指标体系，运用因子分析法和威尔逊最大熵原理对珠三角经济圈内城市的金融集聚竞争力和辐射域进行综合评价。实证结果表明：珠三角城市之间形成互相辐射的网络格局，同时检验所构建的金融集聚评价指标体系的科学性。本文创造性地将珠三角城市划分为一个具有三层金融增长极的经济发展圈，这使得珠三角经济圈具有双辐射的示范效果。

论文题目：珠三角地区用工因何而“荒”——以深圳企业的调研分析为例
作者姓名：温秋林　郑琴　方信杰　席爱华
文献来源：特区经济
发表时间：2013-8-25
内容摘要：本文主要通过分析珠三角的劳动力供求状况，并基于对深圳市企业的深入调研取得一手资料，结合相关二手资料，对珠三角“用工荒”现象形成的主要因素进行系统的探讨，得出相关结论并提出建议。

论文题目：浅谈泛珠三角区域专利信息服务存在的问题及发展思路
作者姓名：陈宇萍　尹怡然
文献来源：广东科技
发表时间：2013-8-25
内容摘要：本文对泛珠三角区域内地九省区专利信息服务存在的问题进行分析，并探索具有区域特色、满足区域需求、注重合作交流的泛珠三角区域专利信息服务发展内容和发展模式，为泛珠三角区域各省区政府专利部门推进专利信息服务工作提供参考。

论文题目：后危机时期的企业劳动关系影响因素分析——基于珠三角企业的抽样调查
作者姓名：顾文静
文献来源：中南大学学报（社会科学版）
发表时间：2013-8-26
内容摘要：本文基于后危机时期企业劳动关系状况的调查，在研究中建立企业劳动关系影响因子模型，区分企业劳动关系主要影响因素的作用程度，并通过对企业统计变量的单因素方差分析，检验和衡量不同企业条件下各因素对企业劳动关系的影响程度。研究表明：后危机时期企业法定保障因素和基本福利制度对企业劳动关系至关重要；不同性质企业劳动关系和谐度差异明显，而效益、地区等因素对劳动关系造成的差异不够显著。

论文题目：人口迁移承接与珠三角城市经济社会结构演变的耦合
作者姓名：李红锦　李胜会
文献来源：经济地理
发表时间：2013-8-26
内容摘要：本文通过梳理珠三角外来迁移人口的特征，发现长期以来，珠三角都是中国承接迁移人口最多的区域，并且增长速度快、就业结构高级化、空间分布比较集中。

通过 Granger 检验发现，外来迁移人口与经济发展水平和产业结构先进性之间存在单向 Granger 因果关系；通过耦合协调模型实证研究发现，外来迁移人口数量与珠三角多数城市经济结构之间存在很高的耦合协调关系，与少数城市的城市化水平之间存在较高的耦合协调关系，与多数城市的社会结构之间耦合协调关系较弱。

论文题目：珠三角地区中小学体育场馆开放与职工体育协调发展的研究
作者姓名：夏冬　李丽
文献来源：嘉应学院学报
发表时间：2013-8-28
内容摘要：本文对珠三角地区已对外开放体育场馆中小学进行调查，借以了解中小学体育场馆开放与职工体育和谐发展的现状。结果表明：面向企事业职工开放的中小学体育场馆不足三分之一。校企双方沟通较少，场馆种类、场馆规模和时间等问题是影响学校体育场馆面向职工开放的主要因素。保证开放学校安全和教学秩序排在提高学校体育场馆开放效果的首位，制定相关政策、法规，加强学校和企事业单位之间的沟通与交流，各学校结合本校实际有针对性地采用不同开放模式等是促进学校体育场馆开放与职工体育协调发展的有效措施。

论文题目：珠江三角洲城镇化研究述评
作者姓名：柳春慈
文献来源：惠州学院学报（社会科学版）
发表时间：2013-8-28
内容摘要：本文认为，珠江三角洲城镇化实际进程属典型的传统城镇化，现有相关研究主要局限于土地城镇化方面，而忽视人的城镇化研究。如何促进以人的城镇化为核心的新型城镇化发展，是珠江三角洲城镇化研究需要深入探讨的重要课题。

论文题目：浅论城镇化与历史文化资源保护开发之间的关系问题——以珠江三角洲地区为例
作者姓名：成晓军
文献来源：惠州学院学报（社会科学版）
发表时间：2013-8-28
内容摘要：本文认为，城镇化与人群素质的现代化，与历史文化资源保护、开发和利用之间存在密不可分的互动关系。珠江三角洲地区城镇化要朝着健康、科学的轨道迈进，就必须处理好这两者之间的关系。

论文题目：珠三角土壤重金属污染及治理措施概述
作者姓名：翁福良
文献来源：农业与技术
发表时间：2013-8-31
内容摘要：本文通过阐述土壤重金属污染的主要来源及危害，提醒人们土壤重金属污染治理的重要性，并提出目前可行的治理土壤重金属污染的一些方法，以作参考。

论文题目：金融危机后珠三角地区劳动力市场的变化及思考
作者姓名：张晓东
文献来源：中国商贸
发表时间：2013-9-1
内容摘要：本文从劳动力市场供求、人口红利、产业转型、技能型人才缺口几个方面探讨金融危机后珠三角地区劳动力市场的变化，认为刘易斯拐点的逐步逼近以及产业结构转型升级的压力需要劳动力结构的改善来配合。文章最后提出改革劳动用工制度、加强专用型人力资本投资的政策建议。

论文题目：再度空间极化与珠三角空间结构和模式的重构
作者姓名：姚立
文献来源：广东社会科学
发表时间：2013-9-2
内容摘要：本文认为，面对来自国际国内的严峻挑战和转型升级任务带来的发展压力，必须着力推进再度空间极化，以顶层设计的创新精神，整合与优化珠三角空间结构与发展模式，赋予空间要素新的生命力，再度激活和提升区域增长极，建成对外部市场先进要素和资源具有强大引力效应的空间集聚场，促进现代先进产业经济发展，完成由传统珠三角到新型珠三角发展模式的转变。

论文题目：论人的素质在广东率先实现现代化进程中的功能及其提升举措——以珠江三角洲地区为例
作者姓名：吕志　刘小龙
文献来源：南方论刊
发表时间：2013-9-8
内容摘要：本文认为，在率先实现现代化背景下，促进人的现代化、提升广东人的素质是广东改革发展中的重要课题。将人的素质提升量化为经济社会发展重要目标和考核指标是提升人的素质的前提；加快教育改革，推进素质教育是提升广东人素质的根本路径；注重人力资源开发，推动企业转型升级和人的素质提升的良性互动，是提升人的素质的重要路径；突出精神文明建设，把全面提升人的素质与建设“文化强省”统合起来，是提升广东人素质的重要举措。

论文题目：珠三角制衣业劳动力供给的转变及其挑战：基于已婚流动妇女经验的考察
作者姓名：柳玉臻
文献来源：战略决策研究
发表时间：2013-9-10
内容摘要：本文使用工厂参观和工人访谈数据，考察珠三角制衣业的用工状况。研究发现“劳动力短缺”成为困扰制衣业的发展瓶颈，在此背景下，制衣业大量雇佣农村已婚流动妇女进入工厂。已婚流动妇女的加入延续了制衣厂的“专制式”管理：低工资、超时工作、苛刻厂规和缺乏劳动保障。另外，她们的集体宿舍生活便利了资本对劳动力的控制和管理。在此用工状况下，制衣工人采用“打零工”等形式来挑战劳资关系，但零工缺少工作的稳定性，非正式就业使得她们更容易成为城市的边缘群体。从长期来看，已婚流动妇女就业短暂性不利于制衣业积累技术型劳动力，因而，不能适应产业升级的需要。

论文题目：珠三角老年旅游市场开发策略
作者姓名：陈嘉琦　骆桃桃
文献来源：商业经济
发表时间：2013-9-10
内容摘要：本文认为，珠三角地区应根据老年旅游以养生和怀旧为主，偏好中短途旅游、以团队旅游为主的特征，不断丰富老年旅游产品数量，设计契合老年游客的产品，提供细致人性化服务，完善分销和促销方式，以满足老年人旅游需求，提高老年人生活质量。

论文题目：珠三角城市群地缘经济关系分析
作者姓名：何琪
文献来源：统计与决策
发表时间：2013-9-10

内容摘要：文章运用地缘经济关系原理，采用欧氏距离分析法对珠三角城市群间的合作竞争关系做定量分析。分析结果显示：珠三角城市间的整体竞争性较强，缺乏合作。作者认为，珠三角城市群应该进行适当的产业分工，降低城市间的分割度，采取产业互补、共同发展的政策，将更有利于珠三角长期发展。

论文题目：区域金融合作研究——以“泛珠三角”为例
作者姓名：刘晨
文献来源：科技信息
发表时间：2013-9-10
内容摘要：本文借鉴一系列金融合作理论，解释区域金融存在的有效性。通过对“泛珠三角”的一系列金融数据进行研究，指出它在发展中存在的缺陷，并提出完善意见。最后对中国区域金融合作提出构想与可行政策。

论文题目：探索“社区休憩空间”的适居模式——珠三角高密度住区研究的人本视野
作者姓名：杜宏武
文献来源：现代城市研究
发表时间：2013-9-15
内容摘要：本文以城市社会地理学的“社会剥夺”和“空间正义”理念及原理为工具，以可持续性住区和绿色建筑理论为背景，分析高密度居住条件下社区休憩空间研究的进展，认为社区休憩空间的“体系配置”是提高珠三角住区生活空间质量的根本途径。论文从宏观尺度与政策层面、中观尺度与操作层面、实质空间生产的微观实施层面做分析，提出珠三角高密度社区休憩空间的可持续布局模式。从建筑学视角分析研究实质空间的方法与内容，倡导运用“整体思维”建立完整的研究框架。

论文题目：珠三角穆斯林流动人口的分布、生计与认同
作者姓名：马建春　徐虹
文献来源：北方民族大学学报
发表时间：2013-9-15
内容摘要：本文认为，穆斯林流动人口广泛分布在珠三角各地，并建构起一定的聚居格局。穆斯林流动人口的生计模式主要为饭馆经营、小摊小贩、外语翻译、商品贸易等，形成颇具特色的穆斯林行业经济。穆斯林流动人口的增加，使得伊斯兰文化在珠三角凸显，促成多元文化社会的建立。

论文题目：珠三角地区少数民族大学生思想政治教育路径探索
作者姓名：任茵
文献来源：广东轻工职业技术学院学报
发表时间：2013-9-15
内容摘要：本文认为，少数民族大学生群体教育问题逐渐被社会所重视，并成为民族学、人类学、社会学等学科研究中的重要内容。56个民族的团结融合是建设社会主义和谐社会的必要条件，对少数民族大学生进行正确的思想政治教育，有利于珠三角地区民族团结工作的开展和社会主义国家的安定和谐。

论文题目：泛珠三角经济差异的时空演进和影响因素探析
作者姓名：陈恩　石程　张婷
文献来源：经济与管理
发表时间：2013-9-15
内容摘要：本文探析泛珠三角区域内经济发展差异的时空演变格局，并利用空间计量方

法对影响泛珠三角地区经济发展的因素进行实证研究。结果表明：泛珠三角地区以沿海城市群和内陆各省会城市为中心的中心—边缘结构分布显著；区域内空间自相关趋势在加强，空间集聚现象显著；从时间和空间维度上都表明内部经济差异在缩小，区域合作取得一定效果；人均 GDP 总体空间格局稳定，局域内发生演变，人均 GDP 增长速度的冷热点区域变化较为明显。空间计量表明：工业化对区域经济发展影响显著，城镇化是促进经济增长的重要途径，城镇劳动人口没能充分发挥作用，表现为城镇就业人口规模不经济。

论文题目： 珠三角模拟池塘微宇宙与真实水库水结构和功能研究

作者姓名： 朱中平　杜海荣

文献来源： 职业与健康

发表时间： 2013-9-15

内容摘要： 本文构建稳定的模拟池塘微宇宙系统，并比较真实水库水环境与模拟池塘微宇宙结构和功能的现况。以珠江三角洲地区3个水库水㬊石岩［(A)，莲塘（B)，塘尾(C)］㬊为来源，构建3个池塘微宇宙模拟水生态系统，连续检测水库和微宇宙中溶解氧、细菌总数、叶绿素 a、总生产量水平，比较不同水库水、模拟与真实水生态结构和功能的异同。结果表明：在不同的时间点上，微宇宙与相对应水库的比较中，溶解氧、细菌总数、叶绿素 a、总生产量水平未见明显变化（$P>0.05$）。不同水库 / 微宇宙的比较中，溶解氧水平：水库 A/ 微宇宙 A 与 B 显著高于水库 C/ 微宇宙 C；细菌总数：水库 C/ 微宇宙 C> 水库 B/ 微宇宙 B> 水库 A/ 微宇宙 A；叶绿素 a：水库 B/ 微宇宙 B> 水库 C/ 微宇宙 C> 水库 A/ 微宇宙 A；总生产量：水库 B/ 微宇宙 B> 水库 A/ 微宇宙 A> 水库 C/ 微宇宙 C，差异均有统计学意义（$P<0.05$）。得出结论：不同水库水中，以水库 A 水质最好，水库 B 次之，水库 C 最差；通过构建稳定性模拟池塘微宇宙，可以代替进行自然水库水生态系统的比较。

论文题目： 改革开放以来珠江三角洲区域投资环境变化

作者姓名： 周春山　林赛南　代丹丹

文献来源： 热带地理

发表时间： 2013-9-15

内容摘要： 本文通过对 56 家珠江三角洲企业调查，发现区位条件、政策法律、生产成本、基础设施水平和产业配套能力是影响企业发展五个最主要的投资环境因素。基于此，文章构建珠江三角洲区域投资环境的评价指标体系，采用层次分析法，分别针对珠江三角洲劳动密集型产业和技术密集型产业的投资环境变化进行研究。结果显示：对劳动密集型产业而言，投资环境有所弱化；对技术密集型产业而言，投资环境有所改善。同时，从生产成本、区位条件、优惠政策和产业配套等方面对影响珠江三角洲投资环境变化的原因进行分析。并提出推动产业升级、产业转移、加强“三旧”改造、实现区域一体化等改善投资环境和促进产业发展的建议。

论文题目： 珠江三角洲软土物理力学性质对比分析

作者姓名： 刘勇健　刘湘秋　刘雅恒　王颖

文献来源： 广东工业大学学报

发表时间： 2013-9-15

内容摘要： 本文通过大量的软土物理力学试验和微观结构分析，结合前人研究成果，分析珠江三角洲软土沉积环境、微观结构、矿物成分，解释珠江三角洲超软土形成和工程特性差的渊源。总结珠江三角洲洲内不同地区软土分布规律和物理力学性质指标特征，对比分析珠江三角洲地区软土与国内其他沿海地区软土工程特性的主要差异，可为本地区工程建设提供一定理论依据和参考。

论文题目：GIS 支持下的珠江三角洲核心区建设用地遥感分析
作者姓名：李珽　符文颖　李郇
文献来源：中国土地科学
发表时间：2013-9-15
内容摘要：文章利用 RS 与 GIS 技术方法，提取珠江三角洲核心区 1979 年、1990 年、1995 年、2000 年、2003 年、2006 年和 2008 年的用地信息，并划分城镇建成区。研究结果为：（1）1979~2008 年间，珠江三角洲核心区非农建设用地增长 53 倍，城镇建成区增长 65 倍；（2）该地区非农建设用地及城镇建成区的增长速度均经历由快到慢的过程，但相对于非农建设用地年均增量逐年递增趋势，城镇建成区年均增量具有阶段性；（3）珠江三角洲核心区城镇空间的增长模式经历由 1979~1990 年间分散发展到 1990~2006 年间集聚发展，再到 2006~2008 年间分散发展的空间转换；（4）在此期间，城镇空间整体表现出点状扩张到线状空间出现，再到形成密集发展带和都市建设圈层的动态演变。研究结论为：本文可为区域协调发展决策与管理提供依据，同时也为进一步探寻本地区土地利用变迁和城镇空间发展演变的机制奠定基础。

论文题目：文化精神家园建设：实践探索与理论启示——以珠江三角洲中山市为例
作者姓名：唐颖
文献来源：广东社会科学
发表时间：2013-9-15
内容摘要：本文对中山市围绕全民修身行动、公共文化服务以及群众文化活动进行文化精神家园建设的探索，有效回应信仰缺失、归属感弱化、幸福感不足等社会问题。作者认为，文化精神家园建设应彰显主体性与价值高度，认清其公共产品属性，以多样化突破供给瓶颈，注重制度建设。文化精神家园的价值属性、公共产品属性与制度属性体现刚性制度与柔性价值、规律性与合目的性的有机统一，也体现文化产品多元供给与价值共识的有机统一。

论文题目：产业集群内企业间信任机制的转变：从关系型信任到制度型信任——来自珠江三角洲产业集群的经验
作者姓名：刘琨瑛　丘海雄　张宇翔
文献来源：产经评论
发表时间：2013-9-15
内容摘要：基于组织层面的视角，本文提出产业集群内信任的四种形成机制，包括关系机制、过程机制、商誉机制和制度机制。珠江三角洲特殊信任文化造就家族企业，而关系型信任却制约着家族企业，影响产业集群升级。本文从信任角度分析珠江三角洲家族企业“只大不强”的原因，指出信任扩展对家族企业的创新发展和产业升级至关重要，并从实践角度对产业集群建构信任提出建议。

论文题目：珠三角非公企业高龄职工养老保险实证分析———广州、东莞、中山、珠海 2012 年数据调查

作者姓名：罗燕
文献来源：社会保障研究
发表时间：2013-9-20
内容摘要：本调研选取珠三角地区广州、东莞、中山、珠海4市，针对当地部分非公企业高龄职工是否依法参加养老保险进行调研，采用抽样问卷调查法与座谈会分析法，运用STATA统计分析软件和统计学假设检验分析方法，总结珠三角高龄职工参与社会保险的特点、分析形成的原因，并提供政策建议。

论文题目：台风过程珠江三角洲边界层特征及其对空气质量的影响
作者姓名：吴蒙　范绍佳　吴兑
文献来源：中国环境科学
发表时间：2013-9-20
内容摘要：本文利用2006年7月珠江三角洲南北向3个点为期1个月的小球测风、低空探空资料及9个地面气象站逐时风向、风速资料，通过计算和分析风、温梯度资料，研究台风过程珠江三角洲边界层特征及其对珠江三角洲地区空气质量的影响，重点分析台风下沉气流影响导致灰霾天气期间的边界层结构。结果表明：2006年7月珠江三角洲地区空气质量主要受2个台风过程影响，当台风中心位于粤东及福建以东海域时，台风外围的下沉气流会对珠江三角洲地区空气质量产生强烈影响，出现灰霾天气。在台风登陆前出现灰霾日时，珠江三角洲被均压场所控制，大部分区域为静小风，沿海地区会出现局地的海陆风，边界层风速较小。在200～500米低空会出现逆温层，同时最大混合层高度迅速下降到不足500米。

论文题目：泛珠三角区域科技联席会议机制是建设创新型国家的有益尝试
作者姓名：李菁　石福华
文献来源：科技管理研究
发表时间：2013-9-23
内容摘要：本文认为，建立泛珠三角区域科技合作联席会议机制，是为推进泛珠三角区域科技交流与合作，实现泛珠三角区域科技合作的资源优化配置，强化科技合作的可操作性；是为在深刻理解成员间差异的基础上，在成员平等的前提下，灵活地处理各方关系，使各成员能够得到充分的发展，努力促进整个区域科技的协调、稳定、健康发展；是实现泛珠三角区域内产业优化升级和持续发展的重要一环，也是建设创新型国家的有益尝试。

论文题目：农民工的城市融入与精神健康——基于珠三角外来农民工的实证调查
作者姓名：聂伟　风笑天
文献来源：南京农业大学学报（社会科学版）
发表时间：2013-9-25
内容摘要：本研究利用珠三角3086名农民工问卷调查数据，分析农民工精神健康状况，并以客观指标为代表系统地考察城市融入对农民工精神健康的影响。研究发现：农民工精神健康状况欠佳；经济融入维度的劳动力市场融入、劳动权益保护融入、住房融入对农民工精神健康产生重要影响；社会融入对农民工精神健康具有调节作用。流动劳动体制致使农民工难以全面融入城市，损害农民工精神健康；全面推动农民工市民化，促进农民工城市融入，是改善农民工精神健康状况的关键因素。

论文题目：劳动力流动与城市规模分布——以珠三角城市群为例的研究

作者姓名：余吉祥　周光霞　闫富雄
文献来源：西北人口
发表时间：2013-9-25
内容摘要：本文以珠三角城市群为例，使用人口普查数据汇总城市常住人口规模，应用齐夫指数度量城市规模分布的集中度，研究劳动力流动对城市规模分布的影响及成因。结果显示：基于常住人口统计口径的齐夫指数显著低于基于户籍人口统计口径的齐夫指数，这意味着劳动力流动提高城市规模分布的集中度。进一步使用迁移人口占比衡量城市人口集聚能力，结果显示：城市规模增长显著提高城市人口集聚能力。研究结论的启示是，发挥大城市人口集聚能力，适当提高城市规模分布的集中度，对加速推进中国城市化进程有益。

论文题目：城乡学前儿童二语习得均衡差异性的研究——以珠江三角洲地区为例
作者姓名：黄林林
文献来源：天水师范学院学报
发表时间：2013-9-25
内容摘要：本文通过文献整理和数据统计分析比较，对珠三角地区城乡学前教育公平的差异及其对学前儿童二语习得影响进行剖析发现：二语习得等级投入体制、城乡分级等级规划、城乡学前教育两极分化的双轨倾向都是导致学前教育不公平的主要原因。作者认为，必须遵循教育公平和共同发展的改革理念，建立城乡学前教育统筹均衡发展的保障机制，对农村学前教育给予适当的重视和合理倾斜，才能解决农村学前二语习得发展的短板问题。

论文题目：武汉城市圈的“二重开放”问题研究——基于与长、珠三角洲的比较分析
作者姓名：陈汉林　徐丽榕
文献来源：湖北职业技术学院学报
发表时间：2013-9-25
内容摘要：文章对比武汉城市圈与长、珠两大三角洲的城市规模、综合实力、所有制结构、产业结构、三大需求、中心城市和外围城市的发展状况以及国际与区际二重开放的现状，分析武汉城市圈二重开放的条件，提出对武汉城市圈“二重开放”政策的建议。

论文题目：珠三角地区新生代农民工求职渠道特征及影响因素
作者姓名：李天娇　曹广忠
文献来源：城市发展研究
发表时间：2013-9-26
内容摘要：本文认为，珠三角新生代农民工求职渠道有三方面特征，即仍以社会网络为主但相对多元化，随求职经历的增加日益趋向市场化，存在行业、职业的市场分割。除传统个人资本和社会资本因素外，行业、职业等市场因素也是求职渠道决策的重要影响因素。

论文题目：珠三角地区房价波动对财富效应影响的实证分析
作者姓名：王兴邦
文献来源：全国商情（理论研究）
发表时间：2013-9-28
内容摘要：本文依据持久收入理论和生命周期理论，通过 Johansen 协整检验、因果关系检验和 OLS 回归方法对广东省房价波动对财富效应的影响进行实证分析，其中重点选取珠三角的广州、深圳、东莞和惠州 4 市进行比较，从中看出房价波动对 4 市财富效应存在地区差异。

论文题目：对称与不对称：城市居民社会距离的代际传递——以珠三角地区为例

作者姓名：陆淑珍

文献来源：人口与发展

发表时间：2013-9-29

内容摘要：文章采用专项问卷调查数据，对Bogardus社会距离量表进行改善，经过效度和信度检验后用于研究。外来人口与户籍人口之间存在不对称的社会距离；社会距离的代际传递是存在的，且个人社会距离与子女社会距离之间呈现对称性；仅引入人口变量进行社会距离影响因素分析结果显示，职业、教育、婚姻对某种社会距离有显著影响，然性别、年龄、代际、户口性质的影响并不显著。此外，外来人口与户籍人口群体潜在通婚可能性较低的问题，将在一定程度上阻碍城市居民间的融合。

论文题目：ATP荧光测定珠三角地区散装瓜子表面细菌总数

作者姓名：刘俊江　熊征　刘良英　梁岩

文献来源：卫生研究

发表时间：2013-9-30

内容摘要：本文使用ATP荧光快速检测法，对珠三角地区3个城市4种类型共30个卖场散装瓜子表面细菌总数进行检测，以传统微生物检测法作为对照。结果显示：菌落总数对数值与发光强度对数值呈线性关系，y=0.61032x+0.07459，相关系数R2=0.96073。样品总合格率66.7%。不同地区及不同卖场之间差异有统计学意义（P<0.05）。售卖环境的细菌总数与样品表面细菌总数成正相关。对散装瓜子进行表面细菌总数的检测可以有效监控其卫生状况，具有重要意义。

论文题目：珠江三角洲基塘变化特征及其空间类型

作者姓名：叶长盛

文献来源：东华理工大学学报（自然科学版）

发表时间：2013-9-30

内容摘要：本文利用1990年、2000年和2006年3期Landsat　TM遥感解译数据中的基塘信息，分析珠江三角洲基塘变化规律，划分基塘变化空间类型。研究表明：1990~2006年，珠江三角洲基塘面积持续增加，由1990年的198729.00公顷增至2006年的318227.71公顷，增长60.13%；传统基塘区基塘面积减少，珠江三角洲中部基塘面积快速增加；转出类型以建设用地、耕地和林地为主，转入类型以耕地为主；根据基塘综合扩展系数将珠江三角洲分成强扩展型、弱扩展型、相对稳定型和萎缩型4种。

论文题目：声学多普勒流速仪在珠江三角洲河网中的应用研究

作者姓名：童娟

文献来源：水利科技与经济

发表时间：2013-9-30

内容摘要：本文通过使用常规流速仪（转子式）、RDI300型ADCP收集到的流量成果与RiverSurveyor　M9走航式测量系统收集到的流量成果进行比对分析，确定M9的使用精度。通过系统集成，实现广东省境内最大、最主要的河流——西江控制站的河流流态实时监控，得到断面流量变化过程，解决珠江三角洲区域内复杂流态下的流量测验难题。

论文题目：基于土地利用变化的珠江三角洲生态风险评价

作者姓名：叶长盛　冯艳芬

文献来源：农业工程学报

发表时间：2013-10-1

内容摘要：本文探讨经济快速发展地区土地利用变化对土地生态系统造成的风险，以珠江三角洲为研究对象，分析其1990~2006年土地利用变化特征，构建区域生态风险指数，并以5千米×5千米的单元网格进行系统采样，借助空间自相关和半方差分析方法，探讨了珠江三角洲的生态风险空间分布及变化特征，结果表明：1990~2006年，珠江三角洲土地利用发生变化面积12105.05平方千米，占土地总面积29.35%，建设用地快速扩张，基塘持续增加，耕地、林地迅速减少；整个珠江三角洲生态风险指数由1990年的0.2713增至2006年的0.3318，风险程度增加22.31%，在空间分布上具有明显的正相关性，空间集聚逐渐增强，深圳、东莞、广州市区、花都、南海、顺德、佛山市区及中山等是生态风险指数高值聚集区，指数变化更为明显，风险程度明显提高；高、较高生态风险区面积快速增加，由1990年的4874.52平方千米增加到2006年的12494.93平方千米，占土地总面积的比例由11.82%增至30.30%；生态风险程度呈现明显的圈层结构，以佛山市区—广州市区—深圳为轴向外风险程度逐渐降低。研究结果为区域土地可持续利用提供新思路和方法，从而促进土地利用与生态环境协调发展。该研究为生态风险管理政策制定提供科学依据。

论文题目：城市化经济与城市规模的实证分析——以珠三角城市为例

作者姓名：黄林

文献来源：科技管理研究

发表时间：2013-10-8

内容摘要：本文用广州、深圳、东莞、佛山等城市2006~2010年工业经济和城市成长的面板数据，揭示城市化经济对城市稳定增长的巨大作用，并指出其对当地未来城市群经济推进的可能意义。

论文题目：创业制度与公司企业家精神关系——基于珠三角高科技企业的实证研究

作者姓名：王德才　赵曙明

文献来源：科技进步与对策

发表时间：2013-10-10

内容摘要：本文以珠三角高新技术开发区173家高科技企业为例进行实证研究，分析制度对公司企业家精神的影响。结果表明：创业制度对公司企业家精神有很好的促进作用，且创业制度中各要素的促进作用不尽相同；创业认知对公司企业家精神的促进作用最大，其次是创业规范，影响最小的是创业规制；外部环境不确定性越高，创业认知对企业战略更新的影响越明显。

论文题目：珠三角地区城市化与生态环境协调发展的动态耦合分析——以珠海市为例

作者姓名：杨晶　金晶　吴泗宗

文献来源：地域研究与开发

发表时间：2013-10-10

内容摘要：本文总结珠三角地区城市化与生态环境协调发展的经验，以珠海市为研究对象。首先，在构建城市化与生态环境指标体系基础上，利用主成分法综合评价珠海城市化和生态环境水平。其次，根据城市化与生态环境耦合含义和规律，引入动态耦合模型，探讨复合系统耦合度的时间变化特征。结果表明：1996~2011年，珠海市城市化与生态环境水平显著提高；耦合度的变化呈现出先大后小、再变大的“U”型形状，依据其变化特点将其划分为两个阶段。最后，通过分析耦合度变化原因，为其他城市提供可借鉴经验。

论文题目：珠三角城际轨道交通固定设施维修体系研究
作者姓名：郑燕
文献来源：现代城市轨道交通
发表时间：2013-10-10
内容摘要：本文围绕珠三角城际轨道交通线网规划及特点，探索性提出适应珠三角城际特点的一套基础设施维修组织架构和布局。

论文题目：珠江三角洲社会养老保险城乡一体化的探索与深化
作者姓名：刘梦琴　傅晨　曾亿武
文献来源：南方农村
发表时间：2013-10-10
内容摘要：本文研究珠江三角洲社会养老保险城乡一体化的探索路径，指出目前仍然存在的主要问题，并对今后深化发展提出对策建议。珠江三角洲社会养老保险城乡一体化探索形成建立全市统一社会养老保险制度、“农保”转“城保”和建立城乡居民养老保险制度三种路径。目前存在的主要问题是制度“碎片化”依然存在，城乡养老保障水平差距较大，农村居民参加养老保险的集体福利倾向严重。珠江三角洲继续推进社会养老保险城乡一体化，应加大制度整合力度，加大财政投入力度，防止和克服农村居民参保的集体福利主义倾向。

论文题目：内地穆斯林人口与珠三角伊斯兰教的新发展
作者姓名：马建春　褚宁
文献来源：青海民族研究
发表时间：2013-10-15
内容摘要：随着改革开放的深化、经济一体化进程的加快和城乡社会的迅速发展，越来越多内地穆斯林族群离开故土，进入珠三角城市群寻求新的生计。本文认为，由于其族群语言、文化风俗保持相对稳定，根深蒂固的宗教情感使之凝聚于一起，乃形成自己特有的文化交际圈。加之其已具群体规模，遂促成珠三角各城市清真寺修建，从而推动当地伊斯兰教的新发展。

论文题目：数量视角的巨型城市区域耕地保护政策效果——以珠三角为例
作者姓名：杜继丰　袁中友
文献来源：国土资源科技管理
发表时间：2013-10-15
内容摘要：本文基于耕地数量保护视角，构建虚拟变量模型，采用自回归法，以珠三角为例，评价1992~2008年中国巨型城市区域耕地保护政策的效果。结果显示：耕地政策变量通不过t检验；二、三产业增加值占GDP比重和农产品生产价格指数均与非农建设占用耕地数量呈负相关，且分别通过5%和10%的t检验。与全国平均水平相比，耕地保护制度对珠三角地区建设占用耕地数量遏制作用不显著，遏制效果低于全国平均水平，但非农经济发展对土地投入的依赖程度在下降，农产品价格上升仍有利于提高农民个体的耕地保护积极性。作者认为巨型城市区域耕地保护应转向生态安全、粮食安全、经济安全与社会安全的综合视角。

论文题目：珠三角高职院校图书馆建设存在的问题及对策
作者姓名：沈容芳

文献来源：黑龙江教育学院学报

发表时间：2013-10-15

内容摘要：本文通过对珠三角10所高职院校图书馆建设情况进行比较，发现高职院校图书馆发展比较慢及利用率低的主客观因素，并提出加快高职院校图书馆发展的措施和建议。

论文题目：珠三角地区外资企业中华文化传播策略研究

作者姓名：贾曼丽　郭士香

文献来源：山东商业职业技术学院学报

发表时间：2013-10-15

内容摘要：随着全球外贸进程的加快，越来越多的外资企业涌入珠三角地区。在国家实施“文化走出去”战略的大背景下，外资企业成为中华文化传播的良好平台。本文认为，珠三角外资企业可以依托岭南文化、企业文化，通过公共信息平台、自媒体平台和跨文化培训等方式加大中华文化传播力度和范围，扩大中华文化影响力。

论文题目：建设用地集约利用的多因素综合评价——以珠三角经济区为例

作者姓名：杨木壮　曲林静　简梓红

文献来源：国土与自然资源研究

发表时间：2013-10-15

内容摘要：本文从土地经济效益、土地社会效益、土地可持续利用趋势三方面构建珠三角经济区建设用地集约利用评价指标体系，采用熵值法和多因素综合评价法对珠三角经济区建设用地集约度进行评价和分析。结果表明：珠三角经济区建设用地面积持续增长，但空间分布不均，建设用地主要集中在广州、佛山、惠州等地。建设用地集约度呈现稳步提高状态，从2000年的0.3914上升到2008年的0.9777，增幅达0.5863。

论文题目：珠三角社会转型特点及其对成人教育机构的现实挑战研究

作者姓名：曾宪群　彭俊华

文献来源：继续教育研究

发表时间：2013-10-15

内容摘要：本文认为，珠三角社会转型既寓于中国社会转型的大环境之中因而具有中国社会转型的共性，又因其率先迈步而具有不同于其他地区的特点，这些特点对成人教育机构发展提出价值的多元困惑成人教育机构发展的选择、行为的失范破坏成人教育机构发展的秩序、教育普及冲击成人教育机构发展的基石、全球竞争加重成人教育机构发展的困难等四个方面的挑战。

论文题目：环境空气质量新标准对珠三角区域站空气质量评价的影响

作者姓名：岳玎利　谢敏　周炎　袁鸾　区宇波

文献来源：中国环境监测

发表时间：2013-10-15

内容摘要：本文利用粤港珠三角区域空气质量监控网中天湖、金果湾与万顷沙3个区域站2010年全年SO_2、NO_2、PM_{10}、O_3、$PM_{2.5}$与CO自动监测的数据，分析实施环境空气质量新标准（GB 3095—2012）对这3个子站空气质量评价的影响。研究发现：若采用新标准，万顷沙的NO_2、PM_{10}和$PM_{2.5}$年均浓度将不同程度超标。这3个子站空气质量达标率下降7~28个百分点，空气污染指数从91%~99%下降至63%~91%；O_3的引入是导致空气质量达标率下降的最主要的原因；O_3将取代PM_{10}成为最主要的首要污染物，出现频率大于50%，且O_3（8h）平均浓度的影响大于O_3（1h）浓度的影响。$PM_{2.5}$的纳入也是导致空气质量达标率下降的重要因素，其超标率为3%（金果湾）~16%（万顷沙）。NO_2标准的收严未对天湖与金果湾空气质量评价造成影响，但导致万顷沙NO_2的超标率从2%上升至10%，且NO_2作为首要污染物的比例达24%。

论文题目：珠三角户籍人口与非户籍人口之间的认知差异分析——基于1725份调查问卷的思考

作者姓名：翁礼成　颜卫青

文献来源：中央社会主义学院学报

发表时间：2013-10-15

内容摘要：本文根据1725份调查问卷分析珠三角户籍人口与非户籍人口在自我身份、公平程度、群体差异、群体冲突和协调主体作用等方面的认知差异及存在问题，并为珠三角9市政府提出解决问题的对策：第一，推进户籍改革，逐步剥离依附于户籍之上的就业、教育、医疗、社保等社会福利，努力缩小群体间的心理距离；第二，坚决维护非户籍人口的合法权益，加大扶持低收入群体力度，努力倡导社会公平正义；第三，提高现有协调主体的社会责任意识和能力，发挥非政府组织的作用，为群体之间的矛盾与冲突提供缓冲区；第四，构建社会预警机制，提高应对突发事件的能力，及时预防与化解潜藏的隐患。

论文题目：泛珠三角高校人文与科学精神教育现状探析

作者姓名：袁柯明

文献来源：中国高校科技

发表时间：2013-10-15

内容摘要：本文认为，加强高校人文与科学精神教育，实现从传统专才教育向与经济较发达社会环境相匹配的现代人文与科学精神教育的转变，是社会对高校人才培养提出客观要求，也是高等学校深化教育改革所面临的重要课题。当前，许多高校特别是经济较发达的泛珠三角地区高校在人文与科学精神教育方面进行大胆的尝试，取得一定成绩，但也存在不少问题，高校的人文与科学精神教育工作任重而道远。泛珠三角地区高校应采取有效措施，建立长效的教学管理机制、激励机制和考核机制，切实提高高校人文与科学精神教育水平。

论文题目：新标准下环境空气质量监控网络完善实践——以珠三角地区佛山市为例

作者姓名：梁家权

文献来源：环境监控与预警

发表时间：2013-10-15

内容摘要：本文介绍珠三角及佛山市新标准监测网络结构，从拓宽网络有效覆盖范围、提升网络对污染研究的支撑能力以及巩固数据实时发布工作基础等多角度分析网络完善需求，提出下一阶段网络建设的重点措施建议，并介绍佛山市目前计划进行的网络完善工作。

论文题目：珠江三角洲大气干沉降金属元素浓度和来源分析

作者姓名：黄强　宋建中　彭平安

文献来源：地球与环境

发表时间：2013-10-15

内容摘要：本文对珠江三角洲地区137个大气干沉降样品中金属元素含量和来源进行分析。金属元素几何平均浓度高低依次为Fe>Zn>Mn>Pb>Cu>（Ni，Cr，Rb）>V>（Li，Y）>Co>（Cd，Cs）>Tl，其中Fe的浓度最高为31573mg/kg，Tl的浓度最低为

1.0mg/kg，金属元素浓度主要与周边环境和当地发展类型影响有关，采样点位于工业区周边的金属元素浓度最高，城市居民区和近郊区次之，远离城市和工业地区的相对较低。富集因子分析表明 Cd、Zn、Cu、Ni 和 Pb 元素受人类活动影响显著，污染严重；相关性分析得出 Cu、Pb、Zn 具有显著性相关，Cr、Ni 分别与 Mn、Co、Li、Zn 显著性相关，表明它们可能具有相同来源；因子分析得出 Rb、Cs、Y、Mn、Ni、Li、Co 主要受到土壤扬尘来源的影响，Pb、Cu、Cd 及 Ni、Cr 与当地工业化和城市化过程密切相关，其中 Pb 元素主要受到燃煤和交通扬尘的污染，Cu 和 Cd 元素主要来源于工业生产中产生的重金属污染。

论文题目：珠江三角洲地区地下水氟元素背景特征分析
作者姓名：张英　张玉玺　王金翠　孙继朝
文献来源：环境化学
发表时间：2013-10-15
内容摘要：本文利用珠江三角洲地区 1：25 万区域地下水样点数据资料，采用数理统计方法，在判断元素含量分布类型的基础上，计算该地区氟的背景集中特征值和背景范围，并对背景值统计特征及分布规律进行分析。分析认为，浅层地下水受人类活动影响较大，多呈现偏态分布；氟背景含量范围主要集中在 $<0.05\sim0.59mg\cdot L^{-1}$，基本低于世界卫生组织（WHO）水质标准 $1.5mg\cdot L^{-1}$，相对高背景区主要集中在三角洲冲积平原区，山地丘陵区相对贫乏，其分布主要受上覆岩土性质、含水层岩性、地下水径流条件、酸碱条件的影响。另外，沿海地带氟含量受海水入侵作用影响明显；深层地下水高值异常，氟含量范围在 $1.6\sim4.0mg\cdot L^{-1}$ 区与断裂构造带和温泉分布关系密切。

论文题目：对珠三角企业用工短缺问题的探讨
作者姓名：徐芃
文献来源：科技创业家
发表时间：2013-10-16
内容摘要：本文认为，用工紧缺问题成为制约珠三角地区经济发展最主要的原因之一。本文从政府和企业两方面来探讨缓解珠三角企业用工短缺问题的方法。

论文题目：珠三角地区经济强镇推进城镇化的新选择：镇级市
作者姓名：庞金周　高维新
文献来源：广东广播电视大学学报
发表时间：2013-10-20
内容摘要：本文认为，推进城镇化建设是珠三角地区实现经济社会转型升级的战略步骤，“镇级市”作为一个创新性的城镇化模式，主张在经济发达的农村地区通过改革领导体制、完善工作平台、扩大管理权限等措施实现农村人口就地城镇化，这为珠三角地区经济强镇推进城镇化提供新的发展思路。

论文题目：新生代农民工对微博的使用与评价情况——基于珠三角地区的实证研究
作者姓名：孔晓欣　张晓思
文献来源：东南传播
发表时间：2013-10-20
内容摘要：本研究以珠江三角洲地区新生代农民工为主要调查对象，采用问卷调查法，从使用率、认知情况、使用行为特征以及评价情况等 4 个维度对珠三角新生代农民工对微博的认知和使用情况进行实证研究。研究发现：微博在新生代农民工中十分普及；他们使用微博以获取资讯、社会交往为目的，并且微博为他们提供一个获取资讯和社会交往的新途径。但他们在使用过程中也受到时间少、设备差等因素阻碍。本文就如何制定引导新生代农民工使用微博进行自我赋权的公共政策进行探讨。

论文题目：适度教育、知识产出与经济增长——基于珠三角城市人口普查面板数据的实证分析
作者姓名：李景睿　刘三林　邓晓锋
文献来源：教育科学
发表时间：2013-10-20
内容摘要：知识产出与经济增长受人口受教育水平的适度规模、知识外溢和市场容量的支配，本文融合以上因素构建理论模型并对珠江三角洲 9 市 1996~2010 年面板数据进行实证分析。结果发现：人口受教育水平与知识产出和经济增长之间存在适度问题，即受教育水平最高的人口并不一定是产出弹性最大的人力资本，而与城市功能定位和产业结构转化相匹配的人力资本才是经济增长的源泉。这种适配度区别不仅表现为城市间差异，而且随时间发生动态演变，因此，人力资本政策应该因时因地制宜。

论文题目：珠三角地区居住区水景设计
作者姓名：邓子文
文献来源：中华民居（下旬刊）
发表时间：2013-10-25
内容摘要：本文认为，在珠江三角洲地区，房地产开发水景的景观成为评价该项目是否高品质社区环境的重要因素，因此居住小区水景景观规划设计也受到关注。然而当前住宅区水景设计大都存在重形式轻内涵、重人工轻自然等问题，一些项目盲目的相互抄袭和粗制滥造使本应成为点睛之笔的水景景观成为聊胜于无的鸡肋景观；还有一些项目盲目复制，照抄照搬国外的水景设计，使水景景观缺失当地的地域风格和特点，或者根本不考虑居民的需要。如何利用现代理论和方法改进居住区水景规划设计成为景观设计师关注的问题。

论文题目：影响珠三角产业集聚的主要因素
作者姓名：徐骏
文献来源：城市问题
发表时间：2013-10-27
内容摘要：本文通过使用 1998~2010 年间珠江三角洲 9 市 20 个制造业口径的数据考察该区域产业集聚水平，发现产业集聚程度随时间推移而有所提高。并在新经济地理学框架及开放经济条件下，提出影响产业集聚主要因素的相应假说。动态面板模型的结果显示：正反馈效应、企业平均规模、本地市场需求、交易成本和对外开放程度差异是影响珠江三角洲地区城市产业集聚的显著因素。

论文题目：珠三角边缘带旅游比较研究
作者姓名：廖继武
文献来源：惠州学院学报
发表时间：2013-10-28
内容摘要：本文选取珠江三角洲边缘的惠州、清远与肇庆三地进行定性定量比较，试图找出珠江三角洲边缘带旅游发展的有关规律。研究发现：珠江三角洲边缘带利用自然旅游资源丰富的条件大力发展旅游业，并取得可喜进步，但与核心区仍有较大差距；惠州经济社会条件好，旅游发展也高于清远与肇庆；肇庆历史文化条件较好，人文与自然旅游资源均优于惠州与清远，但未得到充分

开发；清远对国内旅游市场开发较为成功。

论文题目：珠三角新型城镇化建设与历史文物保护问题初探
作者姓名：李铁喜
文献来源：惠州学院学报
发表时间：2013–10–28
内容摘要：本文认为，历史文物保护为新型城镇化建设提供精神支柱、新的经济增长点，并服务于多样化特色新城镇建设，历史文物保护在新型城镇化建设中有着极其重要的战略意义。与此同时，新型城镇化建设也给历史文物保护带来严峻挑战。应从文物安全、文物普查、文物利用、高科技保护以及依法严惩历史文物破坏行为等方面实现历史文物保护与新型城镇化建设的协调发展。

论文题目：民国珠江三角洲的水利生态与沙田开发——以中山县平沙地区为中心
作者姓名：衷海燕　潘雪梅
文献来源：中国农史
发表时间：2013–10–28
内容摘要：本文讲述民国时期，珠江三角洲沙田争夺日益激烈，在传统的垦沙权、经营权、护沙权的争夺之外，又有沙田水利之争。位于珠江三角洲下游的平沙地区，围垦开发自 1930 年代渐趋活跃。由于土壤含盐量高，故淡水资源和咸害是制约该地农业生产的重要因素。1940 年代末，沙田业主因水利问题发生纷争而诉讼至官。此案反映民国后期，沙田开发者利益不均衡，往往各自为政，而政府考虑的只是短期内扩大垦区，解决粮荒问题，对沙田地区的水利与开发没有长远规划，以致无法协调淡水资源的分配，从而延缓土地开发进程。

论文题目：基于因子分析的区域物流竞争力的研究评价——以珠江三角洲为例
作者姓名：年吕运　刘联辉　刘琴
文献来源：商场现代化
发表时间：2013–10–30
内容摘要：本文以珠江三角洲 9 市为研究对象，对区域物流竞争力的发展现状进行分析，通过指标选取，构建珠江三角洲区域物流竞争力的评价体系，采用 SPSS18.0 统计软件中的因子分析法对各城市的物流竞争力进行综合评价。

论文题目：珠三角中小企业融资服务体系研究
作者姓名：邱红　范秋霞　陈敏仪
文献来源：中国–东盟博览
发表时间：2013–10–30
内容摘要：本文以珠江三角洲地区作为研究对象，在参考对珠江三角洲主要城市调研资料基础上，分析珠江三角洲中小企业融资服务体系建设情况和存在的问题，并结合具体案例提出完善珠江三角洲中小企业融资服务体系的政策建议。

论文题目：对珠三角民营企业职工体育开展现状的研究——以广州、深圳、东莞 3 地为例
作者姓名：夏冬　李丽
文献来源：安徽体育科技
发表时间：2013–10–31
内容摘要：本文采用文献资料、问卷调查等方法对珠江三角洲民营企业职工体育开展情况进行研究。结果显示：珠江三角洲民营企业职工每周参与体育活动频数和时间大部分达到国家体育人口标准；与家人、朋友和同

事为主要体育活动形式，以散步、羽毛球、跑步等项目为主；活动多数在社区、单位或公园等场所进行，以健身、娱乐和丰富文化生活为主；影响职工体育开展的主要因素是时间、场地器材等。

论文题目：农民工就业质量及其社会与法律因素探析——基于珠三角的实证分析
作者姓名：庞子渊
文献来源：社会科学研究
发表时间：2013-11-1
内容摘要：本文对农民工就业质量及其社会与法律因素进行探析，结果表明：当前农民工就业质量偏低，表现为工作不够稳定，职业收入不高，劳动权益得不到有效保障，各项福利待遇的覆盖面不广。从社会与法律因素分析来看，人力资本、社会资本、社会排斥、法律认知、组织参与等因素都对农民工就业质量有一定影响，应针对这些影响因素采取改善农民工就业质量的应对措施。

论文题目：珠江三角洲耕地粮食生产能力核算与分析
作者姓名：孙伟杰
文献来源：安徽农业科学
发表时间：2013-11-1
内容摘要：本文基于广东省农用地分等调查核算成果，建立珠江三角洲地区农用地分等单元标准粮理论单产与自然等指数、标准粮可实现单产与利用等指数的函数关系，测算该地区粮食理论生产能力和单产、可实现生产能力和单产以及实际生产能力和单产，摸清珠江三角洲不同区域耕地产能总量及其空间分布状况。结果表明：珠江三角洲耕地理论产能的利用潜力平均为4498.83千克/公顷，东莞市最高，深圳市最低；可实现产能利用潜力平均为4575.76千克/公顷，深圳市最高，广州市最低。

论文题目：珠江三角洲区域大气扩散和输送特征诊断分析
作者姓名：何启超　蔡旭晖　宋宇　胡敏
文献来源：北京大学学报（自然科学版）
发表时间：2013-11-5
内容摘要：本文为深入研究珠江三角洲区域大气扩散和输送特征，利用2006年珠江三角洲地区460个地面自动气象站全年逐时气象数据和探空资料，对自动气象站资料进行质量控制并整理，使用Calmet模式诊断出逐时气象场。利用逐时风场和72小时轨迹，对该地区扩散类型进行分类（系统大风型、弱背景影响型和局地环流型），并依此对该地区流动状况进行分析。还根据季节和分类结果对扩散路径进行简单分类，并依此研究珠江三角洲地区的大气输送路径以及影响范围。分析结果表明：珠江三角洲地区大气输送特征具有明显的季风性以及海陆风特征；该地区春季和冬季的大气输送和扩散能力较好，夏季次之，秋季最差；大气输送轨迹随季节变化明显，并在不同扩散类型之间有显著差异。

论文题目：广东韶关承接珠三角家具产业转移的分析
作者姓名：肖飞
文献来源：木材工业
发表时间：2013-11-8
内容摘要：本文认为，在家具产业格局急需调整以及国家政策支持的大背景下，运用态势分析法对广东省韶关市承接珠江三角洲家具产业转移的优劣势，以及面临的机遇与挑战进行分析，旨在客观了解韶关承接珠江三角洲家具产业发展的现状，并对韶关家具产业发展提出战略性建议，促进韶关家具产业发展。

论文题目：珠三角地区高职院校模具专业建设的 SWOT 分析与对策
作者姓名：刘晓　袁根华
文献来源：职业技术教育
发表时间：2013–11–10
内容摘要：本文利用 SWOT 分析法对珠江三角洲地区高职院校模具类专业建设的优势、弱势、机会和威胁 4 个方面进行分析，借鉴部分高职院校模具设计与制造专业建设的成功经验，提出以人为本、以质量为核心、坚持校企合作对接区域产业的专业建设战略。

论文题目：珠三角民营中小企业员工心理契约的调查分析
作者姓名：刘晓彦
文献来源：中国商贸
发表时间：2013–11–11
内容摘要：本文通过对珠江三角洲 20 家民营中小企业的调查和分析，发现员工心理契约违背现象普遍，不同属性员工所期望的内容和满意度有较大差别。对员工满意度影响最大的因素是老板的为人和能力；其次是发展空间；再次是福利；最小的是工作支持。因此，本文提出提升“老板”管理水平、关注员工职业发展道路、因人而异进行人本关怀的建议。

论文题目：珠江三角洲大系统风暴潮数学模型建立与验证
作者姓名：叶荣辉　钱燕　孔俊　赵红军
文献来源：人民长江
发表时间：2013–11–14
内容摘要：本文以 2008 年 14 号强台风“黑格比”为例，对台风场的构造、风暴潮模型建立与验证、研究区域划分以及风暴潮模拟计算过程等作介绍。验证结果显示：数值模拟结果与实测值吻合良好，表明所建立的风暴潮模型能较好地模拟珠江三角洲河网区及口外海域风暴潮的过程。

论文题目：珠三角地区民营企业多元化经营的战略分析
作者姓名：邓洁
文献来源：现代营销（学苑版）
发表时间：2013–11–14
内容摘要：本文旨在通过分析珠江三角洲民营企业经营特点，借鉴和黄、海尔集团等多元化经营的成功经验，为珠江三角洲民营企业今后的多元化经营之道提供可行性建议。

论文题目：珠三角承接离岸服务外包的现状研究
作者姓名：丁肖丽
文献来源：北方经贸
发表时间：2013–11–15
内容摘要：本文认为，珠江三角洲离岸服务外包发展迅速，已经逐步形成自身显著特色，主要表现为：以承接软件外包为主，业务多元化趋势明显；以跨国公司为主体，多数外包企业规模较小；以服务外包园区为载体，产业集聚效应凸显；以粤港合作为契机，港资企业带动作用显著。

论文题目：深圳港与珠三角经济联动发展研究
作者姓名：张智勇　王燕红　石永强　石园
文献来源：物流技术

发表时间：2013-11-15

内容摘要：本文在对深圳港和珠江三角洲经济发展现状进行数据分析的基础上，运用线性回归和定性分析的方法，研究深圳港与珠江三角洲经济联动发展，得出珠江三角洲经济增长拉动深圳港的市场需求，珠江三角洲产业布局不断完善，促使深圳港更好地发挥其优势，不断完善港航业务的结论。同时指出两者应在未来发展中相互协调，优化资源配置，实现可持续发展。

论文题目：珠三角制造业转型升级的政策环境研究

作者姓名：邱红

文献来源：人民论坛

发表时间：2013-11-15

内容摘要：本文在参考珠江三角洲主要城市调研资料的基础上，从区域、金融、财税、法律等方面分析制造业转型升级面临的政策环境，并结合具体案例提出优化珠江三角洲制造业转型升级政策环境的建议。

论文题目：工业化与城市环形扩张过程中的生态与游耕——珠三角与北京郊区的代耕菜农

作者姓名：黄志辉

文献来源：广东社会科学

发表时间：2013-11-15

内容摘要：本文认为，在代耕农业圈中，劳动力、土地、水源、河流、天气等生态要素都受到来自工业或城市力量的支配，代耕农要受到资本、权力以及地方势力的挤压。来自于珠三角与北京郊区的案例均表明，生存于工业化或城市化进程中的代耕菜农，所从事耕作已经不是传统农业社会的耕作，而是受现代化进程所支配的、不可逆的耕作；他们所从事的农业生产，是配套工业化和城市化的农业生产，是一种耗竭地力的“变态”式生产方式。

论文题目：基于改进产业梯度系数的大珠三角服务业转移研究

作者姓名：黄维芳　李光德

文献来源：产经评论

发表时间：2013-11-15

内容摘要：本文回顾产业转移的相关文献，改进现有产业梯度系数分析方法，并利用其绘制大珠三角 11 个市服务业 19 个行业的产业区域梯度表，从阶段特征、地域特征和转移方式 3 个方面对数据进行分析，提出大珠三角服务产业转移的战略构想。

论文题目：珠三角城际铁路 CTCS-2+ATO 列控系统试验方案研究

作者姓名：陈伟生　刘海祥

文献来源：铁道通信信号

发表时间：2013-11-17

内容摘要：本文根据珠三角城际铁路明确采用 CTCS-2+ATO 模式的列车运行自动控制系统的技术要求，结合珠三角城际铁路工程特点和建设情况，分析开展城际铁路列控系统试验应解决的关键技术问题和必须具备的基本条件，提出城际铁路列控系统试验方案，对工程项目的建设具有参考意义。

论文题目：珠江三角洲地区地下水中卤族元素质量浓度背景特征及成因分析

作者姓名：张英　王金翠　张玉玺　孙继朝

文献来源：水资源保护

发表时间：2013-11-20

内容摘要：本文利用珠江三角洲地区 1：250000 区域地下水污染调查评价项目所取

得的水质数据，采用数理统计方法，在判断元素质量浓度分布类型的基础上，计算该地区卤族元素质量浓度的背景集中特征值和背景值范围，并对背景值统计特征及分布规律进行分析。结果表明：浅层地下水受人类活动影响较大，多呈偏态分布；地下水中卤族元素分布主要受岩土性质、地下水径流条件、氧化还原环境影响，另外，Cl、Br的背景质量浓度受海水入侵作用的影响明显，F的高背景质量浓度与温泉出露密切相关。对地下水中卤族元素质量浓度背景值研究将为地方病防治工作提供重要科学依据。

论文题目：珠三角装备制造业高技能人才成长状况调查分析

作者姓名：陈建环　肖苏华

文献来源：中国职业技术教育

发表时间：2013-11-21

内容摘要：本文通过问卷调查和深度访谈获得数据，剖析珠江三角洲地区装备制造企业高技能人才成长状况及存在的问题。结果表明：薪酬待遇偏低是制约高技能人才队伍建设的社会主因，职业素养欠缺是制约高技能人才队伍发展的个体主因。本文依此给出可行建议：校企合作、在企业内部培养高端技能人才是现实而可行的路径；同时职业教育要切实加强职业素养的培养；政府层面要在社会制度层面为高技能人才创造适宜的成长环境。

论文题目：珠三角生产服务业集聚的演进轨迹与发展特征研究

作者姓名：陈菲

文献来源：当代经济

发表时间：2013-11-23

内容摘要：文章依次采用赫芬达尔指数、EG指数和区位商测算珠三角生产服务业及其内部各行业的市场集聚度、行业集聚度和区域集聚度。在此基础上，结合服务产品理论，对珠三角生产服务业集聚的演进轨迹与发展特征进行总结和归纳并就此提出相应的政策建议。

论文题目：珠三角地区制造业专业镇转型升级的路径选择及保障机制研究——以南海大沥镇为例

作者姓名：刘丽辉　陈振权　辛焕平

文献来源：科技管理研究

发表时间：2013-11-23

内容摘要：本文认为，佛山市南海区大沥镇制造业转型升级可以选择的路径：一是改造和提升传统优势行业（例如铝型材和内衣行业），具体措施包括提高产品附加值、降低成本、创新求变和发展总部经济等；二是发展生产性服务业；三是大力培育和发展新兴行业。无论选择哪种路径，都需要政府和企业共同作为来推动，特别是政府层面的空间和时间规划、产业发展和扶持政策、公共服务平台的建立和强化、城市基础设施规划和完善、新兴产业引进和培育等对大沥镇制造业转型升级尤为重要。

论文题目：图式的竞争：珠三角大学生对好莱坞电影的解读及对本国文化的认同研究

作者姓名：杨银娟

文献来源：国际新闻界

发表时间：2013-11-23

内容摘要：本文以广东珠三角大学生对美国励志片《当幸福来敲门》的解读为个案，探讨媒介全球化对中国青少年认同的影响。提出“图式的竞争”理论框架，珠三角大学生解读好莱坞作品的过程即是青少年个体将头脑中原有图式与好莱坞电影呈现的西方图式相互比较和竞争的过程。实证研究发现图式竞争呈现三种模式，一是图式的均衡，二是原有图式的强化，三是新图式的采纳。珠三角大学生虽然在金钱观念、生活方式等方面强化旧有的图式，然而在核心价值观层面他们倾向采纳西方的图式，如个人主义、自由平等价值等。总的来说，接触全球化媒介削弱珠三角大学生对本国文化的认同。

论文题目：珠三角地区城际铁路简支箱梁施工方法研究
作者姓名：郝春婷
文献来源：铁路工程造价管理
发表时间：2013-11-25
内容摘要：本文结合珠江三角洲地区城际铁路桥梁工程，针对简支箱梁施工可采用整孔预制架设法、移动模架现浇法、满堂支架原位现浇法、干接法节段预制移动支架拼装法、湿接法节段预制移动支架拼装法5种施工方法及其优缺点进行阐述，对其技术条件进行比较与分析。通过比较与分析得出，所建桥梁密集、工程量大，具备设置预制梁场条件的，宜采用整孔预制架设法施工；所建桥梁孔数少的，宜采用满堂支架原位现浇法施工；铁路所经地区建筑物密集、拆迁量大、不具备设置预制梁场条件的，宜采用移动模架现浇法等施工。

论文题目：珠江三角洲地区滴滴涕类化合物的环境分布
作者姓名：张凯
文献来源：山东工业技术
发表时间：2013-11-25
内容摘要：本文详细归纳珠江三角洲及其周边地区各环境介质中滴滴涕类化合物浓度水平及演变趋势。

论文题目：珠江三角洲地区休闲体育文化的发展与创新
作者姓名：钟国强　赖勇泉
文献来源：广州体育学院学报
发表时间：2013-11-28
内容摘要：本文以珠江三角洲文化历史与社会现实为背景，考察珠江三角洲地区休闲体育文化的形态结构，分析珠江三角洲地区休闲体育文化的时代性与先导性、多元性与世俗性、继承性与开放性、消费性与商业性、地域性与民俗性等特点。对珠江三角洲地区休闲体育文化发展创新的价值取向和基本路径做初步探讨。

论文题目：珠江三角洲洪水位重现期变化研究
作者姓名：诸裕良　周允谦　许陈澄
文献来源：科学技术与工程
发表时间：2013-11-28
内容摘要：本文针对近年来珠江三角洲地区大洪水频频发生，洪水重现期发生变化的情况，采用GEV分布模型对珠江三角洲地区35个潮位站50年左右的极端高水位值进行频率分析。在此基础上将50年左右的时间序列分成若干时间段，通过Monte-Carlo模拟随机方法在每个时间段里建立概率密度函数曲线，以及水位与洪水重现期关系的函数曲线，进一步研究洪水重现期随时间变化的规律并分析其机理。结果表明：珠江三角洲中部腹地洪水重现期水位明显有增大的趋势，而上游以及口门区变化则不大。产生这种变化的重要原因是上部地区大规模挖沙活动对河道及周边环境带来负面影响。

论文题目：长江中游城市群科技产出绩效研究——与长三角、珠三角和环渤海的比较

作者姓名：唐丹　吴亦潇　周帆琦　杨弯弯　张维昊

文献来源：中国科技信息

发表时间：2013-12-1

内容摘要：本文通过对长江中游城市群与长三角、珠三角和环渤海地区科技产出绩效相关指标数据进行统计分析，综合评价科技产出绩效的现状，揭示长江中游城市群科技产出转化存在的差距，分析差异的主要原因，并提出相应合理化建议，为长江中游城市群优化科技投入产出结构，最大限度发挥科技资源效益，促进科技与经济的真正结合与协调发展提供决策参考，为中部相似城市及其他次发达地区在科技产出转化管理方面提供理论依据。

论文题目：产业集群企业间信任机制和企业绩效关系研究——以珠江三角洲两个产业集群为例

作者姓名：刘琨瑛　丘海雄　张宇翔

文献来源：经济问题探索

发表时间：2013-12-1

内容摘要：本文在总结国内外研究基础上，构建一个全新模型，同时探讨信任产生机制和后果。其中信任产生机制将已有研究归纳为关系机制、过程机制、商誉机制和制度机制，信任后果采用满意感和合作意愿来衡量。通过收集珠江三角洲地区两个产业集群242家企业样本并运用结构方程模型分析，结果显示：过程机制、商誉机制和制度机制与信任显著正相关，信任与满意感和合作意愿显著正相关，关系机制仅在家族企业子样本中与信任呈现显著正相关。本文的意义在于补充信任产生机制相关理论，并为集群企业间如何构建信任提供建议。

论文题目：科技服务业对区域创新能力提升的影响——基于珠三角地区的实证研究

作者姓名：张振刚　李云健　陈志明

文献来源：中国科技论坛

发表时间：2013-12-5

内容摘要：本文运用2000~2011年珠江三角洲地区空间面板数据，考虑地理区位特征和经济特征，探讨科技服务业对区域创新能力提升的影响。研究发现：①科技服务业产业规模、服务水平以及信息化程度对区域创新能力具有不同程度的正向影响，其中服务水平影响最大；②地理区位特征与经济特征均会对区域创新能力及其空间相关性产生影响，而又以地理区位特征的影响更大；③科技服务业发展不仅能够显著提高本地区创新能力，同时能够通过空间溢出效应促进邻接乃至不相邻地区创新能力提升；④科技服务业对区域创新能力影响呈现动态演化特征。

论文题目：网络特征对创新产业集群成长的影响研究——以珠三角地区信息服务产业为例

作者姓名：胡平　邵鹏　温春龙

文献来源：科学学与科学技术管理

发表时间：2013-12-10

内容摘要：本文在产业集群和社会网络理论基础上，通过构建“企业—行业”隶属网络，研究集群网络特征对创新集群成长的影响。通过珠江三角洲地区信息服务业集群数据实证分析，表明：企业软件著作权的增加、整网规模的扩大、R&D投入占比的提高、政策推出对产值增长和就业增加有显著

的正向影响；集群内企业数量增长并不能有效提升网络内部信息传播扩散效应；整网密度提高会促进集群网络小世界的形成，却不能带来产值和就业增长；群体中心性提高会削弱小世界特征的形成，抑制产值和就业增长；软件著作权、产值和个网规模增加均对整网规模扩大有显著的正向作用。

论文题目：社会转型期珠三角绿道体育研究现状与趋势

作者姓名：谢冬兴

文献来源：体育成人教育学刊

发表时间：2013-12-15

内容摘要：本文分析珠三角绿道规划建设、绿道体育研究活动以及绿道体育文献成果现状，发现绿道体育理论研究滞后于绿道体育实践，研究主体不足，研究方法单一。社会转型期，绿道体育研究趋势为：研究思路应囊括宏观、中观、微观多维度；研究方法应结合多学科中外文献，定性分析结合定量分析，理论研究配合实证研究；研究趋向领域为绿道体育实践与文化内涵、绿道体育产品开发与供给主体多元化、绿道体育公共服务、绿道体育旅游、绿道体育组织管理与规制、绿道体育管理绩效评估等。

论文题目：珠三角绿道规划中慢行交通设计的经验及启示

作者姓名：林伟强　邱鹍

文献来源：公路交通科技（应用技术版）

发表时间：2013-12-15

内容摘要：本文旨在通过对绿道中慢行交通规划设计方法的了解与分析，结合绿道规划中慢行交通建设的实际效果，试图探寻绿道规划方法对城市可持续发展的影响与作用。

论文题目：从珠三角环境责任风险看环境责任保险

作者姓名：袁建华

文献来源：保险职业学院学报

发表时间：2013-12-15

内容摘要：本文以珠三角环境责任风险为实例，分析环境污染的主要表现，阐述了环境责任保险的功能和面临的困境，提出发展环境责任保险的有效对策，对加强环境责任保险、推进二型社会建设有着良好的指导意义。

论文题目：珠三角地区闪电活动与大气化学污染的关系

作者姓名：杨兆礼　万齐林　吴兑　廖菲　黄辉军　毛伟康

文献来源：热带气象学报

发表时间：2013-12-15

内容摘要：本文研究以广东省东莞站为代表的珠江三角洲地区及作为对比的粤西遂溪站为代表的海边地区降水样品的化学成分与闪电活动间的关系，分析珠江三角洲地区污染源对降水化学成分的影响，通过分析发现：在珠江三角洲地区，除了臭氧不明显外，空气中二氧化硫、二氧化氮及可吸入颗粒物浓度（没有进入降水中）与闪电发生次数都存在显著的负相关关系；闪电降水具有十分明显的化学特征地区性差异，即相对其他地区，浓度较高的化学成分，其闪电降水的化学浓度都明显高于非闪电降水，而浓度较低的化学成分，其闪电降水的化学浓度都低于非闪电降水，这进一步证明 pH 值与雷电活动的关系并非主要由湿清除过程引起，而与雷电活动有较密切的关系。闪电活动与降水中某些离子浓度、降水的电导率及 pH 值间存在显著的相关关系，总的来说，闪电活动与当地的典型化学成分浓度有显著的相关关系，例如闪电活动在海边地区与海盐性离子有显著的相关关系、在珠江三角洲地区与主要由工业化和城市化环境所引起的各种离子有显著的相关关系。

论文题目：环境动态性对战略导向与产品创新绩效关系的调节作用——基于珠三角数据的实证研究

作者姓名：杜海东　严中华

文献来源：研究与发展管理

发表时间：2013-12-15

内容摘要：文章以环境动态性为调节变量，实证分析两种密切关联的战略导向对创新绩效的影响作用。基于256家珠江三角洲地区公司的实证分析，得出结果：市场导向和创业导向均对产品创新绩效显著正向影响，前者的影响程度强于后者；环境动态性负向调节市场导向与产品创新绩效的关系，正向调节创业导向与产品创新绩效的关系。基于成长型市场样本检验环境动态性在不同战略导向与产品创新绩效间的调节效应，相应研究发现和管理启示对中国尤其是珠三角企业的创新实践具有参考价值。

论文题目：泛珠三角地区发展差异的因子分析

作者姓名：尹翠芝

文献来源：常州信息职业技术学院学报

发表时间：2013-12-15

内容摘要：本文认为，泛珠三角区域经济发展差异很大，利用多元统计中因子分析法对其进行分析，提取地区发展的三个因子：工业发展因子、效益发展因子和农业发展因子。利用因子得分对不同具体地区进行排序，解释其原因，分析泛珠三角中各地区发展的差异，并提出相应的合作发展对策。

论文题目：珠三角地区农民工维权组织法律问题研究

作者姓名：李元香

文献来源：法制博览（中旬刊）

发表时间：2013-12-15

内容摘要：随着珠三角地区农民工维权组织的兴起与发展，农民工维权组织已经成为政府保护农民工权益的重要补充，但面对农民工维权组织所处的政策与法律环境、组织身份合法性缺失、资金匮乏以及政府的漠视态度，使得农民工组织发展陷于困境之中。本文认为，政府可以通过政策和法律扶持、鼓励农民工维权组织发展，确立其合法地位，拓展其筹资渠道，加强管理和监督，确保农民工维权组织健康发展。

论文题目：珠三角城乡一体化客运发展现状及长效机制设计

作者姓名：刘如意

文献来源：物流工程与管理

发表时间：2013-12-15

内容摘要：本文通过对珠江三角洲地区城乡一体化客运体系现状进行调查研究，找出珠江三角洲地区城乡客运存在基础设施建设、政府管理、企业运营管理等方面的不足，提出规范政府绩效考核、政府长效机制设计、加大对客运企业扶持、加强安全监管、规范站点管理等措施。

论文题目：清代珠三角契约文书反映的妇女地位研究

作者姓名：刘正刚　杜云南

文献来源：中国社会经济史研究

发表时间：2013-12-15

内容摘要：本文讲述在清代珠三角民间社会土地房产买卖契约文书中，作为家中长辈的女性或以主立契人，或以见证人、接银人等身份出现，契约中屡屡出现的“子母商议”“母子商议”以及“与祖母及母亲商议”等字眼，显示女性长辈在家庭财产处分中具有重要权利，也体现孝文化在民间社会得到贯彻实践。妇女的参与是契约文书生效的重要保障。

论文题目：珠江三角洲地区居民消费的城乡差异研究
作者姓名：戴洁　丁元　周树高
文献来源：湛江师范学院学报
发表时间：2013-12-15
内容摘要：本文基于分析珠江三角洲地区居民消费城乡结构差异，探讨城乡居民消费函数，发现城乡前期消费对当期消费都具有显著影响，并分析城乡主要商品消费的不同影响因素。

论文题目：基于 WPT 的建筑废弃物管理费用研究——以珠三角地区为例
作者姓名：刘景矿　王幼松
文献来源：工程管理学报
发表时间：2013-12-16
内容摘要：本文以珠江三角洲地区注册承包商为列，根据承包商整体特征，调查研究承包商支付建筑废弃物管理费用的意愿，影响其支付意愿的决定因素，建立多元回归模型。研究结果显示：国营企业承包商比私营企业承包商更愿意支付管理费；承包商建设项目经验越丰富，建筑废弃物管理费反而支付得越少；承包商规模越大，注册资金越多，废弃物管理费支付得越多。研究成果进一步完善中国建筑废弃物管理理论，为政府制定建筑废弃物管理经济补偿相关法律、政策提供理论依据。

论文题目：论法治视野下珠三角跨界水污染的合作治理——以广佛联手整治跨界水污染为例
作者姓名：石佑启　黄喆
文献来源：学术研究
发表时间：2013-12-20
内容摘要：本文认为，随着人口增长和经济发展，生活污水和工农业废水的大量排放，使得珠江三角洲地区面临着较为严重的跨界水污染问题。解决这些问题，需要积极推进区域合作治理，然而，在跨界水污染合作治理中面临体制、机制和制度的障碍，因此应从推动体制改革、促进机制创新、强化制度保障方面寻求应对之策，以实现跨界水污染合作治理的有效开展并达到预期目标。

论文题目：1208 号台风“韦森特”异常路径及其对珠三角南部暴雨影响成因分析
作者姓名：方宇凌　夏冠聪　林泽金　麦建华
文献来源：气象研究与应用
发表时间：2013-12-23
内容摘要：本文利用 1°X1°NCEP 再分析资料、全省遥测站资料、卫星云图、香港雷达图等资料，分析台风“韦森特”环流背景场、物理量场特征，找出“韦森特”在南海中北部原地摆动和对珠三角南部强降水过程的物理成因：“韦森特”的原地摆动，与副热带高压、南海中部海温、台风内在的云系和风场结构的不对称有关；珠三角地区两侧附近存在弱的水汽通量辐合，在降水中心附近存在明显上升运动，低层辐合、高层辐散，另外垂直螺旋场与降水中心第一段降水期具有很好的对应关系。

论文题目：珠三角小微企业融资中政府的作用
作者姓名：曾林扬 黄佑军 周启运
文献来源：特区经济
发表时间：2013-12-25
内容摘要：本文对珠三角小微企业融资中政府的作用进行探讨。市场化进程中，银行业私有化使小微企业融资更难。政府用行政手段只能起到短期效果且成本很高，应以市场观念重新审视这一难题，以求达到“长治久安”。政府应转变观念，从融资环境、银行和小微企业 3 个方面入手，用市场化手段取代行政手段，谋求建立市场经济条件下小微企业融资的新模式。

论文题目：中心城市推动新型城镇化的策略探讨——以泛珠江三角洲区域为例
作者姓名：彭轶丽
文献来源：特区经济
发表时间：2013-12-25
内容摘要：本文结合中心城市特征，认为中心城市作为推动和落实新型城镇化战略的重要主体之一，具有辐射带动、示范集聚、自我循环修复三大作用，并以泛珠江三角洲地区新型城镇化为例，具体分析泛珠江三角洲地区城镇化问题，以新型城镇化的内涵为基础，分析中心城市在推动泛珠江三角洲地区新型城镇化过程中的功能作用，提出中心城市在推进泛珠江三角洲地区新型城镇化中的 5 个策略。

论文题目：珠江三角洲地区典型 10kV 杆塔感应雷耐雷性能分析
作者姓名：吴彪 赵淳 卢泽军
文献来源：水电能源科学
发表时间：2013-12-25
内容摘要：本文选取珠江三角洲地区典型 10kV 四回路直线塔 BB-20，分析雷击点位置、杆塔高度、线路绝缘水平对杆塔耐雷性能的影响。基于增加放电路径通道长度的原理，提出通过加装复合绝缘塔头或横担的方法来提高杆塔耐雷性能。

论文题目：珠三角区域经济合作的历史传统与发展趋势分析
作者姓名：褚思真
文献来源：现代商业
发表时间：2013-12-28
内容摘要：本文结合珠三角区域经济合作的历史传统来研究珠三角区域经济合作问题，并试图对其发展趋势作出分析。

论文题目：珠三角深厚软土地基双向水泥土搅拌桩试验研究
作者姓名：汤永辉
文献来源：广东公路交通
发表时间：2013-12-30
内容摘要：本文针对常规水泥土搅拌桩存在的施工问题，结合工程实践，开展常规水泥土搅拌桩、双向水泥土搅拌桩和钉形双向水泥土搅拌桩的现场对比试验研究。标准贯入试验和无侧限抗压强度测试结果表明：常规水泥土搅拌桩和双向水泥土搅拌桩的桩身强度均较高，且不同深度桩身强度均匀性较好；双向搅拌桩可适用于珠三角深度超过 20 米以内软土地基加固工程；钉形桩承载力特征值为 210 节（kn），加固效果良好，且具有较显著的经济效益。

论文题目： 珠三角地区治污减排对经济发展的影响效果评估

作者姓名： 王明旭　张永波　杨柳林　蒋洪强

文献来源： 中国人口·资源与环境

发表时间： 2013-12-31

内容摘要： 本文运用环境经济投入产出模型分析方法，对“十一五”期间珠江三角洲地区治污减排对区域经济发展影响及贡献度进行定量分析及评估。评价结果显示：治污减排对珠三角区域经济社会发展产生影响和刺激作用，区域总产出增加 2149 亿元；GDP 增加 208 亿元，占“十一五”区域 GDP 总量的 0.14%；居民收入增加 122 亿元；带动社会就业 59 万人。研究结果说明，治污减排不会对经济发展产生负面的阻滞作用，而是具有积极的促进作用。

论文题目： 珠三角城市群土地集约利用评价及时空特征分析

作者姓名： 林雄斌　马学广　李贵才

文献来源： 中国人口·资源与环境

发表时间： 2013-12-31

内容摘要： 本文基于珠三角城市群社会经济和土地利用数据，研究城市—区域尺度土地集约利用程度现状和特征等问题。结果表明：珠三角城市整体土地集约利用程度提升，但集约利用程度存在显著的时间、空间差异。从时间的角度看，珠三角土地利用集约水平呈现缓慢增长的趋势，区域内部差异逐渐降低。从空间的角度看，珠三角土地利用可以分为高度集约城市、中度集约城市和低度集约城市三种类型，集约水平呈现从核心区向外围区、边缘区不断衰减的空间特征。作者认为，珠三角未来发展应该转变土地管理机制，创新土地市场，提高建设用地的配置效率，从而提高土地集约利用程度，促进经济、社会和环境可持续发展。

·责任编辑　周慧琴·

文献法规

广东省珠江三角洲清洁空气行动计划

——第二阶段（2013年~2015年）空气质量持续改善实施方案

（广东省环境保护厅、广东省发展和改革委员会、广东省经济和信息化委员会、广东省公安厅、广东省财政厅、广东省质量技术监督局2013年2月8日印发）

为贯彻落实国家和省相关工作部署，按照《印发广东省珠江三角洲清洁空气行动计划的通知》（粤环发〔2010〕18号）滚动实施工作要求，加大污染物总量减排力度，持续改善珠江三角洲（下称“珠三角”）及全省环境空气质量，保障人体健康，制定本方案。

一、形势与挑战

省委省政府高度重视珠三角大气污染联防联控工作，在全国率先建立了大气污染联防联控领导机制——珠三角区域大气污染防治联席会议，成立了区域大气环境质量科学研究中心，印发实施《广东省珠江三角洲大气污染防治办法》和《广东省珠江三角洲清洁空气行动计划》（下称“《行动计划》”）。2010~2012年，全省完善了火电厂、工业锅炉、机动车等污染源整治的政策标准体系，珠三角各地级以上市大力推进工程减排、结构减排和监管减排，严格环境准入和环境执法，《行动计划》第一阶段的各项任务要求得到有效落实，二氧化硫（SO_2）、氮氧化物（NOx）、可吸入颗粒物（PM_{10}）和挥发性有机化合物（VOCs）联合减排取得明显成效，区域环境空气质量得到一定改善，符合国家空气质量二级标准要求，圆满完成了广州亚运会和深圳世界大学生运动会的空气质量保障工作。

但是，随着区域一体化和城市化进程进一步加快，占全省近80%的多种大气污染物在珠三角狭小空间集中排放，对珠三角环境空气质量持续改善带来巨大挑战，使珠三角成为全国经济发达地区大气复合污染的典型地区。2012年新颁布的《环境空气质量标准》（GB3095-2012）（下称“新标准”）收紧了可吸入颗粒物（PM_{10}）、二氧化氮（NO_2）等污染物浓度限值，增设了细颗粒物（$PM_{2.5}$）平均浓度限值和臭氧（O_3）8小时平均浓度限值，对珠三角空气质量评价结果影响显著，珠三角部分城市空气质量达标率将下降9.6%~26.0%，NO_2、$PM_{2.5}$和O_3将取代PM_{10}成为首要污染物，$PM_{2.5}$污染的人为源主要来自机动车、工业排放以及挥发性有机物，O_3污染与氮氧化物和挥发性有机物的排放密切相关，因此，“十二五”期间的大气污染物整治工作压力巨大。

在未来经济社会继续快速发展压力依然存在的背景下，珠三角地区将充分发挥区域大气污染防治联席会议制度的重要作用，继续推进区域大气污染联防联控工作，并以更严格的标准、更有力的措施，继续优化产业结构，深化重点污染源污染减排，不断增强区域大气环境保护能力，实现珠三角空气质量的持续改善。

二、基本原则

（一）深入推进，持续改善

在第一阶段清洁空气行动计划实施基础上，适应新标准实施需要，进一步深化区域重点污染源治理，不断增强区域大气环境保护能力，实现珠三角环境空气质量持续改善，同时带动提高全省环境空气质量管理水平。

（二）联防联控，重点突破

按照区域大气环境管理的整体性和系统性要求，坚持统一规划、统一监测、统一监管、统一评估、统一协调原则，形成区域联防联控新机制，针对臭氧、细粒子污染等突出问题，集中力量优先治理。

（三）协同减排，综合控制

坚持结构减排、工程减排和管理减排并重，优化产业结构，深化污染治理，加强环境监管，实现颗粒物、二氧化硫、氮氧化物、挥发性有机物等多种污染物协同减排，有效控制大气复合型污染。

（四）科技先导，创新机制

由“行政主导”向“行政主导”与“科学指引”相辅相成的模式转化，率先试行煤炭和挥发性有机化合物总量控制，积极探索大气污染物排污许可和在线监测，构建先进的区域大气复合污染综合防治体系和完善的科学综合决策机制。

三、工作目标

以多污染物协同控制为手段，以控制 $PM_{2.5}$ 和 O_3 等二次污染物形成为重点，以珠三角区域合作解决共同环境问题为范例，提升环珠三角地区（粤东、粤西、粤北）空气污染防治水平，促进全省大气污染防治工作再上新台阶。

（一）空气质量持续改善目标

到 2015 年，珠三角地区各城市 SO_2 年均浓度不超过 60 微克 / 立方米，NO_2 年均浓度基本不超过 40 微克 / 立方米，PM_{10} 年均浓度不超过 70 微克 / 立方米，区域 O_3 和 $PM_{2.5}$ 污染形势得到初步遏制；到 2020 年，珠三角地区区域各项空气质量指标与 2015 年相比继续改善，环珠三角地区空气质量力争达到新标准要求。

（二）主要污染物排放控制目标

全面完成污染物减排任务，实现主要大气污染物排放总量显著下降。到 2015 年，珠三角二氧化硫、氮氧化物排放总量分别相比 2010 年削减 16%、18%以上；重点行业现役源挥发性有机物和工业烟粉尘排放量相比 2010 年削减 18%和 8%以上。（本方案中，如无特别说明，“以上”“以下”均包含本数）

四、主要任务

（一）严格环境准入，减少大气污染物新增排放量

1．加快产业转型升级。强化节能、环保等指标约束，优先发展现代服务业，加快发展先进制造业，大力发展高新技术产业，改造提升传统产业，形成节约能源资源和保护生态环境的现代产业体系。珠三角地区原则上不再规划建设燃煤燃油电厂和企业自备电站，原则上不再规划新建、扩建炼油石化、炼钢炼铁、水泥熟料（以处理城市废弃物为目的的除外）、平板玻璃（特殊品种的优质浮法玻璃项目除外）等项目，化工、陶瓷建设项目原则上应进入依法合规设立、环保设施齐全的产业园区。以电力、石化、建材等行业为重点，强制淘汰污染严重企业和落后产能、工艺、设备与产品，切实控制高耗能、高排放和产能过剩行业发展规模。

2．优化产业布局引导。推进规划环评，健全规划环评与项目环评的联动机制，严格区域内重大项目环境影响评价管理，逐步将大气 $PM_{2.5}$ 和 O_3 纳入规划环评及对区域空气质量产生重大影响建设项目的评价指标，加强对区域开发和工业行业、企业发展布局的引导。认真落实《珠三角产业布局一体化规划（2009~2020 年）》，继续推动珠三角地区工业项目向园区集中，统筹建设工业园区热电冷联产和分布式能源系统，强化集中供热供电，推进小企业节能减排；深入推进产业转移，禁止重污染企业原工艺、原设备的异地搬迁转移。

3．完善主要污染物排放总量管理办法。完善我省建设项目主要污染物总量相关管理办法，把取得主要污染物排放总量指标作为环评审批的前置条件，建立建设项目与减排进度挂钩、与淘汰落后产能衔接的环评审批机制。全面实施排污许可证制度，督促排污者按照许可证规定的污染物种类、排放标准、总量控制指标和排放方式等要求排放污染物；对达不到大气环境质量控制目标、环境承载力较弱的地区，严格控制新增大气污染物排放量的建设项目。逐步将典型行业 VOCs 排放总量纳入项目环评审批的前置条件。

4．实施更严格的环境标准。在珠三角地区实施严于其他地区的污染物排放限值或排放标准，加快 VOCs 等污染物排放标准制定步伐。逐步提高区域重污染行业的大气污染物排放标准，大气污染物排放重点行业逐步实施国家标准特别排放限值，引导重污染行业有序退出。

（二）调整和优化能源结构，控制区域煤炭消费总量

1．大力推广清洁能源。大力推广利用天然气、液化石油气、电等对环境污染小或无污染的清洁能源，实现清洁能源供应和消费多元化。合理增加接收西电，积极发展核电，优化发展火电，建设天然气发电等调峰电源，积极加快开发风电、太阳能、潮汐能等新能源和可再生能源，打造珠三角清洁电源基地。提高电网智能化水平，新能源的接入支持率达到 100%。加强油气基础设施建设，加快推动全省一体化的天然气主干管网建设，加快建成珠三角北干线和珠江口西岸天然气输送管道，加快推进陆上长输管线、沿海液化天然气（LNG）接收站和海上天然气接收工程建设，基本形成多气源供应的珠三角天然气主干管道内外环网。合理布局一批生物质能发电项目，建设高环保标准的垃圾焚烧发电设施，结合垃圾填埋场、畜禽养殖场、废水处理设施等建设沼气利用工程。

2．实施区域煤炭消费总量控制。2013 年上半年，启动珠三角地区煤炭消费总量控制试点工作，明确各市煤炭消费总量控制目标和任务分解要求。各地应积极探索建立新上项目与煤炭等能源消费增量和淘汰落后产能“双挂钩”机制，实施煤炭总量平衡和等量替代、减量替代制度；调整和优化以煤炭为主的能源结构，控制电煤消耗增长；逐步淘汰或改造燃煤锅

炉，发展大型燃气供热锅炉。到 2015 年底，珠三角地区煤炭消费总量控制在 1.6 亿吨以内。

3. 加强高污染燃料禁燃区管理。2013 年起，珠三角地区内各地级以上市及顺德区的城市建成区均应纳入高污染燃料禁燃区，已划定的禁燃区应根据城市建成区的发展适时调整划定范围。禁燃区内禁止新建、改建、扩建燃用高污染燃料的锅炉、窑炉和导热油炉等燃烧设施，已建成的不符合要求的各类燃烧设施要限期拆除或改造使用清洁能源，禁止燃烧原（散）煤、洗选煤、蜂窝煤、焦炭、木炭、煤矸石、煤泥、煤焦油、重油、渣油、各种可燃废物和直接燃用生物质等高污染燃料，禁止燃用污染物含量超过国家规定限值的柴油、煤油、人工煤气等燃料。

4. 推进煤炭清洁高效利用。严格控制煤炭硫分灰分，火电厂燃料煤含硫量应控制在 0.7%以下，没有配套高效脱硫、除尘设施的燃煤锅炉和工业窑炉，禁止燃用含硫量超过 0.6%、灰分超过 15%的煤炭。推进热电联供和工（产）业园区集中供热，到 2015 年，珠三角地区国家级和省级工（产）业园区基本实现集中供热，重点实施广州市新塘环保工业园及周边地区、东莞市水乡地区热电联供改造。加强整体煤气化联合循环发电（IGCC）等先进发电技术研究开发与应用推广，建设东莞洪梅太阳州 IGCC 示范工程和江门新会 IGCC 发电试验平台，建设分布式能源试点工程。

（三）深化工业污染源治理，实施多污染物协同控制

1. 深化电厂污染减排。深化电厂二氧化硫减排。2014 年底前，珠三角地区所有现役燃煤发电机组完成脱硫设施烟气旁路取消工作；推进炉内脱硫工艺燃煤机组改造，实现脱硫剂自动添加，并配套在线中控系统保存相关记录。已投运脱硫设施不能稳定达标排放的，应实施更新改造已有脱硫设施，珠三角地区所有燃煤电厂综合脱硫率应达 90%以上。

继续推进电厂降氮脱硝工程。2014 年底前，珠三角地区 12.5 万千瓦以上现役燃煤火电机组（不含循环流化床锅炉发电机组）全部完成低氮燃烧改造和烟气脱硝改造。推广燃气机组干式低氮燃烧技术。加强对已建脱硝机组的监督管理，确保氮氧化物稳定达标排放。

区域内燃煤机组必须配套高效除尘设施，确保机组烟尘排放浓度稳定达到 20 毫克 / 立方米的特别排放限值要求，不能稳定达标的应对除尘设备进行技术改造，确保稳定达标排放。

2. 全面推动工业锅炉污染综合整治。推进工业锅炉燃料结构清洁化。推行电、天然气等对环境污染小或无污染的清洁能源替代煤，加快区域天然气管网及支网建设。严格控制工业锅炉燃料含硫率，严禁高污染燃料锅炉投入使用，禁止新建 10 蒸吨 / 小时以下（不含）使用高污染燃料的工业锅炉。

实施中小锅炉污染连片整治，以热电联供等方式加速高污染、高能耗工业小锅炉更新替代。各地应制定计划推动小锅炉通过改燃清洁能源或集中供热等方式更新替代，2015 年底前，完成区域内所有 4 蒸吨 / 小时以下和使用 8 年以上 4 蒸吨 / 小时（不含）~10 蒸吨 / 小时（不含）高污染工业锅炉的更新替代。生物质成型燃料可有条件地作为一种替代燃料，其在配套的专用燃烧设备上正常燃烧后的尾气污染物浓度应低于现行锅炉排放标准中气态燃料最严标准。

实施在用锅炉烟气污染综合治理。通过燃烧系统改造、安装脱硫、除尘和降氮脱硝设备等措施，实现在用工业锅炉稳定达标排放。2015 年底前，完成 10 蒸吨 / 小时以上和使用不

足8年的4蒸吨/小时（不含）~10蒸吨/小时（不含）锅炉烟气污染综合治理，推进20蒸吨/小时以上的燃煤锅炉烟气脱硝工程建设，并同步配套完善设施运行记录系统（DCS）。

3．强化建材行业污染治理减排。区域所有陶瓷、平板玻璃制造、水泥企业需安装高效除尘和脱硫设施，确保达到《陶瓷工业污染物排放标准》（GB 25464-2010）、《平板玻璃工业大气污染物排放标准》（GB26453-2011）和《水泥工业大气污染物排放标准》（DB44/818-2010）污染物排放限值要求。2013年底前，日产2000吨熟料以下（不含）的现役新型干法水泥熟料生产线完成低氮燃烧改造，脱硝效率达30%以上；日产2000吨熟料以上的生产线完成烟气脱硝设施建设，综合脱硝效率达到60%以上。

（四）强化机动车污染防治，推动交通行业污染控制

严格新车污染物排放标准，强化在用车辆环保管理，加快黄标车淘汰，供应清洁车用成品油，大力发展公共交通，逐步建成具有广东特色的“车、油、路”协调发展的机动车污染防治体系。

1．严格新车环保准入门槛。加强新车登记注册和外地车辆转入管理。公安机关要严格按照国家环保达标车型目录执行新车登记和转移登记，达不到珠三角区域执行的国家规定阶段性机动车污染物排放标准的，一律不得注册登记或转入。加快实施更加严格的新车排放标准。2013年7月1日起，实施国家第IV阶段柴油车排放标准，适时向国家申请提前实施第V阶段轻型汽油车排放标准。全面实施道路运输车辆燃料消耗量限值标准和准入制度，不符合道路运输车辆燃料消耗限值标准的新购车辆，不得进入道路运输市场。

2．加强在用车辆管理。全面落实机动车环保定期检测与维护制度。2015年底，各地机动车环保定期检测率必须达到80%以上，环保定期检测率以联网报送至省环保主管部门的数据进行核定。加强机动车停放地抽检和道路抽检工作。加快机动车环保检验合格标志发放工作，环保检验合格标志发放率需达到90%以上。在用机动车未按规定进行环保定期检测或定期检测不合格的，不予核发机动车环保检验合格标志。

3．加快“黄标车”淘汰进程。全力推进重点车型的更新淘汰。各地政府要结合当地实际情况出台促进“黄标车”提前更新淘汰的奖励政策，确保2015年底前全面淘汰2005年之前注册的营运黄标车。采取限制使用与经济刺激相结合的方式，积极引导广大车主自愿提前更新淘汰“黄标车”。全面推行“黄标车”限行，到2015年底，珠三角区域各地市“黄标车”限行区面积占市辖区建成区面积的比例不低于30%。有条件的城市可以根据大气污染防治的需要推进黄标车全面限行。

4．持续提升油品质量。全面提升车用成品油质量，2013年4月1日前，在珠海、中山、佛山市全面推广粤IV车用汽油，在广州、深圳、东莞市全面供应粤IV车用柴油，力争2015年7月1日前在珠三角全面供应粤IV车用汽、柴油。

5．加强非道路机械与船舶污染防治。加强对非道路移动机械和船舶的排放控制，核查珠三角地区在用非道路移动机械和船舶的排放状况，研究制定有关排放控制政策。推进非道路移动机械和船舶用燃料低硫化供应。2013年7月1日前，将普通柴油硫含量降低至350ppm以下；逐步将远洋船舶用燃料的硫含量降低至2000ppm以下。

加快远洋运输港口码头岸电设施示范工程建设，推行船舶停靠港口码头期间使用岸电等减排措施；加快港口内拖车“油改气”进程，落实配套加气站建设；推进港口装卸设备（起重机、吊机）油改电进程，优先完成胶轮式台驾起重机“油改电”工程；提高港口船舶油品检测频次，鼓励和提倡企业在港口及近海区域使用低硫燃料。

6. 大力发展城市公共交通系统。优化城区路网结构建设力度，完善城市交通基础设施，落实公交优先发展战略。优化布设公交线网，大力发展公交无缝换乘系统，实现与城际（市）轨道交通便捷换乘。协调推进城市公共汽（电）车专用道建设，规划统筹、科学配置城市道路资源，积极探索发展新型城市公交系统。加快广州、深圳、佛山、东莞城市轨道交通和珠三角城际轨道交通系统建设。对公交车、出租车、市政车辆等使用频率高的车队，进行集中治理或淘汰更新，建设绿色营运车队，大力发展甩挂运输。大力实施广东省新能源汽车推广应用示范工程，以新能源汽车在城市公共服务领域的应用为突破口，引导和带动私人购买新能源汽车。

（五）全面开展工业 VOCs 排放治理，加大生活 VOCs 控制力度

1. 严控区域工业新增 VOCs 排放。珠三角地区新建 VOCs 排放项目必须通过区域工业源的减排实现增产减污。排放 VOCs 的新、改、扩建项目环评审批，在重点或典型行业逐步实施“点对点”总量调剂的方式，明确 VOCs 排放总量指标的来源，实施“等量替代”或“减量替代”，确保不增加区域内工业 VOCs 的总量排放。

新建汽车制造、家具及其他工业涂装项目必须采取有效的 VOCs 削减和控制措施，水性或低排放 VOCs 含量的涂料使用比例达到 50%以上。新建机动车制造涂装项目，其水性涂料等低排放 VOCs 含量涂料占总涂料使用量比例不得低于 80%，所有排放 VOCs 的车间必须安装废气收集、回收净化装置，收集率应大于 90%。新建室内装修装饰用涂料以及溶剂型木器家具涂料生产企业的产品必须符合国家环境标志产品要求。

2. 全面治理现有 VOCs 排放工业。2015 年底前，珠三角各地需完成所有 VOCs 排放重点监管企业的治理任务，其中区域内所有炼油及石化、汽车制造、船舶制造 / 维修、集装箱制造、凹版印刷工艺的企业，以及有机溶剂年使用量超过 100 吨的家具制造、制鞋企业应作为重点对象，优先开展治理。

加强炼油石化生产装置、输送设备或管线、储存过程挥发性有机化合物泄漏的监管，现有企业原油加工损失率应控制在 6‰以内。2013 年底前，开展广石化、惠州壳牌等首批重点企业 VOCs 控制试点工作，重点建立泄漏检测和维修（LDAR）技术示范工程，提出适合珠三角石化和有机化工行业 VOCs 总量控制的技术路线。2015 年底前，珠三角地区内石油化工企业的生产工艺单元必须安装工艺废气循环利用装置，对难以回收利用的应采用燃烧方式或吸收、吸附、冷凝等物理方法进行末端治理和排放控制。

强化区域内印刷、家具、表面涂装（汽车制造业）、制鞋行业的 VOCs 排放达标治理工作，各地需明确企业治理项目和完成时限，对不能完成减排任务、治理不达标的排污单位，依法责令关停。涉及表面涂装生产工艺的工业企业应逐步提高环保水性涂料的使用比例，对工艺单元排放的尾气进行回收利用。未安装废气处理设施的企业必须安装后处理设施收集涂

装车间废气并进行集中处理。

加强化学原料、涂料、油墨及颜料制造业的排放控制，强化化学品/医药/化学纤维/橡胶/塑料制造业、涂料/油漆/油墨制造业等典型高 VOCs 排放企业的清洁生产和 VOCs 排放治理监管工作，切实保障工业有机溶剂原辅材料和产品的密闭储存以及排放 VOCs 生产工序在固定车间内进行。2015 年底前，珠三角地区典型 VOCs 排放企业的原辅材料水性化改造率应达到 50%以上。

加强储油库、油罐车和未安装在线检测系统的加油站油气污染治理情况的监督管理，建立长效监管机制。经营单位应做好本单位相关油气回收系统的定期检查维护工作和年度检测工作，保证油气回收系统的正常工作。各地环保部门要加强对辖区内油气污染治理设施的现场检查（至少每半年一次）和监督性抽测（年抽测数量不低于 10%）工作，对检查或抽测不合格的应督促企业进行改正，促使污染治理设施的规范运行和稳定达标。省环境保护厅对各地环保部门的油气污染治理监管情况进行检查，并协同有关主管部门对未进行、未通过年度检查的加油站、储油库和油罐车经营单位进行处罚。

加大 VOCs 排放工业企业清洁生产审核力度，2014 年底前，完成珠三角重点行业挥发性有机物优先治理企业的清洁生产审核工作，制定并发布广东省重点行业排放 VOCs 清洁生产审核技术指南，加强对重点企业清洁生产审核的评估验收。对清洁生产达到国际先进水平企业予以优惠政策，引导和鼓励企业削减 VOCs 排放量。

3. 强化 VOCs 排放企业监管。建立珠三角工业挥发性有机化合物排放重点监管企业名录的滚动更新及公布制度，加强对列入名录重点源的日常监管。对列入省、市重点排放企业名录中的企业每半年至少进行一次监督性监测，对未按规定实施控制措施的排放源，要责令限期整改；对不符合规定的重污染企业、不能达标排放的企业或存在严重环境安全隐患的企业要依法关闭、限期治理或停产整顿。

重点推进石油炼制企业 VOCs 重点污染源在线监测试点示范，2015 年底前各地完成 VOCs 在线监测系统建设，逐步将 VOCs 重点监管企业纳入重点污染源在线监控系统。

4. 加大生活源 VOCs 排放控制。各地应建立涂料产品政府绿色采购制度，涉及使用涂料、油漆和有机溶剂的市政工程、政府投资的房屋建设和维修工程等，优先采用低挥发性有机物含量产品；政府主导的建设工程应优先选用“绿色施工”企业。

积极推进商用及家用溶剂产品挥发性有机化合物污染控制，严格管理干洗行业的溶剂使用。服装干洗行业应提高干洗用溶剂冷凝回收率。新建和改、扩建项目必须采用具有净化回收干洗溶剂功能的全封闭式干洗机，不再新增开启式干洗机；干洗溶剂储存、使用、回收场所应具备防渗漏条件，并由有资质的单位回收处理。

强化餐饮服务业油烟污染治理。新建饮食服务经营场所必须符合规划要求，推广使用管道煤气、天然气、电等清洁能源。城市建成区内所有餐饮企业必须安装油烟净化装置，实现达标排放。各城市应选择典型区域开展规模以上餐饮企业在线监控试点，建立长效监管机制。建立并完善跨部门联合查处制度，严格查处违法行为，取缔无照违法经营户。加强对新建项目的环保审批和工商登记管理，强化对新建项目的监督管理。

（六）遏制城市扬尘污染，控制有毒有害及其他大气污染物

1. 遏制城市扬尘污染。2015 年底前，各市扬尘污染控制区应达到建成区面积的 90%以上，扬尘污染得到有效控制。

控制施工扬尘。加强建设项目施工期扬尘控制的环境监理。积极发挥部门联动作用，督促施工单位落实施工现场封闭围挡、冲洗设施设置、道路硬底化等扬尘防治措施，做到施工现场 100%围蔽、工地砂土 100%覆盖、工地路面 100%硬化、拆除工程 100%洒水压尘、出工地运输车辆 100%冲净车身车轮且密闭无洒漏、暂不开发场地 100%绿化。要对施工工地内、道路两侧及工业企业内堆积工程材料、沙石、土方、建筑垃圾等易产生扬尘污染场所采用封闭、喷淋及表面凝结等防尘措施；要加强市区内裸露土地的绿化或铺装，落实路面保洁、洒水防尘制度，减少道路扬尘污染。大型施工工地（建设用地面积≥20 万平方米的建设工程工地及建设用地面积≥5 万平方米的房屋拆除改造工地）和采石取土场必须建设视频监控系统。

治理渣土遗撒。强化渣土运输单位主体责任，完善运输公司资质认证、车辆密闭运输备案、运输遗撒治理资金保障以及年检复查制度。开展渣土运输车辆密闭新工艺改装。建设重点地区、重点路段的渣土运输车辆遗撒监控系统。

提高道路清扫保洁水平。扩大“吸、扫、冲、收”组合式道路保洁设备比重，增加城市道路冲洗保洁频次，每日对重点地区、主要道路进行冲洗作业，切实降低道路尘负荷。研究制定区域道路尘负荷监测评估方法，完善道路清扫保洁考评和信息公开办法。在不利气象条件下，要加大道路保洁力度与频次，增加道路洒水次数。

加强码头扬尘污染控制。区域内所有散货物料码头在堆放和装卸煤炭、煤矸石、矿石、建筑材料等易产生扬尘污染的物料时，应采取严格的扬尘污染防治措施，码头和堆场的地面应当进行硬底化处理，储库内应配备喷淋或其他抑尘设施，输送设备应当在装料、卸料处配备吸尘、喷淋等防尘设施，并保持防尘设施的正常使用。

加强城市绿化建设，结合城市发展和工业布局，加强城市绿化建设，努力提高城市绿化水平，增强环境自净能力。加强对各类废弃矿区的治理，实施生态修复工程，恢复植被和景观，抑制扬尘产生。

2. 加强有毒有害及其他大气污染物控制。加强重点行业二噁英排放控制。根据国家《重点行业污染防治最佳可行技术 / 最佳环境实践（BAT/BEP）导则》要求，分阶段对区域再生有色金属生产、炼钢生产、废弃物焚烧和遗体火化等重点行业实施二噁英减排工程示范。

各地应加强对生物质露天焚烧的监督管理。禁止露天焚烧园林废物、树木、秸秆、锯末、稻壳、蔗渣等生物质燃料以及废旧物、垃圾等；全面禁止将废弃沥青、油毡、橡胶、塑料、皮革及其他焚烧后能产生有毒有害烟尘和恶臭的物质作为燃料使用。

推进排放有毒废气企业的环境监管，把有毒空气污染物排放控制作为环境影响评价审批的重要内容，明确控制措施和应急对策。完善有毒空气污染物的排放标准与防治技术规范。针对化肥使用中氨的排放、燃煤汞排放以及其他有毒有害物质的控制，研究制定有关排放标准及技术规范。

五、重点工程

为实现计划目标和任务，需落实清洁能源、治污减排、绿色交通、清新城市和蓝天数字五大类重点工程项目，经费来源于国家、省、市、县各级财政和企业、市场等多方面投入。

（一）清洁能源工程

包括冷热电三联供、热电联产、LNG 接收站建设、天然气电厂扩建等清洁能源利用项目，以及珠三角重点工业园区集中供热改造工程。

（二）治污减排工程

包括电力行业脱硫、脱硝和高效除尘治理项目；工业锅炉污染综合整治项目；平板玻璃、陶瓷行业污染整治项目；水泥行业降氮脱硝项目；典型行业 VOCs 治理项目。

（三）绿色交通工程

珠三角各地黄标车淘汰、车用油品供应、环保标志发放、环保定期检测和黄标车限行等。

（四）清新城市工程

城市饮食服务业和扬尘污染防治项目。

（五）蓝天数字工程

包括区域空气质量监测网络建设、污染源在线监测系统建设、空气质量预报预警能力建设等。

六、保障措施

（一）完善法规标准

全面贯彻落实《广东省珠江三角洲大气污染防治办法》，进一步完善区域大气污染联防联控制度和相关地方标准制定等工作，加快修订《广东省机动车排气污染防治条例实施细则》，加强大气污染防治法规体系建设。

认真贯彻实施国家颁布的污染物排放标准，健全我省大气污染物排放标准体系，尽快出台广东省生物质成型燃料燃烧设施大气污染物排放标准，加快制定典型行业挥发性有机化合物排放控制标准及挥发性有机化合物综合排放标准）。

（二）提升监管效能

加强广佛肇、深莞惠、珠中江三个经济圈大气联防联控合作机制；推进环境执法体制改革，强化县（区）、镇级环境执法监督能力建设，统一各地环境执法标准，提高环境应急管理和应急响应水平；完善在线监控统一协调管理机制，20 蒸吨 / 小时以上燃煤锅炉必须按照要求安装大气污染物在线监控系统。同时强化大气污染源监督性监测工作，把 20 蒸吨 / 小时以上工业锅炉、典型行业挥发性有机物排放企业等污染源纳入监督性监测范畴。

优化完善区域大气环境监测网络。增加纳入珠三角大气环境监控网的监测点位数量，增加监测项目，加强对光化学烟雾、酸雨、灰霾的监测和研究。提升空气质量预报预警能力。逐步推广国家 863 项目“重点城市群大气复合污染综合防治技术与集成示范”重大项目区域空气质量监测预警技术的业务化应用，逐步开展全省空气质量实况发布和预报工作，逐步建立严重空气污染过程预报预警制度，实现全省范围空气质量的实时监控与预警。

（三）狠抓责任落实

各地要充分认识大气污染防治工作的重要性、紧迫性和艰巨性，切实加强组织领导，按照本方案确定的任务和要求，组织制定具体的实施方案，明确责任分工、制定年度计划、分解各项任务。

建立完善大气污染防治督办考核制度。强化对本方案实施情况的跟踪考核，各地要按时报送工作进展情况，并在确保现有任务按时有效落实的同时，做好污染源调整更新。省对各地报送的进展情况每年至少核查一次，并对外公布各地报送及核查结果，对没有完成大气污染治理任务且空气质量状况恶化的地区实施区域限批；对工作责任不落实、工作进度滞后的地区，严格追究责任。

（四）创新经济政策

建立政府、企业、社会多元化投资机制，拓宽融资渠道。污染治理资金以企业自筹为主，政府投入资金优先支持列入计划的污染治理项目以及区域大气污染防治能力建设。各地应积极采取“以奖代补”“以奖促防”“以奖促治”等方式，加快重点工程实施进程。研究征收挥发性有机物排污费，研究珠三角扬尘污染排放系数，科学制定扬尘排污收费政策，逐步开展大气污染物差别收费政策试点。

完善总量控制和排污许可证制度，建立主要大气污染物排放权有偿使用和交易制度，开展二氧化硫等排污权有偿使用与交易试点工作。

（五）强化科技支撑

充分发挥珠三角大气复合污染立体监测网络特别是广东大气超级监测站的作用，加快广东省国家环境保护重点实验室建设。进一步提升广东省区域大气环境质量科学研究中心的科研能力，积极参与国家蓝天科技计划和大气污染防治科技专项研究，开展城市环境空气质量评估及达标管理研究，推广一批能够解决区域复合型大气污染问题的先进实用技术。

通过自主研发和对外引进相结合的方式，大力发展脱硫、脱硝、除尘、挥发性有机物治理等相关技术产业，支持环保企业建设工程技术研发中心和工程研究中心（工程实验室），开发具有自主知识产权的废气处置和利用的产品、设备。

加强大气污染防治技术人才与队伍建设，加强人才交流与人员培训，切实提高科研人员、管理人员的科学素质和管理协调能力，逐渐形成国内一流的大气污染防治专家咨询团队、技术研发团队和环境管理团队。

（六）开展宣传教育

健全信息公开制度，定期发布城市环境空气质量信息，公开重点污染源环境信息、环境监察信息和建设项目环保审批情况，及时向社会通报重大大气污染环境案件的查处情况，保障公众的信息知情权。鼓励公众参与环保决策，对涉及公众的大气环境权益的发展规划和建设项目，实行重大建设项目审批前公示和验收公示制度，广泛听取社会各界的意见和建议，进一步完善公众环境监督机制。

广泛开展形式多样的大气污染防治宣传教育活动，依托各新闻媒体，倡导公众从身边事做起，引导环保志愿者和环保民间组织积极参与，逐步形成绿色的生活和消费方式，形成全社会重视大气环境保护、参与环境建设的良好氛围。

广东省直有关主管部门及珠三角各市人民政府任务要求

部门	任务要求
省环境保护厅	对珠三角地区大气污染防治实施统一监督管理，推进区域大气污染联防联控工作，严格环境准入，深化火电机组、工业锅炉等传统工业污染整治工作，开展机动车和挥发性有机物等污染治理工作，加强环境监管监测，统一发布区域环境空气质量信息
省发展改革委	严格控制高能耗、高排放和产能过剩行业新上项目，推动传统产业改造升级，负责在珠三角地区开展煤炭消费总量控制试点，推广清洁能源，结合能源发展规划优化能源布局，结合交通发展规划发展绿色交通
省经济和信息化委	负责电力、石化、水泥、陶瓷、玻璃等重点行业节能减排、产业结构调整指导目录和产业结构调整年度实施计划并组织实施，淘汰重污染行业落后生产能力，分解各地区节能目标并组织考核，推进节能降耗及清洁生产工作。协调石油炼化和成品油销售企业，加快推进供应高品质车船用燃油
省公安厅	按照《广东省机动车排气污染防治条例》的要求，严格车辆管理，执行机动车强制报废制度，会同环保部门做好机动车排气污染的路检工作，加强对在用车超标排放的管理
省交通运输厅	会同省环境保护厅、公安厅等部门制定和实施营运黄标车淘汰工作方案，协助环保主管部门对营运车辆达标排放进行抽检，优化交通运输资源配置，积极发展节能低碳的节能高效交通系统，严格执行车用燃料消耗量限额标准，推广节能环保型运输船舶
省住房城乡建设厅	加强建设项目施工工程扬尘污染控制，配合环境保护厅制定扬尘污染控制实施方案，推进扬尘控制区相关工作，负责指导各地加强城市道路保洁水平
省财政厅	安排环境保护专项资金，研究促进珠三角大气污染防治的财政政策
省质监局	做好相关环保标准的制定和修订工作。配合省环境保护厅开展锅炉污染治理工作
省物价局	根据珠三角大气污染防治的要求和经济、技术条件以及排污单位的承受能力，负责制定有利于大气污染防治的价格和收费制度
省气象局	负责对影响珠三角区域大气污染物输送、扩散和变化的现状天气气候条件的评估以及对未来天气气候条件变化的研究；开展区域灰霾天气观测、预测、预警和研究，并实现部门间大气环境相关信息数据共享
电力监管机构	配合环保部门实施电力行业大气污染防治工作
渔业、海事等主管部门	在各自职责范围内，对船舶大气污染实施监督管理
珠三角各市及顺德区人民政府	组织协调有关部门，在各自职责范围内，落实计划各项任务，加强对区域内大气污染实施监督管理

注：参考《印发广东省“十二五”节能减排综合性工作方案部门分工的通知》（粤府办〔2012〕42号）、《广东省人民政府办公厅关于印发“十二五”重点行业（部门）节能工作任务分解方案的通知》（粤办函〔2012〕625号）

实施珠三角规划纲要2013年重点工作任务

（广东省人民政府办公厅2013年7月12日印发）

根据《珠江三角洲地区改革发展规划纲要（2008~2020年）》和《中共广东省委办公厅 广东省人民政府办公厅关于印发〈实施珠江三角洲地区改革发展规划纲要实现“九年大跨越”工作方案〉的通知》（粤办发〔2013〕13号）确定的各项工作任务，为推动珠三角地区实现“九年大跨越”良好开局，现提出2013年重点工作任务：

一、推进经济结构战略性调整，加快珠三角区域优化发展

（一）千方百计扩大内需

继续开展“广货全国行”和“广货网上行”，建设省外广东商贸城。推动各市编制旅游城市规划，加快推进滨海和山区（生态）旅游产业园建设。加快推进高速公路、城际轨道等基础设施建设。健全省有关部门、项目所在地政府、项目参建单位三位一体的协同推进项目建设机制。推动已发布的面向民间投资招标的重大项目尽快落地开工建设，力争开工率达80%以上。（省经济和信息化委、发展改革委、交通运输厅、旅游局等负责）

（二）支持各类企业加快发展

培育主营业务收入超100亿元企业160家以上，其中500亿~1000亿元企业15家左右，1000亿元以上企业13家左右。完善重点企业直通车服务制度，建立大型骨干企业数据库。构建中小微企业创业服务平台，组织实施中小企业服务平台网络建设工程，完成省级平台和33个窗口平台联通并开展服务。加快建设一批前孵化器、孵化器和加速器，推广民营科技园区“三资融合”建设模式。（省经济和信息化委、发展改革委、科技厅、国资委等负责）

（三）加快建设现代产业体系

优先发展现代服务业，积极推进现代服务超市建设，实施“四加三”现代服务业工程，认定和建设一批省级现代服务业集聚区。全面推进金融改革创新综合试验区建设，制订支持创业投资和私募股权投资发展的指导意见，推动成立广州金融资产交易所，建设广州、佛山OTC市场。加快建设珠三角国际电子商务中心。提升发展先进制造业，加快中海油二期、粤海高端装备产业园等重大项目建设，江门南车轨道交通装备产业基地实现全面投产，佛山一汽大众30万辆轿车、深圳长安标致汽车实现量产。重点发展战略性新兴产业，打造高端新兴产业集群。编制重点产业技术指南，制订重大技术突破及产业化目录，深入实施战略性新兴产业核心技术攻关。出台关于发展创业投资促进产业转型升级的意见。促进优势传统产业转型升级，推进“千百亿品牌培育工程”，认定一批省优势传统产业转型升级示范和龙头企业。推进现代农业产业基地建设。（省发展改革委、经济和信息化委、财政厅、科技厅、农

业厅、金融办等负责）

（四）提升自主创新能力

实施企业创新工程和创新型企业院线提升计划，引导2家以上创新型企业组建研究开发院。实施“十百千”产学研合作创新平台建设工程和企业科技特派团行动计划。积极推进中国散裂中子源、国家基因库等大科学工程建设，加快推进中乌巴顿焊接研究院建设。开展基层医院全覆盖远程医疗服务试点和创新医疗器械产品示范。推进粤港科技创新走廊建设。出台重大经济和科技活动知识产权审查与评议办法。支持国家知识产权投融资（南海）综合试验区、顺德知识产权投融资试点建设，加快国家专利审查协作广东中心和知识产权区域专利信息服务广州中心建设。推进粤港澳人才合作示范区建设。启动实施省高层次人才特殊支持计划，做好第四批创新科研团队的引进工作，加快建设“千人计划”南方创业中心。研发人员投入达39万/人/年，高新技术产品产值占规模以上工业总产值的比重达45%。（省科技厅、经济和信息化委、人力资源社会保障厅、知识产权局等负责）

（五）全面推进信息化建设

建设珠三角无线城市群，加快城市光纤入户，推进WLAN在重要区域和公共场所覆盖，率先建设新一代移动通信网络。组建大数据专家委员会和技术产业联盟，出台加快实施大数据战略的意见。推进网上办事大厅建设，佛山、江门、肇庆市所辖县（市、区）完成应进驻部门及事项界定，推出省网上办事大厅手机版。逐步试行公民个人网页。（省经济和信息化委、科技厅、通信管理局等负责）

（六）加快推进重大战略平台建设

广州南沙、深圳前海、珠海横琴加快细化落实国家赋予的政策措施。争取国家将中新（广州）知识城列为中新两国层面合作项目并纳入中新联合协调理事会常设议题。推动佛山中德工业服务区和东莞台湾高科技园编制园区发展规划，惠州环大亚湾新区、中山翠亨新区、江门大广海湾新区、肇庆新区加快规划建设。研究梳理下放省级管理权限。加强统筹协调，解决重大战略平台建设中的财税、金融、人才、用地、基础设施建设等突出问题。筹备召开重大战略平台建设工作交流会。（省规划纲要办、发展改革委、珠三角九市政府等负责）

（七）加快建设海洋经济综合试验区

编制海洋主体功能区规划和海岸带统筹利用总体规划，制定国家海洋高技术产业基地试点工作实施方案。推进集中集约用海，加快形成广州南沙龙穴岛等集中集约用海区。开展海洋经济创新发展区域示范工作。落实发展临海工业等五个实施方案。开展海洋产业园区认定工作。（省海洋渔业局、发展改革委、经济和信息化委、科技厅、国土资源厅等负责）

二、加快珠三角区域一体化进程，促进区域协调发展

（一）加快基础设施一体化进程

编制《珠三角地区轨道交通一体化规划》。建成厦深铁路和广深铁路石龙站，力争完成穗莞深城际广州东至新塘段、新塘至洪梅段，广佛环线佛山西站至广州南站段、珠海市区至

珠海机场城际拱北至横琴段等项目前期工作。建成广深沿江高速等高速公路项目，完成深圳机场扩建工程并投入使用。建成珠海 LNG 接收站、珠海荔湾海气上岸陆上终端项目，继续推进省天然气主干管网二期工程建设，启动相关联网工程。（省发展改革委负责）

（二）加快产业布局一体化进程

推进珠三角共建汽车供应链，推动建设广东粤海装备技术产业园、江门汽车零部件产业专业园等一批汽车零部件专业园区，引进一批产业链配套项目。提高深莞惠共建手机创新圈工作水平，推进“整机价值链提升工程”，促进手机研发设计、营销和制造全产业链发展。（省经济和信息化委负责）

（三）加快推进城乡规划一体化进程

继续推进珠三角城际轨道站场 TOD 综合开发规划编制，以及相关片区的控制性详细规划的编制修改和审查备案工作。加快启动已完成规划站场的综合开发，因地制宜建设综合配套的新型社区。联合港澳完成《环珠江口宜居湾区建设重点行动计划》《澳珠协同发展规划》以及《澳门与珠江口西岸地区发展规划》编制工作。加快推进城乡规划空间信息服务平台立项和建设。制定城市存量土地空间发展权转移机制的政策指引。制定县域城乡一体化发展规划编制技术指引。（省住房城乡建设厅负责）

（四）加快基本公共服务一体化进程

提高非户籍学生和进城务工人员随迁子女入读义务教育公办学校比例。扩大医学检验检查结果互认范围和内容，推广预约诊疗服务、优质护理工程和志愿服务。完善推广社会保障“一卡通”。推动抚恤优待、老人优待异地待遇互认。建立和完善体质测定与运动健身指导站，推动实施国民体质监测一卡通。推进统一的数字资源共建共享平台建设，积极开展馆际互借和资源共享服务。（省财政厅、教育厅、人力资源社会保障厅、卫生厅、文化厅、体育局等负责）

（五）加快环境保护一体化进程

强化跨界河流水质达标管理，广州珠江河段稳定达到Ⅳ类标准，石马河、淡水河、佛山水道等重点河段水质实现阶段控制目标。滚动实施第二阶段珠三角清洁空气行动计划，以治理 $PM_{2.5}$、臭氧污染为重点，制定实施空气质量持续改善方案，完善区域环境质量监测网络，按照新标准开展空气质量评价。（省环境保护厅负责）

（六）深化经济圈建设

签订《广佛肇经济合作区建设合作协议》，完成合作区建设方案和发展规划编制工作。加快推进顺德龙江（德庆）产业转移工业园开发和基础设施建设。编制《深莞惠区域协调发展总体规划》。制定深莞惠接壤地区土地利用协调机制，开通惠州大亚湾至深圳大鹏等跨界公交客运班线。落实《推进珠中江城市（镇）供水水源同网框架协议》和《珠中江深化区域旅游合作备忘录》。推进珠中江社保卡在三地定点医疗机构和药店费用跨地区结算。推动珠三角区域内部相邻各市合作。（省规划纲要办、珠三角九市政府负责）

三、统筹城乡发展，提高城镇化水平

（一）加快城市化进程

编制新型城镇化发展战略纲要。优化广州、深圳、江门、肇庆市城区行政区划结构。率先开展扩权强镇试点。启动智慧城乡空间信息系统建设，全面开展“智慧城市”建设。（省住房城乡建设厅、发展改革委、经济和信息化委等负责）

（二）推进宜居城乡建设

完成建制镇总体规划编制，试点推进中心镇控制性详细规划。开展第三批省宜居示范城镇、宜居示范村庄创建工作。推动各县（市）开工建设1座生活垃圾无害化处理场（厂）、各建制镇建设1座生活垃圾转运站、各自然村建设1座以上生活垃圾收集点。开展第二批名镇名村示范村建设。实施农村清洁工程。再启动6个村村通自来水工程示范县建设，完成农村易涝区整治试点项目建设。研究出台关于加强城市排水与内涝防范工作的指导意见。（省住房城乡建设厅、农业厅、水利厅等负责）

（三）推动“双转移”创新提质

推动珠三角产业成链转移。推动优质园区提质扩容，积极吸纳各类社会主体参与园区开发建设。加快发展深汕（尾）特别合作区和顺德清远（英德）经济合作区。落实区域劳动力转移规划。扩大劳动力转移培训政策覆盖对象范围，实施校园对接产业园工程，启动技工院校“校企双制”办学试点。出台职业培训联盟指导意见。完成新增转移80万名、培训60万名农村劳动力任务。（省经济和信息化委、人力资源社会保障厅、发展改革委等负责）

（四）辐射带动粤东西北振兴发展

加强珠三角五个一体化规划实施与周边地区的衔接，逐步辐射延伸更大范围。分步推进广佛肇经济圈对粤北地区、深莞惠经济圈对粤东地区、珠中江经济圈对粤西地区的辐射带动。建立珠三角对粤东西北地区对口帮扶的制度性安排，纳入政绩考核范围。加快规划建设粤桂合作特别试验区。（省规划纲要办、发展改革委、珠三角九市政府等负责）

四、推进生态文明建设，努力建设美丽广东

（一）优化国土空间布局

编制完成主体功能区规划配套政策文件。出台优化建设用地报批林地审批程序的政策措施。启动中山市统筹城乡土地综合整治试点。制订省生态空间体系战略规划，启动全省绿色基础设施建设系统工程，推动基本生态控制线划定和规划管理工作制度化、法治化。制定滨水空间规划建设指引，推动魅力水岸“蓝网”示范工程建设。（省发展改革委、国土资源厅、住房城乡建设厅等负责）

（二）大力推进污染减排

实行污染物排放总量前置审核制度，对未完成减排目标的地区实行行业区域限批。出台排污权有偿使用和交易管理办法，开展对纳入试点范围企业的排污权初始分配。推动率先在部分行业企业开展环境污染责任保险试点。推动首批省低碳试点城市和试点县（区）建设，

启动开展基于配额的碳排放权交易。（省环境保护厅、发展改革委、物价局等负责）

（三）促进资源节约

制定能源消费总量控制实施方案，推进能源管理体系、能源管理中心和能效对标“三能体系”建设。认定10个省循环经济工业园、省市共建循环经济产业基地、清洁生产示范园区。制定绿色建筑行动实施方案，新增绿色建筑评价标识面积1000万平方米。全面完成推广使用LED照明产品工作任务。强化土地节约集约利用，尽快出台《广东省农村宅基地管理办法》。（省经济和信息化委、发展改革委、科技厅、住房城乡建设厅、国土资源厅等负责）

（四）加强生态建设

争取将林业碳汇纳入碳排放权配额总量管理，开展林业碳汇交易项目，完成25万亩森林碳汇重点生态工程建设任务。建成生态景观林带900公里。推动深圳市建成国家生态园林城市，珠海市、江门市争创国家生态园林城市，并实施立体绿化试点城市建设，惠州市争创国家森林城市。制定绿道网规划建设管理规定，开展城市步行和自行车交通系统规划建设。积极开发生态型休闲体育活动项目。开展珠江口、大亚湾等重点港湾整治和生态修复。（省林业厅、发展改革委、住房城乡建设厅、环境保护厅、海洋渔业局、体育局等负责）

五、推进文化强省建设，增强文化整体实力和竞争力

（一）促进文化与科技、金融融合

加快建设深圳国家级文化科技融合示范基地，推动前海合作区、高新区创建国家级文化科技融合示范基地。引导各类社会资本投资文化产业。支持金融机构研发服务和促进文化产业发展的新产品，帮助文化企业融资。（省委宣传部，省科技厅、文化厅、广电局、金融办等负责）

（二）推进文化领域战略重组

完成文化体制改革阶段性任务。基本完成省级广播电视播出机构合并重组，以及全省广播电视网络和新华书店重组整合。加快推进全省有线电视网络整合以及数字化、双向化转换，基本实现“全省一张网”。（省委宣传部，省文化厅、广电局、新闻出版局等负责）

（三）提升广东文化形象

实施岭南电影人文历史资料整理保护工程，加快建设岭南电影数字化资料库和岭南电影博物馆。举办广州新年音乐会、二沙岛户外音乐季、广东现代舞周等重大艺术活动，办好中国深圳（国际）文化产业博览交易会、南国书香节、中国国际影视动漫版权保护和贸易博览会、中国（广州）国际漫画节等品牌展会。举办中国国际马戏节、广州国际艺术博览会等国际性文化交流活动。（省委宣传部，省文化厅、广电局、新闻出版局等负责）

六、加大重要领域和关键环节改革攻坚力度，加快体制机制创新

（一）深化行政审批制度改革

实施《广东省行政审批事项目录改革管理办法》，开展行政审批制度改革评估。研究制

定《广东省行政审批管理监督办法》和《广东省行政审批标准化实施管理办法》，强化行政审批监督检查，推进行政审批标准化建设。完善行政审批电子监察系统。实现各级行政审批事项压减40%左右。（省编办、监察厅、法制办等负责）

（二）推进社会信用体系和市场监管体系建设

编制社会信用体系建设规划。启动省级公共信用信息管理系统建设，启动省公共联合征信系统建设，开通试运行“信用广东网”，建立质量信用等级制度和信息共享平台。制定实施社会法人守信激励和失信惩戒试行办法。加快制定市场监管体系建设规划。全面推行商事登记制度改革。编制法治化国际化营商环境评价指标体系，推动深圳、珠海开展试点。（省发展改革委、社工委、工商局、质监局等负责）

（三）深入推进事业单位分类改革

全面完成市、县事业单位分类。继续推进事业单位法人治理结构、法定机构试点，探索管办分离的有效实现形式。推动事业单位资源整合、结构调整和优化配置，推进公共资源交易、检验监测机构等专项改革。（省编办负责）

（四）深化社会组织和基层管理体制改革

加快构建枢纽型组织体系，培育发展工商经济类、公益慈善类、社会服务类、群众生活类等4类社会组织，年增长率达10%以上。建立社会组织信息管理平台，完善社会组织综合监管机制。探索开展全省基层社会管理体制改革试点。创新农村治理体制，深入开展第三批村（居）务公开民主管理示范创建活动。建立行政管理事项社区准入制度。推进社区“六个一”工程建设，社区综合服务设施覆盖率增长10%。实施粤港合作社工培养计划。开展面向全省专业社会工作者和社会工作从业人员在线和集中培训，完成1个省级社会工作专业人才培育基地和10个省级社会工作专业人才重点实训基地建设。（省社工委、民政厅等负责）

七、全面提升开放型经济水平，构建对外开放合作新格局

（一）深化粤港澳合作

落实《广东省推动率先基本实现粤港澳服务贸易自由化行动计划》。积极推动发展粤港双向跨境人民币融资业务，扩大内地和港澳有关注册执业人士资格互认范围，推进粤港澳口岸查验结果互认。推进港珠澳大桥项目主体工程、珠海口岸和珠海连接线工程建设，开展通行政策前期研究。建成移交澳门大学横琴校区。开展“粤港、粤澳网上贸易便利化”平台建设，推进粤港跨境公共服务事项网上办理。制定岭南通卡与澳门通卡互联互通的技术方案，扩展岭南通。八达通联名卡的应用范围和领域。开展粤澳游艇旅游合作试点。（省港澳办、发展改革委、交通运输厅、外经贸厅、物价局、旅游局、金融办、海关总署广东分署、广东出入境检验检疫局等负责）

（二）拓展对外贸易发展空间

大力开拓新兴市场，培育推广企业供应链管理、电子商务等外贸新业态。支持企业创建国际品牌。建设广东省进口促进创新平台。加快发展服务贸易和服务外包产业，推进省级服务外包示范城市、示范园区建设，培育重点企业。服务贸易进出口总额增长20%，服务贸易

占对外贸易进出口总额比重达到11%。（省外经贸厅、经济和信息化委、海关总署广东分署、广东出入境检验检疫局等负责）

（三）加快加工贸易转型升级

认真实施加工贸易转型升级行动计划。推进适合加工贸易的内销审价体系建设。推动加工贸易平台“四方”联网建设，推广实施外发加工集中审批模式。“委托设计＋自主品牌”混合生产方式加工贸易出口占加工贸易出口总额比重达到63%。（省外经贸厅、科技厅、海关总署广东分署、广东出入境检验检疫局等负责）

（四）推动“请进来”与“走出去”协同发展

制定实施《广东省创新招商引资工作提升吸收外资规模和质量的规划纲要》。将引资、引技、引智有机结合，探索在海外重点国家设立招商引资工作站或代理工作站。建立企业“走出去”政策指引网络平台。探索制定“走出去”担保资金、股权投资资金具体操作办法。扶持和引导有条件的企业多形式构建海外营销网络。制定完善本土企业跨国经营评价指标。（省外经贸厅、发展改革委、国资委等负责）

八、切实保障和改善民生，加快建设幸福广东

（一）促进教育优先发展

推进香港中文大学（深圳）、广外—兰卡斯特大学、香港科技大学和广州大学等合作办学项目。继续推进现代职业教育体系改革试点，大力深化高等职业教育招生考试制度改革，加快建立中高职一体化专业课程体系，深入推进职教基地建设。出台大力推进技工院校发展服务产业转型升级实施意见，启动30所技工院校“校企双制”办学试点。落实中职扩大免学费政策，完成75万名中职招生任务。（省教育厅、发展改革委、人力资源和社会保障厅等负责）

（二）推动实现更高质量就业创业

出台鼓励创业带动就业指导意见。推进创业孵化基地建设。开展家庭服务业“百户十强”创建活动，推进产业园区拓展就业。启动省人力资源社会保障一体化信息系统项目建设。促进城镇新增就业68.5万人、创业6万人，城镇登记失业率控制在3.0%以内。（省人力资源和社会保障厅、发展改革委等负责）

（三）统筹推进城乡社会保障体系建设

出台全省统一的城乡居民社会养老保险办法，研究制定贯彻国家城乡养老保险制度衔接办法的实施意见，探索完善养老、医疗保险关系转移政策。推广城乡居民大病保险。城镇职工基本养老（含离退休）、城乡居民养老、城乡基本医疗、失业、工伤和生育保险参保人数分别达到3232万人、794万人、4798万人、1853万人、2636万人和2285万人。（省人力资源和社会保障厅、发展改革委等负责）

（四）健全社会救助和福利体系

修订《广东省社会救助条例》，制定低保监督工作办法、救助申请家庭经济状况核对办法。出台社会养老服务规范化、标准化政策文件，加快省社会福利服务中心和省养老服务杨

村示范基地建设。创新“公建民营”“民办公助”“政府购买服务”等社会养老服务的工作模式。每千名老人拥有养老床位数达到18张，城镇和农村居民养老服务覆盖率分别达到60%和30%。（省民政厅、发展改革委等负责）

（五）加大保障性住房建设力度

制定城镇住房保障办法，完善全省统一的住房保障管理信息系统。完成新增开工建设保障性住房和棚户区改造住房78388套，基本建成115931套的工作任务。（省住房和城乡建设厅等负责）

（六）深化医药卫生体制改革

推广深圳市公立医院改革经验。制定基本公共卫生服务项目指导目录。启动省级卫生综合信息平台立项，居民健康档案规范化电子建档率达到65%。加强食品安全风险监测网络建设，健全省、市、县食品风险监测体系。拓展“三平”医疗服务，每个市至少建1家平价医院，平价诊室占二级以上公立医院门诊资源达10%以上，所有政府办基层医疗机构推广使用平价药包。（省发展改革委、卫生厅、食品药品监督管理局、物价局等负责）

实施《粤港合作框架协议》2013年重点工作安排

（广东省人民政府2013年3月25日印发）

一、跨界基础设施

（一）按期推进港珠澳大桥主体（含人工岛、隧道和桥梁等）工程建设，抓紧香港段的工程建设，力争2016年底按计划建成。按照港珠澳大桥跨界通行政策协调小组第一次会议要求，尽快完成大桥跨界通行政策研究。（省发展改革委牵头）

（二）加快推进广深港高速铁路深圳福田站及相关工程建设，力争2014年建成。共同做好内地段与香港段衔接工作，争取尽快就衔接技术细节、营运模式、营运安排等达成共识。（省发展改革委、广铁集团牵头）

（三）加快深港西部快速轨道项目前期研究工作，尽快启动项目可行性研究。（深圳市政府牵头）

（四）加快深圳东部过境高速公路一期工程、广深（港）沿江高速公路建设。（省交通运输厅牵头）

（五）推进两地电子商务、下一代互联网、物联网、云计算及信息服务等领域交流合作，加强信息技术基础设施的资源合作与共享。继续做好粤港边界频率协调，开展两地公众移动通信业务协调工作，推动降低两地通信资费。（省经济和信息化委、通信管理局牵头）

二、现代服务业

（一）落实推动率先基本实现粤港澳服务贸易自由化规划纲要和行动计划，对有利两地长远发展的措施，共同争取国家支持，简化行政审批手续，推动专业人员资格互认，消除市场准入障碍，实现国民待遇，争取率先基本实现服务贸易自由化目标。（省港澳办牵头）

（二）尽快制定出台CEPA补充协议九相关实施细则。粤港共同争取国家批准将双方已取得共识的内容纳入CEPA补充协议在广东先行先试。（省港澳办牵头）

（三）金融合作

1．落实《广东省建设珠江三角洲金融改革创新综合试验区总体方案》，加强双方在保险、证券、银行等领域合作。（省金融办、人民银行广州分行牵头）

2．共同开展跨境人民币结算业务的宣传和推广活动，推动扩大跨境贸易和投融资人民币结算规模。支持香港投资者以人民币资金投资广东省内产业项目。推动粤港跨境个人人民币业务创新和发展。推动大型涉外活动以人民币作为计价、核算和统计单位。继续支持广东法人金融机构和企业赴港发行人民币债券。支持两地企业开展跨境人民币融资业务。（人民

银行广州分行牵头）

3．支持港资银行在广东增设异地支行，进一步扩大在粤经营网络。（广东银监局牵头）

4．增加粤港跨境缴费通系统业务种类，开通广东客户缴付香港商户费用服务，为两地居民跨境消费、缴费提供便利的双向支付服务。（人民银行广州分行牵头）

5．支持广东法人金融机构在香港的子公司申请 RQFII 资格，支持取得 RQFII 资格的金融机构创新产品设计、扩大投资额度和投资范围。（广东证监局、人民银行广州分行牵头）

6．支持两地证券机构开展合作，加快培育和发展市场中介机构。就粤港两地合资设立证券公司、证券投资咨询公司、基金公司、期货公司等方面提供便利。推动广东法人金融机构和企业赴港上市。积极研究深化内地与香港商品期货市场合作的路径和方式，推动两地建立优势互补、分工合作、共同发展的期货市场体系。（省金融办、广东证监局牵头）

7．以在粤港均设有机构的保险公司为试点，加强保险产品研发、业务经营和运行管理等合作；以保险公司系统内通赔通付、委托代理等形式，探索粤港保险业协同为跨境出险的客户提供查勘、救援、理赔等后续服务。（广东保监局牵头）

8．共同争取香港保险公司以营业机构形式进入广东市场，促进两地保险业的发展。积极鼓励广东省企业在香港设立自保公司，完善风险保障机制。（广东保监局牵头）

9．推动涉及民生的公共服务行业小额收费结算向银行机构开放。拓展金融 IC 卡在粤港两地民生领域的应用范围和应用领域，联合开发符合银联标准、可在两地交通行业通用的岭南通、八达通联名卡。（人民银行广州分行、省交通运输厅牵头）

10．共同支持广州南沙、深圳前海、珠海横琴创新跨境人民币业务。鼓励粤港金融机构以人民币银团贷款方式向上述区域产业项目和基础设施项目发放贷款。支持香港投资者以人民币资金投资上述区域重点产业项目和基础设施项目。研究支持设立在南沙、前海、横琴的银行机构发放境外项目人民币贷款。支持在前海注册成立并在前海实际经营或投资的企业从香港经营人民币业务的银行借入人民币资金。（人民银行广州分行，广州、深圳、珠海市政府牵头）

（四）旅游合作

1．支持在粤的港资旅行社（合资）作为试点单位，经营中国内地居民出境游业务。（省旅游局牵头）

2．加快编制完成《粤港澳区域旅游合作发展规划》。（省旅游局牵头）

3．深化邮轮旅游合作，共同开拓以香港为母港的邮轮旅游市场。（省旅游局、口岸办、广东海事局牵头）

4．加强“一程多站”旅游线路联合宣传推广。（省旅游局牵头）

5．推动“144 小时便利签证”扩展至广东全省，加快完成便利签证管理系统提升工作。（省旅游局、公安厅牵头）

（五）物流与会展合作

1．促进两地甩挂运输，构建多式联运网络体系。加快两地物流信息系统对接，设立两地物流企业信息系统平台，推动整合两地分散的物流企业和资源。（省交通运输厅、经济和

信息化委、海关总署广东分署牵头）

2．完善粤港物流发展交流机制，深化物流合作研究。鼓励广东物流业界参与第三届“亚洲物流及航运会议”。（省经济和信息化委、交通运输厅牵头）

3．发挥前海湾保税港区服务与对接香港作用，探讨简化检验检疫模式、促进食品贸易便利化，包括建立对通过前海湾保税港区分批供应香港市场的冷冻肉类产品，实施集中检疫、分批送货的新模式。（深圳出入境检验检疫局牵头）

4．完善供港活猪电子耳标标识管理工作，开展供港活牛电子耳标标识管理研究，构建基于 RFID 技术的地理标识服务系统。开展供港食品 RFID 技术应用规范及标准研究。（广东出入境检验检疫局牵头）

（六）文化创意及工业设计

1．加强演艺业合作，搭建平台促进两地艺术节及文娱节目资讯交流。（省文化厅牵头）

2．研究共同建立“粤港文化创意科技企业目录”，鼓励业界利用高新技术研发文化创意新产品和新项目。（省文化厅牵头）

3．鼓励港产粤语版本影片更快捷和方便地进入广东省市场。支持举办影展、商业配对和交流活动等，促进两地创意产业合作发展。（省广电局、文化厅牵头）

4．探索建立粤港工业设计人才、市场、信息交流协作机制，促进粤港工业设计资源在粤港工业设计走廊上对接。推动香港与珠三角设计产业合作，推广香港工业设计服务，推动香港工业设计机构、工业设计师与广东制造企业对接。推动业界互相参与粤港两地开展的工业设计推广交流活动。（省经济和信息化委牵头）

（七）专业服务合作

1．共同争取国家有关部门支持，允许持有中国注册会计师协会非执业会员资格的香港会计师公会会员担任广东会计师事务所的非执业合伙人（董事），允许香港执业会计师成为广东会计师事务所的非常驻合伙人。（省财政厅牵头）

2．争取进一步降低广东省法律服务业市场准入门槛，鼓励和支持广东律师事务所到香港设立分支机构。支持粤港律师加强内地企业境外上市、投资贸易、知识产权保护、企业融资等法律服务合作。共同争取国家批准内地与香港律师事务所在广东设立联营律师事务所试行办法，允许香港律师事务所与广东律师事务所以协议方式，由广东律师事务所向香港律师事务所驻粤代表机构派驻内地律师担任内地法律顾问，合作承办内地法律事务。（省司法厅牵头）

3．探讨香港仲裁机构在前海设立分支机构并提供服务的可行性。争取允许香港法律专业人员参与深港合作建立法律查明机制，为前海合作区商事活动提供香港法律的查明服务。（深圳市政府、省司法厅牵头）

三、制造业及科技创新

（一）共同支持实施粤港联合资助行动，进一步扩大 2013 年度联合资助项目领域，吸引两地更多产学研界参与。（省科技厅牵头）

（二）配合科技部积极推动在广东省设立面向香港的国家级科技成果孵化基地，促进香港研发成果在广东省实现产业化。（省科技厅牵头）

（三）粤港共同制订工作目标和实施方案，推动实施“香港—珠三角科技创新走廊”合作计划。（省科技厅牵头）

（四）大力推进香港科技园与佛山市南海区合作，加强科研设施和服务资源的共享。支持广东高新园区、专业镇与香港研发中心及其他科研机构合作。（省科技厅、佛山市政府牵头）

（五）继续办好“中国加工贸易产品博览会”，为在粤的港资加工贸易企业产品进入国内市场提供平台。双方有关部门和行业组织共同加强对加工贸易政策的宣传，引导在粤的港资加工贸易企业加快转型升级。香港特区政府继续通过各项资助计划，包括10亿专项基金，支持香港企业在内地发展品牌、拓展内销和转型升级。（省外经贸厅牵头）

四、国际化营商环境

（一）口岸建设与通关监管

1. 共同提高深圳湾口岸通关效率。配合港方增加人员上岗、研究推广e-通道适用范围、增开查验通道等措施，粤方相应增开旅检通道疏导人流，促进双方口岸通关效率基本保持一致。（省口岸办牵头）

2. 莲塘/香园围口岸年内开工建设，开展港珠澳大桥口岸设置研究，做好广深港高速铁路口岸项目的前期准备工作。（省口岸办牵头）

3. 继续开展“单一窗口”通关模式研究，推进粤港口岸查验部门之间实施通关查验结果参考互认；探讨香港海关“多模式联运转运货物便利计划”与内地海关“跨境快速通关”系统的对接，以“跨境一锁，分段监管”为原则，利用同一电子锁监管转运货物，缩短过关时间，提高物流通关效率。（省口岸办、海关总署广东分署牵头）

4. 共同做好一次性临时来往粤港小汽车实施工作，积极协调解决有关口岸通关问题，完善各项工作安排。（省公安厅、口岸办、港澳办牵头）

5. 文锦渡口岸旅检场地改造工程年内完工并投入使用，共同做好文锦渡口岸客运恢复开放前的各项准备工作和开放后过境客运车辆的班次安排等工作。（省口岸办牵头）

6. 继续支持跨境学童校巴服务，为低龄学童提供更加便利的通关条件。（省口岸办、深圳市政府牵头）

7. 完善口岸应急处理机制。修订《粤港陆路口岸现场突发事件通报处理机制》，根据不同口岸类型制订专门的应急方案及细则。（省口岸办牵头）

8. 共同推进广州从化亚运会马术比赛场馆赛后利用工作，探讨从化无疫区维护、广州香港马会马匹运动训练场的检疫监管、香港马匹便捷通关及检验检疫模式等政策和程序，支持马术运动事业发展。（省口岸办、广东出入境检验检疫局、省农业厅牵头）

（二）电子商务合作

1. 在粤港电子签名证书互认常规化下，共同加快推进电子签名互认证书在粤港电子商务领域的应用。推动“粤港网上贸易便利化”平台建设，为粤港两地用户提供安全的电子商务服务；配合广东省“网上办事大厅”，建设“粤港网上服务自由办”平台，推进涉港服务事项实行网上办理。（省经济和信息化委牵头）

2. 举办粤港云计算产业合作论坛，组织“粤港云计算服务和标准专家委员会”会议，率先探索开展相关标准的研究。（省经济和信息化委牵头）

（三）知识产权保护

1. 完善粤港保护知识产权合作专责小组机制，加强两地知识产权协作。推动粤港知识产权贸易，创造知识产权贸易发展条件。（省知识产权局牵头）

2. 加强两地商标品牌方面合作，促进执法工作交流。（省工商局牵头）

（四）贸易投资促进

1. 联合举办粤港经济技术贸易合作交流会，促进贸易投资合作交流。（省外经贸厅牵头）

2. 发挥香港国际金融、贸易、航运中心优势作用，推动广东企业利用香港“走出去”，共同拓展海外市场。（省外经贸厅牵头）

3. 共同在粤举办各类投资推广活动。强化人才培养合作，继续办好“广东企业赴港发展高级培训班”。（省外经贸厅牵头）

4. 粤港两地共同在海外推介香港与珠三角联合营商优势。（省外经贸厅牵头）

五、优质生活圈

（一）生态建设和环境保护

1. 采取有效的综合防治措施，改善珠三角区域空气质量，确保完成2011~2015年减排目标。（省环境保护厅牵头）

2. 继续做好东江水质保护、珠江河口水质管理工作，共同推进清洁生产工作。（省水利厅、环境保护厅、经济和信息化委牵头）

3. 加强粤港远洋船舶污染排放控制的交流合作。尽快完成减少大珠三角海域船舶排放的调研，提出具体减排措施，在两地共同实施。（省交通运输厅牵头）

4. 落实粤港应对气候变化协议，加强两地在控制温室气体排放及适应气候变化方面的合作。（省发展改革委牵头）

（二）社会保障

1. 加强与香港医院管理局合作，搭建粤港医疗机构交流平台。试行在深圳市试点医院开展香港病人病历转介项目合作，定期检查实施效果。继续开展医院管理、科技交流、医护人员培训等合作。探讨在内地居住的香港病人跨境运送安排，便利回港就医。（省卫生厅、口岸办牵头）

2. 共同举办座谈会或现场推介活动，向香港业界介绍广东医疗服务业最新发展、来粤设置医疗机构的管理办法及规划配套等政策措施。制订具体工作指引，为香港服务提供者来粤申请设立医疗机构提供规范指引。（省卫生厅牵头）

3. 加强粤港社会福利服务合作，定期开展互访交流及培训等活动，加强沟通协作。广东制定提供土地优惠条件，鼓励香港服务提供者来粤兴办养老机构。（省民政厅牵头）

4. 不断完善传染病防治信息通报交流和联防联控机制，加强监测合作，健全预警机制，实行技术资源共享，落实《粤港澳三地突发公共卫生事件应急合作协议》。（省卫生厅牵头）

5. 加强食品安全风险监测、食源性疾病突发事件等信息沟通，建立健全重大食品安全事故应急处理机制，提高两地共同应对食品安全风险的能力。（省食安办牵头）

6. 推动建立专家层面交流机制，加强食品安全从业人员培训合作，促进两地食品安全监管机构、科研机构、行业协会（商会）、食品企业等沟通联系，增进食品安全从业人员间相互学习与交流。（省食安办牵头）

（三）廉政建设及反走私合作

1. 加强跨境反贪合作，定期举办粤港澳个案协查工作座谈会，拓展和深化个案协查工作，探索完善合作机制，共同打击和预防跨境腐败犯罪。（省检察院牵头）

2. 加强打击跨境水货走私活动，联合开展打击治理水货客走私专项行动，加强有关情报交流与执法互助，就整体情况作出政策性指导。（省海防与打私办牵头）

（四）应急管理

加快粤港应急平台互联互通建设。共同争取国家支持建立粤港应急救援队伍在协同处置突发事件时快速进入对方辖区的“绿色通道”。深入探讨应急救援队伍和应急物资绿色通道、香港政府飞行服务队飞机着陆广东省内机场加油服务等合作事项。（省政府应急办牵头）

六、教育与人才

（一）深化高等教育合作。重点支持香港中文大学（深圳）建设。积极推动香港高校与广东高校在人才交流、科研及办学等方面合作，探讨优化粤港合作办学政策环境。（省教育厅、深圳市政府牵头）

（二）进一步完善广东部分高等院校及部分具备条件的高等职业技术院校免试或自主考核招收香港学生，不断扩大对港招生规模。跟进深圳港人子弟学校、港人子弟班试行计划的实施情况。加强中小学师资培训合作，发展双向交流。（省教育厅牵头）

（三）建立健全粤港技工院校师资培训交流合作长效机制。继续办好广东技工院校教师赴港培训班，引进香港职业教育优秀教师、职业技术教育专业人才、职业培训专家等到广东技工院校任教或讲学。（省人力资源和社会保障厅牵头）

（四）推进粤港两地校际合作交流，努力创造条件促进两地院校（包括职业教育院校）缔结姐妹学校，在专业设置、课程开发等方面开展交流。（省教育厅、人力资源和社会保障厅牵头）

（五）推动两地职业培训机构与企业开展培训服务合作，促进两地技能人才培养合作。推动广州、香港、澳门、成都四地举办城际职业技能竞赛，加强区域技能交流。（省人力资源和社会保障厅牵头）

（六）推进粤港职业能力开发评价合作。结合香港产业发展和人才需求，稳步拓展在港职业技能鉴定规模和考试工种。推动在出版印刷、汽车修理、物业管理、养老护理等4个职业开展“一试两证”开发研究和试点，积极推进美容师、美发师的“一试三证”开发研究。(省人力资源和社会保障厅牵头)

(七) 共建广东工业设计培训学院 (香港知专设计学院合作院校)。打造高端工业设计人才培养评价和高科技项目设计研发应用的“两高”核心体系，建设工业设计与成果转化公共服务平台，设立国际设计大师工作室，加强培养具备国际通用职业能力的高端设计人才。(省人力资源和社会保障厅牵头)

(八) 进一步加强广州粤港澳青少年交流活动基地建设，加快深圳深港青年创新创业基地建设，加强两地青年交流。(广州、深圳市政府，团省委牵头)

七、重点合作区域

(一) 全面落实《广州南沙新区发展规划》，编制出台相关配套政策措施，深化经贸、法律、仲裁和调解服务、旅游、文化、教育、医疗、建筑、科技、会展、专业服务、民生等领域合作。探索南沙实施CEPA综合示范区起步区合作新模式，降低香港专业人士及企业进入门槛，并逐步推动允许香港服务提供者在南沙直接提供服务。推进南沙新区国际教育合作试验区、粤港澳现代航运服务集聚区和粤港澳文化 (创意) 产业试验园区等项目建设。完善穗港合作机制，贯彻错位发展、优势互补、互利共赢的原则，就落实《广州南沙新区发展规划》配套政策的编制工作保持紧密沟通，举办穗港合作专责小组会议及相关专题会议，加快穗港合作开发南沙。(广州市政府牵头)

(二) 全面落实《前海深港现代服务业合作区总体发展规划》，细化财税、金融、建筑、法制、人才等配套政策。研究推进金融改革创新项目在前海先行先试，探索建立创新型跨境人民币交易平台，开展资本项目可兑换的先行试验，鼓励境内外金融机构在前海设立跨境金融业务总部，发展与港澳地区的跨境金融业务。探索已取得香港工程咨询、规划设计、测量、造价等执业资格的专业人士，直接在前海注册执业。探索允许香港各类工程顾问公司和工程承建商独立在前海承建工程项目。探索在前海范围内，对香港独资或与内地合资开发的建设项目，允许实行香港的工程管理体制。完善深港合作机制，多渠道听取香港业界意见，共同推进前海开发建设。(深圳市政府牵头)

(三) 全面落实《横琴总体发展规划》，争取国家有关部委尽快研究制定产业优惠目录和分线管理通关办法等优惠政策实施细则，推动各项优惠政策落实。大力发展休闲旅游、商务服务、金融服务、文化创意、中医保健、科教研发、高新技术等产业。(珠海市政府牵头)

(四) 深港继续研究落马洲河套地区开发计划及模式，尽快提出具体建议。(深圳市政府牵头)

八、区域合作规划

按照《环珠江口宜居湾区建设重点行动计划》第一阶段公众咨询收集的意见，尽快完成研究修订工作，公布修订建议及相关公众意见，开展第二轮公众咨询。研究成果为粤港澳三

地政府在制定政策方面提供参考，共同促进环珠江口宜居湾区的形成。（省住房和城乡建设厅牵头）

九、合作机制

（一）继续完善推进实施CEPA及先行先试工作机制，提供“一站式”服务，建立和推广便利、清晰的市场进入程序，协调解决香港服务提供者在广东发展业务时遇到的具体困难。（省港澳办牵头）

（二）完善《粤港合作框架协议》实施工作督查考核评价机制及考核办法，加强督促检查，确保各项工作落实。（省港澳办牵头）

（三）在粤港合作联席会议机制下建立粤港反走私紧密合作机制，通报情况，共商对策，形成合力。（省海防与打私办牵头）

·责任编辑　周慧琴·

泛珠江三角洲基本情况

福 建 省

【概况】 福建省位于中国东南沿海。1949年8月24日，福建省人民政府成立。2013年辖9个市区、26个市辖区、14个县级市、45个县、317个乡、19个民族乡、612个镇、173个街道办事处。全省陆地面积12.4万平方千米、海域面积13.6万平方千米。年末户籍人口3633.64万人，常住人口3774.00万人，其中城镇人口2293.50万人。人口自然增长率6.19‰。闽籍华侨华人1264.62万人，闽籍香港、澳门同胞124万人、台湾同胞1.7万人。福建省是少数民族散杂居省份。全省56个民族齐全，少数民族人口79.69万人，占全省总人口的2.16%。世居的少数民族有畲族、回族、满族、蒙古族等。其中，畲族人口为全国最多，共有36.55万人，占全国畲族人口的51.58%；高山族人口423人，占大陆高山族人口的10.55%，是大陆高山族人口较多的省份之一。

全省土地总面积12.4万平方千米，占全国土地总面积的1.3%，其中耕地133.87万公顷。粮食播种面积120.21万公顷，粮食产量664.36万吨。林地面积21.89万公顷，森林覆盖率65.95%。城市人均公园绿地面积12.57平方米。

海域面积13.6万平方千米，比陆域面积大12.4%，属中国的海洋大省之一。大陆海岸线漫长曲折，总长3752千米，居全国第二位；直线长度535千米，海岸线曲折率达1：7.01，为全国之最。由于海岸曲折、岛屿众多，形成许多港湾，全省共有大小港湾125个、深水港湾22个，其中能直接满足5万吨级以上船舶自由进出港的天然深水良港有厦门湾、沙埕港、湄洲湾、兴化湾、罗源湾、三沙湾、东山湾等7个，占全国六分之一。福建沿海岛屿星罗棋布，全省海岛2214个，其中面积在500平方米以上的1321个，位居全国第二；沿海岛屿总面积1155.8平方千米，总岸线长度2503.8千米；有人居住岛屿100个（含台湾地区管辖的10个）。沿海滩涂广布，浅海滩涂可用于养殖面积1500平方千米。近海生物种类3000多种，贝、藻、鱼、虾种类数量居全国前列。可作业渔场面积12.5万平方千米，有闽东、闽中、闽南、闽外和台湾浅滩5大渔场。

沿海地热梯度较大，地热资源丰富，具有开采价值的热水区域较多。沿海风能资源丰富，可利用时数7000～8000小时。沿海可利用潮汐发电的海水面积3000平方千米，潮汐能理论装机容量3425万千瓦，可开发装机容量1033万千瓦，占全国的49.2%，居首位。水资源总量1151.90亿立方米，人均拥有水资源量3052立方米，其中：地表水资源量1150.65亿立方米，地下水资源量337.00亿立方米；地下水和地表水不重复量1.25亿立方米。

海洋矿产资源种类多，海岸带和近海发现矿产60多种，有工业利用价值的20余种。至2013年底，列入福建省矿产资源储量表的固体矿产118种，其中：能源矿产1种（煤），金属矿产28种，非金属矿产89种。已上表矿区总数1581个，矿山总数1600个，其中大型矿区60个。生物资源种类繁多。全省有脊椎动物1600多种（包括亚种），约占全国种类的三分之一，其中哺乳类147种，鸟类557种，爬行类123种，两栖类46种，鱼类820种。全省分布国家重点保护野生动物164种，其中陆生国家一级18种、国家二级103种，水生国家一级4种、国家二级39种。全省有高等植物4707种，占全国高等植物种类的15.7%。有国家重点保护野生植物50种，其中国家一级6种、国家二级44种，福建特有植物39科113种。

全省共有国家旅游度假区2个（武夷山、湄洲岛），国家级风景名胜区18个，国家级自然保护区15个，国家森林公园29个，国家地质公园8个，国家矿山公园2个，国家水利风景区11个；全国重点文物保护单位137个，国家历史文化名城4个，中国历史文化名镇7个，中国历史文化名村16个。武夷山被列入世界自然与文化遗产名录，福建土楼被列入世界文化遗产名录，泰宁和宁德被评为世界地质公园。有国家A级景区120个，其中AAAAA级7个、AAAA级60个。福建特产有福州寿山石雕、脱胎漆器、安溪铁观音、武夷山大红袍、德化瓷器、惠安石雕、漳州水仙花、片仔癀等。

福建自古文化开放。远在4000多年前，昙石山文化已显现海洋文明的特征。近代，厦门、福州位居五口通商之列，马尾船政文化辉煌一时。海洋、商贸、开放、移民等因子融入，成为福建文化特有的禀赋，涌现出许多在中国历史上有影响的杰出人物。教育

2013年福建省国民经济发展情况

项　目	单　位	实　绩	比上年增长（%）
地区生产总值	亿元	21759.64	11.0
第一产业增加值	亿元	1936.31	4.4
第二产业增加值	亿元	11315.30	12.9
工业增加值	亿元	9455.32	12.8
第三产业增加值	亿元	8508.03	9.6
人均地区生产总值	元	57856	10.2
规模以上工业总产值	亿元	33853.36	14.5
农林牧渔业总产值	亿元	3281.96	4.5
固定资产投资	亿元	15245.24	22.4
社会消费品零售总额	亿元	8275.34	14.0
外贸进口总额	亿美元	628.47	8.2
外贸出口总额	亿美元	1064.74	8.8
实际利用外商直接投资	亿美元	66.79	5.4
地方公共财政预算收入	亿元	2119.45	19.3
地方公共财政预算支出	亿元	3068.80	17.7
城镇居民人均可支配收入	元	30816	9.8
农村居民人均纯收入	元	11184	12.2
金融机构各项存款余额	亿元	28043.82	15.5

家朱熹一生都在福建传道授业，世界法医学鼻祖宋慈，书法家黄道周，民族英雄郑成功、林则徐，近代思想家、翻译家严复，数学家陈景润，文学家冰心，爱国华侨陈嘉庚等都诞生在福建。在中国科学院、工程院院士中，福建籍的有 88 位。

2013 年，福建省实现地区生产总值 21759.64 亿元。万元生产总值能源消耗 0.584 吨标准煤。固定电话用户 984 万户，移动电话用户 4303 万户。社会用电量 1700.73 亿千瓦·时。城镇居民人均住房建筑面积 38.6 平方米，农村居民人均住房使用面积 48.8 平方米。年末从业人员 2555.86 万人，城镇登记失业率 3.55%。参加城镇职工基本养老保险 812.82 万人，基本医疗保险 703 万人；参加城镇居民基本医疗保险 1283.78 万人。城市生活污水集中处理率 83.5%，城市生活垃圾无害化处理率 98.2%。

【金融改革创新】 2013 年，福建省健全金融组织体系，继续推进“引银入闽”工程。引进外资、台资银行取得初步进展，东亚银行已递交筹建福州分行申请；共组建村镇银行 22 家，设立农村商业银行 15 家；推动符合条件的农村信用社改制为农村商业银行，由沙县农信社改制组建的沙县农村商业银行开业；民间资本进入金融领域，全省融资性担保机构 566 个，注册资本 576.9 亿元。全省小微企业贷款（含个人经营性贷款）余额 8575.6 亿元，比年初增加 1146.2 亿元，增长 18.8%，比各项贷款增速高 2.7 个百分点。推动泉州金改区建设，启动小微企业信用信息建档评级和金融信息综合服务平台建设，设立农业贷款风险补偿专项资金；泉州被纳入全国新增的 10 个消费金融公司试点城市中。

2013 年福建省社会事业情况

项　目	单　位	实　绩	比上年增长(%)
普通高校	所	87	1.2
普通高校在校学生	万人	73.05	4.1
中职和技校	所	299	-7.1
中职和技校在校学生	万人	58.19	-10.8
普通中学	所	1782	-0.1
普通中学在校学生	万人	176.47	-2.6
小学	所	5228	-3.4
小学在校学生	万人	259.84	2.8
医院、卫生院	所	1421	1.6
医院、卫生院床位	张	144132	11.6
群众艺术馆、文化馆	个	98	3.2
公共图书馆	个	91	4.6
博物馆	个	98	4.3

（福建年鉴社）

【厦深铁路开通】 2013年12月28日，厦深铁路开通运营。该铁路是国家Ⅰ级双线电气化铁路，始建于2008年，线路全长502.4千米（福建境内144.2千米），起自厦门北站，终到深圳北站，连接厦门、汕头、深圳三大经济特区，全线设18个车站。厦深铁路通车后，厦门至深圳最快旅行时间由原来的13小时压缩至3小时34分，向西连接广深港高速铁路，向东经福厦、温福、甬台温、杭甬等沿海铁路直达上海，形成珠三角、长三角及海峡西岸经济区间的快速运输大通道。

【向莆铁路客运线开通】 2013年9月26日，福建向莆铁路开通运营。该铁路建设工期60个月（2008年10月1日开工），概算投资516.58亿元（福建境内351.06亿元），正线全长632.36千米（福建境内390.82千米）。全线设南昌西、福州等22个车站；桥梁247座，占正线长度23.2%；隧道116座，占正线长度44.79%。向莆铁路开通后，实现福建省内主要城市1~2小时生活圈，缩短闽赣两省的时空距离（省会之间构成3小时交通圈），同时将中部地区与东南沿海联系起来。（内容可参见“泛珠江三角洲基本情况·江西省·向莆铁路货运线试运行”条）

【平潭综合实验区先行先试】 2013年，福建省推进平潭综合实验区建设。财政部正式批复平潭对台小额商品交易市场的税收政策，进入该交易市场的人员，免税（包括关税、进口环节增值税、消费税）携带入境台湾原产商品的总额为每人每日6000元。该区成为福建省综合改革先行先试试验区。福建省制定18条优惠政策吸引台胞到平潭投资创业，至年底，新增注册台资企业47家，投资额1.8亿美元。开展“三网”融合试点工作，海西物联网研究院在平潭综合实验区开展物联信息高速感知网试点建设。国土资源部将平潭列为土地统一登记试点地区。台湾电视频道落地，开通两岸无漫游“闽台一卡通”业务。台湾富邦证券与福建省投资集团合资组建海峡证券公司。推动设立海峡股权交易中心，申请筹建平潭海洋大学。优化通关流程，提高通关效率，加快验放速度，降低企业成本。深化与台湾电子口岸的合作，促进闽台通关监管业务改革先行先试，推进海运货物、闽台船舶往来港政手续便利化措施出台。

【“海峡光缆1号”工程竣工】 2013年1月18日，“海峡光缆1号”工程正式竣工。海峡光缆1号系统是大陆与台湾之间的首条“大三通”直达海缆，建成后可实现大陆对台湾本岛的直接通信，两岸间通信成本将大大降低。该海缆连接福建福州至台湾淡水，是全国首条直接连接大陆和台湾本岛的海底光缆系统。“海峡光缆1号”工程由中国联通联合中国移动、中国电信、台湾远传、台湾大哥大、台湾国际缆网和台湾中华电信共同投资建设，海缆全长约270千米（其中海中段205千米），共计16芯光纤，采用世界最先进的波分复用技术，一期设计容量达6.4Tb/s。

【第十七届中国国际投资贸易洽谈会】 于2013年9月8日在福建厦门举办，共签订投资项目1386个，总投资额4206亿元。其中，利用外资1980亿元，对外投资215亿元，国内投资合作1533亿元。

（福建年鉴社）

江 西 省

【概况】 江西省位于长江中下游交接处的南岸。1949年6月16日，江西省人民政府成立。2013年，辖11个地级市、11个县级市、70个县、19个市辖区。全省面积16.69万平方千米。年末总人口4522.15万人，其中城镇人口2209.97万人。人口自然增长率6.91‰。

全省土地总面积16.69万平方千米，占全国土地总面积的1.74%，其中粮食播种面积369.09万公顷，粮食产量2116.10万吨。林地面积1072.22万公顷，森林覆盖率63.1%，活立木蓄积量4.45亿立方米。全省土地大致可分为三大类：红壤、黄壤土地，红壤丘陵，平岗地。土壤主要有5种类型，分别是红壤、黄壤、紫色土、潮土、水稻土。土地资源利用以耕地、林地、牧草地为主要形式。

水能资源理论蕴藏量682.03万千瓦，可开发利用的610.9万千瓦，全部开发年电量可达215.6亿千瓦·时。光能资源丰富，全年太阳总辐射能力为4057兆焦耳/平方米至4794兆焦耳/平方米，全年日照时数1473～2978小时。风能资源较为丰富的地方主要集中在鄱阳湖滨、赣江和抚河下游及高山顶和峡谷地带。能源矿已发现煤炭、石油、天然气等7种。其中，煤炭产地在全省共有190处，分布在70个县；主要煤田有11个，主要分布在浙赣铁路沿线地区。

地下矿藏丰富，矿产资源种类齐全，资源配套程度高，伴（共）生组分丰富。截至2012年底，全省发现各种有用矿产193种（以亚矿种计），矿产地5000余处。查明有资源储量的矿产有九大类139种。列入2012年矿产资源储量统计的矿产128种探明的矿产资源保有储量在全国居前十位的有29种，其中居首位的有钽、铷、碲、伴生硫、化工用白云岩、滑石、麦饭石7种；居第二位的有铜、钨、锂、铯、陶瓷土、光学萤石6种。

动物资源丰富。有哺乳类100多种，鸟类420种，两栖动物40种，爬行类77种，鱼类205种，还有水生哺乳类、软体动物、浮游动物等。有国家一级保护动物17种，分别为云豹、豹、虎、白鳍豚、黑麂、白鹳、黑鹳、中华秋沙鸭、金雕、黄腹角雉、白颈长尾雉、白头鹤、白鹤、鸨、蟒、中华鲟、白鲟。全省植物起源古老，组分较复杂，种类繁多，类型齐全，提供物质原料的资源生产潜力很大，主要有用材植物、木本粮食植物、油脂植物、药用植物、观赏植物等。

自然景观众多。主要的国家级风景名胜区有庐山、井冈山、三清山、龙虎山、仙女湖、三百山、龟峰、云居山－柘林湖、高岭－瑶里、武功山、梅岭－滕王阁、灵山等。

2013年，全省实现地区生产总值14338.50亿元。固定电话用户621.5万户，移动电话用户2806.9万户。城镇居民人均住房面积40.06平方米，农村居民人均住房面积49.11平方米。年末从业人员2588.7万人，城镇登记失业率3.17%。参加城镇职工基本养老保险754.2万人；参加城镇职工基本医疗保险569.9万人；参加城镇居民基本医疗保险906.7万人。城市污水处理率83.10%，城市生活垃圾无害化处理率93.28%。

【南昌文化旅游城动工】 2013年6月18

日，万达集团投资的文化旅游项目——南昌文化旅游城正式动工。该项目位于南昌市红谷滩九龙湖片区，总投资400亿元，占地160公顷，总建筑面积475万平方米，是江西省近30年来最大的投资项目。该旅游城将建设室内海洋馆、大型舞台秀、科技电影乐园、大型室外主题公园、国际度假酒店群、滨湖酒吧街等娱乐文化设施。

【赣港经贸合作活动】 2013年6月，2013赣港经贸合作活动在香港举行。活动内容以重点客商、重点项目“一对一”走访会见和重点区域、重点产业小型专题对接洽谈为主。江西省省长鹿心社率江西代表团在香港会见香港特别行政区行政长官梁振英、中央人民政府驻香港特别行政区联络办公室主任张晓明及一批客商。活动期间，江西省重点推出780个重大产业招商项目，投资总额3800.2亿元，对接一批世界500强企业、跨国公司和行业龙头企业，引进一批辐射性强、带动面广的项目。共签约重大项目117个，签约金额96.6亿美元。

【向莆铁路货运线试运行】 2013年12月30日，中国第一条连接海峡西岸和中部内陆腹地的快速铁路——向莆铁路货运线试运行。该铁路是国家一级快速铁路干线，途经江西省南昌市、抚州市和福建省三明

2013年江西省国民经济发展情况

项　目	单　位	实　绩	比上年增长(%)
地区生产总值	亿元	14338.50	10.1
第一产业增加值	亿元	1636.49	4.6
第二产业增加值	亿元	7671.38	11.7
工业增加值	亿元	6434.41	11.9
第三产业增加值	亿元	5030.63	9.1
人均地区生产总值	元	31771	9.7
规模以上工业总产值	亿元	5755.5	12.4
农林牧渔业总产值	亿元	2578.35	4.5
固定资产投资	亿元	12850.25	26.8
社会消费品零售总额	亿元	4576.05	13.6
外贸进口总额	亿美元	85.80	3.4
外贸出口总额	亿美元	281.67	12.2
实际利用外商直接投资	亿美元	75.51	10.6
地方公共财政预算收入	亿元	1621.24	18.2
地方公共财政预算支出	亿元	3470.30	14.9
城镇居民人均可支配收入	元	21872.68	10.1
农村居民人均纯收入	元	8781.47	12.2
金融机构各项存款余额	亿元	19434.75	16.3

2013 年江西省社会事业情况

项　目	单　位	实　绩	比上年增长(%)
普通高校	所	92	
普通高校在校学生	万人	86.18	
普通中专学校	所	78	
中职和技校在校学生	万人	26.07	4.6
普通中学	所	2536	
普通中学在校学生	万人	263.08	
小学	所	10650	
小学在校学生	万人	408.11	
医院、卫生院	所	72500	1.6
医院、卫生院床位	张	174299	10.6
群众艺术馆、文化馆	个	1877	
公共图书馆	个	114	
博物馆	个	137	

市、福州市、莆田市。正线全长 632.359 千米，设计时速 200 千米 / 小时，货运时速 120 千米 / 小时。全线共设 24 个车站。客运线于是年 9 月正式开通运营。向莆铁路是一条客货共线的快速铁路，也是福建连接内陆腹地的第一条快速铁路。它穿越武夷山、金铙山、大金湖、玉华洞、青云山等七大名胜景区。（内容可参见本书“泛珠江三角洲基本情况·福建省·向莆铁路客运线开通”条）

【江西省赣东北旅游联盟成立】　2013 年 10 月 17 日，江西省赣东北旅游联盟正式成立。江西上饶市、景德镇市、鹰潭市共同签署《赣东北旅游合作发展联盟公约》。江西省的 6 个 AAAAA 级国家级风景名胜区中，有 4 个在赣东北，因此该旅游联盟的成立，对于加快形成以三清山、龙虎山、景德镇、婺源、龟峰、神农源、鄱阳湖湿地公园为重点的赣东北旅游圈，打造江西乃至整个中部地区旅游高地具有重要意义。年底，该联盟赴浙江举办赣东北旅游专题推介会，并计划从 2014 年开始，推出赣东北旅游景区联票，推动建立赣浙闽皖旅游协作机制，打造赣浙闽皖四省边际旅游黄金走廊，共同推进建设四省交界国际生态文化旅游示范区建设。

【第六届海峡两岸客家高峰论坛】　2013 年 8 月 13 日，第六届海峡两岸客家高峰论坛和第十一届赣台经贸文化合作交流大会在江西省赣州开幕。论坛上，两岸专家学者进行相关主题演讲，主要涉及客家元素（如饮食、服饰、建筑、风俗、信仰等）、迁徙经验与文化认同、客家语言传承、互联网与当代客家文化的传播和发展，以及赣台客家文化发展与客家语言保存等方面。

【九景衢铁路和武九客专（江西段）铁路项目启动】　2013 年 12 月 29 日，九景衢铁路和武九客专（江西段）铁路项目建设动员会在江西省九江市举行，标志着这两个铁路项目建设正式全面启动。九景衢铁路（江西段）自九江引出，途经湖口、都昌、鄱阳、景德镇、浮梁、婺源、德兴进入浙江省，线路全长245.39千米，为双线Ⅰ级电气化客货共线铁路，速度目标值200千米/小时，沿途设九江、琵琶湖、湖口、都昌、油墩街、鄱阳、景德镇北、赋春、桥上村、婺源、新岗山11个车站，预留五里街、洪源2个车站，初步设计批复总投资196.25亿元，全线建设工期3年6个月。武九客专（江西段）自九江引出，途经瑞昌进入湖北省，正线全长45.86千米，为客运专线铁路，速度目标值250千米/小时，沿途设九江、庐山、城门、瑞昌南4个车站，初步设计批复总投资70.48亿元，全线建设工期3年。（江西年鉴社）

湖 南 省

【概况】 湖南省位于长江中游，省境绝大部分在洞庭湖以南，故称湖南；湘江贯穿省境南北，故称湘。1950年4月1日，湖南省人民政府成立。至2013年底，湖南省辖13个地级市（设市区）、1个自治州，共14个地级行政单位；辖16个县级市、71个县（其中7个自治县）、35个市辖区，共122个县级行政单位；辖828个乡、97个民族乡、1138个镇、344个街道办事处。全省陆地面积21.18万平方千米。年末户籍人口7147.28万人，常住人口6690.6万人，其中城镇人口3208.8万人，人口自然增长率6.54‰。

自然资源丰富。以山地、丘陵为主，大体上是“七山二水一分田”，其中山地面积占全省总面积的51.2%，丘陵及岗地占29.3%，平原占13.1%，水面占6.4%。2013年耕地面积378.9万公顷，粮食播种面积493.7万公顷，粮食产量2925.7万吨。林地面积1032.24万公顷，森林覆盖率57.52%，活立木蓄积量4.45亿立方米。属亚热带常绿阔叶林带，植被丰茂，四季常青，有森林和野生动物类型自然保护区120个、森林公园113个、国家级湿地公园27个。城市人均公园绿地面积8.99平方米。

生物资源丰富多样，是全国乃至世界珍贵的生物基因库之一，有华南虎、云豹、白鹤等18种国家一级保护动物；有种子植物约5000种，数量居全国第7位，其中包括水杉、珙桐、绒毛皂荚等国家保护珍稀野生植物55种，占全国总量的17.7%。

山清水秀，河网密布，水系发达。5000米以上的河流有5341条，淡水面积达135.38万公顷，洞庭湖是全国第二大淡水湖，湘江、资水、沅水和澧水等四大水系覆盖全省，其中湘江是长江七大支流之一，全省天然水资源总量为南方九省之冠。全省多年平均水资源总量为1689亿立方米，其中地表水资源量为1682亿立方米，地下水资源量为391.5亿立方米（地下水非重复量为7亿立方米）。

矿产丰富，矿种齐全，世界已知的160多种矿藏中，湖南已发现矿种144种。探明资源储量矿种109种，其中37种储量居全国前5位，62种储量居全国前10位，钨、锡、铋、锑等储量居全国之首，钒、重晶石、隐晶质石墨、陶粒页岩等矿种储量居全国第2位，是驰名中外的“有色金属之乡”“非金属矿产之乡”。

湖南省是全国重要的粮食生产基地，土特产众多。主要农副产品如粮食、棉花、油料、苎麻、烤烟和生猪等产量均位居全国前列，其中稻谷产量多年为全国之冠，苎麻、茶叶产量分别居全国第1位和第2位。湘莲具有3000多年历史，产量居全国首位。安化黑茶是中国世博会十大名茶之一，君山银针是中国黄茶珍品。“鞭炮之乡”浏阳市是全球最大和最具盛名的烟花生产基地。醴陵陶瓷有1700多年的历史，釉下五彩瓷、毛瓷、国宴专用瓷驰名中外。湘绣具有2000多年历史，为中国四大名绣（湘绣、苏绣、蜀绣、粤绣）之一。湘菜美食源远流长，早在汉朝就已形成菜系，是汉族饮食文化八大菜系之一。

湖南名胜古迹众多，是闻名遐迩的旅游胜地。古有“潇湘八景”（潇湘夜雨、平沙落雁、烟寺晚钟、山市晴岚、江天暮雪、远浦归帆、洞庭秋月、渔村夕照）美誉，有张家界武陵源风景区、邵阳崀山丹霞地貌2处世界自然遗产、22个国家级风景名胜区、7个AAAAA级景区，其中张家界武陵源风景区是中国首家被列入世界文化和自然遗产名录的风景区，南岳衡山是中华五岳之一，岳阳楼是江南三大名楼之一。有千年学府岳麓书院，君山、炎帝陵、韶山等钟灵毓秀、闻名遐迩；郴州东江、凤凰古城、佛教圣地大乘山、宁远九嶷山舜帝陵等景区（点）受到海内外游客的青睐。

境内历史遗存众多。出土和发现的澧县城头山古城遗址、里耶秦简、走马楼三国吴简以及凤凰古南方长城、岳麓书院、岳阳楼，是湖南悠久历史的浓缩与见证。长沙马王堆汉墓被誉为世界第八大奇迹。全省有长沙、岳阳、凤凰3座中国历史文化名城，有秋收起义文家市会师旧址、洪江古建筑群等62处全国重点文物保护单位，其中炭河里遗址是已知南方地区最早的西周城址。湖南民俗多姿多彩，湘绣、滩头木版年画、皮影戏、江永女书等99项民俗艺术被列入国家非物质文化遗产名录。

历史悠久，人文荟萃。近现代以来，涌现一大批杰出人物，有晚清经世派代表人物两江总督陶澍、启蒙思想家魏源，以及清代中兴名臣曾国藩、左宗棠，维新志士谭嗣同、唐才常，辛亥元勋黄兴、蔡锷、宋教仁，民国第一位民选总理熊希龄，等等。新民主主义革命时期，有毛泽东、刘少奇、任弼时、彭德怀等无产阶级革命家，新中国首批授衔的10大元帅中有3位是湖南人，10位大将中有6位是湖南人，57名上将中湘籍19人，湖南有伟人故里、将帅之乡、革命圣地、红色摇篮之称。中华人民共和国成立后至改革开放新时期，有胡耀邦、朱镕基等党和国家领导人，“世界杂交水稻之父”袁隆平、“试管婴儿之母”卢光琇等著名科学家，田汉、齐白石、黄永玉等知名艺术家，沈从文、周立波等著名文学家，熊倪、刘璇等世界体育名将，以及全心全意为人民服务的共产主义战士雷锋。

2013年，全省实现地区生产总值24501.67亿元。万元生产总值能源消耗0.79吨标准煤。固定电话用户923.0万户，移动电话用户4563.3万户。社会用电量1345.22亿千瓦时。城镇居民人均住房面积42.1平方米，农村居民人均住房面积47.94平方米。年末从业人员4036.35万人，城镇登记失业率在4.2%内。参加城镇职工基本养老保险1091.73万人；参加城镇职工基本医疗保险799.25万人；参加城镇居民基本医疗保险1516.94万人；参加新型农村合作医疗4729.0万人（不含长沙），参合率98.98%；

参加新型农村社会养老保险 3381.0 万人。城镇生活污水集中处理率 89.0%，城镇生活垃圾无害化处理率 98.4%。

【湘江保护治理】 2013 年 9 月 22 日，湖南省人民政府召开湘江流域保护与整治委员会会议，决定将湘江保护与治理列为省人民政府“一号重点工程”。从 2013 年起，滚动实施 3 个“三年行动计划”，综合治理湘江。

“一号重点工程”的主要目标和重点措施是：第一个“三年行动计划”，要以“堵源头”为主要任务，重点是堵住工业废水、生活污水和大型畜禽养殖企业的污水排放。把矿山污水排放截住，把尾矿库拦住，把重点化工和其他企业的污水截住，关停并转一批“五小”企业，提高沿流域中心集镇以上城镇的污水处理能力，沿线大型畜禽养殖企业要逐步搬迁，污染趋势得到遏制。第二个“三年行动计划”，要“治”与“调”并举，逐步实现沿江工业企业污水循环利用和零排放，沿江一般城镇和自然村的生活污水要达标排放。加大农业面源治理力度，减少农药、化肥使用，沿江边逐步实现退耕还林、还草。实施化工区整体搬迁和重化工企业的结构调整，将产业结构逐步由重化工业调整为轻化工业。第三个“三年行动计划”，主要是抓巩固和提高，进一步实施综合措施，使湘江干流、全流域稳定在三类以上水质，大部分饮用水源断面达到二类水质标准。

2013 年湖南省国民经济发展情况

项　目	单　位	实　绩	比上年增长（%）
地区生产总值	亿元	24501.67	10.1
第一产业增加值	亿元	2990.31	2.7
第二产业增加值	亿元	11505.39	10.9
工业增加值	亿元	10001.0	11.1
第三产业增加值	亿元	10005.97	11.3
人均地区生产总值	元	36763	9.3
农林牧渔业总产值	亿元	5043.58	2.7
固定资产投资（不含农户）	亿元	18381.44	26.1
社会消费品零售总额	亿元	9018.64	13.8
外贸进口总额	亿美元	103.44	10.7
外贸出口总额	亿美元	148.21	17.6
实际利用外商直接投资	亿美元	87.04	19.6
地方公共财政预算收入	亿元	2030.88	14.0
地方公共财政预算支出	亿元	4090.89	13.9
城镇居民人均可支配收入	元	23414	9.8
农村居民人均纯收入	元	8372	12.5
城乡居民储蓄存款余额	亿元	14784.49	16.4

2013 年湖南省社会事业情况

项　目	单　位	实　绩	比上年增长(%)
普通学校	所	107	0.94
普通高校在校学生	万人	110.08	1.75
中职和技校在校学生	万人	625	
普通中学	所	3878	–0.18
普通中学在校学生	万人	318.4	1.48
高中阶段教育毛入学率	%	88.2	
小学	所	9270	–8.80
小学在校学生	万人	467.81	–1.26
医院、卫生院	所	3226	4.33
医院、卫生院床位	张	292462	9.22
群众艺术馆、文化馆	个	142	0
公共图书馆	个	136	1.4
博物馆	个	103	
体育场馆	个	36012	

【湘潭综合保税区获批】　2013 年 9 月 7 日，国务院批复同意设立湘潭综合保税区。该保税区位于湘潭九华经济技术开发区，规划总面积 3.12 平方千米，总投资 40 亿元，建设出口加工区、保税物流区、保税仓储区、综合服务区四个功能区，具有报税、仓储、海关、商检、检疫等国际港口所具备的各种功能。

【省部合作气象协议签署】　2013 年 8 月 4 日，中国气象局与湖南省人民政府签署共同推进气象服务湖南经济社会发展合作协议。根据协议，双方将在加快推进气象现代化、全面构建湖南气象防灾减灾的综合体系、依法强化公共气象服务与气象社会管理职能、气象防灾减灾能力建设等方面展开全方位合作，不断提升气象预报预测能力、气象防灾减灾能力、应对气候变化能力和开发利用气候资源能力；将合作共建湖南省山洪地质灾害防治气象保障工程、长株潭气象防灾减灾综合示范工程和农业气象服务体系和农村气象灾害防御体系等。

【13 条高速公路建成通车】　2013 年，湖南省 13 条共 1125 千米高速公路建成通车，高速公路通车总里程达到 5084 千米。建成的高速公路情况：（1）长沙至浏阳高速公路（接江西萍乡至上粟高速公路和长永高速公路），全长 65.324 千米，按设计时速 100 千米、4 车道标准修建，总投资 512565 万元。（2）凤凰至大兴（湘黔界）高速公路（接在建吉首至怀化高速公路，与贵州拟建的大兴至思南高速公路相接），全长 30.848 千米，按设计时速 80 千米、4 车道标准修建，总投资 221675 万元。（3）张家界至花垣高速公路（接常张高速公路和接吉茶高速公路），

全长 147.592 千米，按设计时速 80 千米、4 车道标准修建，总投资 1512214 万元。(4) 醴陵至茶陵高速公路（起于醴陵市板杉乡，与已建的醴潭高速公路相接，并顺接浏阳至醴陵高速公路，与在建的衡炎高速公路相接），全长 105.248 千米，按设计时速 100 千米、4 车道标准修建，总投资 849957 万元。（5）怀化至通道高速公路（包头至茂名高速公路的一段，接已建的邵阳至怀化高速公路连接线），全长 197.636 千米，按设计时速 100 千米和 80 千米、4 车道标准修建，总投资 1937731 万元。（6）洞口至新宁高速公路（接邵怀高速公路），全长 118.071 千米，按设计时速 100 千米、4 车道标准修建，总投资 895587 万元。（7）长沙绕城高速公路（东北、东南段是京港澳高速的一段，接在建的长株高速公路），全长 25.722 千米，按设计时速 100 千米、4 车道标准修建，总投资 302232 万元。（8）京港澳国家高速长沙连接线（起于长沙市开福区德雅路与三一大道平交处，止于长永高速星沙收费站），全长 5.045 千米，按设计时速 60 千米、8 车道标准建设，总投资 52676 万元，实际完成里程 2.3 千米。（9）界化垄（赣湘界）至茶陵高速公路（泉州至南宁高速公路的一段，接江西吉安至莲花高速公路，与在建衡炎高速公路相接），全长 45.242 千米，按设计时速 100 千米、4 车道标准修建，总投资 313969 万元。（10）石首至华容高速公路（接拟建宜昌至岳阳高速公路，与岳阳至常德高速公路相接），全长 13.44 千米，按设计时速 100 千米、4 车道标准修建，总投资 84895 万元。（11）炎陵至汝城（湘粤界）高速公路（与在建的衡炎高速公路和拟建的粤湘高速公路相接），全长 151.07 千米，按设计时速 80 千米、4 车道标准修建，总投资 1391074 万元，通车里程 132 千米（与广东相接段 19.07 千米未通车）。（12）溆浦至怀化高速公路（接新化至溆浦高速公路和在建吉怀高速公路相接），全长 91.781 千米，按设计时速 100 千米、4 车道标准修建，总投资 819100 万元。（13）岳阳至常德高速公路（杭州至瑞丽高速的一段，接拟建临湘至岳阳高速公路和建成的澧县至常德高速公路），全长 141.03 千米，按设计时速 100 千米、4 车道标准修建，总投资 1090564 万元。

【超级杂交稻创世界新纪录】 2013 年 9 月 28 日，农业部组织中国水稻研究所、武汉大学和福建省农业科学院等单位的专家、教授，在湖南省隆回县羊古坳乡牛形村对由中国工程院院士袁隆平创新团队成员选育的第四期超级杂交稻苗头组合“Y 两优 900” 6.75 公顷（101.2 亩）高产攻关片进行现场测产验收。“Y 两优 900”在隆回县百亩片亩产达到 988.1 千克，创造百亩连片平均亩产最新世界纪录。这一产量超过袁隆平团队选育的第三期“Y 两优 2 号”在 2011 年创下的 926.6 千克、宁波农科院马荣荣团队选育的“甬优 12”在 2012 年创下的 963.65 千克的纪录。这意味着第四期超级杂交稻攻关取得重大进展。该组合平均株高 128.9 厘米，亩有效穗 15.27 万株，每穗粒数 339.8 粒，亩总颖花数达 5188 万朵，结实率 90%，千粒重 27.5 克，具有高冠层、矮穗层、特大穗、高生物学产量、茎秆坚韧等特点，协调穗大与穗数等几对难以平衡的生理矛盾，证实新型高秆培育第四期超级杂交稻技术思路的可行性，为全面实现第四期亩产 1000 千克目标做出理论探索。

【首创“两型”产品政府采购制度】 2013年12月4日，湖南省人民政府正式发布政府采购支持的300多个“两型”（资源节约型、环境友好型）产品目录。凡是列入《湖南省两型产品政府采购目录》的，在政府采购活动中，从预算安排、计划审批和组织评审等各个阶段给予优惠，确保优先采购。在预算阶段，财政部门优先安排“两型”产品的采购预算。在计划申报审批阶段，采购人采购的产品属于“两型”产品的应当申报产品采购计划，对达到公开招标数额标准的采购项目，经批准，可选用竞争性谈判或询价等非公开招标方式择优选择；对列入“两型”产品目录的产品，经财政部门批准，采购人申报采购计划时，可以采用首购或订购方式采购。在组织评审阶段，评审采用最低价格评标法时享受5%～10%的价格扣除，采用综合评分法时价格、技术以及商务评分项分别可享受4%～8%分值的加分优惠。

【“天河二号”蝉联世界超算冠军】 2013年11月20日，国际TOP500组织在国际超级计算大会上正式发布第42届世界超级计算机500强排行榜。由国防科学技术大学研发的“天河二号”超级计算机系统，第三次蝉联世界超算冠军，标志着中国在超级计算机领域已走在世界前列。“天河二号”是国防科学技术大学承担的国家“863”计划和“核高基”国家重大专项攻关项目，于2013年6月在长沙研制成功。“天河二号”峰值计算速度每秒5.49亿亿次，持续计算速度每秒3.39亿亿次，双精度浮点运算性能优越。该成果被列入2013年度国家信息产业重点领域6项关键技术突破之一。

【上海大众湖南（长沙）项目开工】 2013年5月16日，上海大众汽车有限公司湖南（长沙）项目在长沙经济技术开发区开工建设。该项目占地面积138万平方米，第一期投资120亿元，将生产中高端车型，可形成30万辆整车的年生产能力，预计2015年具备批量生产条件，项目全部达产后可实现年产值1500亿元。

【山河科技获中国首个轻型运动飞机生产许可认证】 2013年5月，山河科技股份有限公司正式获颁中国第一个自主研发的全复合材料轻型运动飞机生产许可认证（PC），这是中国民航第一次为国内自主品牌通航制造企业颁发该类型飞机的生产许可证，标志着中国从此拥有真正属于自己的民用轻型运动飞机批量生产基地。 （湖南年鉴社）

广 东 省

【概况】 广东省位于中国大陆南部。1949年11月6日，广东省人民政府成立。2013年辖21个地级以上市、23个县级市、37个县、3个自治县、58个市辖区、4个乡、7个民族乡、1128个镇、446个街道办事处。全省土地面积17.97万平方千米，其中岛屿面积1448平方千米。年末户籍人口8759.5万人，常住人口10644万人，其中城镇人口7212.37万人。人口自然增长率6.0‰。广东自古就是中国移民出洋最早、最多的省份，是中国著名侨乡，祖籍广东的海外华人、华侨3000多万人，归侨、侨眷2000多万人。

根据2012年土地利用变更调查结果，全省耕地面积261.44万公顷，粮食播种面积2507.62千公顷，粮食产量1315.90万吨。

林地面积1006.66万公顷，森林覆盖率58.2%，活立木蓄积量5.16亿立方米。城市人均公园绿地面积14.80平方米。

动植物种类繁多。陆生脊椎动物有774种，其中兽类110种、鸟类507种、爬行类112种、两栖类45种。此外，还有淡水水生动物的鱼类281种、底栖动物181种和浮游动物256种，以及种类更多的昆虫类动物。被列入国家一级保护的动物有华南虎、云豹、熊猴和中华白海豚等22种，被列入国家二级保护的动物有金猫、水鹿、穿山甲、猕猴和白鹇（省鸟）等95种。全省有维管束植物289种、2051属、7717种。其中，属于国家一级保护野生植物的有苏铁、南方红豆杉等7种，属于二级的有桫椤、广东松、白豆杉、樟、凹叶厚朴、土沉香、丹霞梧桐等48种。此外，还有真菌1959种，其中食用菌185种、药用真菌97种。

河流众多，以珠江流域（东江、西江、北江和珠江三角洲）及独流入海的韩江流域和粤东沿海、粤西沿海诸河为主，集水面积占全省面积的99.8%，其余属于长江流域的鄱阳湖和洞庭湖水系。全省流域面积在100平方千米以上的各级干支流614条（其中，集水面积在1000平方千米以上的有60条）。独流入海河流93条，较大的有韩江、榕江、漠阳江、鉴江、九洲江等。全省多年平均降水量1789.3毫米，折合年均降水总量3145亿立方米。全省多年平均水资源总量1830亿立方米，其中地表水资源量1820亿立方米，地下水资源量450亿立方米，地表水与地下水重复计算量440亿立方米。此外，还有温泉300多处，日总流量9万吨；饮用天然矿泉水145处，探明可采用储量全国第一。

矿产资源种类较多，优势矿种集中度高。至2013年底，全省发现矿产148种，已查明资源储量的矿产有101种。广东省保有资源储量居全国前10位的矿产61种，居全国前3位的矿产26种，居全国第一位的矿产7种，分别为铌钽矿、碲矿、高岭土、建筑用花岗岩、水泥用粗面岩、建筑用大理岩和泥炭。全省已开发利用的矿种主要有地下热水、矿泉水、铁、铜、铅、锌、锡、锑、稀土、金、银、硫铁矿、高岭土、陶瓷土、水泥用灰岩、大理岩等。

海岸线长，海域辽阔，海洋资源丰富。海洋生物包括海洋动物和植物，共有浮游植物406种、浮游动物416种、底栖生物828种、游泳生物1297种。可供海水养殖面积77.57万公顷，实际海水养殖面积20.82万公顷，是全国著名的海洋水产大省。雷州半岛的养殖海水珍珠产量居全国首位。沿海还拥有众多的优良港口资源。广州港、深圳港、汕头港和湛江港成为国内对外交通和贸易的重要通道；大亚湾、大鹏湾、碣石湾、博贺湾及南澳岛等地还有可建大型深水良港的港址。珠江口外海域和北部湾的油气田已打出多口出油井。沿海的风能、潮汐能和波浪能都有一定的开发潜力。广东省沿海沙滩众多，气候温暖，红树林分布广、面积大，在大陆最南端的灯楼角有全国唯一的大陆缘型珊瑚礁，旅游资源开发潜力大。

广东的土特产主要有新会陈皮、梅县金柚、紫金蓝塘猪、罗定肉桂、封开油栗、德庆贡柑、阳春春砂仁、从化荔枝、英德红茶、徐闻良姜等“广东十件宝（旅游土特产类）”。截至2013年底，广东省国家地理标志保护产品有河源米粉、郁南无核黄皮、廉江红橙等106个。

广东省拥有全国重点文物保护单位66处，国家AAA级以上景区207个，其中

AAAAA级景区有广州市长隆旅游度假区、广州市白云山风景名胜区、深圳市华侨城旅游度假区、深圳市观澜湖休闲度假区、佛山市西樵山风景名胜区、韶关市丹霞山风景名胜区、梅州市雁南飞茶田景区、清远市连州地下河景区、惠州市罗浮山风景名胜区9个；国家级风景名胜区有肇庆市星湖、佛山市西樵山、韶关市丹霞山、广州市白云山、惠州市惠州西湖、惠州市罗浮山、湛江市湖光岩、深圳市梧桐山8个。

广东是岭南文化的集中地，得天独厚的自然地理环境与历史传统孕育出独特的岭南文化，在土著文化、族群文化、学术文化、艺术文化、民间信仰和地方聚落文化等方面呈现出鲜明的地域特色，是中华民族文化的一部分。粤菜、粤剧、广东音乐、广东骑楼、黄埔军校旧址、端砚、开平碉楼、广交会、孙中山、六祖惠能为岭南文化“十大名片”。广东汉族居民主要分为广府、客家与潮汕三大民系。三大民系长期各自保持其生活习俗、文化意识和性格特征，共同构成岭南文化丰富多彩、千姿百态的风情魅力。广府文化以西江流域特别是珠江三角洲为核心，粤方言、春节花市、粤菜、早茶、“三间两廊”民居、粤剧、粤曲、广东音乐、粤绣、广东象牙雕等构成广府文化的重要内容。潮汕文化特色主要表现在潮汕方言，“三山国王信仰”“施孤”“出花园”等节俗

2013年广东省国民经济发展情况

项　目	单　位	实　绩	比上年增长(%)
地区生产总值	亿元	62163.97	8.5
第一产业增加值	亿元	3047.51	2.5
第二产业增加值	亿元	29427.49	7.7
工业增加值	亿元	27426.26	8.0
第三产业增加值	亿元	29688.97	9.9
人均地区生产总值	元	58540	7.8
规模以上工业总产值	亿元	109673.07	14.7
农林牧渔业总产值	亿元	4946.81	2.2
固定资产投资	亿元	22828.65	18.3
社会消费品零售总额	亿元	25453.93	12.2
外贸进口总额	亿美元	4554.58	11.0
外贸出口总额	亿美元	6363.64	10.9
实际利用外商直接投资	亿美元	249.52	6.0
地方公共财政预算收入	亿元	7081.47	13.7
地方公共财政预算支出	亿元	8411.00	13.8
城镇居民人均可支配收入	元	33090.05	9.5
农村居民人均纯收入	元	11669.31	10.7
城乡居民储蓄存款余额	亿元	49287.89	9.5

2013年广东省社会事业情况

项　目	单　位	实　绩	比上年增长(%)
普通高校	所	138	0
普通高校在校学生	万人	170.99	5.8
高等教育毛入学率	%	30.5	
中职和技校	所	745	-2.6
中职和技校在校学生	万人	228.51	-4.0
普通中学	所	4366	0.9
普通中学在校学生	万人	625.24	-6.5
高中阶段教育毛入学率	%	95.9	
小学	所	11824	-11.7
小学在校学生	万人	807.94	-0.04
医院、卫生院	所	2447	0.4
医院、卫生院床位	万张	34.65	6.7
群众艺术馆、文化馆	个	147	7.3
公共图书馆	个	137	0
博物馆、纪念馆	个	191	13.7
档案馆	个	214	2.4

礼仪，潮剧、潮州歌册、潮州音乐等曲艺，陶瓷、潮绣、潮州金漆木雕等工艺，潮州菜和工夫茶等饮食习俗，“下山虎”和“四点金”等民居样式成为潮汕文化特征。客家文化体现客家人刻苦耐劳、自立自强、家族观念强固和崇尚读书特性，客家山歌、广东汉剧、广东汉乐、客家菜、客家围屋等是客家文化的重要组成部分。广东省的世界遗产有世界文化遗产开平碉楼与村落、世界自然遗产中国丹霞（丹霞山）、人类非物质文化遗产广东粤剧、世界记忆遗产侨批档案。有广州、潮州、肇庆、佛山、梅州、雷州和中山7座国家历史文化名城，广州市番禺区沙湾镇等8个中国历史文化名镇，佛山市三水区乐平镇大旗头村等11个中国历史文化名村。有129个项目入选国家级非物质文化遗产名录。

广东省名人辈出。著名人物主要有首任南海郡尉任嚣，南越王赵佗，“三陈”（陈钦、陈元、陈坚），撰写中国第一部区域性的物产专著《异物志》的杨孚，“四士”（士燮、士壹、士黄有、士武），隐居罗浮山修行炼丹的葛洪，建立陈朝的陈霸先，南越部族首领冼夫人，佛教禅宗六祖惠能，“开元三贤相”之一的张九龄，任潮州刺史的韩愈，广东第一名医陈昭遇，广东第一位状元莫宣卿，被贬岭南的苏轼，“白沙学派”陈献章及弟子林光、张诩、陈庸、湛若水等，“吾粤之昌黎”黄佐，“岭南三忠”张家玉、陈子壮、陈邦彦，清初“岭南三大家”的屈大均、陈恭尹、梁佩兰，抗击侵华英军舰的关天培，创立学海堂的阮元，虎门销烟的林则徐，中国第一个新教华人牧师梁发，太平天国领袖洪秀全，制造“地平式日晷”的邹伯奇，中国第一位医学硕士黄宽，“东塾学派”陈澧，创办中国第一家水泥厂的唐廷枢，与军舰共存亡的邓世昌，创办中国第一家华侨经营的机器缫丝厂的陈启沅，“二居”（居巢、居廉），创办中国最早电灯公司的黄秉常，中国第一个毕业于美国高等学府的留学生容闳，中国第一位飞机设计师冯如，中国首位铁路总工程师詹天佑，岭南武术宗师黄飞鸿、叶问、李小龙，“维新变法”的康有为、梁启超，中国近代民主革命先行者孙中山，领导海陆丰农民起义的彭湃，电影明星阮玲玉，国民革命军陆军新编第四军军长叶挺，岭南画派的“岭南三杰”（高剑父、高奇峰、陈树人）及名师关山月、黎雄才，岭南琴派的黄熠南，著名侨领司徒美堂，粤剧名伶薛觉先、马师曾、红线女，十大元帅之一的叶剑英等。

2013年，全省实现地区生产总值62163.97亿元。固定电话用户3099.89万户，移动电话用户14706.06万户。社会用电量4830.13亿千瓦·时。城镇居民人均住房面积34.57平方米，农村居民人均住房面积33平方米。城镇新增就业164.5万人，年末从业人员3395.35万人，城镇登记失业率2.43%。参加城镇职工基本养老保险（含离退休）4183万人，比上年增长3.7%；参加城镇职工基本医疗保险3473万人，增长3.0%；参加城乡居民基本医疗保险5706.8万人，增长13.0%；参加城乡居民社会养老保险2488万人，参保率99%。城市生活污水集中处理率92%，城市生活垃圾无害化处理率84.6%。（广东年鉴社）

【全面推进社会体制改革】 2013年5月，广东省社会工作委员会推出全省社会体制改革要点，内容涵盖民生事业体制、社会组织体制、基层社会管理体制、社会工作和志愿服务体制、社会治理5个领域共40项，各级部门分别承接相应的社会体制改革任务，形成423项改革项目表，全面推进社会体制改革。（广东省社工委）

【开展商事登记制度改革】 2013年，广东顺德、东莞、珠海、深圳4个试点地区探索商事登记制度改革，肇庆、惠州、揭阳、清远、佛山、梅州开展企业登记审批制度改革，随后，阳江、广州、中山等地陆续开展商事登记制度改革。全年全省新登记各类市场主体110.8万个，其中新登记各类企业35.3万家，分别比上年增长35.7%和50.4%。至年底，全省有各类市场主体582.4万个，比上年增长12.8%。深圳、珠海、东莞、顺德等试点地区新登记商事主体增幅分别达到129.4%、53.0%、21.5%和17.8%。工商登记制度改革推动行政审批制度改革，试点地区压减、调整行政审批事项32%～48%，企业登记时间缩短至3个工作日以内，深圳、东莞等地实现当天办结，东莞59%的部门审批提速超过20%，顺德区属13个部门审批提速超过50%。（尚 平）

【广东成为中国首个万亿美元经济体】 2013年，广东省坚持稳中求进的工作总基调，统筹稳增长、调结构、促改革、惠民生，全力推进重要基础设施建设、珠三角地区“九年大跨越”、粤东西北地区振兴发展、培育大型骨干企业等工作，全省经济发展“稳中有进、稳中提质”，经济综合实力实现新跨越。2013年，全省地区生产总值（GDP）6.22万亿元，比上年增长8.5%，成为全国唯一一个经济总量超6万亿元的省份。进出口总额增长10.9%，达1.09万亿美元。经济总量和进出口总额双双突破1万亿美元。地方公共财政预算收入增长13.7%，达到7081.47亿元。（李轶昊）

【实施粤东西北地区振兴发展战略】 粤东西北地区包括汕头、韶关、河源、梅州、汕尾、阳江、湛江、茂名、清远、潮州、揭阳、云浮12市。全区面积12.49万平方千米，占全省的69.5%。由于粤东西北地区发展基础薄弱、工业化和城镇化程度偏低、财政支出压力大，经济社会发展水平与珠三角地区仍然存在较大差距。2013年7月，广东省委、省政府召开会议作出重大战略部署，制定出台《关于进一步促进粤东西北地区振兴发展的决定》，提出“一个目标、三个抓手、两条底线”的总体目标任务。一个目标：粤东西北地区各市人均生产总值在2020年前达到或超过全国平均水平，与全国同步全面建成小康社会。三个抓手：一是加强交通基础设施建设，构建快速交通运输体系，显著改善发展的区位条件。二是加强产业园区建设，推动产业集聚和节约集约发展，以园区为载体加快工业化进程。三是做大做强地级市中心城区，加快城镇化进程，打造区域发展的增长极。两条底线：高度重视维护社会稳定和加强生态保护工作，确保在推进发展的过程中，社会不能乱，环境不能坏，走出一条可持续健康发展之路。

2013年，粤东西北地区振兴发展实现良好开局，区域发展协调性增强。实现地区生产总值14069亿元，比上年增长10.4%，比全省高1.9个百分点，占全省比重21%。人均地区生产总值28636元，比上年增长9.6%，比全省高1.8个百分点，相当于全国平均水平的68.5%，比上年提高1个百分点。规模以上工业增加值4792亿元，比上年增长13.7%，比全省高5个百分点。固定资产投资总额6802亿元，比上年增长27.5%，比全省高9.2个百分点。地方公共财政预算收入842亿元，比上年增长17.2%，高出全省3.6个百分点。阳江市人均地区生产总值达到全国平均水平，茂名、湛江市地区生产总值突破2000亿元，阳江、韶关市地区生产总值突破1000亿元。

（省粤东西北办）

【节约集约用地示范省建设】 2013年6月13日，国土资源部批复同意《广东省深入推进节约集约用地示范省建设工作方案》。该方案的总体目标是实现耕地数量质量保护全面加强，节约集约用地水平显著提高，国土空间开发格局不断优化，制度机制建设取得重要进展。经省政府同意，省国土资源厅制定印发《广东省深入推进节约集约用地示范省建设实施意见及分工方案》，细化各项试点任务，明确完成时限，落实相关部门的责任分工。（广东省国土资源厅）

【广东农村饮水安全问题基本解决】 从2005年起，广东省实施农村饮水安全工程。至2013年，全省累计投入91.93亿元（其中中央补助资金21.44亿元，省级补助资金29.05亿元，市、县地方自筹资金41.44亿元），建成4129项农村饮水安全工程，解决1795.93万名农村居民和177.6万名农村学校师生的饮水安全问题，地域分布在粤东、粤西、粤北和珠江三角洲外围的15个地级市、省农垦系统农场和林业系统林场，共95个县（市、区）。至此，全省饮水安全问题基本解决。（广东省水利厅）

【全面推进新一轮绿化广东大行动】 2013年8月25日，广东省委、省政府下发《关于全面推进新一轮绿化广东大行动的决定》，明确提出通过10年左右的努力，将广东建设成为森林生态体系完善、林业产业发达、林业生态文化繁荣、人与自然和谐的全国绿色生态第一省。年内，召开工作会议，明确各级政府主体责任，提出森林覆盖率、森林蓄积量、森林面积等9个建设全国绿色生态第一省的指标体系，强调以森林碳汇、生态景观林带、森林进城围城、乡村绿化美化等四大重点生态工程为新一轮绿化大行动的主要抓手，着力形成五大森林生态体系，即北部连绵山体森林生态屏障体系、珠江水系等主要水源地森林生态安全体系、珠三角城市群森林绿地体系、道路林带与绿道网生态体系、沿海防护林生态安全体系，构建全省科学合理的森林生态安全格局。四大重点林业生态工程和五大森林生态体系覆盖全省21个地级以上市。

省林业厅和各市县编制和完善相关规划，形成全省新一轮绿化广东规划体系。省财政计划于2014~2017年新增19亿元，专项用于新一轮绿化广东大行动，加大对欠发达地区的扶持力度，重点补助粤北和东西两翼山区市县，减轻欠发达地区群众和基层政府负担；在2011～2014年预算中每年安排生态景观林带建设补助资金1.5亿元。省交通运输厅组织省交通集团、南粤交通投资建设有限公司等高速公路项目业主筹集2亿多元，用于高速公路建设用地范围的绿化改造。省林业、发展改革、财政、国土、交通运输等部门强化沟通协调，全面规划，着力解决租地和工程招投标等全局性、政策性、基础性问题。全省各地坚持因地制宜、突出特色的原则，以生态修复为基础，以科技创新为支撑，抓好造林绿化的质量和效益。各地重点生态工程突出生态化、乡土化建设，注重恢复和保护地带性森林植被群落，不搞“一刀切”的形象工程。因地制宜采取“造、补、改、封”等造林技术，广泛选用优良乡土阔叶树种造林，营建以乡土阔叶树种为主的混交林。 （欧阳学工）

【2013广东经济发展国际咨询会】 于2013年11月21～22日在广州市举行。中共中央政治局委员、广东省委书记胡春华，省长朱小丹等省领导与18位来自世界500强企业和著名科研机构的负责人参加。会议主题是：拓展开放领域，提升国际竞争力。会议包括开幕式和闭门会议、合作项目签约仪式和中外记者招待会，以及顾问媒体专访、顾问集体参观等活动。闭门会议设3个分议题：建设法治化国际化营商环境、构建开放合作平台、推进产业技术国际合作。其间，举行“环境保护与绿色竞争力”论坛、“产业转型再造核心竞争力——增效技术和电动交通”2场专题论坛。 （龙志梅）

广西壮族自治区

【概况】 广西壮族自治区位于中国南部。1949年12月11日，广西全境解放。1957年6月，国务院作出建立广西僮族自治区的决定。1958年3月，广西省改为广西僮族自治区。1965年10月12日，国务院批准广西僮族自治区改为广西壮族自治区。2013年，全自治区有地级市14个、县级市7个、县（含民族自治县）67个、市辖区36个、镇722个、乡（含民族乡）405个。年末户籍人口 5282 万人，常住人口 4719 万人，其中城镇人口 2115 万人。人口自然增长率 7.93‰。常住人口中少数民族人口 2004 万人，占全自治区常住人口的 42.5%。祖籍广西的海外华人、华侨 700 万人，归侨、侨眷 220 多万人。

广西地处云贵高原东南边缘，两广丘陵西部，南临北部湾，总体为山地丘陵性盆地地貌。山地约占广西土地总面积的 39.7%；丘陵占 10.3%；谷地、河谷平原、山前平原、三角洲及低平台地占 26.9%；水面仅占 3.4%。全自治区总面积 23.76 万平方千米。其中：耕地面积 442.54 万公顷，粮食播种面积 307.6 万公顷，粮食产量 1521.8 万吨；林地面积 1468.73 万公顷，森林覆盖率 61.84%，活立木蓄积量 6.53 亿立方米。城市人均公园绿地面积 11.48 平方米。

矿产资源十分丰富，尤以有色金属最为富有，是中国有色金属之乡。全自治区已发现矿种 145 种（含亚种），探明资源储量的矿产 97 种，占全国已探明资源储量矿种的 45.75%。探明储量列全国前 10 名的有 64 种，占全国第一位的有锰、锑、重稀土等 12 种。

河流众多，水能资源理论蕴藏量 2133 万千瓦，可开发装机容量 1751 万千瓦。红水河被誉为中国水电的“富矿”，是全国优先开发的三大水电建设基地之一，也是“西电东送”工程的重要组成部分。

野生动植物的物种及珍稀种类众多。已发现野生植物 8354 种，居全国第三位。有国家重点保护珍稀濒危植物 122 种，占国家重点保护植物种数的 31.6%，居全国第二位。有中草药物种 4623 种，居全国第二位。已发现陆栖脊椎野生动物 929 种（含亚种），占全国的 43.3%。有国家重点保护的珍稀动物 149 种，占全国的 44.5%。

广西北部湾沿海地区天然港湾众多，海洋资源丰富，是全国著名的四大热带渔场之一。生长有鱼类 500 多种、虾类 200 多种、蟹类 190 多种，还有贝类、藻类和其他海产动物。闻名于世的中国南珠就产自广西北部湾沿海的合浦县。广西北部湾沿海 0 ~ 20 米的浅海面积 6480 多平方千米，滩涂（潮间带）面积 1005 平方千米。沿海有红树林 0.72 万公顷，居全国第二位。北部湾还是一个丰富的油气盆地，石油、天然气开发前景广阔。内陆西江等江河水量充足，利于航运，“西江黄金水道建设”正在推进。

旅游资源得天独厚，是中国旅游大省之一。广西有以桂林山水为代表的众多山水自然景观、以北海银滩为代表的亚热带滨海风光、独具特色的中越边关风情和古朴浓郁的少数民族风情，还有花山岩崖壁画、灵渠、真武阁、太平天国农民起义旧址等人文历史遗迹。广西拥有国家级风景名胜区桂林漓江、桂平西山和宁明花山，有国家级旅游度假区北海银滩，有国家 AAAAA 级旅游景区 3 个、AAAA 级景区 96 个。

广西盛产稻谷、玉米等大宗粮食作物，花生、油茶籽等油料作物，甘蔗、黄红麻等大宗经济作物，以及品种众多的亚热带水果和中草药。地方名优蔬菜品种有荔浦芋、玉林大蒜、横县大头菜、博白雍菜、扶绥黑皮冬瓜、田林八渡笋、覃塘莲藕、长洲慈姑等；药用植物有田七、肉桂、罗汉果、绞股蓝、血竭、安息香等。著名热带及亚热带水果有荔枝、龙眼、木瓜、凤梨、香蕉、芒果、沙田柚、柑、橙、波罗蜜等。优良禽畜品种有三黄鸡、香猪、都安山羊、德保矮马、右江鹅等。林产品有松脂、桐油、紫胶等。海产品有珍珠、对虾及红鳍笛鲷等名贵鱼类。

考古发现，广西人类文明的发展几乎与中原同步。从出土 80 万～70 万年前高超石器制作技术的百色手斧，到 5 万年前后东亚现代人代表的柳江人出现，到从遍布沿江沿岸的新石器时代贝丘遗址远古文化；从战国后各地大量冶炼遗址，到从战国时期开始出现的铜鼓文化；从 3000 年前用于治病的青铜浅刺针，到壮医瑶医等民族医药繁荣的医药文化；从盛于汉的苍梧漂清酒，到“桂林米粉”风行全国的饮食文化；从秦汉时期沿海两层多功能陶居模型，到干栏式少数民族民居、风雨桥、灵渠和被誉为“天南杰构”真武阁的建筑文化；从融歌、舞、乐三位一体的岩崖壁画，到载歌载舞的“三月三歌圩”，等等，均反映了广西在发展中创造了远古的地域文化，形成了独特的人文景观。

广西是全国甚至是世界知名的“语言富矿”。世居的 12 个民族除回族转用汉语外，其他民族均有自己的语言并都在使用，分别是汉语、壮语、瑶语、苗语、侗语、仫佬语、毛南语、京语、彝语、水语、仡佬语。其中，壮语、汉语、瑶语、苗语、彝语还有各自的方言土语。

文化艺术源远流长、丰富且具有特色。反映远古时期先民们“飞土、逐肉”狩猎生活的左江崖壁画群，民族社会中晚期出现口口相传的创世史诗，西周被引入西周宫廷的越声“任”，春秋时期广泛运用的铜鼓等打击乐器和以壮族先民《越人歌》为代表的民族古歌，秦汉时期旨在“驱鬼逐疫”的傩仪(傩戏)，盛行于唐代的“广南春堂”（扁担舞）、“交趾葫芦笙”乐和普遍流行于红水河、左右江流域壮族聚居地的“三月三歌

2013 年广西壮族自治区国民经济发展情况

项　目	单　位	实　绩	比上年增长(%)
地区生产总值	亿元	14378	10.2
第一产业增加值	亿元	2343.57	4.3
第二产业增加值	亿元	6863.04	11.9
工业增加值	亿元	5749.65	11.4
第三产业增加值	亿元	5171.39	10.2
人均地区生产总值	元	30588	9.3
全社会固定资产投资	亿元	11907.67	21.4
社会消费品零售总额	亿元	5083.08	13.6
外贸进口总额	亿美元	141.42	0.9
外贸出口总额	亿美元	186.95	20.9
实际利用外商直接投资	亿美元	7.0	-6.5
地方公共财政预算收入	亿元	1316.84	12.9
地方公共财政预算支出	亿元	3192.26	6.9
城镇居民人均可支配收入	元	23305	7.3
农村居民人均纯收入	元	6791	10.4

2013年广西壮族自治区社会事业情况

项　目	单　位	实　绩	比上年增长(%)
普通高校	所	70	持平
普通高校在校学生	万人	64.42	5.2
高等教育毛入学率	%	25	
中职（不含技校）	所	273	-14.4
中职在校学生	万人	82.22	-4.7
普通中学	所	2289	
普通中学在校学生	万人	277	
高中阶段教育毛入学率	%	78	
小学	所	13499	-0.3
小学在校学生	万人	426.26	-0.1
九年义务教育巩固率	%	90	
医疗卫生机构	个	33047	-2.4
医疗卫生机构床位	万张	18.72	10.9
县以上文化馆、群众艺术馆	个	123	持平
县以上公共图书馆	个	112	持平
县以上博物馆	个	104	31.6

注：研究生教育、特殊教育未列入本表

圩”，宋朝时期“城郭村落日闻鼓笛声，军中乐卒弄傀儡（木偶）”，明清时期壮族“出寮舞”“浪花歌”、瑶族“五参舞”“踢踢歌”、苗族“鸲鹆舞”、侗族“混沌舞”民间文化习俗等；在近现代，还发掘了“唱春牛”“唱采茶”“鸿鹄调”“马驴调”“斗鸡调”“巫调”等歌舞小调，以及桂剧、彩调剧、邕剧、粤剧、师公戏、采茶戏、牛歌戏、牛娘戏、文场戏、客家戏及壮剧、苗剧、侗剧、木偶剧、毛南剧等少数民族特色剧种。

广西名人辈出。著名人物有督戍卒奋战三年建成灵渠的秦郡监御史史禄，授学王莽的五经博士陈钦，交趾太守士燮，倡导古文运动的唐宋八大家之一柳宗元，晚唐诗人曹邺，被宋真宗敕封为惠烈御史周王的周谓，树起反宋大旗的区希范，被宋仁宗赐明教大师的契嵩，反宋建立大南国的侬智高，为明嘉靖《广西通志》作序的文渊阁大学士蒋冕，新率俍兵荡平倭寇的瓦氏夫人，率古田起义军反明朝的韦银豹，大败后金主努尔哈赤的明军事家袁崇焕，清初四大名画僧石涛，清朝“一门九进士，父兄四翰林”的陈宏谋家族、“同门三翰林”的唐景崧家族和“一门三总督”的岑春煊家族，中法战争大败法军的冯子材和刘永福，太平天国东王杨秀清、西王萧朝贵、北王韦昌辉、翼王石达开、英王陈玉成、忠王李秀成，旧桂系军阀陆荣廷，现代军事名家蒋翊武、俞作柏、俞作豫、陈铭枢、陈济棠、李宗仁、白崇禧、张绍竑、张云逸、李明瑞、韦拔群、韦国清等，民主人士马君武、梁漱溟、李济深等，建立中共广东西江工委的陈勉恕，周恩来总理夫人邓颖超，文艺家欧阳予倩，汉语言学家王力，教育学家雷沛鸿，美术家阳太阳，等等。

2013年，广西实现地区生产总值1.44万亿元。万元生产总值能源消耗0.68吨标准煤。固定电话用户546.3万户，移动电话用户2202.7万户。社会用电量1237.7亿千瓦·时。城镇居民人均住房建筑面积29.9平方米，农村居民人均住房使用面积36.81平方米。年末从业人员2782万人，城镇登记失业率3.3%。参加城镇职工基本养老保险538.37万人；参加城镇职工基本医疗保险466.62万人；参加城镇居民基本医疗保险564.36万人。城市生活污水集中处理率59.34%，城市生活垃圾无害化处理率96.44%。

【产业结构调整取得成效】 2013年，广西壮族自治区实施产业结构调整，促进产业的优化升级，三次产业结构由上年的16.7：47.9：35.4调整为16.3：47.7：36。

全年全自治区规模以上工业增加值比上年增长11.4%，位居全国第七位、西部地区省（自治区）第四位。非公有制工业、小微工业企业的增加值分别比上年增长15.2%和17.4%，对规模以上工业增长的贡献率分别为80.3%和46.4%。造纸与木材加工业成为第9个千亿元产业，冶金、食品两大产业产值超过2000亿元。国家基本药物及重大疾病原料药广西基地建设规划获国家批准，柳州汽车城、南南铝高性能板带型材等先进制造业项目扎实推进。淘汰一批落后产能，其中水泥452万吨、铁合金19.87万吨、造纸14.18万吨、铅冶炼2.4万吨。

【自主创新能力提升】 2013年，广西壮族自治区新增高新技术企业109家，总数达到484家，高技术产业增加值比上年增长16.7%。大中型企业研发经费投入增长20%；发明专利申请量1.44万件，每万人口发明专利拥有量0.79件，比上年增长42.9%。新增国家级技术创新示范企业、企业技术中心各1个，自治区级研发中心68个、企业技术中心37个，创新平台总数达到329个。中国—东盟技术转移中心落户南宁，柳州、桂林国家级两化融合试验区通过国家验收，柳州市柳南区被确定为国家新型工业化装备制造（工程机械）产业示范基地，首批60个院士工作站启动建设。

【农业生产增长】 2013年，广西壮族自治区农林牧渔业增加值比上年增长4.3%。粮食、特色农产品、水产品、猪牛羊肉类全面增产。其中，粮食总产量1521.8万吨，比上年增长2.5%；甘蔗8104.26万吨，增长3.5%；蚕茧32.34万吨，增长2.5%；水果1122.63万吨，增长8.9%；松脂59万吨，增长5.9%；水产品319.06万吨，增长5.1%；肉类414.2万吨，增长2.1%。

【服务业发展步伐加快】 2013年，广西壮族自治区金融业实现增加值706.91亿元，比上年增长21.9%。年末金融机构本外币各项存、贷款余额分别比年初增加2425.07亿元和1711.37亿元，达到1.84万亿元和1.41万亿元。桂林国际旅游胜地建设和国家服务业综合改革试点加快推进。旅游业总收入2057.14亿元，比上年增长23.9%。南宁电子商务示范城市建设步伐加快，广西农产品电子商务平台建成运行，百色—北京果蔬冷链运输专列成功运行。

【城镇化水平提高】 2013年，广西壮族自治区北部湾城市群和东兴、凭祥、宁明、龙州、大新、靖西、那坡7个陆路边境口岸城镇被纳入国家新型城镇化规划。全自治区城镇化率44.8%，比上年提高1.3个百分点，城镇建成区面积由上年的2298平方千米增至2416平方千米。5.9万名农村居民办理进城落户手续，城镇新增人口77万人。

【内需支撑动力增强】 2013年，广西壮族自治区投资结构不断优化，融资规模持续扩大。在固定资产投资中，更新改造完成投资4319.06亿元，比上年增长30%；基础设施建设完成投资3436.25亿元，增长26.5%。年内，自治区政府向社会发布第三批引入民间资本项目（1268项，总投资1.1万亿元），获得民间投资7244.86亿元，比上年增长25.7%，民间资本占投资总额的比重从60.7%提高到63.8%。全年获得中央预算内投资141.43亿元，获得国家核准发行企业债券6种56亿元。

重大项目建设加快。全自治区新开工重大项目1296个，竣工559个，开工率、竣工率分别达到91.8%和82%。需报国家审批核准的13个新开工重大项目有12个获得批复；自治区权限内审批的135个重大项目，5个主要审批环节综合审批率达到82%。推进基础设施建设。年内开通衡柳、柳南客专、邕北、钦防等多条高铁线路；区域内新增铁路营业里程819千米，总里程达到3982千米；新增公路3478千米，总里程11.14万千米（其中高速公路通车里程3305千米），骨架网络基本形成；民用机场增至7个，航线212条，民航旅客吞吐量增至1571万人次；一批港口泊位、码头建成使用，港口货物吞吐量达到2.93亿吨，比上年增长8.9%，其中北部湾沿海港口货物吞吐量1.83亿吨，内河港口货物吞吐量1.1亿吨，分别增长7.1%和12.4%。新增发电装机容量101万千瓦，总装机容量达到3139万千瓦。

消费模式优化升级。住宿、餐饮、娱乐等传统消费回归大众化，以家庭宽带、网络购物、手机支付等为标志的新兴消费表现出巨大活力，电子商务交易总额比上年增长23%，南宁、柳州、桂林3市被列为国家首批信息消费试点城市。

【各项改革稳步推进】 2013年，广西壮族自治区重要领域和关键环节改革取得新进展。一是深化行政审批制度改革。开展清理审批事项和优化办事流程专项活动，分两批取消、下放和调整行政审批事项380项，其中取消215项、下放152项、调整13项。二是落实结构性财税改革政策。推进营业税改增值税试点，3.99万户纳税人受益，减税额达5.55亿元。三是推进地方金融改革创新。获批开业小额贷款公司291家、融资性担保公司184家，全自治区新增金融主体109个，北部湾金融租赁公司和财产保险公司正式开业运营，滇桂沿边金融综合改革试验区获国家批准设立。四是推进资源性产品价格改革。下调燃煤发电企业每千瓦·时上网电价2.2分钱，恢复执行南宁等10个市的大工业用电丰枯水期季节性电价，提高污水处理费征收标准，建立管道天然气购销价格联动机制。五是推进北部湾经济区综合配套改革。北部湾林业产权交易中心正式建立，北部湾经济区实现通信资费同城化，银行服务收费同城化工作启动。开展个人和第三方支付跨境人民币业务试点，业务量居国内8个边境省（自治区）首位。六是推进医药卫生改革。启动柳州市和钦州市的城乡居民大病保险试点（覆盖人口630万人）；实施第二批县级公立医院综合改革试点，试点范围扩大至40个县119家医院。此外，国有企业、统筹城乡、集体林权、事业单位、社会保障等改革也取得新进展。

【深化拓展开放合作】 2013年，广西壮族自治区以东盟为重点的国际合作深化拓展。举办第10届中国—东盟博览会和商务与投资峰会，广西—东盟经济技术开发区升格为国家级开发区，中国—马来西亚钦州产业园确立为两国政府旗舰项目并连续第3年获国家8亿元的财政专项资金支持，两国在马来西亚共建的马中关丹产业园开园，中国·印度尼西亚经贸合作区纳入两国经贸合作协议。

加强与港澳台、珠三角、西南、中南等国内区域合作。桂粤、桂港实现高层互访，与广东省、广州市、深圳市、央企的深化合作文件正式签署，通过“美丽广西港澳行”活动引进粤港澳合作项目1758个，实际到位资金2200亿元。桂台经贸合作论坛、两岸经贸文化论坛等经贸促进活动相继举办，桂台成功开通钦州港－高雄港集装箱航线，成为大陆西南地区首次实现与台湾地区的双向货轮直航。泛珠三角合作方面，广西与各方洽谈重点合作项目123个，涉及投资6500亿元；珠江—西江经济带发展规划纳入国务院区域规划审批计划；粤桂合作特别试验区规划编制完成，试验区成功引进企业34家；桂滇经济合作框架协议成功签署。

加快发展开放型经济。外贸出口额186.95亿美元，比上年增长20.9%，其中边境小额贸易出口额104.72亿美元，增长44.5%。对东盟国家出口125.84亿美元，比上年增长34.8%。实际利用外资34.2亿美元，比上年增长7.6%，北海林纸一体化、防城港年产20万吨丙烯腈等一批重大外商投资项目成功落户，北部湾城市发展、南宁城乡环境综合整治等国外优惠贷款项目加快实施。企业对外投资合作步伐加快，全年对外承包工程和开展劳务合作实现营业额8.3亿美元，比上年增长10.5%。

【生态环境保护力度加大】 2013年，广西壮族自治区实施主体功能区战略，制订出台广西壮族自治区主体功能区规划实施方案，加大对重点生态功能区的转移支付，将主体功能区规划培训纳入全自治区领导干部和公务员的培训计划，指导各地严格按照主体功能定位发展。

加大节能减排力度。全年投入节能减排资金22.3亿元，实施燃煤锅炉窑炉改造、余热余压利用等重点节能工程200多项；深入开展万家企业节能低碳行动，其中363家自治区重点用能工业企业累计节能超过200万吨标准煤；实施污染减排突击行动计划，深度治理20家造纸企业废水，推进涉及钢铁、有色、化工行业的5家企业脱硫减排工程以及15台燃煤机组、32条水泥生产线的烟气脱硝项目建设；出台机动车排气污染防治办法，并在南宁市开展机动车环保车型审核及核发环保检验合格标志工作。全自治区万元生产总值能耗下降3.16%，化学需氧量、氨氮排放分别下降2.68%和1.94%，氮氧化物排放量上升1.51%，二氧化硫排放量下降6.38%。

加快发展循环经济。柳州鹿寨经济开发区被列为国家园区循环化改造示范试点，南宁市餐厨废弃物资源化利用和无害化处理厂竣工试运行，梧州、田东获批为国家循环经济示范市（县），桂林国家低碳城市试点正式启动。

开展生态环境保护行动。持续实施“绿满八桂”造林绿化工程，新植树造林 29.8 万公顷，全自治区森林覆盖率提升至 61.8%；玉林市、贺州市获国家森林城市称号。全面开展“美丽广西·清洁乡村”活动，清理垃圾 383.3 万吨，清洁水源 13.72 万处，清洁田园 203.85 万公顷，乡村面貌有较大的改观。加强空气、水环境保护与监测，南宁、柳州、桂林、北海 4 市率先实时发布细颗粒物（PM2.5）等新标准空气质量指数；全自治区 39 条主要河流水质达标率 95.8%，近岸海域二类以上海水比例 95.5%。

（广西年鉴社）

海 南 省

【概况】 海南省简称琼，位于中国最南端，北隔琼州海峡与广东省相望，西临北部湾与越南相对，东濒南海与台湾省相望，东南和南边在南海中与菲律宾、文莱和马来西亚为邻。海南省管辖海南岛和西沙群岛、中沙群岛、南沙群岛的岛礁及其海域，是中国海洋面积最大、陆地面积最小的省。1988 年 4 月 26 日，海南省人民政府成立。至 2013 年，全省设 19 个市（县），其中 3 个地级市（海口市、三亚市、三沙市）、6 个县级市（五指山市、文昌市、琼海市、万宁市、儋州市、东方市）、4 个县（屯昌县、定安县、澄迈县、临高县）、6 个民族自治县（乐东黎族自治县、琼中黎族苗族自治县、保亭黎族苗族自治县、陵水黎族自治县、白沙黎族自治县、昌江黎族自治县）。基层设乡镇和街道办事处 224 个，其中镇 182 个、乡 21 个、街道办事处 21 个。全省陆地面积 3.54 万平方千米，海域面积约 200 万平方千米。年末户籍人口 908.91 万人，常住人口 895.28 万人，其中城镇人口占 52.7%。人口自然增长率 8.69‰。在海南省户籍人口中，汉族占 81.8%，少数民族占 18.2%。在少数民族人口中，黎族 150.16 万人，苗族 7.85 万人，回族 1.26 万人。海南是全国著名侨乡，有海外华侨、华人 300 多万人，归侨、侨眷 100 多万人。华侨、华人分布在近 60 个国家和地区，以东南亚居多。

海南省是中国最大的“热带宝地”，土地总面积 353.54 万公顷。常用耕地面积 41.82 万公顷，粮食播种面积 4.86 万公顷，粮食产量 190.90 万吨。林地面积 208.73 万公顷，森林覆盖率 61.9%，活立木蓄积量 7940.93 万立方米。城市人均公园绿地面积 11.8 平方米。由于光、热、水等条件优越，农田终年可以种植，不少作物年可收获 2~3 次。按适宜性划分，海南岛的土地资源可分为宜农地、宜胶地、宜热作地、宜林地、宜牧地、水面地和其他用地 7 种类型。粮食作物主要有水稻，经济作物主要有甘蔗、茶等，水果主要有菠萝、荔枝、龙眼、香蕉、柑橘、芒果、杨桃、菠萝蜜等，蔬菜种植有 120 多个品种，热带作物主要有橡胶、椰子、槟榔、胡椒、咖啡等。海南岛是中国主要的反季节瓜菜生产基地和橡胶种植基地。

植被生长快，植物繁多，是热带雨林、热带季雨林的原生地。有野生维管束植物 4600 多种，约占全国总数的 1/7，其中 490 多种为海南所特有。热带森林主要分布在五指山、尖峰岭、霸王岭、吊罗山、黎母山、鹦哥岭等林区。陆生脊椎动物有 660 种，其中两栖类 43 种，爬行类 113 种，鸟类 426

种，哺乳类 78 种。在陆生动物中，23 种为海南特有。世界上罕见的珍贵动物有海南长臂猿和海南坡鹿。

发现矿产 88 种，经评价有工业储量的矿种 70 种，其中已探明列入矿产资源储量统计的 62 种，产地 527 处。比较优势明显的矿产有天然气、玻璃用砂、钛铁砂矿、锆英石砂矿、富铁矿、饮用天然矿泉水等。海南岛周边海域和南海油气资源丰富，在海南岛周边海域已开发的天然气田有崖 13-1、东方 1-1、乐东 15-1 等。玻璃用砂主要分布于儋州、东方、文昌等地，钛铁砂矿主要分布于海南岛东海岸，锆英石砂矿主要分布于文昌、琼海、万宁、陵水等市（县），富铁矿分布于昌江石碌镇一带，饮用天然矿泉水海南岛各地均有发现。

海洋水产资源具有海洋渔场广、品种多、生长快和渔汛期长等特点，是中国发展热带海洋渔业的理想之地。海南岛近海已有记录的鱼类 800 多种。

旅游资源丰富和极富特色，主要包括海岸带景观，山岳、热带原始森林，珍禽异兽，火山、溶洞、温泉，古迹名胜和革命纪念地，民族风情等。主要景区景点有五公祠、东坡书院、琼台书院、海瑞墓、崖州古城、文昌孔庙、大东海、南山、天涯海角、鹿回头、亚龙湾、海口火山口、东寨港红树林等。海南特产丰富，有椰子、咖啡、胡

2013 年海南省国民经济发展情况

项　目	单　位	实　绩	比上年增长(%)
地区国民生产总值	亿元	3146.46	9.9
第一产业增加值	亿元	736.02	6.3
第二产业增加值	亿元	870.23	9.1
工业增加值	亿元	551.11	6.4
第三产业增加值	亿元	1540.21	12.1
人均地区生产总值	元	35317	8.7
规模以上工业增加值	亿元	509.57	6.3
农林牧渔业总产值	亿元	1144.94	6.2
固定资产投资	亿元	2725.40	27.0
社会消费品零售总额	亿元	971.89	14.0
外贸进口总额	亿美元	112.72	0.8
外贸出口总额	亿美元	37.06	18.2
实际利用外资直接投资	亿元	18.00	10.3
地方公共财政预算收入	亿元	481.01	17.5
地方公共财政预算支出	亿元	1011.17	10.9
城镇居民人均可支配收入	元	22929	9.6
农村居民人均纯收入	元	8343	12.6
城乡居民储蓄存款余额	亿元	2465.04	13.5

2013 年海南省社会事业情况

项　目	单　位	实　绩	比上年增长(%)
普通高校	所	17	持平
普通高校在校学生	万人	17.21	2.3
高等教育毛入学率	%	32.87	增加 4.81 个百分点
中职和技校	所	37	8.8
中职和技校在校学生	万人	10.38	-6.5
普通中学	所	489	-0.2
普通中学在校学生	万人	52.58	-2.7
高中阶段教育毛入学率	%	86.90	增加 2 个百分点
小学	所	1739	-14.6
小学在校学生	万人	74.02	-1.6
九年义务教育巩固率	%	91.67	增加 3.97 个百分点
医院、卫生院	所	490	-0.6
医院、卫生院床位	张	29854	6.0
群众艺术馆、文化馆(站)	个	233	持平
公共图书馆	个	21	5.0
博物馆	个	18	-10.0
档案馆	个	38	8.6

椒、腰果、可可等热带作物产品，菠萝、荔枝、龙眼、香蕉、芒果、杨桃、菠萝蜜、红毛丹等热带水果，绿茶、红茶、水满茶、鹧鸪茶、苦丁茶、香兰茶等茶类作物产品，龙虾、鱿鱼、干贝等海产品，珍珠产品，牛角雕、椰雕、贝雕等手工艺品，黎锦、黎幕、黎裙、挂包、头巾等黎族纺织品。

民间习俗有独特的一面。如每逢农历正月十五的晚上，海口市琼山区举行一年一度风情独具的海南岛换花节（原称换香节）；每年农历二月初九至十二，海口市新坡镇和全省不少地方举行一次为期 4 天的冼夫人文化节（原称军坡节），这是纪念冼夫人而举行的民间奉祀活动；海南黎族、苗族都有欢度“三月三”的习俗，每年 3 月下旬或 4 月上旬（农历三月三期间）均举行一系列活动庆祝；每年端午节期间，在海南岛各地都举办龙水节。海南的民间艺术丰富多彩，著名的有琼剧、黎族苗族歌舞、木偶戏、儋州调声等。

海南的著名历史人物有明朝政治家海瑞，明朝阁臣、思想家、经济学家丘浚，无产阶级革命家冯白驹，领导黎族苗族人民举行反抗压迫“白沙起义”的王国兴等。

2013 年，全省实现地区生产总值 3146.46 亿元，万元规模以上工业增加值能耗比上年下降 0.67%。年末固定电话用户 174 万户，移动电话用户 858 万户。社会用电量 232 亿千瓦·时。城镇居民人均住房面积 30.33 平方米，农村居民人均住房面积

27.32平方米。年末从业人员514.56万人，城镇登记失业率2.17%。城镇从业人员参加基本养老保险231.50万人，参加基本医疗保险219.98万人；城镇居民参加基本养老保险272.10万人，参加基本医疗保险186.57万人；农村居民参加新型农村合作医疗487万人，领取新型农村社会养老保险62万人。城镇生活污水集中处理率74.3%，城镇生活垃圾无害化处理率99.6%。

【海南西环高铁全线动工】 2013年9月29日，海南西环高铁各中标单位进场施工，海口至三亚凤凰机场段正式开工建设。西环高铁是海南省“十二五”重大基础设施项目，北起海口，途经澄迈、临高、儋州、昌江、东方、乐东，接入三亚，全长344千米，投资271亿元。项目分两段建设，其中凤凰机场至三亚站段已于2012年9月28日开工建设。西环铁路是海南环岛高速铁路的重要组成部分，与东环铁路形成环岛高铁，对带动海南岛西部地区发展、加快新型城镇化建设和改善民生等具有重大意义。

【设立国际医疗旅游先行区】 2013年2月28日，国务院正式批复海南设立博鳌乐城国际医疗旅游先行区，并出台9项特殊政策。这标志着国内第一个以国际医疗旅游服务、低碳生态社区和国际组织聚集地为主要内容的国家级开发园区成立。先行区位于琼海市嘉积镇城区与博鳌亚洲论坛核心区之间的万泉河两岸，规划总用地面积20.14平方千米，其中建设用地面积9.96平方千米，规划总人口6.29万人。其功能定位是依托当地生态资源，试点发展医疗、养老、科研等国际医疗旅游相关产业，创建低碳低排放生态环境典范，建立相关领域国内外合作交流平台。先行区近期重点是引进国际先进的医疗设施和医疗机构，在15～20年内逐步打造成世界一流的医疗养生胜地。先行区享受医药卫生、土地、投融资及对外开放等方面共9项优惠政策。其中，加快医疗器械和药品进口注册审批，适当降低部分医疗器械和药品进口关税，放宽境外医师执业时间，允许境外资本举办医疗机构，允许申报开展干细胞临床研究等优惠政策，突破国家现行的管理规定，是特有的先行先试政策。

【发布改进工作作风规定】 2013年1月9日，中共海南省委常委会议审议通过《中共海南省委海南省人民政府关于改进工作作风、密切联系群众的规定》，着重围绕群众反映强烈的政府人员工作作风问题，从8个方面设置20条“高压线”，改进全省党风政风会风文风。该规定内容包括：省委、省政府领导到基层开展公务调研活动要求遵守“九个不”（一律不用警车开道，不张贴悬挂标语横幅，不打电子屏标语，不安排迎送，不铺设迎宾地毯，不摆放花草，不组织专场文艺表演，不安排接见合影，不安排宴请）。如需用餐，一律用自助餐或工作餐，有条件的地方安排在机关食堂就餐。精简会议占5项，对会议活动进行全面规范。对全省性会议和考核、检查、评比等活动实行定额和计划管理。会议尽量合并、套开，或以视频会议等形式召开。严格控制会议活动经费，严禁提高会议用餐、住宿标准，以及组织高消费娱乐、健身活动。在厉行节约、精简文件简报、严肃工作纪律等方面提出严格要求。省内公务接待要按标准定点接待，不喝酒，不赠送礼品或土特产，不上高档菜肴，严禁上野味。

【启动邮轮边境旅游异地办证工作】 2013年10月30日，公安部、国家旅游局联合下发通知，同意海南省开展邮轮边境旅游异地办证工作。中国公民可凭身份证或者户口簿在海南办理中华人民共和国出入境通行证，参加海南至越南的邮轮边境旅游。该项政策的出台，解决了居民户籍地、居住地、邮轮出发地不统一，登邮轮旅游需要在几地来回奔波办护照的麻烦。至年底，在三亚、海口均设立异地办理出入境通行证机构。

【海南特色农产品进驻淘宝网】 2013年11月25～28日，海南省与阿里巴巴合作，开展聚划算汇聚海南之“海南厨房”的活动，精选潭牛文昌鸡、藻花香猪肉、琼中绿橙、南国黄灯笼辣椒酱、鸿琛鳕鱼片和鱿鱼丝等13个特色农产品进驻淘宝网。12月12日，海南省与阿里巴巴合作的淘宝网“中国特色·海南馆”正式开馆，包括160家企业的果蔬类、海鲜及海鲜干货类、特色农产品类、旅游产品及工艺品等五大类产品4000个品种正式上线销售。 （海南年鉴社）

四 川 省

【概况】 四川省位于中国西南部。1949年，四川省人民政府成立。2013年辖1个副省级城市、17个地级市、3个自治州、14个县级市、183个县、4个自治县、48个市辖区、2502个乡、98个民族乡、1853个镇、306个街道办事处。全省陆地面积48.5万平方千米。常住人口8107万人，其中城镇人口3640万人。人口自然增长率3.0‰。

地貌复杂多样，有山地、丘陵、平原和高原4种地貌类型，分别占全省面积的77.1%、12.9%、5.3%和4.7%。土壤类型丰富，共有25个土类、66个亚类、137个土属、380个土种，土类和亚类数分别占全国总数的43.48%和32.60%。耕地面积599.63万公顷，全年粮食作物播种面积与上年持平，粮食总产量3387.1万吨，林地面积1962.78万公顷，森林覆盖率35.5%。活立木蓄积量17.9亿立方米，城市人均绿地面积11.37平方米。

水资源丰富，居全国前列。全省多年平均降水量为4889.75亿立方米。水资源以河川径流最为丰富，境内共有大小河流近1400条，号称“千河之省”。全省水资源总量3489.7亿立方米，其中，多年平均天然河川径流量为2547.5亿立方米，占水资源总量的73%；上游入境水942.2亿立方米，占水资源总量的27%。地下水资源量546.9亿立方米，可开采量115亿立方米。境内遍布湖泊冰川，有湖泊1000多个、冰川200余条，还有一定面积的沼泽，多分布于川西北和川西南，湖泊总蓄水量15亿立方米，加上沼泽蓄水量，共计35亿立方米。

地质构造复杂，成矿条件有利，矿产资源丰富，矿产种类比较齐全。已查明资源储量的矿种有100余种、矿区达到1906处，其中有43种矿产的保有资源储量位居全国前5位，煤、铁、锰、钛、钒、铜、铅、锌、轻稀土、磷、水泥用灰岩等重要矿产资源储量有所增加。全省矿产资源供应能力较强，是西部乃至全国的矿物原材料生产和加工大省。

全省有世界遗产5处，其中自然遗产3处（九寨沟、黄龙、四川大熊猫栖息地），自然和文化双重遗产1处（峨眉山—乐山大佛），文化遗产1处（青城山—都江堰）。加入世界人与生物圈保护网络的保护区有4处（九寨、卧龙、黄龙、稻城亚丁）。拥有国家级重点风景名胜区14个，省级风景名胜区80个。至2013年，四川有9个AAAAA级旅游景区，在全国排第三位。有中国优秀旅游城市21座。

四川是中国文明的重要起源地之一。四川文明在夏商时代为神权文明，西周至春秋战国为礼乐文明。秦统一巴蜀后，巴蜀文化逐步转型为秦汉文化的一支重要地域亚文化。汉魏之际为中国道教的发源地，隋唐五代为文学繁荣之地，佛教也取得了令人瞩目的成就。宋代经济文化高度繁荣，出现全世界最早的纸币“交子”。巴蜀的科技在历史上很发达，有都江堰水利工程、种植技术、盐井技术、青铜冶炼技术、天文学、数学、医学等。四川语言文化、戏曲文化、茶文化、酒文化、饮食文化、织锦文化、盐文化等都具有浓郁的地方风格，四川方言、川戏、川茶、川酒、川菜、川药及蜀绣、蜀锦、川派盆景等文化品牌都带有强烈的地方特色。川菜位居我国三大菜系之列，五粮液等川酒为国宴珍品，竹叶青、蒙顶茶、峨嵋毛峰等名茶享誉全国。

悠久的历史和丰厚的人文积淀，留下一批珍贵稀有的文化遗址。四川拥有全国重点文物保护单位62处，中国历史文化名城7座，省级历史文化名城24座，省级历史文

2013年四川省国民经济发展情况

项　目	单　位	实　绩	比上年增长(%)
地区生产总值	亿元	26260.77	10.0
第一产业增加值	亿元	3368.66	-3.5
第二产业增加值	亿元	13472.05	11.5
工业增加值	亿元	11471.57	11.0
第三产业增加值	亿元	9420.06	9.9
人均地区生产总值	元	32454	9.6
规模以上工业总产值	亿元	35328.55	
农林牧渔业总产值	亿元	5620.26	3.4
固定资产投资	亿元	21049.2	16.7
社会消费品零售总额	亿元	10561.45	13.9
外贸进口总额	亿美元	226.41	9.6
外贸出口总额	亿美元	419.52	9.1
实际利用外商直接投资	亿美元	102.84	4.9
地方公共财政收入	亿元	2784.1	15.0
地方公共财政支出	亿元	6220.9	14.1
城镇居民人均可支配收入	元	22368	10.1
农村居民人均纯收入	元	7895	12.8
金融机构储蓄存款余额	亿元	22663.49	16.3

2013 年四川省社会事业情况

项　目	单　位	实　绩	比上年增长(%)
普通高校	所	103	4.0
普通高校在校学生	万人	127.1	-3.9
中职和技校	所	595	-
中职和技校在校学生	万人	130.2	-
普通中学	所	4630	-0.3
普通中学在校学生	万人	127.08	3.9
小学	所	7257	-15.5
小学在校学生	万人	526.0	-6.2
医疗卫生机构	个	880039	4.6
医疗卫生机构床位	张	426378	9.3
文化馆	个	207	-
公共图书馆	个	197	-
博物馆	个	188	-
档案馆	个	239	-

化名镇 22 座，以及其他人文景点 200 多个。广汉三星堆和成都金沙遗址出土的大量金器、铜器、玉器和陶器都属文物精品。其中，金沙遗址出土的“太阳神鸟”被国家文物局批准成为“中国文化遗产”标志。

四川自古以来人才辈出。古代：苏东坡，四川眉山市人，宋代大文学家；苏洵，唐宋八大家；苏辙，唐宋八大家；司马相如，四川南充人，西汉大文学家；陈寿，四川南充人，《三国志》作者；陈子昂，四川射洪人，大文学家，代表作为《登幽州台歌》。近现代：邓小平，四川广安人，中国现代化的总设计师；朱德，四川南充仪陇人，红军创始人，共和国十大元帅之一，首任军委主席；陈毅，四川乐至人，中国人民解放军创建人和领导人，共和国十大元帅之一；刘伯承，四川开县人，共和国十大元帅之一；罗瑞卿，四川南充人，共和国开国大将；陈伯均，四川达县人，开国上将；张爱萍，四川达县人，开国上将；张大千，四川内江人，画圣，擅中国国画；张澜，四川南充人，文学家，中国民盟创始人；吴玉章，四川荣县人，革命教育家；郭沫若，四川乐山人，大文学家；巴金，大文学家。

2013 年，全省地区生产总值 26260.8 亿元。固定电话用户 1314 万户，移动电话用户 6283 万户。社会用电量 1948.95 亿千瓦·时。城镇居民人均住房建筑面积 36.61 平方米，农村居民人均使用房屋面积 34.79 平方米。年末从业人员 4817.31 万人，城镇登记失业率 4.1%。参加城镇职工基本养老保险 1720.26 万人，参加城镇职工基本医疗保险 1286.99 万人，参加城镇居民基本医疗保险 2490.9 万人；参加新型农村合作医疗 6243.83 万人。城市生活污水集中处理率 86.01%，城市生活垃圾无害化处理率

96.17%。

【乐雅高速公路建成通车】 2013年9月12日，全长112.2千米的乐雅高速公路全线建成通车，是国家高速公路网第一轮规划中的最后一个项目。至此，1200千米的成渝环线高速公路实现全线合龙。

【《财富》全球论坛在成都举行】 2013年6月6~8日，2013年《财富》全球论坛在四川成都举行。这是该论坛第四次落户中国，也是首次落户中国中西部腹地城市。此次论坛的主题是“中国的新未来”，聚焦于中国经济的演进、中国西部地区的发展以及中国在全球视野中所扮演的新兴角色。中心议题包括：中国世纪、资源解决方案、创新与技术、全球金融与经济复苏。参加本届论坛的企业有250多家，嘉宾超过600名，嘉宾规模和覆盖区域均超过往届。

【首批四川造内燃动车组下线】 2013年8月21日，两列由南车资阳机车有限公司自主研制生产并出口苏丹的内燃动车组在四川省资阳下线，也是在四川首批下线的内燃动车组。该动车组最大运营速度为100千米/小时，总载客人数不少于304人。

【溪洛渡水电站首台机组试运行】 2013年7月15日，四川省金沙江溪洛渡水电站首台机组（13F）圆满完成72小时试运行，并入南方电网，投入商业运行。这标志着世界第三大水电站——溪洛渡电站正式投产发电。溪洛渡水电站是金沙江上的第一大水库，电站总装机1386万千瓦，仅次于三峡电站和南美的伊泰普电站。

【锦屏一级水电站首批机组投产】 2013年8月30日，雅砻江锦屏一级水电站首批两台60万千瓦的机组投产，标志着雅砻江流域梯级整体开发取得阶段性成果。锦屏一级水电站位于四川省凉山彝族自治州木里县、盐源县境内，是雅砻江干流下游河段卡拉至江口河段的控制性水库，是国家“西部大开发”标志性工程、“西电东送”重点工程。电站建设过程中，攻克世界最高拱坝（305米的混凝土双曲拱坝）、世界最大规模高边坡、最复杂地质条件等世界性技术难题，创造“十项世界第一”“十项中国第一”“十项行业第一”。

【亚洲最大土方离心机通过验收】 2013年9月1日，成都理工大学地质灾害防治与地质环境保护国家重点实验室与中国物理研究院工体研究所共同研制的TLJ-500大型土方离心机通过专家组验收，并投入使用。该土方离心机主要用于超重力环境下的岩土工程及地质灾害的模拟研究和治理工程设计验证等。试运行过程中先后完成攀枝花机场滑坡模拟、甘肃舟曲滑坡模拟、鸡尾山滑坡模拟、奉节滑坡模拟等10余项实验。科研人员通过离心机来代替“地球引力”，能在实验室有效还原地震、滑坡等地质灾害产生的巨大破坏作用。

【“4·20”芦山7.0级强烈地震】 2013年4月20日8时2分，在四川省雅安市芦山县（北纬30.3，东经103.0）发生7.0级地震，随后，又发生多次余震，多地震感强烈，震源深度13千米。芦山地震是汶川特大地震之后四川遭遇的又一次特大地震，地震造成雅安、成都、甘孜、乐山、眉山、阿坝等10多个市（州）、100余个县受灾。这次地震震级高、波及面积广、余震多、救援难、地质灾害隐患形势严峻，造成重大人员伤亡和巨大财产损失。截至4月24日18时，全省有200余万人受灾、196人遇难、21人失踪、13484人受伤（重伤995人）。灾区房屋损毁严重，累计农村住房倒塌18.63万余间（涉及56628户）、严重受损42.96万余间（涉及121168户），城镇住房倒塌6.72万余间（涉及21149户）、严重受损8.32万余间（涉及25947户）。灾区大量基础设施损坏，包括公路、桥梁、电力、通信、水电站、水库等。地震对灾区造成巨大经济损失，并对生态造成严重破坏。地震发生后，全国上下全力救灾。

7月15日，国务院发布《芦山地震灾后恢复重建总体规划》，明确用三年时间完成恢复重建任务，使灾区生产生活条件和经济社会发展得以恢复并超过震前水平。7月20日，“4·20”芦山强烈地震灾后恢复重建工作会议举行，抗震救灾工作进入灾后重建阶段；同日，四川省人民政府网站正式对外发布11个专项规划，为灾后恢复重建绘制详细发展蓝图。

【“5·12”汶川特大地震纪念馆开放】 2013年5月9日，“5·12”汶川特大地震纪念馆正式向公众免费开放。纪念馆位于四川省北川羌族自治县曲山镇任家坪，占地14.23万平方米，主题建筑名为“裂缝”，寓意将灾难时刻闪电般定格在大地之间，留给后人永恒的记忆。面积达7800平方米的展览大厅以“山川永纪”为主题，分为序厅、灾难展厅、抗震救灾展厅、重建展厅、抗震救灾精神展厅和尾厅6个部分，共15个单元、40个组及14个专题。通过动静结合的展示手法，真实记录和再现“5·12”汶川特大地震灾难、抗震救灾、灾后重建和从废墟走向新生的历程。

【第十二届世界华商大会在成都举行】 2013年9月25～26日，第十二届世界华商大会在成都举行。该届大会是第二次在中国举行，也是中国西部首次举行，规模、参会国家和地区数创下历届之最。有来自104个国家和地区的3000多名海内外嘉宾参会，围绕“中国发展·华商机遇”主题，共商合作大计，共同开启全球华商与中国携手发展新的大门。大会期间，举办中国经济论坛和15个专题论坛，邀请政府官员、华人企业家和学者等就华商企业跨国发展、海外华裔人才来华创业的机遇与挑战、中国城镇化战略的发展机遇、携手华商共促民企“走出去”等议题发表演讲，与会华商参与互动交流。大会共签约合作项目241个，总投资额1323亿元。

【2013中国科技城科技博览会召开】 2013年10月15～16日，以“创新驱动·高新技术·军民融合”为主题的2013中国科技城科技博览会在四川绵阳召开。该届科博会共举办科技成果和专利技术发布与交易、科技人才延揽、高新技术产品展示展销、科技创新发展论坛四大板块主题活动，展览面积3.5万平方米，来自15个国家和地区的7000余人参会，参展项目1304个，举行各类活动32场次，对外开放合作及采购对接签约项目146个、金额425.2亿元，促成科技成果和专利技术交易68项、签约金额61.3亿元，人才交流合作达成意向性协议近1000个，来自全国各地的观众共31万余人参会，其中专业观众4万余人。

【攀枝花2.1兆瓦民用光伏发电项目并网运行】 2013年7月2日，中国最大民用光伏发电项目——攀枝花学院2.1兆瓦太阳能屋顶光伏发电项目正式并网投入运行。该项目是国家“金太阳”示范工程第一批次项目，也是中国西南地区最大的光伏发电项目。该项目是四川首例成功并网的光伏发电项目，是典型的分布式低压光伏发电工程，具有显著的零土地使用、零距离输电和用电黄金时段的零排放发电的“三零特性”，为四川省无电地区分散式农户的电力供应提供新的解决方案和模式。

【世界最大单机容量核能发电机制造成功】 2013年8月24日，由中国东方电气集团有限公司所属企业东方电机公司（位于四川省）制造的世界最大单机容量发电机——“台山1号”1750兆瓦核能发电机完成制造并顺利发运广东台山，在台山核电站使用。该发电机是世界最大单机容量发电机。

【亭子口水利枢纽2号机组投产发电】 2013年8月29日，嘉陵江亭子口水利枢纽2号机组72小时试运行成功，进入商业化运营，比国家批复计划提前6个月。亭子口电站装机容量110万千瓦，设计年平均发电量32亿千瓦·时。亭子口水利枢纽位于四川省广元苍溪县境内，是国家完善长江防洪体系六大重点工程之一，也是嘉陵江干流唯一的控制性骨干工程、西部大开发重点工程、四川“再造一个都江堰灌区”骨干工程。

【攀西战略资源创新开发试验区获批设立】 2013年3月，国家发展改革委正式复函，同意设立攀西战略资源创新开发试验区，成为全国唯一获准设立的资源开发综合利用试验区。该试验区范围涉及3个市（州）13个县（市、区），总面积3.1万平方千米，总体目标是建成世界级钒钛产业基地、中国重要的稀土研发制造中心和有色金属深加工基地，打造国内资源富集地科学开发利用资源的示范区。

【四川省粮食生产“七连增”】 2013年，四川省先后克服龙泉山脉一带严重冬干春旱、六七月份区域性强降雨引发洪涝灾害、川南市州伏旱等一系列灾害影响，实现改革开放以来粮食生产首次“七连增”。全省粮食总产量3387.1万吨，比上年增长2.2%。粮油高产创建县达到110个，实现90个粮食生产重点县全覆盖，辐射带动全省高产创建示范面积超过200万公顷。以泸县的水稻、旌阳的小麦、宣汉的玉米、盐源的马铃薯为代表的一批区域、模式超高产典型陆续涌现，辐射带动全省高产创建万亩示范片粮食平均单产达到399千克。 （张乃文）

贵州省

【概况】 贵州省位于中国西南的东南部。1949年12月26日，贵州省人民政府成立。2013年辖6个地级市、3个民族自治州、7个县级市、57个县、11个自治县、13市辖区、391个乡、215个民族乡、782个镇、119个街道办事处。全省（区）陆地面积176137平方千米。年末户籍人口4286.15万人，常住人口3502.22万人，其中城镇人口1324.89万人。人口自然增长率5.9‰。贵州是一个多民族的省份，全省常住人口中少数民族人口占36.1%。祖籍贵州的海外华人、华侨23万人，归侨、侨眷21万人。

土地、能源、矿产、生物、旅游资源得天独厚，独具特色。全省耕地面积455.26万公顷，粮食播种面积312万公顷，粮食产量1029.99万吨。林地面积880万公顷，森林覆盖率48%，活立木蓄积量4.09亿立方米。城市人均公园绿地面积6.8平方米。能源资源优势明显，全省能源资源以水能和煤炭为主，具有水煤结合、水火互济的特点。全省河网密度大，河流坡度陡，天然落差大，有利于水电的开发。2013年，全省水资源总量为749.16亿立方米。贵州素以“江南煤海”著称，煤层中还蕴藏着大量可开发利用的煤层气。矿产资源十分丰富。全省已发现矿产（含亚矿种）128种，其中76种探明了储量，有不少矿产资源储量位居全国前列。其中，汞矿、重晶石资源储量位居第一，冶金用砂岩、锰矿、稀土矿位居第二，磷矿、硫铁矿位居第三。贵州省是新崛起的黄金资源基地，是中国沉积岩分布最广泛的地区之一，水泥用灰岩及其配料和多种用途的石灰岩、砂岩等具有较大开发价值。丰富的矿产资源为贵州发展以磷为重点的化学工业，以铝为主的有色金属工业及建材工业提供了能源基础。

生物资源种类繁多。全省有野生动物资源1000余种，其中黔金丝猴、黑叶猴、华南虎、黑颈鹤等15种被列为国家一级保护动物；二级国家保护动物有穿山甲、黑熊、水獭、大灵猫等69种。全省野生植物中，工业用植物600余种，可供食用植物500余种，绿化、美化及抗污染植物240余种。银杉、珙桐、桫椤、贵州苏铁等15种被列为国家一级保护植物。全省有药用植物资源3924种，占全国中草药品种的80%，故有“夜郎无闲草，黔地多良药”之美誉，是全国四大中药材产区之一。天麻、杜仲、黄连、吴茰、石斛等地道药材享誉国内外。农作物植物品种丰富，栽培的粮食作物、油料作物、纤维植物和其他经济作物近600个品种，粮食作物以水稻、玉米、小麦、薯类为主，经济作物以烤烟、油菜籽为主要品种。经济林木主要有油桐、油茶、乌桕、漆树、核桃等，“大方生漆”“六马桐油”为贵州名优土特产品。全省饲养的主要畜品种有30多种，优良牧草资源2500余种，发展畜牧业具有良好条件。

自然风光神奇秀美。贵州是喀斯特地貌发育最典型的地区之一。全省具有开发价值旅游景区（点）共1000多处。奇山秀石、瀑布峡谷、溶洞石林等构成“天然公园”。其中国家级风景名胜区有黄果树大瀑布、龙宫、织金洞、红枫湖、荔波漳江、马岭河大峡谷、赤水、黎平侗乡、都匀斗篷山、剑江等18个；国家级自然保护区有梵净山、荔波茂兰、雷公山、赤水桫椤、威宁草海等9个，国家级森林公园有22个；还有关岭化石群、兴义、织金洞、绥阳双河洞、乌蒙山、平塘等6个国家地质公园和万山国家矿产公园。多民族悠久灿烂的历史文化，浓郁神秘的民族风情，以及冬无严寒、夏无酷暑的宜人气候，使贵州成为理想的旅游观光和避暑胜地。

历史文化资源丰富。有闻名的屯堡文化、夜郎文化、土司文化、阳明文化等。同时，贵州史前文化绚烂多姿，有被喻为“亚洲文明之灯”的普定“穿洞文化”，有中国目前出土石器最为丰富的黔西“观音洞文化”遗址，有中国目前出土石器最为精美的兴义“猫猫洞文化”遗址等。贵州还因古脊椎动物化石“贵州龙”、侏罗纪时代恐龙化石及其他古生物化石的发现，被国内外专家学者誉为“古生物王国”。聚居的民族有汉、苗、布依、土家、侗、彝18个民族。苗族有多彩的服饰及节日；侗族有悠远的侗族大歌；彝族有着神秘的彝文碑刻和摩崖；而在中国唯一的水族聚居地区,《水书》保留了古老的图画和象形文字痕迹，并从中可以窥见中国文字的起源和演变历程。此外，还有侗族鼓楼和风雨桥、苗族吊脚楼、布依族石头寨等具有民族特色建筑以及精湛的银饰花带、绮丽的挑花蜡染、傩戏歌舞、芦笙铜鼓、壮观的斗牛大赛等民俗产品和活动。其中侗族大歌、苗族古歌、水书等82项（125处）民间文学、音乐、舞蹈、戏剧、曲艺、美术、手工技艺、民俗被列入国家级非物质文化遗产名录。

贵州英才辈出，其中最著名的有贵州“龙场悟道”的明代著名思想家、文学家王阳明，明代四大理学家之一孙应鳌，明代著名诗人、书画家杨龙友，清初著名学者、黔中诗帅周渔璜，晚清“西南巨儒”郑珍、莫友芝，晚清著名维新派代表人物、诗人李端棻，清末民初著名画家、诗人、学者姚茫父，中国新闻学教育开拓者谢六逸，当代中国乡土文学代表人物、著名作家蹇先艾，当

2013年贵州省国民经济发展情况

项　目	单　位	实　绩	比上年增长(%)
地区生产总值	亿元	8006.79	12.5
第一产业增加值	亿元	1029.05	5.8
第二产业增加值	亿元	3243.70	14.1
工业增加值	亿元	2686.52	13.1
第三产业增加值	亿元	3734.04	12.6
人均地区生产总值	元	22922	11.9
规模以上工业总产值	亿元	2531.92	13.6
农林牧渔业总产值	亿元	1663.02	6
固定资产投资	亿元	10354.77	32.6
社会消费品零售总额	亿元	2366.24	14
外贸进口总额	万美元	140374	-16.4
外贸出口总额	万美元	688596	39.1
实际利用外商直接投资	万美元	157415	43.4
地方公共财政预算收入	亿元	1206.41	19
地方公共财政预算支出	亿元	3082.66	11.9
城镇居民人均可支配收入	元	20667	7.4
农村居民人均纯收入	元	5434	12.4
城乡居民储蓄存款余额	亿元	5919.05	23.2

2013年贵州省社会事业情况

项　目	单　位	实　绩	比上年增长(%)
普通高校	所	52	6.1
普通高校在校学生	万人	41.9	9.2
高等教育毛入学率	%	27.4	7.5
中职和技校	所	218	–4.8
中职和技校在校学生	万人	47.55	24
普通中学	所	2664	0.1
普通中学在校学生	万人	296.01	3
高中阶段教育毛入学率	%	68	9.3
小学	所	10632	–7.8
小学在校学生	万人	355.53	–6.5
九年义务教育巩固率	%	84	6.9
医院、卫生院	所	2428	9.9
医院、卫生院床位	张	155848	20.2
群众艺术馆、文化馆	个	97	0
公共图书馆	个	93	0
博物馆	个	68	3
档案馆	个	98	0
体育场馆	个	603	0

（周端敏）

代中国著名书法家、文史学家陈恒安，当代中国著名画家宋吟可，当代中国著名书法家萧娴。

2013年，全省实现地区生产总值8006.79亿元。万元生产总值能源消耗1.58吨标准煤。固定电话用户362.99万户，移动电话用户2871.75万户。社会用电量1126.27亿千瓦·时。城镇居民人均住房面积34.84平方米，农村居民人均住房面积27.08平方米。年末从业人员1864.21万人，城镇登记失业率3.26%。参加城镇职工基本养老保险337.29万人；参加城镇职工基本医疗保险344.72万人；参加城镇居民基本医疗保险327.37万人；参加新型农村合作医疗3213.95万人，覆盖率98.72%；参加新型农村社会养老保险1439.34万人。城镇生活污水集中处理率84.8%，城镇生活垃圾无害化处理率59.4%。

【纪念贵州建省600周年】　明永乐十一年（1413年）贵州成为明王朝第13个行省，贵州地域也由此开启作为中国省级行政单元的历史。2013年，贵州建省600年。全省社科理论和宣传文化界先后以不同形式，开展理论研究与宣传普及活动，回顾历史，汲取精神营养，凝聚智慧，为科学发展提供借鉴。包括：贵州日报报业集团推出专栏“600年贵州不能忘记的人”，展出省内国画艺术家创作的贵州重大历史题材、历史人物题材百余幅作品。《贵州都市报》设《建省六百年漫笔》专栏。“金黔在线”策划贵州建省600年征文、“贵州不一般”系列活动。

由贵州广播电视台制作的《浩瀚六百年、激荡新贵州》在户外现场直播，分别以历史文化、红色纪念、“三线”精神、移民搬迁、贵州跨越等内容为主题，勾勒出贵州600年发展历程。

《贵阳日报》开设《黔说六百年·城记》专栏，以“记者实地踏访+专家作家口述”的方式，连接起一座城的过去、现在和未来。贵阳晚报社举行主题为“穿越600年·重温贵州史”的大型跨省采访活动，从南京出发，沿600多年前明朝大军进入贵州路径一路探访。

贵阳广播电视台与贵州省招生考试院联合摄制40集大型系列报道节目，首次以电视手法梳理贵州600年来的教育考试史，反映贵州教育的发展并折射出经济社会的变迁。《贵阳文史》杂志社出版纪念建省600年专刊。贵州省社科院举办纪念贵州建省600年学术研讨会。

【贵阳综合保税区获批设立】 2013年9月25日，国务院正式批复贵州省人民政府和海关总署，同意设立贵阳综合保税区。该保税区规划面积为3.01平方千米，东至都拉乡火石坡，南至环城高速路，西至盐沙线，北至云环路延伸段。该保税区将享受保税区、出口加工区相关的税收和外汇管理政策，包括：国外货物入港区保税；货物出港区进入国内销售按货物进口的有关规定办理报关手续，并按货物实际状态征税；国内货物入港区视同出口，实行退税；港区内企业之间的货物交易不征增值税和消费税。

【生态文明贵阳国际论坛2013年年会】于2013年7月20～21日在贵阳市召开。论坛以绿色变革与转型为主题。到会嘉宾2100人，其中外宾300人，到会报道的国内外媒体140家、记者800人。举办分论坛及各类活动50场，发布《贵阳共识》。《贵阳共识》提出应围绕把生态文明建设融入经济建设、政治建设、文化建设、社会建设各方面和全过程的总要求，重点采取四个方面的政策举措：第一，加快绿色发展和产业转型；第二，推进社会和谐和包容性发展；第三，采取最严格的措施修复自然生态和治理环境；第四，普及以生态为导向的价值取向。

该届论坛把建设生态文明凝聚在四大支柱上：绿色经济、公平包容性社会、生态安全和环境治理、崇尚人与自然和谐共处的伦理价值体系。这一核心内容体系在本届论坛得以充分阐释和延展，通过典型引入、沟通对话等形式，在传播生态文明理念、搭建共享平台、促进政策完善和落实等方面发挥积极作用。论坛密切结合贵州实际，设置生态旅游、生态农业、山区经济等内容的讨论，特别是设置“携手瑞士、绿色赶超——瑞士贵州对话”系列主题活动，提出建设“东方瑞士”的美好愿景。该届论坛提议把生态文明问题纳入联合国2015年后可持续发展全球议程，深入开展生态文明领域的交流合作，共同应对气候变化，促进可持续发展，造福世界人民。

【第三届中国（贵州）国际酒类博览会】2013年9月9~12日，第三届中国（贵州）国际酒类博览会在贵阳市举办。本届酒博会围绕“展示全球佳酿、促进合作交流”的主题，共设置7个展馆、2335个国际标准展位，展馆总面积达7.2万平方米。参展商共计1565家，其中境外参展商866家，国内参展商699家；参会采购商企业11876家，其中境外采购商8家。共签订酒类贸易合同2756个，比上年增加628个，合同额600.72亿元（含展会现场签约29.6亿元），其中进出口酒类贸易合同共241个，贸易总额6.92亿美元。

【2013贵州·香港投资贸易活动周在香港举办】　2013年5月19~23日，2013贵州·香港投资贸易活动周在香港举办。其间，举行活动周开幕式、签约仪式、媒体高层见面会等系列活动。贵州推介项目480个，涉及金额1500亿美元，重点推荐贵安新区和“5个100工程”。本次活动周集中签约的项目和各地自行组织签约的项目共185个，总金额404.6亿美元。活动周开幕式于5月21日下午在香港会展中心举行。现场签约项目59个，总金额254亿美元。其中：投资项目32个，投资总额221.6亿美元，利用外资219.1亿美元；进出口贸易项目22个，进出口总额25.6亿美元；境外融资项目3个，总金额5亿美元；对外合作承包工程项目2个，总金额1.24亿美元。　（周端敏）

云南省

【概况】　云南省简称“滇”或“云”，位于中国西南边陲。1950年3月10日，云南省人民政府成立。2013年辖8个地级市、8个民族自治州、11个县级市、76个县、29个自治县、13个市辖区、655个乡、144个民族乡、591个镇、122个街道办事处。全省陆地面积39.4平方千米。年末常住人口4686.6万人，其中城镇人口1897.1万人。人口自然增长率6.17‰。祖籍云南的海外华人、华侨约250万人，归侨、侨眷约50万人。云南省是中国民族种类最多的省份，少数民族人口占全省常住人口的三分之一，是全国少数民族人口超千万的3个省区（广西、云南、贵州）之一。

动植物资源极为丰富，有“动物王国”“植物王国”之称。脊椎动物达1737种，占全国58.9%，有滇金丝猴等46种国家一类保护动物、熊猴等154种国家二类保护动物；高等植物有17000多种，列入国家一、二、三级重点保护和发展的树种有150多种；森林面积1817.73万公顷，森林覆盖率（含灌木林）54.64%，活立木蓄积量18.75亿立方米，城市人均公园绿地面积9.5平方米。矿产资源较为丰富，尤以有色金属及磷矿著称，有50多个矿种的保有量居全国前10位，其中，铅、锌、锡、磷、铜、银等25种分别居全国前三位。水能、煤炭资源储量较大，开发条件优越，地热能、太阳能、风能、核能、生物能有较好的开发前景。全省水能资源蕴藏量1.04亿千瓦，居全国第三位；可开发装机容量0.9亿千瓦，居全国第二位。煤炭资源已探明储量240亿吨，居全国第九位。全省有出露的天然温泉约700处，地热资源居全国之冠。云南土壤类型多种多样，全省有16个土类，占全国土类的四分之一。其中，红壤占全省土地面积的50%，故有“红土高原”“红土地”之称。常用耕地面积423.01万公顷，粮食播种面积449.94万公顷，粮食产量1824万吨。土特产有云南白药、文山三七、红塔香烟、鲜切花、普洱茶等，是全国有色金属、橡胶、磷肥基地，烤烟和花卉之乡。云南旅游资源独特。全省有景区景点200多个，国家级A级以上景区有134个，其中列为国家级风景名胜区的有石林、大理、西双版纳、三江并流、昆明滇池、丽江玉龙雪山、腾冲地热火山、瑞丽江—大盈江、宜良九乡、建水等12个。有昆明、大理、丽江、建水、巍山、会泽6座国家级历史文化名城，有禄丰县黑井镇、会泽县娜姑镇白雾街村、剑川县沙溪镇、腾冲县和顺镇、云龙县诺邓镇诺邓村、石屏县郑营村、巍山县永建镇东莲花村、孟连县娜允镇8座国家历史文化名镇名村。丽江古城、三江并流、昆明石林、澄江帽天山化石群、红河哈尼梯田被列入世界遗产名录。

2013年云南省国民经济发展情况

项　目	单　位	实　绩	比上年增长(%)
地区生产总值	亿元	11720.91	12.1
第一产业增加值	亿元	1895.34	6.8
第二产业增加值	亿元	4927.82	13.3
工业增加值	亿元	3767.58	12.0
第三产业增加值	亿元	4897.75	12.4
人均地区生产总值	元	25083	11.4
规模以上工业总产值	亿元	3470.66	12.3
农林牧渔业总产值	亿元	3056.04	7.0
固定资产投资	亿元	9621.83	27.4
社会消费品零售总额	亿元	4036.01	14.0
外贸进口总额	亿美元	98.7	10.2
外贸出口总额	亿美元	159.6	59.3
实际利用外商直接投资	亿美元	25.1	14.9
地方公共财政预算收入	亿元	1610.69	20.4
地方公共财政预算支出	亿元	4096.56	14.7
城镇居民人均可支配收入	元	23236	10.3
农村居民人均纯收入	元	6141	13.4
城乡居民储蓄存款余额	亿元	8968.32	15.8

2013 年云南省社会事业情况

项目	单位	实绩	比上年增长(%)
普通高校	所	66	0
普通高校在校学生	万人	54.86	7.1
高等教育毛入学率	%	25.8	1.5
中职和技校	所	301	
中职和技校在校学生	万人	30.13	-4.5
普通中学	所	444	
普通中学在校学生	万人	261.63	-1.7
高中阶段教育毛入学率	%	72.1	0.9
小学	所	13020	
小学在校学生	万人	392.08	-3.6
九年义务教育巩固率	%	91.6	1.26
医院、卫生院	所	2376	0
医院、卫生院床位	张	21.01	8.8
文化馆	个	148	
公共图书馆	个	152	
博物馆	个	85	
档案馆	个	123	

2013 年，全省地区生产总值 11720.91 亿元，单位生产总值能耗降低 3.2%左右。固定电话用户 485.41 万户，移动电话用户 3395.76 万户。社会用电量 1459.81 亿千瓦·时。年末总就业人数 2943.12 万人，城镇登记失业率 3.98%。参加城镇职工基本养老保险 384.55 万人，参加城镇职工基本医疗保险 1118.75 万人；参加城镇居民基本医疗保险 660.65 万人，覆盖率 95%以上；参加新型农村合作医疗 3250.45 万人，覆盖率 97.77%；参加新型农村社会养老保险 2002.19 万人。城镇生活污水集中处理率 81%以上，城镇生活垃圾无害化处理率 81%。

【桥头堡总体规划公布】　2013 年 1 月 28 日，《云南省加快建设面向西南开放重要桥头堡总体规划》（简称《规划》）正式公布。该《规划》提出，云南将在 2020 年基本完成桥头堡建设目标任务，与全国同步实现全面建成小康社会目标。

《规划》明确云南的战略定位、发展目标、区域布局和重点任务。《规划》提出，云南将大力推进滇中城市经济圈一体化建设，增强滇中城市经济圈的辐射带动作用，建设沿边开放经济带，形成对内经济走廊；提高基础设施支撑保障能力，构建内联外通的综合交通运输体系，构筑清洁安全可靠的能源保障体系，打造国际性的信息枢纽，建设保障有力的水利工程体系。完善口岸设施和功能，提升对内对外开放合作水平。提升对外经贸水平，推进开放平台建设，深入实施“走出去”战略，加强对内经济合作，建设外向型特色产业基地。做大做强特色农业，改造提升传统工业，培育战略性新兴产业，加快发展现代服务业，完善科技创新服务体系。加强生态文明建设，加强重点流域水污染综合防治，加大生物多样性保护力度，强化水土流失综合治理，推进节能减排和循环经济发展。加快社会事业发展，优先发展教育事业，加快发展医疗卫生事业，完善城乡就业公共服务体系，加快推进住房保障体系建设，加强收入分配调节，健全社会保障体系，强化社会服务和社会管理体系。大力推进民族文化建设，推进扶贫攻坚和兴边富民工程。促进边境地区加快发展，尽快解决深度贫困人口脱贫发展问题，全面推进扶贫开发工作，强化边防建设和管理，加快农垦企业改革。《规划》设定桥头堡建设的时间表：到 2015 年，城乡居民收入显著提高，贫困人口数量大幅减少，基本公共服务能力进一步增强；区域合作不断深化，对外开放水平显著提高，与东南亚、南亚国家的合作交流迈上新台阶；通道和物流体系基本完善，交通、能源、水利、通信等基础设施建设取得新进展；承接东中部地区产业转移和面向东南亚、南亚的出口加工基地初步形成；高原湖泊、重点流域水质恶化和水土流失加剧趋势得到遏制，石漠化治理取得明显成效，森林覆盖率达到 50%以上，全面完成“十二五”节能减排目标。

【首届中国南亚博览会在昆明举行】 2013 年 6 月 6 日，首届中国南亚博览会暨第 21 届中国昆明进出口商品交易会在昆明开幕。该届展会共设置南亚国家展区、东盟及其他国家和地区展区、机电展区和生物资源展区等 4 个室内展区和家具建材、大型机械 2 个室外展区，共有 1200 多家境内外企业参展，除东盟 10 国和南亚 8 国外，还有来自约旦、土耳其、伊朗、以色列、南非、澳大利亚、法国、意大利等国家的企业参展，该届南博会和昆交会共签订合作项目 417 个，签约项目涵盖教育、环保、旅游、基础设施、商贸、能源开发、现代物流等 23 个领域，签约总金额达 4700 亿元。

【中缅天然气管道主干线全线贯通】 2013 年 9 月 30 日，中缅天然气管道云南禄丰—广西贵港段主干线完工。

中缅天然气管道西起印度洋东岸，横贯缅甸从瑞丽进入中国境内，在国内跨越云南、贵州、广西和重庆 4 个省（区、市），全长 7676 千米。投产后预计每年将为中国进口输送天然气 120 亿立方米。

该主干线的贯通，标志着中国四大油气进口通道框架基本形成，并与西气东输管道相连接，两个管网系统的气源可以相互调度配置，基本形成全国天然气统一调度的格局，进一步提升对下游用户的多气源保障能力。

该工程是云南省桥头堡建设重点项目之一，管道工程中国段于 2010 年 9 月 10 日在云南开工。工程建成后将有利于云南省改善能源结构。

【昆明地铁 1、2 号线首期工程全线贯通试运营】 2013 年 4 月 30 日，昆明地铁 1、2 号线首期工程（北部汽车站—大学城南站）全线正式贯通试运营。继 2012 年 6 月 28 日开通6号线一期工程、2013年5月20日开通1、2号线首期工程南段（晓东村—大学城南站）后，成为昆明市开通的第三段地铁线路，并与南段工程同步实现全线贯通运营。该线路全长42.1千米，全线设31座车站，其中地下车站25座、高架车站6座。

（云南年鉴社）

香港特别行政区

【基本情况】　香港全称中华人民共和国香港特别行政区，是国际大都市之一，仅次于伦敦和纽约的全球第三大金融中心，与美国纽约、英国伦敦并称“纽伦港”。

香港地处华南沿岸，在中国广东省珠江口以东，由香港岛、九龙半岛、新界内陆地区以及262个大小岛屿（离岛）组成。北接广东省深圳市，南面是广东省珠海市万山群岛。与西边的澳门特别行政区隔海相对，距离为61千米，北距广州130千米。香港管辖总面积2755.03平方千米，其中陆地面积1104.32平方千米，水域面积1650.64平方千米。

2013年底，香港人口的临时数字为7219700人，比上年增加41800人。香港人平均寿命79岁，与日本并列居世界平均人口寿命最长的首位。香港人口中，约98%的人为华人，其中大部分原籍广东省。外籍居民以菲律宾人最多，其次为英国人、美国人、印度人等。人口密度6540人/平方千米；劳动人口387万人；男女比例86∶100；常住居民699.8万人，流动居民22.2万人；人口增长率0.6‰。

香港的法定语言（不称作“官方语言”）是中文和英文。政府的语文政策是“两文三语”，即书面上使用中文白话文和英文、口语上使用粤语（俗称广州话）、普通话和英语。香港华裔人口中主要使用广东话，而非华裔人口则多以英语作交际语。香港最普遍使用的汉字书体是繁体中文。截至2013年7月，按惯用语言划分的人口比例：广东话89.2%，普通话0.9%，其他中国方言5.5%，英语3.2%，其他语言1.2%。

【农业和渔业】　香港农业和渔业的规模较小。政府虽然没有给予资助，但也透过向渔农业提供支援，协助改善产品质量，提高生产力和竞争力。2013年，本地渔农业生产总值为32.8亿港元，直接雇用人数16580人。各类产品所占本地消耗量比率如下：蔬菜2%，鲜花27%，生猪7%，活家禽60%，淡水鱼3%，海鲜28%。

农业　主要采用精耕细作的方式，生产优质的新鲜副食品。农地集中在新界区，约1%的新界土地用作种植农作物，主要包括蔬菜和鲜花，2013年生产总值2.56亿港元。生猪和家禽是本地农民主要饲养的食用动物。2013年，本地畜养生猪的产值为2.73亿港元，家禽（包括鸡和蛋）产值为2.47亿港元。渔护署鼓励农户种植安全而质优的蔬菜，以开拓专门市场和提高竞争力。该署与本地有机耕作组织及蔬菜统营处合作，推广有机耕种和开发有机蔬菜市场，同时提供有机耕作支援服务，参与的农场有224个，土地总面积89公顷。此外，推广温室密集式生产技术，以生产高价值作物。2013年，渔护署向农户推介4个改良蔬果品种（长青椒、青白菜、橙黄肉西瓜及光皮蜜瓜），以供在香港种植。自1994年起，渔护署与蔬统处合作管理信誉农场计划。该计划属自愿性质，旨在使市场的蔬菜供应稳定，供应的蔬菜质优安全。截至2013年年底，共有297个来自香港、广东省及宁夏回族自治区的农场参与该计划，占地2759公顷。休闲农场近年愈来愈受市民欢迎。渔护署与业界合作编制《香港休闲农场指南2013》，并推出休闲农场搜寻网页（http://fedvmcs.org/farm_index.php），向市民推介各具特色的休闲农场。

渔业　鲜鱼是香港最主要的原产品之一。2013年的捕捞量、鱼塘和箱网养殖量合共为173500吨，总值25亿港元。2013年香港有3980艘渔船，总渔获量170129吨，估计批发总值为23.4亿港元，其中供应香港食用的渔获有45000吨。香港有987名海鱼养殖人士获渔护署发牌，在26个指定鱼类养殖区作业，2013年向市场供应1005吨活海鱼，总值9400万港元。养殖淡水鱼和咸淡水鱼的鱼塘，大部分位于新界西北部。全年塘鱼养殖业总产量2187吨，占香港食用淡水鱼的3%。

【经济社会发展概述】　2013年，香港地区生产总值比上年增长2.9%，对外贸易比上年增长6.7%。其中货物出口比上年增长2.8%。

就业　是年，香港劳动人口为385.9万人，其中男性占51.6%，女性占48.4%。大部分就业人士从事服务行业，其中从事进出口贸易、批发及零售业以及住宿及膳食服务业的占32%，公共行政和社会及个人服务业占26%，金融保险业、地产业及商用服务业占19%，运输、仓库、邮政及速递服务业以及资讯及通讯业占12%，制造业占3%。2013年5~6月期间，香港非政府机构雇员的每月平均工资为港币14100元（1817美元）。

公共秩序　2013年，香港的治安情况进一步改善。整体罪案率和暴力罪案率（每10万人口的罪案数字）分别比上年下降4.3%和5.6%。整体破案率为43.2%。香港是全球治安最好的城市之一。

旅游业　2013年，到香港的旅客人数5430万人次，比上年上升12%。源自访港旅客的消费总额超过3400亿港元。访港旅客仍以内地旅客占最大比率，2013年访港的内地居民达4075万人次，比上年增长16.7%。

香港特区政府与内地旅游当局定期举行会议，就共同关注的旅游业界规管、联合推广及旅游业的发展等进行磋商。香港与澳门就开发和推广“一程多站”旅游路线保持紧密合作，行程包括游览港澳两地和其他邻近

主要年份香港特别行政区主要社会经济指标

项　目	单　位	1990年	2000年	2010年	2012年	2013年
本地生产总值年增长率	%	3.8	7.7	6.8	1.5	2.9
本地生产总值①	亿港元	8406	12386	18461	19644	20222
人均本地生产总值	港元	147363	185836	262817	274567	281355
本地生产总值年增长率	%	11.7	4.0	7.1	5.3	4.2
本地生产总值	亿港元	5993	13375	17763	20372	21225
人均本地生产总值	港元	105050	200675	252887	284735	295303

（续表）

项　目	单　位	1990年	2000年	2010年	2012年	2013年
年中人口	万人	570.4	666.5	702.4	715.5	718.8
粗出生率	‰	12.0	8.1	12.6	12.8	7.9
粗死亡率	‰	5.2	5.1	6.0	6.1	5.9
劳动人口②	万人	274.8	337.4	363.1	378.5	385.9
失业率	%	1.3	4.9	4.3	3.3	3.4
实际工资指数③	1992年9月=100	100.2	112.5	113.5	118.9	118.7
政府收入总额④	亿港元	895	2251	3765	4422	4478
政府支出总额④	亿港元	856	2329	3014	3773	4358
货币供应量M3	亿港元	12880	36928	71563	89704	100832
居民消费物价指数（2009年10月至2010年9月=100）						
综合消费物价指数		57.3	96.5	100.7	110.3	115.1
工业生产指数⑤	2008年=100			95.0	94.9	95.0
工业电力消费量	万亿焦耳	24934	17769	11080	11282	11190
工业煤气消费量	万亿焦耳	583	982	917	1331	1612
进出香港货运车辆	万辆	473.35	940.22	834.57	767.14	755.99
集装箱吞吐量⑥	万标准箱	510	1810	2370	2312	2235
访港旅客⑦	万人次	658	1306	3603	4862	5430
酒店入住率	%	79	83	87	89	89
港产品出口	亿港元	2259	1810	695	588	544
转口	亿港元	4140	13917	29615	33755	35053
进口	亿港元	6425	16580	33648	39122	40607
小学学生人数	人	526720	493979	331112	317442	320918
中学学生人数	人	453423	466710	452581	420723	397215

注：本表数据由香港特别行政区政府统计处提供，国家统计局整理编辑。1996年及以前年份数据均指原香港地区

①按环比物量计算的本地生产总值及其组成部分的参照年，已由2009年重订为2010年

②数字已就2011年人口普查的结果作出修订。2011年人口普查的结果提供了一个基准，用作修订自2006年中期人口统计以来编制的人人口统计以来编制的人口数字

③自2004年以后工资统计数字采用《香港标准行业分类2.0版》编制

④财政年度数字。指当年4月1日至第二年3月31日

⑤自2005年统计年度开始，所有工业生产指数均按《香港标准行业分类2.0版》编制

⑥1998年起，采用一系列新的集装箱吞吐量数字，与1998年以前的数字不可比

⑦1996年及以后的数字包括澳门访港的非澳门居民旅客人数

城市。2013 年，香港与澳大利亚签署旅游合作谅解备忘录，加强两地在旅游方面的合作；与泰国签订加强两地贸易及经济关系的合作安排，范围涵盖旅游合作。

交通　香港具有全球最佳的公共交通系统之一，每日乘搭公共交通工具的乘客超过 1200 万人次。香港拥有铁路、电车、巴士、公共小型巴士、的士和渡轮等公共交通工具。铁路是香港重要的公共交通运输系统，2013 年，每日载客量约占公共交通总载客量的 40%。香港的铁路网络由香港铁路（港铁）、机场快线及轻铁组成。港铁是使用率较高的铁路系统，由 9 条铁路线组成，分别为观塘线、荃湾线、港岛线、东涌线、将军澳线、迪士尼线、东铁线、马鞍山线及西铁线。至 2013 年，港铁网络全长 175 千米，共设置 80 座车站。机场快线全长 35.2 千米，港铁及机场快线这两个网络每日平均载客 439 万人次。轻铁服务新界西北地区，全长 36.2 千米，共设有 68 座车站，每天平均载客 470300 人次。电车自 1904 年起在港岛区投入服务，电车公司旗下拥有 164 辆双层电车，是世界上最大的双层电车车队之一，电车每日的载客量 19.80 万人次。缆车自 1888 年起投入服务，行走中环至山顶，全线长 1.4 千米，每日载客 17100 人次。专营巴士每日载客量 390 万人次，即占每日公共交通总载客量的 32%。2013 年，全港 5 家专营巴士公司共经营 560 条巴士路线，旗下车队有 5800 辆巴士。有公共小巴 4350 辆，每日平均载客量为 190 万人次。有 18138 辆出租车，每日平均载客量为 100 万人次。渡轮每日平均载客量为 135700 人次。

2013 年，香港有 2093 千米道路，包括 1326 座行车天桥及桥梁、3 条沉管式过海隧道、12 条过山行车隧道和 5 座主要悬索桥梁。领有牌照的车辆共有 680914 辆，其中私家车 475752 辆。公共交通系统效率较高。

香港国际机场是世界上最繁忙的货运枢纽，也是全球十大最繁忙客运机场之一。全球超过 100 家航空公司都有客运 / 货运航班由香港飞往全球 180 个航点，其中 43 个位于中国内地。2013 年，机场的旅客量 5990 万人次，飞机起降量 372080 架次，分别比上年增长 6.1%和 5.8%。全年货运量 413 万吨，比上年增长 2.4%。客运量和飞机起降量均刷新纪录。

2013 年，香港港口共处理 2235 万个 20 迟长的标准集装箱单位，是全球最繁忙的集装箱港之一。坐落于葵涌和青衣的 9 个集装箱码头，分别由 5 家营运商负责管理，总面积达 279 公顷，共设有 24 个泊位，临海地界总长 7694 米。葵涌—青衣港水深达 15.5 米。2013 年，有 104400 艘次货船抵港，其中包括 27000 艘次远洋轮船及 77400 艘次内河船只，共处理货物 2.76 亿吨。此外，抵港的远洋客船有 2800 艘次，内河客船有 80300 艘次，运载旅客 2880 万人次。

通讯　香港是全球的通讯枢纽，也是全球首个采用全面数码化电话网络及实施可携性电话号码的大城市。截至 2013 年底，全港固网住宅用户普及率 102.6%。流动电话用户总数 1720 万户，普及率 238%，其中 1190 万户为第三代或第四代流动通讯服务用户。随着流动网络供应商在 1800 兆赫、2.3 吉赫及 2.5/2.6 吉赫频带逐步采用长期演（LTE）技术，消费者可享用高达每秒 150 兆比特的流动数据下传服务。智能电话的普及促使流动数据服务急速发展，2013 年，每月流动数据使用量 12073 个字节，比上年同期增长 60%。宽带网络已覆盖所有住宅及商业楼宇。截至 2013 年底，全港共有 223

万个使用宽带上网服务的注册用户账号，各用户的上网速度由每秒数兆比特至1000兆比特不等。宽带上网用户普及率83.2%，使香港成为全球宽带普及率最高的地区之一。政府和私营机构均有提供公共无线上网服务，全港共有超过20300个无线上网热点。

房屋　至2013年底，香港有263.90万个房屋单位，其中78.03万个属公共租住单位、39.28万个属资助出售单位、146.59万个属私营房屋单位。香港有29%人口居于公共租住单位，另有17%居于资助出售单位。

教育　2014～2015年度教育拨款是香港特区政府整体开支中最多的政策范畴，占政府经常开支的五分之一。政府设有学生资助计划，确保学生不会因经济困难而未能接受教育；并推行各项措施，确保香港维持高水平的教育。香港有17所颁授学位的高等教育院校，包括9所大学、1所师资培训学院、1所演艺学院和6所专上院校。

福利　2012～2013年度，香港社会福利署的经常开支总额为424亿港元，其中285亿港元（67.2%）用作经济援助金，102亿港元（24.1%）是给予非政府机构的经常资助金，11亿港元（2.6%）是其他福利服务的开支，其余26亿港元（6.1%）是部门开支。

【香港与内地的经济联系】　2013年，香港与内地贸易占香港整体贸易总值逾一半。内地是香港转口货物的最大市场兼最主要来源地，香港约有90%的转口货物是来自内地或以内地为目的地。香港是内地的主要服务中心，特别是珠江三角洲，为内地提供多元化的金融和其他商业支援服务，例如银行和融资、保险、运输、会计，以及销售推广等。香港公司是内地最大的境外投资者。截至2013年底，香港在内地的实际直接投资额累计达6660亿美元，占内地境外直接投资总值的48%。在内地各省份中，广东与香港的经济联系最为密切。截至2013年底，香港占广东境外直接投资总值的62%（2010亿美元）。内地也是香港经济主要的投资者。截至2013年6月，901家其母公司设于内地的地区总部、地区办事处和本地办事处在香港经营业务。

截至2013年底，在中国内地注册成立的金融机构共有11家持牌银行和4个代表处在香港经营业务。中国银行、中国工商银行、中国农业银行和中国建设银行等四大金融机构在香港开展分行业务。其他内地商业银行包括北京银行、东莞银行、广发银行和平安银行则在香港设有代表处。

香港也是中国内地企业重要的离岸集资中心。截至2013年年底，在香港上市的内地企业有797家，其中包括H股、红筹股及民营企业，总市值为1.8万亿美元，占市场总值的56.9%。

【“家是香港”运动启动】　2013年4月23日，由香港特区政府推出的“家是香港”公众参与运动正式启动。此次活动以《施政报告》中“关怀社会”“环保和保育”及“文化艺术和体育发展”内容为基础，用“七百万人是一家”的概念，将运动分为“活力香港”“潮流香港”“关爱香港”及“清新香港”4个主题，相关的节目和活动超过1100项，共有170个组织参与。

【屏山天水围文化康乐大楼正式启用】2013年7月12日，屏山天水围文化康乐大楼正式开幕。该大楼的高座用作公共图书馆，楼高八层，是香港第二大图书馆，也是首间设有户外庭园的图书馆。该大楼是香港首座大型多用途的文化康乐综合建筑，是香港首座以“文化康乐大楼”为命名的政府设施。建筑工程于2009年动工，于2012年完工。其中游泳池和自修室及体育馆已先期投入运作。该大楼内设有公共图书馆（用以取代现有的天水围分区公共图书馆）、室内游泳池、学生自修室、室内体育馆及休憩处等，提供香港政府WIFI无线网络服务。

【《2013年进出口（一般）（修订）规例》生效】 2013年3月1日，《2013年进出口（一般）（修订）规例》生效。根据该规例，任何人除非获发出口许可证，否则不得从香港输出供36个月以下婴幼儿食用的配方粉（包括奶粉及豆奶粉）；但有一项豁免条款，容许年满16岁的离港人士在任何24小时时段内，以私人随身行李携带不超逾1.8公斤的配方粉出境。

澳门特别行政区

【基本情况】 澳门全称为中华人民共和国澳门特别行政区，地处珠江三角洲的西岸，毗邻广东省。2013年，总面积为30.3平方千米。另外，位于横琴岛的澳门大学新校区面积为1.0平方千米。至2013年底，澳门居住人口60.75万人。澳门半岛北区为世界人口密度最高的城区之一。根据2011年人口普查详细结果，中国籍居民占92.3%，葡萄牙籍占0.9%，菲律宾籍占2.7%。

澳门的官方语言是中文及葡萄牙文。澳门以中文为日常用语的居住人口超过94%，使用葡萄牙语的人口为0.7%，其余人口使用英语及其他语言。

澳门经济规模不大，但外向度高，是区内税率最低的地区之一，财政金融稳健，无外汇管制，具有自由港及独立关税区地位，是亚太区内极具经济活力的一员。2013年，澳门本地生产总值为4134.7亿澳门元，比上年增长11.9%；人均本地生产总值逾69.8万澳门元，在亚洲名列前茅。

是年，澳门特别行政区政府承办中国—葡语国家经贸合作论坛，确定2014～2016年中国与葡语国家经贸合作方向、合作领域和合作方式，签署新的《经贸合作行动纲领》。6月26日，中葡合作发展基金正式成立。该基金首期1.25亿美元。

从2005年“澳门历史城区”成为世界遗产以来，至2012年底，澳门共有10个项目被列入澳门非物质文化遗产名录；6个项目被列入国家级非物质文化遗产名录；1个项目被列入联合国教科文组织人类非物质文化遗产名录。澳门特别行政区政府近年开始大力发展文化创意产业，加强澳门的产业多元化。2013年推出“时装设计样板制作补助计划”“电影长片制作支援计划”。

【粤澳合作】 澳门大学新校区是珠海市横琴开发项目，以租赁方式取得1.09平方千米土地使用权（租金为12亿澳门元，租赁期至2049年。2009年8月接收），将实行隔开管理，校园区实施澳门法律制度，并不设置口岸，而是由河底隧道连接澳门。2013年4月，横琴澳大项目各项设施基本完成，于2013/2014学年开课时正式投入使用。

横琴新区是粤港澳合作的大平台，在发展中从规划到土地一直扩大粤澳合作产业园，支持更多的澳门企业可以进入园区。

2013年8月，包括专家学者、港澳人

主要年份澳门特别行政区主要社会经济指标

项　目	单位	1990 年	2000 年	2010 年	2012 年	2013 年
以 2011 年环比物量计算本地生产总值实际增长率（支出法）	%	8.0	5.7	27.5	9.1	11.9
本地生产总值①	亿澳门元	610.4	794.6	2421.8	3205.9	3587.0
人均本地生产总值	万澳门元	18.2	18.5	45.1	56.3	60.5
按当年价格计算本地生产总值名义增长率（支出法）	%	20.4	2.7	33.4	16.9	20.4
本地生产总值	亿澳门元	254.6	516.3	2269.4	3434.2	4134.7
人均本地生产总值	万澳门元	7.6	12.0	42.3	60.3	69.8
人口及生命统计年中人口估计	万人	33.5	43.1	53.7	56.8	59.2
粗出生率	‰	20.5	8.9	9.5	12.9	11.1
粗死亡率	‰	4.4	3.1	3.3	3.2	3.2
劳动人口②	万人	16.9	20.9	32.4	35.0	36.8
失业率	%	3.2	6.8	2.8	2.0	1.8
出口	亿澳门元	136.4	203.8	69.6	81.6	90.9
本地产品出口	亿澳门元		170.8	23.9	22.8	20.1
转口	亿澳门元		33.0	45.7	58.7	70.8
进口	亿澳门元	123.4	181.0	441.2	709.3	810.1
工业电力消耗量	亿千瓦小时		1.6	1.6	1.8	1.8
进出澳门货运车辆数③	万辆	26.4	45.4	35.8	32.5	31.1
访澳旅客④	万人次	594.2	916.2	2496.5	2808.2	2932.5
酒店入住率	%	69	58	80	84	83
政府收支、货币、金融	亿澳门元					
政府总收入①		60.2	153.4	884.9	1449.9	1555.1
政府总开支①		55.1	150.2	383.9	540.1	592.5
货币供应（广义货币供应量 M2）		307.4	849.2	2430.5	3749.3	4413.6
消费价格指数（2008 年 4 月至 2009 年 3 月=100）综合消费价格指数			83.95	104.25	117.04	123.48
小学生	人	34972	45474	23785	22646	22231
中学生	人	17601	38156	37224	35726	33921

（续表）

项　目	单位	1990 年	2000 年	2010 年	2012 年	2013 年
高等教育学生	人	7425	8358	25539	26217	27776

注：本表数据由澳门特别行政区政府统计暨普查局提供，国家统计局整理编辑。1998 年及以前数据均指原澳门地区

①数字在日后得到更多资料时会作出修订

②自 2009 年起，劳动人口的年龄下限由 14 岁调升至 16 岁

③自 2000 年开始包括进出关闸及路（氹）城边检站的数字。而自 2007 年开始亦包括进出跨境工业区边检站的数字

④自 2008 年开始，访澳旅客不包括外地雇员及学生等

士、行业代表等 20 名咨委会成员获确认，包括全国政协副主席何厚铧，全国政协港澳台侨委员会副主任、澳门中华总商会会长马有礼，澳门大学校长赵伟等澳门人士。

交通配套方面，2013 年 6 月粤澳合作联席会议签署《澳门轻轨与广珠轻轨无缝换乘合作协议》，提出澳门环岛轨道交通将在莲花大桥侧修建一座过海隧道，在横琴站连接广珠城轨拱北至横琴延长段。9 月，广珠城轨拱北至横琴延长段的建设获广东省发改委批复，终点为横琴长隆海洋公园，设计时速为 100 千米，建成后从拱北至横琴长隆公园仅需 11 分钟，计划 2017 年建成通车。

【旅游博彩业】　2013 年，澳门博彩税总收入达 1343.8 亿澳门元，比上年增长 18.5%。博彩业毛收入总额 3607.49 亿澳门元，增长 18.6%。2013 年入境旅客 2932 万人次，比上年增长 4.4%。最大客源市场依次为中国内地（63.5%）、中国香港（23.1%）、中国台湾（3.4%），澳门前 10 位客源市场主要是亚洲国家及地区。国际旅客的比重亦稳步上升，占总体旅客 10%。

至 2012 年底，实施“个人游”政策的省市包括广东省全省、北京、上海等共49 个城市，涵盖近 3 亿人口。2013 年，中国内地旅客中有 43.3%为持个人游签注访澳。

【就业和社会福利】　2013 年第 4 季的统计数据显示，澳门就业人口 37 万人，失业率为 1.8%，就业人口每月工作平均收入 12300 澳门元，同比增长 2.5%。

澳门属较高社会福利的地区，提供 15 年免费教育，每年还提供各种津贴和奖助学金，而且金额逐年增加。

在社会保障方面，2013 年澳门特别行政区政府落实执行向社会保障基金注资 50 亿澳门元，并把每年从博彩经营毛收入 3% 的款项中，拨入社保基金的款项比率由 60% 增至 75%，确保社会保障制度的稳健性及可持续运作。

在 2013 年，符合法定要件的公积金个人账户拥有人获发 6000 澳门元的预算盈余特别分配款项。被列入名单的账户拥有人有 33 万人。截至 2013 年第四季度，社会援助金的总支出 3.5 亿澳门元，平均每月受助家庭 5700 个，涉及 9900 人。特区政府透过与民间机构的合作，为居民尤其是弱势困难社群提供社会服务。2013 年，澳门特区政府增拨资源，上调定期资助 10%，支持民间机构持续发展服务，协助有关机构提高服务质量。

澳门特别行政区政府通过一系列措施，建立短、中、长期相配合的经济、生活和教育援助制度，为有需要的人士提供基本的生活保障，并配合就业援助计划，让受助人发挥才能，自立自强。在短期措施方面，为协助困难社群减轻因通胀造成的生活压力，社会工作局向全澳门5000多个定期经济援助金受益家团发放一次性的全数援助金，总支出2500万澳门元。继续向受援的三类困难家庭发放特别生活津贴，并将自闭症、失智症及癫痫症纳入补助范围。为减轻受援家庭因租住私人楼宇所造成的生活负担，大幅调升租金补助金额，由原来的300~800澳门元，调整为1350（1～2人家庭）~2050澳门元（3人以上家庭）。

澳门特别行政区政府加强对长者和残疾人福利保障，2013年的敬老金调升至6600澳门元；普通残疾津贴金额调升至6600澳门元，特别残疾津贴调升至13200澳门元。另外，符合资格的残疾人士享有相关的车资优惠及免费医疗服务。

2013年澳门特别行政区政府基本完成万九公共房屋的兴建计划，至2013年9月底，共出售经济房屋单位8784个，安排3514个家庭入住社会公屋。在完成处理万九计划供应目标对象的房屋分配后，随即安排2009年获接纳之轮候家庭入住社会公屋，至2013年9月底，共处理1150个相关家庭上楼安排，占轮候家庭23.9%。另外，分布在青洲、筷子基及氹仔的“万九后”4个公屋项目在建设中。

为协助市民应对通货膨胀，澳门特区政府继续推出现金分享措施，与市民分享经济发展的成果。2013年永久性居民每人获发8000澳门元，非永久性居民获发4800澳门元。

【第五届立法会选举】 2013年9月15日，澳门第五届立法会选举举行。这届选举是自2012年政制发展后第一次立法会选举，也是第三届特区政府面临的首次选举。根据新修订的《澳门特别行政区立法会选举法》，第五届立法会由33名议员组成，其中直接选举产生的议员增加至14名，间接选举产生的议员增加至12名，委任议员7名。是届立法会选举具有投票资格的选民共有276037人，比2009年增长10.99%。间选方面因自动当选机制取消，选举组别由4个增至5个，间选投票的人数也明显增加。为确保选举过程畅顺和选民能顺利投票，是届立法会选举在澳门、氹仔和路环各区总共设置30个直选投票站点及1个间选投票点。9月15日选举当天，直接选举方面共有151881位选民投票，投票率55.02%。

【中葡合作发展基金正式成立】 2013年6月26日，中葡合作发展基金在北京正式成立。该基金由国家开发银行和澳门工商业发展基金共同发起，首期1.25亿美元分别由国开金融有限公司及澳门工商业发展基金出资设立，并由中非发展基金进行投资运作和管理。 （澳门特别行政区政府新闻处）

汉语拼音主题索引

说　明

一、本索引采用主题分析方法，款目按汉语拼音字母（同音字按声调）顺序排列。

二、文中的类目题、分目题用黑体字标示，其余用宋体字排印。

三、索引款目后的数字表示内容所在的页码，数字后的拉丁字母（a、b）表示栏别（即版面的左、右栏）。

四、同一主题的内容在文中多处出现的，在其款目后用不同的页码标明。

五、《大事记》《统计资料》《珠江三角洲发展研究论文摘要》《文献法规》等篇目未作索引。

六、为方便从不同名词术语检索相关内容，索引中部分主题词使用“见”，作相互参照。

数字

A

B

C

F

G

H

J

K

L

M

N

P

Q

R

S

T

W

Y

Z